補五代史藝文志輯考

張興武 著

上海古籍出版社

圖書在版編目(CIP)數據

補五代史藝文志輯考／張興武著.—上海：上海古籍出版社，2016.5
ISBN 978-7-5325-7992-1

Ⅰ.①補… Ⅱ.①張… Ⅲ.①藝文志—考證—中國—五代(907~960) Ⅳ.①Z812.43

中國版本圖書館 CIP 數據核字(2016)第 040342 號

補五代史藝文志輯考
張興武 著

上海世紀出版股份有限公司
上海古籍出版社 出版
(上海瑞金二路272號 郵政編碼200020)
(1)網址：www.guji.com.cn
(2)E-mail：guji1@guji.com.cn
(3)易文網網址：www.ewen.co
上海世紀出版股份有限公司發行中心發行經銷
蘇州越洋印刷有限公司印刷

開本 890×1240 1/32 印張 21 插頁 5 字數 527,000
2016年5月第1版 2016年5月第1次印刷
印數：1—1,300
ISBN 978-7-5325-7992-1
Ⅰ·3027 定價：98.00元

如有質量問題，請與承印公司聯繫

序

　　五代處於唐、宋之間,而唐和宋,無論政治、經濟還是文化,正是中國歷史上兩個高峰時期。看起來,五代有兩個特點:一是時間短促,從朝代紀年説,不過五十幾年(907—960);二是戰爭頻繁,分裂割據,故稱五代十國。由此,在這五十幾年中,確没有出現過大的政治家、思想家、文學家,因此長時期未能引起研究者的充分注意。而實際上,這是一個值得重視的歷史階段。五代處於由唐入宋的過渡時期,而這個過渡,在由中古到近古的轉變中帶有一定關鍵性質,只有透徹地研究這個過渡時期的政治、經濟和文化,對宋代及宋以後的中國社會諸形態才能有清楚的瞭解。就以廣義的文化來説,自唐末起,北方戰亂,南方相對穩定,人才大批南遷,長江流域的經濟明顯超過黄河流域。經濟重心的轉移也促使南方文化的興起。同時,五代時期雕版印刷的推廣,對於文化典籍的傳播起著前所未有的影響和作用,也直接促進宋代編纂和刻印事業的發展。以文學來説,詞在五代,是詞史發展的關鍵,早爲世人所知。而從唐末開始,歷五代幾十年,詩歌語言的日常生活化、通俗化的傾向,對宋詩風格的形成,有著直接的影響。五代時期文學形態,表現一種過渡的趨向和潮流,而這種趨向與潮流的發展,在一定程度上就會促進新的文學時代的到來和新一代獨具特色的文學家的崛起。

　　這些年來,張興武教授在五代文學研究方面頗有成果。他前些年任西北師範大學古籍整理研究所所長，現在轉至杭州師範大學執教。前幾年出版有《五代作家的人格與詩格》、《五代十國文學編年》，現在又將有《五代藝文考》問世。我應邀爲《五代藝文考》一書作序，一方面述及張興武先生的《五代作家的人格與詩格》學術成就，另一方面乃藉此機會談談對五代文學及歷史文獻研究整理的看法，謹供學界參考，並請指正。

關於五代文學的研究，近年來，張興武先生所提供的學術成果是頗爲突出的。20世紀90年代，張興武先生在杭州大學攻讀博士學位，師從吳熊和先生，即以五代詩爲其研究專題，遂於1997年撰就《五代作家的人格與詩格》一書，後由人民文學出版社出版。興武先生撰寫此書，先從史料輯集著手，除詩以外，還搜輯文、詞及其他有關史傳、筆記及其他文獻材料，於是在此基礎上，又編著《五代十國文學編年》（人民文學出版社，2001年10月出版）一書。現在，他又推出文史結合的新著《五代藝文考》，其面更廣，用力更深，無論對文學史研究還是歷史學研究來說，均極切實有用。

興武先生這三部著作，都有新意。從上世紀以來，多種中國文學史著作，都未有把五代文學列爲專章的，有些書把某一章標爲"隋唐五代文學"，而在具體叙述中，則僅論及唐末幾位作家及少數幾位詞人。以五代文學作爲專書，過去我所看到的，僅商務印書館於20世紀30年代編印的"百科小叢書"中的一種：《五代文學》（楊蔭深著）。著者在"緒言"中提出，"就五代而旁及十國，五代仍不愧爲有文學的一個時代"，不爲無見。但總的來說，論叙仍較簡單，只對北方五個朝代及其他十國地區的一些作家略作介紹。在此之後，歷經六十餘年，才有張興武先生的《五代作家的人格與詩格》這部五代文學專著，應當説，張著是超越楊著的。過去論及五代文學，大多僅著眼於詞，而興武先生此書，明確提出五代詩具有獨立的研究價值，並從社會歷史、政治形態、時代文化、世風人情等多方面探討作家的人生態度，及其在詩作中所呈現的藝術風貌，也就是人格與詩格。並由此認爲，把五代詩作爲一個獨立階段來研究，可以發掘其特有的内涵和時代特色。這種總體探索，確較個别論述更能把握一個時代的特色和趨向。

《五代十國文學編年》又另有新見。大家知道，五代是一個分裂割據的時代，在北方中原，先後有梁、唐、晉、漢、周五個歷時短促的王朝；與此同時，除山西部分地區的北漢外，東南有吴、南唐、吴越、閩，中南地區有荆、楚、南漢，西南有蜀（前蜀、後蜀），各自建立地方政權，即所謂十國。每一地區各有作家和文學活動，這些作家有時也往來於不同地區。現在這部《編年》，按年記述南北各政權範圍的作家及文學活動，就使人拓寬視野，宏觀觀察這五代十國文學進展的全域。

現在這部《五代藝文考》，更超越文學研究範圍，涉及目録學、歷史學等等，可以説是一部包含多學科的著作。我通閲全書，確頗有所得。

首先，我覺得這部書的構思，也就是學術框架，是很規範的。清朝後期有三位學者作過有關五代藝文志的書，即道光年間顧櫰三的《補五代史藝文志》，咸豐年間宋祖駿的同名之作《補五代史藝文志》，光緒時汪之昌的《補南唐藝文志》。這三部書都各有文獻價值，但著録中有一缺陷，即一般僅列書名、卷數、著者姓名，未有引證。興武先生乃先從材料覆核著手，以顧《志》之先後爲序，根據有關文獻，逐一覆核其著録是否確實，在核查中又訂正其不確之處，如書名不確、卷數不確、撰人不確等，以及某些分類不當。其次，又考證清人三《志》中誤收唐人、宋人之書，即不應列入五代範圍的。第三步，作補輯工作，補清人三《志》所遺漏，及現代學者如唐圭璋先生《南唐藝文志》等所未收的；與此同時，又注意輯集金石碑刻材料，作《五代金石輯録》。這樣，既有覆核、訂正，又作新的補充，在此基礎上，乃有《新編補五代史藝文志》，也就是作爲研究的成品，向讀者提供既信實又完整的五代時期著作總目。

另外，本書的時間斷限及取捨原則，很有科學性。作者在《五代作家的人格與詩格》中曾提及我關於這方面的一種看法，並表示認同。我於1989年為美籍華裔教授李珍華先生點校的《五代詩話》所作的序言中曾談及，我們若專作五代文學繫年，似可以從唐僖宗光啟元年(885)開始，那時黃巢起義雖平復，但各地節鎮已乘機擁兵自立，中央朝廷名存實亡，當時的一些著名作家如韋莊、韓偓、黃滔、杜荀鶴等，皆由唐入五代。作家的創作，包括其他一些歷史、哲學、藝術、宗教等著作，確不能機械地局限於王朝紀年。興武先生在前後三書中，都認為五代文學創作及其他文化活動，都應從唐昭宗朝開始考慮，這樣才可以有一完整的把握。而同時在具體取捨上又很謹嚴，指出顧、宋二《志》誤將不少唐、宋人的著述闌入其中。有些是明顯與五代相隔較遠的，如《渚宫舊事》，著者余知古，本書《考略》中引《新唐書·藝文志》"地理類"注"文宗時人"。按《新唐書·藝文志》另一處亦有余知古，即《藝文志四》"總集類"《漢上題襟集》十卷，注云："段成式、溫庭筠、余知古。"此為徐商於唐宣宗大中十年至咸通元年(856—860)為襄州刺史、山南東道節度使時，段成式、溫庭筠與余知古在其幕府時唱和之作(參見鄘人主編的《唐才子傳校箋》卷八《溫庭筠傳》)。則其《渚宫舊事》當也為大中後期在襄陽時所作，雖然較文宗時晚十餘年，但仍距昭宗有三十年。又如《五代紀》著者孫沖，《考略》中引《宋史·藝文志》及《宋史》本傳，明載其與寇準同時，距北宋建國已有四十年。有些則是與宋初時間相接的，如《江南錄》著者徐鉉、湯悦，都是由南唐入宋的，但《考略》中據史書所載，考明此書乃奉敕即奉宋太宗之命而作，因此也不宜列入五代之書。這樣的處理確很規範。

本書另一新意之作，是《五代金石輯錄》，就是據《輿地碑記目》、《寶刻類編》、《金石萃編》等著錄的碑刻、題名等加以輯入。這些雖為單篇，未是成書，但其中確有不少重要材料，對於文史研究具有不可替代的價值和用途，因此不宜受過去藝文志著錄中傳統框架的限制。我這次通閱所錄，又有一新得，即興武先生此次所輯，是按國別編錄的，我發現屬北方幾個正統王朝的碑刻、題名，數量並不多，最多的則是南唐、吳越和前後蜀的。這使我想起《五代作家的人格與詩格》中幾次提及，因北方戰亂頻繁，南方相對穩定，經濟重心南移，文學作家也逐步南遷。書中提及，唐末後梁時南下作家的主要流向爲西蜀和閩中，"沙陀三王朝"時期南遷作家的基本歸屬，以吳和南唐居多，而吳越又少涉戰亂，其國主也好文尚士。由此可見，金石輯錄並不是單純的文獻資料，我們由此可與文人趨向及文化流播聯繫起來。

　　藝文志，作爲書目著錄的一種文體，是極有特色並極有學術意義的。清代著名學者王鳴盛在其所著《十七史商榷》中就說："藝文志者，學問之眉目，著述之門户也。"（卷二）20世紀90年代前期，原南京大學校長、著名學術前輩匡亞明先生任國家古籍整理出版規劃小組組長，在制訂1991—2000年規劃時，他特地提出由古籍小組主持，編纂《中國古籍總目提要》。當時我被任爲古籍小組秘書長，就負責籌辦此事，在我起草的《中國古籍總目提要編纂總綱》中，就曾提出："古籍編目並不單純是一種技術性的工作。我國古代著名的目錄學著作，從漢朝劉向的《七略》、班固的《漢書·藝文志》起，一直到清朝的《四庫全書總目》，都是傳統學術的綜合研究。它們的作者大多能體現這一時代的學術成就，反映一個時代的文化發展。"我現在引用十年前所寫的這段話，是想進一步說明，這部《五代藝文考》，經過廣泛輯集與細心疏證，就五代時期各類著作作系統、確切的著錄，可供學術界有效地利用，其本身即又成爲一項學術研究成果。《舊五代史》除記傳外，有十志，但無"藝文"。《新五代史》僅有"司天"、"職方"二考，根本不立志，清修《四庫總目提要》明確指責："此書之失，此爲最大。"（卷四六史部·正史類二）唐朝著名史學家劉知幾曾提出史家必須兼有史才、史學、史識三長，尤以史識爲重，但很奇怪，卻在所著《史通》卷三《書志》中提出没有必要修藝文志。歐陽修當不致受《史通》的影響,他在《新五代史》中曾兩次提及"五代亂世,文字不完"(卷五九《司天考》、卷六〇《職方考》),可見是受當時客觀條件限制,文獻資料缺乏,未能編修較有規模的《藝文志》,如《新唐書·藝文志》那樣有四卷之多。《漢書·藝文志》、《隋書·經籍志》及兩《唐書》的《經籍》、《藝文》二志,一個很大的優勢是當時著錄之書,絕大部分後世失傳,我們今天可據以查考當時著述情況。清朝及近世學者所補前史藝文志之書,當然不像前人那樣能目睹原書,但仍有兩個優點:一是廣輯群書,補前志之缺;二是細核史料,糾前志之失。這種工作,看來瑣細碎雜,實則專研精治,極有裨於今世。我個人是希望我們學界能多出這樣實學之作的。

傅璇琮

2003 年 5 月於北京

目　錄

序 …………………………………………………… 001

前言 ………………………………………………… 001

第一章　顧櫰三《補五代史藝文志》條目再考訂 ………… 001

第二章　清人諸《志》誤收條目考略 ………………… 336

第三章　《補五代史藝文志》條目補遺 ………………… 377

第四章　五代金石輯錄 ………………………………… 507

第五章　新編補五代史藝文志 ………………………… 588

主要徵引書目 ………………………………………… 637

後記 …………………………………………………… 646

前　　言

　　薛居正等撰《舊五代史》及歐陽修撰《新五代史》均不著《藝文志》。薛氏之書久已散佚，清代館臣邵晉涵等雖就《册府元龜》、《資治通鑑考異》、《永樂大典》等書輯録排纂，重印成編，然原《序》不傳，後人對其何以不作《藝文志》之初始原因已無從深究。至於歐陽修撰《五代史記》而不著《藝文志》的主觀認識則十分明確。在他看來，五代"禮樂崩壞，三綱五常之道絶，而先王之制度文章掃地而盡於是矣"①，因此他明確説："嗚呼，五代禮樂文章，吾無取焉。"②歐陽修乃是以儒家傳統的史學觀來觀照五代歷史的，他把"褒貶義例"放在撰寫史書的首要位置，這原本無可厚非。但作爲正史史籍而闕《藝文志》，究竟是一種缺憾。正是有鑒於此，清代學者才從傳世的各種史料中輯録補編成兩種《補五代史藝文志》，一種是顧櫰三的《補五代史藝文志》，現收入《二十五史補編》。另一種是宋祖駿的《補五代史藝文志》，見宋祖駿咸豐間輯刻之《樸學廬叢刻》。此外，徐炯《五代史記補考·藝文考》，見張鈞衡輯《適園叢書》，民國烏程張氏刊本；陳鱣《續唐書·經籍志》，有中華書局1985年排印出版之《叢書集成初編》本；汪之昌編《補南唐藝文志》，現存清光緒二十五年長洲章鈺算鶴量鯨室緑格抄本。這三種著作，對上述

---

① 歐陽修《新五代史》卷一七《晉家人傳論》，中華書局1974年版，188頁。
② 《新五代史》卷五八卷首語，669頁。

兩種《補五代史藝文志》的校訂和補充，無疑有著重要的參考價值。有關這五位清代學者的基本情況簡述如次：

顧櫰三，《金陵通傳》卷三一本傳作"槐三"，字秋碧，江蘇上元人，顧問山之孫。少孤貧，承母教，讀益苦。稍長，與胡大猷同受業於胡本淵。爲文極敏，詩才博贍。生平不拘小節，氣尤豪邁。與同縣楊輔仁、王章、車持謙等友善。時人謂其"博學多通，尤邃於史。能爲楊、馬之文，沉博絕麗，千言操筆立就"，其"詩亦雋雅軼群，出入梅村、漁洋之間"。嘗結"苔岑詩社"①。有《然松閣賦鈔》、《然松閣詩鈔》、《然松閣存稿》、《補輯風俗通義佚文》等傳世。所撰《補後漢書藝文志》十卷，"於數千年之吉光片羽博採旁搜，並世作者所著論有足發明亦見甄採"②，對後漢史研究頗有裨益。其《補五代史藝文志》一卷，模仿前代史書藝文志固有之經、史、子、集例，分類條列，用心良苦，創獲頗多，向爲五代史研究者所重，然考釋無多，或非定本。櫰三生卒年不詳。考其詩友王章生於嘉慶十七年(1812)，卒於同治二年(1863)，由此推斷，櫰三當爲清道光、咸豐間人。

宋祖駿，字偉度，江蘇長洲人。咸豐間在世。所著有《樸學廬文初抄》一卷、《詩抄》五卷、《樸學廬文抄》一卷、《樸學廬外集抄》一卷、《周易卦變圖説》一卷，並存於宋氏自刻之《樸學廬叢刻》。《叢刻》内有《補五代史藝文志》一卷，基本轉抄顧《志》，分類編次一仍其舊，僅於卷末增補四十餘條。

徐炯，字章仲，江蘇崑山人，康熙二十一年(1682)進士，官至直隸巡道。清初吴江人朱鶴齡哀輯諸書，編成《李義山文集》五卷，特"闕其狀之一體"。康熙二十九年(1690)徐炯"典試福建，得其本於林佶，採摭《文苑英華》所載諸狀補之，又補入《重陽亭銘》一篇"，遂

---

① 蔣國榜《然松閣存稿》跋語，《叢書集成續編》第138册，上海書店1994年版，398頁。

② 《二十五史補編·補後漢書藝文志》，中華書局1998年版，2304頁。

使原書更臻完備。朱氏原書雖多詮釋，但疏漏之處猶多。崑山進士徐樹穀旣"因博考史籍，證驗時事，以爲之箋"，徐炯"復徵其典故訓詁，以爲之注"，遂有《李義山文集箋注》十卷傳世①。《江南通志》卷一九五《紀聞一》稱"徐炯倜儻好施，賑人之急，不能償者多出券還之"②。《山東通志》卷二七下《宦續志下·曹州府》載，徐炯"康熙三十九年，以工部郎中出督山東學政。嘗捐俸修白雪書院，訪李氏後裔，俾其世守，贍以恒業。又檄各州縣設立義學，以學租賑餘銀兩抵脯修之用，不累牧令。後累官至直隸巡道，卒於官邸。東人思之，爲之公擧入祠"③。其聲譽品格大抵如此。

陳鱣，字仲魚，號簡莊，又號河莊，別署新坡，浙江海寧人。嘉慶三年(1798)擧人，在京師與錢大昕、王念孫等往來。嘉慶、道光間著名學者阮元在《定香亭筆談》中稱"海寧陳仲魚，於經史百家靡不綜覽。嘗輯鄭司農《論語注》諸書而考證之。浙西諸生中，經學最深者也"④。大藏書家吳騫的侄子吳衡照在《海昌詩淑》中也盛讚陳鱣"博聞強記，手不釋卷，尤深於許、鄭之學，同時推爲漢學領袖"⑤。陳鱣擅長校勘、考證，於經學書籍的校勘、考訂成就尤著。管庭芬說他經常與黄丕烈"互攜宋鈔元刻，往復易校，校畢並繫跋語以疏其異同，兼志刊版之歲月，册籍之款式，收藏之印記，莫不精審確鑿，俾經生家如見原書，不至爲俗刻所誤，其功與考定石經無以異"⑥，

---

① 《四庫全書總目》卷一五一《李義山文集箋注》提要，中華書局1965年版，1298頁上。
② 《江南通志》卷一九五，《文淵閣四庫全書》第173册，上海古籍出版社2003年版，768頁下。
③ 《山東通志》卷二七，《文淵閣四庫全書》第181册，543頁上、中。
④ 《定香亭筆談》，中華書局1985年版，《叢書集成初編》本，67頁。
⑤ 陳鱣《簡莊文鈔·雜綴》，《續修四庫全書》第1487册，上海古籍出版社2002年版，234頁上。
⑥ 管庭芬《經籍跋文書後》，陳鱣《經籍跋文》書後附，《續修四庫全書》第923册，674頁上。

評價頗高。陳鱣著有《續唐書》、《論語古義》、《經籍跋文》、《簡莊綴文》、《簡莊文鈔》、《簡莊文鈔續編》及《簡莊詩鈔》等。鱣長於史才，以爲後唐既係賜姓，而南唐李昇乃憲宗五代孫建王之玄孫，故取後唐、南唐以接李唐，上溯天祐，撰成《續唐書》七十卷。該書所存十《志》，對五代典章制度考述頗詳，可補薛、歐兩《史》之所缺。

汪之昌，字振民，江蘇新陽人。道光十七年（1837）生。同治六年（1867）副貢。光緒十四年（1888）陶樓學派創始人黃彭年創設學古堂於吳中，聘爲齋長，與諸生講解切磋，多所造就①。汪之昌通經史，精校勘，研小學，諳輿地，善詩古文辭，有《孟子鎦熙注輯補》、《青學齋集》、《裕後錄》等。光緒二十一年（1895）卒，享年五十九。宋人所著《南唐書》，有胡恢、馬令及陸游三家。胡書不傳，馬、陸二書雖傳，但無《藝文志》，亦一憾事。汪氏曾精讀歐陽修《新五代史》，撰《五代史一行傳書後》、《五代史唐六臣傳書後》等文，頗具高識。《補南唐藝文志》雖晚出，然搜輯補綴，用力頗勤，或可以補前史之所闕。該志輯成於顧櫰三《補五代史藝文志》之後，體例略同顧《志》，即依前史經、史、子、集例，而以《開成石經》冠於卷首。其所輯錄之汪台符《民間利害書》、周載《齊職儀》等，爲顧、宋兩《志》所無，彌足珍貴；它如陳彭年所撰《江南別錄》與《唐紀》，許洞、徐鉉所撰《雜古文賦》等，顧、宋兩《志》以其爲宋人著述而未加著錄，該志則一併闌入南唐。或得或失，尚待詳察考正。卷末綴錄金石碑刻，爲該志新創，只可惜搜錄未至詳盡。如《寶刻類編》所載李璟之《東風吹水日銜山》，《輿地碑記目》所載李後主之《送二王詩》、《重陽詩》及《寶刻類編》所載之僧省安《南唐重建明教院記》等，並付闕如。雖然，該《志》對於治南唐史者，仍不可或闕。

---

① 胡玉縉《青學齋集序》，《清代詩文集彙編》第 734 册，上海古籍出版社 2010 年版，1—3 頁。

此外，今人唐圭璋先生所撰《南唐藝文志》[1]，不僅廣泛考列南唐藝文條目，且於每條之後詳加徵引，注明其所據之原始文獻，其研究方法和重治藝文志的嚴謹作風，無疑給我們檢討和重編《補五代史藝文志》提供了極爲寶貴的學術典範。唐先生似未見汪之昌《補南唐藝文志》，這或許更少了一些先入爲主的限制。唐《志》之後，又有杜文玉先生所編《南唐藝文志》[2]，也是我們必須提到的研究成果。

本人對五代藝文志的研究，在上述各家研究成果的基礎上才得以進行。如果說本書對五代藝文資料的重新考訂、補充和重編，尚能獲得些許收益的話，首先應歸功於前人已經作出的種種努力。關於本書，需要說明的還有以下幾點。

其一，關於補五代史藝文志所涉時間的上、下限及條目取捨原則。

清人對於五代文史的輯補與研究，首先遇到的問題便是如何確定時代斷限。按照通常的理解，所謂"五代"，應該是指從朱溫篡唐、建立後梁政權的公元907年到趙匡胤代周自立、建立北宋王朝的公元960年這53年的歷史時段。但事實上，"十國"之中的楊吳政權早在唐昭宗景福元年（892）就已告成立；次年，王潮兄弟襲取泉、汀五州，王閩政權也初具規模；武肅王錢鏐更是從唐僖宗乾符二年（875）起就割據吳越；前蜀主王建也於大順二年（891）入據成都；馬殷則於乾寧三年（896）自立於湖南；南漢劉隱自天祐元年（904）起便雄據嶺表。舉凡列國初建的最早日期，大體上都在後梁開國之前的唐昭宗一代。正因如此，新、舊《五代史》的撰寫才沒有局限於王朝更替的歷史常規，兩書叙事的時間上限，基本上都在唐昭宗時期。清人吳任臣撰《十國春秋》，王士禎編《五代詩話》，李調

---

[1] 刊《中華文史論叢》1979年第3輯。
[2] 《南唐史略》"附錄三"，陝西人民教育出版社2001年3月版。

元輯《全五代詩》，大體上也都遵循了薛、歐兩家的既定作法，即將"五代"的時間上限確定在昭宗一代。至於"五代"的時間下限，各家雖未作明確一致的表述，但其不以北宋建國爲限的基本思路則毋庸置疑。由於宋滅諸國的時間有先有後，故史家對五代歷史人物的時代歸屬都未能採取統一劃分。大抵在五代十國時期就已出仕的文臣武將，無論其仕宋早晚，都被納入五代範疇，而對具體人物、著作的處理，則據實陳述。

顧、宋兩《志》及陳鱣《續唐書·經籍志》等所收藝文資料，在時間斷限上也與上述各家保持一致。顧《志》序曰：

學校者，國家之矩範、人倫之基址也。唐末大亂，干戈相尋，海寓鼎沸，斯民不復見詩書禮樂之化，而橋門璧水，鞠爲茂草。一時稱王稱帝者，狗偷鼠竊，負乘致戎，何暇馳驅藝文之林，攬轡道德之府，彬彬郁郁，久道化成乎？蓋圖書之厄，至此極矣！天祐斯文，不絕如縷，其時深心好古之士，摧鋒幕府，對揚王庭，莫不戢楮晨鈔，燃脂暝誦。蜀毋昭裔創爲鏤板，遂有《九經》、《文選》之刻。而楚天策學士彭玕亦遣人入洛，訪求石經。（興武按：《五代史補》卷三"馬希範奢侈"條詳載都統判官李鐸等天策府十八學士姓名，不及彭玕。）天成中仿唐石經製作印板於國子監，其後屢下購書之令。至廣順中而版本流布，經籍盛行，俾學者無筆劄之勞，獲觀古人全書，雖衰朝之創興，實萬世之良法也。竊謂文章之盛衰，可以卜世運之興替。南唐跨有江淮，鳩集墳典，後主開弘文館，置《詩》、《易》博士，於秦淮設國子監，橫經齒胄者千餘人；後復置廬山國學，所統州縣亦往往立學。（興武按：南唐建"廬山國學"於白鹿洞，置田供給諸生，以李善道爲洞主，事在烈祖昇元四年，非李煜時方有此舉。）方是時，廢立如吳越，弑逆如南漢，叛親如閩、楚，而南唐兄弟輯睦，君臣乂安，衣冠文物，甲於中原，不可謂非好文之效也。宋乾德元年平荆南，詔收高氏圖籍以實三館。三年，命右拾遺孫逢吉往西川取蜀法物圖籍，得書萬三千卷。開寶九年平江南，命太子洗馬呂龜祥就金陵籍圖書，得書十餘萬卷，分配三館及學士舍人院，其書校讎精審，編帙完具，與他國書不同。而趙元考家藏有澄心堂書三千卷，上有"建業文房"之印。錢俶歸朝，遣使收其圖籍，悉送館閣。凡此皆五代圖籍之可考者也。然迄今觀《崇文總目》及《宋史》所載，無從區別爲五代諸國所藏之書。今謹據五代人所自爲書，廣爲搜輯，倣前史經、史、子、集例，分類而條列之，名曰《藝文志》云爾。

顧氏所謂"五代人所自爲書"的作者，像羅隱、韓偓、盧延讓、羅紹威、杜荀鶴、韋莊、吳仁璧、黃滔、徐寅、鄭良士、李山甫、唐求、貫休、尚顏等，皆係由昭宗朝轉入五代者；而如王溥、趙上交、張昭、徐鉉、張洎、董淳、湯悅、錢惟演、周羽翀、錢儼、陶岳、譚用之及吳越名僧贊寧等，則全是由五代十國而入宋的人物。陳鱣《續唐書·經籍志》雖側重於"後唐"及"南唐"，但所選藝文條目在時間斷限上與顧、宋兩《志》並無明顯差異。實際上，朝代的更替，只意味着政權主宰的變換，許多歷史人物都是跨越兩個或幾個朝代的時間段的。從唐末到五代，從五代到宋初，其情形就更加如此。假使作《補五代史藝文志》而不涉及唐末和宋初的藝文資料，那是很難周全的。明確了清人在五代文史研究方面的斷限原則，才能充分準確地理解顧、宋兩《志》對五代藝文資料的取捨及其得失，這一點至關重要。

當然，顧、宋兩《志》所收的藝文條目，有些也超出了上述的斷限範圍。譬如僧應物《九華山記》，李筌《閫外春秋》，韓鄂《四時纂要》，余知古《渚宮故事》及周挺《産保方》、《保童方》等，均係唐人著述，與五代略無關涉。它如孫沖《五代紀》，王軫《五朝春秋》，董淳《後蜀孟氏紀事》，徐鉉、湯悅《江南錄》，稅安禮《地理指掌圖》，許洞

《演元》及錢易《滑稽集》等，又純屬宋人著述。顧、宋兩《志》將這些藝文條目闌入五代，或許並非有意貪多務得，絕大多數情況是因爲對作者的著述年代未加詳考所致。

　　本書對五代藝文志所涉時間上、下限的理解與清人並無明顯差異，只是在具體細節上更注重五代本體的涵義。我的理解是，既然是《補五代史藝文志》，其中所收的藝文條目就應該和五代十國各個政權有關：要麽其撰人曾生活於列國，至少也應該與列國政權發生過一些聯繫，譬如張道古，雖不曾真正仕蜀，但畢竟歿於王建御蜀以後；要麽其著作出現於五代，譬如《別序孝經》一卷、《越王孝經新義》一卷、《皇靈孝經》一卷、《孝經雌圖》三卷等書，雖不是五代人的新創，但據薛居正《舊五代史》卷一二〇《周恭帝紀》之記載，它們均係顯德六年八月高麗國使臣所進。凡此兩條，即爲五代藝文條目的取捨原則。要之，本書有關"五代藝文"的斷限年代，上起割據之勢已成的唐昭宗龍紀元年（889），下至南唐滅國的宋太宗太平興國四年（979），凡清人諸《志》闌入"五代"的唐、宋藝文資料，本書將在第二章中據實考察，詳加辨正，逐條剔除。

　　其二，本專題研究的基本任務及用力重點主要有以下幾個方面。

　　第一，依據宋、元書目的記載詳加考訂，以確定書名、卷數和撰人姓名。輯補編纂《補五代史藝文志》，確實是一件十分艱難的事。通過覆核、重訂顧、宋兩人的既有成果，本人對此感觸良深。雖然其中絕大多數的藝文資料都能根據《舊唐書·經籍志》、《新唐書·藝文志》、《郡齋讀書志》、《秘書省續編到四庫闕書目》（以下簡稱《四庫闕書目》）、《通志·藝文略》、《宋史·藝文志》、《直齋書錄解題》、《文獻通考·經籍考》以及《國史經籍志》、《四庫全書總目》等宋、元、明、清書目的記載一一條對，但仍有不少條目必須要通過仔細閱讀大量的歷史典籍之後才能確定。譬如雲南趙和《雜詩箋》，僅見薛居正《舊五代史》卷三八《唐明宗紀》四之記載，陳玄《要術》

亦僅見薛《史》卷九六《陳玄傳》之概述等。通過這些條目的覆檢和訂正，更能體會顧、宋二人考索之艱難，搜補之用力。

即便如此，顧、宋兩《志》著録的書名、卷數和撰人姓名，仍然與《郡齋讀書志》、《直齋書録解題》、《通志》、《宋志》等書所載多有不合，有些地方甚至還存在較大差異。欲重新編纂《補五代史藝文志》，這些問題顯然是無法迴避的。兹分别例舉如下：

書名不確。如顧、宋兩《志》"聲樂類"所列王衍《豔詞》一卷，應爲《煙花集》。《直齋書録解題》卷十五"總集類"載《煙花集》五卷，題云："蜀後主王衍集豔詩二百篇，且爲之序。"其"詩文集類"所列《趙宏詩集》一卷，應爲《觀光集》。《十國春秋》卷一〇八《趙宏傳》載，趙宏乃薊州漁陽人，"後唐明宗時入洛舉進士……有《觀光集》若干卷"。其"霸史類"所列《南唐開基志》十卷，《宋史》卷二〇四《藝文志三》、《直齋書録解題》卷四、《文獻通考》卷二〇〇《經籍二七》均作《南唐烈祖開基志》。其"釋氏類"所列僧延壽撰《感通録》一卷，《崇文總目》卷四、《通志》卷六七《藝文略五》、《宋史》卷二〇五《藝文志四》均作《感通賦》。相對而言，兩《志》之中書名不確的情況並不算多。

卷數不實。重輯《藝文志》，應該就有關著述的卷數詳加考核，然顧、宋兩《志》往往於此考核不嚴，有些條目卷數差異太大。譬如《漢高祖實録》，《崇文總目》卷二作二十卷，《直齋書録解題》卷四另作十七卷，識曰："書本二十卷，今闕末三卷。"《通志》卷六五《藝文略三》、《國史經籍志》卷三亦作"二十卷"。宋《志》於此書竟録爲三十卷，顧《志》則録爲十卷，顯誤。再如顧《志》著録徐鍇《五代登科記》一卷，《宋史》卷二〇三《藝文志二》"傳紀類"即録爲十五卷。顧《志》著録庾傳昌《青宫載筆記》二卷，《十國春秋》卷四四《庾傳昌傳》載爲二十卷。顧《志》著録《三朝見聞録》一卷，《直齋書録解題》卷五、《文獻通考》卷一九六《經籍二三》均録爲八卷。顧《志》著録《錢氏慶系圖》二卷，《四庫闕書目》卷一録爲二十五卷。類似的問題並非少數,若不重加考察改正,便很難以信實稱。

撰人不確。應該説,撰人不確是顧、宋兩《志》最爲突出的問題。具體情形又有以下幾種:

原注"不著作者"者,撰人實可考。如顧《志》載録《吴書實録》三卷"不著作者",檢《崇文總目》卷二"雜史類上"即録爲"李清臣撰"。顧、宋兩《志》所録《坤儀令》一卷亦不明撰人,然《通志》卷六四《藝文志二》"儀注類"、焦竑《國史經籍志》卷三"儀注類"均載爲"王衍撰"。兩《志》於《異僧記》一卷不著撰人,然《宋史》卷二〇六《藝文志五》"小説類"則録爲"吴淑撰"。

於撰人姓名張冠李戴。如顧、宋兩《志》題爲"陳浚撰"之《揖讓録》七卷,《崇文總目》卷五"别集類六"、《通志》卷七〇《藝文略八》"制誥類"、明焦竑《國史經籍志》卷五"制誥類"均載録爲"陳岳撰"。兩《志》題爲"僞蜀楊九齡撰"之《五運録》十二卷,《新唐書》卷五八《藝文志二》"編年類"、焦竑《國史經籍志》卷三俱録爲"唐曹圭撰"。而顧《志》署名曹圭之《歷代年譜》一卷,《四庫闕書目》卷一、《通志》卷六五《藝文略三》"編年類"、焦竑《國史經籍志》卷三等均作"徐鍇撰"。復如僧曉微《玉壘集》一卷,《四庫闕書目》卷一"别集類"於《僧可朋詩》七卷後有葉德輝按語云:"後重見,作可朋《玉壘集》七卷,《宋志》云僧可朋《玉壘集》十卷。"

雖有撰人,卻不準確。如《梁循資格》一卷,顧、宋兩《志》原題爲"殷象撰",《宋史》卷二〇三《藝文志二》"故事類"則載録爲"郗殷象"。《廣陵妖亂志》一卷,兩《志》原題"鄭廷晦撰",而《新唐書》卷五八《藝文志二》"雜史類"、《崇文總目》卷二"雜史類上"、《通志》卷六五《藝文志三》"雜史"類皆著録《廣陵妖亂志》三卷,並注爲"郭廷誨撰"。

原無撰人,冒名不實。這裏面又分兩種情形:一種近似杜撰作者,如《國朝舊事》四十卷、《集説》二卷(實爲一卷),顧、宋兩《志》均題爲"王溥撰",然《新唐書》卷五八《藝文志二》"雜傳記類"、《通志》卷六五《藝文略三》"故事類"、《國史經籍志》卷三"故事類"並不著撰人。《宋史》、《宋史新編》及其他史籍中有關王溥之記傳，亦未提及上述兩書。另如兩《志》所載《唐末見聞錄》八卷，原題"王仁裕撰"，然《崇文總目》卷二"傳記類下"、《四庫闕書目》卷二"小説類"均不著撰人；王仁裕有《王氏見聞錄》三卷，非此書也。第二種情形是在依據《宋史·藝文志》等進行轉抄時，將相鄰著述連帶抄錄，遂造成撰人不實。如《孝義圖》一卷，柯維騏《宋史新編》卷五一《藝文五》"雜家類"於《徐氏忠烈圖》一卷之後著錄《孝義圖》一卷，不明撰人；顧、宋兩《志》誤加抄錄，將《孝義圖》一卷列於"吳徐温客"名下，其實誤也。再如《宋史》卷二〇二《藝文志一》"小學類"於郭忠恕《佩觿》三卷、《汗簡集》七卷之後又列《辨字圖》四卷、《歸字圖》一卷、《正字賦》一卷，不名作者；顧、宋兩《志》連帶轉抄，遂將《辨字圖》、《歸字圖》、《正字賦》三書誤置郭忠恕名下。再如，兩《志》根據《宋史》卷二〇七《藝文志六》抄錄李煜妻周氏《系蒙小葉子格》時，亦將其後所列《偏金葉子格》一卷、《小葉子例》一卷連帶抄錄，以謂周氏撰，其實誤也。

既然錯謬頗多，考訂與辨正便成爲一種必然的學術需求，我們所渴望的則是通過進一步考證，得出更加準確的結論，從而使《補五代史藝文志》的重編能更加接近歷史真實。

本書的考訂工作，將按照顧、宋兩《志》的原有編列順序逐條進行。但最終完成的《新編補五代史藝文志》，將對顧、宋兩《志》中歸屬明顯失當的藝文條目進行必要調整，使之更加合理。譬如：孫晟《續古闕文》一卷，《宋史》卷二〇八《藝文志七》列在"別集類"，顧《志》則置於"小學類"，本書將改入"總集類"。又王仁裕編《國風總類》五十卷，顧、宋兩《志》均列在"聲樂類"，今據《崇文總目》卷五"總集類下"、《通志》卷七〇《藝文略八》"詩總集"及《國史經籍志》卷五"總集類"之載錄，亦改入"總集類"。

第二，根據宋、元公、私書目及其他典籍的記載，搜採亡遺，在顧、宋兩《志》的基礎上，進一步補充藝文條目，從而確保重編之後的《補五代史藝文志》獲得更加確切的學術價值。事實上，顧、宋兩《志》所遺漏的五代藝文條目並非少數，據筆者考察，至少應在三百條以上。有些條目的遺漏太過明顯，譬如：後周聶崇義撰《三禮圖》二十卷，《崇文總目》卷一"禮類"、《郡齋讀書志》卷二等均有載錄。蹇遵品《左氏傳引帖斷義》十卷，見《崇文總目》卷一"春秋類"之著錄，且云："原釋僞蜀進士蹇遵品撰。擬唐禮部試進士帖經舊式敷經具對。"姜虔嗣《春秋纂要》十卷，亦見《崇文總目》卷一"春秋類"之著錄，識云："原釋僞唐人姜虔嗣以《春秋左氏》、《公》、《穀》三家之傳學者鈔集之文。"類似的藝文條目，既不難搜檢，更無需考辨真僞，但顧、宋兩《志》付闕不收，令人費解。本書對五代藝文資料的搜討與補遺，完全立足於對史料記載的考察和辨析，條目取捨的斷限原則一如前文所述。

第三，全面搜檢和輯錄五代金石資料。金石文字亦屬藝文考察範圍。鄭樵《通志》卷七三所輯金石資料，上起三代，下迄於唐，五代金石尚未能及。清汪之昌撰《補南唐藝文志》，以爲金石文字亦屬藝文而顧《志》不載，或爲未暇搜輯所致，是故不棄瑣屑，搜尋補錄，以備後人參考。本書專力研究五代藝文志，於金石一節自然不應等閒視之，何況金石之中確有不少重要的內容，爲五代史研究不可或缺。譬如：吳越於後晉末曾奉契丹正朔一事，史書不載，而《輿地碑記目》卷一所載《吳越錢氏用契丹會同年號碑》、婺州《義烏真如寺耶律年號碑》，以及同書卷三所載陳郯會同十年所撰《烏石宣威感應王廟碑銘》等碑文，均爲確認這一特殊歷史事件提供了最爲可靠的原始依據。金石資料對於文史研究往往具有不可替代的用途和價值，由此可見一斑。

第四，重新編撰一部可靠實用的新編《補五代史藝文志》，是本書研究的最終目的。本書第五部分對五代藝文志的重新整理和編纂，建立在此前各部分考證和研究的基礎之上。作爲本書作者，絕不敢説這就是一個完美的《補五代史藝文志》，疏漏、不確乃至錯訛的地方肯定在所難免。現在也只能説，相對於顧、宋兩《志》，這個新編《補五代史藝文志》或許更可靠、更實用一些。

其三，關於本書體例的幾點説明。

清人各《志》多未就編録體例詳加説明，其思考略深者有陳鱣，其《續唐書·經籍志》序云：

> 自班《書》志藝文，而後各史皆不志藝文。唐于志寧等同修《五代史志》，於是有《經籍志》，分述經、史、子、集四部。考晉秘書監荀勖《中經簿》，一甲部，紀"六藝"及"小學"等書；二乙部，有古諸子家、近世子家、兵書家、術數家；三景部（興武按：唐高祖李淵父名李昞，故唐人諱"丙"作"景"，陳氏因之。），有史記舊事、皇覽部、雜事；四丁部，有詩賦、圖讚、汲塚書。其例較劉歆《七略》、王儉之《七志》、阮孝緒之《七録》爲近理。然以諸子家爲先史記，而詩賦等下列汲塚書，次序未爲盡善。故《經籍志》依用之而後變通之。《五代史志》三十卷，本屬別行，故《經籍志》中云梁有若干卷。後又編第入《隋書》，而後人但稱爲《隋志》耳。《唐書·經籍志》、《新唐書·藝文志》並依其例，惟是新、舊二《志》，皆兼列唐以前之書，其篇目雖覺美富可觀，而實按之，則係一代收藏之書，而非一代著作之書，殊乖斷代爲史之義。至於《舊五代史》不志"經籍"一門，新修《五代記》並不作志，雖爾時歷年甚少，又當兵戈擾攘之際，作者寥寥，然如明宗之好文，及南唐主之風雅，其臣下亦有工於著述，斐然可觀者。倘竟使文獻無考，寧非缺典。因網羅散失，補志經籍。

陳氏强調其《經籍志》所收乃"一代著作之書"而非"一代收藏之書"，此種撰述理念是頗爲嚴謹的。而在《經籍志》的編撰體例上，他完全遵從《舊唐書·經籍志》和《新唐書·藝文志》等史籍模範，即以經、史、子、集四部爲序，而於每部之下又細分若干門類，逐條載録。這種作法無疑是科學而嚴謹的。不過，就本書而言，除最終成果新編《補五代史藝文志》外，其餘部分都不可能遵循如此嚴格的體例要求。爲避免誤解，特申明如次。

首先，本書絶非單純的目録之書，其前四章所展示的乃是一個分步驟進行的研究過程而已。

其次，本書對顧、宋兩《志》既有條目以及清人相關各《志》誤收唐、宋藝文資料的逐條考訂，均按其在原書中出現的次序逐條展開；其《補遺》部分則依照經、史、子、集四類編列歸置。

再次，有關"五代金石考録"的條目稽考，均依"五代十國"之國别編録，一國之中則按年代先後編次。

此外，本書各部分有關五代著述版本狀況的介紹，主要依據上海古籍出版社 1985 年 10 月版《中國古籍善本書目》、書目文獻出版社 1990 年 8 月版《北京圖書館古籍善本書目》等，謹此説明。

本書初稿的撰寫，曾經歷七個春秋。從事這一專題研究的瑣屑、枯燥和搜輯材料的種種艱難不言而喻。在此期間，武漢大學陳國燦教授爲本書體例的確定提出過十分寶貴的意見。恩師吴熊和教授、中華書局傅璇琮先生、復旦大學王水照教授、蘇州大學嚴迪昌教授等，都從各個方面給予很大的關懷和幫助，藉此機會，謹奉上無比真誠的感謝！

第一章　顧櫰三《補五代史藝文志》條目再考訂

　　本書對五代藝文資料的搜檢和考訂，開始於對清人及今人有關成果的詳加考訂和重新確認。這不僅是出於對前人在該專題研究中已經取得的豐碩成果的尊重，更是一種學術探索的規範和必然。本章的考訂工作仍以顧櫰三《補五代史藝文志》（以下簡稱"顧《志》"）爲底本，主要參照宋祖駿《補五代史藝文志》（以下簡稱"宋《志》"）、徐炯《五代史記補考·藝文考》、陳鱣《續唐書·經籍志》、汪之昌《補南唐藝文志》以及唐圭璋和杜文玉兩先生編撰的兩種《南唐藝文志》來進行。著述條目的排列次序仍依顧《志》原貌。凡顧、宋兩《志》所列各條均予覆核考察，相關佐證材料均在考訂過程中加以徵引；其不宜闌入五代的唐、宋藝文資料，則隨條注出，暫不考訂。

石　　經

　　石經舊在務本坊。天祐中，韓建築新城，而石經委棄於野。至朱梁時，劉鄩鎮守長安，從幕吏尹玉羽之請，輦入長安城中，置唐尚書省之西隅。

　　右本宋黎持《移石經記》，此唐開成石經。

　　【考訂】　宋《志》同。《舊唐書》卷一七下《文宗紀下》載：開成二年,"宰臣判國子祭酒鄭覃進《石壁九經》一百六十卷。時上好文,鄭覃以經義啟導,稍折文章之士,遂奏置五經博士,依後漢蔡伯喈刊碑列於太學,創立《石壁九經》,諸儒校正訛謬。上又令翰林勒字官唐玄度復校字體,又乖師法,故石經立後數十年,名儒皆不窺之,以爲蕪累甚矣"。

明趙崡《石墨鐫華》卷二《唐刻石經考》云:"六朝以前用分隸,今石經皆正書,且多用歐、虞書法,知其爲唐人書矣。《禮記》首《月令》,尊明皇;'純'字諱,尊憲宗,又知其非天寶以前人書矣。然則今西安府學石經,乃唐文宗時石經也。舊在務本坊,韓建築新城,棄之於野。朱梁時,劉鄩用尹玉翁請,遷故唐尚書省之西隅。宋元祐中,汲郡呂公始遷今學。嘉靖乙卯地震,石經倒損,西安府學生員王堯惠等,按舊文集其缺字,別刻小石,立於碑傍,以便摹補。又按《唐書》謂文宗朝石經,違棄師法,不足觀,然其用筆雖出衆人,不離歐、虞、褚、薛法,恐非今人所及。惟王堯惠等補字,大爲紕繆。今華下東生文豸家,有乙卯以前搨本,庶幾稱善焉。"

清王朝榘《唐石經考正序》云:"唐文宗時,宰臣鄭覃以經籍刓謬,博士淺陋,不能正建言,願與鉅學鴻生共力讎校,準漢舊事,鏤石太學,示萬世法。太和七年十二月,勑於國子監講論堂兩廊,創立石《九經》,並《孝經》、《論語》、《爾雅》,共一百五十餘卷。開成二年十月告成。今在西安府學。……然《舊唐書》謂其字乖師法,立後數十年,名儒皆不窺之,以爲蕪累。元、明以前,護持珍惜之者,唯劉鄩、尹玉羽、呂汲公、司馬溫公、周益公諸人。"

劉鄩,密州安丘縣人。唐中和中入軍旅,光化初爲登州刺史。後梁開平元年,授右金吾上將軍,充諸軍馬步都指揮使。三年夏,梁祖以鄩爲永平軍節度使、檢校司徒,行大安尹、金州管內觀察使,鎮長安。後被梁末帝鴆卒。傳見薛居正《舊五代史》(以下簡稱"薛《史》")卷二三、歐陽修《新五代史》(以下簡稱"歐《史》")卷二二。

孟蜀廣政十四年，冬，十月，詔勒諸經於石。秘書郎張紹文寫《毛詩》、《儀禮》、《禮記》，秘書省校書郎孫朋古寫《周禮》，國子博士孫逢吉寫《周易》，校書郎周德政寫《尚書》，簡州平泉令張德昭寫《爾雅》，字皆精謹。

　　案晁公武《讀書志》所載，有蜀《石經周易》十三卷、《石經尚書》十三卷、《石經毛詩》二十卷、《石經周禮》二十卷、《石經禮記》二十卷、《石經左氏傳》三十卷、《石經論語》十卷。又《志》載《論語》爲張德鈞書，可補吳任臣《十國春秋·後蜀主本紀》之缺；而范成大《石經本末記》則以爲張德昭書。

　　【考訂】　宋《志》所載與此略同，而誤"孫朋古"爲"孫朋吉"；復謂："(晁)《志》載《論語》爲張德鈞書，而范成大《石經本末記》則以爲《孝經》、《論語》、《爾雅》皆張德釗書。又吳任臣《十國春秋》：毋昭裔仕後蜀，性嗜藏書，嘗按雍都舊本《九經》，命張德釗書之，刻石成都學宮。晁《志》'鈞'字疑'釗'之誤。"

　　洪邁《容齋續筆》卷一四"周蜀九經"條云："成都石本諸經，《毛詩》、《儀禮》、《禮記》皆秘書省秘書郎張紹文書。《周禮》者，秘書省校書郎孫朋古書。《周易》者，國子博士孫逢吉書。《尚書》者，校書郎周德政書。《爾雅》者，簡州平泉令張德昭書。題云廣政十四年，蓋孟昶時所鐫，其字體亦皆精謹。"

　　顧炎武《石經考》"蜀石經"條云："《成都記》：'僞蜀孟昶有國，其相毋昭裔刻《孝經》、《論語》、《爾雅》、《周易》、《尚書》、《周禮》、《毛詩》、《儀禮》、《禮記》、《左傳》，凡十經於石。其書丹則張德釗、楊鈞、張紹文、孫逢吉、周德貞也。凡石千數，盡依太和舊本，歷八年乃成。《公》、《穀》則有宋田元均所刻，《古文尚書》則晁公武所補也。胡元質宗愈作堂以貯之，名石經堂，在府學。'《玉海》：蜀《石經周易》後書'廣政十四年歲次辛亥五月二十日'（按此後周太祖廣順元年），《公羊傳》後書'大宋皇祐元年歲次己丑九月辛卯朔十五日己巳工畢'。僞蜀相毋昭裔取唐太和本刻石於成都學宮，與後唐板本不無小異。

乾道中，晁公武參校二本，取經文不同者三百二科，著《石經考異》，亦刻於石。"其後徵引晁公武《石經考異序》，文繁不贅。

朱彝尊《經義考》卷二八九"後蜀石經"條云："雷叔聞曰：偽蜀廣政七年，其相毋昭裔按雍都舊本《九經》，命平泉令張德釗書而刻諸石。是歲實晉開運甲辰也。蜀守胡宗愈作堂以貯石經，席益增葺爲記。晁公武曰：石經《周易》並《略例》十一卷（原注：曾宏父《石刻鋪叙》作十二卷，又《略例》一卷），偽蜀廣政辛亥，孫逢吉書。廣政，孟昶年號也。"

《十國春秋》卷四九《後蜀紀二》廣政七年載："是歲，門下侍郎同平章事毋昭裔按雍都舊本《九經》，命平泉令張德釗書而刻諸石，以貯成都學宫。"廣政十四年又載："是歲，詔勒諸經於石，秘書郎張紹文寫《毛詩》、《儀禮》、《禮記》，秘書省校書郎孫朋古寫《周禮》，國子博士孫逢吉寫《周易》，校書郎周德政寫《尚書》，簡州平泉令張德昭寫《爾雅》，字皆精謹。"

陳鱣《續唐書・經籍志》詳述後蜀石經之卷數、雕刻字數、書寫及鐫刻者姓名等，且云："以上諸經，皆相毋昭裔捐俸依太和舊本琢石於學宫。蓋《論語》、《孝經》、《爾雅》先成，故題廣政七年，而《周易》等在後，故題廣政十四年，凡歷八年。其石千數，昭裔獨辦之，固已可嘉。又能按雍都舊本，命能書者寫之而刻諸石，尤偉績也。惟《公羊》、《穀梁》二傳，乃後代補完耳。"

興武謹按：考後蜀廣政石經，其各部情形如次：
《石經周易》、《周易指略例》共十三卷　孫逢吉書
《宋秘書省續編到四庫闕書目》（以下簡稱《四庫闕書目》）卷一"經類"著録《石經周易》十卷。趙希弁《讀書附志》（晁公武撰、孫猛校證《郡齋讀書志》後附，下稱"趙《志》"）卷上"《石經周易》"條云："右《周易》十卷。經注六萬六千八百四十四字。將仕郎守國子助教臣楊鈞、朝議郎守國子《毛詩》博士柱國臣孫逢吉書。"《文獻通

考》卷一七五《經籍二》載錄"《石經周易》、《周易指略例》共十一卷",注云:"晁氏曰:僞蜀廣政辛亥孫逢吉書。廣政,孟昶年號也。《說卦》'乾,健也'以下有韓康伯注。《略例》有邢璹注,此與國子監本不同者也。以蜀中印本校邢璹注《略例》,不同者又百餘字,詳其意義,似石經誤而無他本訂正,姑兩存焉。"

《蜀碑記補》卷一"石經"條載:"《周易》四册,十二卷。又《略例》一卷。正經二萬四千五十二字,注四萬二千七百九十二字。廣政十四年辛亥仲夏刊石。朝議郎國史《毛詩》博士孫逢吉書。"

《石經尚書》十三卷　周德貞書　陳德超刻

趙《志》卷上"《石經尚書》"條云:"右《尚書》十三卷。經注並序八萬一千九百四十四字。將仕郎試秘書省校書郎臣周德貞書,鐫玉册官陳德超鐫。"《文獻通考》卷一七七《經籍四》載錄《石經尚書》十三卷,注云:"晁氏曰:僞蜀周德真書。經文有'祥'字皆闕其畫,亦闕'民'字之類,蓋孟氏未叛唐時所刊也。"

《蜀碑記補》卷一"石經"條載:"《尚書》四册,十三卷。正經二萬六千二百八十六字,注四萬八千九百八十二字。將仕郎秘書省校書郎周德貞書,鐫工陳德超。"

《石經毛詩》二十卷　張紹文書　張延族刻

趙《志》卷上"《石經毛詩》"條云:"右《毛詩》二十卷。經注一十四萬六千七百四十字。將仕郎試秘書省校書郎張紹文書。"

《蜀碑記補》卷一"石經"條載:"《毛詩》八册,二十卷。正經四萬一千二十一字,注十萬五千七百一十九字。將仕郎秘書省秘書郎張紹文書,鐫工張延族。"

《石經周禮》十二卷　孫朋吉書

《四庫闕書目》卷一"經類"著錄蜀本《石經周禮》十二卷。

趙《志》卷上"《石經周禮》"條云："右《周禮》十二卷。經注一十六萬三千一百單三字。將仕郎試秘書省校書郎孫朋吉書。"《文獻通考》卷一八一《經籍八》載錄《石經周禮》十二卷，注云："晁氏曰：僞蜀孫朋古書。以監本是正，其注或羨或脱，或不同，至千數。"

《蜀碑記補》卷一"石經"條載："《周禮》九册，十二卷。正經五萬五百八字，注十一萬二千五百九十五字。將仕郎秘書省秘書郎孫朋吉書。"

《石經儀禮》十六卷　　張紹文書

《四庫闕書目》卷一"經類"著録蜀本《石經儀禮》十七卷。

趙《志》卷上"《石經儀禮》"條云："右《儀禮》十七卷。經注一十六萬五百七十三字。將仕郎試秘書省校書郎張紹文書。"

《蜀碑記補》卷一"石經"條載："《儀禮》八册，十六卷。正經五萬二千八百二字，注七萬七千八百九十一字。"

《石經禮記》二十卷　　張紹文書

《四庫闕書目》卷一"經類"著録蜀本《石經禮記》二十卷。

趙《志》卷上"《石經禮記》"條云："右《禮記》二十卷。經注十九萬六千七百五十一字。卷首題曰'御删定《禮記月令》第一。集賢院學士、尚書左僕射兼右相吏部尚書修國史上柱國晉國公臣林甫奉勅注'。《曲禮》爲第二。蓋唐明皇删定之本也。將仕郎試秘書省校書郎張紹文書。"《文獻通考》卷一八一《經籍八》載錄《石經禮記》二十卷，注云："晁氏曰：僞蜀張紹文所書，不載年月。經文不闕唐諱，當是孟知祥僭位之後也。首之以《月令》，題云'御删定'，蓋明皇也。林甫等注，蓋李林甫也。"

《蜀碑記補》卷一"石經"條載："《禮記》十册，二十卷。正經九萬八千五百四十五字，注十萬六千四十九字。以唐元宗（興武按：即玄宗）所删《月令》爲首，《曲禮》次之。亦張紹文書。"

《石經春秋》三十卷　未明書者姓名

趙《志》卷上"《石經春秋》"條云："右《春秋經傳集解》三十卷。經注並序三十四萬五千一百四十四字。不題所書人姓氏。"《文獻通考》卷一八二《經籍九》載錄《石經左氏傳》三十卷，注云："晁氏曰：不題所書人姓氏，亦無年月。按文不闕唐諱及國朝諱，而闕'祥'字，當是孟知祥僭位後刊石也。"

《蜀碑記補》卷一"石經"條載："《春秋左氏傳》二十八冊，三十卷。《序》一千六百一十七字，《經傳》十九萬七千二百六十五字，注十四萬六千九百六十二字。"原注："蜀鐫至十七卷止。"

《石經論語》十卷　張德釗書　陳德謙刻

《四庫闕書目》卷一"經類"著錄《石經論語》十卷。

趙《志》卷上"《石經論語》"條云："右《論語》十卷。經注並序三萬五千三百六十八字。將仕郎前守簡州平泉縣令兼殿中侍御史賜緋魚袋張德釗書，潁川郡陳德謙鐫字。"《文獻通考》卷一八四《經籍十一》載錄石經《論語》十卷，注云："晁氏曰：右僞蜀張德鈞書，闕唐諱，立石當在孟知祥未叛之前。其文脫兩字，誤一字。又《述而》第七'舉一隅'下有'而示之'三字；'三人行，必有我師焉'上又有'我'字；《衛靈公》第十五'敬其事而後其食'作'後食其祿'。與李鶚本不同者，此也。"

《蜀碑記補》卷一"石經"條載："《論語》三冊，十卷。《序》三百七十二字，正經一萬五千九百十三字，注一萬九千四百五十四字。廣政七年四月九日校勘。書、鐫姓名，皆同《孝經》。"

《石經孝經》二卷　毋昭裔校勘　張德釗書　陳德謙刻

趙《志》卷上"《石經孝經》"條云："右《孝經》一卷。經注並序四千九百八十五字。不題所書人姓氏，但題潁川郡陳德謙鐫字。"

《蜀碑記補》卷一"石經"條載："《孝經》一冊，二卷。《序》四百三十九字，正經一千七百九十八字，注二千七百四十八字。孟蜀廣政七年三月二日，右僕射毋昭裔以雍經石本校勘。簡州平泉令張德釗書，鐫工潁川陳德謙。"

《石經爾雅》三卷　　張德釗書

《四庫闕書目》卷一"經類·小學類"著錄《石經爾雅》三卷。

趙《志》卷上"《石經爾雅》"條云："右《爾雅》三卷。將仕郎前守簡州平泉縣令賜緋魚袋張德釗書，武令昇鐫。不題經注字數若干。"

《蜀碑記補》卷一"石經"條載："《爾雅》一冊，二卷。不載經注數目。廣政七年甲辰六月，右僕射毋昭裔置。簡州平泉令張德釗書。鐫者武令昇。"

以上十種爲蜀石經，顧、宋兩《志》僅著錄七種。

彭玕，廬陵人，事楚，蒞全州刺史，通《左氏春秋》。嘗募求西京石經，厚賜以金。揚州人爲之語曰："十金易一筆，百金易一篇，況得士乎！"

【考訂】《新唐書》卷一九〇《鍾傳傳》載："（傳）以彭玕爲吉州刺史。玕，健將也，傳倚以爲重。……玕通《左氏春秋》，嘗募求西京《石經》，厚賜以金，揚州人至相語曰：'十金易一筆，百金償一篇，況得士乎？'故士人多往依之。"

《九國志》卷十一《彭玕傳》云："玕，吉州廬陵人，世居赤口洞爲酋豪。黃巢之後，江表寇盜蜂起，玕於鄉里，保聚徒衆，得數千人，自爲首領。捕逐群盜有功，本州補玕永新制置使。玕雅好儒學，精《左氏春秋》。當兵荒之歲，所在饑饉，玕延接文士，曾無虛日，治具勤厚，人多歸之。廣陵筆工李鬱者，善爲詩什，玕嘗貽書於鬱，以白金十兩市一筆。又令鬱訪石本《五經》，卷以白金百兩爲直。廣陵人相謂曰：'玕以十金易一筆，百金酬一卷，況得士乎！'於是簫謨等數人,咸往依之。……(歸馬殷一段省略)奏授郴州刺史、隴西郡公,以希範聘玕女。天成中玕卒,年七十三。"彭玕事蹟,另見《江南野史》卷六、《獨醒雜志》卷四及《十國春秋》卷七三。

汪之昌《補南唐藝文志》曰:"顧《志》:彭玕嘗募求西京石經,厚賜以金,揚州爲之語曰'十金易一筆,百金易一經',是必揚州備有石經,玕遣使募求,故州人有此語。而揚州時屬南唐,爰以開成石經刻本十二卷冠首。《周易》九卷、《尚書》十三卷、《毛詩》二十卷、《周禮》十二卷、《儀禮》十七卷、《禮記》二十卷、《春秋左氏傳》三十卷、《公羊傳》十二卷、《穀梁傳》十二卷、《論語》十卷、《孝經》一卷、《爾雅》三卷。"興武按:彭玕募求西京石經,未必盡得之。

彭玕,世爲廬陵人。當唐末時,不樂於吏事。破家鬻產,冶鐵爲兵,得勇力無賴者五百餘人,雄於一鄉。時鎮南節度使鍾傳統江西八郡,不能制,遂表爲玕吉州刺史。後歸馬殷,表授郴州刺史,迨十年而卒。傳見《十國春秋》卷七三。

雕板《九經》

天成二年三月,太常丞段永請國子監《五經》博士各講本經,以重橫經齒冑之義。

【考訂】 薛居正等《舊五代史》(以下簡稱"薛《史》")卷三八《明宗紀第四》載,天成二年三月丙辰,"太常丞段顒請國學《五經》博士各講本經,以申橫經齒冑之義,從之。"

長興三年二月,中書門下奏:"請依石經文字刻《九經》印板。"敕:"令國子監集博士生徒,將西京石經本,各以所業本經,廣爲鈔寫,子細校讀,然後雇召能雕字匠人,各部隨帙刻印,廣布天下。"

【考訂】 宋《志》同。薛《史》卷四三《明宗紀第九》載,長興三年二月,"辛未,中書奏:'請依石經文字刻《九經》印板。'從之"。

《五代會要》卷八"經籍"條載："後唐長興三年二月中書門下奏：'請依石經文字，刻《九經》印板。'敕令國子監集博士儒徒，將西京石經本，各以所業本經句度，抄寫注出，子細看讀。然後雇召能雕字匠人，各部隨帙刻印板，廣頒天下。如諸色人要寫經書，並須依所印敕本，不得更使雜本交錯。"

李燾《續資治通鑑長編》(以下簡稱《長編》)卷一一七云："前代經史皆以紙素傳寫，雖有舛誤，然尚可參讎。至五代，官始用墨版摹印《六經》，誠欲一其文字，使學者不惑。太宗朝又摹印司馬遷、班固、范曄諸史，與《六經》皆傳，於是世之寫本悉不用。然墨版訛駁，初不是正，而後學者更無它本可以刊驗。"

《馮道傳》："道以諸經舛謬，與同列李愚、委學官田敏等，取西京鄭覃所刊石經，雕爲印板，流布天下。"其國子監《五經》印板，則太常博士李鍔所書也。

【考訂】 宋《志》同。薛《史》卷一二六《馮道傳》稱："道之發言簡正，善於裨益，非常人所能及也。時以諸經舛謬，與同列李愚、委學官田敏等，取西京鄭覃所刊石經，雕爲印板，流布天下，後進賴之。"

葉夢得《石林燕語》卷八云："唐以前，凡書籍皆寫本，未有摹印之法，人以藏書爲貴。人不多有，而藏者精於讎對，故往往皆有善本。學者以傳錄之艱，故其誦讀亦精詳。五代時，馮道始奏請官鏤《六經》板印行。國朝淳化中，復以《史記》、前、後《漢》付有司摹印，自是書籍刊鏤者益多，士大夫不復以藏書爲意。學者易於得書，其誦讀亦因滅裂，然板本初不是正，不無訛誤。世既一以板本爲正，而藏本日亡，其訛謬者遂不可正，甚可惜也。"復云："世言雕板印書始馮道，此不然，但監本《五經》板，道爲之爾。《柳玼家訓序》言其在蜀時，嘗閱書肆，云'字書、小學，率雕板印紙'，則唐固有之矣，但恐不如今之工。"

王明清《揮麈録·餘話》卷二載："後唐平蜀，明宗命太學博士李鍔書《五經》，倣其製作，刊板於國子監。監中印書之始。今則盛行於天下，蜀中爲最。明清家有鍔書印本《五經》存焉，後題長興二年也。"

馮道，字可道，自號長樂老，瀛州景城人。唐天祐中事劉守光，後歸太原。歷唐、晉、漢、周四朝，三入中書，居相位二十餘載。後周顯德元年卒，年七十三。周世宗追封瀛王，謚文懿。傳見薛《史》卷一二六、歐《史》卷五四。

長興三年，命太子賓客馬縞等充詳勘《九經》官，於諸選人中召能書者，寫付雕匠，每日五紙。

【考訂】 宋《志》同。《五代會要》卷八"經籍"條載：後唐長興三年四月，"敕差太子賓客馬縞，太常丞陳觀，太常博士段顒、路航，尚書屯田員外郎田敏，充詳勘官，兼委國子監於諸色選人中，召能書人端楷寫出，旋付匠人雕刻。每日五紙，與減一選，如無選可減等第，據與改轉官資"。

另據宋王欽若等編《册府元龜》卷六〇八載："長興三年四月敕：'近以編注石經、雕刻印板委國學，每經差專知業博士儒徒五六人，勘讀並注。今更於朝官內別差五人，充詳勘官，太子賓客馬縞、太常丞陳觀、祠部員外郎兼太常博士段顒、太常博士路航、屯田員外郎田敏等。朕以正經事大，不同諸書，雖以委國學差官勘注，蓋緣文字極多，尚恐偶有差誤。馬縞以下皆是碩儒，各專經業，更令詳勘，貴必精研。兼宜委國子監於諸色選人中，召能書人，謹楷寫出，旋付匠人鏤刻。每五百紙，與減一選，所減等第，優與遷轉官資。'時宰相馮道以諸經舛謬，與同列李愚，委學官等取西京鄭覃所刻石經，雕爲印板，流布天下，後進賴之。"

開運元年三月，國子監祭酒田敏以印本《五經》進。

案《玉海·藝文部》作田敏以印本《五經》、《字樣》二部進,凡一百三十册。

【考訂】 宋《志》同。薛《史》卷八一載,天福八年三月庚寅,"國子祭酒兼户部侍郎田敏以印本《五經》書上進,賜帛五十段"。

田敏,淄州鄒平人,梁貞明中登科,仕梁、唐、晉、漢、周五朝,卒於宋開寶四年,年九十二。傳見《宋史》卷四三一。

乾祐元年五月,己酉朔,國子監奏《周禮》、《儀禮》、《穀梁》、《公羊》四經未有印板,欲集學官考校雕造,從之。

【考訂】 宋《志》同。《五代會要》卷八"經籍"條載:"漢乾祐元年閏五月,國子監奏見在雕印板《九經》内,有《周禮》、《儀禮》、《公羊》、《穀梁》四經,未有印本。今欲集學官校勘四經文字鏤板。從之。"

《宋史》卷四三一《田敏傳》云:"敏嘗使湖南,路出荆渚,以印本經書遺高從誨,從誨謝曰:'祭酒所遺經書,僕但能識《孝經》耳。'敏曰:'讀書不必多,十八章足矣。如《諸侯章》云'在上不驕,高而不危,制節謹度,滿而不溢',皆至要之言也。'時從誨兵敗於郢,故敏以此諷之,從誨大慚。"《十國春秋》卷一〇一《荆南世家二》於乾祐元年載:"是歲,漢遣國子祭酒田敏使於楚,假道於我……敏以印本《五經》遺王,王謝曰:'予之所識,不過《孝經》十八章爾。'"

廣順三年,尚書左丞田敏以印板《九經》進。

【考訂】 宋《志》同。《五代會要》卷八"經籍"條云:"周廣順三年六月,尚書左丞兼判國子監事田敏,進印板《九經》書、《五經文字》、《九經字樣》各二部,一百三十册。"

《册府元龜》卷六〇八"刊校"條載:"周田敏爲尚書左丞兼判國子監事,廣順三年六月,敏獻印板書《五經文字》、《五經字樣》各二部,一百三十册。奏曰:'臣等自長興三年校勘雕印《九經》書籍,經注繁多，年代殊邈，傳寫訛繆，漸失根源。臣守官膠庠，職司校定，旁求援據，上備雕鐫，幸遇聖明，克終盛事。播文德於有截，傳世教以無窮。謹具陳進。'先是，後唐宰相馮道、李愚重經學，因言：'漢時崇儒，有三字石經。唐朝亦於國學刊刻。今朝廷日不暇給，無能別有刊立。嘗見吳、蜀之人，鬻印板文字，色類絕多，終不及經典。如經典校定，雕摹流行，深益於文教矣。'乃奏聞。勅下儒官田敏等，考校經注。敏於經注，長於《詩傳》，孜孜刊正，援引證據，聯爲篇卷，先經奏定而後雕刻。乃分政事堂廚錢，及諸司公用錢，又納及第舉人禮錢，以給工人。"

《和凝傳》："凝有集百餘卷，自鏤板行世。"
案：此爲刻詩文集之始。

【考訂】 宋《志》同。薛《史》卷一二七《和凝傳》云："（凝）平生爲文章，長於短歌豔曲，尤好聲譽。有集百卷，自篆於板，模印數百帙，分惠於人焉。"歐陽修等撰《新五代史》（以下簡稱"歐《史》"）卷五六《和凝傳》亦云："凝好飾車服，爲文章以多爲富，有集百餘卷，嘗自鏤板，以行於世，識者多非之。"

王應麟《困學紀聞》卷一七云："和凝爲文，以多爲富，有集百餘卷，自鏤板行於世，識者多非之。此顏之推所謂'訡癡符'也。楊綰有論著，未始一示人，可以爲法。《易》曰：'白賁無咎。'"

和凝，字成績，汶陽須昌人。年十九舉進士。梁義成軍節度使賀瓌辟置幕下。入後唐，累遷中書舍人、工部侍郎。晉初，拜端明殿學士，兼判度支，轉戶部侍郎。天福五年，拜中書侍郎、同中書門下平章事。少帝嗣位，加右僕射。開運初，罷相，轉左僕射。漢祖入立，拜太子太保，封魯國公。周顯德初，遷太子太傅，二年卒，享年五十八。傳見薛《史》卷一二七、歐《史》卷五五。

興武按：此條與"雕板《九經》"本無關涉。然雕版刻印，此前似僅限於經書，晉相和凝獨以其宰臣之貴，藉印經之術，刻鏤詩文印板，模印行世，亦可謂開一代之先河者，故而書之。

　　蜀毋昭裔貧賤時，嘗假《文選》於交遊間，其人有難色，因發憤，異日若貴，當鏤板以貽學士。後仕蜀，爲宰相，出私財百萬，刻《九經》及《文選》、《初學記》、《白孔六帖》行世。

　　案馬端臨《文獻通考·經籍門》以爲刻書始於後唐馮道，而沈存中《筆談》、孔平仲《説苑》、王仲言《揮麈錄》、陶岳《五代史補》並同。然考《綺覺寮雜記》云："雕印字，唐以前無之。唐末，益州始有墨本。"而《石林燕語》則謂唐柳玭訓叙，中和三年在蜀見字書雕本，是唐時已有印板矣。至《河汾燕閑錄》，又謂隋開皇十二年十二月，敕遺經廢像，悉令雕撰。案此自指佛經。王新城尚書引之，以爲刊書之所自始。然則雕板書固肇於隋，行於唐，擴於五代，精於宋，信如胡應麟之説無疑也。郎瑛《七修類稿》又謂唐時不過間有一二，至馮道雕印《五經》，由是典籍皆爲板本。當五代亂離之際，而墳典流布，嘉惠後學，天之不絕斯文，信矣夫！

　　【考訂】　宋《志》同。《揮麈錄·餘話》卷二載："毋丘儉（興武按：當作昭裔）貧賤時，嘗借《文選》於交遊間，其人有難色，發憤異日若貴，當板以鏤之遺學者。後仕王蜀爲宰，遂踐其言刊之。印行書籍，創見於此。事載陶岳《五代史補》。"

　　《分門古今類事》卷一九"毋公印書"條稱："毋公者，蒲津人也。仕蜀爲相。先是公在布衣日，常從人借《文選》及《初學記》，人多難色。公浩歎曰：'余恨家貧，不能力致。他日稍達，願刻板印之，庶及天下習學之者。'後公果於蜀顯達，乃曰：'今日可以酬宿願矣。'因命工匠日夜雕板，印成二部之書。公覽之，欣然曰：'適我願矣。'復雕《九經》諸書，兩蜀文字，由是大興。洎蜀歸國，豪貴之族以財賄禍其家者十八九。上好書，命使盡取蜀文籍及諸印板歸闕，忽見板後有毋氏姓名，乃問歐陽烱，烱曰：'此是毋氏家錢自造。'上甚悦，即命以板還毋氏。至今印書者遍於海內。於戲！毋氏之志，本欲廣學問於後世，天果從之！大凡處重位，居富貴，多是急聚歛，恣聲色，營第宅，植田產，以爲子孫之計。及一旦失勢，或爲不肖子所蕩，至其後曾無立錐之地。獨毋氏反以印書致家累千金，子孫祿食。初，其在蜀雕印之日，多爲衆所鄙笑。及其後，乃往假貸，雖樊侯種杞梓未可同年而語。仲尼之教，福善餘慶，一何偉歟！左拾遺孫逢吉嘗話及，因紀之，以爲世戒。"

《容齋續筆》卷一四"周蜀《九經》"條云："唐正觀中，魏徵、虞世南、顏師古繼爲秘書監，請募天下書，選五品以上子孫工書者，爲書手繕寫。予家有舊監本《周禮》，其末云：'大周廣順三年癸丑五月，雕造《九經》書畢，前鄉貢三禮郭嶸書。'列宰相李穀、范質、判監田敏等銜於後。《經典釋文》末云：'顯德六年己未三月，太廟室長朱延熙書。'宰相范質、王溥如前，而田敏以工部尚書爲詳勘官。此書字畫端嚴有楷法，更無舛誤。《舊五代史》：漢隱帝時，國子監奏《周禮》、《儀禮》、《公羊》、《穀梁》四經未有印板，欲集學官考校雕造。從之。正尚武之時，而能如是，蓋至此年而成也。成都石本諸經，《毛詩》、《儀禮》、《禮記》皆秘書省秘書郎張紹文書。《周禮》者，秘書省校書郎孫朋古書。《周易》者，國子博士孫逢吉書。《尚書》者，校書郎周德政書。《爾雅》者，簡州平泉令張德昭書。題云廣政十四年，蓋孟昶時所鐫，其字體亦皆精謹。兩者並用士人筆劄，猶有貞觀遺風，故不庸俗，可以傳遠。唯三《傳》至皇祐元年方畢工，殊不逮前。"

《十國春秋》卷四九《前蜀紀》二載，廣政十六年夏五月，"宰相毋昭裔出私財百萬營學館，且請鏤版印《九經》，以頒郡縣，從之"。同書卷五二《毋昭裔傳》復云："蜀士自唐以來，學校廢絕，昭裔出私財營學宮，立黌舍，且請後主鏤版印《九經》，由是文學復盛。又令門人句中正、孫逢吉書《文選》、《初學記》、《白氏六帖》，刻版行之。後子守素齎至中朝，諸書遂大彰於世。"

毋昭裔，河中龍門人，仕後蜀。傳見《十國春秋》卷五二。

《易軌》□卷　蒲虔軌撰（應爲《易軌》一卷　蒲乾貫撰）

【考訂】　宋《志》同。《易軌》□卷，應爲《易軌》一卷。"蒲虔軌"應爲"蒲虔觀"。陳鱣《續唐書·經籍志》、徐炯《五代史記補考·藝文考》均載《易軌》一卷，徐氏謂"僞蜀滿乾貫撰"，誤"蒲"爲"滿"，以形近故也。

《四庫闕書目》卷二"五行卜筮類"著錄《易軌》一卷，不著撰人。《郡齋讀書志》（兹據孫猛《郡齋讀書志校證》，下同）卷一著錄《易軌》一卷，注云："右僞蜀蒲乾貫撰。專言流演。其序云：'可以知否泰之源，察延促之數。蓋數學也。'按劉道原《十國紀年》，'乾貫'作'虔觀'，今兩字皆誤。"《文獻通考》卷一七五《經籍二》亦載錄《易軌》一卷。焦竑《國史經籍志》卷二"經類·易·論説類"著錄《周軌》一卷，題"蜀蒲虔觀"，是誤"易軌"爲"周軌"矣。同書卷四下"五行家·易軌革類"著錄蒲乾（虔）瓘《周易軌革指迷照膽訣》一卷，當即《易軌》。

《十國春秋》卷五六《蒲虔軌傳》云："蒲虔軌，蜀人也。著《易軌》若干卷，不知所終。"是又誤"觀"爲"軌"矣。

《易題》十卷　張道古撰（應爲《易題》□卷）

【考訂】　宋《志》同。

《資治通鑑》卷二六一乾寧四年十二月載："右拾遺張道古上疏，稱：'國家有五危、二亂。昔漢文帝即位未幾，明習國家事。今陛下登極已十年，而曾不知爲君馭臣之道。太宗内安中原，外開四夷，海表之國，莫不入臣。今先朝封域日蹙幾盡。臣雖微賤，竊傷陛下朝廷社稷始爲奸臣所弄，終爲賊臣所有也！'上怒，貶道古施州司户。仍下詔罪狀道古，宣示諫官。道古，青州人也。"

《北夢瑣言》卷五"張道古題墓"條云："唐天復中，張道古，滄州蒲臺縣人，擢進士第，拜左補闕。文學甚富，介僻不群。因上《五危二亂表》，左授施掾，爾後入蜀。先是，所陳《二亂疏》云：'只今劉備、孫權,已生於世矣。'懼爲蜀主所憾,無路棲託。洎逢開創,誠思徵召,爲幕寮排擯,卒不齒錄,竟罹非命也。嘗自筮,遇凶卦,預造一穴,題表云:'唐左補闕張道古墓。'後果遇害而瘞之。人有獲其上蜀主書遺稿,極言幕寮掩其才學,不爲延譽,又非違時變,盤桓取禍之流也。"原注:"補闕深於象象,著書號《易題》數卷行於世。"

《十國春秋》卷四二《張道古傳》云:"道古深於象象,著《易題》數卷行於世。"

張道古,字子美,滄州蒲臺人,一作青州臨淄人。唐景福二年進士,乾寧四年因獻疏得罪,被黜入蜀。前蜀武成元年卒於灌州。其《易題》一書,卷數不詳。

參考:張唐英《蜀檮杌》卷上、《唐詩紀事》卷七一。

《周易甘棠正義》三十卷　任貞(應爲任貞一)撰

【考訂】　宋《志》同。陳鱣《續唐書·經籍志》亦載《周易甘棠正義》三十卷,注云:"梁陝州大都督府左司馬任正一撰。"

《崇文總目》卷一"易類"載《周易甘棠正義》三十卷,注云:"原釋任正一撰。以孔穎達爲本。甘棠者,正一爲陝州司馬,故名其書。"《文獻通考》卷一七五《經籍二》亦載《甘棠正義》三十卷,注云:"《崇文總目》:梁陝州大都督府左司馬任正一撰。"《通志》卷六三《藝文志一》、焦竑《國史經籍志》卷二"經類·易·疏義"等均著錄《周易甘棠正義》三十卷,注云"五代任貞一"。《宋史》卷二〇二《藝文志一》"易類"載"任正一《甘棠正義》三十卷"。

《易龍圖》一卷　陳摶撰

【考訂】　宋《志》雖列陳摶《易龍圖》,但不載卷數。《宋史》卷二〇二《藝文志一》"易類"載"陳摶《易龍圖》一卷"。陳鱣《續唐書·經籍志》亦著錄《易龍圖》一卷,注云:"周處士真原陳摶撰。"宋陳騤等撰、清趙士煒輯考《中興館閣書目輯考》卷一考列《易龍圖》

一卷,亦曰"陳摶撰"。

陳摶有《龍圖序》曰:"且夫龍馬始負圖出於羲皇之代,在太古之先。今存已合之位,或疑之,況更陳其未合之數耶?然則何以知之?答曰:於仲尼三陳九卦之義探其旨,所以知之也。(九卦謂《履》、《謙》、《復》、《恒》、《損》、《益》、《困》、《井》、《巽》之九卦也。)況夫天之垂象,的如貫珠,少有差則不成次序矣。故自一至於盈萬,皆累累然如係之於縷也。且若《龍圖》本合則聖人不得見其象,所以天意先未合其形其象,聖人觀象而明其用。是《龍圖》者,天散而示之,伏羲合而用之,仲尼默而形之。始《龍圖》之未合也,惟五十五數。上二十五,天數也。中貫三、五、九,外包之十五,盡天三、天五、天九,並五十之用。後形一六無位,(上位去一,下位去六。)又顯二十四之爲用也。兹所謂天垂象矣。下三十,地數也,亦分五位,(五位言四方中央也。)皆明五之用也。(上位形五,下位形六。)十分而爲六,(五位,六五三十數也。)形坤之象焉。(坤用六也。)六分而幾四象,(成七九八六之四象。)地六不配。(謂中央六也,一分在南邊,六幾少陽七;二分在東邊,六幾少陰八;三分在西邊,六幾老陽九;惟在北邊六便成老陰數,更無外數添也。)在上則一不用,形二十四;在下則六不用,亦形二十四。(上位中心去其一,見二十四;下位中心去其六,亦見二十四。以一歲三百六旬,周於二十四氣也,故陰陽進退皆用二十四。)後既合也,天一居上爲道之宗,地六居下爲氣之本。(一六上下,覆載之中,運四十九之數,爲造化之用也。)天三幹地二,地四爲之用。(此更明九六之用,謂天三統地二,地四幾九爲乾元之用也。九幹五行,幾數四十,是謂大衍之數五十,其用四十有九也。)三若在陽則避孤陰,在陰則避寡陽。(成八卦者三位也,謂一、三、五之三位,二與四隻兩位,兩位則不成卦體。是無中正不爲用也。二與四在陽則爲孤陰,四二是也。在陰則爲寡陽,七九是也。三皆不處之,若避之也。)大矣哉!龍圖之變,歧分萬塗,今略述其梗概焉。"(《全宋文》001冊,225頁。)

陳摶，字圖南，亳州真源人，一作譙郡人。後唐長興中，舉進士不第，遂遁蹟世外。宋端拱二年七月卒。傳見《宋史》卷四五七《隱逸下》。

參考：宋邵伯溫《易學辨惑》、宋王偁《東都事略》卷一一八《隱逸傳》、宋陶岳《五代史補》卷五"周世宗詔陳摶"條、宋魏泰《東軒筆錄》卷一、宋朱熹《五朝名臣言行錄》卷十"希夷先生"條、宋吳曾《能改齋漫錄》卷一八、元辛文房《唐才子傳》卷一〇《陳摶傳》。

《青城山人菁揲歌》一卷　不著撰人姓名(應為《揲蓍法》一卷，青城山人撰)

【考訂】　宋《志》同。《宋史》卷二〇二《藝文志一》"易類"載"青城山人《揲蓍法》一卷"。朱彝尊《經義考》卷四一所載同。

《易論》三十三篇　王昭素撰

【考訂】　宋《志》同。《郡齋讀書志》卷一著錄《易論》三十三卷，釋云："右皇朝王昭素撰。昭素居酸棗，太祖時，嘗召令講《易》。其書以注、疏異同，互相詰難，蔽以己意。"據此，《易論》成書當在入宋後，不宜入五代藝文志。《宋史》卷二〇二《藝文志一》"易類"載"王昭素《易論》三十三卷"。同書卷四三一《王昭素傳》稱："昭素博通《九經》，兼究《莊》、《老》，尤精《詩》、《易》，以為王、韓注《易》及孔、馬疏義或未盡是，乃著《易論》二十三篇。"

《崇文總目》卷一"易類"載《易論》三十三卷，注云："原釋王昭素。見天一閣抄本。"《文獻通考》卷一七五、焦竑《國史經籍志》卷二均載王昭素《易論》三十三卷。清趙士煒《中興館閣書目輯考》卷一考列王昭素《易論》三十三卷，釋云："昭素以王、韓注《易》及孔、馬疏義或未盡是，乃著此論。"

陳鱣《續唐書·經籍志》著錄《易論》三十二卷，注云："周處士河中許堅撰。"顯誤。

王昭素，開封酸棗人，五代時居家不仕，至宋初開寶中入朝，已七十七歲。傳見《宋史》卷四三一《儒林傳》。

《尚書廣疏》十八卷、《尚書小疏》十三卷　馮繼先撰

【考訂】　宋《志》同。陳鱣《續唐書·經籍志》載《尚書廣疏》十八卷，徐炯《五代史記補考·藝文考》僅列《尚書廣疏》，不明卷數。

《崇文總目》卷一著録《尚書廣疏》十八卷，注云："僞蜀馮繼先撰。以穎達《正義》爲本，小加己意。"《宋史》卷二〇二《藝文志一》"書類"載"馮繼先《尚書廣疏》十八卷，又《尚書小疏》十三卷"。《文獻通考》卷一七七《經籍四》亦載録馮繼先《尚書廣疏》，不著卷數。

馮繼先，五代蜀人。生平事蹟不詳。

《古今尚書釋文》（應爲《古文尚書》並《釋文》）一卷（卷數應不詳）　郭忠恕撰（應爲定）

【考訂】　宋《志》同。

《宋史》卷四四二《郭忠恕傳》稱，"（忠恕）所定《古今尚書》並《釋文》並行於世"。朱彝尊《經義考》卷七八"陸氏（德明）《尚書釋文》"條云："王應麟曰：'唐陸德明《釋文》用古文。後周顯德六年，郭忠恕定《古文尚書》並《釋文》，刻板，太祖命判國子監。"

郭忠恕，字恕先，河南洛陽人。後周廣順中召爲宗正丞兼國子《書》學博士，改《周易》博士。宋建隆初貶乾州司户。宋太宗朝，復任國子監主簿，流登州，太平興國二年卒。傳見王稱《東都事略》卷一一三。

《春秋折衷》（應爲《折衷春秋倫》）三十卷　陳岳撰

【考訂】　宋《志》同。《新唐書》卷五七《藝文志一》"春秋類"載"陳岳《折衷春秋》三十卷"，注云："唐末鍾傳江西從事。"《崇文總目》卷一亦作《折衷春秋》三十卷，曰："唐陳岳撰。以三家異同三百

餘條,參求其長,以通《春秋》之意。"

《郡齋讀書志》卷三載《折衷春秋論》三十卷,曰:"右唐陳岳撰。以《左氏傳》爲上,《公羊傳》爲中,《穀梁傳》爲下,比其異同而折中之。岳,唐末從鍾傳,辟爲江西從事。"《直齋書錄解題》卷三"春秋類"著錄《春秋折衷論》三十卷,識曰:"唐江西觀察判官盧陵陳岳撰。以三《傳》異義,折衷其是非,而斷於一。岳,唐末十上春官,晚乃辟江西從事。"《通志》卷六三《藝文志一》"春秋·傳論"類、《宋史》卷二〇二《藝文志一》"春秋類"、《文獻通考》卷一八二《經籍九》、焦竑《國史經籍志》卷二等俱載陳岳《春秋折衷論》三十卷。

陳岳,馬令《南唐書》(以下簡稱"馬《書》")卷十七《陳喬傳》云:"陳喬,字子喬,世爲盧陵玉笥人。祖岳,仕大唐,爲南昌觀察判官。著《唐書》,自高祖訖於穆宗,爲《統紀》一百卷,行於世。"《十國春秋》卷一一《陳濬傳》亦云:"父岳,仕唐爲南昌觀察判官,著《唐統紀》一百卷。"然《崇文總目》卷五"別集類六"、《通志》卷七〇《藝文略八》"制誥"類皆著錄陳岳《江南揖讓錄》七卷,且云"僞吳陳岳撰"。是則岳之卒年,應在楊吳後期或南唐建國之初。

善本:清孔廣拭輯本一卷,清抄本。

《春秋名號歸一圖》二卷、《春秋名字異同》五卷　馮繼先撰

【考訂】　宋《志》錄《春秋名號歸一圖》一卷、《春秋名字同異錄》五卷,與顧《志》稍異。徐炯《五代史記補考·藝文考》載馮繼先《春秋名號歸一圖》二卷。

《崇文總目》卷一"春秋類"載《春秋名號歸一圖》二卷,注云:"原釋僞蜀馮繼先撰。以春秋官謚名字,裒附初名之左。"《郡齋讀書志》卷三載《春秋名號歸一圖》二卷,曰:"右僞蜀馮繼先撰。《左氏》所書人,不但稱其名,或字,或號,或爵,謚,多互見,學者苦之。繼先皆取以繫之名下云。"

《直齋書錄解題》卷三"春秋類"載《春秋名號歸一圖》二卷,題云："僞蜀馮繼先撰。凡《左傳》所載君臣名、氏、字、謚互見錯出，故爲此《圖》以一之。周一，魯二，齊三，晉四，楚五，鄭六，衛七，秦八，宋九，陳十，蔡十一，曹十二，吳十三，邾十四，杞十五，莒十六，滕十七，薛十八，許十九，雜小國二十。"

《文獻通考》卷一八二《經籍九》亦載錄《春秋名號歸一圖》二卷，下引李燾語曰："昔丘明傳《春秋》，於列國君臣之名字不一其稱，多者或至四五，始學者蓋病其紛錯難記。繼元集其同者，爲一百六十篇，音同者附焉，於《左氏》抑亦微有所助云。宋大夫莊堇、秦右大夫詹，據《傳》未始有'父'字，而繼元輒增之。所見異本，若子韓晳者，蓋齊頃公孫，世族譜與《傳》同，而繼元獨以爲韓子晳，與楚、鄭二公孫黑共篇，蓋誤也。"

《通志》卷六三《藝文志一》"春秋·世譜"類、《宋史》卷二〇二《藝文志一》"春秋類"、焦竑《國史經籍志》卷二等並著錄馮繼先《春秋名號歸一圖》二卷、《春秋名字異同錄》五卷。《孫氏祠堂書目內編》卷一、趙士煒《中興館閣書目輯考》卷一均著錄《春秋名號歸一圖》二卷，注蜀馮繼先撰，宋岳珂重編。《中興館閣書目輯考》另載《名字同異錄》五卷，當即《春秋名字同異錄》也。

清翁方綱《通志堂經解目錄》亦載錄《春秋名號歸一圖》二卷，注云："蜀馮繼元。"復云："此書，通志堂原《目》作'宋馮繼先'。閻百詩《與戴唐器書》云：'繼先'，'先'當作'元'，僞蜀朝人。"

《四庫全書總目》卷二六《春秋名號歸一圖》二卷提要據陳振孫、李燾所言，謂："以是二端推之，是繼先舊本本爲旁行斜上，如表譜之體，故以圖爲名，而分至一百六十篇也。今本目次與振孫所言合，其每一人爲一條，既非哀附初名之左，亦無所謂一百六十篇者，與《崇文總目》及李燾所說迥異。案岳珂《雕印相臺九經例》云：'《春秋名號歸一圖》二卷，刻本多譌錯。嘗合京、杭、建、蜀本參校，有氏名異同，實非一人而合爲一者；有名字若殊，本非二人，而析爲二者；有自某國適他國，而前後互見者；有稱某公與某年，而《經》、

《傳》不合者；或以傳爲經，或以注爲傳，或偏旁疑似而有亥豕之差，或行款牽連而無甲乙之別。今皆訂其譌謬，且爲分行，以見別書。'然則今本蓋珂所刊定移易，非復李燾以前之舊本。觀燾所稱：'宋大夫莊堇、秦右大夫詹，《傳》未始有'父'字，而繼先輒增之；若子韓晢者，蓋齊頃公孫，世族譜與《傳》同，而繼先獨以爲韓子晢，與楚、鄭二公孫黑共篇。'今檢驗此本，皆無此文。則爲珂所削改明矣。"

善本：《春秋名號歸一圖》一卷，清康熙納蘭成德刻《通志堂經解》本、清康熙五十八年汪由敦抄本。

《春秋王伯世紀》十卷　李琪撰　案焦竑《國史經籍志》作三卷

【考訂】　宋《志》同。《文淵閣書目》卷二"地字型大小第三廚書目・《春秋》類"著錄《春秋李祺王伯世紀》一部一册，"李祺"當即"李琪"。焦竑《國史經籍志》卷二"春秋・通解類"載錄李琪《春秋王霸世紀》三卷。《絳雲樓書目》卷一"春秋類"亦載錄李琪《春秋王霸世紀》一册三卷。

李琪，字台秀，河西敦煌人。少舉進士第，天復初應博學宏詞，居第四等，遂入仕。後歷梁、唐，至相位。後唐長興中卒，年六十。傳見薛《史》卷五八、歐《史》卷五四。

《左傳杜注駁正》一卷　倪從進撰（應爲王貞範撰）

【考訂】　宋《志》同。《北夢瑣言》卷一"駁杜預"條云："葆光子同寮王公貞範，精於《春秋》，有駁正元凱（興武按：杜預，字元凱）之謬，條緒甚多，人咸訝之，獨鄙夫嘗以陳、陸、啖、趙之論竊然之。非苟合也，唯義所在。"吳任臣《十國春秋》卷一〇三《王貞範傳》云："王貞範，平江節度使保義子也。事文獻王爲推官，累官少監。素精於《春秋》，有駁正杜預《左傳注》數百條，人多訝之。獨與同官孫光憲説《春秋》義合，兩人心相得也。"

王貞範，事荆南文獻王高從誨，傳見《十國春秋》卷一〇三。

《孝經雌圖》一卷（應爲三卷）、《皇靈孝經》一卷、《别序孝經》一卷、《越王孝經新義》一卷

　　以上並顯德中日本國僧奝然所進。案《文昌雜録》：《别序》者，記孔子所生及弟子從學之事；《新義》者，以越王爲問目，釋疏文之義；《皇靈》者，止説延年避災之事及符文，乃道書也；《雌圖》者，止説日之環暈、星之彗孛，亦非奇書。又案：相傳日本係徐福之後，福爲始皇求安期羨門，挾童男女入海，並載中國書籍，聞子夏《易傳》真本尚在。近鮑氏廷博由海舶購得孔安國《孝經注》，前有太宰純序，刊入《知不足齋叢書》内。又山井鼎《七經孟子考》，校讎精審，阮芸臺所著《十三經校勘記》，亦時採用其説。

　　【考訂】　宋《志》、陳鱣《續唐書·經籍志》所載皆同。

　　《舊唐書》卷四六《經籍上》"孝經類"著録任希古撰《越王孝經新義》十卷。《新唐書》卷四七《藝文志一》"孝經類"所載同。薛《史》卷一二〇《周恭帝紀》載，顯德六年八月，"壬寅，高麗國遣使朝貢，兼進《别序孝經》一卷、《越王孝經新義》一卷、《皇靈孝經》一卷、《孝經雌圖》三卷"。

　　焦竑《國史經籍志》卷二"孝經類"識曰："孔子爲曾子言孝道，謂之《孝經》。遭秦燔書，爲河間顔芝所藏。漢除挾書律，芝子貞始出之。長孫氏、江翁、后蒼、翼奉、張禹所説，皆十八章。後復出古文二十二章。劉向比量二本，除其煩惑，仍以十八章爲定。五代兵燹，二本舊注多軼。周顯德中，新羅獻《别序孝經》，至邢昺乃合元行冲所疏爲《正義》以行。"據上引二書，則《别序孝經》等當獻自高麗，而非日本。

《爾雅音略》三卷　毋昭裔撰

　　【考訂】　宋《志》、陳鱣《續唐書·經籍志》、徐炯《五代史記補考·藝文考》均載毋昭裔《爾雅音略》三卷。

　　《郡齋讀書志》卷四"小學類"著録《爾雅音略》三卷，志云："右

僞蜀毋昭裔撰。《爾雅》舊有釋智騫及陸元朗釋文，昭裔以一字有兩音，有或音，後生疑於呼讀，今釋其文義最明者爲定。"

明焦竑《國史經籍志》卷二"小學類"載錄蜀毋昭裔《爾雅音略》三卷。《十國春秋》卷五二《毋昭裔傳》云，昭裔"所著有《爾雅音略》三卷"。

《經典釋文》十卷　　張昭遠撰（應爲三十卷，尹拙、張昭、田敏等校勘）

【考訂】　宋《志》同。陳鱣《續唐書・經籍志》載《詳定經典釋文》三十卷，注云："周國子祭酒尹拙等校勘。"

《册府元龜》卷六〇八"刊校"條載："尹拙爲國子監祭酒。顯德二年二月，中書奏拙狀稱：'準敕校勘《經典釋文》三十卷，雕造印板。伏以陸氏《釋文》唐初撰集，綿歷歲月，傳寫失真，非多聞博識之人，通幽洞微之士，重其商榷，必致乖訛。況今朝廷，富有鴻碩，如兵部尚書張昭、太常卿田敏，皆文儒之領袖也。或家藏萬卷，或手校《六經》，實後學之宗師，爲當今之雄。尚伏乞察，以事繼垂教，情非屬私。特賜敷敫，俾同讎校。'敕曰：'經典之來，訓釋爲重。須資鴻博共正疑訛，庶使文字精研，免至傳習眩惑。其《經典釋文》已經本監官員校勘，外宜差兵部尚書張昭、太常卿田敏詳校。'"

《九經文字》（應爲《九經字樣》）**一卷　　同上**（應爲張昭校勘）

【考訂】　宋《志》同。《五代會要》卷八"經籍"條云："周廣順六年六月，尚書左丞兼判國子監事田敏進印板《九經》書、《五經文字》、《九經字樣》各二部，共一百三十册。""顯德二年二月，中書門下奏：'國子監祭酒尹拙，狀稱準敕校勘《經典釋文》三十卷，雕造印板，欲請兵部尚書張昭、太常卿田敏同校勘。'敕其《經典釋文》，已經本監官員校勘外，宜差張昭、田敏詳校。'"

《直齋書錄解題》卷三"解經類"載錄《五經文字》三卷，題云：

"唐國子司業張參撰,大曆中刻石長安太學。"又《九經字樣》一卷,題云:"唐沔王友翰林待詔唐元度撰,補張參之所不載,開成中上之。二書卻當在小學類,以其專爲經設,故亦見附於此。(原注:案《文獻通考》有唐玄度《五經字樣》,《唐書·藝文志》不載。蓋以其就張參《五經文字》校正,惟《九經字樣》爲新加者,此因與張參書並附見,故云二書。)往宰南城出謁,有持故紙鬻於道者,得此書,乃古京本,五代開運丙午所刻也。遂爲家藏書籍之最古者。"

《文獻通考》卷一八五《經籍十二》載錄《五經字樣》一卷,注云:"陳氏曰:唐沔王友翰林待制唐元度撰,補張參之所不載,開成中上之。二書卻當在'小學類',以其專爲經設,故亦附見於此。往宰南城出謁,有特故紙,鬻於道右,得此書,乃五代開運丙午所刻也,遂爲家藏書籍之最古者。"此乃誤《九經字樣》爲《五經字樣》矣。

張昭,字潛夫,本名昭遠,避後漢高祖劉知遠諱,止稱昭。仕唐、晉、漢、周。宋開寶五年卒,年七十九。傳見《宋史》卷二六三。

國子監校刊《五經》一百三十卷(此條應爲:國子監校刊《九經》、《五經文字》、《九經字樣》,共一百三十册。)

【考訂】《五代會要》卷八"經籍"條載:"周廣順三年六月,尚書左丞兼判國子監事田敏進印板《九經》書、《五經文字》、《九經字樣》各二部,共一百三十册。"顧、宋兩《志》所載皆同,宋《志》作"校刻"。

右經部三百零四卷

正　史　類

天成元年九月,命郎中庾傳美充三州搜訪圖籍使。傳美,王衍之舊僚,上言成都具有本朝《實錄》。及傳美使迴,所得纔九朝《實錄》及他殘缺舊書而已。

【考訂】　宋《志》同。薛《史》卷三七《明宗紀第三》載,後唐天成元年九月,"庚申,以都官郎中庾傳美充三川搜訪圖籍使。傳美爲蜀王衍之舊僚,家在成都,便於歸計,且言成都具有本朝《實錄》,及傳美使迴,所得纔九朝《實錄》及殘缺雜書而已"。

《册府元龜》卷五〇"帝王部・崇儒術"條載:"明宗天成二年,都官郎中庾傳美訪圖書於三川孟知祥處,得九朝《實錄》及雜書傳千餘卷,並付史館。同光已後,館中煨燼無幾,九朝《實錄》甚濟其闕。"

曹學佺《蜀中廣記》卷九二"著作記・史部・唐九朝《實錄》"條亦載:"《後唐史記》曰:'都官郎中庾傳美充三州搜訪圖籍使。傳美僞蜀王衍舊寮,家在成都,便於歸計,且言成都具有本朝《實錄》,故有是命。及使迴,所得纔九朝而已。其餘殘缺雜書,益不足記。'"

長興二年五月,知制誥崔梲上言,請搜訪宣宗以來野史,以備編修,從之。

【考訂】　顧、宋兩《志》所載略同,宋《志》作"崔稅",誤。

薛《史》卷四二《明宗紀》載,長興二年五月,"甲子,都官郎中、知制誥崔梲上言,請搜訪宣宗已來野史,以備編修。從之"。

崔梲,字子文,博陵安平人,累世冠冕。曾祖元受,舉進士,直史館。祖銖,安、濮二州刺史。父涿,唐末爲刑部郎中。梲少好學,梁貞明三年舉進士甲科。傳見薛《史》卷九三、歐《史》卷五五。

三年十一月,史館奏:"昨爲大中以來,迄於天祐,四朝《實錄》尚未纂修,尋具奏聞,謹行購募。敕命雖頒於數月,圖書未貢於一編。蓋以北土州城,久罹兵火,遂成絶滅,難以訪求。竊恐歲月既深,耳目不接,長爲闕典,過在攸司。伏念江左列藩,湖南奥壤,至於閩、越,方屬勳賢。戈鋋日擾於中原,屏翰悉全於外府,固已富有

群書，伏乞詔旨，委各於本道採訪宣宗、懿宗、僖宗、昭宗以來逐朝日曆、銀臺事宜、內外制詞、百司沿革籍簿，不限卷數，據有者鈔錄進獻。若民間收得，或隱士撰成，即令各列姓名，請議爵賞。"

【考訂】 宋《志》同。陳鱣《續唐書·經籍志》載《宣宗、懿宗、僖宗、昭宗四朝實錄》，曰："無卷數。長興三年，準史館奏修。"

《五代會要》卷一八"史官雜錄"條載，長興二年十一月四日，"史館奏：'當館昨爲大中已來，迄於天祐，四朝《實錄》尚未纂修，尋具奏聞，謹行購募。敕命雖頒於數月，圖書未貢於一編。蓋以北土州城，久罹兵火，遂成滅絕，難可訪求。竊恐歲月漸深，耳目不接，長爲闕典，過在攸司。伏念江表列藩，湖南奧壤，至於閩、越，方屬勳賢。戈鋌日擾於中原，屏翰悉全於外府，固多奇士，富有群書。其兩浙、福建、湖廣，伏乞特降詔旨，委各於本道採訪宣宗、懿宗、僖宗、昭宗以上四朝野史，及逐朝日曆、除目銀臺事宜、內外制詞、百司沿革簿籍，不限卷數，據有者鈔錄進上。若民間收得，或隱士撰成，即令各列姓名，請議爵賞。'從之。"

興武按：據《五代會要》，顧、陳二《志》誤"長興二年"爲"長興三年"。

天福四年十一月，史館奏請令宰臣一人撰錄時政記，逐時以備撰述，從之。

【考訂】 宋《志》同。《五代會要》卷一八"史官雜錄"條載，晉天福四年十一月，"史館奏：'按唐長壽二年，右丞姚璹奏：帝王謨訓，不可闕文。其仗下所言軍國政事，令宰臣一人撰錄，號時政記。至唐明宗朝，又委端明殿學士撰錄，逐季送付史館。伏乞遵行者，宜令宰臣一員撰述。'"

六年，監修國史趙瑩奏："自李朝喪亂，迨五十年，四海沸騰，兩都淪覆，今之書府，百無二三。臣等近奉綸言，俾令撰述，褒貶或從於新意,纂修須案於舊章。既闕簡編,先虞陋略。今據史館所闕《唐書實錄》,請下勑命購求。況咸通中,宰臣韋保衡與蔣伸、皇甫焕撰武宗、宣宗兩朝《實錄》,皆遇多事,或值播遷,雖聞撰述,未見流傳。其韋保衡、裴贄合有子孫見居職任,或門生故吏曾記纂修,聞此討論,諒多欣愜。請下三京、諸道及内外臣僚,凡有將此數朝《實錄》詣闕進納,量其文武才能,不拘資地,除授一官。如卷帙不足,據數進納,亦請不次獎酬,以勸來者。自會昌至天祐,垂六十年,其初李德裕平上黨,著武宗伐叛之書;其後康承訓定徐方,有武寧本末之傳。如此事蹟,記述頗多。請下中外臣僚及名儒宿學,有於此六十年内撰述得傳記,及中書、銀臺、史館日曆、制敕書等,不限年月多少,並詣闕進納。如年月稍多,記錄詳備,特行簡拔,不限資叙。"

【考訂】 宋《志》同。《五代會要》卷一八"前代史"條載,晉天福六年四月,監修國史趙瑩奏:"自李朝喪亂,迨五十年,四海沸騰,兩都淪覆,今之書府,百無二三。臣等虔奉綸言,俾令撰述,褒貶或從於新意,纂修須按於舊章。既闕簡編,先虞漏略。今據史館所闕《唐書實錄》,請下勑命購求。況咸通中,宰臣韋保衡與蔣伸、皇甫煥撰武宗、宣宗兩朝《實錄》。又光化初,宰臣裴贄撰僖宗、懿宗兩朝《實錄》。皆遇國朝多事,或值鑾輿播越,雖聞撰述,未見流傳。其韋保衡、裴贄合有子孫見居職任,或門生故吏曾託纂修,聞此撰論,諒多欣愜。請下三京、諸道及中外臣寮,凡有將此數朝《實錄》詣闕進納,請察其文武才能,不拘資地,除一官。如卷帙不足,據數進納,亦請不次獎酬,以勸來者。自會昌至天祐垂六十年,其初李德裕平上黨,著武宗伐叛之書;其後康承訓定徐方,有武寧本末之傳。如此事類,記述頗多。請下中外臣寮及名儒宿學,有於此六十年内撰述得傳記,及中書、銀臺、史館日曆、制敕册書等,不限年月多少,並許詣闕進納。如年月稍多,記錄詳備,請特行簡拔,不限資序。"

顯德三年十二月詔曰："史館所少書籍，宜令本館諸處求訪補填。如有收得書籍之家，並許進書人據部帙多少等第，各與恩澤。如是卷帙少者，量與金帛。如館內已有之書，不在進納之限。仍委中書門下，於朝官內選差三十人，據見在書籍，各有真本校勘，署校官姓名，逐月具功課申報。"

【考訂】宋《志》同。薛《史》卷一一六《周世宗紀》載，顯德三年十二月癸亥，"詔兵部尚書張昭纂修太祖《實錄》及梁均王、唐清泰帝兩朝《實錄》。又詔曰：'史館所少書籍，宜令本館諸處求訪補填。如有收得書籍之家，並許進書人據部帙多少等第，各與恩澤；如是卷帙少者，量給資帛。如館內已有之書，不在進納之限。仍委中書門下，於朝官內選差三十人，據見在書籍，各求真本校勘，署校官姓名，逐月具功課申報中書門下。'"

《五代會要》卷一八"史館雜錄"條載，周顯德"二年十二月詔曰：'史館所少書籍，宜令本館諸處求訪補填。如有收得書籍之家，並許送納。其進書人據部帙多少等第，各與恩澤。如是卷帙少者，量給資帛；如館內已有之書，不在進納之限。仍委中書門下，於朝官中選差三十人，據見在書，各求真本校勘，刊正舛誤，仍於逐卷後署校勘官姓名，宜令館司逐月具功課申中書門下。'"

《舊唐書》二百卷　劉昫撰

【考訂】宋《志》同。陳鱣《續唐書・經籍志》著錄《唐書》二百卷，云"晉司空、同中書門下平章事劉昫等撰"。徐炯《五代史記補考・藝文考》亦著錄《唐書》二百卷。

薛《史》卷七九《晉高祖紀》載，天福六年二月，"己亥，詔戶部侍郎張昭遠、起居郎賈緯、秘書少監趙熙、吏部郎中鄭受益、左司員外郎李為光等同修唐史，仍以宰臣趙瑩監修"。四月辛丑，"宰臣監修國史趙瑩奏：'奉詔差張昭遠等五人同修唐史，內起居郎賈緯丁憂去官，請以刑部侍郎呂琦、侍御史尹拙同與編修。'又奏：'史館所闕

《唐朝實録》,請下敕購求。'並從之"。

《五代會要》卷一八"前代史"條云:"晉天福六年二月敕:'有唐遠自高祖,下暨明宗,紀傳未分,書志咸闕。今耳目相接,尚可詢求。若歲月寖深,何由尋訪。宜令户部侍郎張昭、起居郎賈緯、秘書少監趙熙、吏部郎中鄭受益、左司員外郎李爲先等修撰唐史,仍令宰臣趙瑩監修。'其年四月,監修國史趙瑩奏:'奉敕同撰唐史起居郎賈緯丁憂,請以刑部侍郎吕琦、侍御史尹拙同修。'從之。尋改吕琦爲户部侍郎、尹拙爲户部員外郎,令與張昭等修唐史。其年四月……起居郎賈緯奏曰:'伏以唐高祖至代宗,德宗亦存《實録》,武宗至濟陰廢帝凡六代,惟有武宗《實録》一卷,餘皆缺略。臣今搜訪遺文,及耆舊傳説,編成六十五卷,目爲《唐朝補遺録》,以備將來史官條述。'至開運二年六月,史館上新修前朝李氏書紀、志、列傳共二百二十卷,並目録一卷,都計二十帙。賜監修宰臣劉昫、修史官張昭遠、直館王伸等繪彩銀器各有差。"

《郡齋讀書志》卷五載《唐書》二百卷,云:"右石晉劉昫、張昭遠等撰。因韋述舊史增損以成,繁略不均,校之實録,多所漏闕,又是非失實,其甚至以韓愈文章爲大紕繆,故仁宗删改,蓋亦不得已焉。"《直齋書録解題》卷四亦載《唐書》二百卷,題云:"五代晉宰相涿郡劉昫等撰。"《通志》卷六五《藝文略三》"正史"類著録《舊唐書》二百卷,注云:"劉昫、張昭遠等撰。"《文獻通考》卷一九二《經籍十九》亦載録劉昫等《唐書》二百卷。明葉盛《菉竹堂書目》卷二載録《唐書》八十五册。

善本:《唐書》二百卷:明嘉靖十八年聞人詮刻本、明嗣雅堂抄本、清乾隆武英殿刻本。

《舊五代史》一百五十卷　薛居正撰　案薛《史》雖成於宋,然居正當顯德中已爲吏部尚書,紀傳所載,多屬親見,故附入五代。

【考訂】　宋《志》同。《崇文總目》卷二"正史類"載《五代史》一百五十卷,注云:"原叙:昔孔子刪《書》,上斷《堯典》,下迄《秦誓》,著爲百篇。觀其堯、舜之際,君臣相與籲俞和諧於朝而天下治。三代以下,約束賞罰,而民莫敢違。考其典、誥、誓、命之文,純深簡質,丁寧委曲,爲禮不同。周衰史廢,《春秋》所書,尤謹密矣。非惟史有詳略,抑由時君功德薄厚,異世而殊文哉。自司馬氏上采黄帝,迄於漢武,始成《史記》之一家。由漢以來,千有餘歲,其君臣善惡之蹟,史氏詳焉。雖其文質不同,要其治亂興廢之本,可以考焉。"興武按:此文現存《歐陽修全集》卷一二四《崇文總目叙釋》,其並非專爲薛《史》所作。

《通志》卷六五《藝文略三》"正史類"著録《五代史》一百五十卷,曰"宋朝薛居正等撰"。《宋史》卷二○三《藝文志二》"正史類"載録"薛居正《五代史》一百五十卷"。《直齋書録解題》卷四"正史類"載録《五代史》一百五十卷,題云:"宰相薛居正子平撰。開寶中盧多遜、扈蒙、張澹、李昉等所撰。居正蓋監修官也。"焦竑《國史經籍志》卷三"正史類"著録《五代史》一百五十卷,注曰"盧多遜"。清趙士煒《中興館閣書目輯考》卷二"史部·正史類"亦載録薛居正等撰《五代史》一百五十卷。

善本:清乾隆武英殿刻本、清同治八年嶺南菊古堂刻本。

薛居正,字子平,開封浚儀人。後唐清泰二年舉進士第,歷晉、漢、周,入宋。太平興國六年卒,年七十。傳見《宋史》卷二六四。

《五代通録》六十五卷　范質撰

【考訂】　宋《志》同。徐炯《五代史記補考·藝文考》亦著録《五代通録》六十五卷,注引《郡齋》。

《崇文總目》卷二"編年類"著録《五代通録》六十五卷,注云:"范質撰。原釋:'初,梁末帝無《實録》,質自以聞見補成之。其纘次時叙最有條理。'錢東垣按云:'舊本上脱'五代'二字,今校增。陳詩庭云:《玉海》作《建隆五代通録》。下《開皇紀》,《玉海》亦有

'五代'二字。"

　　《郡齋讀書志》卷五載《五代通錄》六十五卷，注云："右皇朝范質撰。《五代實錄》共三百六十卷，質刪其繁文，摭其要言，以成是書。自乾化壬申至梁亡十二年間，簡牘散亡，亦采當時制敕碑碣，以補其闕。"《文獻通考》卷一九三《經籍二十》載錄《五代通錄》六十五卷，考述引《郡齋》。

　　《通志》卷六五《藝文略三》"編年類"著錄《五代通錄》六十五卷，注云："宋朝范質撰。起梁開平元年，盡周顯德六年。"

　　《直齋書錄解題》卷四"編年類"亦載錄《五代通錄》六十五卷，識曰："宰相昭文館大學士大名范質文素撰。亦以《實錄》繁冗，節略而成此書。"

　　《宋史》卷二四九《范質傳》云："有集三十卷。又述朱梁至周五代爲《通錄》六十五卷，行於世。"同書卷二〇三《藝文志二》"編年類"及焦竑《國史經籍志》卷三均載錄范質《五代通錄》六十五卷。

　　清趙士煒《中興館閣書目輯考》卷二亦考列《通錄》六十五卷，釋曰："建隆間昭文館大學士范質撰。以《五代實錄》共三百六十卷爲繁，遂總爲一部，命曰《通錄》。自梁開平迄於周顯德，凡五十三年。"

　　興武按：范質主要仕歷是在五代，入宋僅四年（乾德二年）而卒。該書理應入五代藝文志。

　　范質，字文素，大名宗城人。後唐長興四年登進士第。晉天福中，官監察御史、直史館、知制誥。漢初，加中書舍人、户部侍郎。周廣順初，拜平章右僕射，監修國史。入宋，兼侍中，封魯國公。乾德二年卒，享年五十四。傳見《宋史》卷二四九。

《五代紀》七十五卷　　孫沖撰

　　宋《志》同。宋人著述，不宜入五代藝文志，詳本書第二章之考訂。

《五朝春秋》二十五卷　王軫撰

宋《志》同。宋人著述，不宜入五代藝文志，詳本書第二章之考訂。

《史系》二十卷、《備史》六卷、《唐年補錄》六十五卷　賈緯撰

案《五代會要》：起居賈緯奏曰："伏以唐高祖至代宗已有紀傳，僖宗亦存《實錄》，武宗至濟陰廢帝，凡六代，惟存武宗《實錄》一卷，餘皆闕略。臣今搜訪遺聞及耆老傳說，編成六十五卷，目爲《唐朝補遺錄》，以便將來史官撰述。"

【考訂】　宋《志》同。陳鱣《續唐書·經籍志》著錄《唐年通錄》六十五卷，云"晉史館修撰鉅鹿賈緯撰。"又賈緯《賈氏備史》六卷。徐炯《五代史記補考·藝文考》亦載《唐年通錄》六十五卷、《賈氏備史》六卷。

薛《史》卷七九《晉高祖紀》載，天福六年二月戊申，"起居郎賈緯以所撰《唐年補錄》六十五卷上之，帝覽之嘉歎，賜以器幣，仍付史館"。同書卷一三一《賈緯傳》亦云："唐天成中，范延光鎮定州，表授趙州軍事判官，遷石邑縣令。緯屬文之外，勤於撰述，以唐代諸帝《實錄》，自武宗已下，闕而不紀，乃採掇近代傳聞之事，及諸家小說，第其年月，編爲《唐年補錄》，凡六十五卷，識者賞之。……緯有集三十卷，目曰《草堂集》，並所撰《唐年補錄》六十五卷，皆傳於世。"

歐《史》卷五七《賈緯傳》云："緯長於史學。唐自武宗已後無《實錄》，史官之職廢，緯采次傳聞，爲《唐年補錄》六十五卷。當唐之末，王室微弱，諸侯強盛，征伐擅出，天下多事，故緯所論次多所闕誤。而喪亂之際，事蹟粗存，亦有補於史氏。"

《直齋書錄解題》卷四"編年類"載錄《唐年補錄》六十五卷，識曰："後晉起居郎史館修撰獲鹿賈緯撰。以武宗後無《實錄》，故爲

此書,終唐末,其實補《實錄》之缺也。雖論次多缺誤,而事蹟粗存,亦有補於史氏。"同書卷五"雜史類"載《賈氏備史》六卷,題云:"漢諫議大夫賈緯撰。叙石晉禍亂,每一事爲一詩繫之。"《文獻通考》卷一九三《經籍二十》亦載錄《唐年補錄》六十五卷,考引《直齋書錄解題》;同書卷一九六《經籍二三》又載錄《賈氏備史》六卷。

《崇文總目》卷二"實錄類"著錄賈緯《唐年補錄》六十五卷,同卷"雜史類下"著錄《史系》二十卷,注云"賈緯撰"。又賈緯《備史》六卷。《通志》卷六五《藝文略三》"正史·通史"著錄《史系》二十卷,注云:"自會昌至光啟時事,有禮樂、刑法、食貨、五行、地理志、孝行、忠節、儒林、隱逸傳。"同卷"編年"類著錄《唐年補錄》六十五卷,"雜史"類復著錄《備史》六卷,注云:"賈緯撰,記晉末之亂,每一事作一詩以繫之。"

《宋史》卷二〇三《藝文志二》"別史類"載賈緯《備史》六卷、《史系》二十卷。明焦竑《國史經籍志》卷三亦載錄賈緯《唐年補錄》六十五卷、《備史》六卷。

賈緯,真定鉅鹿人,唐末舉進士不第。後唐天成中,爲石邑令。晉天福中,入爲監察御史,改起居郎、史館修撰。開運初,累遷中書舍人。漢乾祐二年,授左諫議大夫,尋充史館修撰、判館事。周祖即位,出爲平廬軍行軍司馬。廣順二年卒。傳見薛《史》卷一三一、歐《史》卷五七。

《梁列傳》十五卷　張昭撰　《後唐列傳》三十卷　同上

【考訂】　宋《志》同。《崇文總目》卷二"雜史類下"著錄張昭《梁列傳》十五卷、《後唐列傳》三十卷。《通志》卷六五《藝文略三》"雜史類"著錄周張昭遠撰《梁列傳》十五卷,又《後唐列傳》三十卷。《宋史》卷二〇三《藝文志二》"正史類"載張昭遠《朱梁列傳》十五卷、《後唐列傳》三十卷。焦竑《國史經籍志》卷三"雜史類"亦著錄《梁列傳》十五卷、《後唐列傳》三十卷。

《梁太祖實録》二十卷（應爲三十卷） 張衮、郗象（應爲郤殷象）等撰

【考訂】 宋《志》同。陳鱣《續唐書·經籍志》載《梁太祖實録》三十卷，曰"梁吏部侍郎李琪等撰"。徐炯《五代史記補考·藝文考》僅列《梁太祖實録》書名。

薛《史》卷一八《敬翔傳》云："初，貞明中，史臣李琪、張衮、郤殷象、馮錫嘉奉詔修撰《太祖實録》三十卷，敘述非工，事多漏略。復詔翔補緝其闕，翔乃别纂成三十卷，目之曰《大梁編遺録》，與《實録》偕行。"同書卷五八《李琪傳》亦云："貞明、龍德中，歷兵、禮、吏侍郎，受命與馮錫嘉、張充（興武按：應作衮）、郤殷象同撰《梁太祖實録》三十卷。"據此顧《志》謂"郗象"者，乃"郤殷象"之誤。

《崇文總目》卷二"實録類"著録《梁太祖實録》一卷，注云"郗象等撰"。錢東垣按云："舊本'太祖'偽作'太宗'，今校改。諸家書目並三十卷。"《通志》卷六五《藝文略三》"實録"類著録《梁太祖實録》三十卷，注云"梁郗象等撰"。《宋史》卷二〇三《藝文志二》"編年類"載録《五代梁太祖實録》三十卷，注云："張衮、郗象等撰。"焦竑《國史經籍志》卷三"實録類"亦著録《梁太祖實録》三十卷，注云"梁郗象"。

《末帝實録》十卷 張昭撰（實不克修）

【考訂】 宋《志》同。薛《史》卷一一六《周世宗紀》載，顯德三年十二月，"癸亥，詔兵部尚書張昭纂修太祖《實録》及梁均王、唐清泰帝兩朝《實録》"。

《五代會要》卷一八"修國史"條亦稱："顯德三年十二月敕：'太祖《實録》，並梁均帝、唐清泰二主《實録》，宜差兵部尚書張昭修。其同修撰官委張昭定名奏請。'至四年正月，兵部尚書張昭奏：'奉敕編修太祖《實録》及梁、唐二末主《實録》，今請令國子祭酒尹拙、太子詹事劉溫叟同編修。伏緣漢隱帝君臨太祖之前，其歷試之

續,並在漢隱帝朝內,請先修隱帝《實錄》。又,梁末主之上,有郢王友珪,篡弒居位,未有紀錄,請依《宋書》劉劭例,書爲元凶友珪。其末帝請依古義,書曰《後梁實錄》。又唐末主之前,有應順帝,在位四月出奔,亦未編紀,請書爲前廢帝,清泰主爲後廢帝,其書並爲《實錄》。'從之。"

《宋史》卷二六三《張昭傳》則云:"又撰《周祖實錄》三十卷,及梁郢王均帝、後唐閔帝廢帝、漢隱帝五朝《實錄》。梁二主年祀寖遠,事皆遺失,遂不克修。餘三帝《實錄》,皆藏史館。"據此,則《梁末帝實錄》實不克修。然顧、宋兩《志》皆列爲十卷,未知所據。

《唐懿祖紀年錄》一卷、《獻祖紀年錄》一卷、《太祖紀年錄》二十卷、《莊宗實錄》三十卷　並張昭遠等撰

天成三年十二月左補闕張昭遠狀:"嘗讀國書,伏見懿皇帝自元和之初,獻祖文皇帝於太和之際,立功王室,陳力國朝。武皇帝自咸通後來,勤王戮力,翦平多難,頻立大功,三換節旄,再安京邑。莊宗皇帝終平大憝,奄有中原。倘闕編修,遂成湮墜。請與當館修撰參序條綱,撰太祖、莊宗《實錄》。"四年七月,監修趙鳳奏:"伏以凡關纂述,務合品題。承乾御宇之君,行事方云'實錄';追尊冊號之帝,約文衹爲'紀年'。請自莊宗朝名爲《實錄》,其太祖以上並目爲《紀年》。"從之。

【考訂】　宋《志》同。陳鱣《續唐書·經籍志》載《獻祖、懿祖、太祖紀年錄》,曰"史官張昭遠等修";又《莊宗實錄》三十卷,曰:"監修趙鳳、史官張昭遠等撰。"徐炯《五代史記補考·藝文考》載《後唐莊宗實錄》三十卷。

薛《史》卷四〇《明宗紀》載,天成四年十一月癸未,"史官張昭遠等以新修獻祖、懿祖、太祖《紀年錄》共二十卷、《莊宗實錄》三十卷上之,賜器帛有差"。同書卷四六《末帝紀上》載,清泰元年七月,

"乙丑,史官張昭遠以所撰莊宗朝《列傳》三十卷上之"。

《五代會要》卷一八"修國史"條載:"後唐天成三年十二月,史館奏,據左補闕張昭狀:嘗讀國書,伏見懿祖昭烈皇帝自元和之初,獻祖文景皇帝於太和之際,立功王室,陳力國朝。太祖武皇自咸通後來,勤王戮力,剪平多難,頻立大功,三換節旄,再安京國。莊宗皇帝親平大憝,奄有中原。倘闕編修,遂成湮墜。伏請與當館修撰參序條綱,撰太祖、莊宗《實錄》者。"同卷又載:"(天成)四年七月,監修國史趙鳳奏:'當館奉敕修懿祖、獻祖、太祖、莊宗四帝《實錄》。自今年六月一日起手,旋具進呈。伏以凡關纂述,務合品題。承乾御宇之君,行事方云'實錄';追尊冊號之帝,約文祗可'紀年'。所修前件史書,今欲自莊宗一朝,各爲《實錄》,其太祖已上,並目爲《紀年錄》。'從之。其年十一月,史館上新修懿祖、太祖《紀年錄》共二十卷,《莊宗實錄》三十卷。監修宰臣趙鳳,修撰張昭遠、吕咸休,各賜繒彩銀器等。"

《崇文總目》卷二"實錄類"著録趙鳳等撰《後唐懿祖紀年錄》一卷、《後唐獻祖紀年錄》一卷、《後唐太祖紀年錄》十七卷、《後唐莊宗實錄》二十卷。《直齋書錄解題》卷四"起居注類"著録《後唐莊宗實錄》三十卷,注曰:"監修趙鳳,史官張昭遠撰。天成四年上。"《通志》卷六五《藝文略三》"實錄"類著録《後唐獻祖紀年錄》二卷、《後唐懿祖紀年錄》一卷、《後唐太祖紀年錄》十七卷、《後唐莊宗實錄》三十卷,注云:"後唐趙鳳、史官張昭遠等修。獻祖、懿祖、太祖爲《紀年》,莊宗爲《實錄》。"《宋史》卷二〇三《藝文志二》"編年類"載《五代唐懿祖紀年錄》一卷、《五代唐獻祖紀年錄》一卷、《五代唐莊宗實錄》三十卷,注云:"並趙鳳、張昭遠等撰。"《文獻通考》卷一九四《經籍二一》載録《後唐莊宗實錄》三十卷。焦竑《國史經籍志》卷三"實錄類"亦著録趙鳳《後唐獻祖紀年錄》二卷、《後唐懿祖紀年錄》一卷、《後唐太祖紀年錄》十七卷、《後唐莊宗實錄》三十卷。

《唐明宗實錄》三十卷　　姚顗、張昭遠、李祥、吳永範、楊昭檢等撰

【考訂】　宋《志》同。陳鱣《續唐書·經籍志》載《明宗實錄》三十卷，曰："監修姚顗。史官張昭遠等撰。"徐炯《五代史記補考·藝文考》載《後唐明宗實錄》三十卷。

《五代會要》卷一八"修國史"條載："清泰三年二月，門下侍郎平章事監修國史姚顗，上《明宗實錄》三十卷。同修撰官中書舍人張昭遠、李祥，直館左拾遺吳承範，右拾遺楊昭儉等，各頒賚有差。"

《直齋書錄解題》卷四"起居注類"亦著錄《後唐明宗實錄》三十卷，注曰："監修姚顗、史官張昭遠等撰。清泰三年上。"

《崇文總目》卷二"實錄類"、《通志》卷六五《藝文略三》"實錄類"、《宋史》卷二〇三《藝文志二》"編年類"、《文獻通考》卷一九四《經籍二一》、焦竑《國史經籍志》卷三"實錄類"等均著錄姚顗等撰《後唐明宗實錄》三十卷。

《唐閔帝實錄》三卷（應爲姚顗等撰）、《唐廢帝實錄》十七卷　　並張昭遠撰

顯德四年正月，兵部尚書張昭上言："奉詔編修太祖《實錄》及梁、唐二末主《實錄》。竊以梁末帝之上，有郢王友珪篡弑居位元，未有紀錄。請依《宋書》劉邵例，書爲《元凶友珪》。其末主，請依古義，書曰《後梁實錄》。又唐末帝之前有應順帝，在位四月，出奔於衛，亦未編紀，請修閔帝《實錄》。其清泰帝《實錄》。請爲《廢帝實錄》。"從之。

【考訂】　宋《志》同。徐炯《五代史記補考·藝文考》載《後唐廢帝實錄》十七卷。

薛《史》卷一一七《周世宗紀四》載，顯德四年正月壬寅，"兵部尚書張昭上言：'奉詔編修太祖《實錄》及梁、唐二末主《實錄》。伏以撰《漢書》者先爲項籍，編《蜀紀》者首序劉璋，貴神器之傳授有

因，曆數之推遷得序。伏緣漢隱帝君臨在太祖之前，歷試之績，並在隱帝朝內，請先修隱帝《實錄》，以全太祖之事功。又以唐末主之前有閔帝，在位四月，出奔於衛，亦未編紀，請修閔帝《實錄》。其清泰帝《實錄》，請書爲《廢帝實錄》。'從之。"

《五代會要》卷一八"修國史"條則云："顯德三年十二月敕：'太祖《實錄》，並梁均帝、唐清泰二主《實錄》，宜差兵部尚書張昭修。其同修修撰官委張昭定名奏請。'至四年正月，兵部尚書張昭奏：'奉詔編修太祖《實錄》，及梁、唐二末主《實錄》，今請令國子祭酒尹拙、太子詹事劉溫叟同編修。伏緣漢隱帝君臨太祖之前，歷試之績，並在漢隱帝朝內，請先修隱帝《實錄》。又梁末帝之上，有郢王友珪，篡弑居位，未有紀錄。請依《宋書》劉邵例，書爲'元凶友珪'。其末帝請依古義，書曰《後梁實錄》。又唐末主之前，有應順帝，在位四月出奔，亦未編紀，請書爲前廢帝，清泰主爲後廢帝，其書並爲《實錄》。'從之。"

《直齋書錄解題》卷四"起居注類"載錄《後唐廢帝實錄》十七卷，識曰："張昭、尹拙、劉溫叟撰。案昭本傳撰梁均王、郢王，後唐閔帝、廢帝，漢隱帝《實錄》，惟梁二王年祀浸遠，事皆遺失，遂不修。餘三帝《實錄》皆藏史閣，周世宗時也。蓋昭本撰《周祖實錄》，以其歷試之蹟，多在漢隱帝時，故請先修《隱錄》，因並及前代云。"《文獻通考》卷一九四《經籍二一》亦載錄《後唐廢帝實錄》十七卷，考述引《直齋書錄解題》。

《崇文總目》卷二"實錄類"著錄張昭等撰《後唐廢帝實錄》十七卷，《後唐潞帝實錄》三卷則爲"姚顗等撰"。《通志》卷六五《藝文略三》"實錄類"著錄《後唐廢帝實錄》十七卷，注云："宋朝張昭、劉溫叟同修。"又《後唐閔帝實錄》三卷，注云"張昭等修"。《宋史》卷二○三《藝文志二》"編年類"載《五代唐潞帝實錄》三卷、《五代唐廢帝實錄》十七卷，並注張昭遠等撰。焦竑《國史經籍志》卷三"實錄類"亦著錄《後唐廢帝實錄》十七卷，注"宋張昭、劉溫叟"；又《後唐潞帝實錄》三卷，注"張昭"。

《晉高祖實錄》三十卷、《少帝實錄》二十卷　並竇貞固、賈緯、竇儼、王伸等撰

【考訂】　宋《志》同。陳鱣《續唐書·經籍志》載《晉高祖實錄》三十卷、《出帝實錄》二十卷，曰"晉監修竇正固等撰"。徐炯《五代史記補考·藝文考》載《晉高祖實錄》三十卷、《晉出帝實錄》二十卷。

薛《史》卷一一一《周太祖紀二》載，廣順元年秋七月，"壬申，史官賈緯等以所撰《晉高祖實錄》三十卷、《少帝實錄》二十卷上之"。《五代會要》卷一八"修國史"條所載同。

《直齋書錄解題》卷四"起居注類"載錄《晉高祖實錄》三十卷、《晉少帝實錄》二十卷，識曰："監修竇正固，史官賈偉、王申、竇儼等撰。周廣順元年上。正固字體仁，同州人。相漢至周，罷歸洛陽，國初卒。"《文獻通考》卷一九四《經籍二一》載錄《晉高祖實錄》三十卷、《晉出帝實錄》二十卷，考釋引《直齋書錄解題》。

《崇文總目》卷二"實錄類"著錄《晉高祖實錄》三十卷、《晉少帝實錄》二十卷，注云"竇貞固等撰"。《通志》卷六五《藝文略三》"實錄類"著錄《晉高祖實錄》三十卷，注云："漢竇貞固、史官賈緯等修。"又《晉少帝實錄》二十卷，注云："竇貞固等修。"《宋史》卷二〇三《藝文志二》"編年類"載《五代晉高祖實錄》三十卷、《五代晉少帝實錄》二十卷，注云："並竇貞固等撰。"焦竑《國史經籍志》卷三"雜史類"著錄竇貞固《晉高祖實錄》三十卷、《晉少帝實錄》二十卷。

興武按：竇貞固，係避宋仁宗趙禎之諱改作正固。

《漢高祖實錄》十卷（應爲二十卷）　蘇逢吉等撰

【考訂】　宋《志》著錄《漢高祖實錄》三十卷。陳鱣《續唐書·經籍志》、徐炯《五代史記補考·藝文考》均載蘇逢吉等撰《漢高祖實錄》十七卷。

薛《史》卷一三一《賈緯傳》云："乾祐中，受詔與王伸、竇儼修漢高祖《實録》，緯以筆削爲己任，然而褒貶之際，憎愛任情。"
　　《直齋書録解題》卷四"起居注類"載録《漢高祖實録》十七卷，識曰："監修蘇逢吉、史官賈緯等撰。乾祐二年上。書本十二卷，今闕末三卷。《中興書目》作十卷。"《文獻通考》卷一九四《經籍二一》載録《漢高祖實録》十七卷，考釋同《直齋書録解題》。
　　《崇文總目》卷二"實録類"著録《漢高祖實録》二十卷，注云"蘇逢吉等撰"。錢東垣按云："舊本'高祖'僞作'高帝'，今校改。"《通志》卷六五《藝文略三》"實録類"著録《漢高祖實録》二十卷，注云："漢蘇逢吉等修。"《宋史》卷二〇三《藝文志二》"編年類"載録《五代漢高祖實録》十卷，注"蘇逢吉等撰"。焦竑《國史經籍志》卷三"實録類"著録蘇逢吉《漢高祖實録》二十卷。清趙士煒《中興館閣書目輯考》卷二亦考列《漢高祖實録》十卷。
　　蘇逢吉，長安人。仕後漢，歷平章事、集賢殿大學士，加守司空。後漢將亡，遂自殺。傳見薛《史》卷一〇八、歐《史》卷三〇。

《漢隱帝實録》十五卷　並張昭遠、尹拙、劉温叟等撰
　　【考訂】　宋《志》、陳鱣《續唐書・經籍志》、徐炯《五代史記補考・藝文考》均載張昭等撰《漢隱帝實録》十五卷。
　　《崇文總目》卷二"實録類"、《直齋書録解題》卷四"起居注類"均著録張昭等撰《漢隱帝實録》十五卷。《通志》卷六五《藝文略三》"實録"類著録張昭等修《漢隱帝實録》十五卷。《宋史》卷二〇三《藝文志二》"編年類"載《五代漢隱帝實録》十五卷，注爲"張昭、尹拙、劉温叟等撰"。《文獻通考》卷一九四《經籍二一》載録《漢隱帝實録》十五卷。焦竑《國史經籍志》卷三"實録類"著録張昭《漢隱帝實録》十五卷。

《周太祖實録》三十卷　同上
　　薛《史》張昭上言："伏以撰《漢書》者先爲項籍，編《蜀紀》者首序劉璋，貴神器之傳授有因，曆數之推遷得序。伏緣漢隱帝君臨在

太祖之前,其歷試之績並在隱帝朝。請先修《漢隱帝實錄》,以全太祖之事。"

【考訂】 宋《志》、陳鱣《續唐書·經籍志》、徐炯《五代史記補考·藝文考》均載張昭等撰《周太祖實錄》三十卷。

薛《史》卷一一八《周世宗紀》五載,顯德五年六月,"乙亥,兵部尚書張昭等撰《太祖實錄》三十卷成,上之,賜器帛有差"。《五代會要》卷一八"修國史"條亦云:"五年六月,兵部尚書張昭等,修《太祖實錄》三十卷,上之。"

《直齋書錄解題》卷四"起居注類"著錄張昭等撰《周太祖實錄》三十卷,《直齋書錄解題》識曰:"張昭等撰。顯德五年上。昭即昭遠,字潛夫,濮上人。避漢祖諱,止稱昭。逮事本朝,爲吏部尚書。開寶四年卒。"《文獻通考》卷一九四《經籍二一》載錄《周太祖實錄》三十卷,考釋引《直齋書錄解題》。

《崇文總目》卷二"實錄類"、《通志》卷六五《藝文略三》"實錄"類著錄張昭、劉溫叟等修《周太祖實錄》三十卷。《宋史》卷二〇三《藝文志二》"編年類"載《五代周太祖實錄》三十卷,注爲"張昭、尹拙、劉溫叟等撰"。焦竑《國史經籍志》卷三"實錄類"亦著錄張昭、劉溫叟《周太祖實錄》三十卷。

《周世宗實錄》四十卷　王溥等撰

【考訂】 宋《志》、陳鱣《續唐書·經籍志》、徐炯《五代史記補考·藝文考》均載王溥等撰《周世宗實錄》四十卷。

李燾《續資治通鑑長編》卷二載,宋太祖建隆二年八月,"庚申,史館上《周世宗實錄》四十卷,賜監修國史王溥、修撰官扈蒙等幣有差"。

《宋史》卷二四九《王溥傳》云:"王溥,字齊物,并州祁人……恭帝嗣位,加右僕射。是冬,表請修《世宗實錄》,遂奏史館修撰、都官郎中、知制誥扈蒙,右司員外郎、知制誥張淡,左拾遺王格,直史館、左拾遺董淳,同加修纂,從之。"

《崇文總目》卷二"實録類"著録王溥等撰《周世宗實録》四十卷。《直齋書録解題》卷四"起居注類"載録《周世宗實録》四十卷，識曰："監修官晉陽王溥齊物、修撰范陽扈蒙日用撰。"《文獻通考》卷一九四《經籍二一》亦載録《周世宗實録》四十卷，考釋引《直齋書録解題》。《通志》卷六五《藝文略三》"實録"類著録《周世宗實録》四十卷，注云："宋朝王溥等修。"《宋史》卷二〇三《藝文志二》"編年類"載《五代周世宗實録》四十卷，注："宋王溥等撰。"焦竑《國史經籍志》卷三"實録類"著録王溥《周世宗實録》四十卷。

　　王溥，字齊物，并州祁人。後漢乾祐中舉進士第，爲秘書郎。後周廣順初，授左諫議大夫、樞密直學士。遷中書舍人、翰林學士。周祖疾革，以溥爲中書侍郎、平章事。恭帝即位，加右僕射。入宋，進位司空。太平興國初，封祁國公。太平興國七年卒，年六十一。傳見《宋史》卷二四九。

《顯德日曆》一卷

　　【校訂】　宋《志》同。《宋史》卷二〇三《藝文志二》"編年類"著録《顯德日曆》一卷，注曰："周扈蒙、董淳、賈黄中等撰。"焦竑《國史經籍志》卷三"時政記"類著録《周顯德日曆》一卷，注曰"扈蒙"。清趙士煒《中興館閣書目輯考》卷二亦考列《周顯德日曆》一卷，釋曰："六年，夏，扈蒙；秋，董淳；冬，賈黄中。"興武按："顯德"爲後周世宗柴榮年號，凡七年。此後即有黄袍加身之事。

右史部共九百二十九卷

霸　史　類

《楊吴氏本紀》六卷　陳濤撰

　　【校訂】　宋《志》及汪之昌《補南唐藝文志》所載皆同。陳鱣

《續唐書·經籍志》載錄兩種《吳錄》，均爲二十卷。其署爲"吳中書舍人翰林學士陳滔撰"者，或爲此書。

《崇文總目》卷二"僞史類"著錄《僞吳楊氏本紀》六卷，注云"陳滔撰"。《通志》卷六五《藝文略三》"霸史下"著錄《吳楊氏本紀》六卷，注云："僞吳陳滔撰，記楊氏始終。"焦竑《國史經籍志》卷三"霸史類"亦載錄《吳楊氏本紀》六卷，注云："吳陳滔記楊氏始終。"

陳滔，廬陵玉笥人，父岳。事吳，爲翰林學士。南唐烈祖時，以兵部尚書卒。傳見《十國春秋》卷一一。

《揖讓錄》七卷　同上（應爲陳岳撰）

【考訂】　宋《志》及汪之昌《補南唐藝文志》所載皆同。岳有《春秋折衷論》三十卷，已著錄。

《崇文總目》卷五"別集類六"著錄《江南揖讓錄》七卷，注云"陳岳撰"。《通志》卷七〇《藝文略八》"制誥"類著錄《江南揖遜錄》七卷，注云"僞吳陳岳撰"。焦竑《國史經籍志》卷五"制誥類"著錄《江南揖遜錄》七卷，注"吳陳岳"。

興武按：宋馬永易《實賓錄》卷二"陳白舍人"條云："五代江南陳滔尚書，自言其父在鄉里，好爲詩，里人謂之'陳白舍人'，比之白樂天也。"《江南揖讓錄》七卷，《崇文總目》及《通志》皆謂出自陳滔父陳岳之手，則岳之卒年應在楊吳後期或南唐建國以後。此外，汪之昌《補南唐藝文志》補錄陳滔撰《吳史》一書，注云："據《陸書·高越傳》補。"按陸游《南唐書》卷九《高遠傳》云："初，命兵部尚書陳滔修吳史，未成而卒。"據此則所謂《吳史》者，本無其書，汪《志》所補，係未詳察耳。

《十國春秋》卷一一《陳滔傳》云："陳滔，廬陵人。父岳，仕唐爲南昌觀察判官，著《唐統紀》一百卷。滔有史才，能世其學。事睿帝爲中書舍人、翰林學士。撰《吳錄》二十卷。"原注："滔又有《揖讓集》七卷。"實誤。

《吳錄》二十卷　徐鉉、高遠、喬舜（應爲喬匡舜）、潘佑等撰

【考訂】　宋《志》及汪之昌《補南唐藝文志》所載皆同。陳鱣《續唐書·經籍志》載録兩種《吳録》，均爲二十卷，其署爲"南唐史館修撰高遠等撰"者當即此書。唐圭璋、杜文玉兩《南唐藝文志》並載徐鉉等撰《吳録》二十卷。唐《志》注曰："錢繹誤引《唐志》，作《吳録》三十卷，張勃撰。按《唐志》所載《吳録》，乃三國之吳，非楊吳之吳；《通志》載張勃《吳録》三十卷，亦入魏吳類可證。"

陸游《南唐書》卷九《高遠傳》云："國初，命兵部尚書陳濬修吳史，未成而卒。其後領史職者多貴游，或新進少年，纂述殆廢。……後主嗣位，遠猶在史館，與徐鉉、喬匡舜、潘佑共成《吳録》二十卷。"

《直齋書録解題》卷五"僞史類"於《南唐烈祖實録》十三卷下題云："南唐史館修撰高遠撰。"復云："遠又嘗爲《吳録》二十卷。而徐鉉、鄭文寶皆云，開寶中遠始緝昇元以來事，書未成而疾，悉焚其草，故事多遺落。"

《崇文總目》卷二"僞史類"著録徐鉉等撰《吳録》二十卷。《通志》卷六五"藝文略三""霸史下"著録《吳録》二十卷，注云："僞唐徐鉉等撰。記楊行密據淮南，盡楊溥。"《宋史》卷二〇四《藝文志三》"霸史類"載《吳録》二十卷，注云："徐鉉、高遠、喬舜、潘佑等撰。"焦竑《國史經籍志》卷三"霸史類"亦載《吳録》二十卷，注云："徐鉉記楊行密事。"

《十國春秋》卷一一《陳濬傳》既稱《吳録》二十卷乃陳濬撰，同書卷二八《徐鉉傳》小注復云："又有《吳録》二十卷。"同卷《高遠傳》亦云："後主嗣立，遠與徐鉉、喬匡舜、潘佑共成《吳録》二十卷。"

喬舜，應作喬匡舜，字亞元，高郵人。初仕楊吳，爲秘書省正字。南唐保大中，官駕部郎中、知制誥、中書舍人。後主時，歷侍中、監修國史、給事中、知貢舉。開寶五年卒，年七十五。傳見陸《書》卷八、《十國春秋》卷二五。

潘佑，幽州人。南唐元宗時起家爲秘書省正字。後主時歷官虞部員外郎、史館修撰、知制誥、中書舍人。開寶六年，因上疏得罪，自殺，年三十六。傳見馬《書》卷十九、陸《書》卷十三、《十國春秋》卷二七。

《淝上英雄小錄》三卷（應爲二卷）　　**信都鎬撰**

【考訂】　宋《志》同。陳鱣《續唐書·經籍志》載《淝上英雄小錄》二卷，曰"吳信都鎬撰"。

《直齋書錄解題》卷五"僞史類"載《淝上英雄小錄》二卷，題云："信都鎬撰。所錄楊行密將吏有勳名者四十人，其二十四人皆淝上，餘諸道人，又有僧、道、漁、樵之屬十人，錄其小事，故名'小錄'。"

《崇文總目》卷二"僞史類"著錄信都鎬《淝上英雄小錄》二卷。《通志》卷六五《藝文略三》"霸史下"著錄《淝上英雄小錄》二卷，注云："僞吳信都鎬撰。記楊行密起廬州、入廣陵所從將吏五十人。"《宋史》卷二〇四《藝文志三》"霸史類"、《文獻通考》卷二〇〇《經籍二七》、焦竑《國史經籍志》卷三"霸史類"均載錄《淝上英雄小錄》二卷。

《十國春秋》卷一一一《信都鎬傳》云："信都鎬，隋信都芳之後也。少以著作自負。當太祖（按：即吳太祖楊行密）入廣陵，功臣三十九人，而同時佐將吏實五十人焉。鎬錄其名氏、功績，爲《淝上英雄小錄》二卷。"

《吳書實錄》三卷　　**記楊行密事，不著作者**（應爲李清臣撰）

宋《志》同。宋人著述，不宜入五代藝文志，詳本書第二章之考訂。

《邗溝要略》九卷

【考訂】《崇文總目》卷二"僞史類"著錄《邗溝要略》九卷，不注撰人。《通志》卷六五《藝文略三》"霸史下"著錄《邗溝要略》九卷,注云:"記楊行密據淮南事。"亦不著撰人。焦竑《國史經籍志》卷三"霸史類"亦載録《邘溝要略》九卷,釋襲《通志》。

《南唐烈祖實録》二十卷　高遠撰

【考訂】　陳鱣《續唐書·經籍志》載《烈祖實録》二十卷。徐炯《五代史記補考·藝文考》載《南唐烈祖實録》十三卷。汪之昌《補南唐藝文志》及唐圭璋、杜文玉兩《南唐藝文志》均著録高遠撰《南唐烈祖實録》二十卷。

陸游《南唐書》卷九《高遠傳》云:"遠自保大中預史事,始撰《烈祖實録》二十卷,叙事詳密。"《直齋書録解題》卷五"僞史類"載《南唐烈祖實録》十三卷,題云:"南唐史館修撰高遠撰。闕第八、第十二卷。"《宋史》卷二○三"藝文志二""編年類"載《南唐烈祖實録》二十卷,注云"高遠撰"。《文獻通考》卷二○○《經籍二七》亦載録《南唐烈祖實録》十三卷。

高遠,字攸遠,高越兄子。父操,袁州別駕。遠少孤,爲人夷雅沖淡,而遇事有奇節。杜門力學,不交人事。南唐烈祖受禪,得遠,以爲秘書省正字。後繼事南唐中主、後主,歷禮部員外郎、樞密判官、侍御史知雜、史館修撰、起居郎、知館事,遂爲勤政殿學士。傳見陸《書》卷九、《十國春秋》卷二八。

《元宗實録》十卷　高遠撰(應爲徐鉉撰)

【考訂】　宋《志》同。汪之昌《補南唐藝文志》,唐圭璋、杜文玉兩《南唐藝文志》,均著録高遠撰《元宗實録》十卷。陳鱣《續唐書·經籍志》載《元宗實録》二十卷,曰"南唐校書郎兼太常修撰幽州高遠撰"。

陸游《南唐書》卷九《高遠傳》云:"遠又自撰《元宗實録》十卷。未及上,會屬疾,取史稿及他所著書,凡百餘卷,悉燔之。"《十國春秋》卷二八《高遠傳》所載亦同。據此,則高遠撰《元宗實録》十卷似未能傳世。

另：徐鉉《徐公文集》卷二〇有《謝詔撰〈元宗實録〉表》云"臣鉉伏奉詔諭，以《元宗皇帝實録》命臣修撰。才微任重，恩厚責深，拜捧絲綸，若臨冰谷。中謝。臣聞握圖御宇，既憲章於在昔；創法垂統，亦啟佑於後昆。然則至德無名，玄功無蹟，惟日用而不竭，豈淺局之能量。是以良史之才，歷代爲重。以南、董之直而無聞於成編，如遷、固之能而不絶於浮議，則知鋪陳王業，昭灼皇圖，求之當仁，豈易輕授。伏惟元宗皇帝紹中興之統，承累洽之基，大孝邁於有虞，仁恕逾於漢祖。愛人節用，得孝文之風；重學崇儒，有建元之烈。東京則光武、章、明，以憂勤立政；魏室則太祖、陳王，以文藻化人。綜是全功，允昭聖德。對越上帝，敷佑下民，二十年間，慎終如始。陛下嗣膺寶曆，欽若天明，以累聖之資，輔生知之哲，導揚休命，啟焕貽謀。故得畏軒後之神，更延三百；配文王之祀，永奉明堂。必將著以丹青，播於金石，斯爲重任，宜在鴻儒。如臣者，章句末流，記問微學，遭逢之便，塵玷司言。豈意天鑑不遺，宸慈過聽，獨加寵寄，及此非才。進退莫遑，怔忪失次。然臣祗事先帝，常忝近司，沐王澤以滋深，欽皇風而永久。報大君之厚德，誠有愚心；厠作者之清塵，其如公議。戴恩愈極，揣分彌驚，未識津涯，徒知慶躍"云云。據《謝表》內容判斷，徐鉉奉詔撰寫《元宗實録》是在李煜"嗣膺寶曆"後未久，時高遠猶在史館。若高遠已撰成《元宗實録》十卷，則徐鉉奉詔重撰似無必要。據上引謝表，《元宗實録》十卷實爲徐鉉奉詔所撰，及其入宋，則諱言其事，乃謂高遠嘗有私撰云。

《吴將佐録》一卷

【考訂】 宋《志》及唐圭璋、杜文玉兩《南唐藝文志》所載亦同。《崇文總目》卷二"僞史類"著録《吴將佐録》一卷，不注撰人。《通志》卷六五《藝文略三》"霸史下"著録《吴將佐録》一卷，注云："記楊行密時功臣三十九人行事，又三十四人，只載姓名。"焦竑《國史經籍志》卷三"霸史類"亦載録《吳將佐録》一卷,注云:"記楊行密功臣三十九人事。"

《高帝過江事實》一卷
【考訂】 宋《志》及唐圭璋、杜文玉兩《南唐藝文志》所載皆同。

《崇文總目》卷二"僞史類"著録《高皇帝過江事實》一卷,不注撰人。《通志》卷六五《藝文略三》"霸史下"著録《高皇帝過江事實》一卷,注云:"記僞吳太和二年李昪還鎮金陵事。"《宋史》卷二〇四《藝文志三》"霸史類"、焦竑《國史經籍志》卷三"霸史類"均載《高皇帝過江事實》一卷,焦注云"記吳李昪還金陵事"。

《江南餘載》二卷　不著作者
宋《志》同。宋人著述,不宜入五代藝文志,詳本書第二章之考訂。

《江南録》十卷　徐鉉、湯悦撰
宋《志》同。宋人著述,不宜入五代藝文志,詳本書第二章之考訂。

《江南野史》一卷(應爲二十卷)　鄭龍袞(應爲龍袞)撰
宋《志》同。宋人著述,不宜入五代藝文志,詳本書第二章之考訂。

《江表志》一卷(應爲三卷)　同上(應爲鄭文寶撰)
宋人著述,不宜入五代藝文志,詳本書第二章之考訂。

《南唐近事》一卷(應爲二卷)　鄭仁寶(應爲鄭文寶)撰
宋人著述,不宜入五代藝文志,詳本書第二章之考訂。

《南唐開基志》十卷（應爲《南唐烈祖開基志》） **王顔撰**

【考訂】 宋《志》同。陳鱣《續唐書·經籍志》、徐炯《五代史記補考·藝文考》及汪之昌《補南唐藝文志》均載《南唐烈祖開基志》十卷，陳氏曰"南唐滁州刺史王鉉撰"，"鉉"乃"顔"之譌。唐圭璋、杜文玉《南唐藝文志》作《烈祖開基錄》。

《崇文總目》卷二"僞史類"著錄《烈祖開基錄》十卷，注云："王顔撰。原《叙》：'周室之季，吳、楚可謂强矣，而仲尼修《春秋》，書荆以狄之，雖其屢進，不過子爵，所以抑黜僭亂而使後世知懼。三代之弊也，亂極於七雄並主；漢之弊也，亂極於三國；魏晉之弊也，亂極於永嘉以來；隋唐之弊也，亂極於五代。五代之際，天下分爲十三四，而私竊名號者七國。及大宋受命，王師四征，其繫纍負質，請死不暇，九服遂歸於有德。歷考前世僭竊之邦，雖因時苟偷，自强一方，然卒歸於禍敗。故錄於篇，以爲賊亂之戒云。'"按：此文見存《歐陽修全集》卷一二四《崇文總目叙釋》。

《直齋書錄解題》卷四"僞史類"載《南唐烈祖開基志》十卷，題云："南唐滁州刺史王顔撰。起天祐乙丑，止昇元癸卯，合三十九年。"

《通志》卷六五《藝文略三》"霸史下"著錄《烈祖開基錄》十卷，注云："僞唐王顔撰。記李昇據金陵事。昇號烈祖。"《宋史》卷二〇四《藝文志三》"霸史類"載"王顔《南唐烈祖開基志》十卷"。《文獻通考》卷二〇〇《經籍二七》亦載錄《南唐烈祖開基志》十卷。明焦竑《國史經籍志》卷三"霸史類"亦載錄《烈祖開基錄》十卷，注云："唐王顔記李昇據金陵事。"

王顔，生平事蹟不詳，曾爲南唐滁州刺史，所著另有《本草圖經》、《續傳信方》等，詳後文簡介。

《帝唐書》（應爲《南唐書》）**十五卷 許載撰**（撰人不詳）

宋《志》同。宋人著述，不宜入五代藝文志，詳本書第二章之考訂。

《吳唐拾遺録》十卷　同上

宋《志》同。宋人著述,不宜入五代藝文志,詳本書第二章之考訂。

《金陵事實》(應爲《金陵遺事》)三卷　錢惟演撰

【考訂】　宋《志》同。陳鱣《續唐書·經籍志》載錢惟演《金坡遺事》,不著卷數。徐炯《五代史記補考·藝文考》載《金坡遺事》三卷。

《宋史》卷二〇三"故事類"著録"錢惟演《金坡遺事》三卷"。明柯維騏《宋史新編》卷四八《藝文二》"故事類"著録錢惟演《金陵遺事》三卷,當即此書。

錢惟演,字希聖,吳越王錢俶之子。少補牙門將,後從俶歸宋,爲右屯衛將軍。事蹟詳《宋史》卷三一七本傳。

《蜀書》二十卷

【考訂】　宋《志》同。徐炯《五代史記補考·藝文考》載李昊《蜀書》三十卷。

《宋史》卷二〇三"霸史類"著録"李昊《蜀書》二十卷"。明曹學佺《蜀中廣記》卷九三亦載《蜀書》二十卷,署爲"李昊撰",然未能詳述其内容。清朱彝尊《曝書亭集》卷四四《續錦里耆舊傳跋》云:"予年來思注歐陽子《五代史記》,求野史於蜀。若毛文錫《前蜀記事》二卷,董淳《後蜀記事》三卷,李昊《蜀書》二十卷,張緒《錦里耆舊傳》一卷,俱佚不傳。僅存者,張唐英《蜀檮杌》十卷,今止二卷。"

《後蜀高祖實録》三十卷

【考訂】　陳鱣《續唐書·經籍志》載《蜀高祖實録》三十卷,曰"蜀監修官李昊撰"。

《崇文總目》卷二"僞史類"著録《僞蜀孟氏先主實録》三十卷,

注云"李昊撰"。所謂"孟氏先主"，即後蜀開國之主孟知祥。《通志》卷六五《藝文略三》"霸史下"著錄《後蜀孟先主實錄》三十卷，注云："僞蜀李昊撰，記孟知祥一朝事。"《宋史》卷二〇三《藝文志二》"編年類"載錄李昊撰《後蜀高祖實錄》三十卷。《文獻通考》卷一九四《經籍二一》載錄《蜀高祖實錄》三十卷，考曰："晁氏曰：僞蜀李昊撰。高祖者，孟知祥也。昊相知祥子昶時被命撰，起唐咸通甲午，終於僞明德元年甲午，凡六十一年。"焦竑《國史經籍志》卷三"霸史類"則亦錄李昊《後蜀孟先主實錄》三十卷。

《宋史》卷四七九《李昊傳》云："李昊，字穹佐，自言唐相紳之後。祖乾祐，建州刺史。父羔，容管從事。昊生於關中，幼遇唐末之亂，隨父避地至奉天，值昭宗遷洛，岐軍攻破奉天，父及弟妹皆爲亂兵所殺，是時年十三，獨得免，遂流寓新平十數年。"後隨劉知俊入蜀，仕至顯達。"初，王衍降莊宗，昊草其表。昶之降也，其表亦昊所爲。蜀人潛署其門曰'世修降表李家'，見者哂之。"

《後主實錄》四十卷（應爲八十卷）

【考訂】　宋《志》同。陳鱣《續唐書·經籍志》載《蜀後主實錄》八十卷，曰"蜀監修官李昊撰"。

《宋史》卷四七九《李昊傳》載："廣政十四年，修成昶《實錄》四十卷。昶欲取觀，昊曰：'帝王不閱史，不敢奉詔。'"同卷《幸寅遜傳》復云幸寅遜"預修《前蜀書》，拜翰林學士，加工部侍郎，判吏部三銓事，領簡州刺史"。同書卷二〇三《藝文二》"編年類"亦載錄李昊撰《後蜀主實錄》四十卷。

《崇文總目》卷三"僞史類"著錄《僞蜀孟氏後主實錄》八十卷，曰"李昊等撰"。《通志》卷六五《藝文三》"霸史下"著錄《後蜀孟後主實錄》八十卷，釋云："李昊等撰，記孟昶事。"抑廣政十四年昊等修成孟昶《實錄》四十卷，其後繼有續撰耶？焦竑《國史經籍志》卷三"霸史類"亦載錄李昊《後蜀孟後主實錄》八十卷。

《蜀祖經緯略》一百卷　李昊撰

【考訂】　宋《志》、陳鱣《續唐書·經籍志》所載皆同。

《宋史》卷四七九《李昊傳》載："俄加昊左僕射。昶令就知祥真容院圖文武三品以上於東西廊，以昊有參佐功，特畫於殿內。自知祥領蜀，凡章奏書檄皆出昊手，至是集爲百卷曰《經緯略》以獻，昶賚以珍器、錦綵。俄命判度支户部。"同書卷二〇八《藝文志七》"別集類"著錄"李昊《蜀祖經緯略》一百卷，又《樞機集》二十卷"。

《崇文總目》卷五"別集類七"著錄《經緯略》一百卷，注云"李僞撰"。"李僞"當係"李昊"之譌。《通志》卷七〇《藝文略八》"論類"著錄李昊《經緯略》一百卷。

《前蜀書》四十卷　李昊撰

【考訂】　宋《志》同。陳鱣《續唐書·經籍志》著錄《前蜀書》四十卷，曰"蜀監修國史李昊等撰"。

《宋史》卷四七九《李昊傳》載："廣政十四年，修成昶《實錄》四十卷。昶欲取觀，昊曰：'帝王不閱史，不敢奉詔。'丁母憂，裁百日，起復。俄修《前蜀書》，命昊與趙元拱、王中孚及諫議大夫喬諷、左給事中馮侃、知制誥賈玄珪、幸寅遜、太府少卿郭微、右司郎中黄彬同撰，成四十卷，上之。以判使辦集，封趙國公。"同書卷二〇四《藝文志三》"霸史類"載李昊《蜀書》二十卷。

《崇文總目》卷二"僞史類"著錄李昊等撰《前蜀書》四十卷。《通志》卷六五《藝文略三》"霸史下"著錄《前蜀書》四十卷，注云："僞蜀李昊撰，記王氏本末。"《四庫闕書目》卷一著錄《僞蜀王建書》四十卷。明焦竑《國史經籍志》卷三"霸史類"亦則錄李昊《前蜀書》四十卷。

《十國春秋》卷五二《李昊傳》云："又修《前蜀書》，命昊與趙元拱、王中孚及諫議大夫喬諷、左給事中馮侃、知制誥賈元珪、幸寅遜、太府少卿郭微、右司郎中黄彬同撰，成四十卷，上之。"

《續錦里耆舊傳》十卷　張緒撰

宋《志》同。宋人著述，不宜入五代藝文志，詳本書第二章之考訂。

《前蜀王氏記事》二卷　毛文錫撰

【考訂】　宋《志》同。陳鱣《續唐書·經籍志》、徐炯《五代史記補考·藝文考》均載《前蜀記事》二卷，陳氏注云："蜀文思殿大學士毛文錫撰。"

《直齋書錄解題》卷五"偽史類"載《前蜀紀事》二卷，題云："後蜀學士毛文錫平珪撰。起廣明庚子，盡天福甲子，凡二十五年。文錫，唐太僕卿龜範之子，十四登進士第，入蜀，仕建至判樞密院，隨衍入洛而卒。"按：既稱"後蜀學士"，復云"隨衍入洛而卒"，自成抵牾。

《崇文總目》卷二"偽史類"著錄毛文錫《前蜀王氏紀事》二卷。《通志》卷六五"藝文略三"、"霸史下"著錄《前蜀王氏紀事》二卷，注云："偽蜀毛文錫撰，記王建未僭號前事。"《宋史》卷二〇四《藝文志三》"霸史類"、焦竑《國史經籍志》卷三"霸史類"均載錄毛文錫《前蜀王氏記事》二卷。《十國春秋》卷四一《毛文錫傳》亦云："文錫有《前蜀紀事》二卷。"

毛文錫，字平圭，高陽人。十四歲登進士第，唐末在蜀，官中書舍人、翰林學士。王建開國，仕前蜀，官翰林學士承旨、禮部侍郎、內樞密使等，累遷至司徒。王衍亡國被俘，文錫亦隨至洛陽。其後行蹟無考，生卒年不詳。陳尚君《花間詞人事輯》一文（見收中國社科院文學研究所編《俞平伯先生從事文學活動六十五周年紀念文集》，巴蜀書社，1992年版）對毛文錫事蹟稽考頗詳，可參。

《後蜀孟氏記事》三卷　董淳撰

宋《志》同。宋人著述，不宜入五代藝文志。詳本書第二章之考訂。

《金行啟運録》（應爲《金行啟運集》）**二十卷　庾傳昌撰**

【考訂】　宋《志》同。陳鱣《續唐書·經籍志》載《金行啟運録》二十卷，注云："蜀翰林學士庾傳昌撰。"

孫光憲《北夢瑣言》卷七"李商隱草進劍表"條載："蜀中庾傳昌舍人，始爲永和府判官，文才敏贍，傷於冗雜。因候相國張公，有故未及見，庾怒而歸，草一啟事，僅數千字，授於謁者，拂袖而去。他日，張相謂朝士曰：'庾舍人見示長牋，不可多得。雖然，曾聞其草角觚牒詞，動乃數幅。'譏其無簡當體要之用也。"

張唐英《蜀檮杌》卷上載："通正二年正月，梁遣使來聘。二月，翰林學士庾傳昌卒。傳昌，後周義成侯信之後，富文藻，著《金行啟運集》二十卷、《青宫載筆記》十五卷、《玉堂集》二十卷。"

《崇文總目》卷五"别集類七"、《通志》卷七〇"藝文略八""表章類"均著録庾傳昌《金行啟運集》十卷。《宋史》卷二〇八"别集類"則著録"庾傳昌《金行啟運集》二十卷"。興武按：當以《金行啟運集》二十卷爲是。

庾傳昌，義成人，北周庾信之後。仕前蜀爲中書舍人、翰林學士，通正元年卒。傳見《十國春秋》卷四四。

《鑑戒録》三卷（應爲十卷）

【考訂】　陳鱣《續唐書·經籍志》、徐炯《五代史記補考·藝文考》均載《鑑誡録》十卷，陳氏曰："後蜀普川軍事判官何光遠撰。"

《郡齋讀書志》卷一三"小説類"載録《鑑誡録》十卷，志云："右後蜀何光遠撰。字輝夫，東海人，廣政中纂輯唐以來君臣事蹟可爲世鑑者。前有劉曦度序。李獻臣云：'不知何時人。'考之不詳也。"

《四庫闕書目》卷二"小説類"、《宋史》卷二〇六"藝文志五""雜家類"均載何光遠《鑑戒録》三卷。《文獻通考》卷二一六《經籍四三》、焦竑《國史經籍志》卷四下"小説家類"則著録何光遠《鑑戒録》

十卷。

　　《四庫全書總目》卷一四〇"小説家類"載《鑑戒録》十卷，提要云："蜀何光遠撰。光遠字輝夫，東海人。孟昶廣政初，官普川軍事判官。其書多記唐及五代間事，而蜀事爲多。皆近俳諧之言。各以三字標題，凡六十六則。趙希弁《讀書後志》以爲輯唐以來君臣事蹟可爲世鑑者，似未睹其書，因其名而臆説也。舊本前有劉曦度序，亦見希弁《志》。《宋史·藝文志》遂以劉曦度《鑑戒録》三卷、何光遠《鑑戒録》三卷分爲二書，益舛誤矣。書中間有夾注，如'判木夾'一條云：'此苔木夾書，元是胡曾與路巖相公鎮蜀日修之，非爲高駢相公也。'何光遠愄述'危亂黜'一條云：'據《禪月詩集》中此詩自哭涪州張侍郎，非張拾遺。何光遠錯舉證也。''四公會'一條云：'此篇元在《本事詩》中，叙説甚詳，何光遠重取論説，又加改易，非也。'皆駁正光遠之説，不知出自何人。此本析爲十卷，有朱彝尊跋，稱從項元汴家宋本影寫，則猶宋人所分也。今觀所記，如'徐後事'一條所載王承旨詩，《後山詩話》以爲花蕊夫人作。'蜀門諷'一條所載向瓚嘲蔣鍊師詩，《南唐近事》以爲廬山道士，其語大同小異，猶可曰傳聞異詞。'鑑冤辱'一條，全剽襲殷芸《小説》東方朔辨怪哉蟲事（案《小説》已佚，此條見《太平廣記》四百七十三）已爲附會。'鬼傳書'一條，不知《水經注》有梁孝直事，更屬粗疏。至'逸士諫'一條，稱昭宗何后荒於從禽。考《新唐書·后妃列傳》：'昭宗奔播岐、梁間，后侍膳，無須臾去。'《舊唐書》亦云：'后於蒙塵薄狩之中，嘗侍膳禦，不離左右。'安得有畋遊之事。且昭宗寄命强藩，不能自保，又安能縱后畋遊，恒至六十里外。殊爲誣誕！'灌鐵汁'一條，稱秦宗權本不欲叛，乃太山神追其魂，以酷刑逼之倡亂。是爲盜賊藉口，尤不可以訓。特以其爲五代舊書，所載軼事遺文，往往可資采掇，故仍録之小説家焉。"

　　善本：《重雕足本鑑戒録》十卷：清嘉慶八年鮑廷博刻《知不足齋叢書》本、清抄本（黃丕烈校並跋），王重民《中國善本書提要·子部·小説類》作該書提要。

《鑑戒録》十卷：清嘉慶十年張氏照曠閣刻《學津討源》（張海鵬編）本（見該書第十七集）、清道光十一年晁氏活字印《學海類編》（曹溶編、陶越增删）本（見該書《史參》）。

《廣政雜録》三卷　何光遠撰

【考訂】　宋《志》同。陳鱣《續唐書·經籍志》載録《廣政雜録》一書，注云："五卷數。後蜀普州軍事判官何光遠撰。"

《崇文總目》卷二"僞史類"著録何光遠《廣政雜録》三卷。《四庫闕書目》卷二"小説類"著録《廣政雜録》一卷。《通志》卷六五《藝文略三》"霸史下"著録《廣政雜録》三卷，注云："僞蜀何光遠撰。廣政乃僞蜀年號，記王、孟據蜀事。"《宋史》卷二〇六《藝文志五》"雜家類"載何光遠《廣政雜録》三卷。焦竑《國史經籍志》卷三"霸史類"亦載録何光遠《廣政雜録》三卷。

《十國春秋》卷五六《何光遠傳》云："何光遠，字輝夫，東海人也。……廣政初，官普州軍事判官，撰《聶公真龕記》。又嘗著《鑑戒録》十卷，纂唐以來君臣事蹟可爲世法者。又有《廣政雜録》三卷，皆行於世。"

《蜀廣政雜録》十五卷　蒲仁裕撰

【考訂】　宋《志》不注卷數。《崇文總目》卷二"僞史類"著録《廣政雜記》十五卷，注云"蒲仁裕撰"。《通志》卷六五《藝文略三》"霸史下"著録《廣政雜記》十五卷，注云："僞蜀蒲仁裕撰。"《宋史》卷二〇六《藝文志五》"雜家類"載録蒲仁裕《蜀廣政雜記》十五卷。焦竑《國史經籍志》卷三"霸史類"亦載録蒲仁裕《廣政雜記》十五卷。曹學佺《蜀中廣記》卷九三亦載録《蜀廣政雜記》十五卷，曰："蒲仁裕撰。廣政，昶年號。"

蒲仁裕，籍貫、仕歷及生卒年皆不詳，當爲孟蜀時人。

《吳越備史》十五卷　錢儼託名范坰、林禹撰

【考訂】　宋《志》同。陳鱣《續唐書·經籍志》、徐炯《五代史記補考·藝文考》均載《吳越備史》九卷，陳注云："吳越掌書記范坰、巡官林禹撰。"

《直齋書錄解題》卷五"僞史類"載《吳越備史》九卷，題云："吳越掌書記范坰、巡官林禹撰。按《中興書目》，其初十二卷，盡開寶三年，後又增三卷，至雍熙四年。今書止石晉開運，比初本尚闕三卷。"

《崇文總目》卷二"僞史類"著錄《吳越備史》十五卷，曰"范坰、林禹撰"。《通志》卷六五"藝文略三""霸史下"著錄《吳越備史》十五卷，注云："宋朝范坰、林禹撰，記錢氏據有吳越事。"《宋史》卷二〇四《藝文志三》"霸史類"載《吳越備史》十五卷，注云："吳越錢儼託名范坰、林禹撰。"明葉盛《菉竹堂書目》卷二載錄《吳越備史》三冊。焦竑《國史經籍志》卷三"霸史類"載錄《吳越備史》十五卷，注云："宋范坰、林禹記錢氏事。"《孫氏祠堂書目內編》卷三著錄《吳越備史》四卷、《補遺》一卷。清趙士煒《中興館閣書目輯考》卷三考列《吳越備史》十五卷。《十國春秋》卷八三《錢儼傳》直將《吳越備史》、《遺事》二書盡歸錢儼名下，似嫌草率。

錢曾《讀書敏求記》卷二僅列《吳越備史》四卷，識曰："今本《吳越備史》，武肅十九世孫德洪所刊。序稱忠懿事止於戊辰，因命門人馬蓋臣續第六卷，爲《補遺》。予暇日以家藏舊本校閱之，知其刻之非也。是書爲范坰、林禹所撰，稱忠懿爲'今元帥吳越國王'，自乾祐戊申至端拱戊子，紀王事終始歷然。新刻則於乾德四年後序次紊亂，脫誤弘多。翻以開寶二年後事爲《補遺》。……蓋德洪當日所見，乃零斷殘本，實非完書，以家王故事急付剞劂，故未遑細心參考耳。"

《四庫全書總目》卷六六載《吳越備史》四卷、《補遺》一卷，提要

云：“舊本題宋武勝軍節度使掌書記范坰、巡官林禹撰。載錢鏐以下累世事蹟。據舊目卷首列《年號世系圖》、《諸王子弟官爵封謚表》、《十三州圖》、《十三州考》。今唯存《十三州考》一篇，其圖、表俱佚。後附《補遺》一卷，則不載作者名氏。考陳振孫《書錄解題》載錢俶之弟儼，著《吳越遺事》，有開寶五年序。又謂《備史》亦儼所作，託名林、范。今是書四卷之末有跋二首，一題嘉祐元年四代孫中孚，一題紹興二年七代孫休浼。如據書中所記而言，則當從錢鏐起算，不當從錢俶起算。所稱四代、七代，顯據作書者而言。則振孫以《備史》爲儼撰，似得其實。錢曾《敏求記》云，今本爲鏐十七世孫德洪（案《吳越世家疑辨》作十九世孫，未詳孰是）。嘉靖間刊本序稱《補遺》爲其門人馬蓋臣所續，序次紊亂。如衣錦城建金籙醮及迎釋迦等事，皆失載。今是書於此數事，咸備無闕，則非德洪重刊之本。其以《補遺》爲馬蓋臣所續，亦別無證據。蓋臣曾撰《吳越世家疑辨》，自序謂曾作《備史》圖、表，亦不云又續其書。考此《補遺》之首，有序一篇，不題名氏年月。序中有《家王故事》之語，當即中孚等所題，亦云不知作自何人，則不出於蓋臣審矣。《備史》所記訖太祖戊辰，《補遺》所記訖太宗丁亥，與《中興書目》所載前十二卷盡開寶元年，後增三卷，盡雍熙四年者正合，特併十二卷爲四，併三卷爲一耳。陳振孫謂‘今書起石晉開運，前缺三卷’，勘驗此本，所佚亦同。則是書自宋季以來已非完帙。今無從校補，亦姑仍其舊焉。”

范坰，曾爲吳越掌書記。林禹，官吳越巡官。

善本：《吳越備史》五卷（附《補遺》一卷、《雜考》一卷）：明萬曆二十七年錢達道刻本、清乾隆五十七年汪氏環碧山房抄本。

《吳越備史》四卷：清初抄本（附《補遺》一卷、《雜考》一卷）、清乾隆四十一年吳翌鳳抄本、清汪氏藝芸書舍抄本。

《吳越備史》六卷卷首一卷《雜考》一卷：抄本，王重民《中國善本書提要·史部·雜史類》作該書提要。

《備史遺事》五卷　錢儼撰

【考訂】　宋《志》同。徐炯《五代史記補考·藝文考》載錄《吳越備史遺事》五卷。

《直齋書錄解題》卷五"僞史類"載《吳越備史遺事》五卷，題云："全州觀察使錢儼撰。俶之弟也。其序言《備史》亦其所作，託名林、范，而遺名墜蹟，殊聞異見，闕漏未盡者，復爲是編。時皇宋平南海之二年吳興西齋序。蓋開寶五年也。儼以三年代其兄偡刺湖州。"《宋史》卷二〇四"藝文志三""霸史類"載錄錢儼《備史遺事》五卷。

《乾寧會稽錄》一卷　不著作者

【考訂】　宋《志》亦載錄此書，但不注卷數。陳鱣《續唐書·經籍志》載《乾寧會稽錄》一卷，曰"晉陽鄭廷誨撰"，未知所據。

《新唐書》卷五八"藝文志二""雜史類"載《乾寧會稽錄》一卷，注"董昌事"。《崇文總目》卷二"雜史類上"著錄《會稽錄》一卷，不注作者。《通志》卷六五"藝文略三""雜史類"著錄《會稽錄》一卷，注云："記唐末越州董昌叛。"《宋史》卷二〇三"藝文志二""傳記類"載《乾明（一作"寧"）會稽錄》一卷。焦竑《國史經籍志》卷三"雜史類"亦著錄《會稽錄》一卷。

興武按：董昌於唐昭宗乾寧二年二月僭稱帝，建羅平國，至乾寧三年五月被錢鏐討滅。事詳《吳越備史》卷二。此書不著作者，然據其所載史實，應成書於唐末或五代初，甚至更晚。

《錢俶貢奉錄》一卷（應爲二卷，以下爲錢惟演撰）

【考訂】　宋《志》同。徐炯《五代史記補考·藝文考》載《秦王貢奉錄》二卷。

《直齋書錄解題》卷七"傳紀類"載《秦王貢奉錄》二卷，題云："樞密使吳越錢惟演希聖撰。記其父俶貢獻及錫齎之物。"《四庫闕書目》卷二"小説類"著録《錢王供奉録》二卷。《通志》卷六六《藝文略四》"地理·朝聘類"著録《錢王貢奉録》一卷,不著撰人。《宋史》卷二〇三《藝文志二》"傳紀類"則列錢惟演《錢俶貢奉録》一卷。《文獻通考》卷一九八《經籍二五》亦載録《秦王貢奉録》二卷。

興武按:錢俶殁後,追封秦國王,謚忠懿。錢惟演記其父事,書名《秦王貢奉録》或《錢王供奉録》均可,獨不可作《錢俶貢奉録》。《宋史》不察,以致謬悖。顧、宋兩《志》舍它書所載書名而不用,獨襲《宋史》之誤,匪夷所思。

錢惟演,字希聖,吴越忠懿王錢俶次子。傳見《宋史》卷三一七。惟演爲樞密使,是在宋仁宗即位之後。然《貢奉録》所記其父錢俶貢獻宋朝及受賜齎事,實在吴越納土之前,而《貢奉録》之成書亦應與此同時。

《家王遺事》二卷(應爲《家王故事》一卷)

【考訂】 宋《志》同。徐炯《五代史記補考·藝文考》載《家王故事》一卷,注曰:"錢惟演撰。記其父遺事二十二事上之,以送史館。"

《直齋書録解題》卷七"傳紀類"載《家王故事》一卷,題云:"錢惟演撰。記其父遺事二十二事上之,以送史院。"《文獻通考》卷一九八《經籍二五》亦載録《家王故事》一卷,考引《直齋書録解題》。

《崇文總目》卷二"僞史類"著録錢惟演《家王故事》一卷。《四庫闕書目》卷一"故事類"作《錢王故事》一卷。《宋史》卷二〇四《藝文志三》"霸史類"、焦竑《國史經籍志》卷三"傳記類"均著録錢惟演《家王故事》一卷。

《錢氏慶系圖》二卷(應爲二十五卷)

【考訂】 宋《志》同。《通志》卷六六《藝文略四》"家譜類"著録

《錢氏慶系圖》二十五卷，不著撰人。《四庫闕書目》卷一"家譜類"所載同。

《奉藩書》(應爲《奉藩書事》)**十卷**(無卷數)　**並錢惟演撰**

【考訂】　宋《志》同。陳鱣《續唐書·經籍志》載錢惟演《奉藩書》，不著卷數。

王稱《東都事略》卷二四《錢惟演傳》云："所著有《典懿集》、《樞庭擁髦前後集》、《伊川漢上集》、《金坡遺事錄》、《飛白書叙錄》、《逢辰錄》、《奉藩書事》。"《隆平集》卷一二《錢惟演傳》所載亦同。《宋史》卷三一七《錢惟演傳》云："所著《典懿集》三十卷，又著《金坡遺事》、《飛白書叙錄》、《逢辰錄》、《奉藩書事》。"《十國春秋》卷八三《錢惟演傳》稱其有"《奉藩書事》若干卷"。小注云："《經籍志》載：惟演記其父事，有《家王故事》一卷。"

興武按：錢惟演《奉藩書事》，宋、元書目均未見載錄，諸史各傳亦未列卷數。顧、宋兩《志》所載書名既誤，十卷之數更未知所據，恐難信從。

《戊申英政錄》一卷

【考訂】　宋《志》、徐炯《五代史記補考·藝文考》均載《戊申英政錄》一卷。陳鱣《續唐書·經籍志》載《錢氏戊申英政錄》，無卷數。

《直齋書錄解題》卷七"傳紀類"載《戊申英政錄》一卷，題云："婺州刺史錢儼撰。記其兄俶事蹟。俶以戊申正月嗣位。"《崇文總目》卷二"僞史類"著錄錢儼撰《戊申英政錄》一卷。《通志》卷六五《藝文略三》"霸史下"、明焦竑《國史經籍志》卷三"霸史類"均著錄錢儼《錢氏戊申英政錄》一卷。《宋史》卷二〇三《藝文志二》"傳紀類"、《文獻通考》卷一九八《經籍二五》均作《戊申英政錄》一卷。《十國春秋》卷八三《錢儼傳》載，儼所著有《錢氏戊申英政錄》等若干卷。

　　錢儼，字誠允，吳越文穆王錢元瓘第十四子，忠懿王錢俶異母弟也。本名弘信，後去弘名信，宋淳化初又改名儼。據《吳越備史》卷四載，丙寅"冬十一月甲寅，命王弟信知婺州武勝軍事"。是知錢儼刺婺是在宋太祖顯德四年(966)，其時吳越尚未納土歸宋。

《忠懿王勳業志》二卷（應爲三卷）　並錢儼撰
【考訂】　宋《志》同。陳鱣《續唐書·經籍志》未著卷數。
　　《宋史》卷四八〇《錢儼傳》云："所著有前集五十卷、後集二十四卷，《吳越備史》十五卷，《備史遺事》五卷，《忠懿王勳業志》三卷，又作《貴溪叟自敘傳》一卷。"《四庫闕書目》卷一"傳記類"、《通志》卷六五"藝文略三""霸史下"、明焦竑《國史經籍志》卷三"霸史類"均載錄錢儼《忠懿王勳業志》三卷。
　　興武按：《忠懿王勳業志》之成書，應與《錢氏戊申英政錄》同時，均在入宋以前。

《湖湘事蹟》一卷
【考訂】　宋《志》同。明人余寅撰《五國故事序》云："五國之事邈矣。其時湯悅《江南錄》，徐鉉《吳錄》，信都鎬《泖上英雄錄》，《邗溝要略》，王顏《烈祖開基錄》，李吳《前後蜀實錄》，曹衍《湖湘故事》，蔣文懌《閩中實錄》，俱不傳。"吳任臣《十國春秋》，其《凡例》所述"采古今書籍無慮數百餘種"中，即有《湖湘故事》。然諸書所載均不明卷數。

《渚宮故事》十卷　（應爲余知古撰）
【考訂】　宋《志》同。唐人著述，不宜入五代藝文志，詳本書第二章之考訂。

《湖南故事》十三卷

【考訂】 宋《志》同。陳鱣《續唐書・經籍志》及徐炯《五代史記補考・藝文考》所載並爲十卷。

《直齋書錄解題》卷五"僞史類"載《湖南故事》十卷，題云："不知作者。記馬氏至周行逢事。《館閣書目》作十三卷。蓋爲列傳十三篇，其實十卷也。文辭鄙甚。"《文獻通考》卷二〇〇《經籍二七》據此考錄《湖南故事》十卷。《宋史》卷二〇四《藝文志三》"霸史類"、清趙士煒《中興館閣書目輯考》卷三"霸史類"均載列《湖南故事》十三卷，並不著作者。

《高氏世家》十卷　以上並不著作者

【考訂】 宋《志》同。《宋史》卷二〇四《藝文志三》"霸史類"載《高氏世家》十卷，不著作者。

《三楚新錄》三卷　周羽沖撰

【考訂】 宋《志》、陳鱣《續唐書・經籍志》及徐炯《五代史記補考・藝文考》所載皆同。

《直齋書錄解題》卷五"僞史類"載《三楚新錄》三卷，題云："知貴州修仁縣周羽沖撰。上卷爲湖南馬殷，中卷爲武陵周行逢，下卷爲荊南高季興。"《通志》卷六五《藝文略三》"霸史下"著錄《三楚新錄》三卷，注云："宋朝周羽沖撰。紀湖南馬殷、周行逢、荊南高季興事。"《文獻通考》卷二〇〇《經籍二七》載《三楚新錄》三卷，考引《直齋書錄解題》。

《崇文總目》卷二"傳記類下"著錄周羽沖撰《三楚新錄》三卷。《宋史》卷二〇三《藝文志二》"傳紀類"載《三楚新錄》一卷，不著作者；同書卷二〇四《藝文志三》"霸史類"載"周羽沖《三楚新錄》三卷"。焦竑《國史經籍志》卷三"霸史類"亦錄爲三卷，注云："周羽沖記湖南馬殷、周行逢、荊南高季興事。"《孫氏祠堂書目內編》卷三著錄《三楚新錄》三卷。

《四庫全書總目》卷六六載列《三楚新録》三卷，提要云：" 宋周羽翀撰。羽翀里貫未詳，自署稱儒林郎、試秘書省校書郎、前桂州修仁令，蓋宋初人也。其稱三楚者，以長沙馬殷、武陵周行逢、江陵高季興皆據楚地稱王，故論次其興廢本末，以一國爲一卷。其中與史牴牾不合者甚多，如馬殷本爲武安節度使劉建鋒先鋒指揮使，佐之奪湖南，及建鋒爲陳瞻所殺，軍中迎殷爲留後，亦未嘗爲邵州刺史。今羽翀乃稱殷隨渠帥何氏南侵，何命爲邵州刺史，何氏卒，衆軍迎殷爲主。其説皆鑿空無據。又謂馬希範入覲，桑維翰旅遊楚泗，求貨不得，拂衣而去，及希範立，維翰已爲宰相，奏削去其半仗云云。今考希範嗣立在唐明宗長興三年，時晉未立國，安得有維翰爲宰相之事，亦爲誣罔。又如王逵爲潘叔嗣所襲，與戰敗没。而羽翀以爲敗於南越，僅以身免，竟死於路。與諸書所紀，並有異同。蓋羽翀未睹國史，僅據故老所傳述，纂録成書，故不能盡歸精審。然其所聞軼事，爲史所不載者，亦多可採。稗官野記，古所不廢。固不妨録存其書，備讀五代史者參考焉。"

　　周羽翀，生卒年及仕歷均不詳，當爲五代末至宋初人。

　　善本：《三楚新録》三卷：明刻《歷代小史》（明李栻編）本、清乾隆四十一年吴翌鳳抄本、清道光十一年晁氏活字印《學海類編》（曹溶編、陶越增删）本（見該書《史參》）。

《楚録》五卷　盧臧撰

　　【考訂】　宋《志》同。《宋史》卷二〇四《藝文志三》"霸史類"載盧臧《楚録》五卷。尤袤《遂初堂書目》亦載列此書，但未明卷數，不著作者。

　　盧臧，生卒年及仕歷均無考。

《渤海行年紀》十卷　曾顔撰

　　【考訂】　宋《志》同。《四庫闕書目》卷一"僞史類"、《通志》卷六五《藝文略三》"霸史下"、《宋史》卷二〇四《藝文志三》"霸史類"及焦竑《國史經籍志》卷三"霸史類"均載錄曾顏《渤海行年記》十卷。

曾顏，生卒年及仕歷均無考。

《湖湘馬氏故事》二十卷　曹衍撰

【考訂】　宋《志》同。《崇文總目》卷二"偽史類"、《通志》卷六五《藝文略三》"霸史下"、《宋史》卷二〇四《藝文志三》"霸史類"、焦竑《國史經籍志》卷三"霸史類"均載錄曹衍《湖湘馬氏故事》二十卷。《十國春秋》卷七五《曹衍傳》云，曹衍有《湖湘馬氏故事》二十卷，爲宋初時所上。

曹衍，字里無考。《十國春秋》卷七五傳稱："少以文辭知名，偃蹇不遇。周行逢據湖南日，仕進專尚門廕，衍以布衣子屢獻文章，不見用，退居鄉里教授。及張文表之叛，辟衍爲幕職，事敗逃去。會赦，乃敢出。窮困無以自進，采撫舊聞，撰《湖湘馬氏故事》二十卷，詣宋上之。宋太宗閔其貧老，授將作監丞。"

《荆湘近事》十卷　陶岳（應爲陶賓）撰

【考訂】　宋《志》同。《四庫闕書目》卷一"傳記類"著錄"陶賓撰集《荆湘近事》十卷"。《宋史》卷二〇四《藝文志三》"霸史類"載陶岳《荆湘近事》十卷，是譌"賓"爲"岳"。焦竑《國史經籍志》卷三"霸史類"因襲《宋志》，亦載陶岳《荆湘近事》十卷。

《閩中實錄》十卷　蔣文惲（一作蔣文懌）撰

【考訂】　宋《志》作"蔣文擇撰"。陳鱣《續唐書·經籍志》、徐炯《五代史記補考·藝文考》均載《閩中實錄》十卷，陳注云："周揚州永貞令蔣文懌撰。"

《直齋書錄解題》卷五"偽史類"載《閩中實錄》十卷，題云："周顯德中，揚州永貞縣令蔣文懌記王審之父子及將吏、儒士、僧道事蹟，末亦略及山川土物。"

《崇文總目》卷二"僞史類"著録蔣文懌《閩中實録》十卷。《通志》卷六五《藝文略三》"霸史下"著録《閩中實録》十卷，注云："蔣文懌撰。記王氏據閩，盡留存劾、李仁達事，惟不及陳洪進。"《宋史》卷二〇四《藝文志三》"霸史類"、焦竑《國史經籍志》卷三"霸史類"均載列蔣文懌《閩中實録》十卷。

蔣文懌，字里、籍貫無考，嘗爲常熟令。明王鏊《姑蘇志》卷四一載："蔣文懌以朝奉郎試大理司直，行常熟令事，兼監察御史。太平興國三年，錢氏納土後首任。七年，去任餘杭。陸韶之作《頂山龍祠記》，載其政事。"

《王氏解運圖》(應爲《王氏啟運圖》)三卷　林仁志撰

【考訂】　宋《志》同。《宋史》卷二〇四《藝文志三》"霸史類"載林仁志《王氏紹運圖》三卷。

林仁志，生卒年及仕歷皆無考。吳任臣《十國春秋》卷七九《吳越文穆王世家》卷末論曰："錢氏五王，惟武肅有改元事，而廟號則史所不載。間讀余公綽《閩王事蹟》，云永隆三年吳越世宗文穆王薨；林仁志《王氏啟運圖》云永隆二年吳越世皇崩，子成宗嗣。雖二人所紀年歲不同，至廟號稱宗則二書吻合，似非竟無可據者。"清鍾淵映《歷代建元考》卷七亦云："余公綽《閩王事蹟》云，同光元年梁策錢鏐爲尚父，來年改寶正元年。永隆三年，吳越世宗文穆王薨，林仁志《閩王啟運圖》云，同光元年，梁封浙東尚父爲吳越國王，尋改元寶正。"據此，則吳、鍾所見均爲《王氏啟運圖》。

《閩王審知傳》一卷　陳致雍撰

【考訂】　宋《志》、汪之昌《補南唐藝文志》及唐圭璋、杜文玉兩《南唐藝文志》所載皆同。陳鱣《續唐書·經籍志》、徐炯《五代史記補考·藝文考》均載《閩王列傳》一卷，陳注云："周秘書監晉江陳致雍撰。"

《崇文總目》卷二"偽史類"著錄陳致雍撰《閩王審知傳》一卷。《通志》卷六五《藝文略三》"霸史下"著錄《閩王審知傳》一卷，注云："偽唐陳致雍撰。"《直齋書錄解題》卷五"偽史類"載《閩王列傳》一卷，題云："秘書監晉江陳致雍撰。二世七主，通六十年。"焦竑《國史經籍志》卷三"霸史類"亦載錄陳致雍《閩王審知傳》一卷。

《十國春秋》卷九七《陳致雍傳》云："陳致雍，莆田人也。博洽善文辭，憲章典故，尤所諳練。仕景宗，爲太常卿。入南唐，以通《禮》及第，除秘書監。未幾，致仕還家，陳洪進辟掌書記。撰《晉安海物異名記》及《閩王列傳》（一作《閩王事蹟》）、《五禮儀鑑》諸書，好事者復編其議禮諸論爲《曲臺奏議》二十卷。"

《閩王事蹟》一卷　不著作者（應爲余公綽撰）

【考訂】 宋《志》同。陳鱣《續唐書·經籍志》、徐炯《五代史記補考·藝文考》均載《閩王事蹟》一卷，陳注云："閩無名氏撰。"

《直齋書錄解題》卷五"偽史類"載《閩王事蹟》一卷，題云："不知何人作。卷末稱光啟二年至天聖九年，一百三十八年。其所記頗詳。"《文獻通考》卷二〇〇《經籍二七》載錄《閩王事蹟》一卷，考引《直齋書錄解題》。《宋史》卷二〇四《藝文志三》"霸史類"載《閩王事蹟》一卷，不著作者。

興武按：考鍾淵映《歷代建元考》卷七既有"余公綽《閩王事蹟》云云"，吳任臣《十國春秋》卷七九《吳越文穆王世家》卷末復云："間讀余公綽《閩王事蹟》。"是知《閩王事蹟》乃余公綽所撰。另：吳任臣以爲《閩王事蹟》即《閩王列傳》，未知所據，疑不可從。

《晉陽聞見錄》（應爲《晉陽見聞要錄》）**一卷　王保衡撰**

【考訂】 宋《志》同。陳鱣《續唐書·經籍志》載《晉陽見聞錄》，曰"無卷數。北漢中書舍人王保衡撰"。《宋史》卷二〇四《藝文志三》"霸史類"載王保衡《晉陽見聞要録》一卷。

王應麟《困學紀聞》卷一七云："唐五代之際，以文紀事者多用故事，而作史者因而舛誤。迴鶻烏介可汗走保黑車子族，李德裕《紀聖功碑》云：'烏介並丁令以圖安，依康居而求活。'所謂康居，用《漢書》郅支事也。而《舊史》云：'烏介依康居求活。'北漢鄭珙卒於契丹，王保衡《晉陽見聞録》：'虜俗雖不飲酒，如韋曜者，亦加灌注。'韋曜，即吳孫皓時韋昭也。而路振《九國志》云：'高祖鎮河東，命韋曜北使。曜不能飲酒，虜人強之。'此殆類癡人説夢也。"按：《晉陽見聞録》乃《晉陽見聞要録》之省稱。

《十國春秋》卷一〇八《王保衡傳》云："王保衡，仕英武帝（按：即北漢劉繼元），爲中書舍人，直翰林院。保衡博學有文名，所著《晉陽見聞要録》若干卷行世。"

《劉氏興亡録》一卷　胡賓（應爲胡賓王）撰

【考訂】　宋《志》同。《崇文總目》卷二"僞史類"著録胡賓王撰《劉氏興亡論》一卷。《通志》卷六五《藝文略三》"霸史下"著録《劉氏興亡録》一卷，注云："叙僞漢劉巖等四主事。"《宋史》卷二〇四《藝文志三》"霸史類"載胡賓王《劉氏興亡録》一卷。焦竑《國史經籍志》卷三"霸史類"亦載録《劉氏興亡録》一卷，注云："叙漢劉氏四主事。"

《廣王事蹟》一卷

【考訂】　宋《志》同。《宋史》卷二〇四《藝文志三》"霸史類"載《廣王事蹟》一卷，不著作者。按：五代有兩廣王：後梁廣王全昱，後晉廣王敬威。

《舊五代史》卷三《梁太祖紀》載，開平元年五月乙酉，"立皇兄全昱爲廣王"。王禹偁《五代史闕文》"廣王全昱"條載："全昱，梁祖之兄也。既受禪，宫中閒燕，惟親王得與。因爲博戲，全昱酒酣，忽起取骰子擊盆迸散，大呼梁祖曰：'朱三，汝碭山一民，因天下饑荒，入黃巢作賊，天子用汝爲四鎮節度使，富貴足矣，何故滅他李家三百年社稷，稱王稱朕，我不忍見汝血吾族矣，安用博爲！'梁祖不悦而罷。臣謹按《梁史》叙《廣王全昱傳》曰：昱樸野，常呼帝爲'三'。宫中博戲之事諱之。夫梁祖弑二君(昭宗、濟陰王)，弑一皇后(何皇后)，名臣被害者不可勝紀。及莊宗即位，盡誅朱氏，惟全昱先令終。至道初，知單州有稱廣王之後與尼訟田宅者，豈以一言之善，獨存其嗣耶！"

《舊五代史》卷八七《晉宗室列傳》云："廣王敬威，字奉信，高祖之從父弟也。父萬銓，贈太尉，追封趙王。敬威少善騎射，事後唐莊宗，以從戰有功，累歷軍職。明宗即位，擢爲奉聖指揮使。天成、應順中，凡十改軍額，累官至檢校工部尚書，賜忠順保義功臣。清泰中，加兵部尚書、彰聖都指揮使，遥領常州刺史。及高祖建義於太原，敬威時在洛下，知禍必及，召所親謂曰：'夫人生而有死，理之常也。我兄方圖大舉，余固不可偷生待辱，取笑一時。'乃自殺於私邸，人甚壯之。天福二年，册贈太傅，葬於河南縣。六年，追封廣王。"

興武按：後梁廣王全昱事蹟頗多，其傳奇人生極有可能爲好事者所矚目，撰成《廣王事蹟》。後晉敬威乃一介武夫，征戰殺伐之外別無勳勞，且死後六年始追封廣王，似很難成爲《廣王事蹟》的叙事對象。

《五國故事》一卷(應爲二卷)

【考訂】 宋《志》同。陳鱣《續唐書·經籍志》、徐炯《五代史記補考·藝文考》均載《五國故事》二卷，陳注云："吴越無名氏撰。"

《通志》卷六五《藝文略三》"霸史下"著録《五國故事》二卷，注云"記吴、唐、蜀、漢、閩五國事"。《直齋書録解題》卷五"僞史類"載《五國故事》二卷，云："不知作者。記吴、蜀、閩、漢諸國事。"《宋史》

卷二〇三《藝文志二》"故事類"、《文獻通考》卷二〇〇《經籍二七》、焦竑《國史經籍志》卷三"霸史類"等均載録《五國故事》二卷，不著作者。

《四庫全書總目》卷六六載録《五國故事》二卷，提要云："不著撰人名氏。南漢條下稱劉晟本二名，上一字犯宣祖諱，去之，則北宋人。又南唐條下稱嘗以其事質於江南一朝士，則猶在宋初，得見李氏舊臣也。中於南漢稱彭城氏，於留從効姓稱婁，錢塘屬鸚跛，以爲吳越後人入宋所作，避武肅王諱。然閩王延翰條下稱其妻爲博陵氏，則又何爲而諱崔乎？年代綿邈，蓋不可考矣。其書紀吳楊氏、南唐李氏、蜀王氏、孟氏、南漢劉氏、閩王氏之事，稱曰五國。然以其地而論，當爲四國；若以其人而論，當爲六國。未審其楊、李併爲一，抑孟、王併爲一也。鄭樵《通志略》列之'霸史類'中，實則小説之體，記録頗爲繁碎。中如徐知誥斥進黄袍諸事，爲史所不載。又李煜爲李璟第六子，而此云璟之次子，與史亦小有異同。然考古在於博徵，固未可以瑣雜廢也。前有萬曆中太常寺少卿余寅題詞，議其四國俱加僞字，於蜀獨否。今考書中明書僞蜀王建，又書孟知祥以長興五年遂僭大號，何嘗不著其僞。卷首總綱，既以前蜀、後蜀爲分，再加僞字，則或曰"前僞蜀"、"後僞蜀"，或曰"僞前蜀"、"僞後蜀"，詞句皆嫌於贅，是以省之。《公羊傳》所謂避不成文是也。謂不僞蜀，殊失其旨，至南漢條下稱僞漢先主名巖，後名俊，又名龑。龑之字曰儼，本無此字，龑欲自大，乃以龍天合成其字。以其不典，故不書之。寅援《唐史》書武后名曌以駁之，則其説當矣。"

善本：《五國故事》二卷：明抄本、清乾隆四十七年李調元刻《函海》本、清道光十一年晁氏活字印《學海類編》（曹溶編、陶越增删）本（見該書《史參》）、清孫潛抄本。

《十國載記》三卷　並不著作者

【考訂】　宋《志》同。尤袤《遂初堂書目》僅載書名，未列卷數及作者。《宋史》卷二〇四《藝文志三》"霸史類"載《十國載記》三卷，不著作者。列在《湖南故事》與《江南餘載》之間，或爲五代宋初人撰。

《大原事蹟雜記》十三卷（應爲十四卷）　**李璋撰**

宋《志》同。唐人著述，不宜入五代藝文志，詳本書第二章之考訂。

《許國公勤王錄》三卷　李巨川撰，記歧（當作岐）**王李茂貞事**

【考訂】　宋《志》同。

《北夢瑣言》卷一四載："韓建兩隨李茂貞迫脅君上，殺戮輔相。昭宗出居，本幸鄜時，建懇迎奉，請至華下，供億之勞，具在《勤王錄》。而殺害郯王等八人以孤君上，抑其罪也。近代史臣駁論《勤王錄》數條云云。"據此，《許國公勤王錄》一書唐末時即傳。

《崇文總目》卷二"傳記類下"著錄《許國公勤王錄》三卷，不著撰人。《通志》卷六五《藝文略三》"傳記類"著錄《許國公勤王錄》三卷，注云："唐李巨川撰。記韓建迎昭宗東幸事。"《宋史》卷二〇三《藝文志二》"故事類"載李巨川《勤王錄》二卷，"傳紀類"復載李巨川《許國公勤王錄》三卷。

朱彝尊《曝書亭集》卷五〇《唐濟安侯廟二碑跋》云："乙巳秋，客自華州來者，貽予唐李巨川所爲《濟安侯廟碑》。濟安侯者，華之城隍神也。巨川爲韓建掌書記，撰《許國公勤王錄》以媚建。方昭宗幸華，建請散殿後軍誅李筠，圍諸王十六宅，皆巨川教之，《唐史》附諸叛臣之列。觀其碑文，盛歸功於建，此猶猙犬狂吠，無足怪者。繼得金張建所撰《廟碑》，謂諸王既見殺，是夜，建袖劍詣行宮，將及御幄，神厲聲叱曰：'汝陳許間一卒耳！蒙天子恩至此，輒敢爲弒逆事乎！'建倉皇而退，昭宗德之，徙神於行宮。既還京，封神濟安侯。而歐陽子《五代史》則謂建父叔豐所誡，殆儒者不語怪之意歟？金源之文，傳世者寡。碑辭特剴切，可誦。其稱神縛草傅泥，假以成像，猶能奮叱不祥。而當時藩鎮重臣，幸時之亂，曾不遣偏裨老弱之師，爲衞社稷勤王計，殆土木之不若。蓋有激其言之矣。彼巨川者，罔有忌憚，謂土木可欺，己之文足以飾非於後，不知直道在人。自唐迄金二百年，華之父老猶能道之。而張建者，復刊石而記其實也。然則小人之變亂是非欲以惑天下後世者，復何爲哉！復何爲哉！"

李巨川，字下己，隴右人。唐乾符中爲王重榮掌書記，後從事韓建。光化初爲朱全忠所殺。傳見《舊唐書》卷一九〇下、《新唐書》卷二二四下。

《太康平吴録》二卷　張昭撰

【考訂】　宋《志》同。陳鱣《續唐書·經籍志》載《晉太康平吴記》一卷，曰"周吏部尚書張昭撰"。徐炯《五代史記補考·藝文考》載《晉太康平吴記》二卷。

《直齋書録解題》卷五"雜史類"載《晉太康平吴記》二卷，題云："周兵部尚書張昭撰。世宗將討江南，昭采晉武平孫皓事蹟，爲書上之。"《文獻通考》卷一九六《經籍二三》亦載録《晉太康平吴記》二卷，考引《直齋書録解題》。《崇文總目》卷二"傳記類上"著録張昭撰《晉武平吴記》一卷。《宋史》卷二〇三《藝文志二》"傳紀類"載張昭《太康平吴録》二卷。

右霸史類共五百八十一卷

雜　史　類

《汴水滔天録》一卷　王振撰

【考訂】　宋《志》不注卷數。陳鱣《續唐書·經籍志》載録《汴水滔天録》一卷，注云"左拾遺王振撰"。徐炯《五代史記補考·藝文考》亦載《汴水滔天録》一卷，注引《直齋》。

《新唐書》卷五八《藝文志二》"雜史類"載王振《汴水滔天録》一卷，注云："昭宗時拾遺。"《崇文總目》卷二"雜史類下"著録王振《汴水滔天録》一卷。《通志》卷六五《藝文略三》"雜史類"著録《汴水滔天録》一卷，注云："五代王振撰，記梁太祖事。"《直齋書録解題》卷五"偽史類"載《汴水滔天録》一卷，題云："唐左拾遺王振撰。言朱溫篡逆事。"《宋史》卷二○三《藝文志二》"傳紀類"、《文獻通考》卷一九六《經籍二三》及焦竑《國史經籍志》卷三"雜史類"均載王振《汴水滔天録》一卷。

《朱梁興創遺編》二十卷　敬翔撰

【考訂】　宋《志》同。陳鱣《續唐書·經籍志》載録《朱梁興創遺編》二十卷，注云"梁宰相敬翔撰"。徐炯《五代史記補考·藝文考》亦載《朱梁興創遺編》二十卷，注引《直齋》。

《直齋書録解題》卷五"偽史類"著録《朱梁興創遺編》二十卷，題云："梁宰相馮翊敬翔子振撰。自廣明巢賊之亂，朱溫事蹟，迄於天祐弑逆，大書特書，不以爲愧也。其辭亦鄙俚。"《文獻通考》卷一九六《經籍二三》亦載録《朱梁興創遺編》二十卷，考引《直齋書録解題》。

《崇文總目》卷二"雜史類下"著録敬翔《梁太祖編遺録》三十卷。《通志》卷六五《藝文略三》"雜史類"著録《梁太祖編遺録》三十卷，注云"梁敬翔撰"。焦竑《國史經籍志》卷三"雜史類"則著録敬翔《梁太祖編遺録》三十卷。

敬翔，字子振，同州馮翊人。唐末依朱全忠，後梁、後唐易代之時，自經死。傳見薛《史》卷一八、歐《史》卷二一。

《莊宗召禍記》一卷　黄彬撰

【考訂】　宋《志》同。陳鱣《續唐書·經籍志》載録《莊宗召禍記》一卷，注云"中書舍人黃彬撰"。徐炯《五代史記補考・藝文考》亦載《莊宗胎禍錄》一卷，云"後唐中書舍人黃彬撰"。

《崇文總目》卷二"雜史類下"著錄黃彬《莊宗召禍記》一卷。《通志》卷六五《藝文略三》"雜史"類著錄《莊宗召禍記》一卷，注云："後漢黃彬撰。"《直齋書錄解題》卷五"雜史類"載《莊宗召禍記》一卷，題云："後唐中書舍人黃彬撰。"《文獻通考》卷一九六《經籍二三》作《莊宗台禍記》一卷，考引《直齋書錄解題》。《宋史》卷二〇三《藝文志二》"傳紀類"、焦竑《國史經籍志》卷三"雜史類"均著錄後漢黃彬《莊宗召禍記》一卷。

興武按："台"乃"召"之譌。黃彬，字里不詳，曾官後蜀右司郎中，預修《前蜀紀事》。《宋史》卷四七九《李昊傳》云："俄修《前蜀書》，命昊與趙元拱、王中孚及諫議大夫喬諷、左給事中馮侃、知制誥賈玄珪、幸寅遜、太府少卿郭微、右司郎中黃彬同撰，成四十卷，上之。"

《幽懿錄》一卷　敘晉出帝陷虜事，不著作者

【考訂】　宋《志》同。周密《齊東野語》卷一八"開運、靖康之禍"條云："靖康之禍，大率與開運之事同。一時紀載雜書極多，而最無忌憚者，莫若所謂《南燼紀聞》。其說謂出帝之事，歐公本之王淑之私史。淑本小吏，其家爲出帝所殺，遁入契丹。洎出帝黃龍之遷，淑時爲契丹諸司，於是文移郡縣，故致其飢寒，以逞宿怨，且述其幽辱之事，書名《幽懿錄》，比之周幽、衛懿。然考之五代新、舊《史》，初無是說，安知非託子虛以欺世哉，其妄可見矣。"據此，則此書作者應爲王淑。

《開運陷虜事蹟》一卷　不著作者

【考訂】　宋《志》僅列書名而無卷數。《宋史》卷二〇三《藝文志二》"傳記類"著錄《開運陷虜事蹟》一卷，不著作者。

《晉朝陷蕃記》一卷（應爲四卷）

【考訂】 宋《志》同。陳鱣《續唐書·經籍志》載錄《晉朝陷蕃記》四卷，注云"晉翰林范質撰"。

《崇文總目》卷二"雜史類下"著錄范質等撰《晉朝陷蕃記》四卷，錢東垣按云："《遂初堂書目》、《讀書後志》並作《石晉陷蕃記》。"《通志》卷六五《藝文略三》"雜史類"著錄《晉朝陷蕃記》四卷，注云"宋朝范質等修"。又《陷蕃記》四卷，范質撰，疑爲重出。《宋史》卷二〇三《藝文志二》"傳紀類"載《晉朝陷蕃記》一卷，注云："不知作者。"《直齋書錄解題》卷五"雜史類"載《晉朝陷蕃記》四卷，題云："宰相大名范質文素撰，據莆田鄭氏《書目》云爾。本傳不載，故《館閣書目》云不知作者。未悉鄭氏何所據也。"《文獻通考》卷一九六《經籍二三》亦載錄《晉朝陷蕃記》四卷，考曰："晁氏曰：皇朝范質撰。質，石晉末在翰林，爲出帝草降虜表，知其事爲詳。記少主初遷於黃龍府，後居於建州，凡十八年而卒。按：契丹丙午歲入汴，順數至甲子歲，爲十八年，實國朝太祖乾德二年也。"焦竑《國史經籍志》卷三"雜史類"亦著錄范質《晉朝陷蕃記》四卷。清趙士煒《中興館閣書目輯考》卷三考列《晉朝陷蕃記》一卷，云"不知作者"。

《桑維翰傳》一卷（應爲三卷） **並范質撰**

【考訂】 宋《志》同。《四庫闕書目》卷一"故事類"著錄《桑維翰傳》三卷。《通志》卷六五《藝文略三》"傳記類"著錄范質撰《桑維翰傳》三卷。《宋史》卷二〇三《藝文志二》"故事類"載范質《桑維翰傳》三卷。焦竑《國史經籍志》卷三"傳記類"亦載范質《魏公桑維翰傳》三卷。

《陷遼記》一卷（應爲《陷虜記》三卷） **胡嶠撰**

【考訂】 宋《志》同。《崇文總目》卷二"雜史類下"著錄胡嶠

《陷虜記》三卷。《宋史》卷二〇三《藝文志二》"傳記類"已著錄胡嶠《陷遼記》三卷，此顧、宋兩《志》所本。同書卷二〇四《藝文志三》"地理類"又載胡嶠《陷虜記》一卷，顯係重出。《通志》卷六五《藝文略三》"雜史類"著錄《陷虜記》一卷，注云："周胡嶠撰。嶠陷虜歸，記其事。"焦竑《國史經籍志》卷三"雜史類"亦著錄周胡嶠《陷虜記》三卷。

胡嶠，歐《史》卷七三卷末云："初，蕭翰聞德光死，北歸，有同州郃陽縣令胡嶠爲翰掌書記，隨入契丹。而翰妻爭妒，告翰謀反，翰見殺，嶠無所依，居虜中七年。當周廣順三年，亡歸中國，略能道其所。"《全唐文》卷八五九收胡嶠《陷北記》一篇，其小傳云："嶠官合陽縣令，爲宣武軍節度使蕭翰掌書記，因隨入契丹。翰誅，無所依，居契丹七載，當周廣順三年逃歸。"

《新野史》十卷　題"顯德元年終南山不名子撰"

【考訂】　宋《志》同。《宋史》卷二〇三《藝文志二》"別史類"載錄《新野史》十卷，注曰："題顯德元年終南山不名子撰。"《四庫闕書目》卷一著錄《新野史》十卷。《遂初堂書目》無卷數。

《英雄佐命錄》一卷

【考訂】　宋《志》同。《宋史》卷二〇三《藝文志二》"傳記類"載《英雄佐命錄》一卷，置《三楚新錄》與《世宗征淮錄》之間，不明作者。此顧、宋兩《志》所本。

《世宗征淮錄》一卷

【考訂】　宋《志》同。《崇文總目》卷二"雜史類下"著錄《周世宗征淮錄》一卷，不著撰人。《通志》卷六五《藝文略三》"雜史類"著錄《周世宗征淮錄》一卷，注云："記征壽春劉仁贍事。"《宋史》卷二〇三《藝文志二》"傳紀類"載《世宗征淮錄》一卷，不著作者。焦竑

《國史經籍志》卷三"雜史類"亦著録《周世宗征淮録》一卷,注引《通志》。

《濠州干戈録》一卷　不著作者

【考訂】　宋《志》同。《宋史》卷二〇三《藝文志二》"傳紀類"載《濠州干戈録》一卷,置《世宗征淮録》後,不著作者。顧、宋兩《志》本此。

《後史補》三卷　高若拙撰

【考訂】　宋《志》同。《崇文總目》卷二"雜史類下"著録高若拙《後史補》三卷。《通志》卷六五《藝文略三》"雜史"類著録《後史補》三卷,注云:"周高若拙雜記唐及五代史。"《直齋書録解題》卷一一"小説家類"載《後史補》三卷,題云:"前進士高若拙撰。"《宋史》卷二〇三《藝文志二》"傳紀類"、《文獻通考》卷二一六《經籍四三》、焦竑《國史經籍志》卷三"雜史類"及清趙士煒《中興館閣書目輯考》卷三等均載高若拙《後史補》三卷。

高若拙,字里不詳。阮閲《詩話總龜》卷三二《詩讖門下》引《大定録》云:"高若拙善詩,從誨辟於幕下,嘗作《中秋不見月》云:'人間雖不見,天外自分明。'從誨覽之,謂賓佐曰:'此詩雖好,不利於己,將來但恐喪明。'後果如其言。"宋潘自牧《記纂淵海》卷七五稱:"王仁裕著詩萬首,謂之詩窖子,亦曰千篇集。"注云:"前進士高若拙撰。"

《大唐補紀》三卷　南唐程匡(應爲程匡柔)撰

【考訂】　宋《志》、徐炯《五代史記補考·藝文考》、陳鱣《續唐書·經籍志》均載《大唐補記》三卷。汪之昌《補南唐藝文志》録《大唐補記》三卷,曰"程匡撰"。唐圭璋、杜文玉兩《南唐藝文志》亦列《唐補記》三卷。

《崇文總目》卷二"雜史類下"著録《唐補記》三卷，注云"程匡柔撰"。錢東垣釋云："《玉海》引《崇文目》，'記'作'紀'，卷同。《書録解題》、馬令《南唐書》並作程匡柔，《宋志》作《唐補注記》十三卷，程光榮撰，注云：'榮，一作柔。'蓋因避諱，改'匡'爲'光'。"《通志》卷六五《藝文略三》"雜史"類著録《唐補記》三卷，注云："唐程柔撰。記宣、懿、僖宗事。"《直齋書録解題》卷五"雜史類"載《大唐補記》三卷，題云："南唐程匡柔撰。（案：馬令《南唐書》作"程匡柔"，原本作"程柔"，誤。今改正。）序言懿宗朝有焦璐者撰《年代紀》，述神堯，止宣宗。匡柔襲《三百年曆》，補足十九朝。起咸通戊子，止癸巳，附璐書中。乾符以後備存《補紀》。末有《後論》一篇，文辭雖拙，論議亦正。"《宋史》卷二〇三《藝文志二》"編年類"已著録"程正柔《大唐補記》三卷"，同卷"别史類"又有"程光榮（一作柔）《唐補注記》（一作紀）三卷"，顯係重出。"正柔"、"光柔"均爲"匡柔"避諱改。《文獻通考》卷一九六《經籍二三》亦載録《大唐補記》三卷。焦竑《國史經籍志》卷三"雜史類"著録程柔《唐補記》二卷。
　　程匡柔，字里不詳。唐末宦官，以監軍之機，爲楊行密所匿。《資治通鑑》卷二六四天復三年二月壬申朔載："時宦官盡死，惟河東監軍張承業、幽州監軍張居翰、清海監軍程匡柔、西川監軍魚全禋及致仕嚴遵美，爲李克用、劉仁恭、楊行密、王建所匿得全，斬他囚以應詔。"胡三省注曰："據《通鑑》所書，程匡柔，蓋楊行密匿之。"

《大唐實録撰聖記》（應爲《唐統紀》）**一百二十卷　陳岳撰**
　　【考訂】　宋《志》、汪之昌《補南唐藝文志》所載皆同。陳鱣《續唐書·經籍志》著録《唐統紀》一百卷，曰："吴中書舍人翰林學士陳濬撰。"
　　王定保《唐摭言》卷一〇"海叙不遇"條載："陳岳，吉州廬陵人也。少以詞賦貢於春官氏，凡十上竟抱至冤。晚年從豫章鍾傳，復爲同舍所譖。退居南郭，以墳典自娛。因以博覽群籍，常著書商較前史得失，尤長於班、史之業，評三《傳》是非，著《春秋折衷論》三十卷；約《大唐實錄》，撰《聖紀》一百二十卷。以所爲述作，號《陳子正言》十五卷。其詞賦歌詩，別有編袟。光化中，執政議以蒲帛徵。傳聞之，復辟爲從事。後以讒黜，尋遘病而卒。"

《直齋書錄解題》卷四"編年類"載《大唐統紀》四十卷，題云："唐江南西道觀察判官陳岳撰。用荀、袁體，起武德，盡長慶，爲一百卷。今止武后如意，非全書也。"

《崇文總目》卷二"編年類"、《新唐書》卷五八《藝文志二》"編年類"、《通志》卷六五《藝文略三》"編年類"、《宋史》卷二〇三"編年類"及焦竑《國史經籍志》卷三"別集類"均著錄陳岳《唐統紀》一百卷。《文獻通考》卷一九三《經籍二〇》載錄《大唐統紀》四十卷。清趙士煒《中興館閣書目輯考》卷二亦考列陳岳《唐統曆》一百卷，釋云："檢校尚書屯田員外郎陳岳撰。以荀悅、袁宏有《漢紀》，遂爲《大唐統曆記》。起武德，盡長慶末，凡十三朝，成一百卷。用《春秋》例，間著論云。"

興武按：顧、宋、汪三家皆本《唐摭言》，且句讀有誤。自《新唐書·藝文志》而後，歷代學人均記陳岳有《唐統紀》，篇袟爲百卷。此書蓋爲《聖紀》之傳本，非別爲一書也。

《續劉軻帝王照略》三卷（應爲一卷）　　蜀馮鑑撰

【考訂】　宋《志》同。陳鱣《續唐書·經籍志》著錄《續帝王鏡略》一卷，曰"蜀馮鑑撰"。徐炯《五代史記補考·藝文考》載馮鑑《帝王鏡略》一卷，考引《郡齋》。

《新唐書》卷五八《藝文志二》著錄劉軻《帝王曆數歌》一卷，注云："字希仁，元和末進士第，洛州刺史。"《宋史》卷二〇三《藝文志二》"別史類"亦載劉軻《帝王曆數歌》一卷。然劉軻之書名或有變更，至南宋時已作《帝王鏡略》或《帝王照略》。《四庫闕書目》卷二

"雜家類"有《帝王照略》一卷,不著撰人。《郡齋讀書志》卷五"編年類"載《帝王鏡略》一卷,志云:"右唐劉軻撰。自開闢迄唐初帝王世次,綴爲四言,以訓童蒙。僞蜀馮鑑續之,至唐末。"《直齋書錄解題》卷四"編年類"又著錄《帝王照略》一卷,題云:"唐洺州刺史劉軻撰。僞蜀馮鑑注,並續唐祚以後。《唐志》及《館閣書目》有劉軻《帝王曆數歌》一卷,疑即此書也。"《文獻通考》卷一九三《經籍二〇》載錄《帝王鏡略》一卷,考引《郡齋》、《直齋書錄解題》。

《正史雜編》十卷

【考訂】 宋《志》同。《崇文總目》卷二"雜史類"著錄《正史雜論》十卷,不著作者。《通志》卷六五《藝文略三》"正史類"著錄《正史雜論》十卷,注云"僞蜀楊九齡撰"。《宋史》卷二〇三《藝文志二》"別史類"已載錄楊九齡《正史雜論》十卷,同書卷二〇九"文史類"又重出楊九齡《正史雜編》十卷。焦竑《國史經籍志》卷三亦列楊九齡《正史雜論》十卷。

《十國春秋》卷五六《楊九齡傳》云:"楊九齡,蜀人,擅雋才。撰《蜀桂堂編事》二十卷,中紀廣政舉試事,載詩賦策題及知貢舉登科人姓氏,且言科舉起於隋開皇,或以爲自唐太宗始者,非也。又撰《要錄》十卷,亦爲士林所稱道。"

《五運錄》十二卷　並蜀楊九齡撰(應爲曹圭撰)

【考訂】 宋《志》載《五運錄》十三卷。《新唐書》卷五八《藝文志二》"編年類"著錄曹圭《五運錄》十二卷。《崇文總目》卷二"編年類"著錄《五運錄》二十卷,曰:"原釋唐曹圭撰。起三皇訖隋年世之略。"《通志》卷六五《藝文略三》"正史類"著錄《五運錄》十二卷,注云"唐曹圭撰"。焦竑《國史經籍志》卷三亦載列《五運錄》十二卷,注云"唐曹圭撰"。

《十國春秋》卷八四《曹圭傳》云:"本歙州人。父信,知嘉興監事,尋由歙徙杭,爲臨平鎮將。八都建時,信因保嘉興東界,遂家臨平焉。""圭少負贍氣,唐末事武肅王爲嘉興都將……圭以功超遷蘇州制置使……久之,以浙西營田副使、檢校太傅終於蘇州。"

《歷代年譜》一卷　曹圭撰(應爲徐鍇撰)

【考訂】　宋《志》先列曹圭《歷代年譜》一卷,後於《補遺》中復列徐鍇《歷代年譜》一卷。陳鱣《續唐書·經籍志》著錄《歷代年譜》二卷,注云:"南唐秘書省校書郎徐鍇撰。"汪之昌《補南唐藝文志》據《國史經籍志》著錄徐鍇《歷代年譜》一卷,唐圭璋、杜文玉兩《南唐藝文志》所載皆同。

《四庫闕書目》卷一"編年類"著錄徐鍇撰《曆年□譜》一卷。《通志》卷六五"藝文略三""編年"類著錄《歷代年譜》一卷,注云"徐鍇撰"。焦竑《國史經籍志》卷三亦載錄《歷代年譜》一卷,注"徐鍇"。

徐鍇,字楚金,世爲會稽人。父延休,字德文,風度淹雅。唐乾符中進士。鍇仕南唐中主、後主,官至右内史舍人。宋兵下江南,卒於圍城之中。傳見馬令《南唐書》卷一四、陸游《南唐書》卷五及《十國春秋》卷二八。

《五代史初要》十卷　歐陽顥撰

【考訂】　宋《志》同。《四庫闕書目》卷一"雜史類"、《通志》卷六五"藝文略三""雜史類"、焦竑《國史經籍志》卷三"雜史類"均著錄歐陽顥《五代史初要》十卷。

歐陽顥,字里、生卒皆不詳,或爲宋初人。

《續皇王寶運錄》十卷　韋昭度撰

【考訂】　宋《志》僅列書名,不注卷數。

《新唐書》卷五八"雜史類"著錄《續皇王寶運錄》十卷,注云:

"韋昭度、楊涉撰。"《崇文總目》卷二"雜史類下"著録韋昭度《續皇王寶運録》十卷，曰"韋昭度撰"。《通志》卷六五《藝文略三》"雜史類"載《續皇王寶運録》十卷，注云："唐韋昭度等撰。楊岑作《皇王寶運録》，止於憲宗，而昭度續其後，記唐末亂世事。楊岑《録》已亡。"《宋史》卷二〇三《藝文志二》"編年類"、焦竑《國史經籍志》卷三"雜史類"均著録韋昭度《續皇王寶運録》十卷。

韋昭度，字正紀，京兆人。昭宗朝守中書令，封岐國公。王建與陳敬瑄戰於成都，昭度出爲西川節度使以和解，未果而歸。後爲王行瑜所害。傳見《舊唐書》卷一七九、《新唐書》卷一八五。

《唐春秋》三十卷　郭昭慶撰

【考訂】　宋《志》、陳鱣《續唐書·經籍志》、汪之昌《補南唐藝文志》及唐圭璋、杜文玉兩《南唐藝文志》所載皆同。

馬令《南唐書》卷一四《郭昭慶傳》云："昭慶博通經史，擬《元經》，作《唐春秋》三十卷。著《治書》五十篇，皆引古以勵今，獻之。"陸游《南唐書》卷一五《郭昭慶傳》云："郭昭慶，廬陵人。博學，能自力。嘗著《唐春秋》三十卷。保大中，獻所著《治書》，補揚子尉，辭不受。後主時，復獻《經國治民論》，擢著作郎。"

《十國春秋》卷二八《郭昭慶傳》則云："昭慶博學善著作，嘗擬《元經》，撰《唐春秋》三十卷。……惟《唐春秋》爲徐鉉、鍇所匿，不得見云。"朱彝尊《經義考》卷二七六著録郭昭慶《唐春秋》三十卷，云："佚。《南唐書》：郭昭慶，廬陵人。博學能自力。著《唐春秋》三十卷。保大中，補揚子尉。後主時，擢著作郎。"

郭昭慶，其先廬陵禾川人。父鵬，保大初進士，官至大理司直。昭慶仕南唐，爲著作郎。傳見馬《書》卷十四、陸《書》卷十五。

《史稿雜著》一百卷　高遠撰

【考訂】　宋《志》及汪之昌《補南唐藝文志》所載皆同。

陸游《南唐書》卷九《高遠傳》云："遠自保大中預史事，始撰《烈祖實錄》二十卷，叙事詳密。後主嗣位，遠猶在史館，與徐鉉、喬匡舜、潘佑共成《吳錄》二十卷。遠又自撰《元宗實錄》十卷，未及上。會屬疾，取史稿及他所著書凡百餘卷，悉燔之。"據此，所謂《史稿雜著》一百卷，實際未能面世。

《續通曆》十卷　孫光憲撰

【考訂】　宋《志》同。陳鱣《續唐書·經籍志》載《續通曆》十卷，注云："荆南節度副使檢校秘書少監試御史中丞富春孫光憲撰。"徐炯《五代史記補考·藝文考》載《續通曆》十卷，注引《郡齋》。

《宋史》卷四八三《孫光憲傳》云："光憲博通經史，尤勤學。聚書數千卷，或自抄寫，孜孜讎校，老而不廢。好著撰，自號葆光子。所著《荆臺集》三十卷……又撰《續通曆紀事》，頗失實，太平興國初，詔毁之。"《十國春秋》卷一〇二《孫光憲傳》所載略同。

《郡齋讀書志》卷五"編年類"著錄《續通曆》十卷，志云："右荆南孫光憲撰。輯唐泊五代事，以續馬總《曆》，參以黄巢、李茂貞、劉守光、阿保機、吳、唐、閩、廣、湖、越、兩蜀事蹟。太祖朝詔毁其書，以所紀多非實也。"

《通志》卷六五《藝文略三》"編年類"、《四庫闕書目》卷一"編年類"著錄孫光憲《續通曆》十卷。《宋史》卷二〇三《藝文志二》"編年類"、《文獻通考》卷一九三《經籍二〇》及焦竑《國史經籍志》卷三"編年類"等均載錄孫光憲《續通曆》十卷。

孫光憲，字孟文，貴平人。唐時爲陵州判官。後唐天成初避地江陵，仕荆南三世。繼沖時，宋使慕容延釗等平湖南，光憲因教繼沖獻荆南三州之地。宋太祖嘉其功，授黄州刺史。乾德末卒。傳見《宋史》卷四三三、《十國春秋》卷一〇二。

善本：《通曆》十五卷（唐馬總撰、宋孫光憲續）：清抄本、清袁氏卧雪廬抄本。

《運曆圖》三卷(應爲八卷)　龔穎撰
【考訂】　宋《志》及汪之昌《補南唐藝文志》所載皆同。

李燾《續資治通鑑長編》卷二九端拱元年正月庚辰載："殿中侍御史龔穎編歷代年紀爲二圖來上，優詔褒之。"

《郡齋讀書志》卷五"編年類"著録《運曆圖》六卷，志云："右皇朝龔穎撰。起於秦昭王滅周之歲乙巳，止於國朝雍熙丁亥，以歷代興亡大事附見其下。四年，獻於朝，優詔獎之。歐陽公嘗據之考正《集古目録》，稱其精博。按《晉史》，張軌世襲涼州，但稱湣帝建興年號。其間唯張祚篡竊，改建興四十二年爲和平元年。始奉穆帝昇平之朔，始末不聞有改元事。唯穎書載張寔改元曰永安，張茂改元曰永元，張重華曰永樂，曰和平，張玄靚曰太始，張天錫曰太清，張大豫曰鳳凰，不知穎何所據而言然。或云出崔鴻《十六國春秋》，鴻書久不傳於世，莫得而考焉。"

《崇文總目》卷一"編年類"著録龔穎《年曆圖》八卷。《四庫闕書目》卷一"編年類"著録龔穎《運曆圖》一卷。《宋史》卷二○三《藝文志二》"編年類"載龔穎《運曆圖》三卷，"別史類"又重出龔穎《年(一作運)曆圖》八卷。焦竑《國史經籍志》卷三亦載録《運曆圖》六卷，注云"宋龔穎"。

按：歐陽修稱讚龔穎《運曆圖》。《歐陽修全集》卷一三七《東魏造石像記(武定七年)》曰："右東魏《造石像記》，其碑云'大魏武定七年歲次己巳'。武定，孝靜年號也。今世所行曆譜，惟龔穎《運曆圖》與今亳州宋退相《紀年通譜》爲最詳。而以穎所書推之，武定七年歲當己巳，與此碑合。而武定止於八年，是歲庚午東魏滅，其事與《東魏》、《北齊書》亦合。而《通譜》以七年爲戊辰，八年爲己巳，又有九年爲庚午而東魏滅。按孝靜以後魏永熙三年立，在位十七年，至大統十六年滅。是歲庚午，則知宋公所記甲子不繆。惟武定不當有九年，而七年不得爲戊辰，此其失爾。蓋孝靜以後遞差一年，故以武定七年爲戊辰也。苟不見斯碑，則《運曆圖》與《通譜》二家得失，其何以決？"

龔穎，字同秀，邵武人。龔慎儀從子。初仕南唐，爲內史。歸宋，爲御史大夫。宋太宗朝，知朗州。累官檢校司徒，持節營州諸軍事。江少虞《宋朝事實類苑》卷五四載："龔穎，邵武人，先仕江南，歸朝爲侍御史。嘗憤叛臣盧絳殺其叔慎儀，又害其家。後絳來陛見，舞蹈次，穎遽前以笏擊而踣之。太祖驚問其故，穎曰：'臣爲叔父復讎，非有他也。'因俯伏頓首請罪，極言絳狼子野心，不可畜。太祖即下令誅絳，義穎而赦之。"另參《青箱雜記》、《宋詩紀事》。

《三朝見聞錄》一卷（應爲八卷）　不著作者

【考訂】　宋《志》同。徐炯《五代史記補考·藝文考》載《三朝見聞錄》八卷，注引《直齋》。陳鱣《續唐書·經籍志》載《僖昭莊三朝聞見錄》八卷，曰"無名氏撰"。

《直齋書錄解題》卷五"雜史類"載《三朝見聞錄》八卷，題云："不知作者。起乾符戊戌，至天祐末年，及莊宗中興，後唐、河東事蹟。三朝者，僖、昭、莊也。其文直述多鄙俚。"《文獻通考》卷一九六《經籍二三》亦載錄《三朝見聞錄》八卷，考引《直齋書錄解題》。

《中朝故事》二卷　尉遲偓撰

【考訂】　宋《志》、陳鱣《續唐書·經籍志》、徐炯《五代史記補考·藝文考》及汪之昌《補南唐藝文志》所載皆同顧《志》，唐圭璋、杜文玉兩《南唐藝文志》列爲三卷。

《崇文總目》卷二"雜史類上"著錄《中朝故事》三卷，注云"尉遲樞撰"。《四庫闕書目》卷二"小說類"著錄尉遲渥《中書故事》二卷。《郡齋讀書志》卷六"雜史類"載錄《中朝故事》二卷，志云："右僞唐尉遲偓撰。記唐懿、昭、哀三朝故事，故曰'中朝'。"《通志》卷六五《藝文志三》"雜史類"著錄《中朝故事》三卷，注云："僞唐尉遲樞撰，記宣、懿、昭三宗事。"《直齋書錄解題》卷七"傳紀類"亦載《中朝故事》二卷，題云："僞唐給事中尉遲偓撰。載唐末雜事。"《宋史》卷二〇三《藝文志二》"故事類"、《文獻通考》卷一九六《經籍二三》並載尉遲偓《中朝故事》二卷。焦竑《國史經籍志》卷三"雜史類"著錄《中朝故事》三卷。《孫氏祠堂書目內編》卷四亦著錄南唐尉遲偓《中朝故事》二卷。

《四庫全書總目》卷一四〇載錄《中朝故事》二卷，提要云："南唐尉遲偓撰。偓履貫未詳。書首舊題'朝議郎守給事中修國史驍騎賜紫金魚袋臣尉遲偓奉旨纂進'。蓋李氏有國時偓爲史官，承命所作。李昇自以爲出太宗之後，承唐統緒，故稱長安爲中朝也。其書皆記唐宣、懿、昭、哀四朝舊聞。上卷多君臣事蹟及朝廷制度。下卷則雜錄神異怪幻之事。中間不可盡據者，如宣宗爲武宗所忌，請爲僧，遊行江表一事，司馬光《通鑑考異》已斥其鄙妄無稽。又路巖欲害劉瞻，賴幽州節度使張公素上疏申理一事，考是時鎮幽州者乃張允伸，非張公素，所記殊誤。又鄭畋鬼胎一事，與唐人所作《齊推女傳》首尾全同，而變其姓名，尤顯出蹈襲。然其時去唐未遠，故家文獻所記，亦往往足徵。如崔彥昭、王凝相讎一事，司馬光《考異》雖摘其以彥昭代凝領鹽鐵之誤，而其事則全取之。與正史分別參觀，去譌存是，固未嘗不足以資參證也。"

善本：《中朝故事》一卷：清抄本、清末繆氏雲自在龕抄本。

《帝王年代州郡長曆》二卷　杜光庭撰

【考訂】　宋《志》同。《宋史》卷二〇三《藝文志二》"別史類"載杜光庭《帝王年代州郡長曆》二卷。曹學佺《蜀中廣記》卷九二"著作記·史部"著錄同。《十國春秋·杜光庭傳》則不載此書。

杜光庭，字賓至，縉雲人，一曰長安人。唐咸通中應《九經》舉不第，遂入天台山學道。後從唐僖宗幸興元，竟留於蜀。事前蜀主王建，爲金紫光禄大夫、諫議大夫，封蔡國公，賜號廣成先生。後主王衍以光庭爲傳真天師、崇真館大學士。未幾解官，隱青城山，號登瀛子。年八十五卒。傳見《五代史補》卷一、《宣和書譜》卷五及《十國春秋》卷四七。

右雜史類共三百六十卷

表　狀　類

《李襲吉表狀》三卷　案李襲吉，武皇記室，以書檄擅名一時

【考訂】　宋《志》同。

歐《史》卷二八《李襲吉傳》云："襲吉博學，多知唐故事。遷節度副使，官至諫議大夫。晉王與梁有隙，交兵累年，後晉王數困，欲與梁通和，使襲吉爲書諭梁，辭甚辨麗。梁太祖使人讀之，至於'毒手尊拳，交相於暮夜；金戈鐵馬，蹂踐於明時'，歎曰：'李公僻處一隅，有士如此，使吾得之，傅虎以翼也。'顧其從事敬翔曰：'善爲我答之。'及翔所答，書辭不工，而襲吉之書，多傳於世。"

《北夢瑣言》卷一四"外藩從事於東（一作本）省上事"條云："河東節度副使李習吉，嘗應舉不第，爲李都河中從事。都失守，習吉自昭義遊太原，辟爲從事。習吉好學，有筆述，雖馬上軍前，手不釋卷。太原所發牋奏軍書，皆習吉所爲也。因從李克用至渭南，令其入奏。帝重其文章，授諫議大夫，使上事北省以榮之。竟歸太原，復其戎職。莊宗即位，追贈禮部尚書。梁太祖每覽太原書檄，遥景重之，曰：'我何不得此人也？陳琳、阮瑀，亦不是過。"同書卷一七"李習吉溺黃河"條復云："習吉，右相林甫之後，應舉不第。黃巢後，遊於河東，攝榆次令，李公辟爲掌記，箋檄之捷，無出其右。梁祖每讀河東書檄，嘉歎其才，顧敬翔曰：'李公計絕一隅，何幸有此人？如鄙人之智算，得習吉之才筆，如虎之傅翼也。'其見重如此。"

興武按：李襲吉《表狀》三卷，重檢未得。意顧、宋兩《志》應有所據，仍依其舊。

李襲吉，唐末爲李克用記室，與敬翔、馬郁等皆以書檄名一時。傳見薛《史》卷六〇、歐《史》卷二八。

《敬翔表奏集》（應爲《表奏》）十卷

【考訂】　宋《志》有《表奏集》十卷，不著撰人，或即此書。陳鱣《續唐書·經籍志》著錄《表奏》十卷，注云"梁宰相敬翔撰"。

《崇文總目》卷五"別集類七"著錄恭翔《表奏》十卷，秦鑑釋云："'敬'作'恭'，避諱。"《通志》卷七〇《藝文略八》"表章類"著錄敬翔《表奏》十卷。焦竑《國史經籍志》卷五"集類"著錄"敬朔《表奏》十卷"，"朔"乃"翔"之譌。

敬翔，字子振，同州馮翊人。仕後梁。傳見薛《史》卷一八、歐《史》卷二一。

《李巨川啟狀》二卷

【考訂】　宋《志》同。《新唐書》卷六〇《藝文志四》著錄《李巨川四六集》二卷，注云："韓建華洲從事。"《崇文總目》卷五"別集類七"著錄《李巨川四六集》三卷。《四庫闕書目》卷一"別集類"著錄《李巨川集》二卷。《宋史》卷二〇八《藝文志七》"別集類"載《李巨川啟狀》二卷。

李巨川，字下己，隴右人。唐乾符中爲王重榮掌書記。光化初，爲朱全忠所殺。傳見《舊唐書》卷一九〇下、《新唐書》卷二二四下。

《馬郁表狀》一卷　案郁，劉仁恭記室，有盛名

【考訂】　宋《志》同。

馬郁唐末五代初有盛名，與李巨川、敬翔等皆爲一時書啟高手。薛《史》卷六〇《李襲吉傳》云："自廣明大亂之後，諸侯割據方面，競延名士，以掌書檄。是時梁有敬翔，燕有馬郁，華州有李巨

川,荊南有鄭準,鳳翔有王超,錢塘有羅隱,魏博有李山甫,皆有文稱,與襲吉齊名於時。"馬郁嘗與韓定辭唱和酬答,《全唐詩》卷七五七載馬郁《贈韓定辭》詩云:"燧林芳草綿綿思,盡日相攜陟麗譙。別後巆岊山上望,羨君時復見王喬。"《馬郁表狀》一卷,重檢未得,意顧、宋兩《志》應有所本,存此待考。

馬郁,一作馬彧。少負文藝,唐末事李匡威。匡威滅,繼事劉仁恭、李克用、李存勖,與李襲吉、敬翔等皆以書檄名於一時。傳見薛《史》卷七一。

《黃台江西表狀》二卷

【考訂】 宋《志》及汪之昌《補南唐藝文志》所載皆同。

《新唐書》卷六〇《藝文志四》"別集類"著錄《黃台江西表狀》二卷,注云:"鍾傳從事。"《崇文總目》卷五"別集類七"著錄《黃台江西表狀》二卷。《宋史》卷二另八《藝文志七》"別集類"、焦竑《國史經籍志》卷五"集類"均著錄《黃台江西表狀》二卷。

黃台,生卒年不詳,唐末爲鎮南軍節度使南平王鍾傳從事。

王紹顔《軍書》十卷

【考訂】 宋《志》、汪之昌《補南唐藝文志》及唐圭璋、杜文玉兩《南唐藝文志》所載皆同顧《志》。

《崇文總目》卷五"總集類上"、《通志》卷七〇《藝文略八》"軍書"類、《宋史》卷二〇九《藝文志八》"總集類"、《國史經籍志》卷五"總集類"並載錄王紹顔《軍書》十卷,《通志》注云"僞唐人"。

王紹顔,生卒年、籍貫皆不詳。《資治通鑑》卷二八二載,後晉天福六年(南唐李昇昇元五年)十一月,"唐主勤於聽政,以夜繼晝,還自江都,不復宴樂,頗傷躁急。内侍王紹顔上書,以爲'今春以來,群臣獲罪者衆,中外疑懼'。唐主手詔釋其所以然,令紹顔告諭中外"。卷二九〇後周廣順元年(南唐保大九年)十二月,南唐邊鎬平湖南，"行營糧料使王紹顏減士卒糧賜，奉節指揮使孫朗、曹進怒曰：'昔吾從咸公降唐，唐待我豈如今日湖南將士之厚哉！今有功不增禄賜，又減之，不如殺紹顏及鎬，據湖南，歸中原，富貴可圖也！'"卷二九二載，後周顯德三年（南唐保大十四年）正月，周世宗柴榮親征淮南，南唐"滁州刺史王紹顏委城走"。另據《江西通志》卷六〇《名宦·瑞州府·南唐》載："王紹顏以討東甌功，擢高安令。後加游奕，使伐馬楚，復立大功。先是，唐改靖州爲米州，未幾改筠，已而廢。至是，李璟特復筠州，授紹顏金紫光禄大夫，持節筠州，以寵異之。時狼寇入境，紹顏率義兵八十人立寨備禦，民賴以安。"據此，王紹顏確系南唐將領。

毛文晏《雜制詔集》二十一卷（實爲撰人不詳）

【考訂】 宋《志》同。《崇文總目》卷五"總集類"、《宋史》卷二〇九《藝文志八》均著録《雜制詔集》二十一卷，不著撰人。《宋志》列此書於毛文晏《咸通麻制》一卷後，顧、宋兩《志》連帶抄録，遂將其誤置於毛文晏名下。然《崇文總目》録該書於《朱梁宣底》之後，其爲唐末五代之書，當屬可信。

《咸通後麻制》三卷（應爲一卷）

【考訂】 宋《志》同。陳鱣《續唐書·經籍志》載《咸通後麻制》一卷，注云："蜀翰林學士毛文晏撰。"

《崇文總目》卷五"總集類"著録《咸通後麻制》一卷，注云"毛文晏編"。《通志》卷七〇《藝文略八》"制誥類"著録毛文晏《咸通後麻制》一卷，注云"僞蜀毛文晏纂"。《宋史》卷二〇九《藝文志八》"總集類"載毛文晏《咸通麻制》一卷。焦竑《國史經籍志》卷五"集類"著録毛文晏《咸通後麻制》一卷。《十國春秋》卷四一《毛文晏傳》則云，文晏纂成《咸通後麻制》一卷、《東壁出言》三卷行世。

毛文晏，高陽人，毛文錫母弟也。前蜀天漢間歷官至翰林學士。坐兄文錫党，貶榮經尉。久之，復晉秩至兵部侍郎。傳見《十國春秋》卷四一。

《朱梁宣底》八卷

【考訂】 宋《志》同。陳鱣《續唐書·經籍志》載《梁宣底》八卷，曰"無名氏撰"。

《崇文總目》卷五"總集類上"著錄《宣底》八卷，秦鑑按云："《玉海》云：唐故事，中書舍人掌詔誥，皆寫兩本，一爲底，一爲宣。《崇文目》有《宣底》八卷。《五代史》云：讀《梁宣底》，見敬季爲崇政院使。《宋志》作《朱梁宣》。"《通志》卷七〇《藝文略八》"制誥類"著錄《宣底》八卷，注云："梁貞明中四季宣行除授之文。"《宋史》卷二〇九《藝文志八》"總集類"載《朱梁宣底》八卷，不著作者。焦竑《國史經籍志》卷五"制誥類"亦著錄《宣底》八卷，注曰："梁貞明中文。"

《制誥》二卷

【考訂】 宋《志》同。《崇文總目》卷五"別集類六"、《通志》卷七〇《藝文略八》"制誥類"、焦竑《國史經籍志》卷五"集類"均著錄《朱梁制誥》二卷，不著撰人。《宋史》卷二〇九《藝文志八》"總集類"亦載《制誥（原注：一作詔）》二卷，不著作者，當即《朱梁制誥》。

《後唐麻稿》三卷

【考訂】 宋《志》同。《崇文總目》卷五"總集類上"著錄《麻稿集》三卷，不著撰人。《通志》卷七〇《藝文略八》"制誥類"著錄《麻稿集》三卷，注曰"後唐麻制表章"。《宋史》卷二〇九《藝文志八》"總集類"載《後唐麻稿集》三卷，不知作者。

《長興制集》四卷

【考訂】 宋《志》同。陳鱣《續唐書·經籍志》載《長興制集》四卷,曰"無名氏撰"。

《崇文總目》卷五"總集類上"著錄《長興制集》四卷,不著撰人。《四庫闕書目》卷一"總集類"著錄《唐制集》四卷,葉德輝以爲即《長興制集》。《通志》卷七〇《藝文略八》"制誥類"著錄《長興制集》四卷,注云:"後唐拜節度觀察制詞。"《宋史》卷二〇九《藝文志八》"總集類"載《長興制集》四卷,不知作者。焦竑《國史經籍志》卷五"制誥類"亦著錄《長興制集》四卷,注"後唐"。

《江南制集》七卷

【考訂】 宋《志》及汪之昌《補南唐藝文志》所載皆同顧《志》。唐圭璋《南唐藝文志》載列《江南制誥集》七卷,注曰:"見《續四庫闕書目》。"杜文玉《南唐藝文志》亦載《江南制誥集》七卷。

《四庫闕書目》卷一"別集類"著錄《江南制誥錄》七卷。《宋史》卷二〇九《藝文志八》"總集類"載《江南制集》七卷,不著作者。

《彭霽啟狀》二卷（應爲一卷）

【考訂】 宋《志》同。《崇文總目》卷五"別集類七"著錄彭霽《雜狀啟》一卷。《宋史》卷二〇八《藝文志七》"別集類"載《彭霽啟狀》一卷。

彭霽生卒年及仕歷均未詳,存此待考。

《羅貫啟狀》二卷

【考訂】 宋《志》同。《崇文總目》卷五"別集類七"著錄《羅貫書啟》二卷。《通志》卷七〇《藝文略八》"啟事類"著錄《羅貫書啟》二卷,注云"後唐人"。《宋史》卷二〇八《藝文志七》"別集類"載《羅貫啟狀》二卷。

羅貫,不知何許人。進士及第,累歷臺省。後唐時嘗官禮部員外郎,爲河南令。以忤宦者,爲莊宗所殺。傳見薛《史》卷七一。王禹偁《五代史闕文》"張全義"條云："河南令羅貫，方正文章之士。事全義稍慢，全義怒告劉皇后，斃貫於枯木之下。朝野冤之。"

《梁震啟狀》一卷

【考訂】 宋《志》同。《宋史》卷二〇八《藝文志七》"別集類"載《梁震表狀》一卷。焦竑《國史經籍志》卷五"集類"著錄《梁震表》一卷。

梁震，邛州依政人，初名鬻。唐末登進士第，留寓京師。後梁開平中歸蜀，道過江陵，爲荊南高季興所留。事高季興、高從誨兩世。後退隱，稱荊臺隱士。傳見《十國春秋》卷一〇二。震之事蹟，另見何光遠《鑑誡錄》卷九"改名達"條、孫光憲《北夢瑣言》卷七"梁震無祿"條及陶岳《五代史補》卷四"梁震禪贊"條。

《李宏臯表狀》（應爲《李弘臯表狀》）一卷

【考訂】 宋《志》、陳鱣《續唐書·經籍志》所載皆同。《崇文總目》卷五"別集類七"著錄《李洪臯表狀》一卷，注云"馬氏編"。《通志》卷七〇《藝文略八》"表章類"著錄《李洪臯表狀》一卷，注云"湖南馬氏撰"。《宋史》卷二〇八《藝文志七》"別集類"載李洪臯《表狀》一卷。焦竑《國史經籍志》卷五"集類"亦載錄主宏臯《表狀》一卷。

興武按：《崇文總目》等書避宋祖趙匡胤、太宗趙光義之父趙弘殷諱，改"弘"爲"洪"。《國史經籍志》復譌爲"主宏臯"。考王士禎《池北偶談》卷一〇抄錄《溪州銅柱記》全文，曰"天策府學士江南諸道都統掌書記通議大夫檢校尚書左僕射兼御史大夫上柱國賜紫金魚袋李弘臯撰"，復曰"粵以天福五年，歲在庚子，夏五月，楚王召天策府學士李弘臯云云"。今人彭武文迻錄《復溪州銅柱記》銘文（見《〈復溪州銅柱記〉辯證》一文，載《吉首大學學報》1987 年第 1 期），亦作"李弘臯"。據此，則"李宏臯"當即"李弘臯"無疑。

《十國春秋》卷七四《李宏皋傳》云："李宏皋，□□人。武穆王時由營道令累遷都統掌書記，文昭王開天策府，宏皋遂與十八學士之列。王既威服諸蠻，於溪州界立銅柱爲表，高丈二尺，命宏皋銘之。……宏皋有《表狀》一卷，傳於世。"中華書局本《十國春秋》底本爲清乾隆間刻本，避清諱改"弘"爲"宏"。

《韋莊箋表》一卷（應爲《韋莊諫疏箋表》四卷）、**《諫草》二卷**（應爲一卷）

【考訂】　宋《志》同。《通志》卷七〇《藝文略八》"表章類"著錄韋莊《韋文靖箋集》一卷，"奏議"類著錄《韋相諫草》一卷。《宋史》卷二〇八《藝文志七》"別集類"載韋莊《諫草》一卷，後又載《韋莊諫疏箋表》四卷。《十國春秋·韋莊傳》僅記《箋表》一卷。

　　韋莊，字端己，杜陵人，唐臣見素之後。登乾寧進士第，爲判官，晉秩左補闕。昭宗命莊與李洵宣諭兩川，迴京後，旋至蜀中依王建。前蜀開國創制，莊力居多。累官至門下侍郎、吏部尚書、同平章事。武成三年卒。傳見《十國春秋》卷四〇。夏承燾先生著有《韋端己年譜》。

羅隱《湘南應用集》三卷、《吳越掌記集》三卷、《啓事》一卷

【考訂】　宋《志》同。陳鱣《續唐書·經籍志》載《吳越掌記集》三卷、《湘南應用集》三卷。

　　《崇文總目》卷五"別集類一"著錄羅隱《吳越掌記集》三卷，"別集類六"著錄《羅隱啓事》一卷，"別集類七"著錄羅隱《湘南應用》三卷、《吳越應用集》三卷。《通志》卷七〇《藝文略八》"表章類"著錄羅隱《湘南應用》二卷，"啓事"類著錄《羅隱啓事》一卷。《宋史》卷二〇八《藝文志七》"別集類"載羅隱《湘南應用集》三卷，同卷又載《吳越掌書記集》三卷。《十國春秋》卷八四《羅隱傳》所記羅隱著述中亦有《吳越掌記集》三卷、《湘南應用》三卷。

興武按：羅隱著述頗富，唐末五代作家除孫光憲外，鮮有其匹。《崇文總目》卷五錄其《湘南應用集》三卷、《讒書》五卷、《羅隱集》二十卷、《吳越掌記集》三卷、《甲乙集》十卷、《羅隱賦》一卷、《羅隱啟事》一卷、《淮海寓言》七卷、《吳越應用集》三卷、《江東後集》十卷、《兩同書》二卷、《讒本》三卷，凡十二種，六十八卷。《郡齋讀書志》卷一八著錄《甲乙集》十卷、《讒書》五卷。《直齋書錄解題》卷一六著錄《甲乙集》十卷、《後集》五卷、《湘南集》三卷，且曰："隱又有《淮海寓言》、《讒書》等，求之未獲。"同書卷一九又錄《羅江東集》十卷，卷一〇錄祝融子《兩同書》二卷，案云："《崇文總目》以爲羅隱撰。"《宋史》卷二〇八《藝文志七》則著錄羅隱《湘南應用集》三卷、《淮海寓言》七卷、《甲乙集》三卷、《外集詩》一卷、《啟事》一卷、《讒本》三卷、《讒書》五卷、《羅隱後集》二十卷、《汝江集》三卷、《歌詩》十四卷、《吳越掌記集》三卷，凡十一種，六十三卷。《孫氏祠堂書目內編》卷四著錄《羅昭諫集》八卷。宋元書目中所載羅隱著述多遭毀散，今存《甲乙集》十卷。清人輯有《羅昭諫集》八卷。《全唐詩》卷六五五至六六五，編錄羅隱詩十一卷，《全唐文》卷八九四至八九七存其文四卷。今人雍文華校輯有《羅隱集》。

羅隱，字昭諫，自號江東生，餘杭人。屢應進士舉，不第。廣明中因亂歸鄉里，節度使錢鏐辟爲從事。開平初，梁祖以右諫議大夫徵，不至。魏博節度使羅紹威密表推薦，乃授給事中。卒年八十餘。沈崧爲撰《墓誌銘》。傳見薛《史》卷二四、《唐才子傳》卷九及《十國春秋》卷八四。

林鼎《吳江應用集》二十卷

【考訂】　宋《志》、陳鱣《續唐書·經籍志》所載皆同。《崇文總目》卷五"別集類七"著錄林鼎《吳江應用集》二十卷。《通志》卷七〇《藝文略八》"表章類"著錄林鼎《吳江應用集》二十卷，注云"僞吳人"。《宋史》卷二〇八《藝文志七》"別集類"、焦竑《國史經籍志》卷五"集類"並載林鼎《吳江應用》二十卷。

《吳越備史》卷三《林鼎傳》云："鼎字渙文，閩人也。……文穆襲國，署鎮海軍掌書記節度判官。鼎性讜正而強記，能書歐、虞法。比及中年，夜讀書，每達曙。所聚圖書，悉由手抄，其殘編蠹簡，亦手綴之，無所厭倦。國建，乃掌教令。尋拜丞相。每政事有不逮者，鼎必極言之。天福中，建州之役，鼎指陳天文人事，累疏切諫。及師行，果不利。著文集行於世，終年五十四。"《十國春秋》卷八六《林鼎傳》云："有《吳江應用集》二十卷。"

孫光憲《筆傭》（應爲《筆傭集》）十卷

【考訂】 宋《志》同。《崇文總目》卷五"別集類七"、《通志》卷七〇《藝文略八》"表章類"並著錄孫光憲《筆傭集》十卷。《十國春秋》卷一〇二《孫光憲傳》雖列《玩筆傭集》書名，不載卷數。

李昊《樞機集》（應爲《樞機應用集》）二十卷

【考訂】 宋《志》同。陳鱣《續唐書·經籍志》載李昊《樞機應用集》二十卷。

《宋史》卷四七九《李昊傳》載："有集二十卷，目爲《樞機應用集》。"同書卷二〇八《藝文志七》"別集類"載李昊《樞機集》二十卷。

商文圭《從軍稿》二十卷

【考訂】 宋《志》及汪之昌《補南唐藝文志》所載皆同。《崇文總目》卷五"別集類七"著錄湯文圭《從軍稿》二十卷。《通志》卷七〇《藝文略八》"軍書類"著錄《從軍稿》二十卷，注云"僞吳湯文圭撰"。《國史經籍志》卷五"總集類"亦著錄《從軍稿》二十卷，注曰"吳湯文圭"。

殷文圭，又稱表儒、桂郎，陳州西華人（一曰池州人）。乾寧中及第，爲裴樞宣諭判官，後依寧國節度使田頵。頵死，事吳先主，爲掌書記。武義元年，拜翰林學士。其子殷崇義，隨李煜入宋，避宣祖廟諱，易姓名曰湯悦，史家遂易"殷"爲"湯"、爲"商"。文圭傳見馬令《南唐書》卷二三、《唐詩紀事》卷六八、《唐才子傳》卷一〇及《十國春秋》卷一一。

張易《諫奏集》七卷

【考訂】 宋《志》、陳鱣《續唐書·經籍志》及汪之昌《補南唐藝文志》所載皆同。杜文玉《南唐藝文志》亦載列張易《大唐直臣諫奏》七卷。

《崇文總目》卷五"總集類上"著録張易編《大唐直臣諫奏》七卷。《通志》卷七〇"藝文略八""奏議類"著録《大唐直臣諫奏》七卷，注云"僞唐張易纂"。陸游《南唐書》卷十三、《十國春秋》卷二五《張易傳》皆云：易"采武德至寶曆君臣問對及臣下論奏骨鯁者七十事，爲七卷，曰《諫奏集》上之"。

張易，字簡能，魏州元城人。仕南唐三主。傳見陸游《南唐書》卷一三、《十國春秋》卷二五。

王昭遠《禁垣備對》十卷

【考訂】 宋《志》同。《通志》卷六九"藝文略七""類書下"著録《禁垣備對》十卷，不著撰人。《宋史》卷二〇七"藝文志六""類事類"載録王昭遠《禁垣備對》十卷。

王昭遠，成都人，仕後蜀，開寶中卒。傳見《宋史》卷四七九、《九國志》卷七及《十國春秋》卷五七。

杜光庭《歷代忠諫書》五卷

【考訂】 宋《志》同。《宋史》卷二〇七《藝文志六》"類事類"載杜光庭《歷代忠諫書》五卷，其後列《諫書》八十卷、《唐諫諍論》十卷,似非光庭所撰而不名作者。《十國春秋》卷四七《杜光庭傳》未列此二書。

《諫書》八十卷(應爲張易纂)

【考訂】 陳鱣《續唐書·經籍志》、汪之昌《補南唐藝文志》、唐圭璋《南唐藝文志》所載皆同。陳氏曰"大唐直臣編"。

顧、宋兩《志》轉抄《宋史·藝文志》,於《歷代忠諫書》後連帶抄錄,遂將此書置於杜光庭名下。《崇文總目》卷五"總集類上"著録《諫書》八十卷,不注撰人。《通志》卷七〇《藝文略八》"奏議類"著録《諫書》八十卷,注曰:"集歷代君臣父子朋友諫諍之説。"考王應麟《玉海》卷六一載録"張易纂《諫書》八十卷",當即此書。

趙元拱輯《唐諫諍論》十卷、《唐諫諍集》十卷(實爲一書)

【考訂】 宋《志》同。陳鱣《續唐書·經籍志》載《唐諫諍集》十卷,曰"蜀職方員外郎趙元恭纂"。"恭"乃"拱"之譌。

《崇文總目》卷四載"《唐諫諍集》十卷,趙元編"。秦鑑曰:"《玉海》引《崇文目》同。"陳漢章補正曰:"《玉海》(六十一),此書未引《崇文目》,但云孟蜀趙元拱纂《唐諫諍録》。《通鑑考異》引元拱《唐諫諍集》。其名元拱,與《通志略》、《宋志》同,並不作趙元,不知秦氏何據?"

《四庫闕書目》卷二"類書類"著録趙元撰《唐諫録》十卷。《通志》卷七〇《藝文略八》"奏議類"著録《唐諫諍集》十卷,注云:"僞蜀趙元拱集。"王應麟《玉海》卷六一"奏疏類"載録"孟蜀趙元拱纂《唐諫諍録》"。《宋史》卷二〇七《藝文志六》"類事類"於杜光庭《歷代忠諫書》之後載《唐諫諍論》十卷,未注明作者。《十國春秋》卷五六《趙元拱傳》云:"元拱所纂輯有《唐諫諍集》十卷。"

趙元拱,後蜀廣政時爲職方員外郎,參修《前蜀書》。蜀亡歸宋,除虞部員外郎。傳見《十國春秋》卷五六。

右表狀類共二百八十四卷

格 令 類

《梁令》三十卷、《梁式》二十卷、《梁格》十卷

【考訂】 宋《志》同。陳鱣《續唐書·經籍志》載《梁新定格式律令》一百三卷，注曰："梁太常卿李燕重刊定。"

薛《史》卷一四七《刑法志》載：梁太祖開平四年十二月"宰臣薛貽矩奏：'太常卿李燕等重刊定律令三十卷，式二十卷，格一十卷，並目錄一十三卷，律疏三十卷，凡五部一十帙，共一百三卷。敕中書舍人李仁儉詣閣門奉進，伏請目爲《大梁新定格式律令》，仍頒下施行。'從之"。

《五代會要》卷九"定格令"條亦載："梁開平三年十月，敕太常卿李燕、御史司憲蕭頃、中書舍人張袞、尚書户部侍郎崔沂、大理寺卿王鄴、尚書刑部侍郎崔詁，共刪定律令格式。至四年十二月，中書門下奏：'新刪定令三十卷、式二十卷、格一十卷、律並目錄一十三卷、律疏三十卷，共一百三卷，請目爲《大梁新定格式律令》，頒下施行。'從之。"《文獻通考》卷一六六《刑五》及焦竑《國史經籍志》卷三"法令類"所載並同《會要》。

《崇文總目》卷二"刑法類"著錄《梁令》三十卷、《梁格》十卷，又《梁式》二十卷，並不著撰人。《通志》卷六五《藝文略三》"刑法類"著錄《梁令》三十卷（原注：朱梁時修）、《梁格》十卷、《朱梁格目錄》一卷、《梁式》二十卷。《宋史》卷二〇四《藝文志三》"刑法類"載《梁令》三十卷、《梁式》二十卷、《梁格》十卷。

《梁循資格》一卷　殷象（應爲邰殷象）撰

【考訂】 宋《志》作"邰殷象撰"。《崇文總目》卷二"僞史類"著錄《梁循資格》一卷，注云："後唐清泰中修定。"《通志》卷六五《藝

文略三》"職官下"著録《梁循資格》一卷，注云"後唐清泰中修定"。《宋史》卷二〇三《藝文志二》"職官類"載鄧殷象《梁循資格》一卷。焦竑《國史經籍志》卷三"雜史類"著録《唐循資格》一卷，注曰"後唐清泰中修"，當係《梁循資格》之誤。

鄧殷象，字里、生卒皆不詳。唐昭宗天祐元年七月由監察御史遷右補闕。哀帝天祐二年官侍御史。梁貞明中，奉詔與李琪、張袞、馮錫嘉等修《梁太祖實録》。積官至兵部侍郎。

《後唐格令》（應爲《後唐至漢末編勑》）三十二卷

【考訂】 宋《志》同。薛《史》卷一四七《刑法志》載，周世宗顯德四年五月中書門下所奏"法書"中，有"後唐以來至漢末《編勑》三十二卷"。《五代會要》卷九"定格令"條、《宋史》卷二七〇《劇可久傳》所述並同。宋、元書目均不載此，姑依顧、宋之舊，存此待考。

《後唐統類目》一卷

【考訂】 宋《志》同。《崇文總目》卷二"目録類"著録《後唐統類目》一卷，不著撰人。《通志》卷六五《藝文略三》"刑法類"著録《後唐統類目》一卷，注云"後唐滕起撰"。《宋史》卷二〇四《藝文志三》"目録類"載《後唐統類目》一卷，不著撰人。焦竑《國史經籍志》卷三"法令類"載後唐滕起《後唐統類目》一卷。

《後唐旁通開元格》一卷

宋《志》同。此條乃唐人著述，不宜入五代藝文志。詳本書第二章之考訂。

《天成長定格》一卷

【考訂】 宋《志》同。《崇文總目》卷二"刑法類"著録《後唐長定格》三卷，不著撰人。《通志》卷六五《藝文略三》"刑法類"有《後唐長安格》一卷，《宋史》卷二〇四《藝文志三》"刑法類"載《天成長定格》一卷，當係同書而異名。焦竑《國史經籍志》卷三"法令類"所載《後唐長定格》書名雖同《崇文總目》，但卷數不同，僅爲一卷。今按：三卷之數，或爲錢東垣輯錄時轉抄筆誤。

《新編制勅》三十卷　清泰三年御史中丞盧損等請擇清泰元年以前十一年制勅可悠久施行者三百九十四道，編爲三十卷，詔付御史臺頒行

【考訂】　宋《志》同。陳鱣《續唐書·經籍志》載《制勅新編》三十卷，曰"御史中丞盧損等編"。

《五代會要》卷九"定格令"條載："清泰二年四月，御史中丞盧損等，進清泰元年已前十一年内制勅可久遠施行者，凡三百九十四道，編爲三十卷。其不中選者，各令本司封閉，不得行用。勅付御史臺頒行。"薛《史》卷四七《唐末帝紀》所載略同，亦曰《新編勅》三十卷。

盧損，其先范陽人。父穎，遊宦於京師。損少學爲文，梁開平初舉進士及第。仕梁、唐、晉、漢、周，廣順三年卒。傳見薛《史》卷一二八。歐《史》卷五五《盧損傳》有目無傳，或當時撰述闕漏，抑流傳脫簡，不得而知。

《天福編勅》三十一卷（應爲三十卷）

【考訂】　宋《志》同。《崇文總目》卷二"刑法類"著錄《天福編勅》三十卷，不著撰人。《通志》卷六五"藝文略三"刑法類"著錄《天福編勅》三十卷，注云："後唐編勅，晉朝編。"《宋史》卷二〇四《藝文志三》"刑法類"載《天福編勅》三十一卷。焦竑《國史經籍志》卷三"法令類"所載同《崇文總目》，即《天福編勅》三十卷。

《律準》一卷　王朴撰

【考訂】　宋《志》同。

薛《史》卷一一九《周世宗紀》載，顯德六年正月，"樞密使王朴詳定雅樂十二律旋相爲宮之法，並造律準，上之。詔上書省集百官詳議，亦以爲可。"同書卷一二八《王朴傳》云："其筆述之外，多所該綜，至如星緯聲律，莫不畢殫其妙，所撰《大周欽天曆》及《律準》，並行於世。"

興武按：《律準》乃聲律類著作，應置於"聲樂類"中。

王朴，字文伯，東平人。少舉進士，爲校書郎，依後漢樞密使楊邠。周世宗時爲比部郎中，獻《平邊策》，遷左諫議大夫，知開封府事。顯德六年卒，享年四十五。

《顯德刑統》二十卷　張昭撰（應爲張湜等撰）

【考訂】　宋《志》同。陳鱣《續唐書·經籍志》載《大周刑統》二十一卷，曰"周御史知雜事張湜等編集"。

薛《史》卷一一八《周世宗紀》載，顯德五年五月"丙戌，中書門下新進册定《大周刑統》，奉勅班行天下"。同書卷一四七《刑法志》載，顯德五年七月，"中書門下奏：'侍御史知雜事張湜等九人，奉詔編集刑書，悉有條貫，兵部尚書張昭等一十人，參詳旨要，更加損益。臣質、臣溥據文評議，備見精審。其所編集者，用律爲主；辭旨之有難解者，釋以疏意；義理之有易了者，略其疏文。式令之有附近者次之，格勅之有廢置者又次之。事有不便於令、該說未盡者，別立新條於本條之下；其有文理深古、慮人疑惑者，別以朱字訓釋。至於朝廷之禁令，州縣之常科，各以類分，悉令編附。所冀發函展卷，綱目無遺，究本討源，刑政咸在。其所編集，勒成一部，別有目錄，凡二十一卷。刑名之要，盡統於茲，目之爲《大周刑統》，欲請頒行天下，與律疏令式通行。其《刑法統類》、《開成格》、編勅等，採掇既盡，不在法司行使之限，自來有宣命指揮公事及三司臨時條法，州縣見今施行，不在編集之數。應該京百司公事，逐司各有見行條件，望令本司删集，送中書門下詳議聞奏。'勅宜依，仍頒行天下。

乃賜侍御史知雜事張湜等九人各銀器二十兩,雜綵三十匹,賞刪定《刑統》之勞也"。

《文獻通考》卷一六六《刑五》亦載:周世宗顯德四年,"仍差侍御史知雜事張湜等十人編集新格……至五年七月七日,中書門下及兵部尚書張昭遠等奏,其所編集,勒成一部,別有目錄,凡二十一卷,目之爲《大周刑統》,伏請頒行天下,與律疏令式通行"。

《直齋書錄解題》卷七"法令類"載錄《刑統》三十卷,識曰:"判大理寺燕山竇儀可象詳定。初,范質既相周,建議律條繁廣,輕重無據,特詔詳定,號《大周刑統》,凡二十一卷。至是重加詳定,建隆四年頒行。"

《崇文總目》卷二"刑法類"著錄張昭撰《顯德刑統》二十卷。《通志》卷六五《藝文略三》"刑法類"著錄《顯德刑律》二十卷,注云"周張昭撰"。後又有《顯德刑統目》一卷。《宋史》卷二〇四《藝文志三》"刑法類"載張昭《顯德刑統》二十卷。焦竑《國史經籍志》卷三"法令類"亦載張昭《顯德刑律》二十卷。

興武按:《顯德刑統》,亦名《大周刑統》,其書本二十卷,目錄一卷。張湜等九人奉詔編集,因功受賞,史有明載,不得以此歸功於張昭也。

《疑獄集》三卷　和凝撰

【考訂】　宋《志》同。陳鱣《續唐書·經籍志》、徐炯《五代史記補考·藝文考》均載《疑獄》三卷,陳氏曰:"晉中書侍郎同中書門下平章事和凝撰。"

《崇文總目》卷二"刑法類"著錄《疑獄集》三卷,注曰:"和凝及子㠓撰。"《通志》卷六五《藝文略三》"刑法類類"著錄和凝《疑獄集》三卷。《宋史》卷二〇四《藝文志三》"刑法類"載和凝《疑獄集》三卷。《文獻通考》卷二〇三《經籍三〇》亦載錄《疑獄》三卷。《孫氏祠堂書目內編》卷二則著錄《疑獄集》二卷。

《四庫全書總目》卷一〇一著録《疑獄集》四卷、《補疑獄集》六卷，提要云："《疑獄集》四卷，五代和凝與其子㠓同撰。凝字成績，鄆州須昌人，初爲梁義成軍節度從事。唐天成中官翰林學士。唐亡入晉，官至左僕射。晉亡入漢，拜太子太傅，封魯國公。漢亡入周，至顯德二年乃卒。事蹟具《五代史·雜傳》。㠓據此書題其官曰中允，其始末則不可詳矣。書前有㠓序，及至正十六年杜震序。陳振孫《書録解題》稱《疑獄》三卷，上一卷爲凝書，中、下二卷爲㠓所續。今本四卷，疑後人所分也。《補疑獄集》六卷，明張景所增，共一百八十二條。"

善本：《疑獄集》三卷：清抄本（吳長員、陸心源跋）。

《疑獄集》十卷：明張景增輯，嘉靖十四年李崧祥刻本。

《刑統目》（應爲《顯德刑統目》）一卷（應爲張湜等撰）

【考訂】 宋《志》同。《四庫闕書目》卷一"目録類"著録《顯德刑統目》一卷，不著撰人。焦竑《國史經籍志》卷三"法令類"著録《顯德刑統目》一卷。

《刑律總要》十二卷（應爲李保殷撰）

【考訂】 宋《志》同。陳鱣《續唐書·經籍志》載《刑律總要》十二卷，曰"梁大理卿李保殷撰"。

薛《史》卷一四七《刑法志》於《大梁新定格式律令》後有原注云："是時，大理卿李保殷進所撰《刑律總要》十二卷。"同書卷六八《李保殷傳》云："李保殷，河南洛陽人也。昭宗朝，自處士除太子正字，改錢塘縣尉……累官至太常少卿、端王傅，入爲大理卿。撰《刑律總要》十二卷。"同光初，授殿中監。拜大理卿，未滿秩，謝病以歸，卒於洛陽。

《崇文總目》卷二"刑法類"著録《刑律總要》十二卷，不著撰人。

《刑律統類》（應爲《江南刑律統類》）十卷　姜虔嗣撰

【考訂】　宋《志》作《刑律統類》一卷。汪之昌《補南唐藝文志》載姜虔嗣《刑律統類》十卷。唐圭璋、杜文玉兩《南唐藝文志》均作《江南刑律統類》十卷。

《崇文總目》卷二"刑法類"著録姜虔嗣撰《江南刑律統類》十卷。《通志》卷六五《藝文略三》"刑法類"著録《江南刑律統類》十卷，注云："僞吴天祚中姜虔嗣撰。"《宋史》卷二〇四《藝文志三》"刑法類"載姜虔嗣《江南刑律統類》十卷。焦竑《國史經籍志》卷三"法令類"亦載《江南刑律統類》十卷。

姜虔嗣，仕歷、生卒皆不詳，當係吴末人，後入南唐。

《楊吴刑定格》（應爲《楊吴删定格令》）五十卷

【考訂】　宋《志》同。陳鱣《續唐書·經籍志》載《删定格令》五十卷，注云："吴王楊行密詔修删定。"

《崇文總目》卷二"刑法類"載《僞吴删定格令》五十卷，曰"楊行密時大修"。《通志》卷六五《藝文略三》"刑法類"及焦竑《國史經籍志》卷三"法令類"均載《楊吴删定格令》五十卷，且注曰："楊行密時所修。"

《江南删定條》三十卷

【考訂】　宋《志》作五十卷。陳鱣《續唐書·經籍志》載《昇元條》三十卷，曰"南唐列祖詔法官及尚書删定"，蓋即此書。汪之昌《補南唐藝文志》及唐圭璋、杜文玉兩《南唐藝文志》均作三十卷。

陸游《南唐書》卷一載，昇元六年，"九月，庚寅，頒《昇元删定條》"。《崇文總目》卷二"刑法類"著録《江南删定條》三十卷，注云"僞唐李氏撰"。《通志》卷六五《藝文略三》"刑法類"著録《江南删定條》三十卷，注云"僞唐李氏删定"。焦竑《國史經籍志》卷三"法令類"亦載録《江南删定條》三十卷,注曰"唐李氏删定"。

《昇元格令條》八十卷（應爲姜虔嗣編）

【考訂】 宋《志》同。汪之昌《補南唐藝文志》載《昇元格令條》八十條。唐圭璋、杜文玉兩《南唐藝文志》則著録《江南格令條》八十卷,均不著纂人姓氏。

陸游《南唐書》卷一載,昇元三年七月,"命有司作《昇元格》,與《吴令》並行"。《宋史》卷二〇四《藝文志三》"刑法類"載《江南格令條》八十卷,當即此書。唐圭璋、杜文玉兩《志》於《江南格令條》後另列《昇元格》一書,其實《昇元格》乃南唐於昇元三年所頒之格令,亦即《昇元格令條》,不應重出。

興武按：本書作者應爲姜虔嗣,參《江南刑律統類》條。

《蜀雜制》（應爲《蜀雜制敕》）三卷（應爲姜虔嗣編）

【考訂】 宋《志》同。《宋史》卷二〇四《藝文志三》"刑法類"於"姜虔嗣《江南刑律統類》十卷、《江南格令條》八十卷"後,又著録《蜀雜制敕》三卷。曹學佺《蜀中廣記》卷九三於"《劍南須知》十卷"後亦載"姜虔嗣《蜀雜制敕》三卷"。

右格令類共三百七十卷

儀 注 類

《朱梁南郊儀注》一卷

【考訂】 宋《志》同。《崇文總目》卷二"儀注類"著録《梁南郊儀注》一卷,《通志》卷六四《藝文略二》"儀注類"著録《梁南郊儀注》一卷,均不著撰人。《宋史》卷二〇四《藝文志三》"儀注類"則著録《朱梁南郊儀注》一卷。

《梁祭地祇陰陽儀注》三卷

六朝沈約著述，不宜入五代藝文志。詳本書第二章之考訂。

《五禮儀鑑》、《曲臺奏議》(應爲《曲臺奏議集》)**二十卷、《寢祀儀》**(應爲《新定寢祀禮》)**一卷、《州縣祭祀儀》一卷　並陳致雍撰**

【考訂】　宋《志》"儀注類"著錄《五禮鏡儀》六卷，當即《五禮儀鏡》。汪之昌《補南唐藝文志》亦著錄陳致雍《五禮鏡議》六卷。唐圭璋、杜文玉兩《南唐藝文志》所載爲《州縣祭祀儀》、《五禮儀鏡》五卷，《寢祀儀》一卷，《曲臺奏議集》二十卷。陳鱣《續唐書·經籍志》載《五禮儀鑑》、《曲臺奏議》二十卷，注云："周秘書監陳致雍撰。"

《崇文總目》卷五"別集類六"著錄陳致雍《曲臺奏議集》二十卷。《通志》卷七〇《藝文略八》"奏議類"著錄《曲臺奏議》二十卷，注云："僞唐陳致雍撰。"《直齋書錄解題》卷六"禮注類"載《新定寢祀禮》一卷，題云："不知作者。《中興館閣書目》有此書，云前後有序，題太常博士陳致雍撰集。今此本亦前後有序，意其是也。致雍，晉江人，及仕本朝。"《宋史》卷二〇四《藝文志三》"儀注類"載陳致雍《曲臺奏議集》，不注卷數；又《州縣祭祀儀》、《五禮儀鏡》六卷，《寢祀儀》一卷；同書二〇八"別集類"又著錄陳致雍《曲臺奏議集》二十卷。焦竑《國史經籍志》卷三"儀注類"亦著錄陳致雍《新定寢祀禮》一卷。明葉盛《菉竹堂書目》卷二載錄南唐陳致雍《曲臺奏議》二册。

清趙士煒《中興館閣書目輯考》卷三亦考列《五禮儀鏡》六卷，釋曰："陳致雍撰。止有嘉、軍、凶三禮儀，疑非全書。"又《曲臺奏議集》二卷，釋曰："上下兩卷，五代唐秘書監陳致雍撰，徐鍇序。"又《寢祀儀》一卷，釋曰："前後有序，題太常博士陳致雍撰。"《十國春秋·陳致雍傳》稱："(撰)《五禮儀鑑》諸書，好事者復編其議禮諸論爲《曲臺奏議》二十卷。"

《州郡鄉飲酒注儀》一卷　長興三年太常草定

【考訂】　宋《志》同。

薛《史》卷四六《唐末帝紀上》載：清泰元年九月壬子，"中書門下舉行長興三年敕，常年薦送舉人，州郡行鄉飲酒之時，帖太常草定儀注奏聞"。《五代會要》卷四"鄉飲"條載："後唐清泰二年九月，中書門下帖太常以長興三年敕諸舉人常年薦送，先令行鄉飲酒之禮。宜令太常草定儀注，班下諸州，預前肄習。解送舉人之時，便行此禮。其儀速具奏聞。"原注："初長興中，宰臣李愚好古，奏行此禮，累年不暇。至是，愚復奏及觀禮官所定無緒。禮官孫知訓，以古禮無次序，不可施行。博士或言梁朝時，青州曾行一度，遂令青州訪舊簿書以聞。竟不能行。"據此，則所謂長興三年太常草定之《州郡鄉飲酒注儀》一卷，似未成書。

《新定書儀》二卷　天成二年劉岳奉詔撰

【考訂】　宋《志》同。陳鱣《續唐書·經籍志》載《書儀》二卷，注云："太常卿劉岳等刪定。"徐炯《五代史記補考·藝文考》僅列書名。

歐《史》卷五五《劉岳傳》云："初，鄭餘慶嘗採唐士庶吉凶書疏之式，雜以當時家人之禮，爲《書儀》兩卷。明宗見其有起復、冥昏之制，歎曰：'儒者所以隆孝悌而敦風俗，且無金革之事，起復可乎？婚，吉禮也，用於死者可乎？'乃詔岳選文學通知古今之士，共刪定之。岳與太常博士段顒、田敏等增損其書，而其事出鄙俚，皆當時家人女子傳習所見，往往轉失其本，然猶時有禮之遺制。其後亡失，愈不可究其本末，其婚禮親迎，有女坐婿鞍合髻之説，尤爲不經。公卿之家，頗遵用之。至其久也，又益訛謬可笑，其類甚多。岳卒於官，年五十六，贈吏部尚書。子溫叟。嗚呼，甚矣，人之好爲禮也！在上者不以禮示之，使人不見其本，而傳其習俗之失者，尚拳拳而行之。五代干戈之亂，不暇於禮久矣！明宗武君，出於夷狄，而不通文字，乃能有意使民知禮。而岳等皆當時儒者，卒無所發明，但因其書增損而已。然其後世士庶吉凶，皆取岳書以爲法，而十又轉失其三四也，可勝歎哉！"由此可知，該書原本兩卷，劉岳等奉詔增損之後，仍保持兩卷之數。薛《史》卷六八《劉岳傳》稱："岳文學之外，通於典禮。天成中，奉詔撰《新書儀》一部，文約而理當，今行於世。"此評與歐《史》迥異。

《崇文總目》卷二"儀注類"著録劉岳《新定書儀》二卷。《通志》卷六四《藝文志二》"書儀"類著録劉岳《新定書儀》二卷。《宋史》卷二〇四《藝文志三》"儀注類"載劉岳《吉凶書儀》二卷。清趙士煒《中興館閣書目輯考》卷三亦考列《書儀》二卷，按曰："《宋志》作《吉凶書儀》，《通考》無'吉凶'二字，無卷數。"

徐炯《五代史記補考·藝文考》著録劉岳《書儀》，不明卷數，引宋歐陽修《歸田録》云："劉岳《書儀·婚禮》有'女坐婿之馬鞍，父母爲之合髻'之禮，不知用何經義？據岳自叙云，以時之所尚者益之。則是當時流俗之所爲爾。岳當五代干戈之際，禮樂廢壞之時，不暇講求三王之制度，苟取一時世俗所用吉凶儀式，略整齊之，固不足爲後世法矣，然而後世猶不能行之。今岳《書儀》，十已廢其七八，其一二僅行於世者，皆苟簡粗略，不如本書。就中轉失乖繆可爲大笑者，坐鞍一事爾。"

劉岳，字昭輔，洛陽人。梁貞明初爲翰林學士，後唐明宗時歷官兵部、吏部侍郎，秘書監、太常卿。卒年五十六，贈吏部尚書。傳見薛《史》卷六八、歐《史》卷五五。

《玉堂儀範》三十卷（應爲《玉堂遺範》） 李琪撰

【考訂】 宋《志》、陳鱣《續唐書·經籍志》所載皆同。

《崇文總目》卷五"總集類上"著録李琪《玉堂遺範》三十卷。《通志》卷七〇《藝文略八》"制誥類"著録《玉堂遺範》三十卷，注云："梁李琪纂唐以來禁林書詔。"《宋史》卷二〇九《藝文志八》"總集類"及焦竑《國史經籍志》卷五"制誥類"均載《玉堂遺範》三十卷，焦注曰："梁李琪纂唐以來書詔。"

《郊望論》一卷　周彬撰
【考訂】　宋《志》、汪之昌《補南唐藝文志》所載皆同。唐圭璋、杜文玉兩《南唐藝文志》僅錄書名，不列卷數。

馬令《南唐書》卷一四《周彬傳》云："周彬，禾川人也。……烈祖鎮金陵，招辟儒生，彬因獻所習，烈祖善之。禪代之後，制度草創，無取士之科。會有事於南郊，彬著《郊望論》數千言，廣陳前古得失，上之。署諸衛巡官。"

周彬傳，另見龍袞《江南野史》卷七、吳任臣《十國春秋》卷三一。

《坤儀令》一卷（應爲王衍撰）
【考訂】　陳鱣《續唐書·經籍志》著錄《坤儀令》一卷，注云："蜀主王衍撰。"

《崇文總目》卷二"僞史類"著錄《坤儀令》一卷，不著撰人。《通志》卷六四"藝文志二""儀注類"著錄《坤儀令》一卷，注云"僞蜀王衍撰"。《宋史》卷二〇四《藝文志三》"儀注類"著錄《蜀坤儀令》一卷，不著撰人。焦竑《國史經籍志》卷三"儀注類"則著錄王衍《坤儀令》一卷。

王衍，前蜀後主，事蹟詳《錦里耆舊傳》、《十國春秋·前蜀紀》。

《大周通禮》二百卷　並竇儼撰
【考訂】　宋《志》同。

薛《史》卷一一八《周世宗紀五》載，顯德五年"十一月丁未朔，詔翰林學士竇儼，集文學之士，撰集《大周通禮》、《大周正樂》，從儼之奏也"。同書卷一四五《樂志下》載，周世宗顯德五年六月，"命中書舍人竇儼參詳太常雅樂。十一月，翰林學士竇儼上疏論禮樂刑政之源，其一曰：'請依《唐會要》所分門類，上自五帝，迄於聖朝，凡所施爲，悉命編次，凡關禮樂，無有闕漏，名之曰《大周通禮》，俾禮院掌之。'"

興武按：顧、宋兩《志》所載《大周通禮》二百卷，不知所據，疑不可從。此書實未編成，故宋、元書目皆未見著錄。元人王惲《玉堂嘉話》卷八"竇儼水論"條云："儼沖淡寬簡，好賢樂善，平居怡怡如也，未嘗失色於僮僕。優游文翰凡十數年，著《大周正樂》三十卷，詔藏於史閣。其《大周通禮》，未及編纂，會儼卒，議者惜之。"

竇儼，字望之，薊州漁陽人，竇儀弟。天福六年進士及第。廣順中累官右補闕、主客員外郎、知制誥、中書舍人。後加集賢殿學士，判院事。宋建國初卒，享年四十二歲。傳見《宋史》卷二六三。

《續唐會要》(應爲《唐會要》)**一百卷、《五代會要》三十卷　並王溥撰**

【考訂】　宋《志》著錄《唐會要》一百卷，注云："案王溥之《唐會要》，《宋史》誤作《續唐會要》，今改正。"徐炯《五代史記補考·藝文考》載王溥《五代會要》三十卷。

《宋史》卷二四九《王溥傳》云："溥好學，手不釋卷，嘗集蘇冕《會要》及崔鉉《續會要》，補其闕漏，爲百卷，曰《唐會要》。又采朱梁至周爲三十卷，曰《五代會要》。"

《郡齋讀書志》卷一四"類書類"載《唐會要》一百卷，志云："右皇朝王溥撰。初，唐蘇冕叙高祖至德宗九朝沿革損益之制。大中七年，詔崔鉉等撰次德宗以來事，至宣宗大中七年，以續冕書。溥又采宣宗以後事，共成百卷，建隆二年正月奏御，文簡事備，太祖覽而嘉之，詔藏於史閣，賜物有差。"又《五代會要》三十卷，志云："右皇朝王溥等撰。采梁至周典故，纂次成秩，建隆初上之。"

《直齋書錄解題》卷五"典故類"著錄《唐會要》一百卷，題云："司空平章事晉陽王溥齊物撰。初，唐德宗時，蘇冕撰四十卷，武宗朝，崔鉉續四十卷，至是溥又采宣宗以降故事，共成百卷。建隆二年正月上之。按《唐志》：蘇冕《會要》四十卷；《續會要》四十卷，楊紹復等撰，崔鉉監修。而《會要》稱杭州刺史蘇弁與兄冕纂國朝故事爲是書。弁聚書至二萬卷，次於集賢、芸閣。弁字元容，武功人，武后宰相良嗣之從孫。冕仕爲京兆士曹；弁判度支，以腐粟給邊坐貶，冕亦廢。"其後錄王溥《五代會要》三十卷。

《崇文總目》卷三"類書類上"著錄王溥撰《唐會要》一百卷；另王溥《會要》三十卷，錢侗按云："諸家書目並作《五代會要》。"《通志》卷六五"藝文略三"會要類"著錄王溥《唐會要》一百卷、《五代會要》三十卷。《文獻通考》卷二〇一《經籍二八》所載同。《宋史》卷二〇七《藝文志六》"類事類"載王溥《續唐會要》一百卷、《五代會要》三十卷。明葉盛《菉竹堂書目》卷二載錄《唐會要》三十冊、《五代會要》五冊。錢曾《讀書敏求記》卷二亦載《唐會要》一百卷，識曰："王溥撰，建隆二年二月奏御。明初人鈔，絳雲藏本勘過。"《五代會要》三十卷，識曰："王溥纂，凡五代儀物章程、官名文法因革損益之由，多可於此考見。"清孫星衍《孫氏祠堂書目內編》卷三著錄《唐會要》一百卷、《五代會要》三十卷。

《四庫全書總目》卷八一著錄《唐會要》一百卷，提要云："初，唐蘇冕嘗次高祖至德宗九朝之事，爲《會要》四十卷。宣宗大中七年，又詔楊紹復等次德宗以來事，爲《續會要》四十卷，以崔鉉監修。段公路《北戶錄》所稱《會要》，即冕等之書也。惟宣宗以後記載尚缺，溥因復採宣宗至唐末事續之，爲《新編唐會要》一百卷。建隆二年正月奏御，詔藏史館。書凡分目五百十有四，於唐代沿革損益之制，極其詳核。《官號》內有'識量'、'忠諫'、'舉賢'、'委任'、'崇獎'諸條，亦頗載事蹟。其細瑣典故，不能概以定目者，則別爲《雜錄》，附於各條之後。又間載蘇冕駁議，義例該備，有裨考證。今僅傳抄本，脫誤頗多。八卷題曰《郊儀》，而所載乃南唐事；九卷題曰《雜郊儀》，而所載乃唐初奏疏，皆與目錄不相應；七卷、十卷，亦多錯入他文，蓋原書殘缺，而後人妄撼竄入，以盈卷帙。又一別本，所闕四卷亦同，而有《補亡》四卷，採摭諸書所載唐事，依原目編類，雖未必合溥之舊本，而宏綱細目，約略粗具，猶可以見其大凡。今據以錄入，仍各註'補'字於標目之下，以示區別焉。"

同卷亦著錄《五代會要》三十卷，提要云："五代干戈倏攘，百度凌夷，故府遺規，多未暇修舉。然五十年間，法制典章，尚略具於累朝《實錄》。溥因檢尋舊史，條分件繫，類輯成編。建隆二年，與《唐會要》並進，詔藏史館。後歐陽修作《五代史》，僅列《司天》、《職方》二考，其他均未之及。如晉段顒、劉昫等之議廟制，周王朴之議樂，皆事關鉅典，亦略而不詳。又如經籍鏤板，昉自長興，千古官書，肇端於是。崇文善政，豈宜削而不書。乃一概刊除，尤爲漏略。賴溥是編，得以收放失之舊聞，厥功甚偉。至於租稅類中，載周世宗讀《長慶集》，見元微之所上《均田表》，因令製《素成圖》，頒賜諸道。而歐《史》乃云世宗見元微之《均田圖》，是直以《圖》爲元微之作，乖舛尤甚。微溥是編，亦無由訂歐《史》之謬也。蓋歐《史》務談褒貶，爲《春秋》之遺法；是編務核典章，爲《周官》之舊例。各明一義，相輔而行。讀《五代史》者，又何可無此一書哉！"

善本：《唐會要》一百卷：明抄本、清抄本。

《五代會要》三十卷：清初抄本、清康熙六年孫潛抄本、清吳任臣抄本、清嘉慶十三年至十六年張海鵬編刻《墨海金壺·史部》本、清嘉慶十八年貴徵抄本；清信芳閣活字印本，王重民《中國善本書提要·史部·史評類》作該書提要。

《吳南郊圖記》一卷

【考訂】 宋《志》同。《宋史》卷二〇四《藝文志三》"儀注類"載《吳南郊圖記》一卷。

《蜀禮部文場內舉人儀則》一卷

【考訂】 《崇文總目》卷二"僞史類"著錄《文場內舉人儀則》一

卷,不著撰人。《通志》卷六五《藝文略三》"傳記類"著録《文場内舉人儀則》一卷,注云:"僞蜀禮部考試儀式,多沿唐舊。"焦竑《國史經籍志》卷三"傳記類"著録《文場内舉人儀則》一卷,注曰:"蜀禮部考試儀式。"

《黄籙齋壇真文玉訣儀》一卷、《醮章奏議》十八卷、《靈寶明真齋懺鐙儀》一卷、《太上河圖内元經禳菑九壇醮儀》一卷、《靈寶自然行道儀》一卷　並杜光庭撰

【考訂】　宋《志》同。《崇文總目》卷四"道書類一"著録杜光庭撰《太上黄籙齋壇真文玉訣儀》一卷、《醮章奏議》十八卷。《四庫闕書目》卷二"道書類"著録杜光庭《靈寶明真齋儀》一卷、《靈寶明真齋懺燈儀》一卷、《太上河圖内元經禳災九曜醮儀》一卷、《靈寶自然行道儀》一卷。《通志》卷六七《藝文略五》"諸子類·道家三"著録杜光庭《醮章奏議》十八卷、《靈寶明真齋懺燈儀》一卷、《太上河圖内元經禳災九曜醮儀》一卷、《靈寶自然行道儀》一卷。焦竑《國史經籍志》卷三"傳記類"著録《黄籙齋壇真文玉訣儀》一卷、《醮章奏議》十八卷、《靈寶自然行道儀》一卷。《十國春秋》卷四七《杜光庭傳》不載上列諸書。

右儀注類共四百二十二卷

聲　樂　類

《大周正樂譜》(應爲《大周正樂》)**八十八卷**(應爲一百二十卷)　**竇儼撰**

【考訂】　宋《志》同。陳鱣《續唐書·經籍志》、徐炯《五代史記補考·藝文考》均載竇儼《大周正樂》一百二十卷。

薛《史》卷一一八《周世宗紀五》載:"(顯德五年)十一月丁未

朔,詔翰林學士竇儼,集文學之士,撰集《大周通禮》、《大周正樂》,從儼之奏也。"同書卷一四五《樂志下》亦云:"(顯德五年六月)命中書舍人竇儼參詳太常雅樂。十一月,翰林學士竇儼上疏論禮樂刑政之源……其二曰:'伏請命博通之士,上自五帝,迄於聖朝,凡樂章沿革,總次編録,繫於歷代樂録之後,永爲定式,名之曰《大周正樂》,俾樂寺掌之。依文教習,務在齊肅。'詔曰:'竇儼所上封章,備陳政要,舉當今之急務,疾近世之因循,器識可嘉,辭理甚當,故能立事,無愧蒞官。所請編集《大周通禮》、《大周正樂》,宜依。仍令於内外職官前資前名中,選擇文學之士,同共編集,具名以聞。委儼總領其事。所須紙筆,下有司供給。'"歐《史》卷一二《周本紀一二》亦載:"(顯德五年)十一月庚戌,作《通禮》、《正樂》。"

釋文瑩《玉壺清話》卷二云:"竇禹鈞生五子:儀、儼、侃、偁、僖等,相繼登科,馮瀛王贈禹鈞詩,有'靈椿一樹老,丹桂五枝芳'。時號'竇氏五龍'。昆仲材業,儀、儼尤著……弟儼素蘊文學,爲周世宗所重,判太常寺,校管籥鐘磬,辨清濁上下之數,分律吕還相之法,去京房清宮一筦,調之二年,方合大律。又善樂章,凡三弦之通,七弦之琴,十二弦之箏,二十五弦之瑟,三漏之篪,七漏之笛,八漏之篪,十七管之笙,二十三管之簫,皆立譜調,按通而合之。器雖異而均和不差,編於歷代樂章之後,目曰《大周正樂譜》,樂寺掌之,依文教習。"

王應麟《玉海》卷一〇五"後周正樂"條載:"《崇文目》:《大周正樂》一百二十卷。""《中興書目》:《大周正樂》八十八卷。周顯德間中書舍人竇儼撰。儼承詔訂論歷代樂名、樂儀、樂議、樂音、樂圖、樂章、樂器、樂曲及夷樂之名甚備。按儼末卷論叙云:'詔編樂書,叙論譜記凡八十四卷,象八十四調,新曲譜三十六卷,合前爲十二帙,象期之數。今書八十四卷,具存曲譜惟有黃鐘、大吕四卷,餘皆缺。'"

《崇文總目》卷一"樂類"載《大周正樂》一百二十卷,注云:"原釋周翰林學士竇儼撰。顯德中儼奉詔集綴其書。博而無次。"《通志》卷六四《藝文略二》"樂類·樂書"著録《大周正樂》一百二十卷，不著撰人。《四庫闕書目》卷一、《文獻通考》卷一八六《經籍一三》、焦竑《國史經籍志》卷二亦著録《顯德正樂》一百二十卷。《宋史》卷二〇二《藝文志一》"樂類"載《大周正樂》八十八卷，注云："五代周竇儼訂論。"清趙士煒《中興館閣書目輯考》卷一襲之，亦列《大周正樂》八十八卷，其實誤也。

《周優人曲辭》二卷

【考訂】 宋《志》同。陳鱣《續唐書·經籍志》、徐炯《五代史記補考·藝文考》均載趙上交等纂録《周優人曲辭》二卷。

《崇文總目》卷一"樂類"載《周優人曲辭》二卷，注云："原釋周吏部侍郎趙上交、翰林學士李昉、諫議大夫劉濤、司勳郎中馮古纂録燕優人曲辭。"《通志》卷六四《藝文略二》"樂類·歌辭"著録《周優人曲辭》二卷，不著撰人。《文獻通考》卷一八六《經籍考一三》、焦竑《國史經籍志》卷二均載録《周優人曲辭》二卷。

趙上交，涿州范陽人。本名遠，字上交。避漢祖諱，遂以字稱。後唐同光中，秦王從榮開府兼判軍衙，以上交爲虞部員外郎，充六軍諸衛推官。後歷官晉、漢、周。入宋，建隆二年正月卒。傳見《宋史》卷二六二。

《歷代樂歌》六卷（非趙上交撰） 並趙上交撰

【考訂】 宋《志》同。焦竑《國史經籍志》卷二載《周優人曲辭》二卷，其後另有《歷代歌》六卷，未明撰人。顧、宋兩《志》連帶抄録，且將其置於趙上交名下，其實誤也。

《樂賦》一卷 王朴撰

【考訂】 宋《志》同。《宋史》卷二〇八《藝文志七》"別集類"、焦竑《國史經籍志》卷五"集類"均著録王朴《樂賦》一卷。

《蜀雅樂》三十卷

【考訂】 宋《志》同。《宋史》卷二○二《藝文志一》"樂類"於《大周正樂》後著錄《蜀雅樂儀》三十卷，不著撰人。顧、宋二《志》連帶轉抄，未加詳考，疑不可從。書名所缺"儀"字，當屬抄寫時遺漏。

《聲韻譜》一卷　句中正撰

【考訂】 宋《志》同。檢宋、元公私書目，均未見著錄。《宋史》卷四四一、《十國春秋》卷五六《句中正傳》亦未述及。顧、宋所列，未知所據，實難信從。

《宋史》卷四四一《句中正傳》稱："句中正字坦然，益州華陽人。孟昶時，館於其相毋昭裔之第，昭裔奏授崇文館校書郎，復舉進士及第，累爲昭裔從事。歸朝……召入，授著作佐郎直史館，被詔詳定《篇》、《韻》……與徐鉉重校定《說文》，模印頒行……時又命中正與著作佐郎吳鉉、大理寺丞楊文舉同撰定《雍熙廣韻》……《廣韻》成，凡一百卷。"《通志》卷六四《藝文略二》"小學類"亦載錄《雍熙廣韻》一百卷，注曰："宋朝句中正等詳定。"

興武按：句中正詳定《篇》、《韻》是在入宋之後，是故其是否撰有《聲韻譜》，都與五代無涉。假使中正確有此書，亦應依例歸入"小學類"，顧、宋兩《志》以之竄於"聲樂類"，未免失察過甚。

《大唐正聲琴譜》十卷、《補新徵音》（應爲《補新徵音譜》）一卷　陳用拙撰

【考訂】 宋《志》同。陳鱣《續唐書·經籍志》載《補新徵音譜》、《大唐正聲琴譜》十卷，注云："南漢吏部郎中連州陳用拙撰。"

《崇文總目》卷一"樂類"載《大唐正聲新拉琴譜》十卷，注云："原釋唐陳拙纂。集琴家之說，不專聲譜。"錢東垣按云："舊本'拉'僞作'祉'，今校改。《唐志》作'新址'，《玉海》引《崇文目》及《通志略》作'新徵'，並誤。"

《新唐書》卷五七《藝文志一》"樂類"著錄陳拙《大唐正聲新址琴譜》十卷。《四庫闕書目》卷一著錄陳拙《唐琴譜》十卷,注云:"輝按《崇文目》有《大唐正聲新拉琴譜》十卷,云唐陳拙撰。又有《琴譜》十三卷,云唐陳康士撰。《通志》卷六四《藝文略二》'樂類·琴'著錄陳拙撰《大唐正聲新徵琴譜》十卷。《文獻通考》卷一八六《經籍一三》載錄《大唐正聲新扯琴譜》十卷。《宋志》有《太宗九弦琴譜》二十卷,陳拙《琴籍》九卷。"明焦竑《國史經籍志》卷二載列《大唐正聲新徵琴譜》十卷,注"陳朏";"朏"乃"拙"之譌。

《十國春秋》卷六二《陳用拙傳》云:"陳用拙,本名拙,連州人,用拙其字也。……高祖(按:即劉龑)自立爲皇帝,擢用拙吏部郎中,知制誥。久之,卒。……尤精音律,著《大唐正聲琴籍》十卷,中載琴家論操名及古帝王、名士善琴者。又以古調缺徵音,補新徵音譜若干卷。"

《國風總類》五十卷　王仁裕撰

【考訂】　宋《志》、陳鱣《續唐書·經籍志》均載王仁裕編《國風總類》五十卷。

《崇文總目》卷五"總集類下"著錄王仁裕編《國風總類》五十卷。《通志》卷七〇《藝文略八》"詩總集"、《國史經籍志》卷五"總集類"並著錄王仁裕編《國風總類》五十卷。《十國春秋》卷四四《王仁裕傳》云:"又輯《國風總類》五十卷,時多稱道之。"

王仁裕,字德輦,天水人。二十五歲始就學,以文辭知名秦隴間。後入蜀,官中書舍人。前蜀亡,隨王衍降唐,歷晉、漢,累官翰林學士承旨、户部尚書。乾祐初知貢舉,號得人。周顯德三年卒。傳見薛《史》卷一二八、歐《史》卷五七。

《霓裳譜》一卷　李後主周后撰

【考訂】　宋《志》及汪之昌《補南唐藝文志》所載皆同。馬令

《南唐書》卷六《昭惠周后傳》云："唐之盛時，《霓裳羽衣》最爲大曲。罹亂，聲失曠職，其音遂絶，後主獨得其譜。樂工曹生亦善琵琶，按譜，粗得其聲，而未盡善也。后輒變易訛謬，頗去窪淫，繁手新音，清越可聽。"

汪《志》前已著録《霓裳譜》一卷，後又有《霓裳羽衣曲譜》，豈不知"霓裳"乃"霓裳羽衣"之省稱。

《豔詞》一卷　蜀後主王衍集（應爲《煙花集》五卷，歸入"總集類"）

【考訂】　宋《志》同。陳鱣《續唐書·經籍志》"總集類"載《煙花集》五卷，注云："蜀主王衍集。"徐炯《五代史記補考·藝文考》亦載《煙花集》五卷，注云："蜀後主王衍集豔詩二百篇，且爲之序。"

《直齋書録解題》卷一五"總集類"載《煙花集》五卷，題云："蜀後主王衍集豔詩二百篇，且爲之序。"《十國春秋》卷三七《前蜀紀》載："後主名衍，字化源。……頗知學問，童年即能屬文，甚有才思，尤酷好靡麗之辭，嘗集豔體詩二百篇，號曰《煙花集》。"原注："又有《坤儀令》一卷。"

《花間集》十卷　裴說集唐人詞　案孫氏《書目解題》作蜀人趙崇祚編

【考訂】　宋《志》同。陳鱣《續唐書·經籍志》"總集類"載《花間集》十卷，注云："後蜀衛尉少卿趙崇絢編。"

《直齋書録解題》卷二一"歌詞類"載《花間集》十卷，題云："蜀歐陽炯作序，稱衛尉少卿字宏基者所集，未詳何人。其詞自温飛卿而下十八人，凡五百首，此近世倚聲填詞之祖也。詩至晚唐、五季，氣格卑陋，千人一律，而長短句獨精巧高麗，後世莫及，此事之不可曉者，放翁陸務觀之言云爾。"

《文獻通考》卷二四三《經籍七〇》亦載録《花間集》十卷。錢曾《讀書敏求記》卷四載録《花間集》十卷，識曰："趙崇祚集唐末才士長短句,歐陽炯爲之弁語,可繼孝穆玉台序文。紹興十八年,濟陽晁謙之刊正題於後,鏤板精好,楮墨絕佳,宋槧本中之最難得者也。"《孫氏祠堂書目內編》卷四亦著錄《花間集》十卷,注"蜀趙崇祚編"。

《四庫全書總目》卷一九九載錄《花間集》十卷,提要云:"後蜀趙崇祚編。崇祚字宏基。事孟昶爲衛尉少卿,而不詳其里貫。《十國春秋》亦無傳。案蜀有趙崇韜,爲中書令廷隱之子。崇祚疑即其兄弟行也。詩餘體變自唐,而盛行於五代。自宋以後,體制益繁,選錄益衆,而溯源星宿,當以此集爲最古。唐末名家詞曲,俱賴以僅存。其中《漁父詞》、《楊柳枝》、《浪淘沙》諸調,唐人仍載入詩集,蓋詩與詞之轉變在此數調故也。於作者不題名而題官,蓋即《文選》書字之遺意。惟一人之詞,時割數首入前後卷,以就每卷五十首之數,則體例爲古所未有耳。陳振孫謂所錄自溫庭筠而下十八人,凡五百首,今逸其二。坊刻妄有增加,殊失其舊。此爲明毛晉重刊宋本,猶爲精審。前有蜀翰林學士中書舍人歐陽炯序,作於孟昶之廣政三年,乃晉高祖之天福五年也。後有陸游二跋,其一稱斯時天下岌岌,士大夫乃流宕如此,或者出於無聊。不知惟士大夫流宕如此,天下所以岌岌,遊未反思其本耳。其二稱唐季、五代,詩愈卑而倚聲者輒簡古可愛,能此不能彼,未易以理推也。不知文之體格有高卑,人之學力有強弱。學力不足副其體格,則舉之不足;學力足以副其體格,則舉之有餘。律詩降於古詩,故中晚唐古詩多不工,而律詩則時有佳作。詞又降於律詩,故五季人詩不及唐,詞乃獨勝。此猶能舉七十斤者舉百斤則蹶,舉五十斤則運掉自如,有何不可理推乎。"

善本:《花間集》十卷:宋刻遞修公文紙印本、宋紹興十八年建康郡齋刻本、明正德十六年陸元大刻本、明末毛氏汲古閣刻《詞苑英華》本、清光緒王氏四印齋刻《四印齋所刻詞》本。

《花間集》十卷補二卷《音釋》二卷:明萬曆八年茅氏凌霞山房

刻本。

《花間集》四卷：明刻套印本（湯顯祖評），王重民《中國善本書提要·集部·詞類》作該書提要。

《宮詞》一卷　花蕊夫人撰

【考訂】　宋《志》同。陳鱣《續唐書·經籍志》"別集類"載《宮詞》一卷，注云："蜀花蕊夫人撰。"徐炯《五代史記補考·藝文考》載《花蕊夫人詩》一卷。

《郡齋讀書志》卷一八載《花蕊夫人詩》一卷，志云："右僞蜀孟昶愛姬也，青城費氏女。幼能屬文，長於詩，宮詞尤有思致。蜀平，以俘輸織室。後有罪，賜死。"

《直齋書錄解題》卷一五"總集類"載《三家宮詞》三卷，題云："唐王建、蜀花蕊夫人、本朝丞相王珪三人所著。"《文獻通考》卷二四三《經籍七〇》亦載錄《花蕊夫人詩》一卷。明葉盛《菉竹堂書目》卷四載錄《花蕊夫人詩》一册。

《十國春秋》卷五〇《慧妃徐氏傳》云："慧妃徐氏，青城人。幼有才色，父國璋納於後主，後主嬖之，拜貴妃，别號花蕊夫人，又升號慧妃。嘗與後主登樓，以龍腦末塗白扇，扇墜地，爲人所得，蜀人爭效其制，名曰'雪香扇'。又後主與避暑摩訶池上，爲作小詞以美之，國中爭爲流傳。徐氏長於詩詠，居恒倣王建作宮辭百首，時人多稱許之。國亡入宋，宋太祖召使陳詩，誦亡國之由，其詩有'十四萬人齊解甲，可無一個是男兒'之句，太祖大悦。徐氏心未忘蜀，每懸後主像以祀，詭言宜子之神。"

興武按：宋元以降，有關《宮詞》作者爲孟昶慧妃徐氏一說，相沿已久。然《浦江清文錄·花蕊夫人宮詞考》（人民文學出版社1989年12月版）一文，詳加考訂，謂今世所傳《花蕊夫人宮詞》之作者實爲前蜀宮人，其説富有依據，值得重視。

善本：花蕊夫人《宮詞》一卷：清初毛氏汲古閣影宋《十家宮

詞》抄本、明嘉靖三十一年郭雲鵬刻黃魯曾《選編四家宮詞》本、明萬曆二十二年吳氏雲樓館刻《三體宮詞》本、明天啟五年毛氏緑君亭刻《三家宮詞》本、清沈可培編《什伯詩鈔不分卷》稿本。

《南唐二主詞》一卷

【考訂】 宋《志》、徐炯《五代史記補考·藝文考》、汪之昌《補南唐藝文志》及唐圭璋、杜文玉兩《南唐藝文志》所載皆同。

《直齋書録解題》卷二一"歌詞類"載《南唐二主詞》一卷，題云："中主李璟、後主李煜撰。卷首四闋，《應天長》、《望遠行》各一，《浣溪沙》二，中主所作，重光嘗書之，墨蹟在旴江晁氏，題云：先皇御制歌詞。余嘗見之，於麥光紙上作撥鐙書，有晁景迂題字，今不知何在矣。餘詞皆重光作。"《文獻通考》卷二四三《經籍七〇》亦載録《南唐二主詞》一卷。

善本：《南唐二主詞》一卷：清康熙二十八年侯氏亦園刻《十名家詞集》本、清康熙五十四年蕭江聲抄本、清光緒三十四年王國維抄本。

另參：《南唐二主詞校訂》，宋無名氏輯，王仲聞校訂，人民文學出版社1959年版。

《陽春詞》（應爲《陽春録》）**一卷　馮延巳撰**

【考訂】 宋《志》、陳鱣《續唐書·經籍志》、汪之昌《補南唐藝文志》及唐圭璋、杜文玉兩《南唐藝文志》並載《陽春集》一卷。徐炯《五代史記補考·藝文考》作《陽春録》一卷。

《直齋書録解題》卷二一"歌詞類"載《陽春録》一卷，題云："南唐馮延巳撰。高郵崔公度伯易題其後，稱其家所藏最爲詳確，而《尊前》、《花間》諸集，往往謬其姓氏。近傳歐陽永叔詞亦多有之，皆失其真也。世言'風乍起'爲延巳所作，或云成幼文也。今此集無有，當是幼文作。長沙本以置此集中，殆非也。"

《宋史》卷二〇八《藝文志七》"別集類"、《文獻通考》卷二四三

《經籍七〇》均著録馮延巳《陽春録》一卷。《國史經籍志》卷五"別集類"著録馮延巳《陽春集》一卷。

馮延巳,一名延嗣,字正中,廣陵人。仕南唐,累官諫議大夫、翰林學士、户部侍郎、中書侍郎、冠軍大將軍、太弟太保、平章事。建隆元年五月卒,享年五十八歲。傳見馬《書》卷二一、陸《書》卷一一及《十國春秋》卷二六。夏承燾先生著有《馮正中年譜》。

善本:《陽春集》一卷:清康熙二十八年侯氏亦園刻《十名家詞集》本、清康熙五十四年蕭江聲抄本;乾隆趙氏星鳳閣抄本,王重民《中國善本書提要·集部·詞類》作該書提要。

《陽春集》一卷《補遺》一卷:清光緒王氏四印齋刻《四印齋所刻詞》本。

右聲樂類共二百四卷

小　學　類

《説文解字繫傳》四十卷、《説文解字韻譜》十卷、《通輯五音》一千卷　並徐鍇撰　案吴任臣《十國春秋》別有徐楚金《説文解字通釋》四十卷,不知《通釋》即《繫傳通釋》三十卷、《部叙》二卷、《袪妄》、《類聚》、《錯綜》、《疑義》、《系述》各一卷,總名之《繫傳》,自吴氏始誤分爲二書。

【考訂】　宋《志》、汪之昌《補南唐藝文志》及唐圭璋、杜文玉兩《南唐藝文志》均著録徐鍇《説文解字韻譜》十卷、《通釋五音》一千卷、《説文解字繫傳》四十卷。陳鱣《續唐書·經籍志》、徐炯《五代史記補考·藝文考》僅列徐鍇《説文解字繫傳》四十卷、《説文解字韻譜》十卷,未及《通輯五音》。

陸《書》卷五《徐鍇傳》僅列《説文通釋》書名,未詳卷數。《十國春秋》卷二八《徐鍇傳》云:"著《説文解字繫傳》四十卷,《説文通釋》四十卷。"小注復云："又有《說文隱音》四卷,《說文韻譜》十卷。"

《直齋書錄解題》卷三"小學類"著錄徐鍇《說文解字繫傳》四十卷,題曰："南唐校書郎廣陵徐鍇楚金撰。爲《通釋》三十篇,《部叙》二篇,《通論》三篇,《袪妄》、《類聚》、《錯綜》、《疑義》、《系述》各一篇。鍇至集賢學士、右内史舍人,不及歸朝而卒。鍇與兄鉉齊名,或且過之。而鉉歸朝通顯,故名出鍇上。此書援引精博,小學家未有能及之者。"又《說文韻譜》十卷,注曰："徐鍇撰。又取《說文》以聲韻次之,便於檢討。鉉爲作序。"

《崇文總目》卷一"小學類上"載徐鍇《說文解字韻譜》十卷、《說文解字繫傳》三十八卷,注云："鍇以許氏學廢,推源析流,演究其文,作四十篇。近世言小學,惟鍇名家。"《通志》卷六四《藝文略二》"小學類"著錄徐鍇《說文解字繫傳》三十八卷、《說文韻譜》十卷。《宋史》卷二〇二《藝文志一》"小學類"載徐鍇《說文解字繫傳》四十卷、《說文解字韻譜》十卷、《說文解字通釋》四十卷。《文獻通考》卷一八九《經籍一六》載徐鍇《說文解字韻譜》十卷、《說文解字繫傳》四十卷。焦竑《國史經籍志》卷二"小學類"載錄徐鍇《說文解字繫傳》三十八卷、《說文韻譜》十卷。清趙士煒《中興館閣書目輯考》卷一亦考列《說文解字繫傳》四十卷、《說文解字韻譜》十卷。錢曾《讀書敏求記》卷一亦載徐鍇《說文解字繫傳》四十卷,識曰："簡端題云'文林郎守秘書省校書郎臣徐鍇傳釋',蓋楚金仕江左,是書曾經進覽,故結銜如此。"《孫氏祠堂書目内編》卷一亦著錄徐鍇撰《說文繫傳》四十卷、《說文解字篆韻譜》五卷。

《四庫全書總目》卷四一著錄《說文繫傳》四十卷,提要云："南唐徐鍇撰。鍇字楚金,廣陵人,官至右内史舍人。宋兵下江南,卒於圍城之中。事蹟具《南唐書》本傳。是書凡八篇,首《通釋》三十卷,以許慎《說文解字》十五篇,篇析爲二。凡鍇所發明及徵引經傳者,悉加'臣鍇曰'及'臣鍇案'字以别之。繼以《部叙》二卷、《通論》

三卷,《袪妄》、《類聚》、《錯綜》、《疑義》、《系述》各一卷。《袪妄》斥李陽冰臆說,《疑義》舉《說文》偏旁所有而闕其字,及篆體筆畫相承小異者。《部叙》擬《易·序卦傳》,以明《說文》五百四十部先後之次。《類聚》則舉字之相比爲義者,如一二三四之類。《錯綜》則旁推六書之旨,通諸人事,以盡其意。終以《系述》,則猶《史記》之《自叙》也。鍇嘗別作《說文篆韻譜》五卷,宋孝宗時李燾因之作《說文解字五音譜》。燾自序有曰:'《韻譜》當與《繫傳》並行。今《韻譜》或刻諸學官,而《繫傳》迄莫光顯。余搜訪歲久,僅得其七八闕卷。誤字無所是正,每用太息。'則《繫傳》在宋時已殘闕不完矣。今相傳僅有抄本,錢曾《讀書敏求記》至詫爲驚人秘笈。然脫誤特甚。卷末有熙寧中蘇頌記云:'舊闕二十五、三十共二卷,俟別求補寫。'此本卷三十不闕,或續得之以補入。卷二五則直録其兄鉉所校之本,而去其新附之字。殆後人求其原書不獲,因摭鉉書以足之。猶之《魏書》佚《天文志》,以張太素書補之也。其餘各部闕文,亦多取鉉書竄入。考鉉書用孫愐《唐韻》,而鍇書則朝散大夫行秘書省校書郎朱翱別爲反切。鉉書稱'某某切',而鍇書稱'反'。今書内音切與鉉書無異者,其訓釋亦必無異。其移掇之蹟,顯然可見。至示部竄入鉉新附之祧、祔、祚三字,尤鑿鑿可證者。《錯綜》篇末,其文亦似未完。無可采補,則竟闕之矣。此書成於鉉書之前,故鉉書多引其説。然亦時有同異。如鉉本'福,祐也',此作'備也'。鉉本'莱,耕多草',此作'耕名'。鉉本'迎,前頡也',此作'前頓也'。鉉本'鵜,大鷄也',此從《爾雅》作'天顧也'。又鉉本'祭'字下引《禮記》、'禂'字下引《詩》之類,此作'臣鍇案《禮記》曰'、'臣鍇案《詩》曰',則鍇所引,而鉉本淆入許氏者甚多。又如'畏'字下云'闕',此作'家本無注。臣鍇案:疑許慎子許沖所言也。'是鉉直刪去'家本無注'四字,改用一'闕'字矣。其憑臆刪改,非賴此書之存,何以證之哉。此書本出蘇頌所傳篆文,爲監察王聖美、翰林祗候劉允恭所書,卷末題'子容'者,即頌字也。乾道癸巳,尤袤得於葉夢得家,寫以與李燾，詳見衮跋。書中有稱'臣次立案'者，張次立也。次立官至殿中丞，嘗與寫嘉祐二字石經。陶宗儀《青史會要》載其始末云。"

　　同卷另載《説文解字篆韻譜》五卷，提要云："南唐徐鍇撰。其書取許慎《説文解字》，以四聲部分，編次成書。凡小篆皆有音訓。其無音訓者，皆慎書所附之重文。注史字者籀書，注古字者古文也。所注頗爲簡略，蓋六書之義已具於《説文繫傳》中，此特取便簡閱，故不更複贅耳。據李燾《説文五音》、《韻譜序》，此書篆字皆其兄鉉所書。鉉集載有此書序二篇。後篇稱《韻譜》既成，廣求餘本，孜孜讐校，頗有刊正。今承詔校定《説文》，更與諸儒精加研覈。又得李舟所著《切韻》，殊有補益。其間有《説文》不載而見於序例注義者，必知脱漏，並從編録，疑者則以李氏《切韻》爲正。是此書鉉又更定，不僅出鍇一手。其以序例注義中字添入，亦鉉所爲也。前序稱命鍇取叔重所記，以《切韻》次之，聲韻區分，開卷可睹云云。考後序稱又得李舟《切韻》，則所謂《切韻》次之者，當即陸法言書，即《唐韻》、《廣韻》所因也。然鍇所編部分，與《廣韻》稍異，又上平聲内痕部併入魂部，下平聲内一先二仙後別出三宣一部。然魂部之下注痕部附字，宣部則不著別分。似乎《切韻》原有此部，殆不可曉。或此書部分，鉉亦以李舟《切韻》定之，非陸法言之《切韻》，故分合不同歟？是書傳本甚少，此爲明巡撫李顯所刻。"

　　徐鉉《徐公文集》卷二三有《韻譜前序》、《韻譜後序》。
　　善本：《説文解字繫傳》四十卷：清乾隆四十七年汪啟淑刻本、嘉慶二年大酉山房刻本。
　　《説文解字韻譜》五卷：元延祐三年種善堂刻本、清抄本（丁丙跋）。
　　《説文解字韻譜》十卷：明抄本。
　　《説文解字篆韻譜》五卷：明李顯刻本、清初抄本（羅振玉跋）。
　　《説文解字篆韻譜》十卷：清同治三年馮桂芬刻本。

《補説文解字》（應爲《補説文字解》）**三十卷　僧曇域撰**

【考訂】　宋《志》同。《四庫闕書目》卷一、《通志》卷六四《藝文略二》"小學類"、焦竑《國史經籍志》卷二"小學類"均載録曇域《補説文字解》三十卷。《宋史》卷二〇二《藝文志一》"小學類"載曇棫《補説文解字》三十卷。"棫"字當爲"域"之譌，《補説文字解》亦爲《補説文字解》之誤。

《十國春秋》卷四七《貫休傳》附傳云："貫休弟子曇域，戒學精嚴，能詩善篆，重集許氏《説文》行於蜀。貫休詩集皆出曇域所校輯者。"

《切韻搜玉》二卷（應爲《切韻拾玉》）　**劉熙古撰**

【考訂】　宋《志》同。

《宋史》卷二六三《劉熙古傳》載："劉熙古，字義淳，宋州寧陵人。唐左僕射仁軌十一世孫。祖寶進，嘗爲汝陰令。熙古年十五，通《易》、《詩》、《書》，十九通《春秋》、子、史。避祖諱，不舉進士。後唐長興中，以三《傳》舉。時翰林學士和凝掌貢舉，熙古獻《春秋極論》二篇、《演例》三篇，凝甚加賞，召與進士試，擢第，遂館於門下。"後歷仕晉、漢、周。入宋，開寶五年致仕，九年卒，年七十四。熙古"頗精小學，作《切韻拾玉》二篇，摹刻以獻，詔付國子監頒行之"。同書卷二〇二《藝文志一》"小學類"著録劉熙古《切韻拾玉》五卷。王應麟《玉海》卷四五"小學·景德新定韻略"條亦云："劉熙古作《切韻拾玉》二篇，刊版以獻，詔國子監頒行。"據此，則顧、宋兩《志》所載之《切韻搜玉》當爲《切韻拾玉》，"搜"乃"拾"之譌。

《義訓》十卷　賈儼撰

【考訂】　宋《志》同。《崇文總目》卷一"小學類上"著録《義訓》十卷，注云"賈儼撰"。《宋史》卷二〇二《藝文志一》"小學類"亦載賈儼《義訓》十卷。

《佩觿》三卷　郭忠恕撰

【考訂】　宋《志》同。陳鱣《續唐書·經籍志》載《佩觿》三卷，注云："周宗正丞兼國子《書》學博士洛陽郭忠恕撰。"

《崇文總目》卷一"小學類上"載《佩觿》三卷，注云："郭忠恕。上卷列三科，一曰造字，二曰四聲，三曰傳寫。中、下以四聲分十條。"《郡齋讀書志》卷四載《佩觿》三卷，曰："皇朝郭忠恕撰。上篇論古今傳記、小學異同，極爲詳博。"《直齋書錄解題》卷三"小學類"載錄《佩觿》三卷，題曰："國子《周易》博士洛陽郭忠恕恕先撰。'觿'者，所以解結也。忠恕嗜酒狂縱，數犯法忤物得罪，其死時頗異，世傳以屍解。"

《通志》卷六四《藝文略二》"小學類"、《宋史》卷二〇二《藝文志一》"小學類"、《文獻通考》卷一九〇《經籍十七》、焦竑《國史經籍志》卷二"小學類"、趙士煒《中興館閣書目輯考》卷一、錢謙益《絳雲樓書目》卷一"小學類"、《孫氏祠堂書目內編》卷一及吳任臣《十國春秋》卷一〇八《郭忠恕傳》等均著錄《佩觿》三卷。

《四庫全書總目》卷四一亦載《佩觿》三卷，提要云："宋郭忠恕撰。此書上卷備論形聲譌變之由，分爲三科：曰造字，曰四聲，曰傳寫。中、下二卷則取字畫疑似者，以四聲分十段：曰平聲自相對，曰平聲上聲相對，曰平聲去聲相對，曰平聲入聲相對，曰上聲自相對，曰上聲去聲相對，曰上聲入聲相對，曰去聲自相對，曰去聲入聲相對，曰入聲自相對。末附與《篇》、《韻》音義異者十五字，又附辨證舛誤者一百十九字。不署名字，不知何人所加。以其可資考證，仍並存之。惠棟《九經古義》嘗駁忠恕以'示'字爲'視'，而反以'視'爲俗字。今考其中如謂'車'字音'尺遮反'，本無'居'音。蓋因韋昭辨《釋名》之説，未免失於考訂。又書號八分，久有舊訓，蔡文姬述其父語，自必無譌。乃以爲八體之外別分此體，强爲穿鑿，亦屬支離。至於以'天'承'口'爲'吴'，已見《越絶書》，而引《三國志》爲徵。'景'爲古'影'字，已見高誘《淮南子註》，而云葛洪《字苑》加'彡'（案此沿《顏氏家訓》之誤）。又陶侃本字士行，而誤作士衡。東方朔以'來來'爲'棗'，本約略近似，而遂造'棘'字，均病微疏。然忠恕洞解六書，故所言具中條理。如辨逢姓之逢音'皮江反'，不得讀如'逢遇'本字。證之《漢隸字源》，'逢'字下引逢盛《碑通》作'逢'，則姓氏之'逢'，雖通作'逢'，亦仍作'皮江反'，可證顏師古之譌。又若辨'甪里'本作'角里'，與'角亢'字無異，亦不用顏師古，恐人誤讀，故加一拂之説。證之漢四老神位神胙幾石刻，'甪里'實作'角里'，與此書合。則知忠恕所論，較他家精確多矣。"

郭忠恕，字恕先，河南洛陽人。後周廣順中召爲宗正丞兼國子《書》學博士，改《周易》博士。宋建隆後，復流落不求仕進。太平興國二年卒。傳見《宋史》卷四四二及《十國春秋》卷一〇八。

善本：《佩觿》三卷：明嘉靖六年孫沐萬玉堂刻本、清初毛氏汲古閣影明抄本、清康熙四十九年張士俊刻《澤存堂五種》本。

《汗簡集》（應爲《汗簡》）**二卷**（應爲七卷）
【考訂】 宋《志》同。陳鱣《續唐書·經籍志》載《汗簡》三卷、《目錄叙略》一卷。

釋文瑩《玉壺清話》卷二云："郭忠恕畫殿閣重複之狀，梓人較之，毫釐無差。太祖聞其名，詔授監丞……尤工篆籀詩筆，惟縱酒無檢，多突忤於善人。聶崇義建隆初拜學官，河、洛之師儒也，趙韓王嘗拜之。郭使酒詠其姓，玩之曰：'近貴全爲聵，攀龍即是聾。雖然三箇耳，其奈不成聰。'崇義應聲，反以'忠恕'二字解其嘲曰：'勿笑有三耳，全勝畜二心。'忠恕大慚，終亦以此敗檢，坐謗時政，擅貨官物，流登州。中途卒，藁葬於官道之旁。他日親友與斂葬，發土視之，輕若蟬蜕，非區中之物也。李留臺建中以書學名家，手寫忠恕《汗簡集》以進，皆科蚪文字。太宗深悼惜之，詔付秘閣。"

　　《通志》卷六四《藝文略二》"小學類"著録郭忠恕《汗簡》八卷。《宋史》卷二〇二《藝文志一》"小學類"載郭忠恕《汗簡集》七卷。焦竑《國史經籍志》卷二"小學類"則列郭忠恕《汗簡》八卷。錢曾《讀書敏求記》卷一載郭忠恕《汗簡》七卷，識曰："上、中、下各分二卷，卷末爲《略例》、《目録》。李建中序，爲郭宗正忠恕撰。引用七十二家事蹟，其體例仿《説文》，故以《目録》置卷尾。"《孫氏祠堂書目内編》卷一又著録郭忠恕《汗簡》三卷。

　　《四庫全書總目》卷四一載《汗簡》三卷、《目録叙略》一卷，提要云："宋郭忠恕撰。忠恕字恕先，洛陽人。是書首有李建中題字，後有附題兩行，稱忠恕仕周朝爲朝散大夫、宗正丞，兼國子《書》學博士，疑亦建中所記。然據郭若虚《圖畫見聞志》及《蘇軾集》所載忠恕小傳，並稱宋太宗時召忠恕爲國子監主簿，後流登州，道卒。則不得爲周人。又陶岳《五代史補》，載周祖入京師時，忠恕爲湘陰公推官，面責馮道之賣國。則先已仕漢，題周更誤矣。《宋史·藝文志》以此書與《佩觿》並載，而晁、陳諸家書目皆不著録，則在宋代亦罕見。此本乃宋李建中得之秘府。大中祥符五年，李直方得之建中。初無撰人名字，建中以字下註文有'臣忠恕'字，證以徐鉉所言，定爲忠恕所作。其分部從《説文》之舊。所徵引古文凡七十一家，前列其目，字下各分注之。時王球、吕大臨、薛尚功之書皆未出，故鐘鼎缺焉。其分隸諸字，即用古文之偏旁，與後人以真書分部，案韻繫字者不同。《鈍吟雜録》載馮舒嘗論此書，以汅、汸、賸、駛諸字援文就部爲疑。然古文部類，不能盡繩以隸楷。猶之隸楷轉變，不能盡繩以古文。舒之所疑，蓋不足爲累。且所徵七十一家，存於今者不及二十分之一，後來談古文者，輾轉援據，大抵從此書相販鬻。則忠恕所編，實爲諸書之根柢，尤未可以忘所自來矣。"

　　善本：《汗簡》七卷：明弘光元年馮舒抄本、清康熙四十二年汪立名一隅草堂刻本。

《辨字圖》四卷、《歸字圖》一卷、《正字賦》一卷　並同上

【考訂】　宋《志》同。《通志》卷六四《藝文略二》"小學類"著錄《辨字圖》一卷，不著作者，《歸字圖》一卷，曰"劉守錫"；《隸書正字賦》一卷，曰"石懷德"。《宋史》卷二〇二《藝文略一》"小學類"於郭忠恕《汗簡集》之後，載列《辨字圖》四卷、《歸字圖》一卷、《正字賦》一卷。顧、宋兩《志》未加詳察，連帶抄錄，以致譌誤。

《林氏字說》二十篇、《偏旁小説》一卷（應爲三卷）　**林罕撰**

【考訂】　宋《志》同。陳鱣《續唐書·經籍志》載《林氏小説》二十卷，曰："蜀太尉林罕撰。"

陳思《書苑菁華》卷一六錄後蜀林罕《字源偏旁小説序》云："罕長興二年，歲在戊子，三十有五，疾病踰時。困坐思書之點畫，莫知所以。乃搜閱今古篆隸，始見源由。旅觀近代以來篆隸多失，始則悶乎不知，終則惜其錯誤，欲有端正，將示同人……"

《崇文總目》卷一"小學類上"載錄《字源偏旁小説》三卷，曰"東林生解"。《四庫闕書目》卷一著錄《林罕小書》三卷。《郡齋讀書志》卷四載《林氏小説》三卷，志云："右唐林罕撰。凡五百四十一字。其説頗與許慎不同，而互有得失。邵必緣進《禮記石經》陛對，仁宗顧問：'罕之書如何？'必曰：'雖有所長，而微好怪。《説文》歸字從堆、從止、從帚，以堆爲聲，罕云從追，於聲爲近。此長於許氏矣。《説文》哭從吅、從獄省，罕乃云象犬嘷，此怪也。'有石刻在成都，公武嘗從數友就觀之，其解字殊可駭笑者，不疑好怪之論誠然。"《宋史》卷二〇二《藝文志一》"小學類"載林罕《字源偏旁小説》三卷。焦竑《國史經籍志》卷二"小學類"載錄林罕《偏旁小説》□卷。

《十國春秋》卷四三《林罕傳》云："罕尤善六書之學，嘗注《説文》二十篇,目曰《林氏小説》,刻石蜀中。"

林罕,字仲緘,江西人。前蜀後主時,不得用而卒。

《書林韻會》一百卷　蜀孟昶撰

【考訂】　宋《志》同。陳鱣《續唐書·經籍志》載《古今韻會》五百卷,曰"後蜀起居舍人陳諤撰",未知所據。

楊慎《丹鉛總録》卷一五"王鍇藏書"條載:"前蜀王氏朝僞相王鍇,字鱣祥,家藏書數千卷,一一皆親劄……五代僭僞諸君,惟吳、蜀二主有文學。然李昇不過作小詞、工畫竹而已。孟昶乃表章《五經》,纂集《本草》,有功於經學矣。今之《戒石銘》,亦昶之所作。又作《書林韻會》。元儒黃公紹《韻會舉要》實祖之,然博洽不及也,故以'舉要'爲名。余及見之於京師,惜未暇抄也。"

《十國春秋》卷四九《後蜀紀二》載:"帝好學爲文,皆本於理,居恒謂李昊、徐光溥曰:'王衍浮薄,而好輕豔之辭,朕不爲也。'嘗敕史館集《古今韻會》五百卷。"

焦竑《國史經籍志》卷二"小學類"載録孟昶《書林韻會》一百卷。

孟昶,後蜀後主,事蹟詳舊、新《五代史》及《十國春秋》。

《續古闕文》一卷　孫晟撰

【考訂】　宋《志》、陳鱣《續唐書·經籍志》、汪之昌《補南唐藝文志》及唐圭璋、杜文玉兩《南唐藝文志》所載皆同。《宋史》卷二〇八《藝文志七》"別集類"著録孫晟《續古闕文》一卷。《十國春秋》卷二七《孫晟傳》亦云:"晟有《續古闕文》一卷。"

孫晟,初名鳳,又名忌,高密人。少舉進士,仕後唐爲著作佐郎。天成中南奔,依徐知誥。南唐建國,歷中書舍人、翰林學士、中書侍郎。中主時累遷左僕射。周師南侵,晟出使奉表,被周世宗所殺。傳見薛《史》卷一三一、歐《史》卷三三,馬、陸兩《南唐書》及《十國春秋》卷二七。

右小學類共一千二百二十五卷

曆算類

《同光乙酉長曆》十卷（應爲一卷）

【考訂】 宋《志》同。《通志》卷六八《藝文略六》"正曆類"、焦竑《國史經籍志》卷四下"曆數類"均著録《同光乙酉長曆》一卷，不著撰人。

《晉天福調元曆》二十三卷、《調元曆經》二卷、《調元曆立成》十二卷、《調元曆草》八卷　並馬重績撰

【考訂】 宋《志》同。陳鱣《續唐書·經籍志》載《調元曆》二十一卷，曰："晉司天監趙仁錡等撰。"

薛《史》卷一四〇《曆志》載："及晉祖肇位，司天監馬重績始造新曆，奉表上之，云：'臣聞爲國者，正一氣之元，宣萬邦之命，爰資曆以立章程。《長慶宣明》，雖氣朔不渝，即星躔罕驗；《景福崇玄》，縱五曆甚正，而年差一日。今以《宣明》氣朔，《崇玄》星緯，二曆相參，方得符合。自古諸曆，皆以天正十一月爲歲首，循太古甲子爲上元，積歲彌多，差闊至甚。臣改法定元，創爲新曆一部二十一卷，七章上下經二卷，算草八卷，立成十二卷……'晉高祖命司天少監趙仁錡、張文皓，秋官正徐皓，天文參謀趙延義、杜昇、杜崇龜等，以新曆與《宣明》、《崇玄》考覈得失，俾有司奉而行之，因賜號《調元曆》，仍命翰林學士承旨和凝撰序。"薛《史》卷九六《馬重績傳》、《五代會要》卷一〇所載略同。同書卷七八《晉高祖紀四》亦載："（天福四年八月）丙辰，司天監馬重績等進所撰新曆，降詔褒之，詔翰林學士承旨和凝制序，命之曰《調元曆》。"歐《史》卷八《晉本紀第八》則記，天福四年三月"丙辰，頒《調元曆》"。

《崇文總目》卷四"天文占書類"著録馬重績撰《天福調元曆》二十卷。《通志》卷六八"藝文略六""正曆類"著録《天福調元曆》二十卷，注云："晉司天監馬重績撰。"焦竑《國史經籍志》卷四下"曆數類"著録《天福調元曆》二十卷，注"晉馬重績"。《宋史》卷二〇七《藝文志六》"曆算類"著録馬重績《晉天福調元曆》二十三卷；另著録《調元曆經》二卷、《調元曆立成》十二卷、《調元曆草》八卷，雖不著作者，但均爲馬重績奏表所及。

馬重績，字洞微，少學數術，明太一、五紀、八象、《三統大曆》，居於太原。仕晉，官太子右贊善大夫，遷司天監。傳見薛《史》卷九六、歐《史》卷五七。

《周廣順明元曆》一卷　王處訥撰

【考訂】　宋《志》同。

歐《史》卷五八《司天考第一》云："五代之初，因唐之故，用《崇玄曆》。至晉高祖時，司天監馬重績，始更造新曆……賜號《調元曆》。然行之五年，輒差不可用，而復用《崇玄曆》。周廣順中，國子博士王處訥私撰《明玄曆》於家。民間又有《萬分曆》，而蜀有《永昌曆》、《正象曆》，南唐有《齊政曆》。五代之際，曆家可考見者，止於此。而《調元曆》法既非古，《明玄》又止藏其家，《萬分》止行於民間，其法皆不足紀。而《永昌正象齊政曆》，皆止用於其國，今亦亡，不復見。"

《崇文總目》卷四"曆數類"著録王處訥撰《廣順明元曆》一卷。《通志》卷六八《藝文略六》"正曆類"著録《廣順明元曆》一卷，注云："周王處納撰。"《宋史》卷二〇七《藝文志六》"曆算類"載《周廣順明元曆》一卷。焦竑《國史經籍志》卷四下"曆數類"亦録王處訥《廣順明元曆》一卷。

王處訥，河南洛陽人。少時即留意星曆占候之學，深究其旨。仕漢、周而入宋。傳見《宋史》卷四六一。

《顯德欽天曆》十五卷、《欽天曆經》二卷、《欽天曆立成》六卷、《欽天曆草》三卷、《顯德三年七政細行曆》一卷　並王朴撰

【考訂】　宋《志》同。陳鱣《續唐書·經籍志》載《顯德欽天曆》十五卷，曰："晉端明殿學士王朴撰。"

薛《史》卷一一六《周世宗紀》三載："（顯德三年八月）戊辰，端明殿學士王朴撰成新曆上之，命曰《顯德欽天曆》，上親爲製序，仍付司天監行用。"同書卷一二八《王朴傳》則云："其筆述之外，多所該綜，至如星緯聲律，莫不畢殫其妙，所撰《大周欽天曆》及《律準》，並行於世。"

歐《史》卷三一《王朴傳》則記云："顯德二年，詔朴考訂大曆，乃削去近世符天流俗不經之學，設通、經、統三法，以歲軌離交朔望周變率策之數，步日月五星，爲《欽天曆》。"同書卷五八《司天考第一》載王朴奏表曰："謹以《步日》、《步月》、《步星》、《步發斂》爲四篇，合爲《曆經》一卷，《曆》十一卷，《草》三卷，顯德三年《七政細行曆》一卷，以爲《欽天曆》。"王朴奏表，詳見《五代會要》卷一〇。

《崇文總目》卷四"曆數類"著錄王朴撰《顯德欽天曆》十五卷。《通志》卷六八《藝文略六》"正曆類"著錄《顯德欽天曆》十五卷，注云："周端明殿學士王朴撰。"焦竑《國史經籍志》卷四下"曆數類"著錄王朴《顯德欽天曆》十五卷。《宋史》卷二〇七《藝文志六》"曆算類"載王朴《周顯德欽天曆》十五卷；另載《欽天曆經》二卷、《欽天曆立成》六卷、《欽天曆草》三卷，此顧、宋兩《志》所本。

《小曆》二卷（應爲一卷）　唐曹士蒍撰，五代時馬重績本其法，爲《調元曆》

【考訂】　宋《志》同。

歐《史》卷五八《司天考第一》云："初，唐建中時，術者曹士蒍始變古法，以顯慶五年爲上元，雨水爲歲首，號《符天曆》。然世謂之小曆，祇行於民間。而重績乃用以爲法，遂施於朝廷，賜號《調元曆》。"

《崇文總目》卷四載《曹公小曆》一卷，曰"曹士蔿撰"。《通志》卷六八《藝文略六》"曆數類"著錄《曹公小曆》一卷，注曰："唐曹蔿撰，李思議重注。本《天竺曆》。"

《宣明曆》二卷、《宣明曆立成》八卷、《宣明曆略要》一卷、《崇元曆立成》七卷　案梁初猶用《宣明》、《崇元》二曆，至馬重績造新曆，晉高祖命司天少監趙仁錡、張文皓，天文參謀趙延乂、杜升、杜崇龜等，取《宣明》、《崇元》二曆，與新曆參考得失，頒行新曆，而二曆廢不行

【考訂】　宋《志》同。薛《史》卷一四〇《曆志》云："洎梁氏之應運也，乘唐室陵遲之後，黃巢離亂之餘，衆職未修，三辰孰驗。故當時歲曆，猶用《宣明》、《崇玄》二法，參而成之。及晉祖肇位，司天監馬重績始造新曆，奉表上之云……"

歐《史》卷五八《司天考第一》云："五代之初，因唐之故，用《崇玄曆》。至晉高祖時，司天監馬重績，始更造新曆，不復推古上元甲子冬至七曜之會，而起唐天寶十四載乙未爲上元，用正月雨水爲氣首。"

《新唐書》卷五九《藝文志三》"曆算類"著錄《長慶宣明曆》三十四卷、《長慶宣明曆要略》一卷、《宣明曆超捷例要略》一卷，邊岡《景福崇玄曆》四十卷，曰"岡稱處士"。《通志》卷六八《藝文略六》"曆數類"亦著錄《長慶宣明曆》三十四卷、《長慶宣明曆要略》一卷、《景福崇玄曆》四十卷，曰"邊岡撰"。又《宣明曆超捷例要略》一卷、《景福曆術》一卷。此乃馬重績所本以制《調元曆》者。詳前《調元曆》條。《宋史》卷二〇七《藝文志六》"曆算類"著錄邊岡《唐景福崇玄曆》十三卷，《崇元曆經》三卷、《崇元曆立成》七卷。另《宣明曆經》二卷、《宣明曆立成》八卷、《宣明曆要略》一卷。此或爲顧、宋兩《志》所本。然兩《志》於《宋史》所載既未全部抄錄，而所列各書卷數又與《新唐書》頗多出入。且未見《崇玄曆》而有《崇玄曆立成》，

失誤甚明。當綜合《新唐書》及《通志》所錄爲是。

《蜀武城永昌曆》三卷

【考訂】 宋《志》載《蜀武成永昌曆》三卷，陳鱣《續唐書·經籍志》列《武成永昌曆》二卷。按：顧《志》"武城"當係"武成"之譌。

歐《史》卷六三《前蜀世家》載：前蜀王建武成二年，"頒《永昌曆》"。《資治通鑑》卷二六七後梁開平三年載："冬，十月，甲子，蜀司天監胡秀林獻《永昌曆》，行之。"同書卷五八《司天考第一》云："蜀有《永昌曆》、《正象曆》。"

《太平廣記》卷一六三"唐國閏"條記："僞蜀後主王衍，以唐襲宅建上清宮，於老君尊像殿中，列唐朝十八帝真，乃備法駕謁之，識者以爲拜唐，乃歸命之先兆也。先是，司天監胡秀林進曆，移閏在丙戌年正月。有向隱者亦進曆，用《宣明》法，閏乙酉年十二月。既有異同，彼此紛訴，仍於界上取唐國曆日。近臣曰：'宜用唐國閏月也。'因更改閏十二月。街衢賣曆者云：'只有一月也。'其年十二月二十八日國滅。胡秀林是唐朝司天少監，仕蜀，別造《永昌正象曆》，推步之妙，天下一人。然移閏之事不爽。曆議常人不可輕知之。"（原注：出《北夢瑣言》）

《十國春秋》卷三六《前蜀紀》二亦載，武成二年"冬十月甲子，司天監胡秀林獻《永昌曆》，詔行之。"同書卷四五《胡秀林傳》則稱："胡秀林，□□人。妙精曆法，多所糾正。唐景福初爲司天少監，會《宣明曆》浸差，與太子少詹事邊岡、均州司馬王穉同改新法上之，賜名《景福崇元曆》。光化中，遷司天監……已而事高祖。高祖即位，仍官司天監。累著《武成永昌曆》二卷、《正象曆經》一卷，後人咸取法焉。"

《崇文總目》卷四"曆數類"著錄胡秀林撰《武成永昌曆》三卷。《通志》卷六八《藝文略六》"正曆類"著錄《武成永昌曆》二卷，注云："僞蜀司天監胡秀林撰。"《宋史》卷二〇七《藝文志六》"曆算類"載

《蜀武成永昌曆》三卷。焦竑《國史經籍志》卷四下"曆數類"録胡秀林《武成永昌曆》二卷。

胡秀林，唐景福初爲司天少監，光化中遷司天監。後入蜀，事王建，仍官司天監。傳見《十國春秋》卷四五。

胡秀林《正象曆經》一卷

【考訂】 宋《志》、陳鱣《續唐書·經籍志》所載皆同。《崇文總目》卷四"曆數類"著録胡秀林撰《正象曆經》一卷。《通志》卷六八《藝文略六》"曆術類"著録《正象曆經》一卷，注云"僞蜀胡秀林撰"。《宋史》卷二〇七《藝文志六》"曆算類"載胡秀林《正象曆經》一卷。

《十國春秋》卷三六《前蜀紀二》載，永平二年十二月"詔行《正象曆》"。同書卷四五《胡秀林傳》載胡氏撰《正象曆經》一卷。

《南唐保大齊政曆》三卷（應爲十九卷）

【考訂】 宋《志》、汪之昌《補南唐藝文志》均載《南唐保大齊政曆》三卷。陳鱣《續唐書·經籍志》不著卷數。唐圭璋、杜文玉兩《南唐藝文志》則列《保大齊政曆》十九卷。

《崇文總目》卷四"曆數類"著録《保大齊政曆》十九卷，云："諸家書目並不著撰人。"《通志》卷六八《藝文略六》"正曆類"及焦竑《國史經籍志》卷四下"曆數類"均著録《保大齊政曆》十九卷，注"南唐曆"。《宋史》卷二〇七《藝文志六》"曆算類"載《唐保大齊政曆》三卷，此顧、宋兩《志》所本。

陳承勳《中正曆經》一卷

【考訂】 宋《志》、汪之昌《補南唐藝文志》及杜文玉《南唐藝文志》所載皆同顧《志》。陳鱣《續唐書·經籍志》、唐圭璋《南唐藝文志》僅列書名，未注卷數。

陸游《南唐書》卷一《烈祖本紀》載："昇元四年，春，二月，詔罷營造力役，毋妨農時。三月，丁未，頒《中正曆》，曆官陳承勳所撰也。"

陳承勳，生卒年不詳，仕南唐爲曆官。

《中正曆立成》九卷

【考訂】 宋《志》、汪之昌《補南唐藝文志》及杜文玉《南唐藝文志》所載皆同顧《志》。覆核未得，存此待考。

胡萬頃《太乙時紀陰陽二遯曆立成》（應爲《太一時紀陰陽二遁立成曆》）二卷

【考訂】 宋《志》同。《通志》卷六八《藝文略六》"五行二"著錄《太一時紀陰陽二遁立成曆》二卷，注云："僞南漢胡萬頃撰。"

《十國春秋》卷六五《胡萬頃傳》云："胡萬頃，□□幼神悟，精九宮三元之法，占事多奇驗。撰《六壬軍鑑式》三卷、《太乙時紀陰陽二遯立成曆》二卷，術數家多宗之。"

右曆算類共一百二十五卷

儒　家　類

趙瑩《君臣康教論》二十五卷

【考訂】 宋《志》同。《崇文總目》卷三"儒家類"、《通志》卷六六《藝文略四》"諸子類"並著錄趙瑩《前朝君臣正論》二十五卷。《宋史》卷二〇五《藝文志四》"儒家類"載趙瑩《君臣政論》二十五卷。王應麟《玉海》卷六一"奏疏"條載：天聖元年七月，"龍圖直學士馮元等上徐州文學劉顏所撰《輔弼名對》四十卷，序曰：'自西漢迄於周凡十九代，君臣問答皆朝廷至務、社稷令猷，凡四十門，並《目錄》，共四十一卷。亦有位非公卿者，兼錄之。且吳兢撰《貞觀政要》,止述太宗。趙瑩著《君臣正論》,惟載唐室。多采章疏,不純取問答。'"

趙瑩,字玄輝,華陰人。仕梁、唐。石晉時陷於契丹。後周廣順初卒於幽州,享年六十七歲。傳見薛《史》卷八九、歐《史》卷五六。

《興政論》一卷(應爲三卷)

【考訂】 宋《志》同。《宋史》卷二〇五《藝文志四》"儒家類"載趙瑩《興政論》三卷。此顧、宋兩《志》所本。

韓熙載《格言》五卷、《格言後述》三卷

【考訂】 宋《志》、汪之昌《補南唐藝文志》、陳鱣《續唐書·經籍志》及唐圭璋、杜文玉兩《南唐藝文志》皆載韓熙載《格言》五卷、《格言後述》三卷。徐炯《五代史記補考·藝文考》載韓熙載《格言》五卷。

《郡齋讀書志》卷一二"雜家類"載《格言》五卷,志云:"右僞唐韓熙載叔言撰。熙載以經濟自任,乃著書二十六篇,論古今王伯之道,以干李煜。首言陽九百六之數及五運迭興事,其駁雜如此。有門生舒雅序。"《文獻通考》卷二一四《經籍四一》亦載錄《格言》五卷,考引《郡齋》。《直齋書錄解題》卷一〇《雜家類》亦載《格言》五卷,題云:"南唐中書侍郎北海韓熙載叔言撰。"

《崇文總目》卷三"雜家類"著錄韓熙載撰《格言》五卷。《通志》卷六八《藝文略六》"雜家類"著錄韓熙載《格言》六卷。《宋史》卷二〇五《藝文志四》"儒家類"著錄韓熙載《格言》五卷,同卷"雜家類"復載韓熙載《格言》五卷,又《格言後述》三卷。焦竑《國史經籍志》卷四下"子類"亦著錄韓熙載《格言》五卷。

韓熙載,字叔言,濰州北海人。後唐同光中舉進士,名聞京洛。父光嗣,爲平盧軍節度副使。同光末,青州軍亂,逐其帥符習,推光

嗣爲留後。明宗即位，誅光嗣，熙載奔江南。歷仕楊吳、南唐。傳見《宋史》卷四七八、馬令《南唐書》卷一三、陸游《南唐書》卷一二及《十國春秋》卷二八。

《皇極要覽》十卷

【考訂】 顧、宋兩《志》及汪之昌《補南唐藝文志》皆列《皇極要覽》十卷，未知所據，疑不可從。唐圭璋、杜文玉兩《南唐藝文志》僅列書名而未注卷數。

馬令《南唐書》卷一三《韓熙載傳》云："（後主時，熙載）復上書，極陳時政，論古今之得失，書曰《皇極要覽》。進中書侍郎。"

錢俶《政本》十卷

【考訂】 宋《志》同。陳鱣《續唐書·經籍志》載《政本集》十卷，曰"吳越國王錢俶撰"。

《吳越備史》卷四載："（錢俶）博覽經史，在風疾中手不釋卷。平生好吟詠，在國中編三百餘篇，目曰《政本集》。國相元德昭、翰林學士陶穀皆撰集序。後文僖公搜尋遺墜，總集爲十卷，撰後序行於世。"

《宋史》卷四八〇《世家三》稱："（錢俶）頗知書，雅好吟詠。在吳越日，自編其詩數百首爲《政本集》，因陶穀奉使至杭州，求爲之序。"

《十國春秋》卷八二《吳越世家》六載："（錢俶）頗知書，雅好吟詠，有詩數百首曰《正本集》，相國王（興武按：當作"元"）德昭、宋翰林學士陶穀爲之序。"原注："惟演搜其遺文，刻行於世，共十卷。"

錢俶，字文德，初名弘俶。吳越文穆王錢元瓘第九子，漢乾祐元年正月即吳越王位，太平興國三年納土於北宋，端拱元年二月被毒卒，享年六十歲，史稱吳越忠懿王。事蹟詳薛《史》卷一三三、歐《史》卷六七、《宋史》卷四八〇、《吳越備史》及《十國春秋》等。

徐鉉《質論》一卷

【考訂】 宋《志》、汪之昌《補南唐藝文志》及唐圭璋、杜文玉兩《南唐藝文志》均載徐鉉《質論》一卷。陳鱣《續唐書·經籍志》載《質論》十餘篇,曰"南唐内史舍人徐鍇撰"。又《質疑論》一種,曰"無卷數。南唐翰林學士徐鉉撰"。

陳彭年《江南别録》云:"鉉著《質論》十餘篇,後主宸筆冠篇,儒者榮之。"然馬令《南唐書》卷一四以爲《質論》乃徐鍇所作,其《徐鍇傳》曰:"徐鍇字楚金,與兄鉉同有大名於江左。鍇第進士,累遷屯田郎中、知制誥、集賢殿學士。鉉、鍇兄弟俱參近侍,而其文相軋,議者方晉之二陸云。鍇著《質論》十餘篇,後主劄批其首。後主文集復命鍇爲序,君臣上下互爲賁飾,儒者榮之。"此乃張冠李戴之説,實不可從信。

吴任臣《十國春秋》卷二八《徐鉉傳》云鉉"有文集三十卷,《質疑論》若干卷";其後《徐鍇傳》復云:"鍇常爲《質論》十餘篇,後主爲丹黄校定,復裒己所製文,命鍇爲之序,士以爲榮。"其説疏於考訂,莫衷一是。

黄伯思《東觀餘論》卷下"校正《崇文總目》十七條"條載:"《質論》。李後主《與徐鉉書》云:'爲爾於《質論》前作得一小序子。'即此論也。"

《崇文總目》卷五"别集類六"著録徐鉉《質論》一卷。《四庫闕書目》卷一"别集類"著録徐鉉《質論篇》一卷,卷二"雜家類"著録徐鉉《質論》二卷。《通志》卷七〇《藝文略八》"論類"著録《質論》二卷,曰"皇朝徐鉉集"。《宋史》卷二〇五《藝文志四》"儒家類"載徐鉉《質論》一卷,卷二〇八《藝文志七》"别集類"又重出。

黄損《三要》五卷(應爲三篇)

【考訂】 宋《志》同。五卷之數未知所據,疑不可信從。陳鱣《續唐書·經籍志》載《三要》三篇,曰"南漢尚書左僕射黄損撰"。

《五代史補》卷二載："黃損，連州人。少有大志，其爲學務於該通。常上三書，號曰《三要》，大約類《陰符》、《鬼谷》。同光初應進士，以此書投於公卿間，閱議者以爲有王佐才。"

《十國春秋》卷六二《黃損傳》云："黃損，字益之，連州人。少負大志，棲隱靜福山，罕與俗接。爲學以該通擅長，尤工詩賦，遇佳山水，留題殆遍。自謂所學未廣，乃擔囊遊洞庭諸名勝，結交天下士，意豁如也。嘗著三書，類《陰符》、《鬼谷》之言，號曰《三要》。"後仕南漢，累進尚書左僕射。著《桂香集》、《射法》二書。

邱光庭《康教論》一卷、《規書》一卷、《兼明書》十二卷

【考訂】　宋《志》同。陳鱣《續唐書‧經籍志》載《兼明書》五卷，曰"太學博士邱光庭撰"；又《兼明書》十二卷、《規書》一卷，曰"蜀崇真館大學士杜光庭撰"，當爲誤記。

《新唐書》卷五九"藝文志三""儒家類"、《崇文總目》卷三"儒家類"均著録邱光庭《康教論》一卷。《四庫闕書目》卷一"小學類"著録邱光庭《兼明書》五卷，卷二"雜家類"著録《規書》一卷。《通志》卷六三《藝文志一》"經解類"著録邱光庭《兼明書》五卷，同書卷六六《藝文略四》"諸子類‧儒術"著録《康教論》一卷。《直齋書録解題》卷一〇"雜家類"則載《兼明書》二卷，題云："唐國子太學博士邱光庭撰。"《宋史》卷二〇二"藝文志一""禮類"載邱光庭《兼明書》四卷，同卷"解經類"復載邱光庭《兼明書》三卷；同書卷二〇五《藝文志四》"儒家類"載邱光庭《康教論》一卷，同卷"雜家類"復著録邱光庭《規書》一卷、《兼明書》十二卷。其雜亂重複之情形，令人難以置信。《文獻通考》卷二一四《經籍四一》亦載録邱光庭《兼明書》二卷。焦竑《國史經籍志》卷二載録邱光庭《兼明書》十二卷，同書卷四上"子類"復著録《康教論》一卷，卷四下"子類"著録《規書》一卷。葉盛《菉竹堂書目》卷三載録《兼明書》一冊。《十國春秋》卷四七《杜光庭傳》，將《兼明書》十二卷、《規書》一卷列於杜光庭名下，失察殊甚。

《四庫全書總目》卷一一八載《兼明書》五卷，提要云："五代邱光庭撰。光庭，烏程人。官太學博士。陳振孫《書錄解題》稱光庭爲'唐人'，《續百川學海》及《彙秘笈》則題曰'宋人'。考書中'世'字皆作'代'，當爲唐人。然《羅隱集》有贈光庭詩，則當已入五代。其爲唐諱，猶孟昶《石經》'世'、'民'等字猶沿舊制闕筆耳。是書皆考證之文。《宋史·藝文志》作十二卷，《書錄解題》作二卷。此本五卷，疑後人所更定。……在唐人考證書中，與顏師古《匡謬正俗》可以齊驅。蘇鶚之《演義》、李涪之《刊誤》、李匡乂之《資暇集》抑亦其次。封演《見聞記》頗雜瑣事，又其次矣。"

善本：《兼明書》五卷：明抄本、清嘉慶十六年璜川吳氏活字印本。

徐融《帝王指要》（應爲《帝王旨要》）三卷

【考訂】 宋《志》及汪之昌《補南唐藝文志》所載皆同。《崇文總目》卷三"雜家類"著錄崔融《帝王旨要》一卷。《通志》卷六六《藝文略四》"諸子類·儒術"著錄徐融《帝王旨要》三卷。

《宋史》卷二〇五"藝文志四""雜家類"著錄徐融《帝王指要》三卷，此乃顧、宋諸《志》所本。"指"即"旨"之譌。

徐融，不知何地人。陶岳《五代史補》卷三"李昇得江南"條載："初，昇既畜異志，且欲諷動僚屬。雪天大會，酒酣，出一令，須借雪取古人名，仍詞理通貫。時齊丘、徐融在座，昇舉杯爲令曰：'雪下紛紛，便是白起。'齊丘曰：'著屨過街，必須雍齒。'融意欲挫昇等，遽曰：'明朝日出，爭奈蕭何。'昇大怒，是夜收融投於江，自是與謀者惟齊丘而已。"徐融傳見《十國春秋》卷一〇。

宋齊邱《理訓》十卷

【考訂】 宋《志》、汪之昌《補南唐藝文志》及唐圭璋、杜文玉兩

《南唐藝文志》所載皆同。

《宋史》卷二〇五《藝文志四》"雜家類"載宋齊邱《化書》六卷，又《理訓》十卷。此乃顧、宋諸《志》所本。

宋齊丘，字超迴，改字子嵩，廬陵人。初以布衣事李昇，授殿直軍判官，擢右司員外郎。累遷同平章事兼知尚書省事。李璟嗣立，以太傅領劍南東川節度使，封楚國公。後周顯德五年，以罪被放歸青陽，次年春自縊死，享年七十三歲。謚曰"醜繆"。事蹟詳馬令《南唐書》卷二〇、陸游《南唐書》卷四、《江南野史》卷四、《五代史補》卷二及《十國春秋》卷二〇。

李琪《皇王大政論》一卷

【考訂】 宋《志》同。《崇文總目》卷三"儒家類"、《通志》卷六六《藝文略四》"諸子類·儒術"並著錄李琪《皇王大政論》一卷。《四庫闕書目》卷二"儒家類"著錄《皇王政論》一卷，葉德輝以爲即李琪《皇王大政論》。《宋史》卷二〇五《藝文志四》"儒家類"載李琪《皇王大政論》十卷，其卷數與《崇文總目》等所載相差較多，疑不可從。

劉鄂（應爲劉鶚）《法語》二十卷

【考訂】 宋《志》、汪之昌《補南唐藝文志》、陳鱣《續唐書·經籍志》、徐炯《五代史記補考·藝文考》及唐圭璋、杜文玉兩《南唐藝文志》所載並同。

徐鉉《徐公文集》卷三〇《故鄉貢進士劉君墓誌銘》云："君諱鶚，字仲翔，其先彭城人也……動不違禮，居常慎獨，故州里耆耋與時之名輩推重焉。郡舉茂才，擢生上第。明年而宗國淪覆……著《法語》八十一篇，大抵宗尚周、孔，以質百氏之惑，視其書，知其人矣。"

《宋史》卷四二二《劉才邵傳》云："劉才邵，字美中，吉州廬陵人。其上世鶚,太宗召見,未及用而卒。嘗憤五季文辭卑弱,倣揚雄《法言》,著《法語》八十一篇,行於世。"
《崇文總目》卷三"雜家類"著録《法語》二十卷,注"劉鄂撰"。"鄂"乃"鶚"之譌。《郡齋讀書志》卷一〇"儒家類"著録《法語》二十卷,志云:"右南唐劉鶚撰。鶚,甲戌歲擢南唐進士第,實開寶七年也。著書凡八十一篇,言治國立身之道。徐鉉爲之序。"《文獻通考》卷二〇九《經籍三六》亦載《法語》二十卷,考引晁《志》。《宋史》卷二〇五《藝文志四》"雜家類"載《劉子法語》二十卷,注"劉鶚撰"。焦竑《國史經籍志》卷四上"子類"亦著録《法語》二十卷,注"南唐劉鶚";卷四下重出《劉子法語》二十卷。

黄訥《家誡》一卷
【考訂】 宋《志》同。《崇文總目》卷三"小説類上"、《通志》卷六六《藝文略四》"諸子類"、《宋史》卷二〇五《藝文志四》"儒家類"均著録黄訥《家誡》一卷。

黄訥,蘇州人。天祐時爲鎮南節度使劉威幕客。楊吳時曾爲協調劉威與徐温之關係出謀劃策。事詳《十國春秋》卷一〇本傳。

郭昭慶《治書》五十篇(應爲十卷)、《經國治民論》二卷
【考訂】 宋《志》載《治書》五十卷、《經國治民論》二卷。汪之昌《補南唐藝文志》作《治書》五十篇、《經國治民論》二卷。陳鱣《續唐書·經籍志》載《治書》五十篇,曰"南唐著作郎郭昭慶撰"。唐圭璋《南唐藝文志》僅列《經國治民論》書名,注曰:"馬《書》謂昭慶獻《經國治民論》各十餘篇。"杜文玉《南唐藝文志》載郭昭慶《治書》十卷、《經國治民論》二卷。

馬令《南唐書》卷十四《郭昭慶傳》云:"郭昭慶,其先爲廬陵禾川人……昭慶博通經史,擬《元經》作《唐春秋》三十卷,著《治書》五十篇。……《治書》内有《禁絶》三篇,多天文、孫吳之術,及《經國

論》等，皆行於世。"

陸游《南唐書》卷一五《郭昭慶傳》云："郭昭慶，廬陵人。博學，能自力。嘗著《唐春秋》三十卷。保大中，獻所著《治書》，補揚子尉，辭不受。後主時，復獻《經國治民論》，擢著作郎。時方奉中朝，凡歲慶賀貢方物牋表及廷勞宴餞之辭，率命昭慶爲之。一日，方晨起造朝，暴卒。"

《新唐書》卷五九《藝文志三》"雜家類"、《通志》卷六六《藝文略四》"諸子類"、焦竑《國史經籍志》卷四上"子類"均著錄郭昭度《治書》十卷。"昭度"乃"昭慶"形譌。

王敏《太平書》十卷

【考訂】 宋《志》同。《四庫闕書目》卷二"雜家類"著錄"黃敏《治平書》十卷"，葉德輝以爲即王敏《太平書》。《宋史》卷二〇五《藝文志四》"儒家類"著錄王敏《太平書》十卷。

薛《史》卷一二八《王敏傳》云："王敏字待問，單州金鄉人。性純直，少力學攻文，登進士第。……世宗嗣位，權知府事，旋拜左諫議大夫、給事中，遷刑部侍郎。敏嘗以子堉陳南金薦於曹州節度使李繼勳，表爲記室，其後繼勳債軍於壽春，及歸闕而無待罪之禮，世宗以繼勳武臣，不之責也，因遷怒南金，謂其裨贊無狀，乃黜之。敏由是連坐，遂免其官。歲餘，復拜司農卿。顯德四年秋，以疾卒。"

《劉子通論》（應爲《通論》）五卷（應爲劉鶚撰）

【考訂】 顧、宋兩《志》載《劉子通論》五卷，不著作者。唐圭璋、杜文玉兩《南唐藝文志》"雜家類"均載錄劉鶚《通論》五卷。

《崇文總目》卷三"雜家類"著錄《通論》五卷，曰"劉鶚撰"。《宋史》卷二〇五《藝文志四》"雜家類"於劉鶚《劉子法語》二十卷後，又載《通論》五卷。

牛希濟《理源》二卷

【考訂】 宋《志》作"劉希濟",誤。《新唐書》卷五九《藝文志三》"儒家類"、《崇文總目》卷三"儒家類"均著録牛希齊《理源》二卷。《崇文總目》譌"濟"爲"齊"。《四庫闕書目》卷二"儒家類"著録《理化源》三卷,葉德輝以爲即牛希濟《理源》。

《通志》卷六六《藝文略四》"諸子類·儒術"著録牛希濟《理源》二卷。尤袤《遂初堂書目》僅列牛希濟《理源》,未注卷數。《宋史》卷二○五《藝文志四》"雜家類"、焦竑《國史經籍志》卷四上"子類"均著録牛希濟《理源》二卷。

牛希濟,前蜀後主時累官翰林學士、御史中丞。國亡入洛,拜雍州節度副使。傳見《十國春秋》卷四四。

《治書》十卷

【考訂】 宋《志》同。《宋史》卷二○五《藝文志四》"雜家類"於牛希濟《理源》二卷後云"又《治書》十卷"。覆核未得,頗疑此書即郭昭慶《治書》十卷,脱脱等未能詳察,以致譌誤。

右儒家類共一百八十八卷

道 家 類

雕板《道德經》二卷　和凝撰新序,天福中頒行

【考訂】 宋《志》同。薛《史》卷七九《晉高祖紀》五載,天福五年五月(疑爲六月),"癸亥,道士崇真大師張薦明賜號通玄先生。是時帝好《道德經》,嘗召薦明講説其義,帝悦,故有是命。尋命薦明以《道》、《德》二經雕上印板,命學士和凝別撰新序,冠於卷首,俾頒行天下"。

王欽若等撰《册府元龜》卷五四"尚黃老第二"亦載,晉高祖天福四年,"九月,辛卯,召道士崇真大師張薦明,錫以繒帛。薦明,燕人也。少爲儒，遊學河朔，漁獵《莊》、《老》，故性與道俱。其後雲衣星冠，奉自然之教。帝素尚玄元，御極之初，數數召見。……五年，十一月，賜張薦明號通玄先生，令以《道》、《德》二經雕上印板，命學士和凝別撰新序，冠於卷首，俾頒行天下。"

《三家老子音義》一卷　徐鉉注

【考訂】　宋《志》、汪之昌《補南唐藝文志》及唐圭璋、杜文玉兩《南唐藝文志》所載皆同。

《宋史》卷二〇二《藝文志一》"小學類"載徐玄《三家老子音義》一卷。按："玄"當係"鉉"之譌。王應麟《玉海》卷五三載："《書目》：'《三家老子音義》一卷。徐鉉補正，唐德明、傅奕二家音義，故名三家。'"清趙士煒《中興館閣書目輯考》卷三亦考列《三家老子音義》一卷，釋引《玉海》。

《道德經疏義節解》二卷（應爲四卷）　喬諷撰

【考訂】　宋《志》同。陳鱣《續唐書·經籍志》著錄《道德經疏節解》四卷，曰"蜀諫議大夫知制誥喬諷撰"。徐炯《五代史記補考·藝文考》作《道德經疏義節解》上、下各二卷。

《崇文總目》卷三"道家類"著錄《道德經疏義節解》上、下各兩卷，釋曰："僞蜀喬諷撰。諷仕蜀爲諫議大夫知制誥，奉詔以唐明皇《註疏》、杜光庭《義》，掇其要，附以己意，解釋之。"《宋史》卷二〇五《藝文志四》"道家類"載喬諷《道德經疏義節解》二卷。焦竑《國史經籍志》卷四上"子類"則著錄《道德經疏節解》四卷，注"蜀喬諷"。

喬諷，仕後蜀，官諫議大夫知制誥。嘗與李昊、趙元拱等撰成《前蜀書》四十卷。

《道德經義疏》（應爲《道德經疏義》）十卷　僧文儻注

【考訂】　宋《志》同。《宋史》卷二〇五《藝文志四》"道家類"載僧文儻《道德經疏義》十卷。文儻生平事蹟不詳。

《道德經廣聖義疏》三十卷　杜光庭注,《汪老君説》十卷、《緱嶺會真傳》(應爲《緱嶺會真王氏神仙傳》)一卷(應爲四卷)、《歷代帝王崇道記》一卷、《道德經授年載記》(應爲《道經降代傳授年載記》)一卷、《元門樞要》一卷、《道門樞要》一卷、《道教神驗記》二十卷、《王氏神仙傳》一卷、《聖祖歷代瑞見圖》三卷、《洞天福地記》一卷、《東瀛子》一卷、《墉城集仙錄》十卷、《混元圖》十卷、《三教論》一卷、《大質論》(應爲《大寶論》)一卷　同上

【考訂】宋《志》不載《混元圖》十卷、《三教論》一卷,餘同顧《志》。陳鱣《續唐書·經籍志》載《洞天福地記》一卷、《王氏神仙傳》四卷、《墉城集仙錄》十卷、《崇道記》一卷、《混元圖》十卷、《傳世授年載圖》一卷、《元門樞要》一卷、《道門樞要》一卷、《仙傳拾遺》四十卷、《道教靈驗記》二十卷、《歷代帝王崇道記》一卷、《東瀛子》一卷。徐炯《五代史記補考·藝文考》載《道教靈驗記》二十卷、《王氏神仙傳》四卷。

《崇文總目》卷三"道家類"著録《道德經廣聖義》三十卷,釋曰:"唐杜光庭撰。以明皇《註疏》演其義。"同書卷四"道書類九"著録杜光庭撰《歷代帝王崇道記》一卷、《墉城集仙錄》十卷、《道經降代傳授年載記》一卷、《混元圖》十卷。

《四庫闕書目》卷二"道書類"著録杜光庭撰《集仙傳》二卷、《老君寶錄》一卷、《緱嶺會真王氏神仙傳》五卷、《聖祖歷代應見圖》三卷、《道教靈驗記》二十卷、《玄門樞要》一卷。

《郡齋讀書志》卷九"傳記類"載《王氏神仙傳》四卷,志云:"右僞蜀杜光庭纂。光庭集王氏男真女仙五十五人,以詒王建。其後又有王虛中續纂三十人,附於後。"

《通志》卷六七《藝文略五》"諸子·道家一"著録杜光庭《道德經廣聖義》三十卷,"道家二"著録《墉城集仙錄》十卷,注云:"杜光

庭集古今女子成仙者百九人。"又《緱氏嶺會真王氏神仙傳》五卷、《道教靈驗記》二十卷、《歷代帝王崇道記》一卷、《道經降代傳授年載記》一卷、《混元圖》十卷、《元門樞要》一卷、《道門樞要》一卷。同卷"道家三"著録杜光庭《聖祖歷代應見圖》三卷。

尤袤《遂初堂書目》録杜光庭《大寶論》，不注卷數。

《宋史》卷二〇五《藝文志四》"道家附釋氏神仙類"載杜光庭《道德經廣聖義疏》三十卷、《墉城集仙録》十卷、《應現圖》三卷、《歷代帝王崇道記》一卷、《道教靈驗記》二十卷、《道經降傳世授年載圖》一卷。同書卷二〇八《藝文志七》"别集類"載杜光庭《三教論》一卷、《大寶論》一卷。

《直齋書録解題》卷一二"神仙類"載《道教靈驗記》二十卷、《王氏神仙傳》一卷，均題爲杜光庭撰。

《文獻通考》卷二一一《經籍三八》載録杜光庭撰《道德經廣聖義》三十卷，同書卷二二五《經籍五二》載録杜光庭《道教靈驗記》二十卷、《王氏神仙傳》四卷。

焦竑《國史經籍志》卷四上"子類"著録杜光庭《道德經廣聖義》三十卷，又《墉城集仙録》十卷，注曰："杜光庭集古今女子成仙者百九人。"《仙傳拾遺》四十卷、《緱嶺會真王氏神仙傳》五卷、《道教靈驗記》二十卷、《歷代帝王崇道記》一卷、《道德(經)傳授年載記》一卷、《混元圖》十卷、《元門樞要》一卷、《道門樞要》一卷、《聖祖歷代應見圖》三卷。

曹學佺《蜀中廣記》卷九五所載杜光庭著述有《三教論》一卷、《大寶論》一卷。《孫氏祠堂書目入編》卷二著録杜光庭撰《洞天福地記》一卷。

《十國春秋》卷四七《杜光庭傳》所載著述，有《洞天福地記》一卷、《東瀛子》一卷、《墉城集仙録》十卷、《混元圖》十卷、《道門樞要》一卷、《道德經廣聖義》三十卷、《傳受年載記》一卷、《歷代帝王崇道記》一卷、《元門樞要》一卷、《道門樞要》一卷、

《緱嶺會真王氏神仙傳》五卷、《道教靈驗記》二十卷、《歷代帝王崇道記》一卷等。它如《聖祖歷代瑞見圖》、《三教論》、《大質論》等均未著錄。《孫氏祠堂書目內編》卷二著錄杜光庭撰《洞天福地記》一卷。

　　《四庫全書總目》卷一四七著錄《道教靈驗記》十五卷，提要云："蜀杜光庭撰。光庭有《了證歌》，已著錄。其書歷述奉道之顯應，以自神其教。凡《宮觀靈驗》三卷，《尊像靈驗》二卷，《天師靈驗》一卷，《真人王母等神靈驗》一卷，《經法附錄靈驗》三卷，《鐘磬法物靈驗》一卷，《齋醮拜章靈驗》二卷。以光庭自序及宋徽宗序考之，尚缺五卷。張君房《雲笈七籤》亦載此書，僅六卷，一百十八條。又節刪之本，更非其舊矣。……舊本題曰'唐人'，考朱子《通鑑綱目書》，王建以道士杜光庭爲諫議大夫，而光庭《廣成集》中又有《謝戶部侍郎表》，則非惟入蜀，且仕蜀矣。故今改題焉。"

　　又《墉城集仙錄》六卷，提要云："蜀杜光庭撰。記古今女仙凡三十七人。云墉城者，以女仙統於王母，而王母居金墉城也。張君房《雲笈七籤》所載，與此本互異。然此本前數卷皆襲《漢武內傳》、陶宏景《真誥》之文，真偽蓋不可知。疑君房所錄爲原本，而此本爲後人雜摭他書砌合成編，然均一荒唐悠謬之談，其真偽亦無足深辯耳。"

　　又《洞天福地嶽瀆名山記》一卷，提要云："蜀杜光庭撰。首仙山，次五嶽，次十大洞天。附以青城山，次五鎮海瀆，次三十六精廬，次三十六洞天，次七十二福地，次靈化二十四，皆神仙幻眇之言。故雖紀山川，不隸之地理類焉。"

　　《汪老君說》十卷，覆核未得。顧、宋二公或嘗見稀見刻本，不可輕疑，姑依其舊。

　　善本：《道德真經廣聖義》五十卷：明抄本（清丁丙跋）。

　　《洞天福地嶽瀆名山記》一卷：清陳氏晚晴軒抄本，王重民《中國善本書提要·子部·宗教類》作該書提要。

　　《墉城集仙錄》六卷：明抄本。

《補注莊子》十卷　張昭撰

【考訂】　宋《志》同。《崇文總目》卷三"道家類"、《四庫闕書目》卷二"道書類"、《通志》卷六七《藝文略五》"道家一"、《宋史》卷二〇五《藝文志四》"道家類"均載錄張昭《補注莊子》十卷。焦竑《國史經籍志》卷四上"子類"作張昭《注莊子補》十卷。

《玉管照神局》二卷、《天華經》三卷　宋齊邱僞託

【考訂】　宋《志》同。陳鱣《續唐書·經籍志》載宋齊邱《新增玉管照神經》十卷。汪之昌《補南唐藝文志》著錄宋齊邱《新增玉管照神經》十卷，注云："顧《志》，《玉管照神局》不著作者，疑即此。"又宋齊邱撰《天華經》三卷。杜文玉、唐圭璋兩《南唐藝文志》均載列宋齊邱《玉管照神局》二卷，唐注曰："《趙定宇書目》有《玉管照神局》四本，《絳雲樓書目》有《玉管照神》一卷。……《十萬卷樓叢書》有《玉管照神局》二卷。"

《四庫闕書目》卷二"相法類"、《通志》卷六八《藝文略六》"五行二"、《宋史》卷二〇六《藝文志五》"五行類"及焦竑《國史經籍志》卷四下"曆數類"等均載錄宋齊邱《玉管照神局》二卷。《直齋書錄解題》卷一二"形法類"著錄《玉管神照》一卷，曰"無名氏"。《文獻通考》卷二二〇《經籍四七》沿襲《直齋書錄解題》，錄《玉管神照》一卷，不著撰人。

錢曾《讀書敏求記》卷三載錄宋齊邱《玉管照神》十卷，識曰："上局所論，皆人之體貌，有形可見，故謂之陽局；下局所論，皆出形之外，無像可觀，故謂之陰局。齊邱之大旨盡於此矣。"《十國春秋》卷二十《宋齊邱傳》云："有文集六卷，《增補玉管照神經》十卷。"

《四庫全書總目》卷一〇九載《玉管照神局》三卷，提要云："舊本題南唐宋齊邱撰。……齊邱生五季傲擾之世，以權譎自喜，尤好術數。凡挾象緯青烏姑布壬遁之術居門下者，常數十輩，皆厚以資之。是書專論相術，疑即出其門下客所撰集，而假齊邱名以行世者也。……術家之書，爲後人緣飾增損，彼此牴牾，往往如此，不足深詰。特以其議論頗爲精晰，而所取各書尤多世所未覯，猶屬相傳舊文，故稍加訂正，釐爲三卷，録備一家焉。"

按：《天華經》當係《天花經》之譌，且非宋齊丘作。《通志》卷六八《藝文略六》"相法類"著録《天花經》一卷，不著作者。《宋史》卷二〇六《藝文志五》"五行類"於《玉管照神局》後著録《天花經》一卷，注稱："序云：'黄巢得於長安。'"顧、宋兩《志》連帶轉抄，且譌"花"爲"華"。今改正。

《太元金闕三洞八景陰陽仙班朝會圖》五卷　孫光憲撰

【考訂】　宋《志》同。《通志》卷六七《藝文略五》"道家三"、焦竑《國史經籍志》卷四上"子類"均著録孫光憲撰《太元金闕三洞八景陰陽仙班朝會圖》五卷。《十國春秋》卷一〇二《孫光憲傳》不載此書。

《賓仙傳》三卷　何光遠撰

【考訂】　宋《志》同。《通志》卷六七《藝文略五》"道家二"、焦竑《國史經籍志》卷四上"子類"均著録何光遠《賓仙傳》三卷。

《問政先生聶君傳》（應爲《逍遥大師問政先生聶君傳》）一卷　徐鍇撰

【考訂】　宋《志》同。汪之昌《補南唐藝文志》僅列書名，不注卷數。唐圭璋、杜文玉兩《南唐藝文志》均載録徐鍇撰《逍遥大師問政先生聶君傳》一卷。

《四庫闕書目》卷二"道書類"、《通志》卷六七《藝文略五》"道家二"均著録徐鍇撰《逍遥大師問政先生聶君傳》一卷。焦竑《國史經籍志》卷四上"子類"亦著録徐鍇《問政先生聶君傳》一卷。

徐鉉《徐公文集》卷一二《唐故道門威儀玄博太師貞素先生王君之碑》云：貞素先生王棲霞，"天祐丁卯歲，避亂南渡，至於壽春。感四海之分崩，想八公之遺蹟，於是鮮巾名路，委質玄門。問政先生聶君師，道見而奇之，授以法籙"。宋葉廷珪《海錄碎事》卷九下載："聶師道，楊行密奏號問政先生。"

《神和子傳》一卷、《指元論》一卷、《赤松子八誡錄》一卷、《九室指元》一卷　並陳希夷撰

【考訂】　宋《志》同。《崇文總目》卷四"道書類一"著錄陳摶《赤松子誡》一卷。《四庫闕書目》卷二"道書類"著錄陳摶撰《赤松子八戒錄》一卷。《通志》卷六七《藝文略五》"道家二"著錄陳摶《赤松子八誡錄》一卷；"道家三"著錄陳摶撰《指元篇》一卷；"道家四"又著錄《九室指元篇》一卷，注云："陳圖南撰。"王應麟《玉海》卷六三"宋朝七元圖"條云："陳摶著《指玄論》八十一章，言導養及還丹之事。王溥著八十一章，以箋其指。"焦竑《國史經籍志》卷四上"子類"亦著錄陳摶《赤松子八誡錄》一卷、《指元篇》一卷，又《九室指元篇》一卷。

《神和子傳》一卷，覆核未得。胡應麟《少室山房筆叢》卷二七"玉壺遐覽二"載："神和子，姓屈突，名無爲，字無不爲。"唐末王轂有《逢道者神和子》詩云："珍重神和子，聞名五十年。童顏終不改，綠髮尚依然。酒裏消閒日，人間作散仙。長生如可慕，相逐隱林泉。"轂字虛中，宜春人，乾寧五年進士第，官終尚書郎。然吳處厚《青箱雜記》卷一〇載："（張詠）布衣時常至鄭州，宿於逆旅，遇一人氣貌甚古，與之語皆塵外事，不言姓氏，自稱神和子。質明爲別，語公曰：'他日相公候於益州。'後公典益部，瘍生於首，禱於龍興觀，夜夢昔年神和子告之曰：'頭瘡勿疑，不是死病。'及覺，語道士文正之嘗收得鄭韶處士《贈神和子歌》，因索而閱之，益異其事。公乃建大閣上下十四間，號仙遊閣，歌至今刻石存焉。"按：王轂詩中已有"聞名五十年"之語，自乾寧至張詠開始就學之乾德初年，又七十年。假使傳聞不爲虛妄，則張詠偶遇之神和子已有一百二十歲。

顧、宋兩《志》所載或有依據，不敢輕疑，故存之待考。

陳摶，字圖南，亳州真源人。後唐長興中舉進士不第，遂不求禄仕。嘗隱居武當九室巖。周世宗顯德三年命華州送至闕下，旋放還山。宋太平興國中賜號希夷先生，端拱二年（989）七月卒。傳見《宋史》卷四五七、《五代史補》卷五及《唐才子傳》卷一等。

《怡神論》一卷　申天師撰

【考訂】　宋《志》同。

李昉等撰《太平廣記》卷二七八《野人閒話》云："孟蜀翰林學士辛夤遜，頃年在青城山居。其居則古道院，在一峰之頂。内塑像皇姑，則唐玄宗之子也。一夕，夢見皇姑召之，謂曰：'汝可食杏仁，令汝聰利，老而彌壯，心力不倦，亦資於年壽矣。汝有道性，不久住此，須出佐理當代。'夤遜夢中拜請法制，則與申天師《怡神論》中者同。夤遜遂日日食之，令老而輕健，年逾從心，猶多著述。又夢掌中草不絶，後來内制草數年。復掌選，心力不倦，因知申天師《怡神論》中仙方，盡可驗矣。"

《十國春秋》卷五七《申天師傳》云："申天師者，唐玄宗之裔也。修道青城山，有奇驗。廣政末，後主頗耽情苑囿，奇花異卉，盛極一時。天師輒進紅梔子種兩粒，其花班紅，六出，香氣襲人。後主甚愛重之，令圖寫於團扇，繡於衣服，或以絹索鵞毛做作首飾，號曰紅梔子花。詔賜天師束帛，天師隨手散盡，竟不知其所之。天師著有《怡神論》若干卷。"

興武按：曹學佺《蜀中廣記》卷七三引《野人閒話》，曰："申天師元有《怡神論》兩卷，下卷中有神仙秘方三十首，則甘草丸爲首，又食杏仁法次之。"據此，《怡神論》原爲兩卷。

《參同契分章通真義》（應爲《周易參同契通真義》）三卷、《明鏡圖》（應爲《參同契明鑑圖訣》）一卷　彭曉撰

【考訂】　宋《志》同。陳鱣《續唐書・經籍志》、徐炯《五代史記

補考・藝文考》均載《參同契分章通真義》三卷、《明鏡圖訣》一卷，陳氏曰："後蜀守尚書祠部員外郎彭曉撰。"

《直齋書錄解題》卷一二"神仙類"載《參同契分章通真義》三卷、《明鏡圖訣》一卷，題云："真一子彭曉秀川撰。蜀永康人也。序稱廣政丁未以《參同契》分十九章而爲之注，且爲圖八環，謂之《明鏡圖》。曩在麻姑山傳錄。其末有秀川傳。汪綱會稽所刻本，其前題祠部員外郎彭曉，蓋據秘閣本云爾。麻姑本附傳亦言仕蜀爲此官。"《文獻通考》卷二二四《經籍五一》所載與《直齋書錄解題》相同。

《四庫闕書目》卷二"道書類"著錄彭曉《參同契明鑑訣》一卷。《通志》卷六七《藝文略五》"道家一"著錄彭曉《參同契明鑑訣》一卷，後有《周易參同契分章通真義》三卷，不著撰人。《宋史》卷二〇五《藝文志四》"道家附釋氏神仙類"著錄彭曉《周易參同契分章通真儀》三卷、《參同契明鑑訣》一卷。"儀"當係"義"之譌。

《十國春秋》卷五七《彭曉傳》云："彭曉字秀川，永康人也。廣政初，授朝散郎，守尚書祠部員外郎，賜紫金魚袋。善修煉養生之道，別號真一子。嘗分魏伯陽《參同契》爲九十章而注之，以應火候九轉，餘《鼎氣歌》一篇，以應真鉛得一，且爲圖八環，謂之《明鏡圖》。今有《參同契分章通真義》三卷、《明鏡圖訣》一卷行世。"《孫氏祠堂書目內編》卷二亦著錄《周易參同契》三卷，注"後蜀彭曉注"。

《四庫全書總目》卷一四六載《周易參同契通真義》三卷，提要云："後蜀彭曉撰。……楊慎序古本《參同契》，則以曉爲道士。考王建之時，杜光庭嘗以道士授官。曉爲道士，亦事理所有，但未知其據何書也。葛洪《神仙傳》稱魏伯陽作《參同契・五行相類》凡三卷，其說是《周易》，其實假借爻象以論作丹之意。世之儒者不知神丹之事，多作陰陽注之，殊失其旨云云。今案其書多借納甲之法，言坎離、水火、龍虎、鉛汞之要，以陰陽、五行、昏旦、時刻爲進退持行之候。後來言鑪火者皆以是書爲鼻祖。《隋書・經籍志》不著錄，《舊唐書・經籍志》始有《周易參同契》二卷、《周易五相類》一卷，而入之五行家，殊非其本旨。曉序謂伯陽先示青州徐從事，徐乃隱名而註之。至桓帝時，復以授同郡淳于叔通，遂行於世。而傳其訣者頗尠。其或然歟？至鄭樵《通志·藝文略》始別立'參同契'一門，載注本一十九部，三十一卷。今亦多佚亡，獨曉此本尚傳。其分九十章，以應陽九之數。又以《鼎器歌》一篇字句零碎，難以分章，獨存於後，以應水一之數。又撰《明鏡圖訣》一篇，附下卷之末。曉自作前、後序，闡發其義甚詳。諸家註《參同契》者，以此本爲最古。至明嘉靖中，楊慎稱南方有發地中石函者，得古文《參同契》，以爲伯陽真本。反謂曉此本淆亂經註，好異者往往信之。然朱子作《參同契考異》，其章次並從此本。《永樂大典》所載《參同契》本，亦全用曉書，而以俞琰諸家之註分隸其下。則此本爲唐末之書，授受遠有端緒。慎所傳本，殆豐坊《古大學》之流，殊荒誕不足爲信。故今錄《參同契》之註，仍以此本爲冠焉。"

善本：《周易參同契通真義》三卷：明正統十年內府刻《道藏》本、明萬曆十九年刻閻鶴洲編《道書全集》本、明嘉靖十七年周藩朱睦㮮刻《金丹正理大全》本、明刻本。

《心賦注》（應爲《注心賦》）**一卷**（應爲四卷）**、《抱一子注》**（應爲《抱一子》）**一卷　僧延壽撰**

【考訂】　宋《志》同。陳鱣《續唐書·經籍志》載《抱一子》一卷、《心賦》一卷。

《十國春秋》卷八九《僧延壽傳》云："又注《心賦》一卷，又《感通賦》一卷。著《抱一子》若干卷。"

宋人吳自牧撰《夢粱錄》卷一七"歷代方外僧"條云："延壽號抱一子，幼在俗誦經，感諸少年跪聽。後捨業爲僧，聚徒講道。傳播高麗，遣使盡弟子禮，奉金線織紫袈裟、水晶數珠、金藻罐爲獻。"據此，則《抱一子》乃延壽自撰，絕無另行加註之可能。

僧延壽，字沖立，本姓王，餘杭人。吳越文穆王時獻《齊天賦》。

宋建隆元年，吳越忠懿王重創靈隱寺，命延壽主其事。開寶八年卒。傳見《十國春秋》卷八九。

善本：《注心賦》四卷：宋紹興三十年釋行拱等刻，注云"宋釋延壽撰"。元刻本（周叔弢跋）。

《自然經》五卷　尹玉羽撰

【考訂】　宋《志》、陳鱣《續唐書·經籍志》、徐炯《五代史記補考·藝文考》均載尹玉羽《自然經》五卷。

薛《史》卷九三《尹玉羽傳》云："尹玉羽，京兆長安人。唐天復中，隨計京師，甚有文稱。會有苴杖之喪，累歲羸疾，冬不釋營屨，期不變倚廬。制闋，隱居杜門，無仕宦之意。梁貞明中，劉鄩辟爲保大軍節度判官，歷雍、汴、滑、兗從事。後唐清泰中，爲光祿少卿，退歸秦中，以林泉詩酒自樂，自號自然先生。宰臣張延朗手書而召，高臥不從，謂人曰：'庶孽代宗，不可仕也。'及高祖入雒，即受詔而來，以所著《自然經》五卷貢之，且告其老。即日璽書褒美，頒其器幣，授少府監致仕，月給俸錢及冬春二時服。……天福中，卒，有《武庫集》五十卷行於世。"

徐應秋《玉芝堂談薈》卷一七"仙書"條內列《自然經》。

《洞微志》一百三十卷（應爲《洞微志》十卷）　錢易撰

【考訂】　宋《志》同。

《東都事略》卷四八《錢易傳》稱："易字希白。年十七舉進士，御試三題，日中而就，言者以其輕俊而黜之。太宗語蘇易簡曰：'朕恨不與李白同時。'易簡曰：'有錢易者，李白才也。'太宗喜曰：'若然，當用唐故事，召至禁林。'會盜起劍南，不果用。復舉進士甲科……《洞微志》十卷。"《宋史》卷三一七、《十國春秋》卷八三《錢易傳》均曰，有"《洞微志》一百三十卷"，此乃顧、宋兩《志》之所據。

《郡齋讀書志》卷一三"小説類"載《洞微志》十卷，志云："右皇朝錢希白述,記唐以來詭譎事。"《文獻通考》卷二一六載《洞微志》十卷,考引晁《志》。《宋史》卷二〇六《藝文志五》"小説類"載錢易《洞微志》三卷。《直齋書録解題》卷一一"小説家類"載《洞微志》三卷,題云:"學士錢易希白撰。"焦竑《國史經籍志》卷四下"小説家類"則著録錢希白《洞微志》十卷。

錢易,吴越忠遜王錢弘俶之子。隨錢俶歸宋,舉進士第。傳見《宋史》卷三一七、《十國春秋》卷八三。

《太元經注》三卷（應無卷數）　張易撰

【考訂】　宋《志》及汪之昌《補南唐藝文志》所載皆同顧《志》。

朱彝尊《經義考》卷二六九載:"張氏易《太玄注》,佚。《南唐書》:張易字簡能,元城人。右諫議大夫,判大理寺。改勤政殿學士,判御史臺。注《太玄》,未成,卒。"

《十國春秋》卷二五《張易傳》云:"張易,字簡能,魏州元城人。……以昇元二年南歸,授校書郎、大理評事。……注《太玄經》,未成,卒,年六十一。"易事南唐三主。

《極衍》二十四卷（應爲二十四篇）　周傑撰

【考訂】　宋《志》同。陳鱣《續唐書·經籍志》載《極衍》一卷,曰"後蜀司天監周傑撰"。

歐《史》卷六五《南漢世家》云,劉隱割據嶺南,"是時,天下已亂,中朝人士以嶺外最遠,可以辟地,多遊焉。唐世名臣謫死南方者往往有子孫,或當時仕宦遭亂不得還者,皆客嶺表。王定保、倪曙、劉濬、李衡、周傑、楊洞潛、趙光裔之徒,隱皆招禮之"。

《十國春秋》卷六二《周傑傳》云:"周傑精於曆算。唐開成中登進士,起家弘文館校書郎,擢水部員外郎,遷司農少卿。嘗以《大衍曆》數有差,因敷衍其法,著《極衍》二十四篇,以究天地之數。時天下方亂,傑以天文占云'惟嶺南可以避地'。乃遣弟鼎求爲封州録事參軍。天復中，傑攜家來南。烈宗習其名，招至幕府，待之上賓，數問天道災變，傑自以年老，常策名中朝，恥以星術事人，時或稱疾不起，烈宗亦未之罪也。高祖即帝位，強起之，令知司天監事⋯⋯大有中，遷太常少卿。卒年九十餘。"

《湘湖神仙顯異傳》三卷　曹衍撰

【考訂】　宋《志》同。《崇文總目》卷三"小說類下"著錄曹衍撰《湖湘神仙顯異》二卷。《通志》卷六五《藝文略三》"傳記類・冥異"著錄曹衍《湖湘神仙類異》三卷。尤袤《遂初堂書目》"道家類"載錄《湘湖顯異》一書，無卷數，亦不著撰人。《宋史》卷二〇六《藝文志五》"小說類"載曹衍《湖湘神仙顯異》三卷。

曹衍，周行逢時爲湖南布衣。

《譚子化書》六卷　譚峭撰

【考訂】　宋《志》、汪之昌《補南唐藝文志》、陳鱣《續唐書・經籍志》及唐圭璋、杜文玉兩《南唐藝文志》所載皆同顧《志》。徐炯《五代史記補考・藝文考》載《宋齊丘化書》六卷。

唐《志》於《化書》作者及版本沿革等考述甚詳，曰："原見《崇文目》。晁《志》、《通志》、陳《錄》、《宋志》並作宋齊丘撰。《江南野史》謂宋齊丘作《化書》五十餘篇。張耒《柯山集》亦有宋齊丘《化書》題跋。尤《目》有宋齊丘《化書》，無卷數。《山堂考索》引《中興館閣書目》作三卷，宋碧虛子陳景元跋《化書》云：'舊傳陳摶言，譚峭景升在終南著《化書》。'天一閣有明刊《化書》六卷，撰人作譚景升（紫霄真人譚景升）。北京圖書館有《譚子化書》六卷，宋刻本、元刻本及明弘治刻本。南京圖書館亦有弘治刻本《譚峭化書》六卷。宋濂《諸子辨》以爲《化書》乃齊丘竊譚峭之作，非齊丘自作。王世貞《弇州山人續稿》跋云：'是書也，吾以爲齊丘必竄入其自著十之一二，而後掩爲己有。'述古堂藏書有抄本《譚子化書》六卷。《道藏》、《續道藏》、《説郛》、《寶顏堂秘笈》、《唐宋叢書》、《格致叢書》、《四庫全書》、《墨海金壺》、《榕園叢書》、《正覺樓叢刊》並有《譚峭化書》六卷。《鹽邑志林》、《珠叢別録》並有《譚子化書》一卷。《子匯》有《齊丘子》一卷。《全唐文》有宋齊丘《齊丘子自序》，謂《化書》六卷，百有十篇，上二卷説道與術，中二卷説德與仁，下二卷説食與儉。"

《江南野史》卷四《宋齊邱傳》云："齊邱之學，天才縱逸，穎出群彙，混然而得，非耗蠹前修而爲之辭。至如《鳳臺山亭詩》、《延賓亭記》、《九華三表》，有古儒之風格。《化書》五十餘篇，頗幾於道衆。"

《郡齋讀書志》卷一二"雜家類"載《宋齊丘化書》六卷，志云："右僞唐宋齊丘子嵩撰。張末文潛嘗題其後，云：'齊丘之智，特犬鼠之雄耳，蓋不足道。其爲《化書》，雖皆淺機小數，亦微有以見於黄老之所謂道德，其能成功，有以也。文章頗亦高簡，有可喜者。其言曰：君子有奇智，天下不親。雖聖人出，斯言不廢。'"《直齋書録解題》卷一〇"雜家類"載《化書》六卷，題云："南唐宰相廬陵宋齊邱子嵩撰。"

《崇文總目》卷三"小説類上"著録譚峭《化書》六卷。《通志》卷六七"藝文略五""道家一"著録宋齊邱《化書》六卷。《文獻通考》卷二一四《經籍四一》、焦竑《國史經籍志》卷四上"子類"均載録宋齊邱《化書》六卷。《孫氏祠堂書目外編》卷二亦著録《化書》六卷，曰"南唐譚峭撰"。

《四庫全書總目》卷一一七載《化書》六卷，提要云："舊本題曰《齊邱子》，稱南唐宋齊邱撰。宋張末跋其書，遂謂齊邱犬鼠之雄，蓋不足道。晁公武亦以齊邱所撰著於録。然宋碧虚子陳景元跋，稱舊傳陳搏言，譚峭景升在終南著《化書》，因遊三茅，歷建康，見齊邱有道骨，因以授之，曰：'是書之化，其化無窮。願子序之，流於後世。'於是杖䇲而去。齊邱遂奪爲己有而序之。則此書爲峭所撰，稱《齊邱子》者非也。書凡六篇，曰道化、術化、德化、仁化、食化、儉化。其説多本黄老道德之旨，文筆亦簡勁奥質。元陸友仁《硯北雜志》稱譚景升書世未嘗見，他書言其論書道，鍾、王而下一人而已。今考'書道'一條，見在'仁化'篇中，而友仁顧未之見，則元世流傳，蓋已罕矣。明初代王府嘗爲刊行，後復有劉氏、申氏諸本。今仍改題《化書》，而以陳景元跋附焉。峭爲唐國子司業洙之子，師嵩山道士，得辟穀養氣之術。見沈汾《續仙傳》中。其説神怪，不足深辨。又道家稱峭爲紫霄真人，而《五代史·閩世家》稱王昶好巫，拜道士譚紫霄爲正一先生。其事與峭同時，不知即爲一人否？方外之士，行蹤靡定，亦無從而究詰矣。"

善本：《譚子化書》六卷，題五代譚峭撰：明刻本（楊慎評）、明吴勉學編刻《二十子全書》本、明天啟武林坊刻《合諸名家批點諸子全書》本、明天啟三年樊維城編刻《鹽邑志林四十種》本、明末刻本。

《化書》六卷，題五代譚峭撰：宋刻本（清康綸鈞題款）、元秦升家塾刻本、明初刻本、明弘治十七年劉達刻本、清抄本。

《化書》一卷，題五代譚峭撰：清嘉慶十三年至十六年張海鵬編刻《墨海金壺·子部》本。

《演玄》十卷　許洞撰

宋《志》同。宋人著述，不宜入五代藝文志，詳本書第二章之考訂。

右道家類共三百二十四卷

釋　氏　類

《異僧記》一卷（應補吳淑撰）

【考訂】　宋《志》同。汪之昌《補南唐藝文志》"老釋雜家技術類"載吳淑《異僧記》一卷，曰"據《宋志》補"。

《崇文總目》卷三"小説類下"、《通志》卷六五《藝文略三》"傳記類"、焦竑《國史經籍志》卷三"傳記類"均著錄《異僧記》一卷,不著撰人。《宋史》卷二〇六《藝文志五》"小説類"載吳淑《異僧記》一卷,未知所據。

《鷲嶺聖賢録》一百卷　僧贊寧撰

【考訂】　宋《志》、陳鱣《續唐書·經籍志》所載同。

王禹偁《小畜集》卷二〇《左街僧録通惠大師文集序》云:"太平興國三年,忠懿王攜版圖歸國,大師奉真身舍利塔入朝。太宗素聞其名,召對滋福殿,延問彌日,別賜紫方袍,尋改師號曰通惠。……八年,詔修《大宋高僧傳》,聽歸杭州舊寺,成三十卷,進御之日,璽書褒美。居無何,徵歸京師,住天壽寺。參知政事蘇易簡奉詔撰《三教聖賢事蹟》,奏大師與太一宫道士韓德純分領其事。大師著《鷲嶺聖賢録》,又集《聖賢事蹟》凡一百卷。制署左街講經首座。"

《要言》二卷

【考訂】　宋《志》同。《四庫闕書目》卷二"小説類"著録僧贊寧《要言》三卷。《宋史》卷二〇五《藝文志四》"雜家類"著録僧贊寧《物類相感志》十卷,又《要言》二卷。明人董斯張《吳興備志》卷二二另載贊寧《要言》一卷。

《通論》十卷

【考訂】　宋《志》同。

吳處厚《青箱雜記》卷六云:"近世釋子多務吟詠,唯國初贊寧獨以著書立言尊崇儒術爲佛事,故所著《駁董仲舒繁露》二篇、《難王充論衡》三篇、《證蔡邕獨斷》四篇、《斥顔師古正俗》七篇、《非史通》六篇、《答雜斥諸史》五篇、《折海潮論兼明録》二篇、《抑春秋無賢臣論》一篇,極爲王禹偁所激賞,故王公《與贊寧書》曰:'累日前蒙惠顧謢才,辱借《通論》,日殆三復,未詳指歸。徒觀其滌《繁露》

之瑕,劗《論衡》之玷,眼瞭《獨斷》之瞽,鍼砭《正俗》之疹,摺子玄之邪說,泯米穎之巧言,逐光庭若摧枯,排孫郃似圖蔓,使聖人之道無傷於明夷,儒家者流不至於迷復。然則師胡爲而來哉？得非天祚素王,而假手於我師者歟！"《十國春秋》卷八九《僧贊寧傳》亦云："僧贊寧,本姓高氏,其先渤海人,隋末徙居德清縣。……贊寧又著《通論》,有駁董仲舒、難王充、斥顔師古、證蔡邕、非《史通》之説。"依吴處厚所記,《通論》一書應爲三十篇。顧、宋兩《志》作十卷,雖未知所據,亦不可輕疑,姑仍其舊。

《華嚴經》八十二卷　閩支提山

【考訂】　宋《志》同。釋贊寧《宋高僧傳》卷三〇《唐高麗國元表傳》云："釋元表,本三韓人也。天寶中來遊華土,仍往西域,瞻禮聖蹟,遇心王菩薩指示支提山靈府,遂負《華嚴經》八十卷,尋訪霍童,禮天冠菩薩,至支提石室而宅焉。"據此,閩支提山僧寺所藏《華嚴經》,應爲八十卷。然吴任臣《十國春秋》卷八九《僧清聳傳》云："僧清聳,福州人也。……開寶四年,忠懿王閲《華嚴經》,因詢天冠菩薩住處,大會高僧,無有知者,清聳習聞其處,遂遣使至閩支提山得《華嚴經》八十二本,仿佛見天冠千驅,金燈四耀,隨奏王捐金建寺,鑄天冠銅容,循海而來。會颶風作,舟人以半沉水,及抵寺,其半投水者已至,國人莫不異之。"吴氏所記,未知所本,疑不可從。顧、宋兩《志》沿襲其説,且誤"本"爲"卷",宜作更正。

《看經贊》一卷、《法喜集》二卷、《佛國記》十卷　馬裔孫撰

【考訂】　宋《志》同。陳鱣《續唐書·經籍志》載馬裔孫《佛國記》,不著卷數。又《法喜集》,曰："無卷數。周禮部尚書馬裔孫撰。"

馬裔孫,或作胤孫、允孫。薛《史》卷一二七《馬裔孫傳》云："裔孫好古,慕韓愈之爲人,尤不重佛。及廢居里巷,追感唐末帝平昔之遇,乃依長壽僧舍讀佛書,冀申冥報。歲餘枕籍黄卷中,見《華

嚴》、《楞嚴》,詞理富贍,繇是酷賞之,仍抄撮之,相形於歌詠,謂之《法喜集》。又纂諸經要言爲《佛國記》,凡數千言。或嘲之曰:'公生平以傅奕、韓愈爲高識,何前倨而後恭,是佛佞公耶?公佞佛耶?'裔孫笑而答曰:'佛佞予則多矣。'"

歐《史》卷五五《馬胤孫傳》亦稱:"胤孫既學韓愈爲文,故多斥浮屠氏之説,及罷歸,乃反學佛,撰《法喜集》、《佛國記》行於世。"

《崇文總目》卷四"釋書類上"著録馬允孫《法喜集》二卷、馬裔孫《看經讚》一卷。《通志》卷六七《藝文略五》"釋家類·詮述"著録《法喜集》二卷,注云:"晉太子賓客致仕馬允孫撰。"同卷"釋家類·頌讚"另載馬允孫《省經讚》一卷。《宋史》卷二〇五《藝文志四》"釋氏類"載馬裔孫《看經讚》一卷、《法喜集》二卷。焦竑《國史經籍志》卷四上"子類"著録晉馬胤孫《省經讚》一卷、《看經讚》一卷。

按:顧、宋兩《志》俱載馬胤孫《佛國記》十卷,未知所據。薛《史》既謂胤孫"纂諸經要言爲《佛國記》,凡數千言",該書卷帙當不足十卷。存疑待考。

馬胤孫,字慶先,棣州商河人。初仕後唐。晉祖受命,廢歸田里。廣順三年卒,詔贈太子少傅。傳見薛《史》卷一二七、歐《史》卷五五。

《舍利塔記》一卷　高越撰

【考訂】　宋《志》、陳鱣《續唐書·經籍志》、汪之昌《補南唐藝文志》及唐圭璋、杜文玉兩《南唐藝文志》所載皆同。

《崇文總目》卷四"釋書類下"、《通志》卷六七《藝文略五》"釋家類"、《宋史》卷二〇五《藝文志四》"釋氏類"並載高越《舍利塔記》一卷。《十國春秋》卷二八《高越傳》注云:"越雅好釋氏,著有《舍利塔記》一卷。"

高越,字沖遠,少舉進士,有名燕趙間。後唐時隨盧文進南奔,楊吳用爲校書郎。南唐開國,遷水部員外郎。與江文蔚俱以能賦擅名江表，時人謂之"江高"。保大中歷官御史知雜、元帥府掌書記、起居郎、中書舍人。後主時遷御史中丞、勤政殿學士、左諫議大夫，兼户部侍郎修國史。卒年六十二歲。傳見馬令《南唐書》卷一三、陸游《南唐書》卷一〇及《十國春秋》。

《宗鏡錄》一百卷
【考訂】　宋《志》、陳鱣《續唐書・經籍志》所載皆同顧《志》。

《郡齋讀書志》卷一六載錄《宗鏡錄》一百卷，志云："右皇朝僧延壽撰。延壽，姓王氏，餘杭人，法眼嫡孫也。建隆初，錢忠懿命居靈隱，以釋教東流，中夏學者不見大全，而天台、賢首、慈恩性相三宗又互相矛盾，乃立重閣，館三宗知法僧，更相詰難，至詖險處，以心宗旨要折衷之。因集方等秘經六十部，華、梵聖賢之語三百家，以佐三宗之義，成此書。學佛者傳誦焉。天台者，僧知顗也，解《法華經》；賢首者，僧法藏也，述《華嚴經》；慈恩者，僧玄奘也，譯《般若經》。"《文獻通考》卷二二七《經籍五四》載僧延壽撰《宗鏡錄》一百卷，考引晁氏。《宋史》卷二〇五《藝文志四》"釋氏類"載僧延壽《宗鏡錄》一百卷。

《十國春秋》卷八九《僧延壽傳》云："僧延壽字沖立，本姓王，餘杭人也。……著《宗鏡錄》一百卷。期每日行一百八善。"

《感通錄》（應爲《感通賦》）一卷　僧延壽撰
【考訂】　宋《志》同。陳鱣《續唐書・經籍志》載僧延壽《感通賦》一卷。

《崇文總目》卷四"釋書類上"、《通志》卷六七《藝文略五》"釋家類"、《宋史》卷二〇五《藝文志四》"釋氏類"、焦竑《國史經籍志》卷四上"子類"均著錄僧延壽《感通賦》一卷。《十國春秋》卷八九《僧延壽傳》載僧延壽"又注《心賦》一卷，又《通感賦》一卷。著《抱一子》若干卷。"

善本：《感通賦》一卷（《附録》一卷）：明嘉靖十八年刻本。

《高僧傳》三十卷
【考訂】 宋《志》、陳鱣《續唐書・經籍志》所載皆同。

焦竑《國史經籍志》卷四上"子類"著録僧贊寧撰《宋高僧傳》三十卷。《四庫全書總目》卷一四五載《宋高僧傳》三十卷，提要云："宋釋贊寧撰。贊寧有《筍譜》，已著録。是書乃太平興國七年奉太宗勅旨編撰，至端拱元年十月書成，遣天壽寺僧顯忠等於乾明節奉表上進。有勅獎諭，賜絹三十匹，仍令僧録司編入大藏。而《宋史・藝文志》不著録。蓋史志於外教之書粗存梗概，不必求全，於例當然，亦於理當然也。《高僧傳》之名起於梁釋惠敏，分譯經、義解兩門。釋慧皎復加推擴，分立十科。至唐釋道宣《續高僧傳》，搜輯彌博，於是分譯經、義解、習禪、明律、護法、感通、遺身、讀誦、興福、雜科十門，所載迄唐貞觀而止。贊寧此書，蓋又以續道宣之後，故所録始於唐高宗時，門目亦一仍其舊。凡正傳五百三十三人，附見一百三十人。傳後附以論斷，於傳授源流，最爲賅備。中間如武后時人皆系之周朝，殊乖史法。又所載既託始於唐，而雜科篇中乃有劉宋、元魏二人，亦爲未明限斷。然其於誄銘記志摭採不遺，實稱詳博。文格亦頗雅贍。考釋門之典故者，固於兹有取焉。"

善本：《宋高僧傳》三十卷：宋釋贊寧撰，明萬曆三十九年徑山寂照庵刻徑山藏本。

《續寶林傳》四卷　閩僧寶聞（應爲釋惟勁）撰
【考訂】 宋《志》同。

《宋高僧傳》卷一七《後唐南嶽般舟道場惟勁傳》云："釋惟勁，福州長溪人也。節操精苦，奉養棲約，破納擁身，衣無繒纊，號頭陀焉。初參雪峰，便探淵府。光化中，入嶽住報慈東藏，亦號三生藏，中見法藏禪師鑑燈，頓了如是廣大法界重重帝綱之門，因歎曰：'先達聖人,具此不思議智慧方便,非小智之所能!'……楚王馬氏奏賜紫,署寶聞大師,梁開平中也。勁續《寶林傳》,蓋録貞元已後禪門祖祖相繼源脈者也。別著《南嶽高僧傳》,未知卷數。亦一代禪宗達士,文采可觀。"元釋念常《佛祖歷代通載》卷一七"閩審知"下亦載:"庚午,南嶽山惟勁頭陀集光化以來出世宗師機緣,爲《續寶林傳》。"

釋普濟《五燈會元》卷七載:"南嶽般若惟勁寶聞禪師,福州人也。……師嘗《續寶林傳》四卷,紀貞元之後宗門繼踵之源流者。又別著《南嶽高僧傳》,皆行於世。"

《十國春秋》卷九九《僧道閒傳》云:"時又有僧寶聞,著《續寶林傳》四卷。"吳氏誤將《續寶林傳》之作者記爲"僧寶聞",顯係失察。

《石刻金剛經》一卷　蜀刻(應爲南唐刻)
【考訂】　宋《志》、徐炯《五代史記補考‧藝文考》及唐圭璋、杜文玉兩《南唐藝文志》所載皆同。

《直齋書録解題》卷一二"釋氏類"載《石本金剛經》一卷,題云:"南唐保大五年壽春所刻。乾道中劉岑季高再刻於建昌軍。不分三十二分,相傳以爲最善。"《文獻通考》卷二二六《經籍五三》亦載録南唐保大五年刻《石本金剛經》一卷。《寶刻類編》卷七載程巨譽《唐金剛經》行書,曰:"前有記周惟簡述,大德道顒撰額。保大五年十二月,壽。"同書卷八載列僧道顒《唐金剛經記》,曰:"周惟簡述、行書並篆額。保大五年十二月,壽。"

《金字佛書》一卷　司徒詡書
【考訂】　宋《志》同。

薛《史》卷一二八《司徒詡傳》云:"司徒詡,字德普,清河郡人也。……詡善談論,性嗜酒,喜賓客,亦信浮圖之教。漢乾祐中,嘗使於吳越,航海而往,至渤澥之中,睹水色如墨,舟人曰:'其下龍宮也。'詡因柱香興念曰:'龍宮珍寶無用,俟迴棹之日,當以金篆佛書一帙，用伸贄獻。'洎復經其所，遂以經一函投於海中。"此事虛妄，故宋、元人書目均不列《金字佛書》。

《金字心經》一卷　李後主妃黃保儀施（應爲李後主宮人喬氏舍）

【考訂】　宋《志》、汪之昌《補南唐藝文志》及杜文玉《南唐藝文志》所載皆同。

《宣和書譜》卷一二《行書六》載："宋江南僞後主李煜，字重光，早慧精敏，審音律，善書畫。其作大字，不事筆，卷帛而書之，皆能如意，世謂撮襟書。復喜作顫掣勢，人又目其狀爲金錯刀。尤喜作行書，落筆瘦硬而風神溢出。然殊乏姿媚，如窮谷道人，酸寒書生，鶉衣而鳶肩，略無富貴之氣。要是當我祖宗應運之初，揭雲漢奎壁昭迴在上，彼竊據方郡者，皆奄奄無氣，不復英偉，故見於書畫者如此。方煜歸本朝，我藝祖嘗曰：'煜雖有文，只一翰林學士才耳。'乃知筆力縱或可尚，方之雄才大略之君，亦幾何哉！今御府所藏行書二十有四……正書：《金書心經》、《智藏道師真贊》。"

王銍《默記》卷中載："李後主手書金字《心經》一卷，賜其宮人喬氏。喬氏後入太宗禁中，聞後主薨，自內廷出其《經》，捨在相國寺西塔以資薦，且自書於後曰'故李氏國主宮人喬氏，伏遇國主百日，謹捨昔時賜妾所書《般若心經》一卷在相國寺西塔院。伏願彌勒尊前，持一花而見佛'云云。其後，江南僧持歸故國，置之天禧寺塔相輪中。寺後失火，相輪自火中墜落，而《經》不損，爲金陵守王君玉所得。君玉卒，子孫不能保之，以歸寧鳳子儀家。喬氏所書在《經》後，字極整潔，而詞甚悽惋，所記止此。《徐鍇集》南唐制誥，有宮人喬氏出家誥，豈斯人也？"

《十國春秋》卷一八《喬氏傳》云："喬氏，亦後主宮人。善書，居宮中，嘗出家奉佛，後主手書金字《心經》賜之。國亡，入宋禁中。聞後主薨，乃出《經》舍相國寺，以資冥福，書其卷後云：'故李國主宮嬪喬氏，伏遇國主百日，謹捨昔時賜妾所書《般若心經》在相國塔院。伏願彌勒尊前，持一花而見佛。'字整潔而詞愴婉。"《十國春秋拾遺備考補》載："後主所書金字《心經》，入宋後爲江南僧持歸，置天禧寺香輪中。後寺遭大火，香輪自火中墜落，而《經》不損。既而金陵寺守王君玉得之。君玉卒，子孫不能保，歸寧鳳子儀家。"

右釋氏類共三百四十七卷

雜　家　類

《閫外春秋》十卷、《陰符經注》（當作《陰符經疏》）**一卷　李筌撰**

宋《志》同。此條乃唐人著述，不宜入五代藝文志。詳本書第二章之考訂。

《人事軍律》一卷（應爲三卷）**、《五行陣圖》一卷　符彦卿撰**

【考訂】　宋《志》同。《崇文總目》卷三"兵家類"著録符彦卿《五行陣圖》十卷。錢侗按云："《宋志》一卷，不著撰人。又一卷，符彦卿撰。"

《郡齋讀書志》卷一四載《人事軍律》三卷，志云："右皇朝符彦卿撰。其序稱'言兵者多雜以陰陽，殊不知往亡宋捷，甲子胡興，鵝入梟集，翻成吉兆，故此但述人事'云。或以爲唐燕僧利正撰，當考之。"《文獻通考》卷二二一《經籍四八》亦載録《人事軍律》三卷，考引晁《志》。《四庫闕書目》卷二"兵書類"著録符彦卿《人事運律》三卷。葉德輝按云："《宋志》、晁《志》'運'作'軍'。"《通志》卷六八《藝文略六》"兵家類"著録符彦卿撰《人事軍律》三卷。《宋史》卷二〇七《藝文志六》"兵書類"載符彦卿《人事軍律》三卷、《五行陣圖》一卷。焦竑《國史經籍志》卷四上"兵家類"著録符彦卿《人事軍律》三卷；又《五行陣圖》一卷，不著撰人。

符彦卿，後唐天雄軍節度使，封魏王。傳見《東都事略》卷一九、《宋史》卷二五一。

《制旨兵法》十卷　張昭撰

【考訂】　宋《志》同。薛《史》卷一一六《周世宗紀三》載，顯德三年二月戊辰，"兵部尚書張昭奏，準詔撰集兵法，分爲十卷，凡四十二門，目之爲《制旨兵法》，上之。優詔褒美，仍以器幣賜之。"《宋史》卷二〇七《藝文志六》"兵書類"載張昭《制旨兵法》十卷。

《六壬軍鑑式》三卷　胡萬頃撰

【考訂】　宋《志》、陳鱣《續唐書·經籍志》所載皆同。《崇文總目》卷四"五行類中"著録胡萬頃《六壬軍鑑式》三卷。《通志》卷六八《藝文略六》"五行二"及焦竑《國史經籍志》卷四下"曆數類"均著録《六壬軍鑑式》三卷，《通志》注云："僞南漢長史胡萬頃撰。"《宋史》卷二〇七《藝文志六》"兵書類"載胡萬頃《軍鑑式》二卷。《十國春秋》卷六五《胡萬頃傳》云："胡萬頃，□□人。……撰《六壬軍鑑式》三卷。"興武按：此書應歸於"兵書類"。

《歲時廣記》一百二十卷　徐鍇撰

【考訂】　宋《志》、汪之昌《補南唐藝文志》及唐圭璋、杜文玉兩《南唐藝文志》所載皆同顧《志》。

陸游《南唐書》卷五《徐鍇傳》云："鍇酷嗜讀書，隆寒烈暑，未嘗少輟。後主嘗得周載《齊職儀》，江東初無此書，人無知者，以訪鍇，一一條對，無所遺忘，其博記如此。既久處集賢，朱黃不去手，非暮不出。精小學，故所讎書尤審諦。……江南藏書之盛，爲天下冠，鍇力居多。……著《説文通釋》、《方輿記》、《古今國典》、《歲時廣記》及他文章凡數百卷。"

《崇文總目》卷三"類書類下"著録徐鍇撰《歲時廣記》一百二十卷，錢侗按云："《通志·校讎略》云：'歲時'自是一家書，如《歲時廣記》百十二卷，《崇文目》不列於'歲時'而列於'類書'，何也？"《通志》卷六四《藝文略二》"歲時類"著録徐鍇《歲時廣記》一百十二卷。

《宋史》卷二〇五《藝文志四》"農家類"載徐鍇《歲時廣記》一百二十卷，注："內八卷闕。"清趙士煒《中興館閣書目輯考》卷三亦考列《歲時廣記》一百二十卷，釋曰："南唐徐鍇撰。古今傳記並前賢詩文隨日以甲子編類，凡時政風俗耕農養生之事悉載。"《十國春秋》卷二八《徐鍇傳》僅列《歲時廣記》書名而不載卷數。

彭大翼《山堂肆考》卷四"花信風"條云："《歲時廣記》：江南自初春至初夏，有二十四番風，始於梅花，終於楝花，謂之花信風。故前輩詩云'二十四番花信風'是也。"

阮閱《詩話總龜・後集》卷五〇載："《藝苑雌黃》云：《脩真入道秘言》曰：以立春日清晨北望，有紫緣（綠）白雲者爲三元者（君）三素飛雲。三元君以是日乘八輿上詣天帝，子候見當再拜白陳，某乙乞得給侍輪轂，三過見元君之輦者白日登（升）天。《歲時廣記》載此事云。臣鍇按：舉場嘗試《立春日望三素雲詩》，取此事。"

《蠶書》三卷　孫光憲撰

【考訂】　宋《志》同。陳鱣《續唐書・經籍志》不著卷數。徐炯《五代史記補考・藝文考》錄爲二卷。

《崇文總目》卷三"農家類"著錄孫光憲撰《孫氏蠶書》二卷。錢侗按云："《玉海・藝文類》、《祥瑞類》兩引《崇文目》並同。《宋志》三卷。"《通志》卷六六《藝文略四》"食貨類"著錄孫光憲《蠶書》二卷。《宋史》卷二〇五《藝文志四》"農家類"載孫光憲《蠶書》三卷。《直齋書錄解題》卷一〇"農家類"載《蠶書》二卷，題云"孫光憲撰"。《文獻通考》卷二一八《經籍四五》、焦竑《國史經籍志》卷四下"子類"均著錄孫光憲《蠶書》二卷。《十國春秋》卷一〇二《孫光憲傳》僅列《蠶書》之名，不詳卷數。

《茶譜》三卷（應爲一卷）　毛文錫撰

【考訂】　宋《志》同。陳鱣《續唐書・經籍志》、徐炯《五代史記補考・藝文考》均載《茶譜》一卷，陳氏曰："蜀文思殿大學士毛文錫撰。"
《崇文總目》卷三"小說類下"著錄毛文錫撰《茶譜》一卷。《郡齋讀書志》卷一二"農家類"載《茶譜》一卷，志云："右僞蜀毛文錫撰。記茶故事。其後附以唐人詩文。"《直齋書錄解題》卷一四"雜藝類"亦載《茶譜》一卷，題云："後蜀毛文錫撰。"《通志》卷六六《藝文略四》"食貨類"著錄毛文錫《茶譜》一卷。《宋史》卷二〇五《藝文志四》"農家類"、《文獻通考》卷二一八《經籍四五》、焦竑《國史經籍志》卷三"雜史類"均載錄毛文錫《茶譜》一卷。《十國春秋》卷四一《毛文錫傳》所載亦同。

今人陳尚君有《毛文錫〈茶譜〉輯考》。

《物類相感志》一卷　僧贊寧撰

【考訂】　宋《志》同。《郡齋讀書志》卷一二"雜家類"載《物類相感志》十卷，志云："右皇朝僧贊寧撰。采經籍傳記物類相感者志之。分天、地、人、物四門。贊寧，吳人，以博物稱於世。柳如京、徐騎省與之遊，或就質疑事。楊文公、歐陽文忠公亦皆知其名。"《直齋書錄解題》卷一〇"雜家類"載《物類相感志》一卷，題云："僧贊甯撰，國初名釋也。"

《通志》卷六八《藝文略六》"雜家類"著錄僧贊寧《物類相感志》十卷。《宋史》卷二〇五《藝文志四》"雜家類"載僧贊寧《物類相感志》十卷，同書卷二〇六《藝文志五》"小說類"又重出釋贊寧《物類相感志》五卷。《文獻通考》卷二一四《經籍四一》、焦竑《國史經籍志》卷四下"子類"均載錄贊寧《物類相感志》十卷。《十國春秋》卷八九《僧贊寧傳》僅列《物類相感志》書名，未注卷數。

善本：《東坡先生物類相感志》十八卷：明抄本、清抄本。

《四時纂要》十卷　韓諤撰

【考訂】　宋《志》同。《新唐書》卷五九《藝文志三》"農家類"、

《崇文總目》卷二"歲時類"均載韓諤《四時纂要》五卷。

《直齋書錄解題》卷一〇"農家類"載《四時纂要》五卷，曰："唐韓諤撰。雖曰歲時之書，然皆爲農事也。"《通志》卷六四《藝文略二》"時令類"載《四時纂要》五卷。《宋史》卷二〇五《藝文志四》"農家類"著錄韓諤《四時纂要》十卷。焦竑《國史經籍志》卷三"時令類"亦著錄韓諤《四時纂要》五卷。清趙士煒《中興館閣書目輯考》卷四考列《四時纂要》十卷，釋曰："（韓）諤采諸家農書，記風雲之候，錄種植之法，下及方書、蓄產之事皆載。天禧中，頒其書於諸道。鄂自序曰：徧閱群書，《爾雅》則言其土產，《月令》則序彼時宜，採氾勝種藝之書，崔寔試穀之法，韋氏《月錄》傷於簡缺，《齊民要術》病在迂疏。"

《霧居子》五卷（應爲十卷）　不著作者（應爲黃璞撰）

【考訂】宋《志》同。《新唐書》卷六〇《藝文志四》"別集類"著錄黃璞《霧居子》十卷。《崇文總目》卷五"別集類二"著錄黃璞撰《霧居子》十卷。《通志》卷七〇《藝文略八》"別集類"、焦竑《國史經籍志》卷五"別集類"均著錄黃璞《霧居子集》十卷。

黃滔《黃御史公集》卷二有《寄從兄璞》曰："縱徵終不起，相與避烟塵。待到中興日，同看上國春。新詩說人盡，舊宅落花頻。移覓深山住，啼猿作四鄰。"該集卷四末有黃氏諸孫鞏題記云："右族祖御史文江公詩，裔孫希英之所刻者。……又是集中有《寄從兄璞》者，是爲校書德溫公，其所著有《閩川名士傳》及《霧居子集》，今皆散落不傳。希英其爲我訪之東南藏書家，倘有獲焉，尚當與御史公全書並梓以行可也。"洪邁《黃御史集原序》亦稱："御史之從兄曰校書君璞者，名見集中，有《閩川名士傳》及《霧居子》，予曩時嘗叙之矣。"據此，黃璞乃黃滔從兄，亦爲唐末五代初人。

《全唐文》卷八一七小傳云："黃璞，字紹山，又字德溫，閩縣人。大順中擢進士第，官校書郎。"

《續事始》五卷　馮鑑撰

【考訂】　宋《志》、陳鱣《續唐書·經籍志》、徐炯《五代史記補考·藝文考》所載皆同。

《崇文總目》卷三"小説類上"著録馮鑑《續事始》五卷。《郡齋讀書志》卷一二載《續事始》五卷，志云："右僞蜀馮鑑廣孝孫所著。"《通志》卷六八《藝文略六》"雜家類"著録《續事始》五卷，注云："僞蜀馮鑑撰。"《宋史》卷二〇五《藝文志四》"雜家類"、《文獻通考》卷二一四《經籍四一》、焦竑《國史經籍志》卷四下"子類"均載録馮鑑《續事始》五卷。

按："事始"之書，雜引經史，以推原事物之始也。

《中華古今注》三卷　馬縞撰

【考訂】　宋《志》同。陳鱣《續唐書·經籍志》、徐炯《五代史記補考·藝文考》均載《中華古今注》三卷，陳注云："太常卿馬縞撰。"

《直齋書録解題》卷一〇"雜家類"載《中華古今注》三卷，題云："後唐太學博士馬縞撰。蓋推廣崔豹之書也。"《四庫闕書目》卷二"雜家類"著録馬縞撰《中華古今注》三卷。《文獻通考》卷二一四《經籍四一》、焦竑《國史經籍志》卷四下"子類"均載録馬縞撰《中華古今注》三卷。清趙士煒《中興館閣書目輯考》卷四考列馬縞《中華古今注》三卷。《孫氏祠堂書目內編》卷二亦著録馬縞《中華古今注》三卷，釋曰："五代唐馬縞撰。初，崔豹進《古今注》，原釋事物創始之意，縞復增益注釋以明之，凡六十六門。"

《四庫全書總目》卷一一八"雜家類二"載録《古今注》三卷，附《中華古今注》三卷，提要云："《古今注》三卷，舊本題晉崔豹撰。《中華古今注》三卷，舊本題後唐太學博士馬縞撰。豹書無序跋。縞書前有自序，稱'晉崔豹《古今注》博識雖廣，殆有闕文。洎乎黃初，莫之聞見。今添其註，以釋其義'。然今互勘二書，自宋、齊以後事二十九條外，其魏、晉以前之事，豹書惟'草木'一類及'鳥獸類',‘吐綬鳥一名功曹'七字,爲縞書所無。縞書惟‘服飾'一類及開卷‘宮室'一條,封部、兵陳二條,馬、齅犬二條,爲豹書所闕。其餘所載並皆相同,不過次序稍有後先,字句偶有加減。縞所謂添注釋義,絕無其事。……新、舊《五代史》均有縞傳,載其明經及第,登拔萃科,仕梁爲太常修撰,累歷尚書郎、參知理院事,遷太常少卿。唐莊宗時爲中書舍人、刑部侍郎,權判太常卿。明宗時,貶綏州司馬。復爲太子賓客,遷户部、兵部侍郎,終於國子祭酒。今本題‘唐太學博士',蓋據《書録解題》,然稱爲太學博士,實振孫之誤。至其時代,則振孫亦稱後唐,不專稱唐,實明人刊本以意改之也。"

馬縞,少登明經及第,仕梁、唐兩朝,卒年八十餘。傳見薛《史》卷七一、歐《史》卷五五。

善本:《中華古今注》三卷:宋刻《百川學海一百種·甲集》本、明嘉靖三十一年張臬刻本、明吳管編刻《增定古今逸史五十五種》本、明抄本、清抄本。

右雜家類共一百六十六卷

技 術 類

《要術》一卷 陳元京(應爲陳玄)撰 案元京家世爲醫,長興中集平生所驗方七十件,修合藥法百件,號曰《要書》,刊石,置太原府之左。

【考訂】 宋《志》同。

薛《史》卷九六《陳玄傳》云:"陳玄,京兆人也。家世爲醫,初事河中王重榮。乾符中,後唐武皇自太原率師攻王行瑜,路出於蒲中,時玄侍湯藥,武皇甚重之,及還太原,日侍左右。……長興中,集平生所驗方七十五首,並修合藥法百件,號曰《要術》,刊石置於太原府衙門之左,以示於衆,病者賴焉。天福中,以耄期上表求退,以光禄卿致仕,卒於晉陽,年八十餘。"

《崇文總目》卷三"醫書類三"著錄陳元《北京要術》一卷。《新唐書》卷五九《藝文志三》"醫書類"著錄陳元《北京要術》一卷，注曰："元爲太原少尹。"《通志》卷六九《藝文略》七"醫方類"著錄《北京要術》一卷，曰"唐陳元撰"。《宋史》卷二〇七《藝文志六》"醫書類"載陳玄《北京要術》一卷。

《意醫紀曆》一卷　吳群撰

【考訂】　宋《志》同。《通志》卷六九《藝文略》七"醫方類"著錄《意醫紀曆》一卷，注云："僞蜀吳群撰。"《宋史》卷二〇七《藝文志六》"醫書類"亦載吳群《意醫紀曆》一卷。

《廣政集靈寶要術》一卷（應爲《廣正集靈寶方》一百卷）　**羅普宣撰**

【考訂】　宋《志》同。《崇文總目》卷三"醫書類二"著錄《廣正集靈寶方》一百卷，曰"羅普宣撰"。《通志》卷六九《藝文略七》"醫方類"著錄《廣正集靈寶方》一百卷，注云"僞蜀羅普宣撰"。《宋史》卷二〇七《藝文志六》"醫書類"載羅普宣《靈寶方》一百卷。焦竑《國史經籍志》卷四下"醫家類"則著錄《廣正集靈寶方》一百卷，注"蜀羅普宣"。

《產保方》三卷、《保童方》　周挺撰

【考訂】　宋《志》作《彥寶方》，"彥"字當爲"產"之訛；另於《保童方》錄爲一卷。

《崇文總目》卷三"醫書類四"著錄《產寶》三卷，錢侗按云："《讀書附志》二卷，咎殷撰。《通志略》'周挺撰'，《宋志》亦作'咎殷'。"同卷"醫書類五"著錄《保童方》一卷，錢侗按云："《通志略》云'周挺撰'，《宋志》作'姚和衆撰'，'衆'字誤，說見'醫書類二'。"

《郡齋讀書志》卷一五"醫書類"載《產寶》二卷，志云："右唐咎殷撰。殷，蜀人。大中初，白敏中守成都，其家有因免乳死者，訪問名醫，或以殷對。敏中迎之，殷集備驗方藥二百七十八首以獻。其後周挺又作三論，附於前。"《文獻通考》卷二二二《經籍四九》載録《產寶》二卷，考引晁《志》。

《通志》卷六九《藝文略七》"醫方類"著録《產寶》三卷、《保童方》一卷，均注"僞蜀周挺撰"。焦竑《國史經籍志》卷四下"醫家類"亦著録《產寶》三卷、《保童方》一卷，注"蜀周挺"。

《增注蜀本草圖經》（當爲《蜀本草》）二十卷　韓保昇撰

【考訂】　宋《志》、陳鱣《續唐書·經籍志》所載皆同。

《通志》卷六九《藝文略七》"醫方類"著録《蜀本草》二十卷，注云："僞蜀韓保昇等撰。"《直齋書録解題》卷一三"醫書類"載録《大觀本草》三十一卷下釋云："《本草》之名，始見《漢書·平帝紀》、《樓護傳》。舊經止一卷，藥三百六十五種。陶隱居增《名醫別録》，亦三百六十五種，因注釋爲七卷。唐顯慶又增一百十四種，廣爲二十卷，謂之《唐本草》。開寶中又益一百三十三種。蜀孟昶又嘗增益，謂之《蜀本草》。及嘉祐中掌禹錫、林億等重加校正，更爲補注，以朱墨書爲之別，凡新舊藥一千八十二種，蓋亦備矣。今慎微頗復有所增益，而以墨蓋其名物之上，然亦殊不多也。"焦竑《國史經籍志》卷四下"醫家類"亦著録蜀韓保昇《蜀本草》二十卷。

《十國春秋》卷五六《韓保昇傳》云："韓保昇，潞州長子人，太尉保貞弟也。廣政時，積官至翰林學士。……後主命保昇取唐《本草》參校增注，爲《圖經》二十卷，後主自爲制序，謂之《蜀本草》。"

《脈訣》二册　題高陽生撰、劉元賓和歌，見孫氏《書目》

【考訂】　宋《志》同。《孫氏祠堂書目内編》卷二著録《脈訣》二册，注云："五代高陽生撰，劉元賓和歌。"

《四庫全書總目》卷一〇四載録《脉訣刊誤》二卷、《附録》二卷，提要云：".考《隋書經籍志》,載王叔和《脉經》十卷。《唐志》並同,而無所謂《脉訣》者。吕復《群經古方論》曰：'《脉訣》一卷,乃六朝高陽生所撰。託以叔和之名,謬立七表、八裏、九道之目,以惑學者。通真子劉元賓爲之注,且續歌括附其後。詞既鄙俚,意亦滋晦。'其説良是。然以高陽生爲六朝人,則不應《隋志》、《唐志》皆不著録,是亦考之未審。《文獻通考》以爲熙寧以前人僞託,得其實矣。其書自宋以來屢爲諸家所攻駁,然泛言大略,未及一一核正其失。且淺俚易誦,故俗醫仍相傳習。"

《胎息秘訣》一卷　僧遵化撰

【考訂】　陳鱣《續唐書·經籍志》載《胎息秘訣》一卷,曰"唐僧遵化撰"。

《郡齋讀書志》卷一六"神仙類"載《胎息秘訣》一卷,志云："右唐僧遵化撰。論達磨胎息,總十八篇,歌二十三首,凡一千四百四十言,天祐丁酉書成。"《文獻通考》卷二二五《經籍五二》亦列《胎息秘訣》一卷,考引《郡齋》,然作"天祐丁丑書成",是。據薛《史》卷六五《南漢世家》載："貞明三年,龑即皇帝位,國號大越,改元曰乾亨。"貞明三年即丁丑年。劉龑稱帝之前,其國雖受後梁封爵,但仍沿用李唐年號,至"天祐丁丑"八月建國,始改稱"乾亨元年"。

《新唐書》卷五九《藝文志三》"釋氏類"、《宋史》卷二〇五《藝文志四》"道家附釋氏神仙類"並載《菩提達磨胎息訣》一卷,不著撰人。《崇文總目》卷四"道書類四"、《通志》卷六七"藝文略五""道家三"、焦竑《國史經籍志》卷四"道家·胎息"均載《達磨胎息訣》一卷,亦不著撰人。

《漆經》一卷(應爲三卷)　朱遵度撰

【考訂】　顧、宋兩《志》皆載朱遵度《漆經》一卷。汪之昌《補南唐藝文志》録《漆經》數卷,注云"據焦氏《筆乘》續補"。陳鱣《續唐書・經籍志》載《漆經》□卷,曰"楚幕府朱遵度撰"。唐圭璋《南唐藝文志》載列《漆經》三卷,注曰:"按《江表志》謂朱遵度撰《漆經》數卷,當以作朱遵度爲是。"杜文玉《南唐藝文志》所載同。

《崇文總目》卷三"小説類下"、《四庫闕書目》卷二"小説類"均著録朱遵《漆經》三卷。《通志》卷六六《藝文略四》"食貨類"著録《漆經》三卷,注云"僞唐朱遵撰"。《宋史》卷二〇七《藝文志六》"雜藝術類"載朱遵度《漆經》三卷。鄭文寶《江表志》卷二、《十國春秋》卷七五《朱遵度傳》皆稱朱遵度有《漆經》若干卷。

朱遵度,青州人也。家多藏書,周覽略遍,當時推爲博學,稱曰'朱萬卷'。避耶律德光之召,挈妻孥,攜書,雜商賈來奔,文昭王待之甚薄。……後徙居金陵,高尚不仕。傳見《十國春秋》卷七五。

《人倫風鑑》一卷　陳希夷(即陳摶)**撰**

【考訂】　宋《志》同。陳鱣《續唐書・經籍志》載陳摶《希夷先生龜鑑》一卷。

《四庫闕書目》卷二"相法類"、《通志》卷六八《藝文略六》"五行三"、《宋史》卷二〇六《藝文志五》"五行類"、焦竑《國史經籍志》卷四下"曆數類"、清趙士煒《中興館閣書目輯考》著録陳摶《人倫風鑑》一卷。《直齋書録解題》卷一二"形法類"載《希夷先生風鑑》一卷,題云:"逸人亳社陳摶圖南撰,劉康國注。《館閣書目》作《人倫風鑑》。"《文獻通考》卷二二〇《經籍四七》亦載録希夷先生《龜鑑》一卷,考引《直齋書録解題》。

張舜民《畫墁録》云:"希夷先生陳摶,後唐長興中進士也。既而棄科舉,之武當山……知人貴賤休咎,今有《人倫風鑑》行於世,後人集先生之言,以爲書也。"

《墨經》一卷　李廷珪撰　《墨圖》一卷　同上(非李廷珪撰)

【考訂】　宋《志》、汪之昌《補南唐藝文志》及杜文玉《南唐藝文志》所載皆同顧《志》。唐圭璋《南唐藝文志》僅列《墨經》一卷，注"李氏撰"。

《宋史》卷二〇七《藝文志六》"雜藝術類"著録《李氏墨經》一卷。其後另有《墨圖》一卷，不注撰人。

朱長文《墨池編》卷六云："或問江南故老，且云昔李後主留意筆札，凡所用澄心堂紙、李廷珪墨、龍尾石硯，三者爲天下之冠。"復云："江南黟歙之地，李廷珪墨尤佳。廷珪本易水人，其父超，唐末流離渡江，覩歙中可居造墨，故有名焉。今有人得而藏於家，亦不下五六十年，蓋膠敗而墨調也。其堅如玉，其文如犀，寫踰數十幅，不耗一二分也。"

陶宗儀《輟耕録》卷二九載："至唐末，墨工奚超與其子廷珪，自易水渡江，遷居歙州，南唐賜姓李氏。廷珪父子之墨，始集大成，然亦尚用松煙。廷珪初名廷邦，故世有奚廷珪墨，又有李廷珪墨。或有作庭珪字者，僞也，墨亦不精。"

《棋經圖義例》一卷　徐鉉撰　《棋勢》三卷　同上（非徐鉉撰）

【考訂】　宋《志》及汪之昌《補南唐藝文志》所載皆同顧《志》。唐圭璋、杜文玉兩《南唐藝文志》僅載徐鉉《棋圖義例》一卷，不及《棋勢》。

《崇文總目》卷三"藝術類"著録徐鉉撰《棋圖義例》一卷。又《棋勢》一卷，不著撰人。錢侗按云："《隋志》：《棋勢》四卷、八卷，並不著撰人。又有沈敵十卷、王子沖十卷。又《舊唐志》、《唐志》並六卷，《宋志》三卷，亦不著名氏。"《宋史》卷二〇七《藝文志六》"雜藝術類"載徐鉉《棋圖義例》一卷。後列《棋勢》三卷，不名作者。顧、宋兩《志》連帶抄録，以致譌誤。

《繫蒙小葉子格》一卷　李後主周后撰
《偏金葉子格》一卷、《小葉子例》一卷　同上（後二種非周后撰）

【考訂】　宋《志》、汪之昌《補南唐藝文志》及杜文玉《南唐藝文志》所載皆同顧《志》。唐圭璋《南唐藝文志》僅列大周后撰《系蒙小葉子格》一卷,其注文以爲《編金葉子格》、《小葉子例》實非周后作。

《崇文總目》卷三"藝術類"著録《系蒙小葉子格》一卷,釋曰:僞唐後主妃周氏撰。同卷又有《編金葉子格》一卷,錢侗按云:"《通志略》不著撰人,《宋志》同。'編金'作'偏金',誤。"又《小葉子例》一卷,注云:"《通志略》、《宋志》並不著撰人。"《崇文總目輯釋補正》卷三於《系蒙小葉子格》一卷下補正曰:"'繫蒙'雖本《周易》,然'繫蒙'如李伉有《系蒙》,劉潛有《群書系蒙》。系、繫字通,'系蒙'即'繫蒙'也。"

《通志》卷六九《藝文略七》"藝術類"著録《繫蒙小葉子格》一卷,注云:"僞唐李煜妃周氏撰。"此條前有《偏金葉子格》一卷,後列《小葉子例》一卷,並不著撰人。《宋史》卷二〇七《藝文志六》"雜藝術類"亦著録李煜妻周氏《繫蒙小葉子格》一卷。其後有《偏金葉子格》一卷、《小葉子例》一卷,並不著撰人。焦竑《國史經籍志》卷四下"藝術家類"亦載李後主妃周氏《繫蒙小葉子格》一卷。

興武按:據前引諸書所載,《繫蒙小葉子格》一卷確爲大周后作無疑,而《偏金葉子格》一卷、《小葉子例》一卷,諸書均不注撰人姓名,非周后所作。顧《志》於《宋史·藝文志》所載未作詳察,連帶抄録,以致譌誤。後人宋祖駿、汪之昌、杜文玉等因襲顧《志》,遂致此譌。關於"葉子格",宋人多有說解,兹特加征引,以供參考。

《歐陽修全集》卷一二七《歸田録》卷二載:"葉子格者,自唐中世以後有之,説者云:因人有姓葉號葉子青者撰此格,因以爲名。此説非也。唐人藏書,皆作卷軸,其後有葉子,其制似今策子。凡文字有備檢用者,卷軸難數卷舒,故以葉子寫之,如吴彩鸞《唐韻》、李郃彩選之類是也。骰子格本備檢用,故亦以葉子寫之,因以爲名爾。唐世士人宴聚,盛行葉子格,五代國初猶然,後漸廢不傳。今其格,世或有之,而無人知者。惟昔楊大年好之,仲待制簡,大年門下客也,故亦能之。大年又取葉子彩名紅鶴、皁鶴者,別演爲鶴格。鄭宣徽戩、章郇公得象,皆大年門下客也,故皆能之。余少時亦有此二格,後失其本,今絶無知者。"

王闢之《澠水燕談錄》卷九云："唐太宗問一行世數，禪師製葉子格進之。葉子，言'二十世李'也，當時士大夫宴集皆爲之。其後有柴氏、趙氏，其格不一。蜀人以紅鶴格爲貴，禁中則以花蟲爲宗。近世，職方員外郎曹穀損益舊本，撰《舊歡新格》，尤爲詳密。其法：用區骰子六隻，犀牙師子十事，自盆帖而下，分十五門。門各有説，凡名彩二百二十七，逸彩二百四十七，總四百七十四彩。余家有其格，而世無能爲者。"

吴處厚《青箱雜記》卷八載："太傅張公，光化軍人，生百日，始能啼。……公以淳化三年孫何榜下及第，久困選調，年幾五十，始轉著作佐郎、知邵武縣。還朝，以文贄楊公大年，比三日，至門下，連值楊公與同輩打葉子，門吏不敢通，公亦弗去。"

《梁朝畫目》三卷　胡嶠撰

【考訂】　宋《志》同。《崇文總目》卷三"藝術類"著録胡嶠《梁朝畫目》三卷。《通志》卷六九《藝文略七》"藝術類"著録《梁朝畫目》三卷，注云："宋朝胡嶠撰。"《宋史》卷二〇七《藝文志六》"雜藝術類"載録胡嶠《廣梁朝畫目》三卷。焦竑《國史經籍志》卷四下著録《梁朝畫目》三卷，注曰："宋胡嶠。"

歐陽修《新五代史》卷七三《契丹傳》云："初，蕭翰聞德光死，北歸，有同州郃陽縣令胡嶠爲翰掌書記，隨入契丹。而翰妻争妒，告翰謀反，翰見殺，嶠無所依，居虜中七年。當周廣順三年，亡歸中國，略能道其所見。"

《繪禽圖經》（應爲《會禽圖》）一卷　黄居寶撰

【考訂】　宋《志》、陳鱣《續唐書·經籍志》所載皆同。

《十國春秋》卷五六《黄筌傳》云："黄筌字要叔，成都人也。以善畫，早得名。年十七事前蜀後主爲待詔。……居寶，不知筌第幾子，有《會禽圖》一卷傳世。"

黃休復《茅亭客話》卷三云："王七郎，名文昌，與道鄰世舊。道鄰因文昌石本《蘭亭》即吳使高彌獻太子者。文昌好博雅，古來名書多收藏之。羲之真書《樂毅論》、《黃庭經》草書十七帖，晉魏兩漢至李唐名臣墨蹟及石本皆萃於家。當時與往還好書者毛熙震、王著、勾中正、張仁戩、黃居寶、張德釗、張文懿、史戩、滕昌祐、石恪、李德華、陳熙載、僧懷戩、羲西嘗訪之，閱其所藏，終日忘倦。"

《古君臣像》三卷　張玫撰

【考訂】　宋《志》、陳鱣《續唐書·經籍志》所載皆同。

《十國春秋》卷五六《張玫傳》云："張玫，亦成都人。……玫著《古君臣象》三卷。"張玫乃後蜀時人。

黃休復《益州名畫錄》卷中列張玫於"妙格下品"，曰："張玫，成都人也。父授，蜀翰林寫貌待詔，賜緋。玫有超父之藝，尤精寫貌及畫婦人，鉛華姿態，綽有餘妍，議者比之張萱之儔也。孟先主明德年於大聖慈寺三學院置真堂，玫曾與故東川董太尉璋寫真，先主惡之，不爲寫。已乃命阮知誨獨寫己真，文武臣僚玫之筆也。（原注：今並塗抹無畫蹤矣。）授翰林待詔，賜紫金魚袋。玫有自漢至唐治蜀君臣像三卷。"

《筆訣》（應爲《龍證筆訣》）三卷　姜道隱（應爲張道隱）撰

【考訂】　宋《志》同。陳鱣《續唐書·經籍志》載《筆訣》三卷，曰"後蜀綿竹隱士姜道撰"。

阮閱《詩話總龜·前集》卷二一"咏物門下"引《野人閒語》曰："巴蜀三紀以來，藝能之士，精於書畫者衆矣。……獨黃少鑑筌邊鸞崔竹，處士滕昌祐擬梁廣花草，野人張道隱張藻松石。道隱不事論談，不與人交往，不冠帶，不拜跪，人謂之'猱頭'，相國李昊爲著名，道隱常在綿竹山中。……亦曾撰集《龍證筆訣》三卷，傳於家。"明人曹學佺《蜀中廣記》卷一〇七引《野人閒話》，亦稱"張道隱"。

明、清以後,"張道隱"漸譌爲"姜道隱"。如陶宗儀《説郛》卷十七云:"蜀書畫八人……野人姜道隱本張藻松石。道隱不事談論,其與人交往,不冠帶,不跪,人謂之猱頭。……亦曾撰《龍證筆訣》三卷,傳於家。"吳任臣《十國春秋》卷五六《姜道隱傳》云:"姜道隱,居綿竹山中,不事談論,不與人往還,及冠帶跪揖,謂之搔頭,人皆指曰野人,道隱因以野人自名。生平研究莊、老家言,而性好圖龍。興至,即畫百尺之狀,縱意揮毫,稍稍不愜意,輒抹之,不啻千餘軀。已而雲氣磅礴,勢若蜿蜒,遂擲筆撫掌,自爲怡逸,其適意有如此。宰相李昊常稱其爲人。所著《筆訣》三卷,傳於世。"

《射法》一卷　黄損撰

【考訂】　宋《志》同。《崇文總目》卷三"藝術類"、《四庫闕書目》卷二"小説類"、《通志》卷六九《藝文略七》"射類"、《宋史》卷二〇七《藝文志六》"雜藝術類"、焦竑《國史經籍志》卷四下"藝術家類"均載黄損《射法》一卷。《十國春秋》卷六二《黄損傳》載黄損所著有《射法》一卷。

《射書》五卷　徐鉉撰

【考訂】　宋《志》及汪之昌《補南唐藝文志》亦載徐鉉《射書》五卷,覆核未得。按:南唐徐鍇、歐陽陌有《射書》十五卷,顧、宋兩《志》皆未載録,疑即此書。

右技術類共一百五十卷

輿　地　類

《梁朝天下郡縣目》(應爲《梁天下郡縣目》)一卷

【考訂】　宋《志》同。《通志》卷六六《藝文略四》"地理類"著録

《天下郡縣目》一卷，注云："朱梁時人作。"《宋史》卷二〇四《藝文志三》"目錄類"載《梁天下郡縣目》一卷。焦竑《國史經籍志》卷三"傳記類"亦載《天下郡縣目》一卷，注"朱梁人作"。

《新定十道圖》三十卷

【考訂】 宋《志》同。

薛《史》卷四三《明宗紀》載："（長興三年夏四月）戊午，中書奏：'準敕重定三京、諸道州府地望次第者。舊制以王者所都之地爲上，今都洛陽，請以河南道爲上，關内道爲第二，河東道爲第三，餘依舊制。其五府，按《十道圖》，以鳳翔爲首，河中、成都、江陵、興元爲次。中興初，升魏州爲興唐府，鎮州爲真定府，望升二府在五府之上，合爲七州，餘依舊制。又天下舊有八大都督府，以靈州爲首，陝、幽、魏、揚、潞、鎮、徐爲次，其魏、鎮已升爲七府兼具員内，相次升越、杭、福、潭等州爲都督，望以十大都督府爲額，仍據升降次第，以陝爲首，餘依舊制。《十道圖》有大都護，請以安東大都護爲首。防禦、團練等使，自來升降極多，今具見在，其員依新定《十道圖》以次第爲定。'從之"。

《五代會要》卷一九"諸府"條載："後唐長興三年四月，中書門下奏在：'案《十道圖》，以關内道爲上，遂以鳳翔爲首，河中、成都、江陵、興元爲次。中興初，升魏州爲興唐府，鎮州爲真定府，皆是創業興王之地，請升此二府於五府之上，合爲七府。仍以興唐爲首，真定、鳳翔、成都、江陵、興元爲次。'從之。"同卷"都督府"條另載："後唐長興三年四月，中書門下奏：'天下舊有八大都府。按《十道圖》，以靈州爲首，陝、幽、揚、潞、鎮、徐等州爲次。其魏、鎮已升爲七府，兼具員内，越、杭、福、潭等州亦相次升爲都督府。望以十大都督爲額，仍據升降次第，以陝爲首，餘依舊制。'從之。"

興武按：後唐重定《十道圖》確有其事，然顧、宋兩《志》所載三十卷未知所據，存疑待考。

《重修河堤圖》二卷　　長興四年黃州進，沿河地名歷歷可數

【考訂】　宋《志》同。薛《史》卷四四《明宗紀》載，長興四年二月己未，"濮州進《重修河堤圖》，沿河地名，歷歷可數。帝覽之，愀然曰：'吾佐先朝定天下，於此堤塢間小大數百戰。'"

興武按：後唐確有《重修十道圖》，然顧、宋兩《志》所載二卷未知所據，存疑待考。

《均田圖》一卷　　唐元積撰（應爲晉崔頌撰），顯德中頒行天下

【考訂】　宋《志》同。徐炯《五代史記補考·藝文考》、陳鱣《續唐書·經籍志》均載《均田圖》一卷，陳注云："晉崔頌撰。"

薛《史》卷一一八《周世宗紀》第五載，顯德五年秋七月，"丁亥，賜諸道節度使、刺史《均田圖》各一面。唐同州刺史元積，在郡日奏均户民租賦，帝因覽其文集而善之，乃寫其辭爲圖，以賜藩郡。時帝將均定天下賦稅，故先以此圖遍賜之。"

《宋史》卷四三一《崔頌傳》云："崔頌字敦美，河南偃師人。父協，後唐門下侍平章事。……世宗讀唐元積《均田疏》，命寫爲圖，賜近臣，遣使均諸道租賦。"

《水利編》三卷　　王章撰

【考訂】　宋《志》同。《宋史》卷二〇五《藝文志四》"農家類"著錄王章《水利編》三卷。

王章，大名南樂人。仕後唐、後晉，後漢初授三司使檢校太傅，隱帝時加檢校太尉同平章事。乾祐三年被殺。傳見薛《史》卷一〇七、歐《史》卷三〇。

《契丹地圖》一卷　　長興三年契丹東丹王突欲進

【考訂】　宋《志》同。薛《史》卷四三《明宗紀》載，長興三年正月己卯，"懷化軍節度使李贊華進《契丹地圖》"。

《册府元龜》卷一七〇載："（後唐明宗）長興二年正月，東丹王突欲率眾自渤海國內附。上御文明殿，對突欲及其部曲慰勞久之，賜鞍馬、衣服、金玉帶、錦綵器物。又大將軍、副將軍已下分物有差。宰臣率百寮稱賀。"三月辛酉，"勅旨：突欲宜賜姓東丹，名慕華"。"九月，敕懷化軍節度使東丹慕華，宜賜姓李，名贊華"。

東丹王突欲傳，見《欽定重訂契丹國志》卷一四。

《于闐國程錄》（應爲《于闐國行程記》）**一卷　高居誨撰**

【考訂】　宋《志》同。《崇文總目》卷二"地理類"著錄平居誨撰《于闐國行程記》一卷。《通志》卷六六《藝文略四》"地理類"載平居誨《于闐國行程記》一卷，《宋史》卷二〇四《藝文志三》"地理類"著錄平居誨《于闐國行程錄》一卷。

《新五代史》卷七四《四夷錄·于闐》載："晉天福三年，于闐國王李聖天遣使者馬繼榮來貢……晉遣供奉官張匡鄴假鴻臚卿，彰武軍節度判官高居誨爲判官，冊聖天爲大寶于闐國王。是歲冬十二月，匡鄴等自靈州行二歲至于闐，至七年冬乃還。而居誨頗記其往復所見山川諸國，而不能道聖天世次也。"

《全唐文》卷八五〇錄高居誨《于闐記》。

《海外使程廣記》三卷　南唐章僚使高麗所記

【考訂】　宋《志》、汪之昌《補南唐藝文志》、陳鱣《續唐書·經籍志》、徐炯《五代史記補考·藝文考》及唐圭璋、杜文玉兩《南唐藝文志》所載並同。

《直齋書錄解題》卷八"地理類"載《海外使程廣記》三卷，題云："南唐如京使章僚撰。使高麗所記海道及其國山川、事蹟、物產甚詳。史虛白爲作序，稱己未十月，蓋本朝開國前一歲也。"

《四庫闕書目》卷一著錄《高麗國海外使程記》三卷，注云："昇元中撰。"《通志》卷六六《藝文略四》"地理類·朝聘"著錄《高麗國海外使程記》三卷,注"昇元中錄"。《宋史》卷二〇四《藝文志三》"地理類"著錄章僚《海外使程廣記》三卷。

《十國春秋》卷二八《章僚傳》云:"章僚,雅善著述。後主時充如京使,奉使高麗,具得其國山川、事蹟、物產,撰《海外使程廣記》三卷,史虛白爲之序。大抵言高麗有二京、六府、九節度、百二十郡,内列十省四部官,朝服紫丹、緋綠、青碧。俗喜歐頭,生男旦日按壓其首。又言高麗多銅,田家鹽具皆銅爲之。有温器名服席,狀如中國之鐺,其底方,其蓋圓,可容七八升。地志家多稱其書爲博洽云。"

《南詔錄》三卷　徐雲虔撰

宋《志》同。唐人著述,不宜入五代藝文志,詳本書第二章之考訂。

《燉煌新錄》一卷（應爲李延範撰）

【考訂】　宋《志》、陳鱣《續唐書·經籍志》、徐炯《五代史記補考·藝文考》所載皆同。

《直齋書録解題》卷七"傳紀類"載《燉煌新錄》一卷,題云:"有序稱天成四年沙州傅舍集,而不著名氏,蓋當時奉使者。叙張義潮本末及彼土風物甚詳。涼武昭王時有劉昞者,著《燉煌實録》二十卷,故此號《新録》。"

《崇文總目》卷二"地理類"著錄《燉煌新錄》一卷。《通志》卷六六《藝文略四》"地理類"著錄《燉煌新錄》一卷,注云"唐李延範撰"。《文獻通考》卷一九八《經籍二五》亦載錄《燉煌新錄》一卷。錢謙益《絳雲樓書目》卷一"編年類"載錄《燉煌新錄》一册,陳景云注云:"序稱天成四年沙州傅舍集,而不著名氏,蓋當時奉使者,叙張義潮本末及彼土風物甚詳。"

李延範,字里不詳。後唐長興四年六月任大理卿,奉敕與御史中丞龍敏、給事中張鵬、中書舍人盧道、尚書刑部侍郎任贊等詳定《大中統類》。後唐天成三年十二月官殿中監。後晉天福四年十一月,由太子賓客爲司農卿。詳薛《史》及《五代會要》。

《蜀程記》一卷、《峽程記》一卷　韋莊撰

【考訂】　宋《志》、陳鱣《續唐書·經籍志》所載並同。《崇文總目》卷二"傳記類下"、《通志》卷六六《藝文略四》"行役類"、《宋史》卷二〇四《藝文志三》"地理類"及焦竑《國史經籍志》卷三"傳記類"均著錄韋莊《蜀程記》一卷、《峽程記》一卷。《十國春秋》卷四〇《韋莊傳》亦稱莊有《蜀程記》一卷,又有《峽程記》一卷。

《入洛記》一卷（應爲十卷）、《南行記》一卷　王仁裕撰

【考訂】　宋《志》同。陳鱣《續唐書·經籍志》載王仁裕《南行記》三卷、《入洛記》一卷。徐炯《五代史記補考·藝文考》載王仁裕撰《入洛記》一卷,又《南行記》三卷。

《郡齋讀書志》卷六"雜史類"載《入洛記》一卷,志云:"右蜀王仁裕撰。仁裕隨王衍降,入洛陽,記往返途中事,並其所著詩賦。"同書卷八"地理類"載《南行記》三卷,云:"右王仁裕撰。晉天福三年,仁裕被命使高季興,記自汴至荆南道途賦詠及飲宴酬唱,殆百餘篇。"

《崇文總目》卷二"傳記類下"著錄王仁裕撰《入洛記》十卷、《南行記》一卷。《通志》卷六六《藝文略四》"地理類·行役"著錄王仁裕《入洛記》十卷、《南行記》一卷。《四庫闕書目》卷二"小説類"著錄《南行記》一卷。《宋史》卷二〇三《藝文志二》"傳紀類"載王仁裕《入洛記》一卷,又《南行記》一卷。《文獻通考》卷一九六《經籍二三》亦載錄王仁裕《入洛記》一卷。焦竑《國史經籍志》卷三"傳記類"著錄王仁裕《入洛記》十卷、《南行記》一卷。《十國春秋》卷四四《王仁裕傳》僅錄《入洛記》書名,未注卷數。

《奉使兩浙雜記》一卷　沈立撰

宋《志》同。宋人著述，不宜入五代藝文志詳本書第二章之考訂。

《大梁夷門記》一卷　王權撰

【考訂】　宋《志》同。《四庫闕書目》卷一"地理類"著錄王權《夷門記》一卷。《通志》卷六六《藝文略四》"地理類·郡邑"著錄王權《夷門記》一卷。《宋史》卷二〇四《藝文志三》"地理類"、明柯維騏《宋史新編》卷四九《藝文志三》"地理類"著錄王權《大梁夷門記》一卷，此或爲顧《志》所本。

王權，字秀山，太原人。後梁時爲翰林學士，加戶部郎中知制誥，歷左諫議大夫給事中，充集賢殿學士判院事，遷御史中丞。清泰中權知貢舉，後改戶部尚書。天福中因不願出使契丹而停任，六年秋病卒，享年七十八歲。傳見薛《史》卷九二、歐《史》卷五六。

《弔梁郊賦》一卷　張策撰

【考訂】　宋《志》同。《崇文總目》卷五"別集類五"著錄《弔梁郊賦》一卷，不著撰人。《通志》卷七〇《藝文略八》"賦類"著錄《弔梁郊賦》一卷，注云"唐張策撰"。

張策，字少逸，敦煌人。後梁時爲工部侍郎，加承旨。後拜刑部侍郎、平章事，尋遷中書侍郎，改刑部尚書致仕。乾化二年卒。傳見薛《史》卷一八、歐《史》卷三四。

《汴州記》一卷　邱光庭撰（應爲王權撰）

【校訂】　宋《志》同。《崇文總目》卷二"雜史類下"著錄《汴州記》一卷，未明撰人。《通志》卷六五《藝文略三》"雜史類"著錄《汴州記》一卷，注云："記梁太祖鎮汴州事。"不著撰人。《宋史》卷二〇三《藝文志二》"傳記類"載王權《汴州記》一卷。焦竑《國史經籍志》

卷三"雜史類"亦著錄《汴州記》一卷，注曰："記梁太祖鎮汴州事。"通檢有關邱光庭之史傳資料，未見其有《汴州記》一書。

《海潮論》一卷、《海潮記》一卷　同上

【考訂】　宋《志》同。《崇文總目》卷三"小說類下"著錄邱光庭《海潮記》一卷、《海潮論》一卷。《通志》卷六六《藝文略四》"地理類·川瀆"著錄邱光庭《海潮論》一卷。《宋史》卷二〇六《藝文志五》"小說類"載邱光庭《海潮論》一卷、《海潮記》一卷；同書卷二〇八《藝文志七》"別集類"復載邱光庭《海潮論》一卷。焦竑《國史經籍志》卷三"傳記類"著錄邱光庭《海潮論》一卷。

《海潮論》見《全唐文》卷八九九。

《吳越石壁記》一卷　錢鏐撰

【考訂】　宋《志》同。《崇文總目》卷五"別集類六"著錄錢鏐《吳越石壁記》一卷。《通志》卷七〇《藝文略八》"制誥類"著錄《吳越石壁記》二卷，注云："吳越王錢鏐以唐末貢奉答詔刻石於臨安。"《宋史》卷二〇八《藝文志七》"別集類"載錢鏐《吳越石壁記》一卷，同書卷二〇九《藝文志八》"總集類"復載《吳越石壁記》二卷。焦竑《國史經籍志》卷五"制誥類"亦著錄錢鏐《吳越石壁記》二卷。

錢鏐，字具美，杭州臨安人。吳越開國之主。事蹟詳薛《史》卷一三三、歐《史》卷六七、《吳越備史》卷一及《十國春秋》卷七七。

《九華山記》二卷、《九華山舊錄》一卷　僧應物撰

宋《志》同。唐人著述，不宜入五代藝文志，詳本書第二章之考訂。

《武夷山記》一卷、《續成都記》一卷、《青城山記》一卷　杜光庭撰

【考訂】　宋《志》同。陳鱣《續唐書·經籍志》、徐炯《五代史記

補考・藝文考》載均載《青城山記》一卷、《武夷山記》一卷。

《崇文總目》卷二"地理類"著錄《青城山記》一卷，不著撰人；《武夷山記》一卷，題"杜光庭撰"。《郡齋讀書志》卷八載《青城山記》一卷，志云："右僞蜀杜光庭賓聖撰。集蜀山、若水在青城者，悉本道家方士之言。"《通志》卷六六《藝文略四》"地理類"著錄《續成都記》一卷，曰"杜光庭撰"；《青城山記》一卷，不著撰者；《武夷山記》一卷，曰"杜光庭撰"。《宋史》卷二〇四《藝文志三》"地理類"載錄杜光庭《續成都記》一卷、《青城山記》一卷，不著撰人。《直齋書錄解題》卷八"地理類"載《青城山記》一卷，題"蜀道士杜光庭撰"；又杜光庭《武夷山記》一卷。《文獻通考》卷二〇六《經籍三三》亦載錄《武夷山記》一卷。清趙士煒《中興館閣書目輯考》卷三亦考列《續成都記》一卷，釋曰："乾德中杜光庭撰。"《十國春秋》卷四七《杜光庭傳》載錄《武夷山記》一卷、《青城山記》一卷、《續成都記》一卷。

《禹別九州賦》一卷(應爲三卷)　趙鄰幾撰

【考訂】　宋《志》同。《東都事略》卷一一五《趙鄰幾傳》云："趙鄰幾字亞之，鄆州項城人也。少好學，能屬文，作《禹別九州賦》，凡萬餘言。周顯德初，舉進士，爲校書郎。"

《四庫闕書目》卷一"別集類"著錄趙鄰幾《禹別九州賦》一卷。《宋史》卷二〇八《藝文志七》"別集類"、焦竑《國史經籍志》卷五"集類"均載趙鄰幾《禹別九州賦》三卷。

趙鄰幾，後周顯德二年進士及第，宋太平興國四年卒，享年五十九歲。傳見《宋史》卷四三九。

《方輿記》一百三十卷　徐鍇撰

【考訂】　宋《志》、汪之昌《補南唐藝文志》、陳鱣《續唐書·經籍志》及唐圭璋、杜文玉兩《南唐藝文志》所載皆同。

《崇文總目》卷二"地理類"、《通志》卷六六《藝文略四》"地理類"、《宋史》卷二〇四《藝文志三》"地理類"及焦竑《國史經籍志》卷三"傳記類"均載徐鍇《方輿記》一百三十卷。

陸游《南唐書》卷五《徐鍇傳》僅記《方輿記》書名而未及卷數。《十國春秋》卷二八《徐鍇傳》載"《方輿記》一百三十卷。"

《地理指掌圖》一卷　稅安禮撰

宋《志》同。宋人著述，不宜入五代藝文志，詳本書第二章之考訂。

《地理手鏡》十卷　劉鷟撰

【考訂】　宋《志》同。徐炯《五代史記補考・藝文考》據《册府元龜》列《地理手鏡》一卷，曰："梁肅衡州長史劉鷟自明州進之。""肅"字乃衍。

薛《史》卷一〇《梁末帝紀》下載，貞明六年四月癸丑，"前衡州長史劉鷟進所撰《地理手鏡》十卷"。《全唐文》卷八四二劉鷟小傳云："鷟，梁貞明中官衡州長史，進所撰《地理手鏡》十卷。"

右輿地類共二百七卷

小　說　類

《開天遺事》一卷（應爲《開元天寶遺事》四卷）　王仁裕撰

【考訂】　宋《志》同。陳鱣《續唐書・經籍志》、徐炯《五代史記補考・藝文考》均載《開元天寶遺事》四卷，陳氏曰："周太子少師王仁裕撰。"

《郡齋讀書志》卷九"傳記類"載《開元天寶遺事》四卷，志云："右漢王仁裕撰。仁裕仕蜀，至翰林學士，蜀亡，仁裕至鎬京，采摭民言，得開元、天寶遺事一百五十九條。後分爲四卷。"《直齋書錄解題》卷七"傳紀類"載《開元天寶遺事》二卷,題云:"五代太子少保天水王仁裕德輦撰。所記一百五十九條。"

《宋史》卷二〇三"藝文志二"故事類"載王仁裕《開元天寶遺事》一卷。焦竑《國史經籍志》卷三"雜史類"著録王仁裕《開元天寶遺事》六卷。明葉盛《菉竹堂書目》卷二載録《開元天寶遺事》一册。清趙士煒《中興館閣書目輯考》卷二考列《開元天寶遺事》一卷,釋曰:"五代(唐)王仁裕采撼前史不載者,凡一百五十九條。"《孫氏祠堂書目内編》卷四亦著録《開元天寶遺事》四卷。《十國春秋》卷四四《王仁裕傳》亦列《開元天寶遺事》。

《四庫全書簡明目録》卷一四載《開元天寶遺事》四卷,提要云:"五代王仁裕撰。仁裕初仕蜀,爲翰林學士。蜀亡後,棲寓長安,得民間所傳玄宗時遺事,記爲此書。凡一百五十九條。洪邁《容齋隨筆》嘗撼其失實者四事,然小説家言得諸委巷,不能一一責以必實也。"

善本:《開元天寶遺事》二卷:明正德、嘉靖間顧元慶編刻《陽山顧氏文房小説四十種》本,明建業張氏銅活字印本,清嘉慶六年黄廷鑑抄本。

《玉堂閒話》三卷(應爲十卷)

【考訂】 宋《志》同。陳鱣《續唐書·經籍志》載《玉堂閒話》,注云:"無卷數。周太子少師王仁裕撰。"

《崇文總目》卷二"傳記類下"、《通志》卷六五《藝文略三》"雜史類"、焦竑《國史經籍志》卷三"雜史類"均載録王仁裕《玉堂閒話》十卷。《宋史》卷二〇五《藝文志四》"雜家類"載《玉堂閒話》三卷。

《金華子雜編》四卷(應爲三卷,南唐劉崇遠撰)

【考訂】 宋《志》、汪之昌《補南唐藝文志》及唐圭璋、杜文玉兩

《南唐藝文志》均作《金華子雜編》三卷。陳鱣《續唐書·經籍志》載《金華子雜編》三卷，曰"南唐大理司直劉崇遠撰"。徐炯《五代史記補考·藝文考》載劉崇遠《金華子》三卷。

《郡齋讀書志》卷一三"小説類"載《金華子》三卷，志云："右唐劉崇遠撰。金華子，崇遠自號，蓋慕黃初平爲人也。録唐大中後事。一本題曰《劉氏雜編》。"《直齋書録解題》卷一一"小説家類"載《金華子新編》三卷，曰："大理司直劉崇遠撰。五代時人。記大中以後雜事。"

《崇文總目》卷二"傳記類下"載録劉崇遠撰《金華子雜編》三卷。《通志》卷六五《藝文略三》"雜史類"著録《金華子雜編》三卷，曰："僞唐劉榮遠記太中、咸通後事。"《宋史》卷二〇六《藝文志五》"小説類"載劉崇遠《金華子雜編》三卷。焦竑《國史經籍志》卷三"雜史類"著録王仁裕《金華子雜編》三卷，注："劉榮遠記大中、咸通事。""劉榮遠"當係"劉崇遠"之譌。《菉竹堂書目》卷三載録劉崇遠《金華新編》三册。《孫氏祠堂書目内編》卷四亦著録《金華子雜編》二卷。

《四庫全書總目》卷一四〇"小説家類"載《金華子》二卷，提要云："南唐劉崇遠撰。崇遠家本河南，唐末避黄巢之亂，渡江南徙。仕李氏爲文林郎大理司直。嘗慕皇初平之爲人，自號金華子，因以爲所著書名。崇遠有自序一篇，頗具梗概。序末題名，具官稱臣，不著年月。而書中所稱烈祖高皇帝者，乃南唐先主李昪廟號。又有'昇元受命'之語，亦南唐中主李景紀年。晁公武《讀書志》乃以爲唐人，陳振孫《書録解題》則泛指爲五代人。宋濂《諸子辨》則並謂其人不可考。諸説紛紜，皆未核其自序而誤也。其書《宋·藝文志》作三卷。世無傳本。惟散見《永樂大典》者，搜採尚得六十餘條。核其所記，皆唐末朝野之故事，與晁氏所云'録唐大中後事'者相合。其中於將相之賢否，藩鎮之强弱，以及文章吟咏、神奇鬼怪之事，靡所不載。多足與正史相參證。觀《資治通鑑》所載宣宗對令狐綯、李景讓禀母訓，王師範拜縣令，王式馭亂卒諸事，皆本是書。則司馬光亦極取之。惟其紀'劉鄩襲兗州'一條，以兗帥爲張姓，而考之五代歐、薛二《史》，則當時兗帥實葛從周。不免傳聞異詞。然要其大致可信者多。與大唐傳載諸書撫拾委巷之談者，相去固懸絶矣。胡應麟《九流緒論》乃以鄙淺譏之，考應麟仍以崇遠爲唐人，不糾晁氏之誤，知未見其自序。又取與劉基《郁離子》、蘇伯衡《空同子》相較，是並不知爲記事之書，誤儕諸立言之列。明人詭薄，好爲大言以售欺，不足信也。謹裒綴編次分爲二卷，而以崇遠原序冠之簡端，以存其略焉。"

善本：《金華子》二卷：清嘉慶二年趙輯寧抄本。

《金華子雜編》二卷：清光緒二年鍾登甲刻函海本、清抄本、清周廣業校注稿本。

《見聞錄》三卷

【考訂】　宋《志》同。陳鱣《續唐書·經籍志》載《王氏見聞錄》□卷。

《四庫闕書目》卷二"小説類"著録王仁裕《見聞錄》三卷。《通志》卷六五《藝文略三》"雜史類"著録王仁裕撰《王氏聞見集》三卷，又《唐末見聞》八卷，注云："紀僖、昭兩朝事。"《宋史》卷二〇六《藝文志五》"小説類"著録王仁裕《見聞錄》三卷，又《唐末見聞錄》八卷。焦竑《國史經籍志》卷三"雜史類"著録《唐末見聞》八卷，不注撰人。又《王氏見聞集》三卷，注"王仁裕記前蜀事"。

《唐末見聞錄》八卷（此書非王仁裕撰）

【考訂】　宋《志》同。《崇文總目》卷二"傳記類下"著録《唐末見聞錄》八卷。《四庫闕書目》卷二"小説類"著録《唐末見聞錄》八卷。《通志》卷六五《藝文略三》"雜史類"著録《唐末見聞》八卷，注云："紀僖、昭兩朝事。"焦竑《國史經籍志》卷三"雜史類"著録《唐末見聞》八卷。以上諸書均不著撰人。

《入洛私書》一卷(應爲十卷)　同上(應爲江文秉撰)

【考訂】　宋《志》同。《崇文總目》卷二"雜史類下"著録江文秉《入洛私記》十卷。《通志》卷六五《藝文略三》"雜史類"著録《入洛私書》十卷,注云:"周江文秉撰,記同光至顯德事。"《國史經籍志》卷三"雜史類"著録同。《宋史》卷二〇三《藝文志二》"傳記類"載江文秉《都洛私記》十卷。

《金鑾密記》一卷　韓偓撰

【考訂】　宋《志》同。陳鱣《續唐書·經籍志》載《金鑾密記》五卷,曰"翰林學士韓偓撰"。《新唐書》卷五八《藝文志二》"雜史類"載韓偓《金鑾密記》五卷。《崇文總目》卷二"雜史類上"載韓偓《金鑾密記》一卷。

《郡齋讀書志》卷六載《金鑾密記》一卷,志云:"右唐韓偓撰。偓,天復元年爲翰林學士,從昭宗西幸。朱温圍岐三年,偓因密記其謀議及所聞見事,止於貶濮州司馬。予嘗謂偓有君子之道四焉:唐之末,南北分朋而忘其君,偓,崔胤門生,獨能棄彼從上,一業;其時搢紳無不交通内外,以躐取爵位,偓獨能力辭相位,二也;不肯草韋貽範起復麻,三也;不肯致拜於朱温,四也。《詩》曰:'風雨如晦,雞鳴不已。'偓之謂也。而宋子京薄之,奈何? 一本鼇天復二年、三年各爲一卷,首位詳略頗不同,互相讎校,凡改正千有餘字云。"

《直齋書録解題》卷五"雜史類"亦載《金鑾密記》三卷,題曰:"唐翰林學士承旨京兆韓偓致堯撰。具述在翰苑時事,危疑艱險甚矣。昭宗屢欲相之,卒不果而貶,竟終於閩。非不幸也,不然與崔垂休輩駢肩就戮於朱温之手矣。"

《通志》卷六五《藝文志三》"雜史類"著録《金鑾密記》一卷,注云："唐韓渥撰。記昭宗幸華州，梁太祖以兵圍華事。"《宋史》卷二〇三《藝文志二》"傳紀類"載韓偓《金鑾密記》一卷。《文獻通考》卷一九六《經籍二三》亦載錄《金鑾密記》一卷，原注"一作三卷"。焦竑《國史經籍志》卷三"雜史類"則著錄韓偓《金坡密記》五卷，顯係《金鑾密記》之誤。清趙士煒《中興館閣書目輯考》卷三考列韓偓《金鑾密記》一卷。《十國春秋》卷九五《韓偓傳》云："韓偓字致光，京兆人。……所著有《内庭集》、《金鑾別紀》。"

另按：宋陸游《老學庵筆記》卷六云："俗說唐五代間事，每及功臣，多云'賜無畏'，其言甚鄙淺。予兒時聞之，每以爲笑。及觀韓偓《金鑾密記》云：'面處分，自此賜無畏，兼賜金三十兩。'又云：'已曾賜無畏，卿宜凡事皆盡言。'直是鄙俚之言亦無畏。以此觀之，無畏者，許之無所畏憚也。然君臣之間，乃許之無所畏憚，是何義理？必起於唐末耳。"

韓偓，字致光，京兆人。龍紀元年進士。累遷諫議大夫、翰林學士。朱全忠忌偓，貶濮州司馬。偓攜族入閩，依王審之。龍德三年卒。傳見《新五代史》卷一八三、《唐才子傳》卷九及《十國春秋》卷九五。

《廣陵妖亂志》一卷（應爲三卷） **鄭廷晦撰**（應爲郭廷誨撰）

【考訂】 宋《志》同。陳鱣《續唐書·經籍志》、徐炯《五代史記補考·藝文考》均載《廣陵妖亂志》三卷，陳氏曰"晉陽鄭廷誨撰"。

《崇文總目》卷二"雜史類上"著錄郭廷誨《廣陵妖亂志》三卷。《新唐書》卷五八《藝文志二》"雜史類"載郭廷誨《廣陵妖亂志》二卷，注："高駢事"。《通志》卷六五《藝文略三》"雜史類"著錄《廣陵妖亂志》三卷，注云："唐郭廷誨撰。記高駢鎮廣陵，爲妖人吕用之所惑，致生亂至楊行密。"《直齋書錄解題》卷五"雜史類"載《廣陵妖亂志》三卷，曰："唐晉陽鄭延晦撰。言高駢、吕用之、畢師鐸等事。"《文獻通考》卷一九六《經籍二三》亦載《廣陵妖亂志》三卷，考引《直齋書録解題》。焦竑《國史經籍志》卷三"雜史類"録《廣陵妖亂志》三卷。

郭廷誨，後唐大將郭崇韜之子，事蹟詳參薛《史》卷五七、歐《史》卷二四《郭崇韜傳》。崇韜被誅，廷誨隨父死於蜀。

《唐末汎聞録》一卷　閻自若撰

【考訂】　宋《志》同。《郡齋讀書志》卷六載《唐末汎聞録》一卷，志云："右皇朝閻自若纂。乾德中，王溥《五代史》成。自若之父觀之，謂自若曰：'唐末之事，皆吾耳目所及，與史册異者多矣。'因話見聞故事，命自若志之。"孫猛於"乾德中王溥《五代史》成"一句下校注云："原本黄丕烈校語云：覆案何校袁本'普'作'溥'。按沈録何校本、袁録何校本同。何焯以爲公武指王溥所撰《五代會要》，是。"

《直齋書録解題》卷七"傳紀類"載《唐末汎聞録》一卷，題云："題常山閻自若撰。記五代及諸僭偽事。其序自言乾德中得於先人及舅氏聞見，且曰：'傳者難驗，見者易憑，考之史策，不若詢之耆舊也。'然所記亦時有不同者，如李濤納命事，本謂張彦澤，今乃云謁周高祖。未詳孰是。"《文獻通考》卷一九六《經籍二三》載《唐末汎聞録》一卷，考引《郡齋》、《直齋書録解題》。

《唐摭言》十五卷　王定保撰

【考訂】　宋《志》、陳鱣《續唐書·經籍志》均載王定保《唐摭言》十五卷。

《郡齋讀書志》卷一三載《摭言》十五卷，志云："右唐王定保撰。分六十三門。記唐朝進士應舉登科雜事。"《直齋書録解題》卷一一"小説家類"載《摭言》十五卷，題云："唐王定保撰。專記進士科名事。定保，光化三年進士，爲吴融子華婿，喪亂後入湖南，棄其妻弗顧，士論不齒。"

《崇文總目》卷三"小說類上"著録王定保撰《摭言》十五卷。《通志》卷六八《藝文略六》"小說類"著録王定保《摭言》十五卷。《宋史》卷二〇五《藝文志四》"雜家類"、《文獻通考》卷二一六《經籍四三》、焦竑《國史經籍志》卷四下"小說家類"均載王定保《摭言》十五卷。明葉盛《菉竹堂書目》卷三載録《唐摭言》三册。《孫氏祠堂書目内編》卷四亦著録王定保撰《摭言》十五卷。

《四庫全書總目》卷一四〇"小說家類"載《唐摭言》十五卷，提要云："五代王定保撰。舊本不題其里貫。其序稱王溥爲從翁，則溥之族也。陳振孫《書録解題》謂定保爲吴融之壻，光化三年進士，喪亂後入湖南。《五代史·南漢世家》稱定保爲邕管巡官，遭亂不得還，劉隱辟置幕府。至劉龑僭號之時尚在。其所終則不得而詳矣。考定保登第之歲，距朱温篡唐僅六年。又序中稱溥爲丞相，則是書成於周世宗顯德元年以後。故題唐國號不復作内詞。然定保生於咸通庚寅，至是年八十五矣。是書蓋其暮年所作也。同時南唐鄉貢士何晦亦有《唐摭言》十五卷，與定保書同名。今晦書未見，而定保書刻於商氏《稗海》者删削大半，殊失其真。此本爲松江宋賓王所録，末有跋語，稱以汪士鋐本校正，較《稗海》所載特爲完備。近日揚州新刻，即從此本録出。惟是晁公武《讀書志》稱是書分六十三門，而此本實一百有三門。數目差舛，不應至是，豈商濬之前已先有删本耶？是書述有唐一代貢舉之制特詳，多史志所未及。其一切雜事，亦足以覘名場之風氣，驗士習之淳澆。法戒兼陳，可爲永鑑，不似他家雜録但記異聞已也。據定保自述，蓋聞之陸扆、吴融、李渥、顏蕘、王溥、王涣、盧延讓、楊贊圖、崔籍若等所談云。"

《十國春秋》卷六二《王定保傳》云："王定保，南昌人，舉唐光化三年進士第。……大有初（按：南漢劉龑大有元年，即後唐天成三年），官寧遠軍節度使。十三年冬，代趙損爲中書侍郎同平章事，不逾年卒。定保善文辭，高祖常作南宫，極土木之盛，定保獻《南宫七奇賦》以美之，一時稱爲絶倫。所著《唐摭言》十五卷。"

善本：《唐摭言》十五卷：清影宋抄本、明萬曆清真館刻本、明抄本、清抄本、清乾隆二十一年至二十五年盧見曾編刻《雅雨堂叢書》本、清嘉慶十年張氏照曠閣刻《學津討源》（張海鵬編）本（見該書第十七集）、清道光二十三年管庭芬抄本。

《廣摭言》十五卷　何晦撰

【考訂】　宋《志》、汪之昌《補南唐藝文志》及唐圭璋、杜文玉兩《南唐藝文志》均著錄何晦《廣摭言》十五卷。

《直齋書錄解題》卷一一"小說家類"載《廣摭言》十五卷，題云："鄉貢進士何晦撰。其序言太歲癸酉下第於金陵鳳台旅舍。癸酉者，開寶六年也。時江南猶未下，晦蓋其國人歟？"《宋史》卷二〇六《藝文志五》"小說類"亦載何晦《廣摭言》十五卷。

《金華子新編》三卷　劉崇遠撰

【考訂】　《直齋書錄解題》卷一一"小說家類"載《金華子新編》三卷，題云："大理司直劉崇遠撰。五代時人，記大中以後雜事。"此條乃劉崇遠撰《金華子雜編》條之重出者，宜刪。

《北夢瑣言》三十卷　孫光憲撰

【考訂】　宋《志》同。陳鱣《續唐書·經籍志》、徐炯《五代史記補考·藝文考》均載《北夢瑣言》二十卷，陳氏曰："荊南黃州刺史孫光憲撰。"

《郡齋讀書志》卷一三"小說類"載《北夢瑣言》二十卷，曰："右荊南孫光憲撰。光憲，蜀人，從楊玭、元澄遊，多聞唐世賢哲言行，因纂輯之，且附以五代十國事。取《傳》'敗於江南之夢'，自以爲高氏從事，在荊江之北，故命編云。"《文獻通考》卷二一六《經籍四三》載錄《北夢瑣言》二十卷，考引《郡齋》。

《直齋書錄解題》卷一一"小說家類"載《北夢瑣言》三十卷，題云：" 黄州刺史陵井孫光憲孟文撰。載唐末、五代及諸國雜事。光憲仕荆南高從誨，三世在幕府。'北夢'者，言在夢澤之北也。後隨繼沖入朝。有薦於太祖者，將用爲學士，未及而卒。光憲自號'葆光子'。"

《崇文總目》卷二"傳記類下"、《通志》卷六五《藝文略三》"雜史類"均著録孫光憲《北夢瑣言》三十卷。《宋史》卷二〇六《藝文志五》"小説類"載孫光憲《北夢瑣言》十二卷。焦竑《國史經籍志》卷三"雜史類"則著録孫光憲《北夢瑣言》三十卷。清錢曾《讀書敏求記》卷二、《孫氏祠堂書目内編》卷四均著録《北夢瑣言》二十卷。《十國春秋》卷一〇二《孫光憲傳》僅載《北夢瑣言》書名，不注卷數。

《四庫全書總目》卷一四〇"小説家類一"載《北夢瑣言》二十卷，提要云："宋孫光憲撰。光憲字孟文，自號葆光子。《十國春秋》作貴平人，而自題乃稱富春。考光憲自序，言生自岷峨，則當爲蜀人。其曰富春，蓋舉郡望也。仕唐爲陵州判官，旋依荆南高季興爲從事。後勸高繼冲以三州歸宋，太祖嘉之，授黄州刺史以終，《五代史・荆南世家》載之甚明。舊以爲五代人者，誤矣。……其曰《北夢瑣言》者，以《左傳》稱'田於江南之夢'，而荆州在江北，故以命名，蓋仕高氏時作也。所載皆唐及五代士大夫逸事。每條多載某人所説，以示有徵，蓋用《杜陽雜編》之例。其記載頗猥雜，叙次亦頗冗沓。而遺文瑣語，往往可資考證。故宋李昉等編《太平廣記》多採其文。"

善本：《北夢瑣言》二十卷：明萬曆商濬編刻《稗海》本、明刻本（傅增湘校並跋）；清初抄本，王重民《中國善本書提要・史部》作該書提要。

《貽子録》一卷　同上

【考訂】　宋《志》同。《四庫闕書目》卷二"小説類"著録《貽子録》一卷，不著撰人。

洪邁《容齋隨筆・續筆》卷一三《貽子録》條載："先公自燕歸，

得龍圖閣書一策,曰《貽子錄》,有'御書'兩印存,不言撰人姓名,而序云:'愚叟受知南平王,政寬事簡。'意必高從誨擅荆渚時,賓僚如孫光憲輩者所編,皆訓倣童蒙。其《修進》一章云,咸通年中,盧子期著《初舉子》一卷,細大無遺。就試三場,避國諱、宰相諱、主文諱。士人家小子弟,忌用熨斗時把帛,慮有拽白之嫌。燭下寫試無誤筆,即題其後云'並無揩改塗乙注',如有,即言字數,其下小書名。同年小錄是雙隻先輩各一人分寫。宴上長少分雙隻相向而坐,元以東爲上,儌以西爲首,給、舍、員外、遺、補,多來突宴,東先輩不遷,而西先輩避位。及吏部給春關牒,便稱前鄉貢進士,大略有與今制同者,獨避宰相、主文諱,不復講雙隻先輩之名,他無所見。其《林園》一章謂茄爲酪酥,亦甚新。"

無名氏《耳目記》一卷(應爲二卷,劉氏撰)

【考訂】 宋《志》同。陳鱣《續唐書·經籍志》載《耳目記》二卷,曰"劉氏撰"。

《崇文總目》卷三"小説類上"著録劉氏撰《耳目記》二卷。《郡齋讀書志》卷六"雜史類"載《耳目記》二卷,曰:"右題云劉氏,未詳何時人。雜記唐末五代事。"《通志》卷六五《藝文略三》"雜史類"著録《耳目記》一卷,注云:"記唐末五代以來事。"《直齋書録解題》卷一一"小説家類"載《耳目記》一卷,題云:"無名氏。《邯鄲書目》云劉氏撰,未詳其名。記唐末以後事。"《宋史》卷二〇六《藝文志五》"小説類"、《文獻通考》卷一九六《經籍二三》、焦竑《國史經籍志》卷三"雜史類"均載録劉氏《耳目記》二卷。

《唐新纂》(應爲《大唐新纂》)**三卷**(應爲十三卷) **石文德撰**

【考訂】 宋《志》同。陳鱣《續唐書·經籍志》載《大唐新纂》十三卷,曰"楚水部員外郎石文德撰"。

陶岳《五代史補》卷三"石文德獻挽歌"條載:"石文德,連州人。

形質尪陋，好學，尤攻詩。霸國時，屢獻詩求用。文昭以其寢陋，未曾禮待，文德由是窮悴。有南宅王子者，素重士，延於門下。其後文昭知之，亦兼怒王宅，欲庭辱文德而逐之。居無何，秦國夫人彭氏薨，文昭傷悼，乃命有文學者各撰挽詞。文德乃獻十餘篇，其一聯云：'月沉湘浦冷，花謝漢宮秋。'文昭覽之，大驚曰：'文德有此作用，吾但以寢陋而輕之，乃不如南宫小兒卻能知賢耶！'於是始召文德而愧謝之。未幾，承制授水部員外郎，充融州刺史。文德晚尤好著述，乃撰《大唐新纂》十三卷，多名人遺事，詞雖不工，事或可采，時以多聞許之。"

《直齋書錄解題》卷一一"小說家類"載《唐朝新纂》三卷，題云："融州副使石文德撰。"《宋史》卷二〇六《藝文志五》"小說類"載石文德《唐新纂》三卷。

《十國春秋》卷七三《石文德傳》云："石文德，連州人。……(楚)文昭王時，僦屋長沙，累獻詩丐用。王以貌寢，故不加禮，文德用是頗窮悴。……承制授水部員外郎。……撰《大唐新纂》十三卷，事頗可采，世以多聞許之。"

《妖怪錄》五卷　皮光業撰

【考訂】　宋《志》、陳鱣《續唐書·經籍志》所載皆同顧《志》。

《崇文總目》卷三"小說類下"、《通志》卷六五《藝文略三》"傳記類·冥異"、《宋史》卷二〇六《藝文志五》"小說類"、焦竑《國史經籍志》卷三"傳記類"均著錄皮光業《妖怪錄》五卷。

《十國春秋》卷八六《皮光業傳》云："皮光業，字文通，世爲襄陽竟陵人。父曰休……天福二年，(吳越)國建，拜光業丞相……所撰《皮氏見聞錄》十三卷行世。又有《妖怪錄》五卷。"

《皮氏見聞錄》十三卷

【考訂】　宋《志》同。陳鱣《續唐書·經籍志》、徐炯《五代史記補考・藝文考》均載皮光業《皮氏見聞錄》五卷。

《崇文總目》卷二"傳記類下"著錄皮光業撰《皮氏見聞錄》十三卷。《四庫闕書目》卷二"小説類"著錄《皮氏見聞錄》十二卷。《郡齋讀書志》卷一三"小説類"載《皮氏見聞錄》五卷，志云："右五代皮光業撰。唐末爲餘杭從事，記當時詭異見聞，自唐乾符四年，迄晉天福二年。自號鹿門子。"《文獻通考》卷二一六《經籍四三》亦載錄《皮氏見聞錄》五卷，考引晁《志》。《通志》卷六五《藝文略三》"雜史類"著錄《皮氏見聞錄》十三卷，注云："皮光業撰，記唐乾符至五代時事。"《宋史》卷二〇六《藝文志五》"小説類"載皮光業《皮氏見聞錄》十三卷。焦竑《國史經籍志》卷三"雜史類"亦著錄《皮氏見聞錄》十三卷，注"皮光業記乾符至五代事"。

《啟顔錄》六卷

【考訂】 宋《志》同。《直齋書錄解題》卷一一"小説家類"載《啟顔錄》八卷，云："不知作者。雜記詼諧調笑事。《唐志》有侯白《啟顔錄》十卷，未必是此書，然亦多有侯白語，但訛謬極多。"《宋史》卷二〇五《藝文志四》"小説類"載皮光業《啟顔錄》六卷，此顧、宋兩《志》所本。

《三餘外志》三卷　同上

【考訂】 宋《志》同。《宋史》卷二〇五《藝文志四》"小説類"載錄皮光業《三餘外志》三卷。

《國朝舊事》四十卷　王溥撰（實無撰人）

【考訂】 《新唐書》卷五八《藝文志二》"雜傳記類"著錄《國朝舊事》四十卷，不著撰人。《通志》卷六五《藝文略三》"故事類"、《國史經籍志》卷三"故事類"並著錄《國朝舊事》四十卷，注"紀唐事"。各書均不著撰人。

《集説》二卷（應爲一卷） 同上

【考訂】 宋《志》同。《通志》卷六五《藝文略三》"故事類"、《國史經籍志》卷三"故事類"並著録《國朝舊事》四十卷，曰"紀唐事"；又《集説》一卷，注"記唐十五事"。兩書均不明撰人。

興武按：《國朝舊事》四十卷、《集説》一卷，顧、宋兩《志》均謂王溥撰。唐末有王溥，字德潤，第進士。昭宗朝嘗拜翰林學士、户部侍郎，以中書侍郎同中書門下平章事判户部。後罹"白馬之禍"。傳見《新唐書》卷一八二。宋初另有王溥，字齊物，并州祁人也。漢乾祐中舉進士甲科。歷仕漢、周而入宋。然核檢《宋史》、《宋史新編》及其他史籍，均未見溥著兩書之記載。疑惑難斷，姑仍其舊，以備續考。

《北司治亂記》十卷（應爲八卷） 嚴道美撰（應爲嚴遵美）

【考訂】 宋《志》同。陳鱣《續唐書·經籍志》作《北史治亂記》，不計卷數，注曰"蜀内侍監嚴遵美撰"。按："北史"乃"北司"之譌。

《北夢瑣言》卷一〇"嚴軍容貓犬怪"條云："唐左軍容使嚴遵美，於閹宦中仁人也。自言北司爲供奉官，袴衫給事，無秉簡入侍之儀。又云樞密使廨署，三間屋書櫃而已，亦無視事廳堂。狀後貼黄，指揮公事，乃是楊復恭奪宰相權也。自是常思退休，一旦發狂，手足舞蹈，家人咸訝。傍有一貓一犬，貓謂犬曰：'軍容改常也，顛發也。'犬曰：'莫管他，從他。'俄而舞定，自驚自笑，且異貓犬之言。遇昭宗播遷鳳翔，乃求致仕梁川。蜀軍收降興元，因徙於劍南，依王先主，優待甚異，於青城山下，卜别墅以居之，年過八十而終。其忠正謙約，與西門季玄爲季孟也。於時誅宦官，唯西川不奉詔，由是脱禍。家有《北司治亂記》八卷，備載閹宦忠佞好惡。嘗聞此傳，偶未得見。即巷伯之流，未必俱邪，良由南班輕忌太過，以致參商，蓋邦國之不幸也。"

《十國春秋》卷四六《嚴遵美傳》云："嚴遵美，父季實，爲唐掖庭局博士。（前蜀）高祖即位，除内侍監，禮遇有加。久之告歸青城山下，卜別墅居之。年八十餘而終……所著有《北司治亂記》八卷，備載閹官忠佞，傳於世。"

《顯德二年小錄》二卷（應爲一卷）
【考訂】 宋《志》同。《四庫闕書目》卷一"故事類"著錄《周顯順二年小錄》一卷，"顯順"當爲"顯德"之譌。《通志》卷六五《藝文略三》"傳記類"、焦竑《國史經籍志》卷三"傳記類"均著錄《周顯德二年小錄》一卷，不著撰人。

《史館故事》（應爲《史館故事錄》）三卷
【考訂】 宋《志》同。陳鱣《續唐書·經籍志》、徐炯《五代史記補考·藝文考》均載《史館故事錄》三卷，陳注云："周史官撰。"

《郡齋讀書志》卷七"職官類"載《史館故事》三卷，志云："右不題撰人姓氏。記史館雜事，分六門，迄於五代。李獻臣以爲後周史官所著。"

《直齋書錄解題》卷六"職官類"載《史館故事錄》三卷，題云："不著名氏。凡爲六門，曰敘事、史例、編修、直筆、曲筆，而終之以雜錄。末稱皇朝廣順，則是周朝史官也。"

《崇文總目》卷二"職官類"著錄《史館故事錄》三十卷，不著撰人。《通志》卷六五《藝文略三》"職官下"著錄《史館故事錄》三卷，注云："五代周史官所錄。"《宋史》卷二〇三《藝文志二》"故事類"載《史館故事錄》三卷，不名作者。《文獻通考》卷二〇二《經籍二九》亦載錄《史館故事錄》三卷。焦竑《國史經籍志》卷三"雜史類"及清趙士煒《中興館閣書目輯考》卷二均考列《史館故事錄》三卷，趙釋曰："纂輯歷代史官建置史筆之體，卷末云廣順末，當是周史臣撰。"

《忠烈圖》一卷　徐溫客纂輯

【考訂】　宋《志》及汪之昌《補南唐藝文志》所載皆同。《崇文總目》卷三"小說類上"著錄《忠烈圖》一卷,曰"徐溫客撰"。《四庫闕書目》卷二"小說類"著錄徐氏撰《忠烈圖述》一卷。《通志》卷六五《藝文略三》"傳記類"著錄《忠烈圖》一卷,注云:"僞吴徐溫客記安金藏等二十六人。"《宋史》卷二〇五《藝文志四》"雜家類"載徐氏《忠烈圖》一卷。

《孝義圖》一卷　同上(非吴徐溫客撰)

【考訂】　宋《志》及汪之昌《補南唐藝文志》所載皆同。

興武按:《宋史》卷二〇五《藝文志四》"雜家類"於徐氏《忠烈圖》一卷後,列《孝義圖》一卷。明柯維騏《宋史新編》卷五一《藝文五》"雜家類"亦於徐氏《忠烈圖》一卷後著錄《孝義圖》一卷,實非徐氏所撰。顧、宋兩《志》及汪之昌等未作詳察,連帶抄錄,遂致譌誤。

《江淮異人錄》一卷(應爲二卷)　吴淑撰

【考訂】　宋《志》及汪之昌《補南唐藝文志》所載皆同。陳鱣《續唐書·經籍志》載《江淮異人錄》二卷,曰"南唐内史吴淑撰"。

《直齋書録解題》卷五"僞史類"載《江淮異人錄》二卷,題云:"吴淑撰。所記道流、俠客、術士之類,凡二十五人。"《崇文總目》卷二"傳記類下"著錄吴淑撰《江淮異人錄》三卷。《通志》卷六七《藝文略五》"道家二"著錄《江淮異人錄》三卷,曰"宋朝吴淑撰"。《宋史》卷二〇六《藝文志五》"小說類"、焦竑《國史經籍志》卷四上"子類"及柯維騏《宋史新編》卷一六九《吴淑傳》均載吴淑《江淮異人錄》三卷。錢謙益《絳雲樓書目》卷一"史傳記類"著錄《江淮異人錄》,陳景雲注曰:"二卷,宋吴淑撰。記道流、俠客、術士之類,凡二十五人。"《文獻通考》卷二〇〇《經籍二七》、《孫氏祠堂書目内編》卷四均載録《江淮異人錄》二卷。

《四庫全書總目》卷一四二"小説家類三"載《江淮異人錄》二卷，提要云："宋吴淑撰。……是編所紀，多道流、俠客、術士之事。凡唐代二人，南唐二十三人。徐鉉嘗積二十年之力，成《稽神録》一書。淑爲鉉壻，殆耳濡目染，挹其流波，故亦喜語怪歟？鉉書説鬼，率誕漫不經。淑書所記，則《周禮》所謂怪民，《史記》所謂方士，前史往往見之，尚爲事之所有。其中如耿先生之類，馬令、陸游二《南唐書》皆採取之。則亦非盡鑿空也。尤袤《遂初堂書目》載此書，作《江淮異人傳》，疑傳寫之譌。又《宋史·淑本傳》載是書三卷，而陳振孫《書録解題》作二卷，《宋藝文志》亦同。則列傳以二爲三，由字誤矣。其書久無傳本。今從《永樂大典》中掇拾編次，適得二十五人之數。首尾全備，仍爲完書。謹依《宋志》，仍分爲上、下二卷，以復其舊焉。"

吴淑，字正儀，潤州丹陽人。徐鉉壻。先仕江南，以文章知名，韓熙載、潘佑深加敬重。後歸宋。傳見《宋史》卷四四一及《十國春秋》卷三一。

善本：《江淮異人録》一卷：明嘉靖刻本、明抄本（與《仙苑編珠》、《疑仙傳》合一册）、清吴翌鳳抄本。

李後主《雜説》二卷（應爲六卷）

【考訂】 宋《志》及汪之昌《補南唐藝文志》均同顧《志》。唐圭璋、杜文玉兩《南唐藝文志》載李煜《雜説》六卷。唐《志》曰："尤《目》作《李氏雜説》，無卷數。……續四庫闕書目》作一卷。《江南别録》謂李煜著《雜説》數千萬言，《皇宋書目》謂李煜著《雜説》數千言。《李煜墓誌銘》、《湘山野録》及馬《書》並謂李煜著《雜説》百篇。馬《書》云：'後主著《雜説》百篇，時人以爲可繼《典論》。'徐鉉《雜説序》作三卷，三卷之中又分上、下，凡一百篇。"

《四庫闕書目》卷一"别集類"著録李煜《雜説》一卷。《通志》卷六八《藝文略六》"小説家類"及焦竑《國史經籍志》卷四下"小説家類"著録均著録李後主《雜説》六卷。《宋史》卷二〇五《藝文志四》"雜家類"載南唐後主李煜《雜説》二卷。

徐鉉《徐公文集》卷一八《御製雜説序》云："臣聞軒后之神也，畏愛止乎《三百》……又若雅頌文賦凡三十卷，鴻筆藻麗，玉振金相，則有中書舍人、集賢殿學士徐鍇所撰《御集序》詳矣。今立言之作，未即宣行，理冠皇墳，謙稱《雜説》。臣鉉以密侍禁掖，首獲觀瞻，有詔冠篇。勒成三卷，而三卷之中，文義既廣，又分上、下焉，凡一百篇，要道備矣。將五千而並久，與二曜以同明。昭示孫謨，永光册府。謹上。"

《稽神録》六卷(應爲十卷)　　**徐鉉撰**

【考訂】　宋《志》、陳鱣《續唐書·經籍志》、徐炯《五代史記補考·藝文考》及汪之昌《補南唐藝文志》所載皆爲六卷，唐圭璋、杜文玉兩《南唐藝文志》作十卷。

《郡齋讀書志》卷一三載《稽神録》十卷，志云："右南唐徐鉉撰。記怪神之事。序稱'自乙未歲至乙卯，凡二十年，僅得百五十事。'楊大年云：'江東布衣蒯亮好大言誇誕，鉉喜之，館於門下。《稽神録》中事，多亮所言。'"吴任臣《十國春秋》卷二八《徐鉉傳》沿襲此説，稱"所著《稽神録》多出於客蒯亮，非鉉作也"。《直齋書録解題》卷一一"小説家類"載《稽神録》六卷，題云："南唐徐鉉撰。元本十卷。今無卷第，總作一卷，當是自他書中録出者。"

《崇文總目》卷三"小説類下"著録徐鉉撰《稽神録》十卷。《通志》卷六五《藝文略三》"傳記類·冥異"、《宋史》卷二〇六《藝文志五》"小説類"均載徐鉉《稽神録》十卷。《文獻通考》卷二一六《經籍四三》載録徐鉉撰《稽神録》六卷。焦竑《國史經籍志》卷三"傳記類"則著録徐鉉《稽神録》七卷。《孫氏祠堂書目内編》卷四則著録《稽神録》六卷、《補遺》一卷。

《四庫全書總目》卷一四二"小説家類三"載《稽神録》六卷，提要云："宋徐鉉撰。鉉字鼎臣，廣陵人。仕南唐爲翰林學士。隨李煜歸宋，官至直學士院給事中散騎常侍。淳化初，坐累謫静難軍司馬，卒於官。事蹟具《宋史》本傳。是編皆記神怪之事。晁公武《讀書志》載其自序，稱'自乙未歲至乙卯，凡二十年'，則始於後唐廢帝清泰二年，迄於周世宗顯德二年，猶未入宋時所作。書中惟乾寧、天復、天祐、開成、同光書其年號。自後唐明宗以後則但書甲子。考馬永卿《懶真子》，稱南唐自顯德五年用中原正朔，士大夫以爲恥，碑文但書甲子。此書猶在李璟去帝號前三年，殆必原用南唐年號，入宋以後追改之。其稱楊行密曰'僞吳'，稱南唐曰'江南'，其官亦稱僞某官，亦入宋以後所追改歟？《讀書志》云所載一百五十事，陳振孫《書錄解題》云'元本十卷，此無卷第，當是他書中錄出者'。案今本止六卷，而反有一百七十四事。末又有《拾遺》十三事。與晁氏、陳氏所云卷數、條數俱不合。案《楓窗小牘》云：'太宗命儒臣修《太平廣記》，時徐鉉實與編纂。《稽神錄》，鉉所著也。每欲采擷，不敢自專。輒示宋白，使問李昉。昉曰：詎有徐率更言無稽者，於是此《錄》遂得見收。疑是《錄》全載《太平廣記》中，後人錄出成帙。而三大書徵引浩博，門目叢雜，所列諸事，凡一名叠見者，《太平御覽》皆作'又'字，《文苑英華》皆作前名字，《廣記》皆作同上字。其間前後相連、以甲蒙乙者，往往而是。或緣此多錄數十條，亦未可知也。《讀書志》又云：'楊大年云江東布衣蒯亮好大言誇誕，鉉喜之，館於門下。《稽神錄》中事多亮所言。'考《騎省集》中有《送蒯參軍亮》詩，前四句云：'昔年聞有蒯先生，二十年來道不行。抵掌曾談天下士，折腰猶忤俗人情。'則鉉客實有蒯亮，然不言及説鬼事。又書中載"破瘤得碁子"、"得鍼"二章云：'聞之於亮。'則不題亮名者，似非亮語。趙與旹《賓退錄》備載洪邁《夷堅志》諸序，稱其三志庚集序，考徐鉉《稽神錄》，辨《楊文公談苑》所載蒯亮之事非是。其説必有所考，今不得而見之矣。"

善本：《稽神錄》六卷、《拾遺》一卷：明嘉靖二十二年姚諮家抄本、明崇禎毛氏汲古閣刻《津逮秘書》（毛晉編）本（見該書第十一集）、明末抄本、清嘉慶十年張氏照曠閣刻《學津討源》（張海鵬編）本（見該書第十六集）。

《清異錄》六卷（應爲二卷）　陶穀撰

【考訂】　宋《志》同。陳鱣《續唐書·經籍志》錄爲四卷，曰"晉翰林承旨陶穀撰"。

《直齋書錄解題》卷一一"小説家類"載《清異錄》二卷，題云："稱翰林學士陶穀撰。凡天文、地理、花木、飲食、器物，每事皆製爲異名新説。其爲書殆似《雲仙散錄》，而語不類國初人，蓋假託也。"《文獻通考》卷二一六《經籍考四三》載《清異錄》二卷，考引《直齋書錄解題》。

胡應麟《少室山房筆叢》卷一六《四部正譌下》云："《清異錄》二卷，陶穀撰。或以文不類宋初者，恐未然。此書命名造語，皆頗入工，恐非穀不能。但《雲仙》間有紀事志怪處，此則全主滑稽耳。擬諸李商隱之雜纂，亦何減也。近時文章大家，間亦用之，若髭聖之號，王長公以題哀册文矣。"

《四庫全書總目》卷一四二"小説家類三"載《清異錄》二卷，提要云："宋陶穀撰。穀字秀實，邠州新平人。本唐彦謙之孫。避晉諱，改陶氏。仕晉爲知制誥倉部郎中。仕漢爲給事中。仕周爲兵部侍郎翰林承旨。入宋仍原官，加户部尚書。事蹟具《宋史》本傳。是書皆采摭唐及五代新穎之語，分三十七門。各爲標題，而注事實緣起於其下。陳振孫《書錄解題》以爲不類宋初人語。胡應麟《筆叢》嘗辨之。今案：穀雖入宋，實五代舊人。當時文格，不過如是。應麟所云良是。惟穀本北人，僅一使南唐，而花九品九命一條云：'張翊者，世本長安，因亂南來，先主擢置上列。'乃似江南人語，是則稍不可解耳。豈亦雜錄舊文，删除未盡耶？所記諸事，如出一手。大抵即穀所造，亦《雲仙散錄》之流，而獨不僞造書名。故後人頗引爲詞藻之用。樓鑰《攻媿集》有《白醉軒詩》,據其自序,亦引此書。則宋代名流,即已用爲故實。相沿既久,遂亦不可廢焉。"

陶穀,入宋後累官至戶部尚書,開寶三年卒。傳見《東都事略》卷三〇、《隆平集》卷一三及《宋史》卷二六九。

善本:《清異錄》四卷:明万曆刻《寶顏堂秘笈》(陳繼儒輯)本、明刻《唐宋叢書》(鍾人傑、張遂辰輯)本、清順治三年李際期宛委山堂刻《説郛》(元陶宗儀輯,明陶珽重校)本(見一百二十卷)。

《賓朋宴語》一卷(應爲三卷)　邱旭撰

【考訂】　宋《志》及汪之昌《補南唐藝文志》所載皆同顧《志》,唐圭璋、杜文玉兩《南唐藝文志》並載三卷。

馬令《南唐書》卷二三《邱旭傳》云:"字孟陽,宣城農家子也。少以畜產爲事。弱冠始讀書,學爲辭章。因隨計金陵,凡九舉,而曳白者六七。然自勵彌篤,不以爲耻。……旭初著文,多爲人取去,無留巾笥者。輒於書肆訪之,獲舊本,獻焉。呂公憐之,薦授令錄,遷京秩,卒於衡州。旭嘗纂自古賢俊遺言爲《賓朋宴語》,行於世。其爲詞賦得有唐程度體,後人以爲法。"

趙德麟《侯鯖錄》卷八載:"南唐給事中喬舜知舉,進士及第者五人,即邱旭、樂史、王則、程渥、陳皋也,皆以舉數升降等甲。無名子以爲喬之榜類陳橘皮,以年高者居上。"

《直齋書錄解題》卷二二"文史類"載《賓朋宴語》三卷,題云:"太子中舍致仕貴溪邱昶孟陽撰。南唐進士,歸朝宰數邑。著此書十五篇,叙唐以來詩賦源流。天禧辛酉鄧賀爲序。"《四庫闕書目》卷一"總集類"著錄邱旭《賓朋宴語》三卷,卷二"小説類"重出二卷。《通志》卷六八《藝文略六》"小説類"著錄《賓朋宴語》三卷,注云"邱時撰"。《宋史》卷二〇三《藝文志二》"傳紀類"載邱旭《賓朋宴語》一卷。焦竑《國史經籍志》卷四下"小説家類"則著錄《賓朋宴語》三卷,注"邱時"。按:"時"乃"旭"之譌。胡震亨《唐音癸籤》卷三二《集錄三》載《賓朋宴語》,注云:"三卷。邱昶撰。昶,南唐進士,仕宋,著此書十五篇,敘唐以來詩賦源流。"

《十國春秋》卷三一《邱旭傳》云:"邱旭,字孟陽,宣城人。……(南唐)後主時試《德厚載物賦》,擢第一人。……常纂古名賢遺言爲《賓朋宴語》,行世。"

《雜說》一卷　盧言撰

宋《志》同。唐人著述,不宜入五代藝文志,詳本書第二章之考訂。

《五代登科記》一卷(應爲十五卷)　徐鍇撰

【考訂】　宋《志》、徐炯《五代史記補考・藝文考》、汪之昌《補南唐藝文志》所載皆爲一卷。唐圭璋、杜文玉兩《南唐藝文志》均載徐鍇《登科記》十五卷。

《宋史》卷二〇三《藝文志二》"傳紀類"載徐鍇《登科記》十五卷。

《登科記》(應爲《五代登科記》)五卷(應爲一卷)　不著作者(應爲趙修修撰)

【考訂】　宋《志》同。

洪适《盤洲文集》卷六三《跋五代登科記》云:"右《五代登科記》一卷。予頃在三館,所抄中秘閣書。五季文物掃地,取士無足稱。特以國初卿相侍從皆當時以儒科進者,因刊我宋科名記,故併傳之。仍其舊書,不復考正也。"

《直齋書錄解題》卷七載《五代登科記》一卷,題云:"不著名氏。前所謂崔氏書至周顯德止者,殆即此耶? 館中有此書。洪丞相以國初卿相多在其中,故併傳之。"王應麟《玉海》卷一一五《選舉・科舉二·唐進士舉》》載《五代登科記》一卷，曰："起梁開平二年，至周顯德六年，姓名及試題。"

《通志》卷六五《藝文略三》"傳記類"著録《五代登科記》一卷，注云"趙儵修撰"。焦竑《國史經籍志》卷三"傳記類"所載同。《文獻通考》卷一九八《經籍二五》載録《五代登科記》一卷，不著撰人。清趙士煒《中興館閣書目輯考》卷三考列《五代登科記》一卷，釋曰："起梁開平二年，至周顯德六年，姓名及試題。"

《符彥卿家譜》一卷（應爲符承宗撰）

【考訂】　宋《志》同。《四庫闕書目》卷一著録《符魏王譜》一卷。《宋史》卷二〇四《藝文志三》"譜牒類"載《符彥卿家譜》一卷，曰："符承宗撰。"焦竑《國史經籍志》卷三"傳記類"載録《符魏王譜》一卷。

薛《史》卷五六《符彥超傳》云："彥超，存審之長子也。少事武皇，累歷牙職。存審卒，莊宗以彥超爲汾州刺史。……存審次子彥饒，晉史有傳。次彥卿，皇朝前鳳翔節度使，守太師、中書令，封魏王。今居於洛陽。"符彥卿傳，見《宋史》卷二五一。

《釣磯立談》二卷（應爲一卷）　**史虛白撰**

【考訂】　宋《志》及汪之昌《補南唐藝文志》所載皆同。陳鱣《續唐書·經籍志》載《釣磯立談》一卷，曰"南唐校書郎史虛白撰"。

《宋史》卷二〇六《藝文志五》"小説類"載史虛白《釣磯立談記》一卷。明葉盛《菉竹堂書目》卷三著録南書遺叟《釣磯立談》一册。清錢曾《讀書敏求記》卷二亦載《釣磯立談》一卷，識曰："叟爲山東人，不著名氏。清泰年中，避地江表，營釣磯以自隱。李氏亡國，追記南唐興廢事，得百二十餘條，疏於此書。序云：'文慙子山之麗，興哀則有之；才愧士衡之多，辨亡亦幾矣。'讀之頗爲泫然。"《十國春秋》卷二九《史虛白傳》云："著有《釣磯立談》一卷，言江南廢興事頗備。"

《四庫全書總目》卷六六"載記類"載録《釣磯立談》一卷,提要云:"是書世有二本。此本爲葉林宗從錢曾家宋刻鈔出。後題臨安府太廟前尹家書籍鋪刊行,不著撰人名氏。前有自序云'叟山東一無聞人也……題之曰《釣磯立談》'云云。别一本爲曹寅所刊,卷首佚其自序,又卷首有'楊氏奄有江淮'、'趙王李德誠'二條,其餘亦多異同,而題曰史虚白撰,蓋據《宋史·藝文志》之文。考馬令《南唐書》:虚白,山東人。中原多事,同韓熙載渡淮,以詩酒自娛。不言其有所著述。觀書中'山東有隱君子者'一條,稱'與熙載同時渡淮,以書干烈祖,擢爲校書郎,非其所願,遂卒不仕'。又'唐祚中興'一條云'有隱君子作《割江賦》以諷'。又有《隱士詩》云'風雨揭却屋,渾家醉不知'云云,與虚白傳悉合。則隱君子當即虚白。序中兩稱先校書,則作書者當爲虚白之子。《宋志》荒謬,不足爲據。曹氏新本竟題虚白者,殊未考耳。"

陳尚君《〈釣磯立談〉作者考》(《文史》第 44 輯,中華書局,1998年)考訂《釣磯立談》乃一山東無名叟所述,由史虚白之孫史温記録成書。

史虚白,字畏名,世家齊魯。天成元年自後唐奔吴,初爲校書郎,旋謝病去,南遊至九江落星灣,因家焉。南唐元宗盡失江北之地,虚白作《割江賦》以諷。卒年六十八。傳見《十國春秋》卷二九。

善本:《釣磯立談》一卷:清初毛氏汲古閣影宋抄本、清康熙元年王乃昭抄本、清康熙四十五年曹寅揚州使院刻《楝亭十二種》本。

《紀聞譚》三卷　潘遺(應作潘遠)撰

【考訂】　宋《志》同。陳鱣《續唐書·經籍志》、徐炯《五代史記補考·藝文考》均載蜀潘遠撰《紀聞談》三卷,"談"乃"譚"之譌字。

《直齋書録解題》卷一一"小説家類"載《紀聞譚》三卷,題云:"蜀潘遠撰。《館閣書目》按李淑作潘遺。今考《邯鄲書目》亦作潘遠。其曰'遺'者本誤也。所記隋、唐遺事。"《文獻通考》卷二一六

《經籍四三》亦載録《紀聞談》三卷,考引《直齋書録解題》。《宋史》卷二〇六《藝文志五》"小説類"載潘遺《紀聞談》一卷。趙德麟《侯鯖録》卷一載:"閬中有三雅池,出潘遠《紀聞譚》。"

《野人閒話》五卷　景焕撰

【考訂】　宋《志》同。陳鱣《續唐書·經籍志》不著卷數,曰"後蜀景焕撰"。

《崇文總目》卷三"小説類上"載録《野人閒話》五卷,曰"景焕撰"。《通志》卷六八《藝文略六》"小説類"著録《野人閒話》五卷,曰"宋朝景焕撰"。《直齋書録解題》卷一一"小説家類"載《野人閒話》五卷,題云:"成都景焕撰。記孟蜀時事,乾德三年序。"《文獻通考》卷二一六《經籍四三》亦載録景焕《野人閒話》五卷。《宋史》卷二〇六《藝文志五》"小説類"載耿焕《牧豎閒談》三卷,又《野人閒話》五卷。

洪邁《容齋隨筆·續筆》卷一"戒石銘"條云:"'爾俸爾禄,民膏民脂。下民易虐,上天難欺',太宗皇帝書此,以賜郡國,立於廳事之南,謂之《戒石銘》。按成都人景焕,有《野人閒話》一書,乾德三年所作,其首篇《頒令箴》,載蜀王孟昶爲文頒諸邑云……凡二十四句。昶區區愛民之心,在五季諸僭僞之君爲可稱也,但語言皆不工,唯經表出者,詞簡理盡,遂成王言,蓋詩家所謂奪胎换骨法也。"

郭若虚《圖畫見聞志》卷六"應天三絶"條云:"唐僖宗幸蜀之秋,有會稽山處士孫位,扈從止成都。位有道術,兼工書畫。曾於成都應天寺門左壁,畫坐天王暨部從鬼神,筆鋒狂縱,形製詭異,世莫之與比。歷三十餘載,未聞繼其高躅。至孟蜀時,忽有匡山處士景焕,一名朴,善畫。焕與翰林學士歐陽炯爲忘形之友,一日聯騎同遊應天,適覩位所畫門之左壁天王,激發高興,遂畫右壁天王以對之。二藝争鋒,一時壯冠,渤海歎重其能,遂爲長歌以美之。繼有草書僧夢歸後至，因請書於廊壁，書畫歌行一日而就，傾城士庶看之，闐噎寺中，成都人號爲應天三絶也。焕尤好畫龍，有《野人閒話》五卷，行於世。其間一篇，惟叙畫龍之事。"

《十國春秋》卷五六《景焕傳》云："景焕，一名朴，成都人也。自稱'匡山處士'。素善畫，工文章。……有《野人閒話》五卷。"

《葆光録》三卷　　陳纂撰

【考訂】　宋《志》、陳鱣《續唐書·經籍志》所載皆同顧《志》。

《四庫闕書目》卷二"小説類"著録《葆光録》二卷，不著作者。《直齋書録解題》卷一一"小説家類"載《葆光録》三卷，題云："陳纂撰。自號'襲明子'。所載多吳越事，當是國初人。"《宋史》卷二〇六《藝文志五》"小説類"、焦竑《國史經籍志》卷四下"小説家類"均載録陳纂《葆光録》三卷。明葉盛《菉竹堂書目》卷三載録龍明子《葆光録》一册。

《兩同書》二卷　　羅隱撰

【考訂】　宋《志》、陳鱣《續唐書·經籍志》、徐炯《五代史記補考·藝文考》均載羅隱《兩同書》二卷。

《崇文總目》卷三"雜家類"著録《兩同書》二卷，曰："唐羅隱撰。采孔、老之書，著爲内、外十篇。以老子修身之説爲内，孔子治世之道爲外，會其旨而同元。"錢侗按云："《書録解題》作《祝融子兩同書》二卷，云不著名氏。《中興書目》云唐吳筠撰。……侗考吳筠所撰，《唐志》作一卷，與後'小説類上'所録卷數正同，是別爲一書。陳氏蓋未深考耳。《陝西通志》云：'《兩同書》一卷，唐、宋《藝文志》皆稱筠撰，惟《崇文總目》云羅隱撰。'亦誤合二書爲一。"同卷"小説類上"載吳筠《兩同書》一卷。《崇文總目輯釋補正》卷三於"《兩同書》二卷"下補曰："羅隱所撰，《書録解題》作《祝融子兩同書》二卷。吳筠所撰，《紹興秘書省闕書目》作《太平兩同書》二卷。其題目不同,自係兩書,但其卷數亦同耳。"

《郡齋讀書志》卷一二"雜家類"著錄《兩同書》兩卷,志云:"右唐羅隱撰。隱謂老子養生,孔子訓世,因本之著《內》、《外篇》各五。其曰《兩同書》者,取兩者同出而異名之意也。"

《直齋書錄解題》卷一〇"雜家類"載《祝融子兩同書》二卷,題云:"不著名氏。《中興書目》云唐吳筠撰。《唐·藝文志》同,但入'小說類'。又案《崇文總目》以爲羅隱撰,未詳。其書采孔、老爲《內》、《外》十篇。祝融者,謂鬻子,爲諸子之首也。"

《通志》卷六七《藝文略五》"諸子類·道家二"、《宋史》卷二〇五《藝文志四》"雜家類"及《文獻通考》卷二一四《經籍四一》均載錄羅隱《兩同書》二卷。

《四庫全書總目》卷一一七"雜家類一"載錄《兩同書》二卷,提要云:"唐羅隱撰。隱字昭諫,新城人,本名横。以十舉不中第,乃更名。朱温篡唐,以諫議大夫召,不應。後仕錢鏐,爲錢塘令。尋爲鎮海軍掌書記節度判官、鹽鐵發運副使。授著作佐郎、司勳郎中。歷遷諫議大夫給事中。《吳越備史》載隱所著有《淮海寓言》、《讒書》,不言有此書。然《淮海寓言》及《讒書》陳振孫已訪之未獲。惟此書猶傳於今,凡十篇。上卷五篇,皆終之以老氏之言。下卷五篇,皆終之以孔子之言。……然則兩同之名,蓋取晉人將無同之義。晁公武以爲取兩者同出而異名,非其旨矣。《書錄解題》引《中興書目》,以爲唐吳筠撰。考《宋史·藝文志》別有吳筠《兩同書》二卷,與此書同載之'雜家類'中,非一書也。"

羅文華校輯《羅隱集》(中華書局 1983 年版)收《兩同書》十篇。

善本:《太平兩同書》二卷:明蒼雪庵抄本。

《南楚新聞》三卷　尉遲樞撰

【考訂】　宋《志》、汪之昌《補南唐藝文志》及唐圭璋、杜文玉兩《南唐藝文志》所載皆同。

《新唐書》卷五九《藝文志三》"小説家類"、《崇文總目》卷二"傳記類上"均著録尉遲樞《南楚新聞》三卷。《通志》卷六五《藝文略三》"雜史類"著録《南楚新聞》三卷，注云："唐尉遲樞記寶曆至天祐時事。"《宋史》卷二〇五《藝文志四》"雜家類"、焦竑《國史經籍志》卷三"雜史類"亦載録尉遲樞《南楚新聞》三卷。

《虬髯客傳》（應爲《虬鬚客傳》）**一卷　杜光庭撰**
【考訂】　宋《志》、陳鱣《續唐書·經籍志》所載皆同。
《崇文總目》卷二"傳記類上"著録《虬鬚客傳》一卷。《通志》卷六五《藝文略三》"傳記類"著録《虬鬚客傳》一卷，曰"記李衛公事"。《宋史》卷二〇六《藝文志五》"小説類"、焦竑《國史經籍志》卷四下均著録杜光庭《虬鬚客傳》一卷。明葉盛《菉竹堂書目》卷三載録《虬髯客傳》一册。
善本：《虬髯客傳》一卷：明正德、嘉靖間顧元慶編刻《陽山顧氏文房小説四十種》本。

《録異記》十卷　同上
【考訂】　宋《志》同。金《録異記》八卷，曰"蜀崇真館大學士杜光庭撰"。
《宋史》卷二〇六《藝文志五》"小説類"載《録異記》十卷。焦竑《國史經籍志》卷三"傳記類"著録杜光庭《録異記》八卷。
《四庫全書總目》卷一四四載《録異記》八卷，提要云："蜀杜光庭撰。光庭有《了證歌》，已著録。此書《宋志》作十卷，與今本異。白雲霽《道藏目録》收於'洞元部·記傳類·恭字號'中。然光庭雖道士，而此書所述實無與於道家。卷首沈士龍題辭謂光庭以方術事蜀孟昶，故成此書以取悦。考陶岳《五代史補》，光庭以唐僖宗幸蜀時入道，其後歷事王建、王衍，未入後蜀。即以此書而論，其記蜀丁卯年會昌廟城壕側龜著金書'王'字、'大吉'字，則王建天復七年也。又稱蜀皇帝乾德元年已卯七月十五日庚辰降誕廣聖節，王彥徽得白龜以進，則王衍元年也。凡此皆爲前蜀王氏誕陳符瑞，以云悦昶，失考甚矣。其言皆荒誕不足信。冶城客論曰：'廣成先生杜光庭撰《仙傳》、《錄異》等書，率多自作，故人有無稽之言，謂之杜撰。'然則光庭之妄，前人已言之矣。"

《錄異記》八卷：明崇禎毛氏汲古閣刻《津逮秘書》（毛晉編）本（見該書第十一集）、明抄本（秦四麟校並跋）、清初抄本。

《錄異記》二卷：明抄本。

《靈怪實錄》三卷　曹衍撰

【考訂】　宋《志》同。《宋史》卷二〇六《藝文志五》"小説類"載《靈怪實錄》三卷，列於曹衍《湖湘神仙顯異》之後，實非曹衍著述。顧、宋兩《志》未作詳察，連帶抄錄，以致譌誤。

《備忘小鈔》十卷　文□（應爲文谷）撰

【考訂】　宋《志》、陳鱣《續唐書·經籍志》、徐炯《五代史記補考·藝文考》皆載文谷《備忘小鈔》十卷。

《郡齋讀書志》卷一四"類書類"著錄《備忘小鈔》十卷，曰："右僞蜀文谷撰。雜抄子史一千餘事，以備遺忘。其後題廣政三年。廣政，王衍號也。"按：廣政乃後蜀孟昶年號，非王衍也。《文獻通考》卷二二八《經籍五五》載錄《備忘小抄》十卷，考引《郡齋》。《宋史》卷二〇六《藝文志五》"小説類"著錄文谷《備忘小鈔》二卷。

《十國春秋》卷五六《文谷傳》云："文谷，成都温江人。漢文翁之裔有龜年者，唐乾符中明經及第，任彰明令，谷即其孫也。谷篤學博聞，以詞章顯於世。事後主，歷官員外郎、侍御史、山南道節度判官。廣政末，隨王昭遠巡邊，至文州，見唐都虞候文和之墓，谷用昭遠命作文，厚瘞之，人皆以爲有隱德焉。谷所撰《備忘小抄》十卷，雜鈔子史一千餘事，以備遺忘，世多傳寫之。"

《警戒録》五卷　周挺撰

【考訂】　宋《志》同。《通志》卷六五《藝文略三》"傳記類·冥異"著録《警誡録》五卷，注云："僞蜀周珽撰。"焦竑《國史經籍志》卷三"傳記類"則著録蜀周誕撰《警戒録》五卷。"誕"字當爲"珽"之譌。

《報應録》三卷　王轂撰

【考訂】　宋《志》及汪之昌《補南唐藝文志》所載皆同。

《崇文總目》卷三"小説類上"著録王轂《報應録》三卷。《通志》卷六五《藝文略三》"傳記類"著録《報應録》三卷，注云"後唐王轂撰"。《宋史》卷二〇六《藝文志五》"小説類"、焦竑《國史經籍志》卷三"傳記類"均著録王轂《報應録》三卷。

王轂，字虚中，江西宜春人，自號"臨沂子"。乾寧五年進士及第。唐末爲尚書郎中，卒年無考。《通志》稱"後唐王轂"，當有所據。

傳記參考：《唐詩紀事》卷七〇、《唐才子傳》卷一〇、《登科記考》卷二四。

《資談》六十卷　范贊然（應爲范贊時）撰

【考訂】　宋《志》、陳鱣《續唐書·經籍志》所載皆同顧《志》。

《崇文總目》卷三"類書類下"著録范贊時《資談》六十一卷。《通志》卷六九《藝文略七》"類書類"著録《資談》六十卷，注云："吴越范贊時撰。"《宋史》卷二〇七《藝文志六》"類事類"載《資談》六十卷，不著撰人。焦竑《國史經籍志》卷四下"類家類"載《資談》六十卷，注"吴越范贊時"。

另據《吴郡志》卷一一"牧守"條載："（錢文奉）涉獵經史，精音律、圖緯、醫藥、鞠弈之藝，皆冠絶一時。……有鑑裁，禮下賢能。士負才藝者多依之，作南園、東莊，爲吴中之勝。多聚法書、名畫、寶玩、雅器，號稱好事。又與賓僚共采史籍，著《資談》三十卷，行於世。"

《十國春秋》卷八八傳云："范贊時，蘇州人。父夢齡，與廣陵王子文奉交善，官中吳軍節度推官。贊時博洽善著書，所輯《資談》六十卷，世多藏弆之。子墉，事忠懿王，有能名，國亡隨王入宋，終武寧軍掌書記。"按：宋臣范仲淹即墉子。

《宋齊邱文傳》十三卷（應補樂史撰）

【考訂】 宋《志》及唐圭璋、杜文玉兩《南唐藝文志》所載皆同顧《志》。汪之昌《補南唐藝文志》載《文傳》十三卷，曰"宋齊邱撰"。

《宋史》卷二〇八《藝文志七》"別集類"載《宋齊丘文傳》十三卷。同書卷三〇六樂黃目傳云："父史，字子正。齊王景達鎮臨川，召掌牋奏，授秘書郎。入朝，爲平原主簿。太平興國五年，與顏明遠、劉昌言、張觀並以見任官舉進士。……所撰又有《太平寰宇記》二百卷，《總記傳》百三十卷，《坐知天下記》四十卷，《商顏雜錄》、《廣卓異記》各二十卷，《諸仙傳》二十五卷，《宋齊丘文傳》十三卷，《杏園集》、《李白別集》、《神仙宮殿窟宅記》各十卷，《掌上華夷圖》一卷。又編己所著爲《仙洞集》百卷。"據此，則《宋齊丘文傳》乃樂史所撰。

《陳金鳳傳》（應爲《陳金鳳外傳》）**一卷**

宋《志》同。明人著述，不宜入五代藝文志，詳本書第二章之考訂。

《玉泉子見聞真錄》五卷

【考訂】 宋《志》同。《新唐書》卷五九《藝文志三》"小說家類"載《玉泉子見聞真錄》五卷，《崇文總目》卷二"傳記類下"載錄《玉泉子見聞真錄》五卷，均不著作者。《通志》卷六五《藝文略三》"雜史類"著錄《玉泉子見聞真錄》五卷,注云:"紀唐懿宗至昭宗時事。"明葉盛《菉竹堂書目》卷三載錄《玉泉子聞見真錄》一册。

尤袤《遂初堂書目》載《玉泉筆端》,不記卷數與作者。陳振孫《直齋書錄解題》卷一一載《玉泉筆端》三卷,又别一卷,云:"不著名氏。有序,中和三年作。末有跋云扶風李昭德家藏之書也,即故淮海相公孫。又稱黄巢陷洛之明年跋,亦不知何人。别一本號《玉泉子》,比此本少數條,而多五十二條。無序跋。錄其所多者爲一卷。"

《四庫全書總目》卷一四〇著錄《玉泉子》一卷,提要云:"不著撰人名氏。所記皆唐代雜事,亦多採他小説爲之。如開卷裴度一條,全同《因話錄》;韓昶金根車事,先載《尚書故實》,不盡其所自作也。《宋史·藝文志》載《玉泉子見聞真錄》五卷,與此本卷數不符,似别一書。《書錄解題》作《玉泉筆端》三卷,稱前有中和三年序,末有跋,稱出於淮海相公之孫扶風李昭德家,此本皆無之。然中和爲僖宗年號,而書中有昭宗之文,時代不符,則亦决非此本。《書錄解題》又云:'别一本號《玉泉子》,比此本少數條,而多五十二條。無序跋,錄其所多者爲一卷。'此本共八十二條,或即陳振孫所錄之一卷。而《書錄解題》訛'八'字爲'五'字耶? 三者之中,此猶約略近之矣。"

善本:《玉泉子聞見真錄》一卷:明抄本。

《入洛私書》十卷　江文秉撰
係重出,考訂見前。

《聲書》十卷、《解聲》十五卷　沈顔撰
【考訂】 宋《志》、汪之昌《補南唐藝文志》及杜文玉《南唐藝文志》所載皆同。陳鱣《續唐書·經籍志》載沈顔《聲書》十卷、《解聲書》五卷。徐炯《五代史記補考·藝文考》僅錄沈顔《聲書》

十卷。

《郡齋讀書志》卷一八"別集類中"載《聲書》十卷，志云："右僞吳沈顏字可鑄，傳師之孫。天復初進士，爲校書郎。屬亂離，奔湖南，辟巡官。吳國建，爲淮南巡官、禮儀使、兵部郎中、知制誥、翰林學士。順義中卒。顏少有辭藻，琴棋皆臻妙。場中語曰'下水船'，言爲文敏速，無不載也。性閒淡，不樂世利。嘗病當時文章浮靡，仿古著書百篇，取元次山'聲叟'之説，附己志而名書。其自序云：'自孟軻以後千餘年，經百千儒者，咸未有聞焉。天厭其極，付在鄙子。'其誇誕如此。"

《直齋書錄解題》卷十六"別集類上"載《聲書》十卷，題云："唐天復進士沈顏可鑄撰。傳師之孫，仕僞吳，順義中爲翰苑。名'聲'者，以元結'聲叟'自況也。其文骫骳，而自序之語，極其矜負。"

《崇文總目》卷五"別集類二"著錄沈顏《聲書》十卷、《解聲書》十五卷。《新唐書》卷六〇"藝文志四""別集類"載沈顏《聲書》十卷。《通志》卷七〇《藝文略八》"別集五"著錄沈顏《聲書》十卷，又《解聲書》十五卷，注"僞吳"。《宋史》卷二〇五《藝文志四》"雜家類"載沈顏《聲書》十卷，同書卷二〇八《藝文志七》"別集類"復載沈顏《陵陽集》五卷、《聲書》十卷、《解聲》十五卷。《文獻通考》卷二三三《經籍六〇》載錄沈顏《聲書》十卷。《國史經籍志》卷五"別集類"亦載沈顏《聲書》十卷、《解聲書》十五卷。

《鯛子》一卷　趙鄰幾撰

【考訂】　宋《志》同。《崇文總目》卷三"儒家類"、《四庫闕書目》卷一"別集類"、《通志》卷六六《藝文略四》"諸子類"、《宋史》卷二〇五《藝文志四》"儒家類"均著錄趙鄰幾《鯛子》一卷。

趙鄰幾，後周顯德二年，楊徽之同榜進士。宋太宗即位初，召爲左贊善大夫、直史館，官至左補闕、知制誥。傳見《宋史》卷四三九、《宋史新編》卷一六九。

《群居解頤》三卷　高擇(應爲高懌)撰

宋《志》同。宋人著述,不宜入五代藝文志,詳本書第二章之考訂。

《三感志》三卷　楊九齡撰

【考訂】　宋《志》同。《宋史》卷二〇六《藝文志五》"小説類"載楊九齡《三感志》三卷。

楊九齡,蜀人,擅雋才。廣政間在世。傳見《十國春秋》卷五六。

《滑稽集》一卷(應爲五卷)　錢易撰

宋《志》同。宋人著述,不宜入五代藝文志,詳本書第二章之考訂。

《南部新書》十卷　同上

宋《志》同。宋人著述,不宜入五代藝文志,詳本書第二章之考訂。

《筆述》二十卷　王朴撰

【考訂】　宋《志》同。新、舊《五代史》、《宋史》、《宋史新編》及宋元以後公私書目均不載此書。薛《史》卷一二八《王朴傳》云:"其筆述之外,多所該綜,至如星緯、聲律,莫不畢殫其妙。所撰《大周欽天曆》及《律準》,並行於世。"是知顧、宋兩《志》或當有所依據。然畢竟覆核未得,存疑待考。

《竹譜》三卷　錢昱撰

【考訂】　宋《志》、陳鱣《續唐書‧經籍志》所載皆同顧《志》。
《宋史》卷四八〇《錢昱傳》云:"昱好學,多聚書,喜吟詠,多與中朝卿大夫唱酬。嘗與沙門贊寧談竹事，迭錄所記，昱得百餘條，因集爲《竹譜》三卷。"《十國春秋》卷八三《錢昱傳》沿襲此説，謂昱有《竹譜》三卷。

錢昱，字就之，吴越忠獻王錢弘佐之長子，爲台州刺史，領德化軍節度使、鎮海軍節度使、温州刺史。轉彰武軍節度使。從錢俶歸宋，授白州刺史。咸平二年卒，享年七十五歲。傳見《宋史》卷四八〇。

《笋譜》十卷　僧贊寧撰

【考訂】　宋《志》、陳鱣《續唐書·經籍志》所載皆同顧《志》。

王得臣《麈史》卷二云："僧贊寧爲《笋譜》甚詳，掎摭古人詩詠，自梁元帝至唐楊師道，皆詩中言及笋者。惟孟蜀時學士徐光溥等二人絶句，亦可爲勤篤。然未盡也。如退之《和侯協律詠笋二十六韻》不收，何耶？豈寧忿其排釋氏，而私懷去取與？抑文公集當時未出乎？不可知也。"

《崇文總目》卷三"小説類下"著録僧贊寧撰《笋譜》一卷。《郡齋讀書志》卷一二"農家類"載《笋譜》三卷，曰："右皇朝僧惠崇撰。"《通志》卷六六"藝文略四""食貨類"著録《笋譜》一卷，曰"宋朝僧贊寧撰"。《宋史》卷二〇五《藝文志四》"農家類"、《直齋書録解題》卷一〇"農家類"及焦竑《國史經籍志》卷三"雜史類"均著録僧贊寧《笋譜》一卷。《十國春秋》卷八九《贊寧傳》載《笋譜》之名而不列卷數。《孫氏祠堂書目外編》卷二著録《笋譜》一卷，注："宋僧贊寧撰。"

《四庫全書總目》卷一一五"譜録類"載《笋譜》一卷，提要云："不著撰人名氏。晁公武《讀書志》作僧惠崇撰，陳振孫《書録解題》作僧贊寧撰。案惠崇爲宋初九僧之一，工於吟詠，有《句圖》一卷。又工於畫，黄庭堅集有題其所作蘆雁圖詩。然不聞曾作是書。考《宋史·藝文志》亦作贊寧，則振孫説是也。"

僧贊寧，本姓高氏，五代吳越僧。太平興國三年（978）入宋，咸平元年（998）以後卒，享年八十餘。傳見《十國春秋》卷八九。

善本：《筍譜》一卷：宋刻《百川學海一百種》（壬集）本、明萬曆汪士賢輯刻《山居雜誌二十三種》本。

右小説類共四百一十六卷

總　集　類

《群書麗藻》一千卷《目》五十卷　朱遵度撰

【考訂】　宋《志》、汪之昌《補南唐藝文志》及杜文玉《南唐藝文志》所載皆同顧《志》。陳鱣《續唐書·經籍志》僅載《群書麗藻》一千卷。徐炯《五代史記補考·藝文考》載《群書麗藻》六十五卷。唐圭璋《南唐藝文志》未列《群書麗藻》。

《直齋書録解題》卷一五"總集類"載《群書麗藻》六十五卷，題云："按《三朝藝文志》一千卷，崔遵度編。《中興館閣書目》但有目録五十卷，云南唐司門員外郎崔遵度撰。以六例總括古今之文，一曰'六籍瓊華'，二曰'信史瑶英'，三曰'玉海九流'，四曰'集苑金鑾'，五曰'絳闕蕊珠'，六曰'鳳首龍編'。爲二百六十七門，總一萬三千八百首。今無目録，合三本，共存此卷數。斷續訛缺，不復成書，當其傳寫時固已如此矣。其目止有四種，無'金鑾'、'蕊珠'二類，故存之，以備闕文。按《江南餘載》：遵度，青州人，居金陵，高尚不仕。《中興書目》云'司門郎'，未知何據也。"《文獻通考》卷二四八《經籍七五》均載《群書麗藻目録》五十卷，考引《直齋書録解題》。

《崇文總目》卷二"目録類"著録《群書麗藻目録》五十卷，曰"宋遵度撰"。《通志》卷六六《藝文略四》"目録類"著録《群書麗藻目録》五十卷，曰"僞唐朱遵度撰"。《宋史》卷二〇四《藝文志三》"目録類"載朱遵度《群書麗藻目録》五十卷；同書卷二〇九《藝文志八》

"總集類"復載朱遵度《群書麗藻》一千卷、《目》五十卷。焦竑《國史經籍志》卷三"簿錄類"、清趙士煒《中興館閣書目輯考》卷三亦載錄朱遵度《群書麗藻目錄》五十卷。

《十國春秋》卷七五《朱遵度傳》云："朱遵度，青州人也。家多藏書，周覽略遍，當時推爲博學，稱曰'朱萬卷'。避耶律德光之召，挈妻孥，攜書，雜商賈來奔，文昭王待之甚薄，遵度杜門却掃。諸學士每爲文章，先問古今首末於遵度，國人號爲'幕府書廚'。後徙居金陵，高尚不仕。著《鴻漸學記》一千卷、《群書麗藻》一千卷、《漆經》若干卷。"

興武按：《群書麗藻》之作者向有三説，《崇文總目》稱"宋遵度"，《直齋書錄解題》、《文獻通考》及《中興館閣書目輯考》作"崔遵度"，《通志》、《宋史》及焦竑《國史經籍志》作"朱遵度"。考鄭文寶《江表志》卷二載："朱遵度，本青州書生，好藏書。高尚不仕，閒居金陵。著《鴻漸學記》一千卷、《群書麗藻》一千卷、《漆經》數卷，皆行於世。"夏竦《文莊集》卷二八《朱公行狀》、釋文瑩《玉壺清話》卷二、馬永易《實賓錄》卷五、葉廷珪《海錄碎事》卷一八等載"朱遵度"。王稱《東都事略》卷三八《朱昂傳》復云："朱昂字舉之，其先京兆人也。父葆光寓潭州，遂家於衡山。昂少篤學，有朱遵度者時謂之'萬卷'，目昂曰'小萬卷'。"《宋史》卷四三九《朱昂傳》所載亦同。崔遵度乃宋初太平興國八年進士，名列《西崑酬唱集》，陳氏偶誤。"宋遵度"之説雖未知所本，亦誤。

《鴻漸學記》一千卷　同上

【考訂】　宋《志》、陳鱣《續唐書·經籍志》、汪之昌《補南唐藝文志》及杜文玉《南唐藝文志》所載皆同。唐圭璋《南唐藝文志》列朱遵度《鴻漸學記》一千卷。

《江表志》卷二稱朱遵度著有《鴻漸學記》一千卷。陶宗儀《説郛》卷三九下、王士禎《香祖筆記》卷五及《十國春秋》卷七五《朱遵度傳》所載皆同。

《古今語要》十二卷　喬舜封撰

【考訂】　宋《志》、汪之昌《補南唐藝文志》及唐圭璋、杜文玉兩《南唐藝文志》所載皆同顧《志》。

《崇文總目》卷三"雜家類"著錄《古今語要》十二卷,不著撰人。《通志》卷六八《藝文略六》"雜家類"著錄《古今語要》十二卷,注云："偽唐喬舜封撰。"《宋史》卷二〇三《藝文志二》"史鈔類"著錄喬舜封《古今語要》十二卷,同書卷二〇七《藝文志六》"類事類"復載錄喬舜封《古今語要》十二卷,顯係重出。焦竑《國史經籍志》卷四下"子類"亦著錄喬舜封《古今語要》十二卷。

《桂香詩》一卷　同上

【考訂】　宋《志》、汪之昌《補南唐藝文志》及杜文玉《南唐藝文志》所載皆同。唐圭璋《南唐藝文志》"總集類"列喬舜《桂香詩》一卷,考曰："《全唐詩》錄《喬舜詩》一卷。徐鉉《文集》卷四有《送德林郎中赴東府詩序》,詩作者六人,首篇正作喬舜。又卷八有《洪州掌書記喬匡舜賜紫制》,當是入宋避去'匡'字耳。陸《書》卷八有《喬匡舜傳》,作'喬舜封'者,豈亦入宋後改名耶。"

《崇文總目》卷五"別集類四"著錄喬舜《桂香詩》一卷。《通志》卷七〇《藝文略八》"別集類"、《宋史》卷二〇九《藝文志八》"總集類"、《國史經籍志》卷五"別集類"並載喬舜《桂香詩》一卷。

興武按："喬舜"與"喬舜封"顯係兩人,後者仕歷不詳。唐先生以爲"喬匡舜"入宋後改名"喬舜封",乃無據臆測。

《古今國典》一百卷（應爲一百二十卷）　徐鍇輯

【考訂】　宋《志》、汪之昌《補南唐藝文志》及杜文玉《南唐藝文志》均載徐鍇《古今國典》一百卷。陳鱣《續唐書·經籍志》著錄《國典》一書，注云："無卷數，南唐内史舍人徐鍇撰。"唐圭璋《南唐藝文志》據陸游《南唐書》等，録《古今國典》之名，曰："《補五代史藝文志》録徐鍇《古今國典》一百卷，未知何據。"

陸游《南唐書》卷五、《宋史》卷四四一《徐鍇傳》、《十國春秋》卷二八《徐鍇傳》均列《古今國典》書名，不明卷數。《江南通志》卷一九一《藝文志·史部》載録《古今國典》一百二十卷，《歷代年譜》一卷，曰"俱廣陵徐鍇"。

《古今書録》四十卷　毋昭裔撰（應爲母煚撰）

宋《志》同。唐人著述，不宜入五代藝文志，詳本書第二章之考訂。

《蜀王建書目》一卷

【考訂】《四庫闕書目》卷一"目録類"、《通志》卷六六《藝文略四》"總目類"均著録《僞蜀王建書目》一卷，不注撰人。焦竑《國史經籍志》卷三"簿録類"亦載録《蜀王建書目》一卷。胡應麟《少室山房筆叢》卷一亦稱諸史藝文所載之目録書有《唐秘閣書目》四卷、《僞蜀王建書目》一卷等。陳鱣《續唐書·經籍志》載《書目》一卷，曰"蜀主王衍撰"，覆核未得，疑即此書。

《十九代史目》二卷　舒雅撰

【考訂】宋《志》、汪之昌《補南唐藝文志》所載同。

《崇文總目》卷二"目録類"、《通志》卷六六《藝文略四》"目録類"均著録舒雅《十九代史目》二卷。《宋史》卷二〇四《藝文志三》"目録類"著録杜鎬《龍圖閣書目》七卷，又《十九代史目》二卷。焦竑《國史經籍志》卷三"簿録類"亦載舒雅《十九代史目》二卷。按：杜鎬與舒雅同時，傳見《宋史》卷二九六。諸書詳述其事蹟，未有撰《十九代史目》事，《宋志》所記當誤。

舒雅，字子正，宣城人。南唐保大時韓熙載館於門下，爲忘年交。後入宋，爲將作監丞，充秘閣校理，與吴淑齊名。卒年七十餘。傳見《宋史》卷四四一、《十國春秋》卷三一。

《經史目録》七卷　楊九齡撰

【考訂】　宋《志》同。《四庫闕書目》卷一"目録類"、《通志》卷六六《藝文略四》"目録類"均著録楊九齡撰《經史目録》七卷。

《名苑》五十卷

【考訂】　宋《志》同。《宋史》卷二〇七《藝文志六》"類事類"載楊九齡《名苑》五十卷。

《桂堂編事》二十卷

【考訂】　宋《志》同。陳鱣《續唐書·經籍志》、徐炯《五代史記補考·藝文考》均作《蜀桂堂編事》二十卷。

《郡齋讀書志》卷七載《蜀桂堂編事》二十卷，志云："右僞蜀楊九齡撰。雜記孟蜀廣政中舉試事，載詩、賦、策題及知舉登科人姓氏，且云：'舉科起於隋開皇前，陋者謂唐太宗時，非也。'"

《崇文總目》卷二"僞史類"著録楊九齡撰《蜀桂堂編事》二十卷。《通志》卷六五《藝文略三》"傳記類"著録《蜀桂堂編事》二十卷，注云"僞蜀楊九齡撰"。《宋史》卷二〇三《藝文志二》"傳紀類"載楊九齡《桂堂編事》二十卷，同書卷二〇八"别集類"重出。《文獻通考》卷二〇〇《經籍二七》亦載録《蜀桂堂編事》二十卷。

《十國春秋》卷五六《楊九齡傳》云："楊九齡，蜀人。擅儁才。撰《蜀桂堂編事》二十卷，中紀廣政舉試事，載詩、賦、策題及知貢舉登科人姓氏，且言科舉起於隋開皇，或以爲自唐太宗始者，非也。"

《要録》十卷　同上

【考訂】　宋《志》、陳鱣《續唐書·經籍志》所載皆同。

《崇文總目》卷五"別集類二"著録楊九齡《要録》十卷。《通志》卷七〇《藝文略八》"別集類"著録楊九齡《要録》十卷，注"僞蜀"。《國史經籍志》卷五"別集類"著録楊九齡《要録》十卷。《十國春秋》卷五六《楊九齡傳》云："又撰《要録》十卷，亦爲士林所稱道。"

《歷代鴻名録》八卷　李遠撰

【考訂】　宋《志》同。焦竑《國史經籍志》卷三"傳記類"著録《歷代鴻名録》八卷，注曰："蜀李遠記帝王稱號。"

《同姓名録》（應爲《名賢姓氏相同録》）一卷　邱光庭撰

【考訂】　宋《志》同。《崇文總目》卷二"傳記類上"著録邱光庭《名賢姓氏相同録》一卷，錢東垣按云："《遂初堂書目》作《古賢姓名相同録》，《宋志》不著撰人。"

《四庫闕書目》卷一"故事類"著録邱光庭《古人姓字同録》一卷，葉德輝考曰："《宋志》'子部·類事類'邱光庭《同姓名録》一卷。《崇文目》作《名賢姓氏相同録》。晁《志》入'子部·類事類'，作《古人姓字相同録》。《遂初目》入'姓氏類'，作邱光庭《名賢姓名相同録》。"同書卷二"小說類"重出《名賢姓字相同録》一卷，葉德輝曰："《宋志》同晁《志》，'名賢'作'古人'。《崇文目》入'史部·傳記類'，'字'作'氏'，云邱光庭撰。"《宋史》卷二〇七"藝文志六"類事類"載邱光庭《同姓名録》一卷。焦竑《國史經籍志》卷三"傳記類"著録邱光庭《名賢姓字相同録》一卷。

《四庫韻對》十八卷（應爲九十八卷）、《十經韻對》二十卷　陳鄂撰

【考訂】　宋《志》及汪之昌《補南唐藝文志》所載皆同顧《志》。

陳鱣《續唐書·經籍志》載《四庫韻對》四十卷，曰"後蜀起居舍人陳諤撰"。

《崇文總目》卷三"類書類上"著錄陳鄂撰《四庫韻對》九十八卷、《十經韻對》二十卷。《通志》卷六九《藝文略七》"類書上"著錄《四庫韻對》九十八卷、《十經韻對》二十卷，注云"僞蜀陳鄂撰"。《宋史》卷二〇五《藝文志四》"雜家類"載陳鄂《十經韻對》二十卷、《四庫韻對》九十九卷。焦竑《國史經籍志》卷四下"類家類"亦載蜀陳鄂《四庫韻對》九十八卷、《十經韻對》二十卷。

王應麟《玉海》卷四五"乾德韻對"條載："乾德四年正月，陳鄂上《四庫韻對》，詔續編。天禧五年六月乙巳，鄂之孫僧溥上鄂所作九十八卷。"

《十國春秋》卷五十《元玨傳》云："元玨，後主次子也。……時元玨方就學，爲選起居舍人陳鄂爲教授，至是自陳，願以錢賜鄂，後主嘉而許焉。鄂常仿唐李澣《蒙求》、高測《韻對》，爲《四庫韻對》四十卷以獻，元玨益賞之。"

《詩格》一卷　鄭谷、僧齊己、黃損同輯

【考訂】　宋《志》及汪之昌《補南唐藝文志》所載皆同。

《四庫闕書目》卷一"總集類"著錄《今體詩格》一卷，不著撰人。《宋史》卷二〇九《藝文志八》"文史類"載僧齊己《詩格》一卷。

祝穆《古今事文類聚別集》卷一〇"詩有數格"條引《緗素雜記》云："鄭谷與僧齊己、黃損等共定《今體詩格》，云：'凡詩用韻有數格：一曰葫蘆，二曰轆轤，一曰進退。葫蘆韻者，先二後四；轆轤韻者，雙出雙入；進退韻者，一進一退。失此則繆矣。"《竹莊詩話》卷一六、阮閲《詩話總龜·後集》卷二、魏慶之《詩人玉屑》卷二"進退格"條等所載皆同。

袁文《甕牖閑評》卷五云："黃太史《謝送宣城筆》詩云：'宣城變樣蹲雞距，諸葛名家捋鼠鬚。一束喜從公處得，千金求買市中無。

漫投墨客摹科斗，勝與朱門飽蠹魚。愧我初非草玄手，不將閒寫吏文書。'世多病此詩既押十虞韻，魚、虞不通押，殆落韻也。殊不知此乃古人詩格。昔鄭都官與僧齊己、黃損輩共定《今體詩格》，云：'凡詩用韻有數格：一曰葫蘆，一曰轆轤，一曰進退。葫蘆韻者，先二後四；轆轤韻者，雙出雙入；進退韻者，一進一退。失此則謬矣。'今此詩前二韻押十虞字，後二韻押九魚字，乃雙出雙入，得非所謂轆轤韻乎？非太史之誤也。"

《桂香集》一卷　黃損輯

【考訂】　宋《志》、陳鱣《續唐書·經籍志》皆載黃損《桂香集》一卷。

《四庫闕書目》卷一"總集類"著錄《桂香集》三卷。葉德輝按曰："《宋志》六卷。又有《桂香賦集》三十卷、喬舜《桂香詩》一卷，均非此書。"《十國春秋》卷六二《黃損傳》云："黃損字益之，連州人。少負大志，棲隱靜福山，罕與俗接。為學以該通擅長，尤工詩賦，遇佳山水，留題殆遍。自謂所學未廣，乃擔囊游洞庭諸名勝，結交天下士，意豁如也。嘗著三書，類《陰符》、《鬼谷》之言，號曰'三要'。梁初應進士舉，遍投三書公卿間，識者謂此王佐才也。已而登龍德二年進士第，歸自京師，適嶺南，與中朝隔絕，遂家居不復入汴。高祖（按：即劉䶮）既嗣立，頗加親任。……損嘗與都官員外郎鄭谷、僧齊己定近體詩諸格，為湖海騷人所宗。有《桂香集》若干卷、《射法》一卷。"

黃損事蹟，另參陶岳《五代史補》卷二"黃損不調"及《東坡志林》卷二"黃僕射"條。

《蜀國文英》八卷　劉贊輯

【考訂】　宋《志》、陳鱣《續唐書·經籍志》所載皆同。

《崇文總目》卷五"總集類上"著錄劉贊《蜀國文英集》八卷。《四庫闕書目》卷一"總集類"著錄《蜀國文英集》八卷，不著作者。

《宋史》卷二〇九《藝文志八》"總集類"亦載劉贊《蜀國文英》八卷。曹學佺《蜀中廣記》卷九七載《蜀國文英》八卷,曰"王蜀嘉州司馬劉贊編。見《宋經籍志》。"

《十國春秋》卷四三《劉贊傳》云,贊"乾德時官嘉州司馬。……未幾,遷學士。有《玉堂集》若干卷,又編《蜀國文英》八卷"。

《泉山秀句》三十卷　黃滔選

【考訂】　宋《志》同。陳鱣《續唐書·經籍志》載黃滔《泉山秀句集》三十卷。

《新唐書》卷六〇《藝文志四》"總集類"載《泉山秀句集》三十卷,注云:"編閩人詩,自武德盡天祐末。"《通志》卷七〇《藝文略八》"詩評類"、《國史經籍志》卷五"總集類"並著錄黃滔《泉山秀句集》三十卷。

王士禎《居易錄》卷三二載:"唐黃御史滔,刻集八卷,賦一卷,詩三卷,碑誌記序牋啟雜文四卷,附錄一卷。首有楊誠齋、洪容齋二序。淳熙四年,渝州謝諤序。《唐·藝文志》云:《黃滔集》十五卷,又《泉山秀句》三十卷。此集初名《東家編略》,宋紹興丙子,尚書考功員外郎黃公度撰誌,滔之八世孫也。"

黃滔,字文江,泉州甫田人。唐乾寧二年進士及第,光化中除四門博士。天復元年,受王審知辟歸閩,卒年不詳。有《泉山秀句集》三十卷、《黃御史公集》十卷傳世。傳見《十國春秋》卷九五。

《雅道機要》八卷(應爲二卷)　徐寅撰

【考訂】　宋《志》同。《四庫闕書目》卷一"總集類"著錄《雅道機要論》一卷,不著撰人。《直齋書錄解題》卷二二"文史類"載《雅道機要》二卷,題云:"前卷不知何人,後卷稱徐寅撰。"《文獻通考》卷二四九《經籍七六》亦載錄《雅道機要》二卷,考引《直齋書錄解題》。胡震亨《唐音癸籤》卷三二《集錄三》錄《雅道機要》二卷,曰

"前卷不知何人,後卷徐寅撰。"

《十國春秋》卷九五《徐寅傳》載:"有《探龍集》一卷、《雅道機要》並詩八卷,亦曰《釣磯集》。又有《賦》五卷。"據此,則徐寅《釣磯集》乃是詩歌與《雅道機要》之合刊本,共八卷。

徐寅,字昭夢,莆田人。登唐乾寧進士第,釋褐爲秘書省正字。嘗遊大梁,作《過大梁賦》,得罪李克用。已而走歸家里,王審知辟掌書記。後唐莊宗即位,欲使閩主殺寅,寅拂衣去,竟卒於長壽溪之別墅。有《探龍集》一卷、《雅道機要》並詩八卷,亦曰《釣磯集》。傳見《十國春秋》卷九五。

《賦格》二卷(應爲一卷)　和凝撰

【考訂】　宋《志》同。《宋史》卷二〇九《藝文志八》"文史類"載和凝《賦格》一卷。

《賦苑》二百卷《目》一卷　徐鍇撰　《廣類賦》二十五卷(非徐鍇編,不明編者)、《靈仙賦》二卷(非徐鍇編,不明編者)、《甲賦》五卷(非徐鍇編,不明編者)、《賦選》五卷(李魯編)　同上

【考訂】　宋《志》、汪之昌《補南唐藝文志》所載皆同顧《志》。唐圭璋《南唐藝文志》僅列徐鍇《賦苑》二百卷。杜文玉《南唐藝文志》則列徐鍇編《賦苑》二百卷、《廣類賦》二十五卷、《靈仙賦》二卷、《甲賦》五卷、《賦選》五卷。陳鱣《續唐書·經籍志》載徐鍇《賦苑》二百卷。

《崇文總目》卷五"總集類上"著錄徐鍇《賦苑》二百卷。後有《賦選》五卷,注云:"李魯編。《宋志》不著撰人。"又《諸田甲賦》一卷,《廣類賦》二十五卷,均不著撰人。

《通志》卷七〇《藝文略八》"賦"類著錄《賦苑》二百卷,注云:"僞吳徐鍇、歐陽集唐人及近代律賦。"後有《賦選》五卷,注云"李魯集唐人律賦";《廣類賦》二十五卷,注云"採唐人雜賦";《靈仙集賦》

二卷,注云"采唐人賦靈仙神異事"。三種皆不著撰人。

《宋史》卷二〇九《藝文志八》"總集類"載徐鍇《賦苑》二百卷、《目》一卷。其後列《廣類賦》二十五卷、《靈仙賦集》二卷、《甲賦》五卷、《賦選》五卷,均不著撰人。

焦竑《國史經籍志》卷五"集類"著錄《賦苑》二百卷,曰"徐鍇"。另有《賦選》五卷,曰"李曾集唐人律賦"。"李曾"當爲"李鶚"之形譌。又《廣類賦》二十五卷,未著撰人。《靈仙集賦》二卷,注曰:"採唐人賦靈仙神異事。"不著撰人。

《十國春秋》卷二八《徐鍇傳》僅錄《賦苑》之名,未注卷數。宋《志》、汪之昌《補南唐藝文志》據《宋史·藝文志》,連帶抄錄,以致譌誤。杜文玉《南唐藝文志》既列徐鍇《賦苑》二百卷,復綴錄《廣類賦》二十五卷、《靈仙賦》二卷、《甲賦》五卷、《賦選》五卷於後,亦屬失察。

《唐吳英秀》(應爲《唐吳英雋賦集》)**七十二卷　江文尉輯**(應爲楊氏編)　**《桂香賦選》三十卷　同上**

【考訂】　宋《志》及汪之昌《補南唐藝文志》所載皆同顧《志》。唐圭璋《南唐藝文志》僅列《唐吳英雋賦集》七十卷,注"楊氏編"。杜文玉《南唐藝文志》則列楊氏編《唐吳英雋賦集》七十卷,江文蔚《桂香賦選》三十卷。

《崇文總目》卷五"總集類上"著錄《唐吳英雋賦集》七十卷,題"楊氏編"。《四庫闕書目》卷一"總集類"著錄《唐吳英秀賦集》七十七卷,不著撰人。《通志》卷七〇《藝文略八》"賦"類著錄《唐吳英雋賦集》七十卷,注云"僞吳楊氏撰"。《宋史》卷二〇九《藝文志八》"總集類"載江文蔚《唐吳英秀賦》七十二卷。其後有《桂香賦集》三十卷,不著撰人。焦竑《國史經籍志》卷五"集類"著錄《唐吳英雋賦集》七十卷,注"吳楊氏"。後有《桂香賦集》三十卷,不著撰人。

興武按：顧、宋兩《志》及汪之昌《補南唐藝文志》轉抄《宋史·藝文志》，誤將《桂香賦集》三十卷置於江文蔚名下。杜文玉《南唐藝文志》未作詳查，遂襲其誤。

江文蔚，字君章，建安人。後唐長興中舉進士，爲河南府館驛巡官。坐秦王重榮事，奪官南奔。吳時歷比部員外郎、知制誥。南唐初改主客郎中，拜中書舍人。保大初，遷御史中丞。保大十年卒，享年五十二。傳見馬令《南唐書》卷一三、陸游《南唐書》卷一一及《十國春秋》卷二五。

《修文要訣》二卷（應爲一卷）　　**馮鑑撰**

【考訂】　宋《志》同。徐炯《五代史記補考·藝文考》載馮鑑《修文要訣》一卷。

《四庫闕書目》卷一"總集類"著錄馮鑑《修文要訣》一卷，後重出二卷。《郡齋讀書志》卷二〇"文說類"載《修文要訣》一卷，志云："右僞蜀馮鑑撰。雜論爲文體式，評其誤謬，以訓初學云。"《文獻通考》卷二四九《經籍七六》載錄馮鑑《修文要訣》一卷，考引《郡齋》。《通志》卷七〇《藝文略八》"文史類"著錄馮鑑《修文要訣》一卷。《宋史》卷二〇九《藝文志八》"文史類"載馮鑑《修文要訣》二卷。

右總集類共二千七百三十二卷

詩　文　集　類

羅紹威《政餘詩集》一卷、《羅江東集》一卷

【考訂】　宋《志》作"《政餘詩集》一卷、《偷江東集》一卷"。陳鱣《續唐書·經籍志》載《政餘集》五卷，曰"魏博節度使羅紹威撰"。薛《史》卷一四《羅紹威傳》云："江東人羅隱者，佐錢鏐軍幕，有詩名於天下。紹威遣使賂遺，叙南巷之敬，隱乃聚其所爲詩投寄之。紹威酷嗜其作，因目己之所爲曰《偷江東集》，至今鄴中人士諷詠之。"

《北夢瑣言》卷十七載："鄴王羅紹威喜文學，好儒士，每命幕客作四方書檄，小不稱旨，壞裂抵棄，自劈箋起草，下筆成文。又癖於七言詩。江東有羅隱，爲錢鏐客，紹威申南阮之敬，隱以所著文章詩賦酬寄，紹威大傾慕之，乃目其所爲詩集曰《偷江東》。今鄴中人士，多有諷誦。"

《崇文總目》卷五"別集類四"著録《政餘集》五卷，曰"羅紹威撰"。《四庫闕書目》卷一"別集類"著録《羅紹威詩》二卷。《通志》卷七〇《藝文略八》"別集五"著録羅紹威《政餘集》五卷。《宋史》卷二〇八《藝文志七》"別集類"載羅紹威《政餘詩集》一卷。《國史經籍志》卷五"別集類"著録羅紹威《政餘集》五卷。

興武按：羅紹威詩集，初時或因傾慕羅隱而名《偷江東集》，然事出傳聞，不足憑信。宋、元各家書目皆載《政餘集》，卷數則有一卷、二卷或五卷，蓋傳本如此。顧、宋諸公氏不知《政餘集》即《北夢瑣言》所述之《偷江東集》，故重複著録，亦屬失察。

羅紹威，字端己。唐文德初，授左散騎常侍，充天雄軍節度副使。天復末累加至檢校太傅兼侍中，長沙王。天祐初授檢校太尉，守侍中，進封鄴王。後梁開平中卒。傳見《舊唐書》卷一八一、《新唐書》卷二一〇、薛《史》卷一四及歐《史》卷三九。

《李後主集》十卷、《集略》七卷（應爲十卷）**、《詩》一卷**

【考訂】 宋《志》、汪之昌《補南唐藝文志》所載皆同。陳鱣《續唐書·經籍志》、徐炯《五代史記補考·藝文考》均載《李後主集》十卷。唐圭璋《南唐藝文志》列《李煜集》十卷、《李煜詩》一卷。考曰："《宋志·別集類》録《李煜集》十卷外，又重出《南唐李後主集》十卷。……徐鉉《李煜墓誌銘》作《李煜文集》三十卷。徐鉉《雜説序》

謂李煜有雅頌文賦三十卷，有徐鍇序。《崇文目》、《通志》、《宋志》、《國史經籍志》於《李煜集》十卷外，又有《李煜集略》十卷，疑係重出。"杜文玉《南唐藝文志》載錄《李煜集》三十卷、《李煜詩》一卷，注曰："據《宋文鑑》卷一三九徐鉉《吳王李煜墓誌銘》，共三十卷。"

《崇文總目》卷五"別集類二"著錄《李煜集》十卷。又《李煜集略》十卷，秦鑑曰："此條重出，多一'略'字。《通志·略》同。"同卷"別集類五"著錄《江南李主詩》一卷。

《郡齋讀書志》卷一八載《李煜集》十卷，志云："右偽唐主李煜重光也，璟之子。少聰悟，喜讀書屬文，工書畫，知音律。建隆三年嗣偽位。開寶八年，王師克金陵，封違命侯。太平興國三年，終隴西郡公，贈吳王。江鄰幾《雜志》云爲秦王廷美所毒而卒。"

《通志》卷七〇"藝文略八""別集五"著錄《李後主集》十卷、《李後主集略》十卷。《宋史》卷二〇八《藝文志七》"別集類"載《李煜集》十卷，又《集略》十卷、《詩》一卷，後重出《南唐李後主集》十卷。《直齋書錄解題》卷一六"別集類上"載《李後主集》十卷，曰"江南國主李煜重光撰"。《文獻通考》卷二三三《經籍六〇》亦著錄《李後主集》十卷。《國史經籍志》卷五"別集類"著錄《李後主集》十卷，又李後主《集略》十卷。

興武按：馬令《南唐書》卷一四《徐鍇傳》云："後主文集，復命鍇爲序，君臣上下互爲賁飾，儒者榮之。"據此可知，李煜文集編成於南唐滅國以前。另據《徐公文集》卷一八《御製雜說序》云：李煜"雅頌文賦凡三十卷，鴻筆藻麗，玉振金相，則有中書舍人集賢殿學士徐鍇所撰《御集序》詳矣"。同書卷二九《大宋左千牛衛上將軍追封吳王隴西公墓誌銘并序》則云："所著文集三十卷，《雜說》百篇，味其文，知其道矣。"宋、元書目載《李後主集》十卷，《李後主集略》十卷，《詩》一卷，雖未足其數，亦近。前賢質疑《集略》十卷即爲《李煜集》十卷之重出者，缺乏目錄學依據，不足憑信。杜文玉先生據徐鉉所撰《隴西公墓誌銘》，列《李煜集》三十卷，亦欠穩妥。畢竟

"三十卷"乃是概言李煜全部著述,並非專指一書。

杜荀鶴《唐風集》三卷

【考訂】 宋《志》、陳鱣《續唐書·經籍志》所載皆同顧《志》。徐炯《五代史記補考·藝文考》載杜荀鶴《唐風集》十卷。

《郡齋讀書志》卷一八載《唐風集》十卷,志云:"右唐杜荀鶴,池州人。大順二年進士,善爲詞章。宣州田頵重之,嘗以箋問至,梁祖薦爲翰林學士、主客員外。恃勢侮易縉紳,衆怒,欲殺之而未及。天祐初,病卒。有顧雲序。荀鶴自號'九華山人'。"《直齋書錄解題》卷一九"詩集類上"載《唐風集》三卷,曰"唐九華山杜荀鶴撰"。《文獻通考》卷二四三《經籍七〇》載杜荀鶴《唐風集》十卷,考引《郡齋》;復云:"陳《錄》作三卷。"

《四庫闕書目》卷一"別集類"著錄《杜荀鶴外詩》一卷。《崇文總目》"別集類四"、《通志》卷七〇《藝文略八》"別集五"均著錄《杜荀鶴詩集》一卷。《宋史》卷二〇八《藝文志七》"別集類"載杜荀鶴《唐風集》二卷。《國史經籍志》卷五"別集類"載《杜荀鶴詩》一卷。明葉盛《菉竹堂書目》卷四錄《杜荀鶴詩》一冊。《孫氏祠堂書目內編》卷四著錄《唐風集》三卷。

錢曾《讀書敏求記》卷四載《杜荀鶴文集》三卷,曰:"余藏九華山人詩,是陳解元書棚宋本,總名《唐風集》。後得北宋本繕寫,乃名《杜荀鶴文集》,而以'唐風集'三字注於下。竊思荀鶴有詩無文,何以集名若此,殊所不解。《通考》云《唐風集》十卷,更與顧雲撰序刺謬矣。"

《四庫全書總目》卷一五一"別集類四"載《唐風集》三卷,提要云:"唐杜荀鶴撰。荀鶴,池州人。案計有功《唐詩紀事》稱荀鶴有詩名,大順初擢進士第二。牧之微子也。牧之自齊安移守秋浦,時有妾懷姙,出嫁長林鄉杜筠而生荀鶴。又稱荀鶴擢第,時危勢晏,復還舊山。田頵在宣州,甚重之。頵起兵,陰令以牋間至梁太祖許。及顗遇禍，梁主表授翰林學士、主客員外郎中、知制誥。恃勢侮易縉紳，衆怒，欲殺之，未及。天祐初卒。又稱荀鶴初謁梁王朱全忠，雨作而天無雲。荀鶴賦詩有'若教陰翳都相似，争表梁王造化功'句。是荀鶴爲人至不足道。其稱杜牧之子，殆亦梁師成之依托蘇軾乎？其詩最有名者爲'風暖鳥聲碎，日高花影重'一聯，而歐陽修《六一詩話》以爲周朴詩。吴聿《觀林詩話》亦稱見唐人小説作朴詩，荀鶴特竊以壓卷。然則此一聯者，又如竇月之於柴廓矣。此集乃其初登第時所自編。詩多俗調，不稱其名。以唐人舊集，流傳已久，姑存以備一家。毛晉刻本前有顧雲序。序末謂之《唐風集》，以下文不相屬。蓋舊本《唐詩紀事》載雲此序，誤連下條'荀鶴初謁梁王'云云六十四字爲一條，晉不察而誤，併鈔之，殊爲疎舛。今刊除此段，以還其舊焉。"

杜荀鶴，字彦之，池州人，自號九華山人，大順二年進士及第。傳見薛《史》卷二四、《唐才子傳》卷九及《十國春秋》卷一一。

善本：《杜荀鶴文集》三卷：宋刻本。

《唐風集》三卷：清影宋抄本、明崇禎毛氏汲古閣刻《唐人四集》本、明末馮彦淵家抄本。

《杜荀鶴文集》三卷：清康熙席氏琴川書屋自刻《唐詩百名家全集》本。

《敬翔集》十卷

【考訂】　宋《志》同。按：薛、歐兩《五代史·敬翔傳》及宋、元公私書目中均未録《敬翔集》，此條當爲敬翔《表奏》十卷之重出者。

李琪《金門集》十卷、《應用集》三卷

【考訂】　宋《志》同。陳鱣《續唐書·經籍志》載李琪《金門集》十卷。

薛《史》卷五八《李琪傳》云："琪以在内署時所爲制誥，編爲十卷,目曰《金門集》,大行於世。"《崇文總目》卷五"別集類二"著錄李琪《金門集》十卷,"別集類"七著錄《李琪應用》三卷。《四庫闕書目》卷一"別集類"著錄《李淇集》十卷,葉德輝曰:"《宋志》、《崇文目》作李琪《金門集》十卷。"《通志》卷七〇"藝文略八""別集五"著錄李琪《金門集》十卷,"表章"類著錄李琪《應用集》三卷。《宋史》卷二〇八"藝文志七""別集類"載李琪《金門集》十卷,又《應用集》三卷。焦竑《國史經籍志》卷五"集類"著錄李琪《應用集》三卷,"別集類"著錄《金門集》十卷。

李愚《白沙集》十卷、《五書》一卷

【考訂】 宋《志》同。陳鱣《續唐書·經籍志》載李愚《白沙集》十卷。

《崇文總目》卷五"別集類二"、《通志》卷七〇《藝文略八》"別集五"均著錄李愚《白沙集》十卷。《四庫闕書目》卷一"別集類"著錄《李愚集》一卷、李愚《五書》一卷。《宋史》卷二〇八《藝文志七》"別集類"載李愚《白沙集》十卷,又《五書》一卷。《國史經籍志》卷五"別集類"著錄《白沙集》十卷。

李愚,字子晦,自稱趙郡平棘西祖之後。初名晏平,舉進士,又登宏詞科。授河南府參軍。梁末帝嗣位,累擢司勳員外郎。入後唐,為翰林學士。同光三年,魏王繼岌征蜀,請為都統判官。蜀平,就拜中書舍人。改兵部侍郎。長興初,拜中書侍郎、平章兼吏部尚書。閔帝嗣位,進位左僕射。清泰初,加特進太微宮使、宏文館大學士。後罷相守本官。清泰二年卒。傳見薛《史》卷六七、歐《史》卷五四。

和凝《演綸》、《游藝》、《孝悌》、《紅藥》、《籯金》、《香奩》六集,共一百卷

【考訂】 宋《志》同。陳鱣《續唐書·經籍志》載和凝《游藝集》

五十卷、《演論集》五十卷、《和成績集》一百卷。

薛《史》卷一二七《和凝傳》云："平生爲文章，長於短歌豔曲，尤好聲譽。有集百卷，自篆於板，模印數百帙，分惠於人焉。"

沈括《夢溪筆談》卷一六《藝文三》云："和魯公凝有豔詞一編，名《香奩集》。凝後貴，乃嫁其名爲韓偓，今世傳韓偓《香奩集》，乃凝所爲也。凝生平著述，分爲《演論》、《游藝》、《孝悌》、《疑獄》、《香奩》、《籯金》六集。自爲《游藝集序》云：'予有《香奩》、《籯金》二集，不行於世。'凝在政府避議論，諱其名，又欲後人知，故於《游藝集序》實之，此凝之意也。予在秀州，其曾孫和惇家藏諸書，皆魯公舊物，末有印記甚完。"

《崇文總目》卷五"別集類二"著錄和凝《演論集》五十卷、《游藝集》五十卷，"別集類六"著錄和凝《紅藥編》五卷。《通志》卷七〇《藝文略八》"別集五"著錄和凝《演編集》五十卷，又《游藝集》五十卷；同卷"制誥類"著錄《紅藥編》五卷，注云"晉和凝所撰制誥"。《宋史》卷二〇八《藝文志七》"別集類"載和凝《演論集》三十卷，又《游藝集》五十卷、《紅藥編》五卷。焦竑《國史經籍志》卷五"制誥類"亦著錄和凝《紅藥編》五卷，同卷"別集類"著錄《演編集》五十卷，又《游藝集》五十卷。

賈緯《草堂集》二十五卷、《續草堂集》十五卷

【考訂】　宋《志》同。陳鱣《續唐書·經籍志》載賈緯《草堂集》三十卷。

薛《史》卷一三一《賈緯傳》云："緯有集三十卷，目曰《草堂集》，並所撰《唐年補錄》六十五卷，皆傳於世。"《崇文總目》卷五"別集類二"著錄《賈緯文集》三十卷。《通志》卷七〇《藝文略八》"別集五"、焦竑《國史經籍志》卷五"別集類"均著錄《賈緯集》二十卷，又《續草堂集》一卷。《宋史》卷二〇八《藝文志七》"別集類"載賈緯《草堂集》二十卷，又《續草堂集》十五卷。

王朴《翰苑集》十卷

【考訂】 宋《志》同。《通志》卷七〇《藝文略八》"別集五"著錄《王朴集》三卷。《宋史》卷二〇八《藝文志七》"別集類"載王朴《翰苑集》十卷。

李瀚《丁年集》十卷

【考訂】 宋《志》同。陳鱣《續唐書·經籍志》載《丁年集》，曰"無卷數。晉翰林學士李瀚撰"。

《五代史補》卷三"李瀚作錢鏐碑"條云："李瀚有逸才，每作文則筆不停輟，而性嗜酒。楊凝式嘗受詔撰錢鏐碑，自以作不逮瀚，於是多市美酒，召瀚飲，俟其酣，且使代筆。經宿而成，凡一萬五千字，莫不詞理典贍，凝式歎伏久之。少主入蕃也，宰相馮道等至鎮州，戎主皆放還。瀚時爲翰林院學士，北主以其才，特留之，竟卒於蕃中。其後人有得其文集者，號曰《丁年集》。蓋取蘇武丁年奉使之義。"

《宋史》卷二六二《李濤傳》云："濤弟澣字日新。幼聰敏，慕王、楊、盧、駱爲文章。後唐長興初，吳越王錢鏐卒，詔兵部侍郎楊凝式撰神道碑，令澣代草，凡萬餘言，文彩遒麗，時輩稱之。……澣在契丹嘗逃歸，爲其所獲，防禦彌謹。契丹應曆十二年六月卒，時建隆三年也。濤收澣文章，編之爲《丁年集》。"

《宋史》卷二〇八《藝文志七》"別集類"載李瀚《丁年集》十卷。按："李瀚"即"李澣"。

《楊凝式詩》一卷

【考訂】 宋《志》同。

薛《史》卷一二八《楊凝式傳》稱："凝式長於詩歌，善於筆札，洛川寺觀藍牆粉壁之上，題紀殆遍，時人以其縱誕，有'風子'之號焉。"

張世南《游宦紀聞》卷一〇云："黃秘書長睿父之子詔，紀其尊人建炎庚戌，在平江圍城中，失去楊凝式書一册，併其先人手書《楊傳》。以無别本，念念不忘。是歲四月，復寓饒之德興太寧資福寺。偶録遺文，遂見之，喜甚。予偶得其本，恐終失墜，今紀其《年譜》、《家譜》、《傳》、《贊》於此：唐咸通十四年癸巳，凝式是年生，故題識多自稱癸巳人。……凝式詩什，亦多雜以恢諧。少從張全義辟，故作詩紀全義之德云：'洛陽風景實堪哀，昔日曾爲瓦子堆。不是我公重葺理，至今猶自一堆灰。'他類若此。石晉時，張從恩尹洛，凝式自汴還，時飛蝗蔽日，偶與之俱，凝式先以詩寄從恩曰：'押引蝗蟲到洛京，合消郡守遠相迎。'從恩弗怪也。然凝式詩句自佳。……其題壁有'院似禪心静，花如覺性圓。自然知了義，争肯學神仙'。清麗可喜也。"

楊凝式，字景度，華陰人。昭宗朝舉進士，官秘書郎。梁開平中，累遷考功員外郎。後唐同光初，歷給事中、史館修撰。明宗即位，拜中書舍人。長興中，歷右常侍，工、户二部侍郎。清泰初遷兵部侍郎。晉天福初，以吏部尚書致仕。開運中，除太子少保，分司於洛。漢乾祐中，歷少傅、少師。周廣順中，以右僕射致仕。顯德初，改左僕射，又改太子太保致仕，卒年八十五。傳見薛《史》卷一二八、歐《史》卷三四。

李濤《應曆集》（應爲李瀚《應曆小集》十卷）

【考訂】　宋《志》同。覆核《九國志》卷二、《宋史》卷二六二及《十國春秋》卷六《李濤傳》，均未見濤作《應曆集》之記載。

《崇文總目》卷五"别集類二"著録《李氏應曆小集》十卷，曰"李瀚撰"。《四庫闕書目》卷一"别集類"著録李翰《應曆小集》十卷，"翰"乃"瀚"之譌。《通志》卷七〇《藝文略八》"别集五"亦著録《李氏應曆小集》十卷，注云："李瀚，晉末人。晉陷契丹，以僞遼應曆年號名集。"《國史經籍志》卷五"别集類"著録《李氏應曆小集》十卷。

興武按：李瀚《應曆小集》或即《丁年集》。前者以契丹應曆年號名集，後者則爲李濤編集時所定，取蘇武丁年奉使之義也。兩集卷數亦復相同。然以兩書皆見宋、元目録書之載録，故不敢輕疑，存此待考。

《盧延讓詩》一卷

【考訂】 宋《志》、徐炯《五代史記補考·藝文考》所載皆同。陳鱣《續唐書·經籍志》載《羅子善詩》十卷，曰"蜀給事中羅延讓撰"。

《郡齋讀書志》卷一八載《盧延讓詩》一卷，志云："右僞蜀盧延讓子善也。范陽人。唐光化元年進士。朗陵雷滿辟，滿敗，歸王建。及僭號，授水部員外郎，累遷給事中，卒官終刑部侍郎。延讓師薛能，詩不尚奇巧，人多誚其淺俗，獨吴融以其不蹈襲，大奇之。"

《崇文總目》卷五"別集類四"、《宋史》卷二〇八《藝文志七》"別集類"均載《盧延讓詩集》一卷。《文獻通考》卷二四三《經籍七〇》、曹學佺《蜀中廣記》卷一〇〇《著作記》、胡震亨《唐音癸籤》卷三〇《集録一》皆録《盧延讓詩》一卷。

盧延讓事蹟，詳參《唐摭言》卷六"公薦"條、《北夢瑣言》卷七"盧詩三遇"條、《唐才子傳》卷一〇及《五代詩話》卷四。

《韋説詩》一卷

【考訂】 宋《志》同。《四庫闕書目》卷一"別集類"、《宋史》卷二〇八《藝文志七》"別集類"、胡震亨《唐音癸籤》卷三〇《集録一》均載《韋説詩》一卷。

韋説，福建觀察使岫之子。莊宗定汴、洛，説與趙光胤同制拜平章事。傳見薛《史》卷六七、歐《史》卷二八。

馮鷟《翰林稿》八卷

宋《志》同。唐人著述，不宜入五代藝文志，詳本書第二章之考訂。

《崔邁集》二卷

【考訂】 宋《志》同。《宋史》卷二〇八《藝文志七》"別集類"著錄《崔邁集》二卷。胡震亨《唐音癸籤》卷三〇《集錄一》載崔邁詩集二卷,置於五代詩集中。

《符載集》二卷

宋《志》同。唐人著述,不宜入五代藝文志,詳本書第二章之考訂。

扈蒙《鼇山集》二十卷

【考訂】 宋《志》同。《崇文總目》卷五"別集類二"著錄《鼇山集》一卷,不著撰人。《四庫闕書目》著錄扈蒙《鼇山集》二十卷。《通志》卷七〇《藝文略八》"制誥類"著錄扈蒙《鼇山集》十卷。《宋史》卷二〇八《藝文志七》"別集類"載扈蒙《鼇山集》二十卷,同書卷二六九《扈蒙傳》亦云:"多著述,有《鼇山集》二十卷行於世。"焦竑《國史經籍志》卷五"集類"著錄扈蒙《龜山集》十卷。

扈蒙,字日用,幽州安次人。曾祖洋,涿州別駕。祖智,周盧龍軍節度推官。父曾,內園使。蒙少能文,晉天福中舉進士。入漢,爲鄠縣主簿。周廣順中召爲右拾遺,後直史館、知制誥。宋雍熙三年卒,年七十二。傳見《宋史》卷二六九。

李崧《錦囊集》三卷、《真珠集》一卷

【考訂】 宋《志》同。《崇文總目》卷五"別集類二"著錄《李崧雜文》一卷;"別集類七"著錄《真珠集》五卷,曰"李崧撰"。《通志》卷七〇《藝文略八》"表章類"著錄《真珠集》五卷,曰"漢李崧撰"。《宋史》卷二〇八《藝文志七》"別集類"載李崧《真珠集》一卷,又李崧《錦囊集》三卷,《別集》一卷,此乃顧、宋兩《志》之所本。焦竑《國史經籍志》卷五"集類"著錄李崧《珍珠集》五卷。

按:"枀"乃"崧"之譌。

李崧,深州饒陽人。後唐同光初爲魏王繼岌從事。莊宗入洛,授太常寺協律郎,後拜拾遺,直樞密院,遷補闕、起居郎、尚書郎。長興末,改翰林學士。清泰初,拜端明殿學士、户部侍郎。晉祖入洛,拜中書侍郎、同平章事。未幾,加尚書右僕射。漢高祖嗣位,授太子太傅。不久遇害。傳見薛《史》卷一〇八、歐《史》卷五七。

高輦《崑玉集》一卷

【考訂】 宋《志》同。《崇文總目》卷五"別集類五"著錄《高輦詩》一卷。《通志》卷七〇《藝文略八》"別集五"著錄高輦《丹臺集》三卷。《宋史》卷二〇八《藝文志七》"別集類"載高輦《崑玉集》一卷。焦竑《國史經籍志》卷五"別集類"著錄高輦《丹臺集》三卷。

興武按:高輦集有《崑玉集》與《丹臺集》兩説,前者僅見《宋志》。考釋齊己《白蓮集》卷七有《謝秦府推官寄丹臺集》云:"秦王手筆序丹臺,不錯襃揚最上才。鳳闕幾傳爲匠石,龍門曾用振風雷。錢郎未竭精華去,元白終存作者來。兩軸蚌胎驪頷耀,枉臨禪室伴寒灰。"高輦乃後唐秦王從榮府諮議參軍,其集得秦王撰序襃揚亦屬自然。據此詩所云,高輦集當以《丹臺》爲是。

高輦,籍貫不詳,後唐秦王從榮府諮議參軍。長興四年十一月,秦王及禍,高輦棄市。事詳《舊五代史》卷四四《明宗紀》"長興四年十一月丁酉"條、《通鑑》卷二七八《後唐紀七》、《五代史補》卷二"秦王掇禍"條。

《馮道集》六卷、《河間集》五卷、《詩》一卷(應爲十卷)

【考訂】 宋《志》同。陳鱣《續唐書·經籍志》載《馮道集》十卷。

《崇文總目》卷五"別集類五"、《通志》卷七〇《藝文略八》"別集五"、焦竑《國史經籍志》卷五"別集類"均著錄《馮道詩》十卷。《宋史》卷二〇八《藝文志七》"別集類"載《馮道集》六卷,又《河間集》五卷、《詩集》十卷。

參考:《五代史補》卷三、卷五、卷八,《全唐文》卷八五七,《唐文拾遺》卷四七,《全唐詩》卷七三七。

王仁裕《紫泥集》十卷(應爲十二卷),**《紫泥後集》四十卷,《詩集》十卷,《紫閣集》十卷**(應爲十一卷),**《乘輅集》十卷**(應爲五卷),**《西江集》十卷**(應爲一百卷,總集)

【考訂】 宋《志》同。陳鱣《續唐書·經籍志》載《乘輅集》五卷、《西江集》一百卷,曰"周太子少師王仁裕撰"。徐炯《五代史記補考·藝文考》載王仁裕《西江集》一百卷。

薛《史》卷一二八《王仁裕傳》稱:"有詩萬餘首,勒成百卷,目之曰《西江集》,蓋以嘗夢吞西江文石,遂以爲名焉。"歐《史》卷五七《王仁裕傳》稱:"喜爲詩。其少也,嘗夢剖其腸胃,以西江水滌之,顧見江中沙石皆爲篆籀之文,由是文思益進。乃集其平生所作詩萬餘首爲百卷,號《西江集》。"

《崇文總目》卷五"別集類二"著録王仁裕《紫閣集》十一卷、《乘輅集》五卷。《四庫闕書目》卷一"別集類"著録《王仁裕詩》十一卷。《通志》卷七〇《藝文略八》"別集五"著録王仁裕《紫閣集》十一卷,又《乘輅集》五卷。《宋史》卷二〇八《藝文志七》"別集類"載王仁裕《乘輅集》五卷,又《紫閣集》五卷、《紫泥集》十二卷、《紫泥後集》四十卷、《詩集》十卷。焦竑《國史經籍志》卷五"集類"著録王仁裕《紫泥集》十一卷,又《紫泥後集》四十卷、《乘輅集》一卷,同卷"別集類"復著録《紫閣集》十一卷,又《乘輅集》五卷。《十國春秋》卷四四《王仁裕傳》僅列《紫閣集》、《乘輅集》、《西江集》等三種。

《扈載集》十卷

【考訂】 宋《志》、徐炯《五代史記補考·藝文考》所載皆同。

陳鱣《續唐書·經籍志》載《扈仲熙集》十卷，曰"周翰林學士扈載撰"。

《崇文總目》卷五"別集類二"著錄《扈載文集》二十卷。《直齋書錄解題》卷一六"別集類上"載《扈載集》十卷，題云："後周翰林學士范陽扈載仲熙撰。少俊，早達，年三十六以死。其子蒙，顯於國初。"《通志》卷七〇《藝文略八》"別集五"、《國史經籍志》卷五"別集類"並著錄《扈載集》二十卷。《宋史》卷二〇八《藝文志七》"別集類"載《扈載集》五卷。《文獻通考》卷二三三《經籍六〇》、胡震亨《唐音癸籤》卷三〇《集錄一》均載錄《扈載集》十卷。

扈載，字仲熙，北燕人。後周廣順初舉進士，授校書郎，直史館，遷監察御史，拜水部員外郎、知制誥，再遷翰林學士。卒年三十六。傳見薛《史》卷一三一、歐《史》卷三一。

《符蒙集》十卷

【考訂】 宋《志》同。徐炯《五代史記補考·藝文考》載《苻蒙集》一卷，"苻"乃"符"之譌。

《直齋書錄解題》卷一九"詩集類上"載《符蒙集》一卷，題云："題符侍郎。同光三年進士也。同年四人，蒙初為狀頭，覆試為第四。"《文獻通考》卷二四三《經籍七〇》載《符蒙集》一卷。胡震亨《唐音癸籤》卷三〇《集錄一》載《符蒙詩》一卷。

符蒙，字適之，後唐同光三年進士。仕至禮部侍郎。參見《舊五代史》卷五九《符習傳》及《新五代史》卷二六。薛《史》卷三二、《五代會要》卷二二"進士·後唐同光三年三月勅"條作"符蒙正"。

參考：《全唐詩》卷七九五、《登科記考》卷二五。

《盧士衡集》一卷　天成二年進士

【考訂】 宋《志》、陳鱣《續唐書·經籍志》、徐炯《五代史記補考・藝文考》所載皆同，陳氏曰："同光中進士盧士衡撰。"

《直齋書錄解題》卷一九"詩集類上"載《盧士衡集》一卷，題云："後唐盧士衡撰。天成二年進士。"《宋史》卷二〇八《藝文志七》"別集類"、《文獻通考》卷二四三《經籍七〇》、胡震亨《唐音癸籤》卷三〇《集錄一》均載《盧士衡詩》一卷。

盧士衡，後唐天成二年進士，生卒年及仕歷皆無詳考。

參考：《全唐詩》卷七三七、八八六，《登科記考》卷二五。

熊皦《屠龍集》一卷（應爲五卷） **清泰二年進士**

【考訂】 宋《志》同。陳鱣《續唐書·經籍志》載《屠龍集》五卷、《南金集》五卷，曰："晉右諫議熊皎撰"。徐炯《五代史記補考·藝文考》僅列熊皦《屠龍集》五卷。

《郡齋讀書志》卷一八載熊皦《屠龍集》五卷，志云："右晉熊皦。後唐清泰二年進士。爲延安劉景巖從事。天福中，説景巖歸朝，擢右司諫。坐累，黜上津令。集有陶穀序。陳沆賞皦《早梅詩》云'一夜欲開盡，百花猶未知'，曰：'太妃容德，於是乎在。'"《直齋書錄解題》卷一九"詩集類上"亦載《屠龍集》一卷，題云："五代晉九華熊皦撰。後唐清泰二年進士。集中多下第詩，蓋老於場屋者。"

《崇文總目》卷五"別集類二"著錄熊皦《屠龍集》五卷。《通志》卷七〇《藝文略八》"別集五"著錄熊皦《屠龍集》五卷。《宋史》卷二〇八《藝文志七》"別集類"、《文獻通考》卷二四三《經籍七〇》、《國史經籍志》卷五"別集類"均載錄熊皦《屠龍集》五卷。

熊皦，後唐清泰二年進士。

參考：《全唐詩》卷七三七、傅璇琮主編《唐才子傳校箋》卷一〇。

《桑維翰賦》二卷

【考訂】 宋《志》同。陳鱣《續唐書·經籍志》載《賦》一卷，曰

"晉宰相桑維翰撰"。

《崇文總目》卷五"別集類五"、《通志》卷七〇《藝文略八》"賦類"、《宋史》卷二〇八《藝文志七》"別集類"、焦竑《國史經籍志》卷五"集類"均載《桑維翰賦》二卷。

桑維翰，字國僑，洛陽人。後唐同光中登進士第。晉高祖建號，制授翰林學士、禮部侍郎，知樞密院事，尋改中書侍郎平章事、集賢殿大學士，充樞密院使。後改授晉昌軍節度使。晉少帝嗣位，徵拜侍中，監修國史。開運三年十二月爲張彥澤所殺，時年四十九歲。傳見薛《史》卷八九、歐《史》卷二九。

張昭《嘉善集》五十卷

【考訂】　宋《志》同。《崇文總目》卷五"別集類二"、《通志》卷七〇《藝文略八》"別集五"、《宋史》卷二〇八《藝文志七》"別集類"、焦竑《國史經籍志》卷五"別集類"並載張昭《嘉善集》五十卷。

《宋史》卷二六三《張昭傳》云："張昭，字潛夫，本名昭遠，避漢祖諱，止稱昭。自言漢常山王耳之後。世居濮州范縣。……著《嘉善集》五十卷、《名臣事蹟》五卷。"昭歷仕唐、晉、漢、周四朝，至兵部尚書。恭帝封舒國公。宋初拜吏部尚書，進封鄭國公。致仕，封陳國公。

《王溥集》二十卷

【考訂】　宋《志》同。《崇文總目》卷五"別集類二"著錄《王溥文集》二十卷。《通志》卷七〇《藝文略八》"別集五"、《宋史》卷二〇八《藝文志七》"別集類"、焦竑《國史經籍志》卷五"別集類"均載《王溥集》二十卷。

《趙上交集》二十卷

【考訂】　宋《志》同。《崇文總目》卷五"別集類二"著錄《趙上交文集》二十卷。《通志》卷七〇《藝文略八》"別集五"著錄《趙正交集》二十卷，"正"乃"上"之譌。焦竑《國史經籍志》卷五"別集類"沿襲《通志》，亦作《趙正交集》二十卷。《宋史》卷二〇八《藝文志七》"別集類"載《趙上交集》二十卷。

薛《史》卷一二六載："及太祖（按：指郭威）平內難，議立徐州節度使劉贇爲漢嗣，遣道與秘書監趙上交、樞密直學士王度等往迎之。道尋與贇自徐赴汴，行至宋州，會澶州軍變。樞密使王峻遣郭崇領兵至，屯於衙門外，時道與上交等宿於衙門內。是日，贇率左右甲士闔門登樓，詰崇所自，崇言太祖已副推戴。左右知其事變，以爲道所賣，皆欲殺道等以自快。趙上交與王度聞之，皆惶怖不知所爲，惟道偃仰自適，略無懼色，尋亦獲免焉。"趙上交歷仕晉、漢、周而入宋，其集應入五代藝文志。

《薛居正集》三十卷

【考訂】　宋《志》同。《崇文總目》卷五"別集類二"著錄《薛居正集》二十卷。《通志》卷七〇《藝文略八》"別集五"、《宋史》卷二〇八《藝文志七》"別集類"及焦竑《國史經籍志》卷五"別集類"均載《薛居正集》三十卷。

王士禎《池北偶談》卷九云："五代宋初有兩薛居正。其一錢唐人，仕吳越武肅王，官太尉，卒諡貞顯。"

竇夢徵《東堂集》三十卷（應爲十卷）

【考訂】　宋《志》同。徐炯《五代史記補考·藝文考》載竇夢徵《東堂集》十卷。

薛《史》卷六八《竇夢徵傳》云："竇夢徵，同州人。少苦心爲文，登進士第，歷校書郎，自拾遺召入翰林，充學士。梁貞明中，加兩浙錢鏐元帥之命，夢徵以鏐無功於中原，兵柄不宜虛授，其言切直。梁末帝以觸時忌，左授外任。……天成初，遷中書舍人，復入爲翰林學士、工部侍郎。卒贈禮部尚書。夢徵隨計之秋，文稱甚高，尤長於箋啟，編爲十卷，目曰《東堂集》，行於世。"

《崇文總目》卷五"別集類二"著録竇夢徵《東堂集》三卷。《宋史》卷二〇八《藝文志七》"別集類"作"竇夢證《東堂集》三卷"，"證"乃"徵"之譌。

《程遜集》十卷

【考訂】 宋《志》同。《崇文總目》卷五"別集類六"著録程遜《辛卯録》十卷。《宋史》卷二〇八《藝文志七》"別集類"、胡震亨《唐音癸籤》卷三〇《集録一》均列《程遜集》十卷。

薛《史》卷九六《程遜傳》云："程遜，字浮休，壽春人。召入翰林，充學士，自兵部侍郎承旨授太常卿。天福三年秋，命使吳越，母嬴老雙瞽，遜未嘗白執政以辭之。將行，母以手捫其面，號泣以送之。仲秋之夕，陰暝如晦，遜嘗爲詩曰：'幽室有時聞雁叫，空庭無路見蟾光。'同僚見之，訝其詩語稍異。及使迴，遭風水而溺焉。"

李爲光《斐然集》五卷

【考訂】 宋《志》及唐圭璋、杜文玉兩《南唐藝文志》所載皆同顧《志》。

《舊五代史》卷七九《晉高祖紀五》天福六年二月載："己亥，詔户部侍郎張昭遠、起居郎賈緯、秘書少監趙熙、吏部郎中鄭守益、左司員外郎李爲光等同修唐史，仍以宰臣趙瑩監修。"

《崇文總目》卷五"別集類五"著録《鄉黨斐然集》五卷，不明撰人。《宋史》卷二〇八《藝文志七》、"別集類"胡震亨《唐音癸籤》卷三〇《集録一》均著録李爲光《斐然集》五卷。《通志》卷七〇《藝文略八》"別集五"著録李爲先《斐然集》五十卷，注"僞唐"。焦竑《國史經籍志》卷五"別集類"所載同。

李爲光，生卒、仕歷不詳，仕後唐、後晉。

《李山甫文集》十卷（應爲《李山甫詩》一卷、《李山甫賦》三卷） 羅紹威判官

【考訂】 宋《志》同。《新唐書》卷六〇《藝文志四》"別集類"載《李山甫詩》一卷，又《李山甫賦》二卷。《崇文總目》卷五"別集類四"著錄《李山甫詩》一卷，"別集類五"著錄《李山甫賦》三卷。

《通志》卷七〇《藝文略八》"別集詩"著錄《李山甫詩》一卷，"賦"類著錄《李山甫賦》一卷。《宋史》卷二〇八《藝文志七》"別集類"載《李山甫雜賦》二卷，又《李山甫詩》一卷。《直齋書録解題》卷一九"詩集類上"載《李山甫集》一卷，題云："唐後博從事李山甫撰。唐末進士不第。"《文獻通考》卷二四三《經籍七〇》載録《李山甫集》一卷。焦竑《國史經籍志》卷五"集類"著録《李山甫雜賦》二卷，同書卷五"別集類"又著録《李山甫詩》一卷。明葉盛《菉竹堂書目》卷四載録《李山甫詩》一册。《孫氏祠堂書目内編》卷四著録《李山甫詩集》一卷。

孫光憲《北夢瑣言》卷一三"草賊號令公"條載："王中令鐸落都統，除滑州節度使，尋罷鎮。以河北安静，於楊全玫有舊，避地浮陽，與其都統幕客十來人從行，皆朝中士子。及過魏，樂彦禎禮之甚至。鐸之行李甚侈，從客侍姬，有輦下昇平之故態。彦禎有子曰從訓，素無賴，愛其車馬姬妾，以問其父之幕客李山甫。山甫以咸通中數舉不第，尤私憤於中朝貴達，因勸從訓圖之。俟鐸至甘陵，以輕騎數百，盡掠其橐裝姬僕而還，鐸與賓客皆遇害。及奏朝廷云：'得貝州報，某日有殺却一人，姓王，名令公。'其凶誕也如此。彦禎子尋爲亂軍所殺，得非瑯琊公訴於上帝乎。"

劉克莊《後村詩話》卷三云："唐人尤重進士，其末也，如李振勸朱温一日殺司空裴贄等百餘人於白馬驛，蘇楷駁昭宗諡，李山甫教樂從訓害王鐸一家三百口，皆不得志於場屋者爲之。乃至巢寇，亦進士也。科目之弊如此。"

李山甫，文德元年卒於魏博軍亂。詳參傅璇琮主編《唐才子傳

校箋》卷八。

善本:《李山甫詩集》一卷:明抄本《唐四十四家詩》本、明嘉靖十九年刻《唐百家詩》本、清康熙席氏琴川書屋自刻《唐詩百名家全集》本。

薛廷珪《鳳閣集》(應爲《鳳閣書詞》)十卷、《克家志》五卷(應爲九卷)　案廷珪父逢,著《鑿混沌》、《真珠簾》等賦,爲時人所賞。廷珪亦著賦數十篇,同爲一集,故曰《克家志》。

【考訂】　宋《志》同。

薛《史》卷六八《薛廷珪傳》云:"薛廷珪,其先河東人也。父逢,咸通中爲秘書監,以才名著於時。……同光三年九月卒,贈右僕射。所著《鳳閣詞書》十卷、《克家志》五卷,並行於世。初,廷珪父逢著《鑿混沌》、《真珠簾》等賦,大爲時人所稱。廷珪既壯,亦著賦數十篇,同爲一集,故目曰《克家志》。"

《新唐書》卷六〇《藝文志四》"別集類"載薛廷珪《鳳閣書詞》十卷。《崇文總目》卷五"別集類六"、《通志》卷七〇《藝文略八》"制誥類"、《宋史》卷二〇八《藝文志七》"別集類"、焦竑《國史經籍志》卷五"集類"均載薛廷珪《鳳閣書詞》十卷,《宋史》卷二〇九《藝文志八》"總集類"載薛廷珪《克家志》九卷。

薛廷珪,河東人,中和中舉進士,光化中爲中書舍人,遷刑部、吏部二侍郎,拜尚書左丞。入梁爲禮部尚書。後唐莊宗平河南,除太子少師,致仕。同光三年卒。贈右僕射。傳見《舊唐書》卷一九〇下、《新唐書》卷二〇三。

《韓偓詩》一卷、《入翰林後詩》一卷、《香奩集》一卷　案《香奩集》係和凝嫁名　《別集》三卷

【考訂】　宋《志》同。陳鱣《續唐書·經籍志》載韓偓《內庭集》一卷、《香奩集》一卷。徐炯《五代史記補考·藝文考》載《香奩集》,

未明卷數。

《郡齋讀書志》卷一八"別集類中"載《韓偓詩》二卷、《香奩集》一卷。志云："右唐韓偓致堯也。京兆人。龍紀元年進士，累遷諫議大夫、翰林學士。昭宗幸鳳翔，進兵部侍郎、承旨。朱全忠怒，貶濮州司馬，榮懿尉。天祐初，挈族依王審知而卒。《香奩集》，沈括《筆談》以爲和凝所作，凝既貴，惡其側豔，故詭稱偓著。或謂括之言妄也。"

《崇文總目》卷五"別集類四"著録《韓偓詩》一卷。《新唐書》卷六〇"藝文志四""別集類"載《韓偓詩》一卷，又《香奩集》一卷。《通志》卷七〇《藝文略七》"別集詩"著録《韓偓詩》一卷，又《香奩集》一卷。《宋史》卷二〇八《藝文志七》"別集類"載《韓偓詩》一卷，又《入翰林後詩集》一卷，後又載韓偓《香奩小集》一卷、《別集》三卷。《直齋書録解題》卷一九"詩集類上"載《香奩集》二卷、《入内廷後詩集》一卷、《別集》三卷。題云："唐翰林學士韓偓致光撰。"《文獻通考》卷二四三《經籍七〇》亦載録《韓偓詩》二卷、《香奩集》一卷。《國史經籍志》卷五"別集類"著録《韓偓詩》一卷，又《香奩集》一卷。錢曾《讀書敏求記》卷四則載録《韓偓詩》一卷、韓内翰《香奩集》三卷。《孫氏祠堂書目内編》卷四亦著録《韓内翰集》一卷、《香奩集》三卷。

《四庫全書總目》卷一五一"別集類四"載《韓内翰別集》一卷，提要云："唐韓偓撰。《唐書》本傳謂偓字致光。計有功《唐詩紀事》作字致堯。胡仔《漁隱叢話》謂字致元。毛晉作是集跋，以爲未知孰是。案劉向《列仙傳》，稱偓佺，堯時仙人，堯從而問道。則偓字致堯，於義爲合。致光、致元，皆以字形相近誤也。世爲京兆萬年人。父瞻，與李商隱同登開成四年進士第，又同爲王茂元壻。商隱集中所謂《留贈畏之同年》者，即瞻之字。偓十歲即能詩。商隱集中所謂《韓冬郎即席得句有老成之風》者，即偓也。偓亦登龍紀元年進士第。昭宗時官至兵部侍郎、翰林學士承旨。忤朱全忠，貶濮州司馬，再貶榮懿尉，徙鄧州司馬。天祐二年復故官。偓惡全忠逆節，不肯入朝。避地入閩，依王審知以卒。

"偓爲學士時，内預秘謀，外爭國是，屢觸逆臣之鋒。死生患難，百折不渝。晚節亦管寧之流亞，實爲唐末完人。其詩雖局於風氣，渾厚不及前人，而忠憤之氣，時時溢於語外。性情既摯，風骨自遒。慷慨激昂，迥異當時靡靡之響。其在晚唐，亦可謂文筆之鳴鳳矣。變風變雅，聖人不廢，又何必定以一格繩之乎。《唐書·藝文志》載偓《集》一卷，《香奩集》一卷。晁氏《讀書志》云《韓偓詩》二卷，《香奩》不載卷數。陳振孫《書録解題》云《香奩集》二卷、《入内廷後詩集》一卷、《别集》三卷。各家著録互有不同。今抄本既曰《别集》，又注曰'入内廷後詩'。而集中所載，又不盡在内廷所作，疑爲後人裒集成書，按年編次，實非偓之全集也。"

善本：《香奩集》一卷：明末毛氏汲古閣刻《五唐人詩集》本。

《香奩集》一卷、《韓内翰别集》一卷：清初宋琬抄本。

《香奩集》不分卷：清康熙屈大均抄本。

《翰林集》一卷、《香奩集》一卷：清抄本。

《韓翰林集》一卷、《香奩集》一卷：清抄本（丁丙跋）。

《翰林别集》一卷、《香奩集》一卷（《補遺》一卷）：清抄本。

《韓翰林詩别集》一卷：清抄本。

《翰林集》四卷（《附録》一卷）、《香奩集》三卷（《附録》一卷）：清嘉慶王氏麟後山房抄本。

《韓致堯翰林集》不分卷、《香奩集》不分卷：清抄本（清紀昀批校）。

《黄滔集》十五卷、《莆陽御史集》二卷、《編略》十卷

【考訂】 宋《志》同。《新唐書》卷六〇《藝文志四》"别集類"載《黄滔集》十五卷，曰"字文江，光化四門博士"。《通志》卷七〇《藝文略八》"别集四"著録《黄滔集》十五卷。《宋史》卷二〇八《藝文志七》"别集類"載黄滔《編略》十卷，後又載《莆陽黄御史集》二卷。焦竑《國史經籍志》卷五"別集類"著録《黃滔集》十五卷。明葉盛《菉竹堂書目》卷三載録《黃御史文集》二册。《孫氏祠堂書目内編》卷四著録《黃御史集》八卷、《附録》一卷,又《黃滔詩集》二卷。

《文獻通考》卷二四三《經籍七〇》載録《黃御史集》,不著卷數,考曰:"誠齋序略曰:'詩至唐而盛,至晚唐而工。御史黃公之詩尤奇。如《聞雁》:'一聲初觸夢,半白已侵頭。餘燈依古壁,片月下滄洲。'如《遊東林寺》:'寺寒三伏雨,松偃數朝枝。'如《退居》:'青山寒帶雨,古木夜啼猿。'此與韓致光、吳融輩並遊,未知何人徐行後長也。永豐君自言其集久逸,其父考功公始得之,僅數卷而已。其後永豐又得詩文五卷於吕夏卿之家,又得逸詩於翁承贊之家,又得銘碣於浮屠老子之宫,而後御史公之文復傳於二百年之後。'按《唐·藝文志》:御史諱滔,字文江,光啟中爲四門博士。其集舊曰《黃滔集》云。"

《十國春秋》卷九五《黃滔傳》云:"滔文贍蔚典則,詩清淳豐潤,有貞元、長慶風。《馬嵬》、《館娃》、《景陽》、《水殿》諸賦,雄新雋永,稱一時絶調。有集十五卷,《泉山秀句集》三十卷。時金石誌銘及國中大著作,多爲滔屬草。"

《四庫全書總目》卷一五一著録《黃御史集》十卷、《附録》一卷,提要云:"唐黃滔撰。滔字文江,莆田人。乾寧二年進士。第光化中除四門博士,尋遷監察御史裏行,充威武軍節度推官。王審知據有全閩,而終守臣節,滔匡正之力爲多。《五代史》稱審知好禮下士,王淡、楊沂、徐寅,唐時知名士多依之。獨不及滔。《五代史》多漏略,不足據也。又集中有《祭南海南平王文》,稱'崔員外昨持禮幣,嘗詣門牆,爰蒙執手之懽,宏叙親仁之旨'云云,乃爲王審知祭劉隱而作。按隱初封大彭王,進封南平王,再進封南海王。據《五代會要》,南海之封在隱卒後一月,故此文尚稱南平王。説者或以高季興亦封南平,又不知此文爲代審知所作,遂謂滔嘗應高氏之聘,亦考之未審矣。《唐書·藝文志》載滔集十五卷,又《泉山秀句》

三卷,並已散佚。此本卷首有楊萬里及謝諤序。萬里序謂滔裔孫'永豐君自言此集久逸,其父考功公始得之,僅四卷而已。其後永豐君又得詩文五卷於呂夏卿家,又得逸詩於翁承贊家,又得銘碣於浮屠老子之宮',編爲十卷。是爲淳熙初刻。後再刻於明正德,三刻於萬曆,四刻於崇禎。此本即崇禎刻也。集中文頗贍蔚,詩亦有貞元、長慶之遺。雖不及羅隱、司空圖,而實非徐寅諸人之所及。其《潁川陳先生集序》稱:'天復元年,某叨閩相之辟。'考乾寧四年,唐以福州爲威武軍,拜審知節度使,累遷同中書門下平章事,封琅邪王。至梁太祖即位,乃封閩王,仍同中書門下平章事。滔稱閩相而不稱王,則所謂規正審知使守臣節者,是亦一證也。末有《附錄》一卷。又載滔裔孫補遺文一篇。補字季全,紹興中進士,歷官安溪縣令。所著《詩解》、《九經解》、《人物志》等書,皆失傳,惟此篇僅存,故附滔集以行云。"

善本:《莆陽黄御史集》二卷:明正德八年刻本、明萬曆十二年黄廷良等刻本。

《唐黄先生文集》八卷《附錄》一卷:明萬曆三十四年葉向高、曹學佺等刻本。

《唐黄御史集》八卷《附錄》一卷:明崇禎十一年黄鳴喬、黄鳴俊等刻本。

馮涓《懷秦賦》一卷、《文集》十三卷、《龍吟集》一卷(應爲三卷)、**《長樂集》一卷、《南冠集》一卷**

【考訂】 宋《志》同。陳鱣《續唐書·經籍志》載馮涓《龍吟集》三卷、《懷秦賦》一卷、《南冠集》、《長樂集》十卷。汪之昌《補南唐藝文志》録馮涓《龍吟集》三卷、《長樂集》十卷。

《崇文總目》卷五"别集類二"著録《龍吟集》三卷、《長樂集》一卷,同卷"别集類五"著録馮涓《懷秦賦》一卷。《通志》卷七〇《藝文略八》"别集五"載馮涓《龍吟集》三卷,注"僞蜀",又《長樂集》十卷;

"賦"類著録馮涓《懷秦賦》一卷。《宋史》卷二〇八《藝文志七》"別集類"載馮涓《懷秦賦》一卷，又《集》十三卷、《龍吟集》三卷、《長樂集》一卷。焦竑《國史經籍志》卷五"集類"著録馮涓《懷秦賦》一卷；同卷"別集類"著録《龍吟集》三卷，又《長樂集》十卷。胡震亨《唐音癸籤》卷三〇《集録一》載馮涓《集》十三卷、《龍吟集》三卷、《長樂集》一卷。

《十國春秋》卷四〇《馮涓傳》云："馮涓字信之，先世爲婺州東陽人，唐吏部尚書宿之孫也。……昭宗時爲祠部郎中，擢眉州刺史。……（前蜀高祖時）歷官至御史大夫，卒。……所著有《南冠集》、《龍吟集》三卷、《長樂集》十卷，又撰《檄龍文》、《大蟲牓》、《嶔竿歌》，皆有文才。"

《韋莊集》二十卷、《浣花集》五卷（應爲二十卷）**、《又元集》五卷**

【考訂】　宋《志》於《浣花集》之外，另有《韋莊集》二十卷。陳鱣《續唐書‧經籍志》載韋莊《浣花集》五卷、《集》二十卷、《箋表》一卷，另《又元集》三卷。徐炯《五代史記補考‧藝文考》載韋莊《浣花集》五卷。

《郡齋讀書志》卷一八載《浣花集》五卷，志云："右僞蜀韋莊，字端己。仕王建，至吏部侍郎、平章事。集乃其弟藹所編，以所居即杜甫草堂舊址，故名。《僞史》稱莊有集二十卷，今止存此。"《文獻通考》卷二四三《經籍七〇》亦載録韋莊《浣花集》五卷，考引《郡齋》。

《崇文總目》卷五"總集類下"著録韋莊編《又元集》一卷，同卷"別集類二"、"別集類五"兩次著録《浣花集》二十卷。《通志》卷七〇《藝文略八》"別集五"著録韋莊《浣花集》二十卷，同卷"詩總集"及《國史經籍志》卷五"總集類"並著録《又元集》一卷。《宋史》卷二〇八《藝文志七》"別集類"載《浣花集》十卷、《諫草》一卷，卷二〇九《藝文志八》"總集類"載韋莊《采玄集》一卷，另韋莊

《又玄集》三卷。《直齋書錄解題》卷一九"詩集類上"載《浣花集》一卷,題云:"蜀韋莊撰。唐乾寧元年進士也。"《國史經籍志》卷五"別集類"著錄《浣花集》二十卷。《孫氏祠堂書目內編》卷四著錄《浣花集》十卷。《十國春秋》卷四十《韋莊傳》云:"有集二十卷……又有《浣花集》五卷,乃莊之弟藹所編。……莊又常取唐人麗句,勒成《又玄集》,其自序云云。"

韋藹《浣花集序》(《四部叢刊》集部初編本《浣花集》卷首)云:"余家之兄莊,自庚子亂離前,凡著歌詩文章數十通,屬兵火迭興,簡編俱墜,唯餘口誦者,所存無幾。爾後流離漂泛,寓目緣情,子期懷舊之辭,王粲傷時之制,或離群軫慮,或反袂興悲,四愁九愁之文,一詠一觴之作,迄於癸亥歲,又墜僅千餘首。庚申夏自中諫□□□□,辛酉春應聘爲西蜀奏記,明年浣花溪尋得杜工部舊址,雖蕪沒已久,而柱砥猶存,因命芟夷結茅爲一室,蓋欲思其人而成其處,非敢廣其基構耳。藹便因閒日錄兄之稿草中,或默記於吟詠者,次爲□□□,目之曰《浣花集》,亦杜陵所居之義也。餘今之所制,則俟爲別錄,用繼於右。時癸亥年六月九日藹集。"

興武按:莊之詩集曰《浣花集》,天復三年由韋藹編錄而成。張唐英《蜀檮杌》卷上《韋莊傳》謂"有《浣花集》二十卷",是。藹《序》原記卷數今闕,據《崇文總目》及《通志·藝文略》所載,此集原有二十卷,藹《序》所缺三字當爲"二十卷"。《浣花集》至南宋時已告散佚,《郡齋讀書志》錄爲五卷,《直齋書錄解題》僅錄爲一卷。今本《浣花集》標爲十卷,乃後人重編之本。《四庫全書總目》卷一五一"別集類四"載韋莊《浣花集》十卷,《補遺》一卷,識曰:"《文獻通考》載莊集五卷,此本十卷,乃毛晉汲古閣所刻。爲莊弟藹所編,前有藹《序》。疑後人析五爲十,故第十卷僅詩六首也。末爲《補遺》一卷,則毛晉所增。"顧、宋兩《志》於《浣花集》之外,別錄《韋莊集》二十卷,顯係重出。

此外,韋莊《秦婦吟》一詩,本世紀初發現於敦煌石窟,陳寅恪《韓柳堂集》有《韋莊〈秦婦吟〉校箋》。

善本:《浣花集》十卷:明正德朱承爵朱氏文房刻本(《補遺》一卷)、明抄本、明末毛氏汲古閣刻本、明抄本《唐四十七家詩》本。

羅隱《淮海寓言》七言(當爲"七卷"之譌)**、《甲乙集》三卷**(應爲十卷)**、《外集詩》一卷、《江東後集》二十卷、《汝江集》三卷、《歌詩》十四卷、《讒本》三卷、《讒書》五卷**

【考訂】 宋《志》同。陳鱣《續唐書·經籍志》載羅隱《淮海寓言》七卷、《讒書》五卷,又《江南甲乙集》十卷、《江東後集》二卷。徐炯《五代史記補考·藝文考》載羅隱《甲乙集》十卷、《讒書》五卷、《羅江東集》十卷。

《郡齋讀書志》卷一八載羅隱《甲乙集》十卷、《讒書》五卷,志云:"右杭越羅隱字昭諫,餘杭人。唐乾符中舉進士不第。從事諸鎮皆無合,久之而歸。錢鏐辟掌書記,歷節度判官副使,奏授司勳郎中。梁祖以諫議大夫召,不行。魏博羅紹威推爲叔父,表薦給事中,卒。隱少聰明,作詩著文,以譏刺爲主。自號'江東生'。其集皆自爲序。"

《崇文總目》卷五"別集類二"著錄《江東後集》十卷,不著撰人;同卷"別集類四"著錄《甲乙集》十卷,不著撰人;"別集類五"著錄錢希白《甲乙集》一卷;"別集類六"著錄羅隱《讒書》五卷、《讒書本》三卷;"別集類七"著錄羅隱《淮海寓言》七卷。《四庫闕書目》卷一"別集類"著錄羅隱《甲乙集》十卷,又《外集》一卷,又《四六集》一卷,又《後集》五卷。《通志》卷七〇《藝文略八》"別集類"著錄《羅隱集》二十卷、《江東後集》三卷、《吳越掌記集》三卷,同卷"表章"類著錄羅隱《淮海寓言》七卷。《宋史》卷二〇八《藝文志七》"別集類"載羅隱《湘南應用集》三卷、《淮海寓言》七卷、《甲乙集》三卷、《外集詩》一卷、《啟事》一卷、《讒本》三卷、《讒書》五卷,同卷另載《羅隱後集》二十卷,又《汝江集》三卷、《歌詩》十四卷。《直齋書錄解題》卷一九"詩集類上"載《羅江東集》十卷,題云:"唐羅隱昭諫撰。"《文獻通考》卷二三三《經籍六〇》載錄羅隱《甲乙集》十卷、《讒書》五卷。《十國春秋》卷八四《羅隱傳》所記著述有《江南甲乙集》十卷、《江東後集》三卷、《讒書》五卷、《淮海寓言》七卷。《孫氏祠堂書目內編》卷四則著錄《甲乙詩集》十卷、《補遺》一卷。

《四庫全書總目》卷一五一"別集類四"載《羅昭諫集》八卷,提要云:"考《吳越備史》隱本傳云:隱有《江東》、《甲乙集》、《淮海寓言》及《讒書》、《後集》,並行於世。……據此,則不特《吳越掌記集》不傳,即《淮海寓言》、《讒書》二種,振孫且不得見矣。此本爲康熙初彭城知縣張瓚所刻。後有瓚跋云:昭諫諸集,今不復見,僅得《江東集》抄本於邑人袁英家。嗣後得《甲乙集》刻本,合而讀之,雖全集不獲盡覩,窺豹者已得一斑矣。蓋出於後人所掇拾,非舊帙也。所載詩四卷,又有雜文一卷。詩與毛晉所刻《甲乙集》合,雜文則不知原在何集。其《湘南集》僅存自序一篇,列於卷中。序謂湘南文失落於馬上軍前,僅分三卷,而舉業祠祭亦與焉。今雜文既無長沙應用之作,亦無舉業祠祭之文。惟諸啟多作於湖南,或即《湘南集》中之遺歟?《文苑英華》有《隱秋雲似羅賦》一篇,蓋即後集之律賦,此本失載。則所採亦尚遺漏矣。第七卷末一篇爲《廣陵妖亂志》。前十一篇疑即《淮海寓言》之文也。第八卷有《兩同書》十篇,《唐志》著錄。其說以儒道爲一致,故曰'兩同',似乎《讒書》之外,又有此書者。其異同則不可考矣。隱不得志於唐。洎唐之亡也,梁主以諫議大夫召之,拒不應。又力勸錢鏐討梁。事雖不成,君子韙之。其詩如《徐寇南逼》、《感事》、《獻江南知己》一首、《即事中元甲子》一首、《中元甲子以辛丑駕幸蜀》四首,皆忠憤之氣溢於言表,視同時李山甫、杜荀鶴輩,有鸞梟之分。雖殘闕之餘,猶爲藝林所寶重,殆有由矣。"

善本:《甲乙集》十卷:宋臨安府陳宅經籍鋪刻本、明崇禎十二年毛氏汲古閣刻《唐人八家詩》本、清康熙席氏秦川書屋刻《唐詩百名家全集》本(附《補遺》一卷)、清士禮居抄本。

《羅昭諫江東集》五卷：明萬曆屠中孚刻本。

《羅昭諫詩集》一卷：明公文紙抄本。

《羅昭諫集》八卷：清康熙九年張瓚瑞榴堂刻本。

《羅昭諫集》十四卷《補遺》一卷：清抄本。

《讒書》五卷、《甲乙詩集》三卷：明抄本(李守信跋)。

《讒書》五卷：清嘉慶十二年吳騫刻《拜經樓叢書》本(《補校》一卷)。

《徐融集》一卷

【考訂】 宋《志》作五卷，汪之昌《補南唐藝文志》録爲一卷。

《宋史》卷二〇八《藝文志七》"別集類"著録《徐融集》一卷。胡震亨《唐音癸籤》卷三〇《集録一》亦載《徐融詩》一卷。

阮閲《詩話總龜·前集》卷三一"詩累門"載："南唐徐融《夜宿金山》詩云：'維船分蟻照，江市聚蠅聲。'烈祖性嚴忌，宋齊丘譖之，以竹籠沉於京口。"

《陳陶文集》十卷、《詩》一卷

【考訂】 宋《志》、汪之昌《補南唐藝文志》及杜文玉《南唐藝文志》所載皆同顧《志》。陳鱣《續唐書·經籍志》載陳陶《陳嵩伯詩》十卷。唐圭璋《南唐藝文志》僅列《陳陶文集》十卷。

《郡齋讀書志》卷一八"別集類中"載《陳陶集》二卷，志云："右唐陳陶嵩伯也。鄱陽人。大中時，隱洪州西山，自號'三教布衣'云。《江南野史》有傳。"《文獻通考》卷二三三《經籍六〇》亦載録《陳陶集》二卷，考引《郡齋》。

《崇文總目》卷五"別集類二"著録《陳陶文集》十卷。《新唐書》卷六〇《藝文志四》"別集類"載《陳陶文録》十卷。《通志》卷七〇

《藝文略八》"別集四"著錄《陳陶文錄》十卷。《宋史》卷二〇八《藝文志七》"別集類"著錄《陳陶文錄》十卷，另《陳陶詩》十卷。焦竑《國史經籍志》卷五"別集類"著錄《陳陶文錄》十卷。

興武按：唐五代有兩人名陳陶者。一爲唐人，生活於文宗、武宗、宣宗、懿宗及僖宗諸朝，久歷幕府，屢次遷徙，最後隱居洪州西山。卒於光啟元年之前。詳參傅璇琮主編《唐才子傳校箋·陳陶》之考訂。一爲南唐人，烈祖與中主時在世，與貫休、譚用之等有詩往還。詳參拙作《南唐隱逸詩人陳陶考》，見中華書局1995年版《中國典籍與文化論叢》第三輯。《陳陶文錄》十卷，當係唐代陳陶著述，不宜入五代藝文志。《陳陶詩》一卷，雖多有混淆，但基本屬於南唐陳陶之作品。

善本：《陳陶詩》一卷：清康熙半畝園刻《中晚唐詩紀》（清龔賢編）本、清康熙刻《中晚唐詩》（清劉雲份編）本。

《陳嵩伯詩集》一卷：清康熙席氏琴川書屋自刻《唐詩百名家全集》本。

《江文蔚集》三卷

【考訂】　宋《志》同。汪之昌《補南唐藝文志》據《崇文總目》補錄《江文蔚集》三卷，又《江翰林賦》三卷。杜文玉《南唐藝文志》載列江文蔚《江翰林賦集》三卷。

《崇文總目》卷五"別集類五"著錄《江翰林賦集》三卷，注曰"江之蔚撰"。《通志》卷七〇《藝文略八》"賦類"著錄《江翰林賦集》三卷，注云"僞唐江之蔚"。《宋史》卷二〇八《藝文志七》"別集類"著錄《汪文蔚集》三卷。焦竑《國史經籍志》卷五"集類"著錄《江翰林賦集》三卷，注云"南唐江之蔚。"

興武按："江之蔚"乃"江文蔚"之譌，"汪"與"江"以形近而誤。江文蔚以雅善詞賦獲譽當時。鄭文寶《南唐近事》卷二云："高越，燕人也。……與江文蔚俱以詞賦著名，故江南士人言體物者，以

'江高'爲稱首焉。"

《徐凝詩》一卷

宋《志》同。唐人著述,不宜入五代藝文志,詳本書第二章之考訂。

《錢宏偡詩》十卷（此條當刪）

【考訂】　宋《志》同。興武按：錢弘偡詩集,宋元公私書目均未載録。顧、宋兩《志》雖列爲十卷,然未詳所據。考《十國春秋》卷八三《錢弘偡傳》云："偡字贊堯,文穆王第十二子也。性仁孝,事母陳氏以恭勤聞。及任衢州刺史,爲政寬恕厚重,民多愛之。時屬歲旱,部民將逐食他州,不忍輒去,共詣聽事告白而行,弘偡爲之流涕。忠懿王立,友愛甚至。顯德五年卒,中外無不嘆惜,終年二十五。子昭度,字九齡。仕至供奉官。俊敏,工爲詩,多警句。有集十卷行於世。"據此,則有詩集十卷者爲錢昭度,非弘偡也。顧、宋未加詳察,以致譌誤。

《錢儼前集》五十卷　　案儼仍有《後集》五十卷,係入宋後撰,不録。

【考訂】　宋《志》同。陳鱣《續唐書·經籍志》載錢儼《前集》五十卷、《後集》五十卷。

《宋史》卷四八〇《錢儼傳》云："儼字誠允,俶之異母弟也。本名信,淳化初改焉。……儼嗜學,博涉經史。少夢人遺以大硯,自是樂爲文辭,頗敏速富贍,當時國中詞翰多出其手。歸京師,與朝廷文士遊,歌詠不絶。淳化初,嘗獻《皇猷録》,咸平又獻《光聖録》,並有詔嘉答。所著有《前集》五十卷、《後集》二十四卷、《吳越備史》十五卷、《備史遺事》五卷、《忠懿王勳業志》三卷,又作《貴溪叟自叙傳》一卷。"

《十國春秋》卷八三《錢儼傳》載："儼字誠允,文穆王第十四子,忠懿王異母弟也。本名弘信,後又去弘,名信。宋淳化初改今名焉。……所著有《前集》五十卷、《後集》二十四卷、《吳越備史》、《遺事》、《忠懿王勳業志》、《錢氏戊申英政録》若干卷,又作《貴溪叟自序傳》一卷。"

《錢昆文集》十卷

【考訂】 宋《志》同。

王稱《東都事略》卷四八《錢昆傳》云:"錢昆,字裕之,吳越國王倧之子也。隨俶歸朝,諸從子皆授官,獨昆與其弟易願從科舉,遂登進士第。累遷至三司度支判官。仁宗時,知廬、濠、泉、亳、梓、壽、許七州,爲治尚寬簡。官至右諫議大夫,以秘書監致仕。卒,年七十六。昆善爲詩賦,又喜草隸。有文集十卷。"

《十國春秋》卷八三《錢昆傳》云:"昆,字裕之,忠遜王子也。歸宋,登進士第。累遷至三司度支判官,歷知七州,治尚寬簡,以秘書監致仕。卒,年七十六。昆善爲詩賦,又工草隸,有文集十卷。"

《錢惟濟文集》二十卷（此條當删）

【考訂】 宋《志》同。

《宋史》卷四八〇《錢惟濟傳》云:"惟濟字禹川,俶嫡子也。……子守吉、守讓。守吉至西京作坊使。守讓字希仲,以蔭累遷供備庫使。天禧四年,録諸國之後,加領榮州刺史,改東染院使,卒。守讓頗勤學爲文章,退居多閉關讀書,屢獻歌頌,真宗優詔褒獎。有集二十卷。"據此,則有詩集二十卷者爲錢守讓,非乃父也。顧、宋兩《志》未作詳察,以致譌誤。

《錢惟治文集》十卷

【考訂】 宋《志》同。

《宋史》卷四八〇《錢惟治傳》云:"惟治好學,聚圖書萬餘卷,多異本。慕皮、陸爲詩,有集十卷。"《十國春秋》卷八三《錢惟治傳》亦云:"惟治好學,家聚法帖圖書萬餘卷,多異本。生平慕皮、陸爲詩,有集十卷。又有竇子垂綏連環詩,世多稱之。"

錢惟治,字世和。本忠遜王長子,後爲忠懿王收爲養子。隨錢俶歸宋,卒於大中祥符七年七月,享年六十六歲。

《沈崧文集》二十卷
【考訂】 宋《志》同。《四庫闕書目》卷一"別集類"著錄《沈崧詩集》二卷、又《鑄金集》一卷。李賢等撰《明一統志》卷七四"福州府·人物"、《福建通志》卷五一"文苑·福州府"均載《沈崧集》二十卷。

《十國春秋》卷八六《沈崧傳》云:"沈崧,字吉甫,閩人也。……乾寧二年,刑部尚書崔凝知貢舉,登進士第者二十五人,崧與焉。已而昭宗御武德殿,命翰林學士陸扆、秘書監馮偓覆試,凡落十人,是日崧再入選。尋歸閩,道由淮甸,淮帥辟之不就,遂經杭州,武肅王留爲鎮海軍掌書記,除浙西營田副使,授秘書監、檢校兵部尚書右僕射,凡書檄表奏,多崧所出。……國建,拜崧丞相。天福三年二月卒,年七十六,諡曰文獻。有集二十卷。"

沈崧傳,另見《吳越備史》卷三。

毛文晏《西園集》(應爲《西閣集》)**十卷、《昌城寓言集》**(應爲《昌城後寓集》)**十五卷、《東壁寓言》**(應爲《東壁出言》)**三卷、《吳越石壁記》二卷**(此書非毛文晏撰)
【考訂】 宋《志》同。陳鱣《續唐書·經籍志》載《東壁出言》三卷,曰"蜀翰林學士毛文晏撰";又毛文晏《西園集》十卷、《昌城後寓集》十五卷。

《崇文總目》卷五"總集類上"著錄毛文晏《東壁出言》三卷,"別集類七"著錄毛文晏《昌城後寓集》五卷。《通志》卷七〇《藝文略八》"制誥類"著錄《東壁出言》三卷,曰"毛文晏纂唐制誥";"表章類"著錄《昌城後寓集》五卷,曰"僞蜀毛文晏撰"。《宋史》卷二〇八

《藝文志七》著録毛文晏《昌城後寓集》十五卷，又《西閣集》十卷、《東壁出言》三卷。焦竑《國史經籍志》卷五"集類"著録毛文晏《東壁書言》三卷，當即《東壁出言》；同書卷五"集類"著録《昌城後寓集》五卷。胡震亨《唐音癸籤》卷三〇《集録一》載毛文晏《昌城後寓集》十五卷、《西閣集》十卷。

《十國春秋》卷四一《毛文晏傳》云，文晏"有《西園集》十卷、《昌城後寓集》十五卷，復纂《咸通後麻制》一卷、《東壁出言》三卷行世"。

毛文晏，文錫母弟也。仕前蜀，爲翰林學士、兵部侍郎。

王保(應爲王超)《洋源集》二卷

【考訂】　宋《志》同。《崇文總目》卷五"別集類二"著録王超《洋源集》二卷。《通志》卷七〇《藝文略八》"別集五"著録王超《洋源集》二卷，注"僞蜀"。《宋史》卷二〇八《藝文志七》"別集類"著録王超《洋源集》十卷。焦竑《國史經籍志》卷五"別集類"亦著録王超《洋源集》二卷。胡震亨《唐音癸籤》卷三〇《集録一》載王超《洋源集》十卷、《鳳鳴集》三卷。

《十國春秋》卷四四《王保晦傳》云："是時岐王茂貞用王超箋奏，言僞而辨(原注：超有《洋源集》二卷)。高祖絶愛之，頗以保晦與之匹，稱曰二王。"

庾傳昌《玉堂集》二十卷、《青宮載筆記》二卷(應爲十五卷)

【考訂】　宋《志》同。陳鱣《續唐書·經籍志》載《青宮載筆》二十卷，注云："蜀翰林學士庾傳昌撰。"又《玉堂集》二十卷。

張唐英《蜀檮杌》卷上《庾傳昌傳》載："傳昌，後周義成侯信之後，富文藻，著《金行啓運集》二十卷、《青宮載筆記》十五卷、《玉堂集》二十卷。"曹學佺《蜀中廣記》卷九三亦載《金行啓運録》二十卷、《青宮載筆記》十五卷。《十國春秋》卷四四《庾傳昌傳》則稱庾傳昌有《青宮載筆記》二十卷，未知所據。

李珣《瓊瑤集》一卷

【考訂】　宋《志》同。陳鱣《續唐書·經籍志》載李珣《瓊瑤集》，無卷數。

何光遠《鑑誡錄》卷四"斥李珣"條載："賓貢李珣，字德潤，本蜀中土生波斯也。少小苦心，屢稱賓貢。所吟詩句往往動人。尹校書鶚者，錦城烟月之士，與李生常爲善友。遽因戲，遂嘲之，李生文章掃地而盡。詩曰：'異域從來重武强，李波斯强學文章。假饒折得東堂桂，深恐熏來也不香。'"

曹學佺《蜀中廣記》卷一〇二《詩話記》云："李珣，梓州人，事王宗衍。有詞，名《瓊瑤集》。其妹爲昭儀，亦有詞藻。"《歷代詩餘》卷一〇一"詞人姓氏"條載："李珣字德潤，先世本波斯人，家於梓州。王衍昭儀李舜絃兄也。爲蜀秀才，嘗與賓貢。有《瓊瑤集》一卷。"《十國春秋》卷四四《李珣傳》所載略同。

另參陳尚君《花間詞人事輯》，見收中國社科院文學研究所編《俞平伯先生從事文學活動六十五周年紀念文集》（巴蜀書社1992年版）。

孟賓于《金鰲集》一卷

【考訂】　宋《志》及汪之昌《補南唐藝文志》所載皆同顧《志》。陳鱣《續唐書·經籍志》載《金鰲集》二卷，曰："南唐水部員外郎前楚零陵從事孟賓于撰。"徐炯《五代史記補考·藝文考》載《孟賓于集》一卷。唐圭璋、杜文玉兩《南唐藝文志》並載孟賓于《孟水部詩集》，不明卷數。

王禹偁《小畜集》卷二〇《孟水部詩集序》云："余總角之歲，就學於鄉先生。授經之外，日諷律詩一章，其中有絶句云：'那堪雨後更聞蟬，信絶重湖路七千。憶昔故園楊柳岸，全家送上渡頭船。'余固未知誰氏之詩矣。及長，聞此句大播人口，詢於時輩，則曰江南孟水部詩也。……水部諱賓于，字某，生於連州。其先太原人，故其詩云'吾祖并州隔萬山，吾家多難謫郴連'。幼擅詩名，吟咏忘倦。後唐長興末，渡江赴舉，岐帥李泰王曠館於門下。晉相和魯公凝、禮部王尚書易簡、翰林承旨李學士慎儀、刑部李侍郎詳咸推薦之，由是詩名藉甚。遊舉場十年，故有'十載戀明主'之什，凡八章。五上登第，故詩云：'兩京遊寺曾題榜，五舉逢知始看花。'晉天福甲辰歲，禮部符侍郎蒙，門人也，尋以拜慶就養，歸於長沙。當馬氏專據湖湘，大開幕府，遂以賓席縻之。俄出爲永州軍事判官，歷陽山縣令。漢乾祐末，馬希廣兄弟鬩牆，尋戈不已，江南李氏命邊鎬爲將，以兵陷湖南，盡俘馬氏之族於建康。水部遇亂無依，携光啟年縣印歸於金陵。李氏方僭稱唐，得之甚喜，故有水曹朱紱之命。頃之，辭歸玉笥山，着道士衣。吉州高使君奏爲郡倅，不得已，用冠褐就職，旋歸舊隱。是時江左士大夫若昌黎韓熙載、東海徐鉉甚重之。會高越以江南命使迴嶺表，訪其所居，同舟而出，强起爲豐城令。既而引去，嬉游吟嘯者二十年。老求致仕，得本曹郎中，分司南都，服章金紫。太祖平吳，以老病不任朝謁，聽還故里。後以令終。有《金鼇集》者，應舉時詩也；《湘東集》者，馬氏幕府詩也；《金陵集》者，李氏詩也；《玉笥集》者，吉州詩也；《劍池集》者，豐城詩也；總五百五首，今合爲一集，以官爲名。"興武按：該《序》所述孟賓于事蹟最爲詳實，故特加徵引。

《江南野史》卷八《孟賓于傳》云："孟賓于，湖湘連上人。少修儒業，早失其父，事母以孝聞。長好篇詠，有能詩名。天祐末，工部侍郎李若虛來廉察於湘沅，賓于以詩數百篇自命爲《金鼇集》獻之，大爲稱譽。"

《四庫闕書目》卷一"別集類"著録《孟賓于詩》一卷。《宋史》卷二〇八《藝文志七》"別集類"著録孟賓于《金鼇詩集》二卷。《直齋書録解題》卷一九"詩集類上"載《孟賓于集》一卷，題云："五代進士孟賓于撰。仕湖南、江南。"《文獻通考》卷二四三《經籍七〇》亦載《孟賓于集》一卷，考引《直齋書録解題》。胡震亨《唐音癸籤》卷三〇

《集錄一》載孟賓于《金鼇詩集》二卷。《十國春秋》卷七五《孟賓于傳》所述與《江南野史》略同，其末云："金陵平，復歸老於連州，年八十七卒，有集一卷。"

孟賓于傳，另見馬令《南唐書》卷二三、《唐才子傳》卷一〇及《十國春秋》卷七五。

《牛嶠集》三十卷、《歌詩》三卷

【考訂】 宋《志》、陳鱣《續唐書·經籍志》所載皆同顧《志》。徐炯《五代史記補考·藝文考》載《牛嶠歌詩》三卷。

《郡齋讀書志》卷一八載《牛嶠歌詩》三卷，志云："右偽蜀牛嶠，字延峰，隴西人。唐相僧孺之後。博學有文，以歌詩著名。乾符五年進士，歷拾遺、補闕、尚書郎。王建鎮西川，辟判官。及開國，拜給事中，卒。集本三十卷。自序云：'竊慕李長吉所為歌詩，輒效之。'"《文獻通考》卷二四三《經籍七〇》亦考引《郡齋》。《四庫闕書目》卷一"別集類"胡震亨《唐音癸籤》卷三〇《集錄一》均載錄《牛嶠歌詩》三卷。《十國春秋》卷四四《牛嶠傳》云："有《集》三十卷，《歌詩》三卷。"《唐詩紀事》卷七一云："嶠字松卿，一字延峰。"

牛嶠事蹟，另參陳尚君《花間詞人事輯》。

《吳仁璧詩》一卷

【考訂】 宋《志》同。《新唐書》卷六〇《藝文志四》"別集類"載《吳仁璧詩》一卷，注："字廷實，並大順進士第。"《崇文總目》卷五"別集類四"、《通志》卷七〇《藝文略七》"別集詩"、《宋史》卷二〇八《藝文志七》"別集類"、焦竑《國史經籍志》卷五"別集類"、胡震亨《唐音癸籤》卷三〇《集錄一》並載《吳仁璧詩》一卷。

《詩話總龜·前集》卷四七"神仙門下"引《雅言雜載》云："吳仁璧，關右人，學進士。遊羅浮洞，學老、莊於張先生，得其大旨。辭歸，謀入京取應。先生曰：'觀子氣法可住此，吾授子長生之道。'仁璧辭以老母缺甘旨，俟名遂身退，學亦未晚。先生曰：'此去必遂其志，亦須早來。'是年中第，入浙謁錢武肅，殊禮之，累辟入幕，堅辭不就，以詩謝云……武肅復遣人請撰《羅城記》，仁璧堅不從。武肅怒，沉於江，吳人惜之。"

《十國春秋》卷八八《吳仁璧傳》云："唐大順中登進士第，已而入浙。家貧，常佯狂乞於市，武肅王聞其名，待之客禮，叩以天象，仁璧辭非所知，欲辟幕職，又以詩固辭。及秦國太夫人薨，具禮幣請爲墓銘，仁璧堅不肯屬草，武肅王大怒，投仁璧於江中死。有詩一卷行世。……仁璧有女年十八，能詩，精於天官之學，居恒戒仁璧慎出入，無罹羅網。及仁璧被繫，女泣曰：'文星失位，大人其不免乎！'未幾，王併沉之東小江。"

《劉昌言文集》三十卷

【考訂】　宋《志》同。

王稱《東都事略》卷三六《劉昌言傳》云："劉昌言，字禹謨，泉州南安人也。陳洪進以爲工曹。太平興國二年，洪進歸朝，改鎮徐州，辟爲推官。八年，舉進士，遷保信、武勝二鎮判官……昌言遂以給事中罷，出知襄州，徙知荆南府。遷工部侍郎。卒年五十八，贈工部尚書。"

吳處厚《青箱雜記》卷六稱："劉昌言，泉州人。先仕陳洪進爲幕客，歸朝，願補校官。舉進士，三上，始中第。後判審官院，未百日，爲樞密副使。時有言其太驟者，太宗不聽。言者不已，乃謂：'昌言，閩人，語頗獠，恐奏對間陛下難會。'太宗怒曰：'我自會得！'其眷如此。然昌言極有才思，嘗下第作詩，落句云：'惟有夜來蝴蝶夢，翩翩飛入刺桐花。'後爲商丘主簿，王禹偁贈詩曰：'年來復有事堪嗟，載筆商丘鬢欲華。酒好未陪紅杏宴，詩狂多憶刺桐花。'蓋爲是也。"

劉昌言傳，另見《宋史》卷二六七。

徐寅《温陵集》十卷（未詳出處）、《探龍集》一卷（應爲五卷）、《釣磯集》三卷（應爲八卷）、《書》二十卷（未詳出處）、《賦》五卷、《別集》一卷（應爲五卷）。

【考訂】　宋《志》同。陳鱣《續唐書·經籍志》載徐寅《探龍集》一卷、《釣磯集》八卷、《賦》五卷。汪之昌《補南唐藝文志》著錄《徐寅賦》一卷、《探龍集》一卷，曰"據焦《志》補"。

徐師仁《唐秘書省正字徐公釣磯文集序》云："按《崇文總目》：《正字賦》五卷、《探龍集》一卷，題爲'僞唐徐某撰'。正字實未嘗仕僞唐也。師仁家故有《賦》五卷、《探龍集》五卷，正字自序其後。又於蔡君謨家得《雅道機要》一卷，又訪於族人及好事者，得五言詩并絕句合二百五十餘首，以類相從，爲八卷，并藏焉。"

《崇文總目》卷五"別集類五"著錄《探龍集》一卷、《徐寅賦》一卷。《通志》卷七〇《藝文略八》"賦類"錄《徐寅賦》一卷、《探龍集》一卷，注曰："僞唐人"。《宋史》卷二〇八《藝文志七》"別集類"著錄《徐寅別集》五卷，又《探龍集》五卷。焦竑《國史經籍志》卷五"集類"著錄《徐寅賦》一卷，注"南唐"；又《探龍集》一卷。《孫氏祠堂書目內編》卷四亦著錄《徐寅詩集》三卷。今傳《四部叢刊》集部三編《徐公釣磯文集》錄賦五卷、詩五卷。《十國春秋》卷九五《徐寅傳》載："有《探龍集》一卷、《雅道機要》並詩八卷，亦曰《釣磯集》。又有《賦》五卷。"

《四庫全書總目》卷一五一載《徐正字詩賦》二卷，提要云："唐徐寅撰。寅字昭夢，莆田人。乾寧元年進士及第，授秘書省正字。後依王審知幕府，歸老延壽溪。所著有《探龍》、《釣磯》二集，共五卷。自《唐書·藝文志》已不著錄，諸家書目亦不載其名。意當時即散佚不傳。此本僅存賦一卷，計八首。各體詩一卷，計三百六十八首。蓋其後裔從《唐音統籤》、《文苑英華》諸書裒輯成編，附刻家乘之後者，已非五卷之舊矣。其賦句雕字琢，不出當時程試之格。而刻意鍛煉，時多秀句。集中《贈渤海賓貢高元固詩序》，稱其國傳寫寅《斬蛇劍》、《御溝水》、《人生幾何》三賦，至以金書列爲屏幛。則當時亦價重雞林矣。詩亦不出五代之格，體物之咏尤多。"

《全唐詩》編寅詩爲四卷，共二百六十八首。《全唐文》存寅賦二十八篇，《唐文拾遺》補録二十一篇。此外，徐寅《雅道機要》一書，見録於北宋人陳應行所撰之《吟窗雜録》。

興武按：參諸徐師仁《唐秘書省正字徐公釣磯文集序》、宋元人書目及《十國春秋》所載，徐寅著述應爲：《探龍集》五卷、《釣磯集》(《雅道機要》並詩)八卷、《賦》五卷、《別集》五卷。顧、宋兩《志》所載，《釣磯集》與《雅道機要》重複著録，《溫陵集》十卷及《書》二十卷不明所出，似不足憑信。

善本：《唐秘書省正字先輩徐公釣磯文集》十卷：明抄本、清抄本。

《釣磯文集》十卷：清抄本。

鄭良士《白岩文集》(應爲十卷)、**《詩集》十卷、《中壘集》十卷**(應爲五卷)

【考訂】　宋《志》同。陳鱣《續唐書・經籍志》載鄭良士《中壘集》、《白岩集》十卷。

《新唐書》卷六〇《藝文志四》"別集類"載鄭良士《白岩集》十卷，注："字君夢。昭宗時獻詩五百篇，授補闕。"《通志》卷七〇《藝文略八》"別集詩類"著録鄭良士《白岩集》十卷。《宋史》卷二〇八《藝文志七》"別集類"載鄭昌士《白岩集》五卷、《詩集》十卷，又《四六集》一卷。胡震亨《唐音癸籤》卷三〇《集録一》、焦竑《國史經籍志》卷五"別集類"均著録鄭良士《白岩集》十卷。

《仙溪志》云：鄭良士"有《白岩文集》十卷、《詩集》十卷、《中壘集》五卷，藏於家"。《十國春秋》卷九五《鄭良士傳》亦云："有《白岩文集》、《詩集》十卷、《中壘集》若干卷。"《全唐詩》卷七二六僅存詩三首，其中《題興化高田院橋亭》一詩尚屬僞作。

鄭良士，一作昌士，字君夢，唐昭宗景福二年獻詩得官，授國子四門博士。累遷康、恩二州刺史，兼御史中丞。天復元年，棄官歸隱於仙遊縣之白岩別墅，與泉州刺史王延彬、秘書陳乘、正字徐寅等相唱和。乾化五年，受王審知辟，爲館驛巡官。後遷威武軍節度掌書記，轉左散騎常侍兼御史大夫。後唐長興元年卒，享年七十五。詳參傅璇琮主編《唐才子傳校箋》卷一〇"鄭良士"之考述。

《邵拙文集》三百卷、《廬嶽集》一卷

【考訂】　宋《志》、汪之昌《補南唐藝文志》所載皆同顧《志》。唐圭璋、杜文玉兩《南唐藝文志》僅列邵拙《廬嶽集》，未注卷數。

馬令《南唐書》卷二二《邵拙傳》稱："邵拙，宣城人也。……著書埒韓柳，有詩三百篇，尚書郎孫邁爲之序，命曰《廬嶽集》。……歸皇朝，就應制科，有司以聞，未詔而卒。郡將哀之，籍其裝，得拙手書《史傳文集》三百卷，藏於官府。"

《十國春秋》卷二九《邵拙傳》亦云："邵拙，宣城人。……有詩百篇，曰《廬嶽集》，又有手鈔《史傳文集》三百卷。"《江南通志》卷一九三《藝文志·集部》作"《廬嶽集》一卷"。

興武按：《邵拙文集》三百卷，史籍未見著錄。或即邵氏手鈔之《史傳文集》。

韋縠集《唐人才調集》十卷（應入"總集類"）

【考訂】　宋《志》、陳鱣《續唐書·經籍志》、徐炯《五代史記補考·藝文考》所載皆同。

《崇文總目》卷五"總集類下"著錄韋縠編《才調集》十卷。《直齋書錄解題》卷一五"總集類"載《才調集》十卷，題云："後蜀韋縠集唐人詩。"《通志》卷七〇"藝文略八"、"詩總集"著錄韋縠《才調集》、《天歸集》十卷。《文獻通考》卷二四八《經籍七五》、《國史經籍志》卷五"總集類"、《孫氏祠堂書目內編》卷四均載《才調集》十卷。

錢曾《讀書敏求記》卷四於《才調集》十卷後記云："余藏《才調集》三，一是陳解元書棚宋槧本，一是錢復真家藏舊鈔本，一是影寫陳解元書棚本。閒嘗論之，韋縠選此集，每卷簡端，題古律雜歌詩一百首，概絕句於律詩中。南宋人不復解此。今之詩家並不知絕句是律矣。格律之間，溯源窮流，未免有詩亡之歎。"

《四庫全書總目》卷一八六《總集類一》載《才調集》十卷，提要云："蜀韋縠編。縠仕王建爲監察御史，其里貫、事蹟皆未詳。是集每卷録詩一百首，共一千首。自序稱觀李、杜集，元、白詩，而集中無杜詩。馮舒評此集，謂崇重老杜，不欲芟擇。然實以杜詩高古，與其書體例不同，故不採録。舒所説非也。其中頗有舛誤：如李白録《愁陽春賦》，是賦非詩。王建録《宮中調笑詞》，是詞非詩。皆乖體例。賀知章録《柳枝詞》，乃劉采春女所歌，非知章作。其曲起於中唐，知章時亦未有。劉禹錫録《別蕩子怨》，乃隋薛道衡《昔昔鹽》。王之渙録《惆悵詞》，所詠乃崔鶯鶯、霍小玉事，之渙不及見，實王渙作。皆姓名譌異。然頗有諸家遺篇。如白居易《江南贈蕭十九》詩，賈島《贈杜駙馬》詩，皆本集所無。又沈佺期《古意》，高棅竄改成律詩；王維《渭城曲》'客舍青青楊柳春'句，俗本改爲'柳色新'；賈島《贈劍客》詩'誰爲不平事'句，俗本改爲'誰有如斯'之類。此書皆獨存其舊，亦足資考證也。縠生於五代文敝之際，故所選取法晚唐，以穠麗宏敞爲宗，救粗疏淺弱之習，未爲無見。至馮舒、馮班意欲排斥宋詩，遂引其書於'崑體'，推爲正宗。不知李商隱等，《唐書》但有'三十六體'之目，所謂'西崑體'者，實始於宋之楊億等，唐人無此名也。"

《十國春秋》卷五六《韋縠傳》云："韋縠少有文藻，夢中得軟羅纈巾，由是才思益進。仕高祖（按：即孟知祥）父子，累遷監察御史。已又升□部尚書。縠常輯唐人詩千首，爲《才調集》十卷，其書盛行當世。"

善本：《才調集》十卷（一函五册）：宋臨安府陳宅經籍鋪刻本、

清康熙間垂雲堂刻本。

《田霖四六》一卷

【考訂】 宋《志》、陳鱣《續唐書·經籍志》、徐炯《五代史記補考·藝文考》、汪之昌《補南唐藝文志》所載皆同顧《志》。唐圭璋《南唐藝文志》列《田霖四六》一卷,杜《志》作《田霖四六集》。

《直齋書錄解題》卷一六"別集類上"載《田霖四六集》一卷,題云:"南唐田霖撰。"《文獻通考》卷二三三《經籍六〇》亦載《田霖四六集》一卷,考引《直齋書錄解題》。《宋史》卷二〇八《藝文志七》"別集類"載《田霖四六》一卷。

《殷文圭集》一卷、《冥搜集》二十卷、《登龍集》十五卷(應爲十卷)

【考訂】 宋《志》、汪之昌《補南唐藝文志》所載皆同顧《志》。陳鱣《續唐書·經籍志》載殷文圭《登龍集》十卷、《從軍稿》二十卷、《筆耕》二十卷、《冥搜集》二十卷。

《崇文總目》卷五"別集類二"著錄湯文圭《登龍集》十卷;"別集類五"著錄殷文圭《冥搜集》二十卷;"別集類七"著錄《從軍稿》二十卷,曰"湯文圭撰",又《湯文圭筆耕》一卷。有《鏤冰集略》三卷,不著撰人。按:文圭,又作"文珪"。殷文圭之子崇義歸宋後更姓名爲湯悦,故宋人稱"殷文圭"爲"湯文圭"。

《直齋書錄解題》卷一九"詩集類上"載《殷文珪集》一卷,題云:"唐殷文珪撰。乾寧五年進士。後仕南康。其子曰崇義,歸朝更姓名,即湯悦也。"《文獻通考》卷二四三《經籍七〇》亦載錄《殷文珪集》一卷,考引《直齋書錄解題》。

《四庫闕書目》卷一"別集類"著錄殷文圭《冥搜集》二十卷。《通志》卷七〇《藝文略八》"別集五"著錄湯文圭《登龍集》十卷,注"僞吳";又《冥搜集》二十卷;又有殷文圭《鏤冰集》二十卷。其後

"四六類"載《殷文圭四六》三卷,曰"趙文翼注"。焦竑《國史經籍志》卷五"別集類"著錄楊文圭《登龍集》十卷,又《冥搜集》二十卷。"楊文圭"當爲"湯文圭"之譌。胡震亨《唐音癸籤》卷三〇《集録一》載殷文圭《冥搜集》二十卷、《登龍集》十五卷,又《雜集》六十卷。

《十國春秋》卷十一《殷文圭傳》云:"殷文圭,池州人,小字桂郎。……有《登龍集》十卷,《從軍稿》二十卷,《筆耕》二十卷,《冥搜集》二十卷。"

興武按:綜上所述,殷文圭著述應録爲《登龍集》十卷、《冥搜集》二十卷、《鏤冰集》(即《從軍稿》)二十卷、《殷文圭四六》三卷。

善本:《殷文珪詩集》一卷:明抄本《唐四十七家詩》本、清抄本。

《江爲集》一卷

【考訂】 宋《志》、徐炯《五代史記補考·藝文考》、汪之昌《補南唐藝文志》所載皆同顧《志》。陳鱣《續唐書·經籍志》載《詩集》一卷,曰"南唐江爲撰"。唐圭璋、杜文玉兩《南唐藝文志》並録《江爲詩》一卷。

陶岳《五代史補》卷五"江爲臨刑賦詩"條載:"江爲,建州人。工於詩。乾祐中,福州王氏國亂,有故人任福州官屬,恐禍及,一旦亡去。將奔江南,乃間道謁爲。經數日,爲且與草投江南表。其人未出境,遭邊吏所擒,仍於囊中得所撰表章,於是收爲與奔者,俱械而送。爲臨刑,詞色不撓,且曰:'嵇康之將死也,顧日影而彈琴。吾今琴則不暇彈,賦一篇可矣。'乃索筆賦詩曰:'銜鼓侵人急,西傾日欲斜。黃泉無旅店,今夜宿誰家。'聞者莫不傷之。"

《江南野史》卷八《江爲傳》載:"江爲者,宋世淹之後。先祖仕於建陽,因家焉。世習儒業,少遊廬山白鹿洞,師事處士陳貺,酷於詩句二十餘年。……初,嗣主南幸落星灣,遂遊白鹿國庠,見壁上題一聯云:'吟登蕭寺旃檀閣,醉倚王家玳瑁筵。'乃顧左右曰:'吟此詩者大是貴族矣。'於是爲之集,時輩慕重,因此嬌縱,謂可俯拾青紫矣。"

《直齋書錄解題》卷一九"詩集類上"載《江爲集》一卷,題云:"五代建安江爲撰。爲王氏所誅,當漢乾祐中。"《崇文總目》卷五"別集類五"著錄《江爲詩》一卷。《通志》卷七〇《藝文略八》"別集類"著錄《江爲詩》一卷,注"僞唐"。《宋史》卷二〇八《藝文志七》"別集類"、《文獻通考》卷二四三《經籍七〇》、焦竑《國史經籍志》卷五"別集類"均著錄《江爲詩》一卷。

《十國春秋》卷九七《江爲傳》云:"江爲,其先宋州人,避亂徙建陽,遂爲建州人。遊廬山白鹿洞,師處士陳貺二十年,尤工於詩,有風人之體。……詩集一卷傳世。"

善本:《江爲詩》一卷:清康熙半畝園刻《中晚唐詩紀》(清龔賢編)本。

《文丙集》一卷

【考訂】 宋《志》同。《直齋書錄解題》卷一九"詩集類上"載《文丙集》一卷,題云:"稱布衣文丙,未詳何人。"《文獻通考》卷二四三《經籍七〇》亦錄《文丙集》一卷,考引《直齋書錄解題》。胡震亨《唐音癸籤》卷三〇《集錄一》載《文丙詩》一卷。《全唐詩》卷八八七載文丙詩五首。

興武按:《十國春秋》卷八三有名文炳者,爲吳越廣陵郡王錢元璙之子,開寶初暴卒,不知是否即此人耶?

《劉乙集》一卷

【考訂】 宋《志》同。徐炯《五代史記補考·藝文考》載《劉乙集》一卷。

《直齋書錄解題》卷一九"詩集類上"載《劉乙集》一卷,題云:"似唐末五代人。《藝文志》不載。其詩怪而不律,亦不工。"《文獻通考》卷二四三《經籍七〇》則載録《劉一集》一卷，"一"字當爲"乙"之譌。

《十國春秋》卷九七《劉乙傳》云："劉乙字子真，泉州人。通文時，官鳳閣舍人。晉使盧損來聘，康宗遣乙勞之，已而棄官隱鳳山，與詹敦仁爲友。"按：此謂康王者，乃閩主王繼鵬也。

《伍喬集》一卷

【考訂】 宋《志》、陳鱣《續唐書·經籍志》、徐炯《五代史記補考·藝文考》、汪之昌《補南唐藝文志》及杜文玉《南唐藝文志》所載皆同顧《志》。

《直齋書録解題》卷二〇"詩集類下"載《伍喬集》一卷，題云："本江南進士，後歸朝。"《文獻通考》卷二四三《經籍七〇》亦録《伍喬集》一卷，考引《直齋書録解題》。胡震亨《唐音癸籤》卷三〇《集録一》載《伍喬詩》一卷。

馬令《南唐書》卷一四《伍喬傳》云："伍喬，廬江人也。性嗜學，以淮人無出己右者，遂渡江，入廬山國學，苦節自勵。一夕，見人掌自牖隙入，中有'讀易'二字，倏爾而却。喬默審其祥，取《易》讀之，探索精微。逾數年，山下有僧，夜夢人指大星曰：'此伍喬星也。'僧與喬初不相知，達旦入國學訪問，得喬，喜甚，勉之進取。……是歲，同試數百人，初中有司之選者，必延之陛堂，而加慰飲焉。先是，宋貞觀登坐，張洎續至，主司覽程文，遂揖貞觀南坐，而引洎西首。酒數行，喬始上卷，主司讀之，驚歎，乃以貞觀處席北辟，洎居南登，喬爲賓首。覆考牓出，喬果第一，洎第二，貞觀第三。時稱主司精於衡鑑。元宗命勒喬程文於石，以爲永式。署宣州幕府，考滿，遷考功郎，卒於官。"《十國春秋》卷三一《伍喬傳》謂喬"有集一卷行世"。

善本：《伍喬詩集》一卷：明抄本《唐四十四家詩》本、明嘉靖十九年刻《唐百家詩》本、清光緒三十三年陶氏涉圓影抄明嘉靖本《唐十子詩》（明王準編）本、清康熙野香堂刻《十三唐人詩》本、清康熙刻《中晚唐詩》（清劉雲份編）本、清康熙席氏琴川書屋自刻《唐詩百名家全集》本。

《裴説集》一卷

【考訂】 宋《志》同。《崇文總目》卷五"別集類四"著録《裴説詩》二卷。《郡齋讀書志》卷一八載《裴説詩》一卷，志云："右唐裴説撰。天祐三年進士。詩有'避亂一身多'之句。"《直齋書録解題》卷一九"詩集類上"亦載《裴説集》一卷，題云："唐裴説撰。天祐三年進士狀頭，唐蓋將亡矣。説後爲禮部員外郎，世傳其《寄邊衣》古詩甚麗，此集無之，僅有短律而已，非全集也。其詩有'避亂一身多'之句。"《文獻通考》卷二四三《經籍七〇》亦載録《裴説詩》一卷，考引《直齋書録解題》。

錢易《南部新書》卷九云："裴説，寬之姪孫。佐西川韋皋幕，善鼓琴，時稱妙絶。靈開山有美桐，取而製以新樣，遂謂之'靈開琴'。"

裴説，桂州人，生卒年無考。唐天祐三年狀元及第。後梁時官補闕，終禮部員外郎。參拙著《五代十國文學編年》之考述。

善本：《裴説詩》一卷：清康熙半畝園刻《中晚唐詩紀》（清龔賢編）本。

《劉昭禹集》一卷

【考訂】 宋《志》、徐炯《五代史記補考·藝文考》所載皆同。陳鱣《續唐書·經籍志》載《劉休明集》一卷，曰"楚天策府學士劉昭禹撰"。

《直齋書録解題》卷一九"詩集類上"載《劉昭禹集》一卷，題云："湖南天策府學士桂陽劉昭禹撰。"《文獻通考》卷二四三《經籍七〇》亦載録《劉昭禹集》一卷，考引《直齋書録解題》。《崇文總目》卷五"別集類五"著録《劉昭禹詩》一卷。《通志》卷七〇《藝文略八》"別集五"、《宋史》卷二〇八《藝文志七》"別集類"、焦竑《國史經籍志》卷五"別集類"均著録《劉昭禹詩》一卷。

陶岳《五代史補》卷三"馬希範奢侈"條載:"馬希範,武穆之嫡子。性奢侈,嗣位未幾,乞依故事置天策府僚屬,於是擢從事有才行者,有若都統判官李鐸、静江府節度判官潘玘、武安軍節度判官拓跋恒、都統掌書記李臬、鎮南節度判官李莊、昭順軍節度判官徐牧、澧州觀察判官彭繼英、江南觀察判官廖圖、昭順軍觀察判官徐仲雅、静江府掌書記鄧懿文、武平軍節度掌書記李松年、鎮南軍節度掌書記衛曒、昭順軍觀察支使彭繼勳、武平軍節度推官蕭銖、桂管觀察推官何仲舉、武安軍節度巡官孟玄暉、容管節度推官劉昭禹等十八人,並爲學士。"

《十國春秋》卷七三《劉昭禹傳》云:"劉昭禹字休明,桂陽人。起家湖南縣令,事武穆王父子,歷官容管節度推官、天策府學士,終嚴州刺史。有詩三百篇,爲集一卷行世。"

善本:《劉昭禹詩》一卷:清康熙野香堂刻《唐代劉氏詩集》(清劉雲份編)本。

《王轂集》一卷(應爲三卷)

【考訂】 宋《志》、汪之昌《補南唐藝文志》所載皆同顧《志》。

《直齋書録解題》卷一九"詩集類上"載《王轂集》一卷,題云:"唐王轂虚中撰。二人(按指褚載、王轂)皆乾寧五年進士。"《文獻通考》卷二四三《經籍七〇》載《王轂集》一卷,考引《直齋書録解題》。

《新唐書》卷六〇《藝文志四》"別集類"載《王轂詩集》三卷,注:"字虚中,乾寧進士第,郎官致仕。"《崇文總目》卷五"別集類四"著録《王轂詩集》三卷。《通志》卷七〇《藝文略八》"別集類"、《宋史》卷二〇八《藝文志七》"別集類"、焦竑《國史經籍志》卷五"別集類"

均載《王轂詩集》三卷。

王轂,字虛中,江西宜春人,自號臨沂子,生卒年不詳。乾寧五年進士及第。唐末官國子博士,以尚書郎中致仕。詳參拙作《五代十國文學編年》之考述。

《孫晟集》五卷

【考訂】 宋《志》、陳鱣《續唐書·經籍志》、汪之昌《補南唐藝文志》及杜文玉《南唐藝文志》所載皆同顧《志》。徐炯《五代史記補考·藝文考》載《孫晟文集》三卷。

《郡齋讀書志》卷一八"別集類中"載《孫晟文集》三卷,志云:"右南唐孫晟,字鳳,密州人。好學,有文辭,尤長於詩。少爲道士,嘗畫賈島像,置於屋壁,晨夕事之。後乃儒服謁唐莊宗於鎮州,莊宗以爲著作佐郎。天成中,奔於吳,李昇父子用之爲相。周世宗征淮上諸郡,璟懼,遣晟奉表求和。世宗召問江南事,不對,殺之。璟聞,贈魯國公。"《文獻通考》卷二三三《經籍六〇》亦載錄《孫晟文集》三卷,考引《郡齋》。

《崇文總目》卷五"別集類二"著錄《孫晟文集》五卷。《通志》卷七〇《藝文略八》"別集五"著錄《孫晟集》五卷。《宋史》卷二〇八《藝文志七》"別集類"、焦竑《國史經籍志》卷五"別集類"、胡震亨《唐音癸籤》卷三〇《集錄一》均著錄《孫晟集》五卷。

《沈文昌集》二十卷

【考訂】 宋《志》同。

《資治通鑑》卷二六四昭宗天復三年十二月乙亥載:"行密以李神福爲寧國節度使,神福以杜洪未平,固讓不拜。宣州長史牙推沈文昌爲文精敏,嘗爲顓草檄罵行密,行密以知祥爲淮南支計官,以文昌爲節度牙推。文昌,湖州人也。"

《崇文總目》卷五"別集類七"、《通志》卷七〇《藝文略八》"奏章類"並著録沈文昌《記室集》三卷。《宋史》卷二〇八《藝文志七》"別集類"、胡震亨《唐音癸籤》卷三〇《集録一》均載《沈文昌集》二十卷。

沈文昌傳,另見《十國春秋》卷一一。

王超《鳳鳴集》三卷

【考訂】 宋《志》同。

《北夢瑣言》卷七"王超箋奏"條云:"唐末鳳翔判官王超,推奉李茂貞,挾曹馬之勢,箋奏文檄,恣意翺翔。……閬州人王保晦有文才而無體式,然其切露直致,易爲曉悟。……蜀先主愛之,以二王書題表稿示長樂公。……王超後爲興元留後,遇害。有《鳳鳴集》三十卷行於世。……王超全集三十卷,今只見三卷。聞於盧卿宏也。"

《崇文總目》卷五"別集類二"著録王超《鳳鳴集》三卷。《宋史》卷二〇八《藝文志七》"別集類"著録王超《鳳鳴集》三卷。

《崔拙集》二卷

【考訂】 宋《志》同。《崇文總目》卷五"別集類二"著録《崔拙文集》二卷。《通志》卷七〇《藝文略八》"別集五"、《宋史》卷二〇八《藝文志七》"別集類"、焦竑《國史經籍志》卷五"別集類"、胡震亨《唐音癸籤》卷三〇《集録一》均著録《崔拙集》二卷。

《册府元龜》卷五五〇"詞臣部·恩獎"載:"李懌爲翰林學士。末帝一日御廣壽殿,召懌及程遜、崔拙、和凝、李崧,舍人王延、張昭遠、李詳、吕琦等賜食。帝曰:'俱掌王言,何以分别内外?'李懌對曰:'王言,本舍人所掌,祇自肅宗舉兵靈武後,軍中逮急時,令學士草詞,自後乃分職,命將相縣内,群臣縣外,其實一也。'食畢,人賜馬一匹,衣一襲。"據此,崔拙乃後唐時人,與和凝、吕琦等同時。

《邱光業詩》一卷

【考訂】 宋《志》同。《通志》卷七〇《藝文略八》"別集五"、《宋史》卷二〇八《藝文志七》"別集類"、焦竑《國史經籍志》卷五"別集類"並著錄《邱光業詩》一卷。

孫光憲《荆臺集》四十卷、《紀遇詩》十卷、《鞏湖編玩》三卷、《橘齋集》二卷

【考訂】 宋《志》同。陳鱣《續唐書·經籍志》載孫光憲《荆臺集》、《橘齋集》、《玩筆傭集》、《鞏湖編》諸集,曰"均無卷數。荆南節度使孫光憲撰"。徐炯《五代史記補考·藝文考》載孫光憲《鞏湖編》三卷。

《宋史》卷四八三《孫光憲傳》云:"光憲博通經史,尤勤學。聚書數千卷,或自抄寫,孜孜讎校,老而不廢。好著撰,自號'葆光子'。所著《荆臺集》三十卷、《鞏湖編玩》三卷、《筆傭集》三卷、《橘齋集》二卷、《北夢瑣言》三十卷、《蠶書》二卷。又譔《續通歷紀事》,頗失實,太平興國初,詔毀之。"

《郡齋讀書志》卷一八載《鞏湖編玩》三卷,志云:"右荆南孫光憲字孟文,陵州人。王衍降唐,避地荆南,從誨辟掌書記,歷檢校秘書監、御史大夫。王師收郎州,光憲勸其主獻三州地。乾德中,終黃州刺史。自號葆光子。"《文獻通考》卷二三三《經籍六〇》亦載錄孫光憲《鞏湖編》三卷,考引《郡齋》。

《崇文總目》卷五"別集類二"著錄孫光憲《鞏湖編玩》三卷;卷五"別集類五"著錄《摘齋集》二卷,"摘"當爲"橘"之譌;"別集類七"著錄孫光憲《筆傭集》十卷、《金臺集》四十卷,"金臺"當爲"荆臺"之譌。《四庫闕書目》卷一"別集類"著錄孫光憲《記遇詩》一卷,卷二"小說類"復著錄《紀遇錄》二卷。《通志》卷七〇《藝文略八》"別集五"著錄孫光憲《鞏湖編玩》三卷,同卷"表章類"著錄孔光憲《荆臺集》四十卷,注云:"光憲爲荆南高季興記室所作箋奏。"《宋史》卷二

○八《藝文志七》"別集類"著録孫光憲《荆臺集》四十卷，又《筆傭集》十卷、《紀遇詩》十卷、《鞏湖編玩》三卷、《橘齋集》二卷。焦竑《國史經籍志》卷五"別集類"著録孫光憲《鞏湖編玩》三卷。胡震亨《唐音癸籤》卷三〇《集録一》著録孫光憲《紀遇詩》十卷、《雜集》五十五卷。

楊懷玉《忘筌集》三卷

宋《志》同。宋人著述，不宜入五代藝文志，詳本書第二章之考訂。

《王倓後集》十卷

【考訂】 宋《志》同。《宋史》卷二〇八《藝文志七》"別集類"著録《王倓後集》十卷。

王倓，閩通文中，積官至同平章事。卒於王羲即位之前。馬令《南唐書》卷二八《王審知傳》云："審知儉約好禮，王倓、楊沂、徐寅之徒皆依焉。"王倓傳見《十國春秋》卷九六。

張正《西掖集》十三卷（應爲三十卷）

【考訂】 宋《志》同。《宋史》卷二〇八《藝文志七》"別集類"著録張正《西掖集》三十卷。

張正，周世宗時爲中書舍人、比部郎中、知制誥。薛《史》卷一一八載，顯德五年六月丁丑，"以中書舍人張正爲工部侍郎，充江北諸州水陸轉運使"。《宋史》卷二五二《王晏傳》云："世宗初復，請立德政碑。世宗命比部郎中、知制誥張正撰文賜之。詔改其鄉里爲使相鄉勳德里，私門立戟。"

《喬諷集》十五卷

【考訂】 宋《志》同。《宋史》卷二〇八《藝文志七》"別集類"、胡震亨《唐音癸籤》卷三〇《集錄一》著錄均著錄《喬諷集》十卷。

喬諷，仕蜀爲諫議大夫、知制誥，詳前"《道德經疏義節解》二卷"條。

《李洪茂集》十卷

【考訂】 宋《志》同。《宋史》卷二〇八《藝文志七》"別集類"、胡震亨《唐音癸籤》卷三〇《集錄一》均著錄《李洪茂集》十卷。

李洪茂，一作弘茂，字子松。南唐元宗李璟次子。年十四，爲侍衛諸軍都虞侯，封樂安公。保大九年卒。韓熙載爲作墓誌銘。傳見《十國春秋》卷一九。

句令言《元舟集》十二卷

【考訂】 宋《志》同。《宋史》卷二〇八《藝文志七》"別集類"、胡震亨《唐音癸籤》卷三〇《集錄一》均著錄句令言《玄舟集》十二卷。

商文圭《鏤冰集》二十卷、《筆耕詞》二十卷

【考訂】 宋《志》、汪之昌《補南唐藝文志》所載皆同顧《志》。

《崇文總目》卷五"別集類七"著錄《湯文圭筆耕》一卷。《四庫闕書目》卷一"別集類"著錄殷文圭《鏤冰集》二十卷。《通志》卷七〇《藝文略八》"表章類"、焦竑《國史經籍志》卷五"集類"並著錄湯文圭《筆耕》二十卷，《通志》注云"僞吳人"。

商文圭、湯文圭、殷文圭實爲一人，即湯悅父也，避宋祖諱改。詳前"《從軍稿》二十卷"條。

游恭《東里集》三卷（應爲《小東里集》三卷）、《廣東里集》二十卷、《短兵集》三卷

【考訂】 宋《志》同。陳鱣《續唐書·經籍志》載游恭《小東里

集》三卷、《廣東里集》四十卷。汪之昌《補南唐藝文志》據焦《志》補録《小東里集》三卷、《廣東里集》二十卷、《游恭集》一卷。

《崇文總目》卷五"別集類二"著録《游恭文集》一卷、《小東里集》三卷、《廣東里集》四十卷。《通志》卷七〇《藝文略八》"別集類"著録《游恭集》一卷，注"僞吴"；又《小東里集》三卷、《廣東里集》四卷。《宋史》卷二〇八《藝文志七》"別集類"載游恭《東里集》三卷，又《廣東里集》二十卷、《短兵集》三卷。《國史經籍志》卷五"別集類"著録《游恭集》一卷，又《小東里集》三卷，又《廣東里集》四卷。

《十國春秋》卷一一一《游恭傳》云："游恭，建安人。登唐進士第。博學能文辭，有名於世。初爲鄂州杜洪掌書記，洪死來归，署館驛巡官。武義改元，迁知制誥，無何卒。……有《小東里集》三卷、《廣東里集》四卷。"

朱渾《昌吴啟霸集》三十卷

【考訂】　宋《志》同。陳鱣《續唐書·經籍志》載朱渾《啟霸集》三十卷。

《崇文總目》卷五"別集類七"著録《啟霸集》三十卷，曰"宋渾撰"，"宋"乃"朱"之形譌。《通志》卷七〇《藝文略八》"表章類"、焦竑《國史經籍志》卷五"集類"並著録《啟霸集》三十卷，注："僞吴朱渾撰。"《宋史》卷二〇八《藝文志七》"別集類"載朱渾《昌吴啟霸集》三十卷。

《十國春秋》卷一一一《朱渾傳》云："朱渾，素以文章名家。所撰《啟霸集》三十卷，爲當世所重。"

沈崧《錢金集》八卷

【考訂】　宋《志》同。《四庫闕書目》卷一"別集類"著録沈崧《鑄金集》一卷。《宋史》卷二〇八《藝文志七》"別集類"載沈崧《錢金集》八卷,"松"乃"崧"之譌。《福建通志》卷六八《藝文志·福州府》則載沈崧《錢金集》二十卷。今從《宋志》。

郭昭慶《芸閣集》十卷
【考訂】 宋《志》、汪之昌《補南唐藝文志》及唐圭璋、杜文玉兩《南唐藝文志》所載皆同顧《志》。

《崇文總目》卷五"別集類二"著錄郭昭度《芸閣集》十卷。《通志》卷七〇《藝文略八》"別集五"、焦竑《國史經籍志》卷五"別集類"均著錄郭昭慶《芸閣集》十卷,曰"僞唐"。《宋史》卷二〇八《藝文志七》"別集類"著錄郭昭度《芸閣集》十卷,"昭度"當係"昭慶"之形譌。

李氏《金臺鳳藻集》五十卷
【考訂】 宋《志》同。《崇文總目》卷五"別集類七"著錄《金臺鳳藻集》五十卷,注曰"李氏撰"。《通志》卷七〇《藝文略八》"表章類"、《宋史》卷二〇八《藝文志七》"別集類"、焦竑《國史經籍志》卷五"集類"均著錄《金臺鳳藻集》五十卷,《通志》注云"後梁人作"。

沈顏《陵陽集》五卷
【考訂】 宋《志》、陳鱣《續唐書·經籍志》及汪之昌《補南唐藝文志》所載皆同。

《宋史》卷二〇八《藝文志七》"別集類"著錄沈顏《陵陽集》五卷。董斯張《吳興備志》卷二二《經籍徵第十八》亦載沈顏《陵陽集》五卷、《聱書》十卷、《解聱》十五卷。

程柔(應爲程匡柔)**《安居雜著》十卷**
【考訂】 宋《志》、汪之昌《補南唐藝文志》及唐圭璋、杜文玉兩《南唐藝文志》所載皆同顧《志》。

《宋史》卷二〇八《藝文志七》"別集類"著録程柔《安居雜著》十卷。

程柔，即程匡柔，南唐人。入宋，避宋祖諱，稱程柔。《直齋書録解題》卷五"僞史類"載《大唐補記》三卷，題"南唐程匡柔撰"者，即此公也。

宋齊邱《祀元集》三卷(應爲四卷)

【考訂】 宋《志》、汪之昌《補南唐藝文志》所載皆同顧《志》。陳鱣《續唐書·經籍志》載《祀玄集》三卷、宋齊邱《文集》六卷。唐圭璋、杜文玉兩《南唐藝文志》載《宋齊丘集》四卷。

《崇文總目》卷五"別集類二"著録《宋齊丘集》四卷。《四庫闕書目》卷一"別集類"著録《宋齊丘詩》二卷。《通志》卷七〇《藝文略八》"別集五"著録《宋齊丘集》六卷。《宋史》卷二〇八《藝文志七》"別集類"著録宋齊丘《祀玄集》三卷。《國史經籍志》卷五"別集類"著録《宋齊丘集》六卷。《十國春秋》卷二〇《宋齊丘傳》稱"有文集六卷"。

孟拱辰《鳳苑集》三卷

【考訂】 宋《志》及汪之昌《補南唐藝文志》所載皆同顧《志》。唐圭璋、杜文玉兩《南唐藝文志》則列《孟拱辰文集》三卷。

《崇文總目》卷五"別集類二"著録《孟拱辰文集》三卷。《通志》卷七〇《藝文略八》"別集五"著録《孟拱辰集》三卷，注"僞唐"。《宋史》卷二〇八《藝文志七》"別集類"、胡震亨《唐音癸籤》卷三〇《集録一》均著録孟拱辰《鳳苑集》三卷。《國史經籍志》卷五"別集類"著録《孟拱辰集》三卷。

孟拱辰，仕歷、籍貫皆未詳。仕南唐，後主時官户部侍郎。參李燾《續資治通鑑長編》卷九開寶元年十一月"唐主納后周氏"條。

湯筠《戎機集》五卷

【考訂】 宋《志》同。《崇文總目》卷五"別集類七"著錄湯筠《戎機集》五卷。《通志》卷七〇《藝文略八》"軍書類"著錄湯筠《戎機集》五卷,注云"僞吳人"。《宋史》卷二〇八《藝文志七》"別集類"、焦竑《國史經籍志》卷五"總集類"均載錄湯筠《戎機集》五卷,焦《志》注"吳人"。

喬舜《儗謠》十卷

【考訂】 宋《志》及唐圭璋、杜文玉兩《南唐藝文志》所載皆同顧《志》。

《宋史》卷二〇八《藝文志七》"別集類"著錄喬舜《擬謠》十卷。按:"喬舜"即"喬匡舜",避宋祖諱,省去"匡"字。《江南通志》卷一九三《藝文志·集部一》亦載高郵喬匡舜《擬謠》十卷。

《譚藏用詩》一卷

【考訂】 宋《志》同。《新唐書》卷六〇《藝文志四》"別集類"、《崇文總目》卷五"別集類四"均著錄《譚藏用詩》一卷。《四庫闕書目》卷一"別集類"、《通志》卷七〇《藝文略八》"別集詩"、焦竑《國史經籍志》卷五"別集類"均著錄《譚藏用詩》一卷。《宋史》卷二〇八《藝文志七》"別集類"著錄《譚藏用詩》一卷,又重出《譚用之詩》一卷。顧、宋兩《志》沿襲《宋志》,於《譚藏用詩》一卷外,亦重出《譚用之詩》一卷。

《四庫全書總目》卷一七四"別集類存目一"載錄《譚藏用詩集》一卷、《集外詩》一卷,提要云:"舊本題唐譚用之撰。用之字藏用,其履貫、時代不見於史。《新唐書·藝文志》載有《譚藏用詩》一卷,次於劉言史、黃滔之前。《全唐詩》亦載用之詩一卷,謂爲五代末人。而《宋史·文苑傳》又云:'開寶初,有穎贄、劉從義善爲文章,張翌、譚用之善爲詩,張之翰善爲箋啟。'則又當爲宋初人。屬鸎《宋詩紀事》遂係之於宋。衆說紛紛，莫能考定。今此集前題'姑蘇吳岫家藏本，悉依宋鈔'十一字；後有譚氏子孫札一通，稱集本元人抄宋板，抄書家珍藏，罕行於世云云，是其書當出於明之中葉。而《全唐詩》所載之七律四十首，則別爲《集外詩》附之於後。蓋亦其子孫所題以別於本集者。然自宋以來，閱數百年，收藏者從未著錄，而忽得於吳岫家。又集外諸詩皆本於《唐詩鼓吹》，當時郝天挺所選錄已不爲少，乃無一篇出於本集。其故頗不可解。且反覆檢勘，頗多疑竇。如'經歷'官名不特唐《百官志》所無，即宋代亦未曾置，至元時始有此職。而集中《夢祝直詩》，乃有'忽夢潯州祝經歷'句。其可疑者一也。又《吳真人奉旨求賢詩》，不似唐人語。考元時有道士吳全節，被遇成宗、仁宗、英宗，封崇文宏道真人，見於《元史》。而延祐中嘗命真人王壽衍求訪道行之士，與此所云奉旨求賢者情事相近，似當爲吳全節作。其可疑者二也。又集中《贈胡守詩》，鋪叙時事極詳，其大略云：'因思閩廣間，壤地有深阻。凶豪據深洞，老幼負戈弩。幸逢天子聖，元師復神武。詔書一日下，海內盡歌舞。橫笲罷舟車，求賢復科擧。'而《金盤山詩》又有貞元紀年。案貞元爲德宗年號，距唐末百餘歲，時代大不相及。而證諸《唐書》，亦無閩廣作亂之事。惟《元史》載成宗大貞元年，昭、賀、藤、邕、澧、全、衡、柳、吉、贛、南安等處，蠻寇竊發。二年，上思州叛賊黃勝許攻剽水口思光寨，其後屢見於《本紀》，似與'閩廣凶豪'之語相合。而仁宗皇慶二年始行科擧，與'求賢復科擧'語亦相近。蓋元代未嘗有此制，仁宗始法古擧行，故謂之復。若唐則科擧一代不絕，不可謂之復矣。貞元年號恐當是元貞之譌。特元貞盡二年，而此作七年爲不相符耳。其可疑者三也。又《送趙容》詩云：'武林楊柳舊依依，甲第樓臺有是非。莫道天涯龍已化，但看雲際鶴還飛。'其意似指南宋之亡。若唐末五代時，則錢氏據有臨安，勢方全盛，安得有此語。其可疑者四也。豈用之遺集散佚殘闕，其子孫剽他人所作，攙雜其間，以足卷帙，故牴牾如是歟？"

譚用之,字藏用。據《宋史》卷四三九《馬應傳》後記載,宋初時,譚用之猶以能詩名,然宦不達。另:《十國春秋》卷一〇八《王景絕傳》云:"王景絕,太原人。少遊燕地,感家世儒者,不當用楚武進,乃南遊嵩、洛。得譚用之爲友,以文章相砥礪,浸以文稱。天會中還家。"

《廖光圖詩集》二卷

【考訂】 宋《志》同。陳鱣《續唐書·經籍志》載《廖贊禹集》一卷,曰"楚天策府學士廖匡圖撰"。徐炯《五代史記補考·藝文考》載《廖匡圖集》一卷。

《崇文總目》卷五"別集類五"著錄《廖圖詩》二卷。《四庫闕書目》卷一"別集類"著錄《廖光圖詩》一卷。《直齋書錄解題》卷一九"詩集類上"載《廖匡圖集》一卷,題云:"湖南從事廖匡圖撰。"《文獻通考》卷二四三《經籍七〇》載錄《廖匡圖集》一卷,考引《直齋》。胡震亨《唐音癸籤》卷三〇《集錄一》著錄《廖匡圖詩》二卷。

辛文房《唐才子傳》卷一〇《廖圖傳》云:"廖圖,字贊禹,虔州虔化人。文學博贍,爲時輩所服。湖南馬氏辟致幕下,奏授天策府學士。與同時劉禹、李宏皋、徐仲雅、蔡昆、韋鼎、釋虛中,俱以文藻知名,賡唱迭和。齊己時寓渚宮,相去圖千里,而每詩筒往來不絕,警策極多,必見高致。集二卷,今行於世。"

《十國春秋》卷七三《廖匡圖傳》云:"廖匡圖,虔州虔化人。……(楚武穆王時)授江南觀察判官。文昭王時選爲天策府學士,與徐仲雅、李宏皋等同在十八人之列。居數年,卒於官。有集一卷。"

興武按:廖圖即廖匡圖,周羽翀《三楚新錄》卷一作"廖光圖"。宋人避諱,省去"匡"、"光"字,止稱"廖圖"。

《孫魴詩》一卷(應爲三卷)

【考訂】 宋《志》及汪之昌《補南唐藝文志》所載皆同顧《志》。陳鱣《續唐書·經籍志》載孫魴《孫伯魚集》三卷。唐圭璋、杜文玉兩《南唐藝文志》並録《孫魴詩》三卷。

《江南野史》卷七《孫魴傳》云："有集，僅百篇。"馬令《南唐書》卷十三、《十國春秋》卷三一《孫魴傳》皆云："有詩百篇行於世。"

《崇文總目》卷五"別集類五"、《通志》卷七〇《藝文略八》"別集五"、《國史經籍志》卷五"別集類"並著録《孫魴詩》三卷。《宋史》卷二〇八《藝文志七》"別集類"著録《孫魴詩集》三卷，後又重出《孫魴詩》五卷。胡震亨《唐音癸籤》卷三〇"集録一"著録《孫魴詩》五卷。

孫魴，字伯魚，唐末師鄭谷學詩，盡得其詩歌體法。楊吳時與沈彬、李建勳爲詩社唱和。南唐烈祖召授宗正郎，卒。傳見龍袞《江南野史》卷七、馬令《南唐書》卷一三、《唐詩紀事》卷七一、《唐才子傳》卷一〇及《十國春秋》卷三一。

《侯圭賦》五卷

【考訂】 宋《志》同。《通志》卷七〇《藝文略八》"賦類"著録《江都宮賦》一卷，注云："後唐侯圭撰，楊守業注。"《宋史》卷二〇八《藝文志七》"別集類"著録侯圭《江都賦》一卷，另有《侯圭賦集》五卷。

興武按：《文苑英華》卷三六存侯圭《割鴻溝賦》（以割土開城去存深蹟爲韻），稱"龍争虎鬭兮，萬象交奔。鏃盡兵窮兮，白日猶昏。潛豹略而久困，割鴻溝而兩存。臨屹屹之重關，平分海嶽；指遥遥之一水，畫斷乾坤。秦之末世也，鹿走中原，人殃下土，天垂不定之氣，代作分争之主。皆欲呵叱群類，鞭笞萬宇"云云，所述或爲唐末分裂割據之勢。李洞有《弔侯圭常侍》詩云："我重君能賦，君褒我解詩。三堂一拜遇，四海兩心知。影挂僧挑燭，名傳鶴拂碑。涪江弔孤塚，片月落峨嵋。"（《全唐詩》卷七二一）據此，侯圭乃唐末人，居蜀中，卒於洞前。

陳摶《釣潭集》二卷

【考訂】 宋《志》同。

張方平《樂全集》卷三三《華山重修雲臺觀記》稱："摶好讀《易》，手不釋卷。自號扶搖子，著《指玄篇》八十一章，言導養及還丹之事。舊相王溥亦著八十一章以箋其旨。又有《三峰寓言》及《高陽集》、《釣潭集》，詩六百餘首。"《宋史》卷四五七《陳摶傳》所載同。

《四庫闕書目》卷一"別集類"著錄《陳摶詩》一卷。《國史經籍志》卷五"別集類"著錄陳摶《釣潭集》二卷。

《邱旭詩》一卷、《賦》一卷

【考訂】 宋《志》、汪之昌《補南唐藝文志》及唐圭璋、杜文玉兩《南唐藝文志》並錄《邱旭詩》一卷、《邱旭賦》一卷。

《崇文總目》卷五"別集類五"著錄《邱旭賦》一卷、《邱旭詩》一卷。《通志》卷七〇《藝文略八》"賦類"著錄《邱明賦》一卷，注曰"僞唐人"。改"旭"爲"明"，避宋神宗之嫌諱。《宋史》卷二〇八《藝文志七》"別集類"著錄《丘旭詩》一卷，又《賦》一卷。焦竑《國史經籍志》卷五"集類"著錄《邱旭賦》一卷，後又有《邱明賦》一卷，注"南唐"，當係重出。

馬令《南唐書》卷二三《邱旭傳》云："邱旭，字孟陽，宣城農家子也。少以畜産爲事，弱冠始讀書，學爲辭章。因隨計金陵，凡九舉，而曳白者六七。然自勵彌篤，不以爲恥……旭嘗纂自古賢俊遺言爲《賓朋宴語》，行於世。其爲詞賦，得有唐程度體，後人以爲法。"

倪曙《獲稿集》三卷、《賦》一卷

【考訂】 汪之昌《補南唐藝文志》著錄《倪曙賦》一卷。唐圭璋、杜文玉兩《南唐藝文志》載列《倪曙賦》一卷、《獲稿》三卷。

《崇文總目》卷五"別集類五"著錄《倪曙賦》一卷、《獲稿》三卷。《通志》卷七〇《藝文略八》"賦類"載《倪曉賦》一卷，曰"僞唐人"；又《獲稿》三卷，注曰："倪曉既亡，得其遺稿，二十一首賦。"改"倪曙"

爲"倪曉"者，避英宗諱耳。《宋史》卷二〇八《藝文志七》"別集類"著録倪曙《獲稿集》三卷，又《賦》一卷。焦竑《國史經籍志》卷五"集類"著録《倪曙賦》一卷。

錢易《南部新書》丙卷載："倪曙有賦名，爲太學博士，制詞螢雪服勤，屬詞清妙。因廣明庚子避亂番禺，劉氏僭號，爲翰林學士。"

《十國春秋》卷六二《倪曙傳》云："倪曙，字孟曦，福州侯官人。……高祖（按：即劉龑）即位，擢爲工部侍郎，進尚書左丞。乾亨五年，詔同平章事。無何，以病卒。所著賦一卷行世。"

《譚用之詩》一卷

【考訂】 宋《志》同。譚用之字藏用，此集乃《譚藏用詩》之重出者。

《徐鍇集》十五卷

【考訂】 宋《志》、汪之昌《補南唐藝文志》所載皆同顧《志》。陳鱣《續唐書·經籍志》載徐鍇《徐舍人集》十卷。唐圭璋、杜文玉兩《南唐藝文志》均列《徐鍇集》十卷。

陸游《南唐書》卷五《徐鍇傳》云："鍇酷嗜讀書，隆寒烈暑，未嘗少輟。……著《說文通釋》、《方輿記》、《古今國典》、《歲時廣記》及他文章凡數百卷。"

《崇文總目》卷五"別集類二"、《通志》卷七〇《藝文略八》"別集五"均著録《徐鍇集》十卷。《宋史》卷二〇八《藝文志七》"別集類"、焦竑《國史經籍志》卷五"別集類"則著録《徐鍇集》十五卷。

《徐鉉集》三十二卷（應爲三十卷）

【考訂】 宋《志》、汪之昌《補南唐藝文志》所載皆同顧《志》。陳鱣《續唐書·經籍志》載徐鉉《徐常侍集》十五卷。徐炯《五代史記補考·藝文考》載《徐常侍集》三十卷。唐圭璋、杜文玉兩《南唐藝文志》則著録《徐鉉文集》三十卷。

《郡齋讀書志》卷一八載《徐鉉集》三十卷，志云："右僞唐徐鉉，字鼎臣，廣陵人。仕楊溥，爲秘書郎，直宣徽北院，掌文翰。李昇時，知制誥。璟、煜時，累遷翰林學士。歸朝，爲直學士院、給事中、散騎常侍。淳化初，坐累黜靜難軍司馬。鉉初至京師，見禦毛褐者，輒哂之。邠苦寒，竟以冷氣入腹而卒。鉉幼能屬文，尤精小學，嘗謂爲文速則意思壯敏，緩則體勢疏慢，故未嘗沉思。集有陳彭年序。"

《直齋書録解題》卷一七"別集類中"載《徐常侍集》三十卷，題云："左散騎常侍廣陵徐鉉鼎臣撰。其二十卷，仕江南所作。餘十卷，歸朝後所作也。所撰《李煜墓銘》，婉微有體，《文鑑》取之。"《文獻通考》卷二三三《經籍六〇》亦載録《徐常侍集》三十卷，考引《郡齋》、《直齋書録解題》）。

《崇文總目》卷五"別集類二"著録《徐鉉文集》二十卷。《四庫闕書目》卷一"別集類"載《徐鼎臣集》三十卷。《通志》卷七〇《藝文略八》"別集五"著録《徐鉉集》二十卷。《宋史》卷二〇八《藝文志七》"別集類"載《徐鉉集》三十二卷。焦竑《國史經籍志》卷五"別集類"著録徐鉉《騎省集》三十卷。胡震亨《唐音癸籤》卷三〇《集録一》著録《徐鉉集》三十卷。明葉盛《菉竹堂書目》卷三載録《徐騎省文集》十册。《十國春秋》卷二八《徐鉉傳》亦云："有《文集》三十卷。"

《四庫全書總目》卷一五二"別集類五"載徐鉉《騎省集》三十卷，提要云："晁公武《讀書志》、陳振孫《書録解題》並載鉉集三十卷，與今本同。陳氏稱其前二十卷仕南唐時作，後十卷皆歸宋後作。今勘集中所載年月事蹟，亦皆相符。蓋猶舊本也。集爲其婿吳淑所編。天禧中，都官員外郎胡克順得其本於陳彭年，刊刻表進，始行於世。……故其詩流易有餘，而深警不足。然如《臨漢隱居詩話》所稱《喜李少保卜鄰》詩'井泉分地脉，砧杵共秋聲'之句，亦未嘗不具有思致。蓋其才高而學博，故振筆而成，時出名雋也。當五季之末，古文未興，故其文沿溯燕、許，不能嗣韓、柳之音。而就一時體格言之，則亦迥然孤秀。翟耆年《籀史》曰：太平興國中，李煜薨，詔侍臣撰《神道碑》，有欲中傷鉉者，奏曰：'吳王事，莫若徐鉉爲詳。'遂詔鉉撰。鉉請存故主之義。太宗許之。鉉但推言曆數有盡，天命有歸而已。其警句曰：'東鄰搆禍，南箕扇疑。投杼致慈親之惑，乞火無鄰婦之詞。始勞因壘之師，終後塗山之會。'太宗覽之，稱歎不已云云。後呂祖謙編《文鑑》，多不取儷偶之詞，而特錄此碑，蓋亦賞其立言有體。以視楊維楨作《明鼓吹曲》，反顔而詆故主者，其心術相去遠矣。然則鉉之見重於世，又不徒以詞章也。"

善本：《徐公文集》三十卷：清影宋抄本、清康熙五十一年翁拭抄本、清乾隆二十五年鮑氏知不足齋抄本、清乾隆三十九年盧氏抱經堂抄本、清貝氏友漢居抄本、清陶氏篤素好齋抄本。

《徐常侍集》三十卷：清彭氏知聖道齋抄本。

《徐騎省文集》三十卷：清陸香圃三間草堂抄本（《附錄》一卷）、清經鉏堂抄本、清道光三年沈氏鳴野山房抄本、清光緒十七年李宗煝刻本。

《湯悦集》三卷

【考訂】 宋《志》、汪之昌《補南唐藝文志》及唐圭璋、杜文玉兩《南唐藝文志》所載皆同顧《志》。

《宋史》卷二〇八《藝文志七》"別集類"著錄《湯悦集》三卷。

潘佑《滎陽集》二十卷

【考訂】 宋《志》、汪之昌《補南唐藝文志》及唐圭璋、杜文玉兩《南唐藝文志》均列《潘舍人文集》二十卷。陳鱣《續唐書·經籍志》、徐炯《五代史記補考·藝文考》均載潘佑《滎陽集》十卷。

《郡齋讀書志》卷一八載潘佑《滎陽集》十卷，志云："右僞唐潘佑，金陵人。韓熙載薦於璟，授秘書正字，直崇文館。煜時爲虞部員外郎、史館修撰、知制誥、中書舍人。佑性貞介，文章贍逸，尤長論議。坐言事悖慢下獄，自剄死。人頗言張洎譖之。"

《崇文總目》卷五"別集類二"著錄潘佑《潘舍人文集》二十卷。《四庫闕書目》卷一"別集類"著錄潘祐《滎陽集》二十卷，"祐"乃"佑"之譌。《通志》卷七〇《藝文略八》"別集類"著錄《潘舍人集》二十卷。《宋史》卷二〇八《藝文志七》"別集類"著錄潘佑《滎陽集》二十卷，"榮"乃"滎"之形譌。《文獻通考》卷二三三《經籍六〇》著錄潘佑《滎陽集》十卷。焦竑《國史經籍志》卷五"別集類"著錄《潘舍人滎陽集》二十卷。胡震亨《唐音癸籤》卷三〇《集錄一》著錄潘佑《滎陽集》二十卷。

潘佑傳，見《宋史》卷四七八、馬令《南唐書》卷一九、陸游《南唐書》卷一三及《十國春秋》卷二七。

《李建勳集》二十卷、《詩》一卷（應爲二卷）

【考訂】　宋《志》、汪之昌《補南唐藝文志》所載皆同顧《志》。陳鱣《續唐書·經籍志》載李建勳《鍾山集》二十卷。徐炯《五代史記補考·藝文考》載《李建勳集》一卷。唐圭璋、杜文玉兩《南唐藝文志》並錄《李建勳詩集》二卷、《鍾山公集》二十卷。

《崇文總目》卷五"別集類五"著錄《李建勳詩》二卷；《鍾山公集》二十卷，不著撰人。《四庫闕書目》卷一"別集類"著錄李建勳《動山集》二十卷，"動"乃"鍾"之形譌。《通志》卷七〇《藝文略八》"別集五"著錄《李建勳詩》二卷，又《鍾山公集》二十卷。《宋史》卷二〇八《藝文志七》"別集類"著錄《李建勳集》二十卷。《直齋書錄解題》卷一九"詩集類上"載《李建勳集》一卷，題云："南唐宰相李建勳撰。"《文獻通考》卷二四三《經籍七〇》載錄《李建勳集》一卷，考引《直齋書錄解題》。焦竑《國史經籍志》卷五"別集類"著錄《李建勳集》二十卷，又《李建勳詩》二卷。胡震亨《唐音癸籤》卷三〇《集録一》著録《李建勳集》二十卷。《孫氏祠堂書目内編》卷四著録《李丞相詩集》二卷。

李建勳，字致堯，南唐趙王李德誠第四子。吳時起家昇州巡官。徐知誥鎮金陵，用爲副使，預禪代之謀。南唐開國，拜中書侍郎、同平章事，加左僕射、監修國史，領滑州節度使。元宗嗣位，謂史館而不名。出爲昭武軍節度使。後拜司空。以司徒致仕，賜號鍾山公。保大十年卒。傳見馬令《南唐書》卷一〇、陸游《南唐書》卷一〇、《唐才子傳》卷一〇及《十國春秋》卷二一。

善本：《李丞相詩集》二卷：宋臨安府陳氏書籍鋪刻本、清影宋抄本、明初抄本《唐十八家詩》本、明抄本《唐四十四家詩》本、明抄本《唐四十七家詩》本、明嘉靖十九年刻《唐百家詩》本。

《高越賦》一卷

【考訂】 宋《志》、汪之昌《補南唐藝文志》所載皆同顧《志》，未知所據。

《南唐近事》云："高越，燕人也。……累居清顯，終禮部侍郎。江文蔚俱以詞賦著名，故江南士人言體物者，以江、高爲稱首焉。"陸游《南唐書》卷九《高越傳》亦云："淮南交兵，書詔多出越手。援筆立成，詞采溫麗，元宗以爲稱職。不徙官者累年。"馬令《南唐書》卷一三及《十國春秋》卷二八所載略同，諸書均不及《高越賦》一卷。宋、元書目亦未見著録。顧、宋、汪諸公或嘗見某種刻本，存疑待察。

韓熙載《儗議集》十五卷、《定居集》二卷

【考訂】 宋《志》、陳鱣《續唐書·經籍志》、汪之昌《補南唐藝文志》及唐圭璋、杜文玉兩《南唐藝文志》並載韓熙載《擬議集》十五卷、《定居集》二卷。

陸游《南唐書》卷一二《韓熙載傳》云："著《格言》及《後述》三

卷,《擬議集》十五卷,《定居集》二卷。"《十國春秋》卷二八《韓熙載傳》亦云:"所著《擬議集》五十卷,《定居集》二卷。"按:《擬議集》應爲十五卷,吳氏傳鈔,誤作"五十卷"。

《劉洞詩》一卷
【考訂】 宋《志》、汪之昌《補南唐藝文志》所載皆同顧《志》。唐圭璋、杜文玉兩《南唐藝文志》僅列《劉洞詩》而不明卷數。

《江南野史》卷九《劉洞傳》稱:"劉洞,世居建陽。少遊學,入廬山,師事陳貺學詩,精究其術。貺卒,而洞猶居二十年。長於五言。後主立,以詩百篇,因左右獻之。後主素聞其名,喜而覽之。其首篇爲《石城懷古》,云:'石城古岸頭,一望思悠悠。幾許六朝事,不禁江水流。'後主掩卷,爲之改容,遂不復讀其餘者。洞羈旅二年,俟召對,不報,遂南還廬陵。與同門夏寶松相善,爲唱和儔侶。然洞之詩格清而意古,語新而理粹。嘗自謂得閬仙之遺態,但恨不與同時言詩也。……開寶中,卒吉陽山。其遺集行於世。"

馬令《南唐書》卷十四《劉洞傳》云:"劉洞,廬陵人也,少遊廬山,學詩於陳貺,精思不懈,至浹日不盥。貺卒,猶居二十年。詩長於五言,自號'五言金城'……其遺集行於世。"

《毛炳詩集》一卷
【考訂】 宋《志》及汪之昌《補南唐藝文志》所載同顧《志》。唐圭璋、杜文玉兩《南唐藝文志》並載《毛炳詩集》,未注卷數。

馬令《南唐書》卷一五《毛炳傳》云:"毛炳,豐城人也。好學,不能自給,因隨里人入廬山。每與諸生曲講,苟獲貲鏹,即市酒盡醉。時彭會好茶,而炳好酒,或嘲之曰:'彭生説賦茶三斤,毛氏傳經酒半升。'炳聞之,小哂而已。自後或遊螺川諸邑,遇酒即飲,不醉不止……有詩集傳於世。"毛炳傳,另見陸游《南唐書》卷七、《十國春秋》卷二九。

《顏詡詩集》一卷

【考訂】 宋《志》、汪之昌《補南唐藝文志》所載皆同顧《志》。

《宋史》卷四五六、馬令《南唐書》卷一五、《十國春秋》卷二九《顏詡傳》均未提及詡有詩集傳世，宋、元各家書目亦未見著錄。顧、宋、汪三家所載未知所據，存此待考。

《沈彬詩集》二卷

【考訂】 宋《志》、汪之昌《補南唐藝文志》所載皆同顧《志》。陳鱣《續唐書·經籍志》載沈彬《沈子文詩》一卷。徐炯《五代史記補考·藝文考》載《沈彬集》一卷。唐圭璋、杜文玉兩《南唐藝文志》均載沈彬《閒居集》十卷、《沈彬詩》二卷。

《郡齋讀書志》卷一八"別集類中"載《沈彬集》一卷，志云："右南唐沈彬。保大中以尚書郎致仕，居高安。集中有與韋莊、杜光庭、貫休詩。唐末三人皆在蜀，疑其同時避亂，嘗入蜀云。《上李昪山水圖》詩在焉。"《文獻通考》卷二四三《經籍七〇》則載錄《沈彬集》一卷，考引《郡齋》。《崇文總目》卷五"別集類五"、《通志》卷七〇《藝文略八》"別集詩"、《國史經籍志》卷五"別集類"並著錄《沈彬詩》二卷。

馬令《南唐書》卷十五《沈彬傳》云："沈彬，筠陽高安人，讀書能詩……惜乎簡編散佚失，不得見其全集。"

《十國春秋》卷二九《沈彬傳》云："彬有《都門送客再過金陵》諸詩，盛稱於時。"

《張蠙詩》一卷

【考訂】 宋《志》、陳鱣《續唐書·經籍志》、徐炯《五代史記補考·藝文考》所載皆同，陳《志》"蠙"作"濱"。

《郡齋讀書志》卷一八"別集類中"載《張蠙詩》一卷，志云："右偽蜀張蠙，字象文，清河人。唐乾寧中進士。為校書郎、櫟陽尉、犀浦令。王建開國，拜膳部員外郎，後爲金堂令。王衍與徐后游大慈寺，見壁間書'牆頭細雨垂纖草，水面迴風聚落花'，愛之，問知蠙句，給札，令以詩進。蠙以二百首獻。衍頗重之，將召爲知制誥，宋光嗣以其輕傲，止賜白金而已。蠙生而穎秀，幼能爲詩，作《登單于臺》，有'白日地中出，黃河天外來'之句，爲世所稱。"

《崇文總目》卷五"別集類四"著録《張蠙詩》一卷。《新唐書》卷六〇《藝文志四》"別集類"載《張蠙詩集》二卷，注"字象文"。《通志》卷七〇《藝文略八》"別集詩"著録《張蠙詩集》二卷。《直齋書録解題》卷一九"詩集類上"載《張蠙集》一卷，題云："唐張蠙象文撰。乾寧二年進士。"《宋史》卷二〇八《藝文志七》"別集類"、《文獻通考》卷二四三《經籍七〇》均著録《張蠙詩》一卷。焦竑《國史經籍志》卷五"別集類"著録《張蠙詩集》二卷。《孫氏祠堂書目內編》卷四録《張蠙集》一卷。

《十國春秋》卷四四《張蠙傳》云："張蠙字象文，清河人。……後主踐祚，奉太后遊大慈寺，見壁間題句云'牆頭細雨垂纖草，水面迴風聚落花'，太后深加欣賞，顧問寺僧，僧以蠙對，乃賜霞光箋五百幅，令寫所業詩以進。蠙捐篋中藏，得詩二百章獻焉。"

張蠙乃"咸通十哲"之一。《唐摭言》卷一〇"海叙不遇"條載："張喬，池州九華人也。詩句清雅，復無與倫。咸通末，京兆府解，李建州時爲京兆參軍，主試。同時有許棠及喬與俞坦之、劇燕、任濤、吳罕、張蠙、周繇、鄭谷、李棲遠、溫憲、李昌符，謂之'十哲'。"

善本：《張蠙詩集》一卷：明抄本（清黃丕烈校並跋）、明末抄本（清葉奕跋）、明抄本《唐四十四家詩》本、明抄本《唐四十七家詩》本。

《張象文詩集》三卷：清抄本。

李中《碧雲集》二卷（應爲三卷）

【考訂】 宋《志》、陳鱣《續唐書·經籍志》、汪之昌《補南唐藝文志》並同顧《志》。徐炯《五代史記補考·藝文考》載《李有中詩》二卷。唐圭璋、杜文玉兩《南唐藝文志》載爲三卷。

南唐孟賓于《碧雲集序》云："亂後江南，鄭都官、王貞白用情創意，不共轍，不同途，俱不及矣。今睹淦陽宰隴西李中，字有中，緣情入妙，麗則可知。……以公五、七言兼六言三百篇，目曰《碧雲集》。癸酉年八月五日序。"按：癸酉乃宋太祖開寶六年，《碧雲集》蓋成書於此時也。

《郡齋讀書志》卷一八"別集類中"載《李有中詩》二卷，志云："右僞唐李有中。嘗爲新塗令，與水部郎中孟賓于善。賓于稱其詩如方干、賈島之徒。賓于，晉天福中進士也。有中集內有贈韓、張、徐三舍人詩，韓乃熙載，張乃泊，徐乃鉉也。《春日》詩云：'乾坤一夕雨，草木萬方春。'頗佳，他皆稱是。"《文獻通考》卷二四三《經籍七〇》亦載《李有中詩》二卷，考引《郡齋》。

《崇文總目》卷五"別集類三"著錄《碧雲集》三卷，不著撰人。《宋史》卷二〇八《藝文志七》"別集類"著錄《説李中詩》三卷，"説"字衍。《孫氏祠堂書目內編》卷四著錄《碧雲集》三卷。

李中，字有中，九江人。南唐昇元中就讀於廬山國學，後爲吉水尉、新淦令。詳參傅璇琮主編《唐才子傳校箋》卷一〇《李中》之考述。

善本：《碧雲集》三卷：明崇禎十二年毛氏汲古閣刻《唐人八家詩》本、清康熙席氏琴川書屋自刻《唐詩百名家全集》本、清道光四年黃氏士禮居影宋抄本、清宣統吳慈培抄本。

《黃璞集》五卷（應爲《霧居子集》十卷）

【考訂】 宋《志》同。《新唐書》卷六〇《藝文志四》"別集類"載黃璞《霧居子》十卷。《通志》卷七〇《藝文略八》"別集四"著錄黃璞《霧居子集》十卷。尤袤《遂初堂書目》亦有黃璞《霧居子》，不明卷數。《宋史》卷二〇八《藝文志七》"別集類"著錄《黃璞集》五卷。胡震亨《唐音癸籤》卷三〇《集録一》載《黃璞集》十卷。

梁克家《淳熙三山志》卷二六《人物類·科名》於大順二年載："黃璞，字德溫。《唐·藝文志》作'字紹山'。侯官人。後遷莆官。至崇文館校書郎。當昭宗之世，杜門不仕。黃巢入閩，過其居，曰：'此儒者家也。'滅炬勒軍而去。自號霧居子，有集二十卷。"

章九齡《潼江集》二十卷

【考訂】　宋《志》同。《宋史》卷二〇八《藝文志七》"别集類"著録童（按：當作章）九齡《潼江集》二十卷。

《資治通鑑》卷二九四顯德五年正月載："甲辰，蜀右補闕章九齡見蜀主，言政事不治，由奸佞在朝。蜀主問奸佞爲誰，指李昊、王昭遠以對。蜀主怒，以九齡爲毁斥大臣，貶維州録事參軍。"按：顯德五年，即後蜀孟昶廣政二十一年。

《十國春秋》卷五四《章九齡傳》云："章九齡，事後主，累官右補闕。慷慨好直言，不避權貴。廣政中，上言政事不治，由奸佞在朝。……謫維州録事參軍。"

李堯夫《梓潼集》二十卷

【考訂】　宋《志》同。《宋史》卷二〇八《藝文志七》"别集類"著録李堯夫《梓潼集》二十卷。曹學佺《蜀中廣記》卷九七《著作記·集部》載《梓潼集》二十卷，曰："五代李堯夫著。詳見《詩話》。"胡震亨《唐音癸籤》卷三〇《集録一》載李堯夫《梓潼集》二十卷。《全唐詩》卷七九五收李堯夫詩殘句數聯，注云"蜀梓潼山人"。

吴曾《能改齋漫録》卷五"涼風消息幾時來"條云：《古今詩話》云：太祖采聽明遠，每邊事，纖悉必知。有間者自蜀還，上問劍外有何事，間者曰：'但聞成都滿城誦朱山長《苦熱》詩曰：'煩暑鬱蒸無處避，涼風清泠幾時來。'上曰：'此蜀民思吾來伐也。'然予嘗考睦臺符《岷山異事》云：梓潼山人李堯夫，吟咏猶尚譏刺。謁蜀相李昊，昊戲曰：'何名之背時邪？'堯夫厲色對曰：'甘作堯時夫，不樂蜀中相。'因是堯夫爲昊所擯。知蜀主國柄隳紊，生民肆擾，吟《苦熱》詩云：'炎暑鬱蒸無處避，涼風消息幾時來。'以是知此兩句乃李堯夫詩，非朱山長也。'清泠'兩字不逮'消息'遠甚。堯夫又有《大内盆池》詩云：'向外疑無地，其中別有天。'蜀平後，《贈滕白郎中》詩云：'方外與誰爲道友，關東獨自占詩家。'譏滕入蜀不得名，詩家惟堯夫耳。"

《廖融詩集》四卷

【考訂】 宋《志》同。汪之昌《補南唐藝文志》補錄《廖融詩》二卷。

《崇文總目》卷五"別集類五"著錄《廖融詩》二卷。《宋史》卷二〇八《藝文志七》"別集類"著錄《廖融詩集》四卷。

廖融，字元素，隱居衡山，與逸人任鵠、王正己、淩蟾、王元等遊處。當楚武穆、文昭二王時，避亂不仕，竟終於南嶽。詳參薛《史》卷一三三《世襲列傳》二、《十國春秋》卷七五本傳及阮閲《詩話總龜》卷一〇《雅什門上》。

吳蛻《一字至七字詩》二卷

【考訂】 宋《志》同。《四庫闕書目》卷一"別集類"、《宋史》卷二〇八《藝文志七》"別集類"、胡震亨《唐音癸籤》卷三〇《集錄一》等並著錄吳蛻《一字至七字詩》二卷。

《十國春秋》卷八七《吳程傳》云："父蛻，大順中登進士，解褐鎮南軍節度掌書記、右拾遺。累官禮部尚書。"杜荀鶴《唐風集》卷一有《送吳蛻下第入蜀》詩云："下第言之蜀，那愁舉別盃。難兄方在幕，上相復憐才。鳥徑盤春靄，龍湫發夜雷。臨卭無久戀，高桂待君迴。"《羅隱集·甲乙集》有《暇日感懷因寄同院吳蛻拾遺》詩云："璧池清秋訪燕臺，曾捧瀛洲扎翰來。今日二難俱大夜，當時三幅謾高才。戲悲槐市便便笥，狂憶樟亭滿滿杯。猶幸小蘭同舍在，每因相見即銜哀。"據此，吳蛻亦曾久困名場。

李躍《嵐齋集》二十五卷
【考訂】　宋《志》同。《新唐書》卷五九《藝文志三》"小説家類"著錄李躍《嵐齋集》二十五卷，置尉遲樞《南楚新聞》之前，注云："並唐末人。"《通志》卷六八《藝文略六》"小説類"亦載李躍《嵐齋集》二十五卷。《宋史》卷二〇三《藝文志二》"傳記類"則著錄李躍《嵐齋集》一卷。

李躍生卒、仕歷、籍貫均不詳。

張安石《涪江集》一卷
【考訂】　宋《志》同。《新唐書》卷六〇《藝文志四》"別集類"、《崇文總目》卷五《別集類二》均著錄張安石《涪江集》一卷。《宋史》卷二〇八《藝文志七》"別集類"先列《張安石詩》一卷，後又重出《張安石集》一卷。《通志》卷七〇《藝文略八》"別集類"、焦竑《國史經籍志》卷五"別集類"、胡震亨《唐音癸籤》卷三〇《集錄一》等均著錄張安石《浩江集》一卷，"浩"乃"涪"之形譌。韋縠《才調集》卷九收張安石《玉女詞》、《苦別》二詩。

李美夷(應爲李善夷)**《江南集》十卷**
【考訂】　宋《志》同。《新唐書》卷六〇《藝文志四》"別集類"、《崇文總目》卷五《別集類一》均載李善夷《江南集》十卷。《通志》卷七〇《藝文略八》"別集四"載《李善夷集》一卷，又《江南集》十卷。《宋史》卷二〇八《藝文志七》"別集類"列《李善夷集》六卷，又《李善夷表集》一卷。焦竑《國史經籍志》卷五"別集類"著錄《李善夷集》一卷，又《江南集》十卷。

《全唐文》卷八二九載錄李善夷文兩篇，注云："善夷，唐末官尚書。"

《沈光集》五卷

宋《志》同。唐人著述,不宜入五代藝文志,詳本書第二章之考訂。

《陳黯集》三卷

宋《志》同。唐人著述,不宜入五代藝文志,詳本書第二章之考訂。

《鄭氏貽孫集》四卷

【考訂】 宋《志》同。《新唐書》卷六〇《藝文志四》"別集類"、《通志》卷七〇《藝文略八》"別集四"、《宋史》卷二〇八《藝文志七》"別集類"、胡震亨《唐音癸籤》卷三〇《集錄一》等均著錄《鄭氏貽孫集》四卷。《唐志》稱"唐末人"。

養素先生《遺榮集》三卷

【考訂】 宋《志》同。《新唐書》卷六〇《藝文志四》"別集類"於《鄭氏貽孫集》後著錄養素先生《遺榮集》三卷,曰:"皆唐末人。"《宋史》卷二〇八《藝文志七》"別集類"作守素先生《遺榮詩集》三卷。《通志》卷七〇《藝文略八》"別集類"、焦竑《國史經籍志》卷五"別集類"、胡震亨《唐音癸籤》卷三〇《集錄一》等均著錄養素先生《遺榮集》三卷。

薛《史》卷一一二周太祖廣順元年二月載:"癸酉,以戶部侍郎、知貢舉趙上交爲太子詹事。是歲,新進士中有李觀者,不當策名,物議誼然。中書門下以觀所試詩賦失韻,勾落姓名,故上交移官。"

魏泰《東軒筆錄》卷八云:"尚書郎李觀自言,爲進士時,往游南嶽,道過潭州聖旗亭買酒,忽有一人荷竹簋、持釘校之具徑至,問觀曰:'聞君將之南嶽,頗識養素先生藍方否?'觀曰:'固將往見之。'其人曰:'奉煩寄聲云:劉處士奉問先生,十月懷胎,如何出得?'言訖徑出不顧。觀至南岳訪方,具道其語。方愕然驚異,因問曰:'其人眉間得無有白誌乎?'觀曰:'然。'方大驚歎曰:'吾不遇是人,命也,此所謂劉海蟾者也。吾養聖胎已成,患無術以出之,念非斯人不足以成吾道。今聲聞相通而不得接,吾之道不成矣。'觀急迴,訪於潭州,已亡所在。是年,方卒。"

陶宗儀《説郛》卷五八下引曾慥《集仙傳》云:"藍方,字道元,亳州人也。仁宗召至。"

綜合諸書所載,知養素先生藍方乃南岳名隱,生活於五代宋初。

雲南趙和《雜詩箋》(應爲《雜箋詩》)一卷

【考訂】 宋《志》同。

薛《史》卷三八《唐明宗紀四》載,天成二年九月,"戊寅,西川奏:據黎州狀,雲南使趙和於大渡河南起舍一間,留信物十五籠,並《雜箋詩》一卷,遞至闕下"。

王溥《五代會要》卷三〇"南詔蠻"條載,天成二年七月,"以左金吾衛將軍烏昭遠爲左衛上將軍、入蠻國信使。其年九月,西川奏:據黎州狀申雲南使趙和,於大渡河南起舍一間,留信物十五籠,並《雜箋詩》一卷,遞至闕下"。

《趙宏詩集》(應爲趙文度《觀光集》)一卷

【考訂】 宋《志》同。

《宋史》卷四八二《趙文度傳》載:"趙文度,薊州漁陽人。父玉嘗客滄州,依節度判官呂兗。劉守光破滄州,收兗親屬盡戮之。兗子琦年十四,玉負之以逃,至太原,變姓名,丐衣食以給琦,琦後唐同光初爲藩郡從事。當是時,燕、趙之士,以玉能存呂氏之孤,翕然稱之。明宗朝,琦至職方員外郎知雜。清泰中,琦爲給事中、端明殿學士,玉已卒矣。文度入洛舉進士,琦薦於主司馬裔孫,擢甲科,歷徐、兗、陳、許四鎮從事。漢初,爲河東掌書記。文度捷給善戲謔，劉崇雅愛之，及稱帝，累官至翰林承旨、兵部尚書。天會四年，授中書侍郎、平章事，轉門下侍郎兼樞密使，加司徒……文度善爲詩，人多諷誦，有《觀光集》。"

《十國春秋》卷一〇八《趙宏傳》載："趙宏，薊州漁陽人。父玉，嘗客滄州，依節度判官吕兖。……宋太祖來侵晉陽，遣偏師略地嵐州，圍之數重，宏危蹙請降，待罪行營。太祖命釋之，賜襲衣、玉帶、金鞍勒馬、器幣甚厚，其官屬賜物有差。以宏名犯宣祖偏諱，賜名文度。宏善爲詩，人多諷誦，有《觀光集》若干卷。"

《山西通志》卷一七五《經籍》載趙文度《觀光集》，不明卷數。

《廖偃詩》一卷

【考訂】 宋《志》同。

據《資治通鑑》卷二九〇、二九一載，廣順元年九月，楚内亂，馬希崇既襲位，遂送馬希萼於衡山，"衡山指揮使廖偃，匡圖之子也。與其季父節度巡官匡凝謀曰：'吾家世受馬氏恩，今希萼長而被黜，必不免禍，盍相與輔之？'於是帥莊户及鄉人悉爲兵，與師暠共立希萼爲衡山王"。冬十月，唐邊鎬引兵入醴陵。十二月，"唐主嘉廖偃、彭師暠之忠，以偃爲左殿直軍使、萊州刺史"，旋改爲道州刺史。廣順二年十月，偃帥師征討九溪蠻，爲流矢所傷，不治而亡。陸游《南唐書》卷一一、《十國春秋》卷七四《廖偃傳》所載略同。

陶岳《五代史補》卷四"廖氏世胄"條云："廖氏，虔州贛縣人。有子三人：伯曰圖，仲曰偃，季曰凝。圖、凝皆有詩名。偃蹻勇絕倫，由是豪横，遂爲鄉里所憚。江南命功臣鍾章爲虔州刺史，深嫉之。於是圖與凝議曰：'觀章所爲，但欲滅吾族矣。若戀土不去，禍且及矣。'於是領其宗族暨部等三千餘人，具鎧仗號令而後行。章不敢逐，遂奔江南。時穆王在位，見其衆盛，恐難制，欲盡誅之。或謂之曰：'大王姓馬，而廖來歸。廖者，料也，馬得料，其勢必肥，實國家大興之兆，其可殺之乎？'穆王喜，遂善待。仍下制以凝爲永州刺史,圖爲行軍司馬,偃爲天策府列校。"據此,則廖偃徒以蹻勇稱,實不善爲詩。

遍检諸史,皆不載廖偃有詩集傳世。宋、元人書目亦不載《廖偃詩》。顧、宋兩《志》列爲一卷,未詳所據。今姑從其舊,以待詳查。

《廖凝詩》一卷(應爲七卷)

【考訂】 宋《志》同。陳鱣《續唐書·經籍志》載廖凝《衡山集》七卷。汪之昌《補南唐藝文志》則著錄《廖光凝詩》七卷。唐圭璋、杜文玉兩《南唐藝文志》並錄《廖凝詩》七卷。

阮閱《詩話總龜·前集》卷一〇"雅什門上"載:"廖凝字熙績,善吟諷,有學行,隱居南岳三年。江南受僞官爲彭澤令,遷連州刺史,與昇州李建勳爲詩友相善。有集,蓋見行於世。"

《崇文總目》卷五"別集類五"著錄《廖凝詩》七卷。《通志》卷七〇《藝文略八》"別集五"著錄《廖化凝詩》七卷,注"僞唐"。《宋史》卷二〇八《藝文志七》"別集類"著錄《廖凝詩集》七卷。焦竑《國史經籍志》卷五"別集類"著錄《廖光凝詩》七卷。胡震亨《唐音癸籤》卷三〇《集錄一》載《廖凝詩》二卷。

廖凝事蹟詳參《五代史補》卷四"廖氏世胄"條、《十國春秋》卷二九《廖凝傳》。

《王德輿詩》一卷

宋《志》同。唐人著述,不宜入五代藝文志,詳本書第二章之考訂。

《張爲詩》一卷、《唐詩主客圖》一卷

【考訂】 宋《志》同。《新唐書》卷六〇《藝文志四》"別集類"、《崇文總目》卷五"別集類四"均著錄《張爲詩》一卷。《直齋書錄解

題》卷二二"文史類"載《唐詩主客圖》一卷,題曰:"唐張爲撰。所謂'主'者,白居易、孟雲卿、李益、鮑溶、孟郊、武元衡,各有標目。餘有升堂、及門、入室之殊,皆所謂'客'也。近世詩派之説始出於此,要皆有未然者。"《宋史》卷二〇九《藝文志八》"文史類"載張爲《唐詩主客圖》二卷。《四庫闕書目》卷一"總集類"、《通志》卷七〇《藝文略八》"詩話類"、《文獻通考》卷二四九《經籍七六》、焦竑《國史經籍志》卷五"詩評類"等均著録張爲《唐詩主客圖》一卷。

《全唐文》卷八一七張爲小傳云:"爲,唐末詩人,與周朴齊名。後入青城山訪道而去。"詳參傅璇琮主編《唐才子傳校箋》卷一〇《張爲》條之考述。

崔道融《申唐詩》三卷

【考訂】 宋《志》同。《直齋書録解題》卷一九"詩集類上"載《唐詩》三卷,題云:"崔道融撰。皆四言詩,述唐中世以前事實,事爲一篇,篇各有小序,凡六十九篇。"按:此《唐詩》三卷即《申唐詩》也。《文獻通考》卷二四三《經籍七〇》則載録崔道融《唐詩》三卷,考引《直齋書録解題》。《新唐書》卷六〇《藝文志四》"别集類"、《崇文總目》卷五"别集類四"、《通志》卷七〇《藝文略八》"别集類"均著録崔道融《申唐詩》三卷。焦竑《國史經籍志》卷五"别集類"著録《崔道融詩》三卷。

崔道融,荆州人,自號東甌散人,與司空圖爲詩友。唐末入閩依王審知,天祐四年春病卒。詳參黄滔《黄御史公集》卷六《祭崔補闕》文。道融傳見《十國春秋》卷九五。

《陳光詩》一卷

宋《志》同。唐人著述,不宜入五代藝文志,詳本書第二章之考訂。

《韋藹詩》（應爲《韋靄詩》）**一卷**

【考訂】　宋《志》同。《新唐書》卷六〇《藝文志四》"別集類"、《崇文總目》卷五"別集類四"、《通志》卷七〇《藝文略八》"別集詩"均載録《韋靄詩》一卷。《宋史》卷二〇八《藝文志七》"別集類"、《國史經籍志》卷五"別集類"作《韋藹詩》一卷，"藹"當係"靄"之譌。

韋靄，韋莊之弟。詳參傅璇琮主編《唐才子傳校箋》卷一〇《韋莊》條之考述。

《羅浩源詩》一卷

【考訂】　宋《志》同。《新唐書》卷六〇《藝文志四》"別集類"、《崇文總目》卷五"別集類四"、《通志》卷七〇《藝文略八》"別集詩"、焦竑《國史經籍志》卷五"別集類"並著録《羅浩源詩》一卷。《宋史》卷二〇八《藝文志七》"別集類"、胡震亨《唐音癸籤》卷三〇《集録一》則著録羅浩源《廬山雜詠詩》一卷。

羅浩源籍貫、生卒及仕歷等皆無考，《新唐書・藝文志》、《通志・藝文略》、《宋史・藝文志》等均列於張爲、韋靄之後，或即唐末人。

薛瑩《洞庭詩集》一卷

宋《志》同。唐人著述，不宜入五代藝文志，詳本書第二章之考訂。

《劉威詩》一卷

宋《志》同。唐人著述，不宜入五代藝文志，詳本書第二章之考訂。

《陳周拙詩集》（應爲《陳用拙詩集》）**八卷**

【考訂】　宋《志》同。陳鱣《續唐書・經籍志》載《詩集》八卷，曰"南漢吏部郎中陳用拙撰"。

司空圖《司空表聖文集》卷三《疑經後述》云："鍾陵秀士陳用拙，出其宗人岳所作《春秋折衷論》數十篇，贍博精緻，足以下視兩漢迂儒矣。因激剛腸，有詆經之說，亦疑經文誤耳。蓋亟於時病，言或不得，其中亦欲鼓陳君之銳氣，當有以復於我耳。時光化中興二年。"是知用拙與陳岳同宗。

《五代詩話》卷二引《小草齋詩話》云："唐陳用拙，高良人，天祐二年進士，未官而卒。用拙有詩名。嘗賦《登臨湟樓》云：'浮世自無閒，日月高樓長。'有《好山川送長沙史君》云：'人說洞庭波浪險，使君自有濟川舟。'有集八卷，不傳。"

《十國春秋》卷六二《陳用拙傳》云："陳用拙，本名拙，連州人，用拙其字也。少習禮樂，工詩歌，長遂以字顯。唐天祐元年擢進士第，授著作郎。心惡梁王全忠所爲，假使節南歸，加烈宗清海節度、同平章事，烈宗留用之。未幾，梁王全忠篡位，改元開平，用拙力勸仍奉天祐年號，烈宗多其義而不能用。遂掌書記，攝觀察判官。……有詩集八卷傳於世。尤精音律，著《大唐正聲琴籍》十卷，中載琴家論操名及古帝王名士善琴者。又以古調缺徵音，補《新徵音譜》若干卷。"

按：顧、宋兩《志》誤"用"爲"周"，據改。

鄭雲叟《儗峰集》二卷

【考訂】 宋《志》同。陳鱣《續唐書·經籍志》載《鄭雲叟詩》三卷。

薛《史》卷九三《鄭雲叟傳》云："鄭雲叟，本名遨，雲叟其字也，以唐明宗廟諱，故世傳其字焉，本南燕人也……著《儗峰詩》三十六章，以道其趣，人多傳之……雲叟好酒，嘗爲《詠酒詩》千二百言，海內好名者書於縑紬，以爲贈貺。復有越千里之外，使畫工潛寫其形容列爲屏障者焉。其爲時望所重也如此。天福末，以壽終，時年七十四，有文集二十卷行於世。"

《新唐書》卷六〇《藝文志四》"別集類"載《鄭雲叟詩集》三卷。《崇文總目》卷五"別集類四"著録《鄭雲叟詩》三卷。《四庫闕書目》卷一"別集類"著録鄭雲叟《擬峰集》一卷。《通志》卷七〇《藝文略八》"別集類"著録《鄭雲叟詩集》三卷。《宋史》卷二〇八《藝文志七》"別集類"載鄭雲叟《擬峰集》二卷。焦竑《國史經籍志》卷五"別集類"亦著録《鄭雲叟詩》三卷。

王智興（應爲羅紹威）《偷江東集》一卷
【考訂】 宋《志》同。徐炯《五代史記補考·藝文考》載羅紹威《偷江東集》，不注卷數。

《北夢瑣言》卷一七載："鄴王羅紹威喜文學，好儒士……江東有羅隱，爲錢鏐客，紹威申南阮之敬，隱以所著文章詩賦酬寄，紹威大傾慕之，乃目其所爲詩集曰《偷江東》。今鄴中人士，多有諷誦。"羅紹威自號其集爲《偷江東集》一事，另見《舊唐書》卷一八一《羅紹威傳》、《新唐書》卷二一〇《羅紹威傳》、薛《史》卷一四《羅紹威傳》、《唐詩紀事》卷六一及《後村詩話》之記載，顧《志》謂王智興者，實誤。

羅紹威有《政餘集》五卷，前文已考録。此條當删。

劉吉《釣鼇集》一卷、《鹿園集》一卷（未詳出處）
【考訂】 宋《志》同。汪之昌《補南唐藝文志》著録劉吉《釣鼇集》一卷。杜文玉《南唐藝文志》載列劉吉《釣鼇集》，未注卷數。

《詩話總龜·前集》卷一"忠義門"載："劉吉，江左人。有膂力，尚氣，事李煜爲傳詔承旨。……有詩三百首，目爲《釣鼇集》，徐鉉爲序。"

按：劉吉仕南唐後主李煜，歸宋後治河有功。《宋朝事實類苑》卷五五載："劉吉，江左人。有膂力，尚氣，事後主爲傳詔承旨，忠於所奉。歸補供奉官，以習知河渠利害，委以八作之務。太平興國中,河大决,吉護之,與丁夫同甘苦。使者至,訪吉不獲,甚怒。乃著皂帩頭短布褐,獨負二囊土爲先道,戒從吏勿敢言。使者密訪得之,白太宗,太宗厚賜之。內侍石金振者,領護河堤尤苛急,自謂'石爆裂',言其性多暴怒也。居常侵侮吉,吉默然不校。一日,與吉乘小艇督役,至中流,吉語之曰:'君恃貴近,見凌已甚,我不畏死,當與君同見河伯耳。'遂荡舟覆之,金振號哭,搏頰求哀乞命,乃止,自是不復敢侵吉。其父本燕薊人,自受李氏恩,常分禄以濟其子孫,朔望必詣其第,求拜後主,是李氏子姓,雖童稚必拜之,執臣僕之禮。後遷崇儀使,其刺字謁吳中故舊,題僧壁驛亭,但稱江南人劉吉,示不忘本也。有詩三百首,目爲《釣鼇集》,徐鉉爲之叙。其首篇贈隱者,有'一箭不中鵠,五湖歸釣魚'之句,人多誦之。以其塞决河有方略,人目爲劉跋江,名震河上。"

張詠《張乖崖集》卷二《贈劉吉》詩云:"天地有至私,劉生與英氣。學必摘其真,文能取諸類。叫迴堯舜天,聒破周孔耳。通塞不我知,要在歡生意。居危不苟全,憑艱立忠義。(仕江南偽主,指斥奸佞曰:'果信是人,國將亡也。')歸國有賢名,天子聞之喜。倒海塞橫流,掀天建高議。(治黃河有功,議邊將不才,廷辨大臣阿諛。)冒死雪忠臣,(證楊業忠赤,爲奸臣所陷。)讜言警貴侍。(重指中貴弄權。)四海多壯夫,望風毛骨起。如今竟陵城,権司茶荻利。鶴情終是孤,仁性困亦至。勞勞憂衆民,咄咄罵貪吏。方期與叫閽,此實不可棄。如何不自持,稍負纖人累。酣歌引酒徒,亂入垂楊市。狂來拔劍舞,踏破青苔地。群口咤若奇,我心憂爾碎。請料高陽徒,何如東山器。請料酒仙人,何如留侯志。去矣劉跋江,深心自爲計。"

《鹿園集》一卷,未詳出処,要非劉吉所撰。

《徐仲雅集》一百卷

【考訂】 宋《志》同。陳鱣《續唐書·經籍志》載《徐東野集》一百卷,曰"楚天策府學士徐仲雅撰"。

阮閱《詩話總龜·前集》卷三八"譏誚門中"引《雅言雜載》曰："湖南徐仲雅與李宏皋、劉昭禹齊名，所業百餘卷並行於世。"

《十國春秋》卷七三《徐仲雅傳》云："徐仲雅，字東野，其先秦中人，徙居長沙。有雋才，長於詩文。"文昭王時爲天策府十八學士之一，周行逢時放逐邵州，後不知所終。《全唐詩》卷七六二徐仲雅小傳亦稱："所業百餘卷行世，今存詩六首。"

田吉《睽叟集》二卷

宋《志》同。宋人著述，不宜入五代藝文志，詳本書第二章之考訂。

唐求《味江山人詩》一卷

【考訂】 宋《志》同。陳鱣《續唐書·經籍志》載唐求《唐隱居詩》一卷。

《四庫闕書目》卷一"別集類"著錄《唐求詩》一卷。《直齋書錄解題》卷一九"詩集類上"載《唐求集》一卷，題曰："唐唐求撰。與顧非熊同時，《藝文志》不載。"《文獻通考》卷二四三《經籍七〇》亦載錄《唐求集》一卷，考引《直齋書錄解題》。曹學佺《蜀中廣記》卷九七"著作記"亦載《唐求集》一卷，曰："唐嘉州處士唐求，與顧非熊齊名，詳見《詩話》。"

阮閱《詩話總龜·前集》卷一四"警句門下"引《北夢瑣言》云："唐求、劉郇伯有詩名。唐求《臨池洗硯》詩云：'恰似有龍深處卧，被人驚起黑雲生。'又：'漸寒沙上路，欲暝水邊村。'《早行》云：'沙上鳥猶睡，渡頭人已行。'詩思不出二百里間。劉郇伯爲范鄭郎中詩友，范得句云'歲盡天涯雨'，久而難對，以問於劉郇伯，曰：'何不道：人生分外愁。'范賞之。然老於新津之東渡，非隱非吏。二子亦可凌屬名場，而死丘樊，所謂蜀人無志懷土，正此也。"

求乃青城縣味江鎮人。《茅亭客話》卷三稱"唐末蜀州青城縣味江山人唐求",《唐詩紀事》卷五〇謂"球居蜀之味江山"。考《新唐書》卷四二《地理志五》載,劍南道蜀州唐安郡,所屬有青城縣。另據《元豐九域志》卷七,蜀州青城縣有味江鎮,是。《唐才子傳》卷一〇云:"唐求,隱君也,成都人。"明楊慎《升庵詩話》卷八復謂唐求乃"嘉州味江人",均誤。

求之生卒年難以確考。陳振孫稱求"與顧非熊同時",求有《邛州水亭夜宴送顧非熊之官》一詩,可證其説不誤。《唐詩紀事》卷五〇云:"球生於唐末,至性純慤,篤好雅道,放曠疏遠,邦人謂之唐隱居。或云王建帥蜀,召爲參謀,不就。"考吳廷燮《唐方鎮年表》卷六,王建鎮西川,始於大順二年十月,其召唐求爲參謀,當在此後幾年間。

唐求隱居味江之生活及創作,黃休復《茅亭客話》卷三記載頗詳,云:"唐末,蜀州青城縣味江山人唐求,至性純慤,篤好雅道,放曠疏逸,幾乎方外之士也。每入市,騎一青牛,至暮,醺酣而歸。非其類,不與之交。或吟或詠,有所得,則將稿撚爲丸,内於大瓢中。二十餘年,莫知其數,亦不復吟詠。其贈送寄別之詩布於人口。暮年,因臥病,索瓢致於江中,曰:'斯文苟不沉没於水,後之人得者方知我苦心耳。'漂至新渠江口,有識者云:'唐山人詩瓢也。'探得之,已遭漂潤損壞,十得其二三,凡三十餘篇,行於世。"

善本:《唐求詩》一卷:清影宋抄本、清康熙野香堂刻《十三唐人詩》本、清康熙刻《中晚唐詩》(清劉雲份編)本。

《唐隱居詩》一卷:清康熙席氏琴川書屋自刻《唐詩百名家全集》本。

《左偓集》(應爲《鍾山集》)一卷

【考訂】 宋《志》同。陳鱣《續唐書·經籍志》載《鍾山集》一卷,曰"南唐王偓撰","王偓"當爲"左偓"之譌。汪之昌《補南唐藝文志》及唐圭璋、杜文玉兩《南唐藝文志》均載左偓《鍾山集》一卷。

《宋史》卷二〇八《藝文志七》"別集類"、《國史經籍志》卷五"別集類"、胡震亨《唐音癸籤》卷三〇《集錄一》均載錄左偓《鍾山集》一卷。

阮閱《詩話總龜·前集》卷四"稱賞門"引《雅言雜錄》云："江南韓熙載稱左偓能詩，有集千餘首。偓不仕，居金陵。《寄廬山白上人》云：'潦倒門前客，閒眠歲又殘。連天數峰雪，終日與誰看？萬丈高松古，千尋落水寒。仍聞有新作，懶寄入長安。'又《昭君怨》云：'胡笳聞欲死，漢月望還生。'《寄韓侍郎》云：'謀身謀隱兩無成，拙計深慚負耦耕。漸老可堪懷故國，多愁反覺厭浮生。言詩幸偶明公許，守朴甘遭俗者輕。今日況聞搜草澤，獨悲憔悴臥昇平。'韓見詩感歎'厭浮生'，不喜。不逾月，果病卒，年二十四。王操有詩哭之曰：'堂親垂白日，稚子欲行時。'"

《狎鷗集》一卷、《畫錦集》、《宏詞前後集》二十卷
【考訂】　宋《志》同。

《唐才子傳》卷一〇云："承贊，字文堯。乾寧三年禮部侍郎獨孤損下第四人進士。又中宏詞勅頭。……有詩，以兵火散失，尚存百二十餘篇，爲一卷，秘書郎孫郃爲序云。"計有功《唐詩紀事》卷六三云："承贊，乾寧進士也。"按：翁承贊爲乾寧三年進士，傅璇琮主編《唐才子傳校箋》卷一〇考述已詳。

《新唐書》卷六〇《藝文志四》"別集類"載《翁承贊詩》一卷，曰"字文堯"。《崇文總目》卷五"別集類四"、《通志》卷七〇《藝文略八》"別集四"、《宋史》卷二〇八《藝文志七》"別集類"、焦竑《國史經籍志》卷五"別集類"、胡震亨《唐音癸籤》卷三〇《集錄一》均載錄《翁承贊詩》一卷。《直齋書錄解題》卷一九"詩集類上"載《翁承贊集》一卷，題曰："唐諫議大夫京兆翁承贊文堯撰。乾符二年進士。"《文獻通考》卷二四三《經籍七〇》著錄《翁承贊集》二卷，考引《直齋》。《孫氏祠堂書目内編》卷四著錄《翁拾遺詩集》一卷。

《五代詩話》卷六"翁承贊"條引《榕陰新檢》曰："承贊字文饒，福清人，舉唐乾寧三年進士，累官右拾遺、戶部員外郎，後失節爲梁諫議大夫，自號'狎鷗公'。有詩集一卷，見《唐書·藝文志》，並《畫錦集》、《宏詞前後集》，共二十卷，俱軼不傳。"今按：《狎鷗集》即前述《翁承贊詩》一卷。

善本：《翁承贊詩》一卷：清康熙半畝園刻《中晚唐詩紀》（清龔賢編）本、清康熙刻《中晚唐詩》（清劉雲份編）本。

《翁拾遺詩集》一卷：清康熙席氏琴川書屋自刻《唐詩百名家全集》本。

李侯《閣中集》第九一卷

【考訂】　宋《志》同。

邵博《邵氏聞見後錄》卷二七載："予收南唐李侯《閣中集》第九一卷，《畫目》：上品九十五種。內《蕃王放簇帳》四。今人注云：一在陸農師家，二在潘景家。《江鄉春夏景山水》六。注云：大李將軍；又今人注云：二在馬粹老家。《山行摘瓜圖》一。注云：小李將軍；又今人注云：在劉忠諫家。《盧思道朔方行》一。注云：小李將軍；又今人注云：在李伯時家。《明皇遊獵圖》一。注云：小李將軍；又今人注云：在馬粹老家。《奚人習馬圖》三。注云：韓幹；又今人注云：一在野僧家。中品三十三種。內《月令風俗圖》四。今人注云：在楊康功龍圖家。《楊妃使雪衣女亂雙陸圖》一。注云：李翺；又今人注云：在王粹老家，今易主矣。《竹》四。今人注云：在王仲儀之子定國處，其著色臥枝一竿尤妙。下品百三十九種。內《迴紋圖》二。注云：殷嵩；又今人注云：在仲儀家。《詩圖》二，《叙》一：樓臺人物分兩處，中爲遠水紅橋小山，作寶滔從騎迎若蘭，車輿人物甚小而繁，大概學周昉而氣製甚遠。《貓》一。注云：汀洲李交；又今人注云：在劉正言家。《花而行者》一。小者三，如生。後有李伯時《跋》云：'江南《閣中集》一卷，得於邵安簡家。其中名品多流散士大夫家,公麟尚見之,有朱印曰'建業文房之印',曰'內合同印',有墨印曰'集賢院御書記',表以迴鸞墨錦,籤以潢經紙。'予意今注出於伯時也,然不知集有幾卷? 其他卷品目何物也? 建業文房亦盛矣,每撫之一歎。"

興武按:此集應歸入"技術類"。

僧曉微(應爲僧可朋)**《玉壘集》一卷**(應爲十卷)

【考訂】 宋《志》既著録僧曉微《玉壘集》一卷,其《補遺》於《僧可朋詩》一卷後復云:"一名《玉壘集》。"陳鱣《續唐書‧經籍志》載《玉壘集》十卷,曰"楚僧可朋撰"。

《四庫闕書目》卷一"別集類"既著録《僧可朋詩》七卷,後又重出可朋《玉壘集》七卷。《宋史》卷二〇八《藝文志七》"別集類"載僧可朋《玉壘集》十卷。胡震亨《唐音癸籤》卷三〇《集録一》載可朋《玉壘集》十卷。曹學佺《蜀中廣記》卷九七《著作記‧集部》亦載《玉壘集》十卷,曰:"唐僧可朋著。丹稜人。"

計有功《唐詩紀事》卷七四《僧可朋》條云:"可朋,丹稜人。少與盧延讓爲風雅之友,有詩千餘篇,號《玉壘集》。"

《十國春秋》卷五七《僧可朋傳》云:"僧可朋,丹稜人。能詩,好飲酒,貧無以償酒債,或作詩酬之,遂自號曰醉髡。少與盧延讓、方干爲詩友,來蜀與歐陽炯相善,炯比之孟郊、賈島,力薦於後主。後主賜錢帛有加等。……可朋有詩千餘篇,號《玉壘集》。其題洞庭湖云:'水涵天影濶,山拔地形高。'又有詩云:'虹收千嶂雨,潮弄半江天。'皆佳句也。"

僧貫休《寶月集》一卷、《西岳集》四十卷(應爲《禪月集》三十卷)

【考訂】 宋《志》同。陳鱣《續唐書‧經籍志》載貫休《禪月集》二十五卷、《巨岳集》一千首。"巨岳"乃"西岳"之譌。徐炯《五代史記補考‧藝文考》載貫休《西岳集》十卷。

《郡齋讀書志》卷一八載貫休《禪月集》三十卷，志云："右唐僧貫休撰。字德隱，姓姜氏，婺州人。後入蜀，號禪月大師。初，吳融爲之序，其弟子曇域削去，別爲序引，僞蜀乾德中獻之。"《直齋書錄解題》卷一九"詩集類上"載《禪月集》十卷，題云："唐僧蘭溪貫休撰，姓姜氏，後入蜀。"

《崇文總目》卷五"別集類三"著錄僧貫休《禪月詩》三卷。《四庫闕書目》卷一"別集類"著錄《僧貫休詩集》三十卷。《通志》卷七〇《藝文略八》"別集詩"、《國史經籍志》卷五"別集類"並著錄貫休《禪月詩》三十卷。《宋史》卷二〇八《藝文志七》"別集類"載《僧貫休集》三十卷。《文獻通考》卷二四三《經籍七〇》載錄貫休《寶月詩》一卷。張唐英《蜀檮杌》卷上永平二年二月載："貫休本蘭溪人，善詩，與齊己齊名。有《西岳集》十卷。"胡震亨《唐音癸籤》卷三〇《集錄一》亦錄《貫休集》三十卷。《十國春秋》卷四七《貫休傳》稱"有《寶月集》一卷，《西岳集》四十卷，吳融爲之序。"

錢曾《讀書敏求記》卷四載《禪月集》二十五卷，識曰："吳融初序貫休詩，名《西岳集》。此乃蜀乾德五年門人曇域尋檢稿草，及暗記憶者，約一千首，雕刻板部，題號《禪月集》。"《孫氏祠堂書目內編》卷四錄《禪月集》二十五卷。

《四庫全書總目》卷一五一載錄《禪月集》二十五卷、《補遺》一卷，提要云："舊本題曰梁人。案貫休初以乾寧三年依荆帥成汭，後歷遊高季興、錢鏐間，晚乃入蜀依王建。至乾德癸未乃卒，年八十一。終身實未入梁，舊本誤也。陶岳《五代史補》稱貫休《西岳集》四十卷，吳融序之。然集末載其門人曇域後序，編次歌詩文贊爲三十卷，則岳亦誤記矣。此本爲宋嘉熙四年蘭谿兜率寺僧可燦所刊，毛晉得而重刊之。僅詩二十五卷，豈佚其文贊五卷耶？《補遺》一卷，亦晉所輯。然所收佚句如'朱門當大道，風雨立多時'一聯，乃贈乞食僧詩，今在第十七卷之首，但'道'作'路'，'雨'作'雪'耳。晉不辨而重收之，殊爲失檢。《文獻通考》別載《寶月集》一卷，亦云貫休作，今已不傳。然曇域不云有此集，疑馬端臨或誤。毛晉又云《西岳集》或作《南岳集》，考貫休生平未登太華，疑南岳之名爲近之。'西'字或傳寫誤也。又書籍刊板始於唐末，然皆傳布古書，未有自刻專集者。曇域後序作於王衍乾德五年，稱'檢尋藥草及闇記憶者約一千首，雕刻成部'，則自刻專集自是集始，是亦可資考證也。"

僧貫休，字德隱，俗姓姜氏，婺州蘭溪人。七歲出家爲僧，曾先後依成汭、高季興，最後入蜀，得前蜀主王建禮遇，爲建龍華禪院，賜號"禪月大師"。永平二年卒。享年八十一歲。傳見《宋高僧傳》卷三〇、《十國春秋》卷四七。

當代學者胡大浚教授撰有《貫休詩歌繫年箋注》，中華書局2011年版。

善本：《禪月集》二十五卷：明末毛氏汲古閣影宋抄本、清初影宋抄本、明柳僉抄本、明末毛氏汲古閣刻《唐三高僧詩》本（附《補遺》一卷）。

僧贊寧《内典集》一百五十卷、《外學集》四十九卷

【考訂】 宋《志》同。陳鱣《續唐書・經籍志》載贊寧《内典集》一百五十卷、《外學集》四十九卷。

王禹偁《小畜集》卷二〇《右街僧錄通惠大師文集序》云："釋子謂佛書爲内典，謂儒書爲外學，工詩則衆，工文則鮮，並是四者，其惟大師。大師以述作頗多，叙引未立，猥蒙見託，不克固辭。總其篇題，具如別錄。凡《内典集》一百五十二卷、《外學集》四十九卷。覽其文，知其道矣。"

《十國春秋》卷八九《僧贊寧傳》云："太平興國三年，忠懿王入宋，贊寧奉舍利真身塔以朝。太宗聞其名，召對滋福殿，賜紫方袍，尋賜號曰通慧。命充翰林史館編修，纂《高僧傳》三十卷、《内典集》一百五十卷、《外學集》四十九卷。……咸平元年，充右街僧錄。年八十餘，卒，謚曰圓明大師，葬龍井。"

《僧彙征集》七卷

【考訂】 宋《志》同。

《崇文總目》卷五"別集類二"著録《僧彙征集》七卷。《通志》卷七〇《藝文略八》"別集五"著録《僧彙征集》七卷,注"吳越"。《宋史》卷二〇八《藝文志七》"別集類"著録《僧彙征集》三卷。《國史經籍志》卷五"別集類"著録《僧彙祉集》七卷,注"吳越"。"祉"乃"征"之譌。

《十國春秋》卷八九《僧彙征傳》云:"僧彙征,善詩文,有集七卷。忠懿王時命爲僧正,賜號光文大師。"

興武按:彙征乃吳越僧人。考《寰宇訪碑録》卷五,彙征於乙未歲十二月,即吳越文穆王嗣位之三年(後唐清泰二年),撰《上天竺寺尊勝陀羅尼經幢》,記佛弟子吳保容等爲吳越國王造供使衙書幢事。同年又撰《上天竺寺尊勝陀羅尼經幢》。王禹偁《小畜集》卷二〇《右街僧録通惠大師文集序》亦云:"長興三年,武肅王薨,文穆王某嗣位。大師聲望日隆,文學益茂。時錢氏公族有若忠懿王某、宣德節度俶、奉國節度億、越州刺史儀、金州觀察使儼、故工部侍郎昱與大師以文義切磋。時浙中士大夫有若衛尉卿崔仁驥、工部侍郎慎知禮、内侍致仕楊惲與大師以詩什唱和。又得文格於光文大師彙征,授詩訣於前進士龔霖,由是大爲流輩所服。"據此可知,吳越文穆王(元瓘)時,彙征傳授文格於贊寧。

《僧棲白詩》一卷

宋《志》同。唐人著述,不宜入五代藝文志,詳本書第二章之考訂。

僧修睦《東林集》一卷

【考訂】 宋《志》及汪之昌《補南唐藝文志》所載皆同顧《志》。

《崇文總目》卷五"別集類三"、《宋史》卷二〇八《藝文志七》"別集類"均著録《僧修睦詩》一卷。《四庫闕書目》卷一"別集類"作《釋修睦詩》一卷。《通志》卷七〇《藝文略八》"別集詩"、《國史經籍志》卷五"別集類"均載《修睦詩》一卷。《直齋書錄解題》卷一九"詩集類上"載修睦《東林集》一卷，題曰："唐末人。"

馬令《南唐書》卷一《先主書》載："及知訓死，温意潤州預謀。就知訓廨有土室，繪畫温像，身被五木，諸弟皆執縛受刑，而畫知訓衮冕正坐，皆署其名。温見之，唾曰：'狗死遲矣！'知誥因得疏其罪惡，由是内外全活者甚衆，而死者猶數家。知訓與僧修睦親狎，得僞讖數紙，皆修睦手書。温求修睦殺之。"據傅璇琮主編《唐才子傳校箋》卷三"修睦"條考訂，修睦天祐十五年（918）與朱瑾同時被殺。

《僧齊己集》（應爲《白蓮集》）十卷、《蓮社集》一卷（不知所出）、《白蓮編外集》十卷　案李調元《五代全詩》作《白蓮集》十一卷

【考訂】　宋《志》同。陳鱣《續唐書·經籍志》載僧齊己《白蓮集》十卷。

《崇文總目》卷五"別集類三"著錄僧齊己撰《白蓮集》十卷，後有《白蓮外編》十卷，不著撰人。《四庫闕書目》卷一"別集類"著錄《白蓮集》三十卷，另《僧齊己詩》一卷。《通志》卷七〇《藝文略八》"別集詩"、《國史經籍志》卷五"別集類"、胡震亨《唐音癸籤》卷三〇《集錄一》均著錄齊己《白蓮集》十卷，又《外編》十卷。《宋史》卷二〇八《藝文志七》"別集類"載《僧齊己集》十卷，又《白蓮華（或無華字）編外集》十卷。《直齋書錄解題》卷一九"詩集類上"載《白蓮集》十卷，題云："唐僧齊己撰。長沙胡氏。"《文獻通考》卷二四三《經籍七〇》著錄《白蓮集》一卷，考引《直齋書錄解題》。錢曾《讀書敏求記》卷四載錄《白蓮集》十卷，識曰："北宋本影錄，行間多脱字。牧翁以朱筆補完。又一本有柳僉跋，附《風騷旨格》一卷。"

《十國春秋》卷一〇三《僧齊己傳》云："僧齊己，益陽人，本佃户胡氏子也。……梁震晚年酷好吟詠，尤與齊己善，互相酬答。齊己竟終於江陵，自號'衡岳沙門'。有詩八百首，孫光憲序之，命曰《白蓮集》。"

《四庫全書總目》卷一五一載《白蓮集》十卷,提要云:"唐釋齊己撰。齊己,益陽人,自號衡岳沙門。宋人注杜甫《己上人茅齋》詩,謂齊己與杜甫同時,其謬不待辨。舊本題爲梁人,亦殊舛訛。考齊己嘗依高季興,爲龍興寺僧正。季興雖嘗受梁官,然齊己爲僧正,時當龍德元年辛巳,在唐莊宗入洛之後矣。集中已稱季興爲南平王,而陶岳《五代史補》載徐東野在湖南幕中贈齊己詩,稱'我唐有僧號齊己',安得謂爲梁人耶? 是集爲其門人西文所編,首有天福三年孫光憲序。前九卷爲近體,後一卷爲古體。古體之後又有絕句四十二首,疑後人采輯附入也。唐代緇流能詩者衆,其有集傳於今者惟皎然、貫休及齊己。皎然清而弱,貫休豪而粗,齊己七言律詩不出當時之習。及七言古詩,以盧仝、馬異之體,縮爲短章,詰屈聱牙,尤不足取。惟五言律詩居全集十分之六,雖頗沿武功一派,而風格獨遒。"

善本:《白蓮集》十卷: 明嘉靖八年柳僉抄本、明末曹氏書倉抄本、明末馮班家抄本、清抄本。

僧尚顔《供奉集》一卷、《荆門集》五卷

【考訂】 宋《志》同。《崇文總目》卷五"別集類三"著錄《僧尚顔詩》一卷。《直齋書錄解題》卷一九"詩集類上"載尚顔《供奉集》一卷。《文獻通考》卷二四三《經籍七〇》亦載尚顔《供奉集》一卷,考引《直齋書錄解題》。《通志》卷七〇《藝文略八》"別集詩"、《國史經籍志》卷五"別集類"均著錄《尚顔詩》一卷。《宋史》卷二〇八《藝文志七》"別集類"、胡震亨《唐音癸籤》卷三〇《集錄一》均著錄僧尚顔《荆門集》五卷。

《全唐文》卷八二九顔蕘《顔上人集序》云:"顔公姓薛氏,字茂聖。少工爲五言詩,天賦其才,迥超名輩。……光化三年孟夏序。"據傅璇琮主編《唐才子傳校箋》卷三"尚顔"條考訂,尚顔卒年應在後梁開平末至後唐長興末。

善本:《尚顔詩集》一卷: 清初抄本《百家唐詩》本。

僧曇域《龍華集》十卷

【考訂】 宋《志》同。《宋史》卷二〇八《藝文志七》"別集類"、胡震亨《唐音癸籤》卷三〇《集録一》均著録僧曇域《龍華集》十卷。

《十國春秋》卷四七《貫休傳》附傳云："貫休弟子曇域，戒學精嚴，能詩善篆，重集許氏《説文》行於蜀。貫休詩集皆出曇域所校輯者。"

杜光庭《廣成集》一百卷（應爲三十卷）、《壺中集》三卷

【考訂】 宋《志》同。陳鱣《續唐書·經籍志》載杜光庭《廣成集》一百卷、《壺中集》一百卷。

《崇文總目》卷五"別集類二"著録《杜光庭集》三十卷。《通志》卷六七《藝文略五》"諸子·道家二"著録《廣成集》五十四卷，不著撰人；同書卷七〇《藝文略八》"別集類"著録《杜光庭集》三十卷。《宋史》卷二〇八《藝文志七》"別集類"載杜光庭《廣成集》一百卷，又《壺中集》三卷。《國史經籍志》卷五"別集類"亦著録《杜光庭集》三十卷。《十國春秋》卷四七《杜光庭傳》云："有文集三十卷，皆本無爲之旨。"

《四庫全書總目》卷一五一載《廣成集》十二卷，提要云："蜀杜光庭撰。……今此本十二卷，僅表及齋醮文二體。《十國春秋》所載《序毛仙翁略文》一篇，又《瀘州劉真人碑記》、《青城縣重修冲妙觀碑記》、《雲昇宮廣雲外尊師碑記》、《三學山功德碑文》諸目皆不載集中，蓋殘缺之餘，已非完本也。……光庭駢偶之文詞頗贍麗，而多涉其教中荒誕之説，不能悉軌於正。獨五季文字闕略，集中所存，足與正史互證者尚多，故具録之，以爲稽考同異之助焉。"

善本：《廣成集》十二卷：明抄本。

《廣成集》十七卷：清彭氏知聖道齋抄本、清抄本（丁丙跋）。

右詩文集類共二千四百七十六卷

第二章　清人諸《志》誤收條目考略

　　清代學者顧櫰三、宋祖駿搜輯補纂的兩種《補五代史藝文志》絶大多數條目基本相同，編次一致。宋《志》末尾另有補遺四十餘條，據此可知其編纂時間或晚於顧《志》。此外，徐炯《五代史記補考·藝文考》、陳鱣《續唐書·經籍志》及汪之昌《補南唐藝文志》等清人著述，在搜輯五代藝文資料方面各有建樹，功不可没。只可惜，上述五《志》對有些作者及著述的考察往往不夠精審，不少唐、宋及其他朝代的藝文資料時時被闌入其中。今欲重新編纂《補五代史藝文志》，並使之翔實可信，便不能不對清人五《志》誤收條目詳加考察，逐條辨析。凡考見各條，均依經、史、子、集四類編次歸置。

經　　部

《周易口訣義》六卷　河南史徵撰
　　徐炯《五代史記補考·藝文考》、陳鱣《續唐書·經籍志》載。
　　【考訂】《崇文總目》卷一"易類"載録《周易口訣義》六卷，云："河南史證撰，不詳何代人。其書直抄孔氏説，以便講習，故曰'口訣'。"《郡齋讀書志》卷一則著録《周易口訣義》七卷，釋曰："右唐史證撰。鈔《注》、《疏》以便講習。田氏乃以爲魏鄭公撰，誤也。"陳振孫《直齋書録解題》卷一亦録此書爲六卷，題曰："河南史之徵撰。（徐小蠻校曰：《宋史·藝文志》作"史文徵"，《文獻通考》作"史證",鄭樵《通志》作"史之證"。宋人避諱"徵"字,此改從其舊。)不詳何代人,《三朝史志》有其書,非唐則五代人也。避諱作'證'字。"

《四庫全書總目》卷一《周易口訣義》提要云:"唐史徵撰。""今定爲史徵,從《永樂大典》。定爲唐人,從朱彝尊《經義考》也。《永樂大典》載徵自序云:'但舉宏機,纂其樞要,先以王《注》爲宗,後約孔《疏》爲理。'故《崇文總目》及晁氏《讀書志》皆以爲直抄《注》、《疏》,以便講習,故曰'口訣'。今詳考之,實不盡然。""唐以前解《易》之書……存於今者,京房、王弼、孔穎達、李鼎祚四家,及此書而五耳,固好古者所宜寶重也。自序作六卷,諸家書目並同。"

興武按:此書或爲唐人所撰,或爲"唐以前解《易》之書",不宜闌入五代藝文志,陳氏、徐氏顯誤。

《麻衣道者正易心法》一卷　周河中許堅撰

陳鱣《續唐書·經籍志》載。

【考訂】《直齋書錄解題》卷一"易類"載《正易心法》一卷,題曰:"舊稱麻衣道者授希夷先生,崇寧間廬山隱者李潛得之,凡四十二章,蓋依託也。朱先生云,南康戴主簿師愈撰,乃《不唧留底禪》、《不唧留底修養法》、《日時法》。王炎曰:洺山李壽翁侍郎喜論《易》。炎嘗問侍郎:'在當塗板行《麻衣新說》如何?'李曰:'程沙隨見囑。'炎曰:'恐託名麻衣耳。以撲錢背面喻八卦陰陽純駁,此鄙說也。以泉雲雨爲陽水,以澤爲陰水,與夫子不合。'李曰:'然。然亦有兩語佳。炎曰:'豈非學者當於羲皇心地上馳騁,不當於周、孔腳蹟下盤旋耶?然此二語亦非也。無周、孔之辭,則羲皇心地,學者何從探之?'李無語。李,名椿。"《文獻通考》卷一七六《經籍考三》於"《麻衣道者正易心法》一卷"下考曰:"李潛序曰:此書頃得之廬山一異人(或云許堅)。或有疑而問者,余應之云:何疑之有,顧其議論可也。昔黃帝《素問》、孔子《易大傳》,世尚有疑之,嘗曰:世固有能作《素問》者乎?固有能作《易大傳》者乎?雖非本真,是亦黃帝、孔子之徒也。余於《正易心法》，亦曰世固有作之者乎？雖非麻衣，是乃麻衣之徒也。胡不觀其文辭議論乎？一滴真金，源流天造，前無古人，後無來者。翩然於羲皇心地上馳騁，實物外真仙之書也。讀來十年，方悟浸漬，觸類以知《易》道之大如是也。得其人，當與共之。"

　　興武按：此書名《正易心法》，作者乃"麻衣道者"。考宋釋文瑩《湘山野錄》卷下載：錢若水少時謁陳摶，求相骨法，摶召某僧同相，僧謂其"無仙骨，但可作貴公卿爾"。錢問曰："其僧者何人？"曰："麻衣道者。"據此，《正易心法》純係宋僧所作，不宜闌入五代藝文志，陳氏顯誤。

《春秋指掌》十五卷　李瑾撰

　　陳鱣《續唐書·經籍志》著錄《春秋指掌》十五卷，注云："試左武衛兵曹李瑾撰。"

　　【考訂】《新唐書》卷五七《藝文志一》"春秋類"著錄李瑾《春秋指掌》十五卷。《崇文總目》卷一"春秋類"載錄《春秋指掌》十五卷，釋云："唐試左武衛兵曹李瑾撰。瑾集諸家之說，爲《序義》、《凡例》各一篇。抄孔穎達《正義》爲五篇，采摭餘條，爲《碎玉》一篇。集《先儒異同》，辯正得失，爲三篇。取劉炫《規過》，中證其義，爲三篇。大抵專依杜氏之學以爲說云。"《通志》卷六三《藝文略一》"春秋類·傳論"著錄李瑾《春秋指掌》十五卷。《宋史》卷二〇二《藝文志一》"春秋類"著錄李瑾《春秋指掌圖》十五卷，"圖"字當衍。

　　《文獻通考》卷一八二《經籍考九》載錄《春秋指掌》，曰："秀巖李氏曰，其第一卷新編《目錄》，多取杜氏《釋例》及陸氏《纂例》，瑾所自著無幾。而《序義》以下十四卷，但分門抄錄孔穎達《左氏正義》，皆非瑾所自著也。學者第觀《正義》及二《例》，則此書可無。且瑾之意，特欲以備科試應猝之用耳，初不爲經設也。其名宜曰《左氏傳指掌》，不當專繫《春秋》。本朝王堯臣《崇文總目》及李俶

《圖書志》皆以《先儒異同》、《規過》、《序例》等篇爲瑾筆削,蓋誤矣。寫本或訛舛,復用《正義》刪修之,乃可讀。惟篇首數《序》,瑾所自著者,既無參考,亦不敢以意改定,姑仍其誤云。"

按:李瑾字里、生平無考,或爲唐末人。

《蜀爾雅》三卷　無名氏撰

陳鱣《續唐書·經籍志》載錄《蜀爾雅》三卷,注云:"蜀無名氏撰。"

【考訂】《直齋書錄解題》卷三"小學類"著錄《蜀爾雅》三卷,題云:"不著名氏。《館閣書目》案:李邯鄲云唐李商隱采蜀語爲之,當必有據。"《四庫闕書目》卷一"小學類"、《通志》卷六三《藝文略一》"雜爾雅類"、《宋史》卷二〇二《藝文志一》"小學類"、《文獻通考》卷一八九《經籍考·小學》、朱彝尊《經義考》卷二八〇等均載錄李商隱《蜀爾雅》三卷。

史　　部

《五代紀》七十五卷　孫沖撰

顧、宋兩《志》"正史類"。

【考訂】《宋史》卷二〇三《藝文志二》"別史類"載孫沖《五代紀》七十七卷。同書卷二九九《孫沖傳》云:"孫沖,字升伯,趙州平棘人。"據傳載,沖乃北宋人,與寇準同時。李燾《續資治通鑑長編》卷一一九仁宗景祐三年七月載:"庚寅,右諫議大夫、集賢院學士孫沖上所撰《五代紀》七十七卷,降詔褒答。"此條乃宋人著述,不宜入五代藝文志。

《五朝春秋》二十五卷　王皡撰

顧、宋兩《志》"正史類"。

【考訂】《宋史》卷二〇三《藝文志二》"別史類"載王銍《五朝春秋》二十五卷。李燾《續資治通鑑長編》卷一一九仁宗景祐三年七月載："丁亥，工部郎中王銍直秘閣。銍上所撰《五朝春秋》二十五卷，特擢之。"

朱弁《曲洧舊聞》卷二"賈文元發王介甫經術"條云："本朝談經術，始於王銍大卿，著《五朝春秋》行於世。其經術傳賈文元作，文元其家婿也。荆公作神道碑，略去此一事。介甫經術，實文元發之，而世莫有知者。當時在館閣談經術，雖王公大人莫敢與爭鋒，惟劉原父兄弟不肯少屈。東坡祭原父文特載其事，有'大言滔滔，詭論駴世'之語。祭文宣和以來，始得傳於世。"

要之，王銍生活於仁宗朝以後，其所著《五朝春秋》不應入五代藝文志。

《吴書實録》三卷　記楊行密事，不著作者（應書"李清臣撰"）

顧、宋兩《志》"霸史類"。

【考訂】《崇文總目》卷二"雜史類上"著録《吴書實録》三卷，注云"李清臣撰"。《宋史》卷二〇三《藝文志二》"別史類"載《吴書實録》三卷，注云"記楊行密事"，不著作者。《通志》卷六五"正史類·三國志"、"編年類·魏吴"兩次著録著録《吴書實録》三卷，均不著作者，繹鄭樵所記，或與李清臣所撰非爲一書也。

李清臣，字邦直，魏人也，傳見《宋史》卷三二八。其仕宦經歷主要在宋英宗治平以後。其書雖記楊行密事，卻不宜入五代藝文志。

《吴唐拾遺録》十卷　許載撰

顧、宋兩《志》"霸史類"。

【考訂】　洪邁《容齋隨筆·續筆》卷一六"宋齊丘"條云："偶閱大中祥符間，太常博士許載著《吴唐拾遺録》，所載多諸書未有者。"

是知此書乃宋人所撰，不宜入五代藝文志。

《四庫闕書目》卷一、《通志》卷六五《藝文略三》"霸史下"、《宋史》卷二〇三《藝文志二》"傳紀類"、明焦竑《國史經籍志》卷三"霸史類"均載錄許載撰《吳唐拾遺錄》十卷。

許載，字德興，萍鄉人。宋太宗端拱二年(989)進士。有《及第後寄宜春親友》詩云："只把文章謁帝居，便從平地蹋空虛。分明有個上天路，何事兒孫不讀書。"大中祥符間，官太常博士。仕至都官員外郎、知歙州。傳見清同治《萍鄉縣志》卷一〇。

《帝唐書》十五卷　許載撰

顧、宋兩《志》"霸史類"均載錄《帝唐書》十五卷，注曰"許載撰"。杜文玉《南唐藝文志》轉抄顧《志》，對書名、卷數及作者等均未覆考。

【考訂】《帝唐書》十五卷，宋、元書目未見著錄。文淵閣四庫全書本《宋史》卷二〇四《藝文志三》"霸史類"著錄此書於《吳錄》二十卷之後，注"不知作者"。中華書局點校本《宋史·藝文志》則校改爲《南唐書》十五卷。

顧、宋兩《志》所載《帝唐書》十五卷，或襲自文淵閣四庫全書本《宋史·藝文志》，至於作者爲"許載"之說，未詳所本。就現有資料覆核考察，知此書書名及作者等均不足憑信。宋人撰《南唐書》者，原有馬元康、胡恢、馬令、陸游四人。馬、胡兩《書》雖久不見傳，然確有之。陸游《南唐書》卷一《烈祖本紀》後論曰："昔馬元康、胡恢皆嘗作《南唐書》，自烈祖以下，元康謂之'書'，恢謂之'載紀'。"清人王士禎《池北偶談》卷一九"胡恢書"條復云："《南唐書》今止傳陸游、馬令二本。胡恢書久不傳，惟江陰赤岸李氏有之。李即忠毅公應昇之叔，忘其名矣。按恢，金陵人，《夢溪筆談》稱恢博物強記，善篆隸。韓魏公當國，恢獻詩云：'建業關山千里遠，長安風雪一家寒。'公憐之，令篆太學石經，官華州推官而卒。"

馬元康，陽羨人，馬令之祖。仕至太學博士。世家金陵，故多記南唐事，書未成而卒。馬令繼之，於崇寧間撰成《南唐書》三十卷。其祖孫所撰，在卷數上與《宋史·藝文志》所載《南唐書》相去甚遠。且馬令之《書》廣播天下，脱脱等人亦當熟知，所謂"不知作者"之著述，非馬《書》明矣。

興武按：《宋史·藝文志》所載《南唐書》十五卷，或爲胡恢所撰。沈括《夢溪筆談》卷一五云："金陵人胡恢，博物強記，善篆隸，臧否人物。坐法失官十餘年，潦倒貧困。赴選，集於京師。是時韓魏公當國，恢獻小詩自達，其一聯曰：'建業關山千里遠，長安風雪一家寒。'魏公深憐之，令篆太學石經，因此得復官。任華州推官而卒。"據李燾《續資治通鑑長編》卷一七四仁宗皇祐五年四月乙巳條載：舉胡恢書石經者，乃樞密使、户部侍郎高若訥。恢狂險無行，若訥因此被劾，罷爲尚書左丞。兩宋史籍，頗言胡恢嘗篆太學石經，而有關此人撰成《南唐書》一事，卻少有提及。恢既潦倒，事蹟不詳，所撰《南唐書》即便手抄得傳，亦極有可能未署其名。且此書在面世之前，已經受到名相蘇頌的質疑與責難，身價鋭減。《蘇魏公文集》卷六八《與胡恢推官論南唐史書》云：

某伏蒙寵示新著《南唐史》稿，玩讀累日，深服才致之敏，雖未獲遍覽全帙，然用數篇可以見作者之新意也。觀其發凡起例，所記該洽，固非小見淺聞之所能造詣。竊於其間有一二事可疑者，敢輒條問，不知足下以爲如何也。

仲尼曰："必也正名。"是古人之凡有所爲，必當先正其名，況在史志之作，爲後世信書，豈不先務其名之正乎！今足下題三主事蹟，曰《南唐書》某主載記者，得非以李氏割據江表，列於僞閏，非有天下者，故以"載記"代"紀"之名乎？夫所謂"紀"者，蓋摘其事之綱要，而繫於歲月，而屬於時君，乃《春秋》編年之例也。史遷始變編年爲本紀。秦莊襄王而上與項羽未嘗有天下，而著於本紀。班固而下，其書或稱"帝紀"，言帝所以異於諸侯也，故非有天下者，不得而列焉。而范曄又有《皇后紀》以繼帝《紀》之末。以是質之，言紀者不足以別正閏也。或者謂陳壽《三國志》吳、蜀不稱"紀"而著於"傳"，是又非可爲法者也。壽以魏承漢統爲正，故稱"紀"。吳、蜀各據一方，故在諸侯之列，而言"傳"。愚以謂既以魏爲正統，則諸侯宜奉天子之正朔，其書當皆言《魏志》、《吳主》《蜀主傳》，安得言《三國志》而於《吳》《蜀主傳》各稱其紀年乎？若曰吳、蜀不稟魏正，各擅制度，則其書自稱"紀"，無害史例也。或者又謂仲尼作《春秋》，不稱曰《周史》，而曰《魯史》，不稱天王之元年，而稱魯公之元年，則吳、蜀傳不繫於《魏史》，而自稱其年紀於義無異。予曰：仲尼所作者魯史爾，故稱其國君之元，猶書曰："王正月。"言王者之正，諸侯所當稟奉而行。稱魯公之元者，是別其一國之書也。又若隋已受周禪，最後代陳並其國地，唐姚璹撰《陳書》亦稱"紀"。李延壽作《南北史》，二國之君有閏有正，亦各稱"紀"。而古人未有非之者。所謂"載記"者，別載列國之事兼其國君臣而言，有正史則可用爲例，故《東觀記》著公孫述等事蹟，謂之"載記"。而《晉書》又有《十六國載記》，蓋用其法也。足下必以南唐爲閏位，自當著《五代書》後，列云李某《載記》可矣。今曰《南唐書載記》，似非所安也。

又有國家設官分職，因革不同。五帝之前有雲紀、鳥紀之類，商、周而後名稱益廣，《尚書》之《周官》，《周禮》之三百六十官，《左氏》記鄭子之言，述之詳矣。班固始作《百官公卿表》，歷代各有職官志，皆所以見異代更改沿襲之源流，來者安得易而同之乎？今足下書有兼納言視秩三司之類，且李氏稱僭，不聞有是官，得非足下以兼侍中與儀同三司爲近俗，而易以此語乎？是不然也。若官稱之可易，則仲尼序《書》，當一概以唐虞之官目之矣。而《旅獒》曰"太保作《旅獒》"，《蔡仲之命》曰"周公位塚宰"，《君牙》曰"君牙爲大司徒"，《冏命》曰"伯冏爲太僕正"者，盡取當時之官名以記其行事也。左丘明作《傳》，列國之官稱亦未有更之者，如楚之令尹，宋之司城，晉之三軍大夫，如此之比，非可悉數，足以爲後世約史之法也。

又詔令者，古左史所記王者之言，發而爲號令。其美惡繫時之治亂，使後世有所觀法焉。今足下所載李氏詔令，皆非當時之言，並出於足下藻潤之辭。美則美矣，其可爲史法乎？夫載言之美莫過《尚書》，虞、夏之際，其辭約而典，商、周之後，其辭華而悉，必若王言之可改，則仲尼刪《書》，當使誥誓之文與典謨一體，其所以存而不易者，欲見異代文章之盛也。故揚子得以稱之曰："《虞》、《夏》之書渾渾爾，《商書》灝灝爾，《周書》噩噩爾。"自漢而下，左右史爲一職，載述者兼言與事而書之。而太史公、班固諸史，所記制詔文體，類皆不同，盡當時之言也。蓋下筆擇其善者，則備載之。其不足存者，則略其意而書之。若以李氏草創，典章不備，文獻不足，則其命令之文，亦可記其大指而已，不必釐改其辭也。

某學無師法，未嘗爲史，但參之以經訓，驗之以前書，所見如是，非敢以爲得也。蒙足下不相外，乃敢發其所疑者，亦幾乎因事述意，求益於識者耳。可採可擯，毋惜開諭。

在面世之前就已經受到當朝名相如此深重的責難，胡恢之《書》見輕於人，便爲情理所必然。然宋人撰《南唐書》者凡三家，馬《書》三十卷、陸《書》十八卷既不見録於《宋史·藝文志》，則該《志》所載《南唐書》十五卷，便極有可能出自胡恢之手。胡恢既生活於仁宗朝，其書不宜入五代藝文志，可確定無疑。

《江南録》十卷　徐鉉、湯悦撰

顧、宋兩《志》"霸史類"，陳鱣《續唐書·經籍志》、徐炯《五代史記補考・藝文考》、汪之昌《補南唐藝文志》及唐圭璋《南唐藝文志》均載徐鉉、湯悅撰《江南錄》十卷。

【考訂】 馬令《南唐書》卷二三《湯悅傳》云："湯悅,其先陳州西華人,父殷文圭,唐末有才名。……後仕皇朝,奉太宗皇帝勅,撰《江南錄》十卷,自言有陳壽史體。"其後《徐鉉傳》亦云："後仕皇朝,與湯悅同奉勅撰《江南錄》,至於李氏亡國之際,不言其君之過,但以曆數存亡論之,君子有取焉。"《十國春秋》卷二八《殷崇義傳》亦云："國亡入宋,避宣祖廟諱,易姓名曰湯悅。宋太宗勅撰《江南錄》十卷,自言有陳壽史體,當世頗稱之。"

鄭文寶《江表志》卷一云："太宗皇帝欲知前事,命湯悅、徐鉉撰成《江南錄》十卷,事多遺落,無年可編,筆削之際,不無高下。當時好事者往往少之。"

《崇文總目》卷二"僞史類"著錄徐鉉、湯悅等撰《江南錄》十卷。《郡齋讀書志》卷七載《江南錄》十卷,志云："右皇朝徐鉉等撰。鉉等自江南歸朝,奉詔撰集李氏時事。王介甫嘗謂:鉉書至亡國之際,不言其君之過,但以曆數存亡論之,其與《春秋》、箕子之義爲得也。雖然,潘佑以直言見殺,而鉉書佑死以妖妄,殆與佑爭名。且恥其善不及佑,故匿其忠,污之以罪耳。若然,豈唯厚誣忠臣,其欺吾君不亦甚乎?世多以介甫之言爲然。獨劉道原得佑子華所上其父事蹟,略與《江南錄》所書同,乃知鉉等非欺誣也。"《直齋書錄解題》卷五"僞史類"亦載《江南錄》十卷,題云："給事中廣陵徐鉉鼎臣、光錄卿池陽湯悅德川撰。二人皆唐舊臣,故太宗命之撰次。悅即殷崇義,避宣祖諱及太宗舊名,並姓改焉。"《通志》卷六五《藝文略三》"霸史下"著錄《江南錄》十卷,注云："徐鉉、湯悅等撰,記江南李氏三主事。"

《宋史》卷二〇四《藝文志三》"霸史類"、《文獻通考》卷二〇〇《經籍二七》、焦竑《國史經籍志》卷三"霸史類"等,皆載錄《江南錄》十卷。

徐鉉,字鼎臣,世爲會稽人,後家廣陵。起家吳校書郎。繼仕南唐,歷官知制誥、尚書右丞、兵部侍郎、翰林學士、御史大夫、吏部尚書、右僕射。入宋,官至左散騎常侍。傳見《宋史》卷四四一、馬令《南唐書》卷二三及《十國春秋》卷二八。

湯悅,原名殷崇義,入宋後避宋祖廟諱,更名湯悅。陳州西華人。南唐元宗時,官樞密使、右僕射。後主嗣立,進右僕射、同平章事。入宋後卒老館中。傳見馬令《南唐書》卷二三、《十國春秋》卷二八。

《江南餘載》二卷　不著作者

顧、宋兩《志》"霸史類"所載同爲兩卷,不著作者。陳鱣《續唐書·經籍志》載錄《江南餘載》二卷,云"南唐無名氏撰",未明所據。

【考訂】《直齋書錄解題》卷五"僞史類"載《江南餘載》二卷,題云:"不著姓名。序言徐鉉始奉詔爲《江南錄》,其後王舉、路振、陳彭年、楊億皆有書。大概六家皆不足以史稱,而龍袞爲尤甚。熙寧八年,得鄭君所述於楚州,其事蹟有六家所遺或小異者,刪落是正,取百九十五段,以類相從。鄭君者,莫知何人,豈即文寶也耶?"

《通志》卷六五《藝文略三》"霸史下"、《宋史》卷二○四《藝文志》"霸史類"、焦竑《國史經籍志》卷三"霸史類"均載錄《江南餘載》二卷。《菉竹堂書目》卷二載錄《江南餘載》一册。《孫氏祠堂目內編》卷三亦著錄《江南餘載》二卷。

《四庫全書總目》卷六六《江南餘載》提要云:"不著撰人名氏。《宋史·藝文志》載之'霸史類'中,亦不云誰作。馬端臨《文獻通考》、戚光《南唐書音釋》並作《江南館載》,字之譌也。陳氏《書錄解題》載是書原序……考鄭文寶有《南唐近事》二卷,作於太平興國二年丁丑;又《江表志》三卷,作於大中祥符三年庚戌。不在此序所列六家之內。則所稱得於楚州者,當即文寶之書。檢此書所錄雜事,亦與文寶《江表志》所載互相出入。然則所謂'刪落是正'者，實據《江表志》爲稿本矣。今世所行《江表志》，名爲三卷，實止二十四頁，蓋殘缺掇拾，已非完書。此書所謂一百九十五段者，今雖不可全見，而《永樂大典》内所引尚夥，多有《江表志》所不載者。則《江表志》雖存而實佚，此書雖佚尚有大半之存也。《宋志》載此書二卷，《書録解題》及諸家書目並同。今採輯其文，仍爲二卷，以補《江表志》之闕焉。"

善本：《江南餘載》二卷：清抄本（丁丙跋）。

《江南野史》一卷（應爲二十卷）　鄭龍袞（應爲龍袞）撰

顧《志》"霸史類"載録《江南野史》一卷，注"鄭龍袞撰"。宋《志》録《江南野史》一卷，注"鄭仁寶撰"。汪之昌《補南唐藝文志》所載同顧《志》。唐圭璋、杜文玉兩《南唐藝文志》不載此書，當已確考其成書年代不在南唐有國時。

【考訂】《郡齋讀書志》卷七載《江南野史》二十卷，志云："右皇朝龍袞撰。凡八十四傳。"清錢曾《讀書敏求記》卷二著録《江南野史》十卷，注云："記南唐君臣事蹟頗詳，其行文亦贍雅有致。"

《四庫全書總目》卷六六《江南野史》十卷提要云："宋龍袞撰。袞爵里未詳。其書皆記南唐事，用紀傳之體而不立紀傳之名，如陳壽之志吳、蜀。第一卷爲先主昇，第二卷爲嗣主璟，第三卷爲後主煜，而附以宜春王從謙及小周后。第四卷以下載宋齊邱以下僅三十人。陳陶、孟賓于諸人有傳，而查文徽、韓熙載諸人乃悉不載。考鄭樵《通志略》，載此書原二十卷，此本闕十卷。晁公武《讀書志》載此書凡八十四傳，而此本闕五十傳。殆輾轉傳寫，佚脱其半。錢曾《讀書敏求記》亦作十卷，則明以來已無完本，不自今始也。曾稱其行文贍雅，今觀諸傳，皆叙次冗雜，頗乖史體。陳振孫《書録解題》載無名氏《江南餘載》序，排詆此書頗甚。是當時已譏其疏。黄朝英《靖康緗素雜記》摘其叙江爲世系與史不符；又摘其記伶人李家明《苑中詠牛》及《皖公山》兩詩，與楊億《談苑》所記王感化對嗣主李璟事，名姓時代互異；又摘其記家明對嗣主雨懼抽稅事，與《南唐近事》以爲申漸高事者，亦復牴牾。王楙《野客叢書》摘其記陳陶仙去，而曹松、方干皆有哭陶詩，是傳聞異詞，亦所不免。然其中如孫晟、林文肇諸傳與《五代史》頗有異同，可資考證。馬、陸二《書》亦多採之。流傳既久，固亦未可廢焉。"

善本：《江南野史》十卷：明抄本、明末毛氏汲古閣抄本、清嘉慶二十一年馬應潮抄本（佚文一卷）、清孔氏嶽雪樓抄本、清彭氏知聖道齋抄本、清張德榮抄本。

《江表志》一卷（應爲三卷）　鄭龍袞（應爲鄭文寶撰）撰

顧《志》"霸史類"載録此書，宋《志》不録。汪之昌《補南唐藝文志》所載書名、卷數及作者皆同顧《志》。陳鱣《續唐書‧經籍志》、徐炯《五代史記補考‧藝文考》均載鄭文寶《江表志》三卷。唐圭璋、杜文玉兩《南唐藝文志》均不載此書。

【考訂】《直齋書録解題》卷五"僞史類"載《江表志》三卷，題云："鄭文寶撰。序言徐鉉、湯悦所録，事多遺落，無年可編。然前録固爲簡略，而猶以年月紀事，今此書亦止雜記，如事實之類爾。《近事》稱太平興國二年丁丑，今稱庚戌者，大中祥符三年也。"

《通志》卷六五《藝文略三》"霸史下"著録鄭文寶《江表志》三卷。《宋史》卷二〇四《藝文志三》"霸史類"載鄭文寶《江表志》二卷。焦竑《國史經籍志》卷三"霸史類"則著録鄭文寶《江表志》三卷。《孫氏祠堂書目內編》卷三亦著録《江表志》三卷。

《四庫全書總目》卷六六著録《江表志》三卷，提要云："宋鄭文寶撰。文寶字仲賢，寧化人，南唐鎮海節度使彥華之子。初仕爲校書郎。入宋，舉太平興國八年進士。歷官至陝西轉運使、兵部員外郎。《東都事略》載入文藝傳中。始，徐鉉、湯悦奉詔集李氏事，作《江南録》，多所遺落。文寶因爲此編，上卷紀烈祖事，中卷紀元宗事,下卷紀後主事。不編年月。於諸王大臣並標其名,亦無事實,記載甚簡。又獨全錄韓熙載《歸國狀》、張佖《諫疏》各一首,去取亦頗不可解。然文寶爲南唐舊臣,《硯北雜志》載其歸宋後,常披蓑荷笠,作漁者以見李煜,深加寬譬,煜甚忠之。《鐵圍山叢談》又載其初受業於徐鉉,及爲陝西轉運使,時鉉方謫居,仍叩謁執弟子禮,鉉亦坐受其拜。蓋惓惓篤故舊之誼者,故其紀後主亡國,亦祇以果於自信、越人肆謀爲言,與徐鉉《墓碑》相類,其意尚有足取。其記李煜時貢獻賦斂一條,王鞏《隨手雜錄》全取之,且注其下曰:'《江表志》,鄭文寶撰。'則亦頗重其書。又如'江南江北舊家鄉'一詩,文寶以爲吳讓皇楊溥所作,而馬令《南唐書》則直以爲後主作。然文寶親事後主,所聞當得其真,是亦可以訂馬《書》之誤也。晁氏《讀書志》稱文寶有序,題庚戌,乃大中祥符三年,此本無之。今從《學海類編》補錄成完帙焉。"

鄭文寶,字仲賢。初事李煜,後入宋。太平興國八年登進士第。大中祥符六年卒,享年六十一。傳見《東都事略》卷一一五、《宋史》卷二七七。

善本:《江表志》三卷:清乾隆趙輯寧抄本、清陳氏晚晴軒抄本。

《南唐近事》一卷(應爲二卷)　　**鄭仁寶**(應爲鄭文寶)撰

顧《志》"霸史類"載《南唐近事》一卷,鄭仁寶撰。汪之昌《補南唐藝文志》有《南亳近事》一卷,鄭仁寶撰,"亳"、"仁"二字譌。徐炯《五代史記補考‧藝文考》載《南唐近事》二卷。陳鱣《續唐書‧經籍志》載《南唐近事》三卷,注曰:"南唐校書郎鄭文寶撰。"宋《志》及唐圭璋、杜文玉兩《南唐藝文志》均不載此書。

【考訂】《郡齋讀書志》卷七"僞史類"載《南唐近事》二卷,志云:"右皇朝鄭文寶編。紀李氏三主四十年間雜事。"《直齋書錄解題》卷五"僞史類"亦載《南唐近事》二卷,題云:"工部郎江南鄭文寶撰。序云三世四十年,起天福己酉,終開寶乙亥。(按:宋太祖在位十七年，首庚申，盡丙子，乙亥乃開寶八年，原本作己亥，誤，今改正。）然泛記雜事，實小說傳記之類耳。"

《通志》卷六五《藝文略三》"霸史下"著錄鄭文寶《南唐近事》二卷。《宋史》卷二〇四《藝文志三》"霸史類"載鄭文寶《南唐近事集》一卷，當即《南唐近事》。《文獻通考》卷二〇〇《經籍二七》、焦竑《國史經籍志》卷三"霸史類"均載錄《南唐近事》二卷。《菉竹堂書目》卷二載錄《南唐近事》一册。《十國春秋》卷三〇《鄭文寶傳》云："有《南唐近事》三卷傳於世。"

《四庫全書總目》卷一四〇著錄《南唐近事》一卷，提要云："宋鄭文寶撰。文寶有《江表志》，已著錄。是書前有自序，題太平興國二年丁丑，蓋猶未仕宋時所作。《宋史·藝文志》作《南唐近事集》，名目小異，未詳何據。然《宋史》多舛謬，'集'字蓋誤衍也。其體頗近小說，疑南唐亡後，文寶有志於國史，搜采舊聞，排纂叙次，以朝廷大政入《江表志》，至大中祥符三年乃成。其餘叢談瑣事別爲緝綴，先成此編。一爲史體，一爲小說體也。中如控鶴致斃一詩，先見蜀何光遠《鑑戒錄》，乃女冠蔣鍊師事，而此以爲廬山九空使者廟道士，似不免於牽合附會。又如韓偓依王審知以終，未見南唐之平閩，乃記其金蓮燭跋事，亦失斷限。然文寶世仕江南，得諸聞見，雖浮詞不免，而實錄終存。故馬令、陸游《南唐書》採用此書幾十之五六，則宋人固不廢其說矣。書中以慶王巨集作茂作王巨集，嚴可求作嚴求，劉存中作劉存忠，所記姓名多與他書不合。又此書之杜業，《江表志》作杜光鄴，尤自相違異。殆傳抄者有所譌漏，不盡舊本歟？"案語云："偏霸事蹟，例入載記。惟此書雖標南唐之名，而非其國記，故入之小說家。蓋以書之體例爲斷，不以書名爲斷，猶《開元天寶遺事》不可以入史部也。"

興武按：此書雖爲鄭文寶"猶未仕宋時所作"，但其時南唐已亡，例不得入南唐藝文志。

善本：《陳眉公訂正南唐近事》一卷：明萬曆刻《寶顏堂秘笈

本》、清彭氏知聖道齋抄本。

《南唐近事》一卷：明萬曆四十八年黃槐開刻本、明抄本（金俊明跋）。

《南唐近事》三卷：清初抄本、清嘉慶二十八年吳翌鳳抄本。

《唐紀》四十卷　陳彭年撰

汪之昌《補南唐藝文志》"史部"著錄《唐紀》四十卷，注曰："陳彭年撰。據《十國春秋》補。"

【考訂】《四庫闕書目》卷一"正史類"著錄陳彭年撰《唐紀》四十卷。《通志》卷六五《藝文略三》"編年類"著錄《唐紀》四十卷，注"宋朝陳彭年撰"。《宋史》卷二八七《陳彭年傳》云："所著文集百卷，《唐紀》四十卷。"同書卷二〇三《藝文二》"編年類"著錄"陳彭年《唐紀》四十卷"。趙士煒《中興館閣書目輯考》卷二"編年類"亦考列《唐紀》四十卷。

《文獻通考》卷一九三《經籍二〇》亦載錄《唐紀》四十卷，考云："巽岩李氏曰：故參知政事陳彭年撰。彭年在真宗時以博學稱，凡朝廷大製作、大議論多出其手。彭年所撰《唐紀》蓋用編年法，次劉明遠《新書》，最號疏略，故三百年治亂善惡之蹟，彭年亦多所脫遺。其後歐陽修、宋祁別修紀、志、表、傳，及司馬光編集《資治通鑑》行於世，則彭年此紀宜無足觀。然彭年之用意亦勤矣，猶可與袁干、裴元等備一家言。而荀悅所謂參得失廣視聽者，要不可廢也。第二卷武德三年闕十月以後事，四年闕四月以前事。京、蜀二本一同採劉氏新書補足之乃可讀，疑不敢增入，姑列於後云。"

興武按：此書乃陳彭年仕宋後所撰，例不得入《南唐藝文志》。

《江南別錄》四卷　陳彭年撰

【考訂】　汪之昌《補南唐藝文志》"史部"著錄《江南別錄》四卷，注曰："陳彭年撰。據《十國春秋》補。"

《郡齋讀書志》卷七載《江南別錄》四卷，志云："右皇朝陳彭年撰。僞吳、僞唐四主傳也。"《通志》卷六五《藝文略三》"霸史下"、《宋史》卷二〇四《藝文志三》"霸史類"、《文獻通考》卷二〇〇《經籍二七》、焦竑《國史經籍志》卷三"霸史類"均載錄陳彭年《江南別錄》四卷。《孫氏祠堂書目内編》卷三則著錄《江南別錄》一卷。

《四庫全書總目》卷六六著錄《江南別錄》一卷，提要云："宋陳彭年撰。彭年字永年，撫州南城人。太平興國中進士。官至兵部侍郎、參知政事。謚曰文。事蹟具《宋史》本傳。此書所紀爲南唐義祖、烈祖、元宗、後主四代事實。時湯悦、徐鉉等奉詔撰《江南錄》，彭年是編，蓋私相纂述，以補所未備，故以'別錄'爲名。《宋史·藝文志》、晁公武《讀書志》俱作四卷，當以一代爲一卷。此本一卷，疑後人所合併也。其書頗好語怪，如徐知誨妻吕氏爲祟、陳仁杲神助戰、趙希操聞鬼語諸條，皆體近稗官。又元宗初名景通，即位後改名璟，既稱臣於周，避周諱，又改名景。而此書乃謂初名景，與史不合。又烈祖遷吴讓皇於潤州，一年而殂。又一年，始遷其族於泰州。而此書併叙於烈祖受禪之初，端緒亦未分明。然其他可取者多。蓋彭年年十三即著《皇綱論》萬餘言，爲江左名輩所賞。李後主嘗召入宮中，令與其子仲宣遊處。故於李氏有國時事見聞最詳。又《册府元龜》亦彭年所預輯，其'僭僞部'中李昇一條，稱昇自云永王璘之裔，未免附會。此書但言唐之宗室，亦深得傳疑之義。以《資治通鑑》相參校，其爲司馬光所採用者甚夥，固異乎傳聞影響之説也。"據此，則《江南別錄》爲陳彭年入宋後所撰。

善本：《江南別錄》一卷：明刻《歷代小史》（明李栻編）本、清彭氏知聖道齋抄本、清嘉慶十三年至十六年張海鵬編刻《墨海金壺·史部》本。

《續錦里耆舊傳》十卷　張緒撰

顧、宋兩《志》"霸史類"載錄此書，卷數及作者並同。陳鱣《續唐書·經籍志》載《成都理亂記》八卷,曰"前應靈令句延慶撰"。

【考訂】《崇文總目》卷二"傳記類上"著錄句延慶撰《成都理亂記》八卷,張緒撰《錦里耆舊傳》十卷。錢東垣釋云:"按《書錄解題》:《錦里耆舊撰》八卷,《續傳》十卷,句延慶撰。開寶三年劉蔚得此傳,請延慶修之,改曰《成都理亂記》。《續傳》,張緒所撰。今考《成都理亂記》已見於前,作八卷,與陳伯玉說合,則此十卷乃《續傳》也。疑舊本脫'續'字。"

《直齋書錄解題》卷七"傳紀類"載《錦里耆舊傳》八卷、《續傳》十卷,題云:"前應靈縣令平陽句延慶昌裔撰。開寶三年,秘書丞劉蔚知榮州得此傳。其詞蕪穢,請延慶修之,改曰《成都理亂記》。天成之後,別加編次,起咸通九載,迄乾德四年,百餘年蜀事,大略具矣。《續傳》,蜀人張緒所撰。起乾德乙丑,迄祥符己酉。自平蜀之後,朝廷命令、官僚姓名及政事因革,以至李順、王均、劉旴作亂之蹟,皆略載之。知新繁縣太常博士張約為之序。"

《通志》卷六五《藝文略三》"傳記類"著錄句延慶《錦里耆舊傳》八卷、《續錦里耆舊傳》十卷,注云:"偽蜀張緒撰。"

興武按:此書所載"起乾德乙丑,迄祥符己酉",純為宋人著述,不宜入五代藝文志。

《後蜀孟氏記事》三卷　董淳撰

顧、宋兩《志》"霸史類"載錄此書,卷數及作者並同。陳鱣《續唐書·經籍志》、徐炯《五代史記補考·藝文考》均載《後蜀記事》十卷,陳氏曰:"蜀直史館太常博士董淳撰。"

【考訂】《崇文總目》卷二"偽史類"著錄董淳撰《後蜀孟氏記事》三卷。《四庫闕書目》卷一著錄"黃淳《孟少主實錄》三卷"。葉德輝考曰:"按《宋志》霸史類有黃淳《後蜀孟氏記事》三卷,疑即此書。"按:"黃"字乃"董"字之譌。《通志》卷六五《藝文略三》"霸史下"著錄《後蜀孟氏紀事》二卷,注云:"宋朝董淳撰,記孟昶事。"《宋史》卷二〇四《藝文志三》"霸史類"載董淳《後蜀孟氏記事》三卷。《直齋書錄解題》卷五"僞史類"載《後蜀紀事》二卷,題云:"直史館太常博士董淳撰。惟紀孟昶事。"焦竑《國史經籍志》卷三"霸史類"亦載錄董淳《後蜀孟氏紀事》二卷。

董淳,字里不詳。後周進士,宋太宗朝官工部員外郎、直史館。《宋史》卷二六二《趙上交傳》云:"廣順初,拜禮部侍郎。會將試貢士,上交申明條制,頗爲精密。始復糊名考校,擢扈載甲科。及取梁周翰、董淳之流,時稱得士。"《宋史》卷四三九《鄭起傳》載:"淳化中,以詩干同年殿中丞牛景,景因奏上。太宗覽而嘉之,復授大理評事。未幾卒。又有穎贄、董淳、劉從義善爲文,張翼、譚用之善爲時,張之翰善箋啟。……淳爲工部員外郎、直史館,奉詔撰《孟昶紀事》。"據此,《後蜀孟氏記事》乃董淳於宋太宗時奉詔撰寫,不宜入五代藝文志。

《渚宮故事》十卷

顧、宋兩《志》"霸史類"、陳鱣《續唐書·經籍志》及徐炯《五代史記補考·藝文考》所載皆同。

【考訂】《新唐書》卷五八《藝文志二》"地理類"著錄余知古《渚宮故事》十卷,注"文宗時人"。《崇文總目》卷二"地理類"著錄余知古撰《渚宮故事》十卷。錢東垣云:"繹按:《左傳正義》:渚宮在郢都之南。此書採摭荆楚故事,故以命名。舊本譌作'諸宮',今校改。"

《郡齋讀書志》卷二下"地理類"載《渚宮舊事》十卷,志云:"右唐余知古撰。自鬻熊至唐江陵君臣人物事蹟、史子傳紀所載者,悉纂次之。"《直齋書錄解題》卷七"傳紀類"載《渚宮故事》五卷,題云:"後周太子校書郎余知古撰。載荆楚事,自鬻熊至唐末。本十卷,今止晉代,闕後五卷。"(徐小蠻校曰:《唐書·藝文志》,余知古《渚宮故事》十卷,注唐文宗時人。晁公武《讀書志》亦云唐余古撰,脱

"知"字。此云後周,未知何據。)《文獻通考》卷一九八《經籍二五》載錄《渚宮故事》五卷,考引《直齋書錄解題》;同書卷二〇五《經籍三二》又載錄《渚宮舊事》十卷,考引《郡齋》。《通志》卷六六《藝文略四》"地理類"著錄《渚宮故事》十卷,曰"唐余知古撰"。《宋史》卷二〇三《藝文志二》"傳紀類"、卷二〇四《藝文志三》"地理類"均載余知古《渚宮舊事》十卷;其"傳紀類"置此書於《晉朝陷蕃記》與張昭《太康平吳錄》二書之間。顧、宋兩《志》未加詳考,傳抄致譌。

　　錢曾《讀書敏求記》卷二載錄《渚宮舊事》五卷,識曰:"余知古《渚宮舊事》十卷,今止存前五卷,餘五卷亡來久矣。"《孫氏祠堂書目內編》卷二著錄《渚宮舊事》五卷、《拾遺》一卷,注"唐余知古撰"。

　　《四庫全書總目》卷五一載《渚宮舊事》五卷、《補遺》一卷,提要云:"一名《渚宮故事》。唐余知古撰。結銜稱將仕郎守太子校書,里貫則未詳也。其書上起鬻熊,下迄唐代,所載皆荊楚之事,故題曰渚宮。渚宮名見《左氏傳》,孔穎達疏以爲當郢都之南,蓋楚成王所建。樂史《太平寰宇記》則以爲建自襄王,未詳何據也。書本十卷。《唐書·藝文志》著錄此本,惟存五卷,止於晉代。考晁公武《郡齋讀書志》載《渚宮故事》十卷,則南宋之初,尚爲完本。至陳振孫《書錄解題》所言,已與今本同。則宋、齊以下五卷,當佚於南宋之末。陶宗儀《說郛》節鈔此書十餘條,晉以後乃居其七。疑從類書引出,非尚見原本也。《唐書·藝文志》載此書,註曰'文宗時人',又載《漢上題襟集》十卷,註曰'段成式、溫庭筠、余知古',則與段、溫二人同時倡和。此書皆記楚事,其爲遊漢上時所作,更無疑義。陳氏以爲後周人,已屬譌誤,《通考》引《讀書志》之文,併脫去'余'字,竟題爲'唐知古撰',則謬彌甚矣。今仍其舊爲五卷,其散見於他書者,別輯爲《補遺》一卷,附錄於後焉。"

　　興武按:唐代名余知古者凡兩人,《新唐書·藝文志》所載"文宗時人",蓋其一也。另一位即與段成式、溫庭筠等唱和酬答於徐商幕府,成《漢上題襟集》十卷者。《新唐書·藝文志》既稱作者爲"文宗時人",四庫館臣又斷言《渚宫舊事》乃余知古"遊漢上時所作,更無疑義",迄難確考。但無論前者還是後者,均不及昭宗朝,更不可能遠涉五代。顧、宋兩《志》或因《直齋書録解題》所述"後周太子校書郎"而誤。

善本:《渚宫舊事》五卷:明抄本、清乾隆四十三年吴翌鳳抄本(補遺一卷)、清嘉慶十三年至十六年張海鵬編刻《墨海金壺·史部》本(補遺一卷)、清嘉慶十九年孫星衍刻《平津館叢書》本(補遺一卷)。

《玉堂逢辰録》二卷　錢惟演撰

徐炯《五代史記補考·藝文考》載《玉堂逢辰録》二卷,題云:"錢惟演撰。其載祥符八年四月榮王宫火,一日二夜所焚屋宇二千餘間,左藏、内藏、香藥諸庫及秘閣、史館,香聞數十里。三館圖籍一時俱盡,大風或飄至汴水之南。惟演獻禮賢宅以處諸王。以此觀之,唐末、五代書籍之僅存者,又厄於此火,可爲太息也!"

【考訂】　此條乃徐氏據陳振孫《直齋書録解題》卷七補。然大中祥符八年(1015),去錢俶歸宋(978)已有三十七年,且此書所記純爲北宋事,實不宜入五代藝文志。

《大原事蹟雜記》十三卷(應爲十四卷)　李璋撰

宋《志》同。

【考訂】　《新唐書》卷五八《藝文志二》"地理類"、《通志》卷六六《藝文略四》"地理類"並著録李璋《太原事蹟記》十四卷。《崇文總目》卷二"傳記類上"著録李璋撰《太原事蹟》十四卷。《宋史》卷二○三《藝文志二》"傳記類"則著録李璋《太原事蹟雜記》十三卷,此爲顧、宋兩《志》所本。

李璋,生卒年不詳。《資治通鑑》卷二四九載,唐宣宗大中六年六月,"河東節度使李業縱吏民侵掠雜虜,又妄殺降者,由是北邊擾動。閏月,庚子,以太子少師盧鈞爲河東節度使。業內有所恃,人莫敢言,魏謩獨請貶黜,上不許,但徙義成節度使。盧鈞奏度支郎中韋宙爲副使。宙遍詣塞下,悉召酋長,諭以禍福,禁唐民毋得入虜境侵掠,犯者必死,雜虜由是遂安。掌書記李璋杖一牙職,明日,牙將百餘人訴於鈞,鈞杖其爲首者,謫戍外鎮,餘皆罰之,曰:'邊鎮百餘人,無故橫訴,不可不抑。'璋,絳之子也"。同書卷二五二又載:懿宗咸通十三年六月,"韋保衡欲以其黨裴條爲郎官,憚左丞李璋方嚴,恐其不放上,先遣人達意。璋曰:'朝廷遷除,不應見問。'秋七月,乙未,以璋爲宣歙觀察使"。

另據薛《史》卷六〇《李德休傳》載:"李德休,字表逸,趙郡贊皇人也。祖絳,山南西道節度使,《唐史》有傳。父璋,宣州觀察使。德休登進士第,歷鹽鐵官、渭南尉、右補闕、侍御史。天祐初,兩京喪亂,乃寓蹟河朔,定州節度使王處直辟爲從事。莊宗即位於魏州,徵爲御史中丞。"

興武按:李璋籍貫爲趙郡贊皇,又久佐河東節度使幕,其撰《太原事蹟雜記》,當在唐宣宗大中年間,故此書不宜入五代藝文志。

《後唐旁通開元格》一卷

顧、宋兩《志》皆載此書。

【考訂】《宋史》卷二〇四《藝文志三》"刑法類"即著錄"宋璟《旁通開元格》一卷",是爲唐玄宗朝法令,並無疑惑。《通志》卷六五《藝文略三》"刑法類"、焦竑《國史經籍志》卷三"法令類"均將《旁通開元格》置於《後唐長定格》之後,顧、宋兩《志》未加詳考,順帶抄錄,且妄加"後唐"二字,實誤。

《梁祭地祇陰陽儀注》三卷

顧、宋兩《志》"儀注類"均載此書。

【考訂】《舊唐書》卷四六《經籍志上》"儀注類"著錄《梁祭地

祇陰陽儀注》二卷,注曰"沈約撰"。《新唐書》卷五八《藝文志二》"儀注類"所載同。《通志》卷六四《藝文志二》"儀注類"著録《祭地祇陰陽儀注》二卷,不著撰人,前無"梁"字。

《玉璽記》一卷　鄭文寶撰

汪之昌《補南唐藝文志》著録此書,注云:"據《宋志》補。"

【考訂】　王應麟《玉海》卷八四"至道《玉璽記》"條云:"至道中,鄭文寶爲《玉璽記》一卷,首圖璽文,次載傳授本末。"據此,鄭文寶《玉璽記》乃宋人著述,不宜入五代藝文志。

《南詔録》三卷　徐雲虔撰

顧、宋兩《志》"輿地類"。

【考訂】　王溥《唐會要》卷九九"南詔蠻"條載:"乾符元年十二月,南蠻復寇西蜀,詔河東、河西、山南西道、東川徵兵赴援。西川節度使高駢奏:'西川新舊軍差已衆……望不差發。'詔:'除河東兵士令竇瀚不要差發外,餘三處兵士委高駢到日分布驅使。'三年十一月,邕州節度使辛讜奏南詔遣使段瑳寶等四人通和,詔令答使許之。至五年七月,讜遣從事徐雲叟通和,凡水陸四十七程,至善闡府,遇驃信(原注:華言君上也)遊獵,尚去雲南一十六程,叙好而還,進《南詔録》三卷。"

《新唐書》卷五八《藝文志二》"地理類"著録徐雲虔《南詔録》三卷,注云:"乾符中人。"《崇文總目》卷二"地理類"、《通志》卷六六《藝文略四》"地理類"、《宋史》卷二〇四《藝文志三》"地理類"並著録徐雲虔撰《南詔録》三卷。

此條乃唐人著述,不宜闌入五代藝文志中。

《九華山記》二卷　僧應物撰　《九華山舊録》一卷　同上

顧、宋兩《志》"輿地類"。

【考訂】《通志》卷六六《藝文略四》"地理類·名山洞府"著録《九華山舊録》一卷,不著撰人。《九華山録》一卷,曰"僧應物撰"。《宋史》卷二〇四《藝文志三》"地理類"著録僧應物《九華山記》二卷,又《九華山舊録》一卷。

《唐詩紀事》卷七四"僧應物"條云:"應物,大中時江南詩僧也。與羅隱唱酬,作《九華山記》。"據此,此條顯係唐人著述,顧、宋兩《志》皆失察。

《奉使兩浙雜記》一卷　沈立撰

顧、宋兩《志》"輿地類"。

【考訂】《宋史》卷二〇三《藝文志二》"傳紀類"載沈立《奉使二浙雜記》一卷。

沈立,字立之,和州歷陽人。宋仁宗天聖進士。歷户部判官、京西北路轉運使、知滄州。神宗熙寧中判都水監,出爲江淮發運使。後提舉崇禧館。詳楊傑《無爲集》卷一二《故右諫議大夫贈工部侍郎沈公神道碑》。

《地理指掌圖》一卷　稅安禮撰

顧、宋兩《志》"輿地類"、陳鱣《續唐書·經籍志》。

【考訂】《直齋書録解題》卷八"地理類"載《地理指掌圖》一卷,題云:"蜀人稅安禮撰。元符中欲上之朝,未及而卒。書肆所刊,皆不著名氏,亦頗闕不備。此蜀本有涪右任慥序,言之頗詳。"焦竑《國史經籍志》卷三"傳記類"著録《地理指掌圖》一卷,注"蜀稅安禮"。按:元符乃宋哲宗年號。

《滑稽集》一卷(應爲五卷)　錢易撰

顧、宋兩《志》"小説類"列一卷,徐炯《五代史記補考·藝文考》列四卷。

【考訂】《直齋書錄解題》卷一七"別集類中"載《滑稽集》四卷,題云:"翰林學士吳越錢易希白撰。多譎諷之詞。淳化癸巳自序。"《四庫闕書目》卷一"別集類"著錄錢希白《滑稽集》五卷。《宋史》卷二〇六《藝文志五》"小説類"載《滑稽集》一卷。明葉盛《菉竹堂書目》卷三載錄《滑稽集》一册。

《群居解頤》三卷　高擇(應爲高懌)**撰**

顧、宋兩《志》"小説類"。

【考訂】《宋史》卷二〇六《藝文志五》"小説類"載高擇《群居解頤》三卷。"擇"字疑爲"懌"之譌。陶宗儀《説郛》卷二四下輯高懌《群居解頤》二十二條。

興武按:懌字文悦,陝州硤石人,荆南高季興四世孫。年十三能屬文,通經史百家之書。聞种放隱於終南,乃築室豹林谷,從放受業。宋仁宗賜號安素處士。嘉祐中除光禄寺丞,不就。卒年七十一。傳見《東都事略》卷一一八、《隆平集》卷一五及《宋史》卷四五七。以嘉祐元年(1056)逆推七十一年,則懌生於雍熙二年(985)以後,而荆南高繼沖已於乾德元年(963)納土歸宋,是知高懌純爲宋人。顧、宋兩《志》未加詳考,以致譌誤。

《南部新書》十卷　錢易撰

顧、宋兩《志》"小説類",陳鱣《續唐書·經籍志》。

【考訂】《郡齋讀書志》卷六載《南部新書》五卷,志云:"右皇朝錢希白撰。記唐故事。"《直齋書錄解題》卷七"傳紀類"載《南部新書》十卷,題云:"翰林學士錢易希白撰。倧之子也。所記多唐遺事。"

《宋史》卷二〇六《藝文志五》"小説類"、焦竑《國史經籍志》卷三"雜史類"均著錄《南部新書》十卷。《文獻通考》卷一九六《經籍二三》載錄《南部新書》五卷。明葉盛《菉竹堂書目》卷三載錄錢希白《南部新書》一册。錢謙益《絳雲樓書目》卷一"雜史類"載錄錢希白《南部新書》二册,陳景雲注曰:"五卷,記唐故事。希白名易,吳越廢王倧之子。仕宋爲翰林學士。"《十國春秋》卷八三《錢易傳》僅記《南部新書》名,未及卷數。

《四庫全書總目》卷一四〇"小説家類一"載《南部新書》十卷,提要云:"宋錢易撰。舊本卷首題'錢後人',蓋以《姓譜》載錢氏出籛鏗也。易字希白,吳越王倧之子。真宗朝官至翰林學士。是書乃其大中祥符間知開封縣時所作。皆記唐時故事,間及五代。多録軼聞瑣語,而朝章國典、因革損益,亦雜載其中。故雖小説家言,而不似他書之侈談迂怪,於考證尚屬有裨。晁公武《讀書志》作五卷,焦竑《國史經籍志》作十卷。今考其標題,自甲至癸,以十干爲紀,則作十卷爲是。公武所記,殆别一合併之本也。世所行本,傳寫者以意去取,多寡不一。别有一本,從曾慥《類説》中摘録成帙,半經删削,闕漏尤甚。此本共八百餘條,首尾完具。以諸本兼校,皆不及其全備,當爲足本矣。"

錢易,字希白,吳越忠遜王錢弘倧之子。隨錢俶歸宋,舉進士第。傳見《宋史》卷三一七、《十國春秋》卷八三。

善本:《南部新書》十卷:明刻本、清嘉慶十年張海鵬照曠閣刻《學津討源》本(見該書第十七集)、清抄本。

《南部新書》十卷、《補遺》一卷:曹炎鈔藏本,王重民《中國善本書提要·史部·雜史類》作該書提要。

《陳金鳳傳》(應爲《陳金鳳外傳》)一卷
顧、宋兩《志》"小説類"。

【考訂】 黄虞稷《千頃堂書目》卷五"霸史類"載録《陳金鳳外傳》一卷,注曰:"金鳳,閩王延鈞后。王宇序云:'萬曆中,閩農夫掘地,於石函中得之。'蓋僞書也。"

《福建通志》卷六六引《全唐詩話》云:"閩僞后陳金鳳,觀察使陳巖女也。王審知時入宫,王延羲嬖之,立爲后。"《五代詩話》卷八引《金鳳外傳》云："陳金鳳，閩主王延鈞之后也。端陽日造綵舫數十於西湖，延鈞御龍舟觀之。金鳳作《樂遊曲》，使宮女同聲歌之。曲曰：'龍舟搖曳東復東，采蓮湖上紅更紅。波澹澹，水溶溶，奴隔荷花路不通。'又曰：'西湖南湖鬪綵舟，青蒲紫蓼滿中洲。波渺渺，水悠悠，長奉君王萬歲遊。'"

華南農業大學人文學院王麗娟撰《顧櫰三〈補五代史藝文志〉著錄小説〈陳金鳳傳〉略考》(《華中學術》2012年1期)一文，考訂顧《志》所錄《陳金鳳傳》當即明萬曆三十二年(1604)以後廣泛流傳之《陳金鳳外傳》。該書乃明人王宇、徐𧈪合作之僞書，實不宜入五代藝文志。其文考訂謹嚴，證據確鑿，結論可信。

子　　部

《致禮書》十卷　朱朴撰

陳鱣《續唐書·經籍志》著錄《致禮書》十卷，曰："唐宰相朱朴撰。"

【考訂】《新唐書》卷五九《藝文志三》"雜家類"、《崇文總目》卷三"雜家類"、《宋史》卷二〇五《藝文志四》"雜家類"均著錄朱朴《致禮書》十卷。《郡齋讀書志》卷一二"雜家類"於《致禮書》十卷後志云："右唐朱朴撰。乾寧中爲國子《毛詩》博士，論述時務凡五十篇上之。辭如近時策斷之類，迂緩不切，與馬周所建明不啻天壤矣。昭宗善其言，用太宗擢周故事拔爲相，徒以益亂，可歎也。"

興武按：朱朴傳見《舊唐書》卷一七九及《新唐書》卷一八三。舊《書》本傳云："朱朴者，乾寧中爲國子博士。腐儒木強，無他才伎。道士許巖士出入禁中，嘗依朴爲姦利，從容上前薦朴有經濟才。昭宗召見，對以經義，甚悦，即日拜諫議大夫、平章事。在中書與名公齒，筆札議論，動爲笑端。數月，巖士事敗，俱爲韓建所殺。"據《資治通鑑》卷二六一載朱朴被殺，事在乾寧四年二月乙亥。其人既未入五代，其書亦不應入五代藝文志。

《諸史提要》十五卷　錢端禮撰

陳鱣《續唐書·經籍志》、徐炯《五代史記補考·藝文考》均載《諸史提要》十五卷，陳氏曰："吳越錢端禮撰。"

【考訂】《直齋書錄解題》卷一四"類書類"載《諸史提要》十五卷，題曰："參政吳越錢端禮處和撰。泛然鈔錄，無義類。"

《四庫全書總目》卷六五"史鈔類"載《諸史提要》十五卷，提要云："宋錢端禮撰。端禮字處和，臨安人。吳越王俶六世孫，榮國公忱之子。少以恩蔭入仕，累官至參知政事、兼權知樞密院事。以莊文太子妃父罷爲資政殿大學士。再知寧國，移紹興，復以觀文殿學士提舉洞霄宫。卒謚忠肅。事蹟具《宋史》本傳。是書乃取諸史之文可資詞藻者，按部採摘，彙輯成編。……其體例頗與洪邁《史漢法語》、《諸史精語》相近。陳振孫《書錄解題》譏其泛然鈔錄，毫無義例，殆不誣焉。"

按：錢端禮傳見《宋史》卷三八五，南宋紹興間，始以恩補官，初通判明州，其書蓋與五代無涉。

《蒙求》二卷　李瀚撰

陳鱣《續唐書·經籍志》載《蒙求》二卷，曰"晉翰林學士李瀚撰"。

【考訂】《崇文總目》卷三"類書類上"載李澣《蒙求》三卷。《通志》卷六八《藝文略六》"雜家類"載《蒙求》三卷，曰"唐李澣撰"。《宋史》卷二〇七《藝文志六》"類事類"載李翰《蒙求》三卷。《直齋書錄解題》卷一四"類書類"載《蒙求》三卷，題曰："唐李翰撰。本無義例，信手肆意雜襲成章，取其韻語易於訓誦而已。遂至舉世誦之，以爲小學發蒙之首，事有甚不可曉者。余家諸子在襁，未嘗令誦此也。"

《郡齋讀書志》卷一四"類書類"載《蒙求》三卷，志云："右唐李瀚撰。纂經傳善惡事實類者，兩兩相比爲韻語，取《蒙卦》'童蒙求我'之義名其書，蓋以教學童云。"孫猛校證云："按《四庫總目》卷一三五有《蒙求集注》二卷,題'五代晉李瀚撰、宋徐子光注'。《鄭堂讀書記》卷六〇、《第六弦溪文鈔》卷三、《日本訪書志》卷十一皆糾其誤,謂撰人當唐人。周中孚、黃廷鑑以爲即李華宗人,撰《張巡傳》者。此人傳見《舊唐書》卷一九〇下,《新唐書》卷二〇三,《文苑英華》卷七〇三有梁肅撰《補闕李君前集序》,名皆作'翰',無水傍。然《崇文總目》卷三、《宋志》卷六,及今存李良薦表、李華序亦作李瀚,故仍之。"

陳氏襲用《四庫全書總目》之說,遂致譌誤,今改正。

《雜說》一卷　盧言撰

顧、宋兩《志》"小說類"。

【考訂】《崇文總目》卷三"小說類上"載盧言《雜說》一卷。《直齋書錄解題》卷一一"小說家類"著錄《盧氏雜記》一卷,注"唐盧言"。《宋史》卷二〇三《藝文志二》"傳記類"於丘旭《賓朋宴語》一卷後載盧言《雜說》一卷,顧、宋兩《志》連帶抄錄,以致譌誤。

按:盧言乃唐文宗時人,曾官考功郎中。陳思《寶刻叢編》卷八有《唐兵部尚書盧綸碑》,注曰:"唐盧言撰。崔倬書。大中十三年七月立。"另參清趙鉞、勞格《唐郎官石柱題名考》卷九、卷一一。此條蓋與五代藝文無涉。

《演元》十卷　許洞撰

顧、宋兩《志》"道家類"。

【考訂】《宋史》卷二〇五《藝文志四》"儒家類"著錄許洞《演玄》十卷。按:許洞乃真宗時人,其著述不宜入五代藝文志。

《宋史》卷四四一《許洞傳》稱:"許洞,字洞天,蘇州吳縣人……咸平三年進士……景德二年,獻所撰《虎鈐經》二十卷,應洞識韜略、運籌決勝科,以負譴報罷,就除均州參軍。大中祥符四年,祀汾陰,獻《三盛禮賦》,召試中書,改烏江縣主簿。卒,年四十二。有集一百卷。又著《春秋釋幽》五卷,《演玄》十卷。"《歐陽修全集》卷一二八《詩話》云:"國朝浮圖,以詩名於世者九人,故時有集,號《九僧詩》,今不復傳矣。……當時有進士許洞者,善爲辭章,俊逸之士也。因會諸詩僧,分題,出一紙,約曰:'不得犯此一字。'其字乃山、水、風、雲、竹、石、花、草、雪、霜、風、月、禽、鳥之類,於是諸僧皆閣筆。洞,咸平三年進士及第,時無名子嘲曰'張康渾裏馬,許洞鬧裝妻'者是也。"

《范氏注太玄經解》十卷　范望叔明注

徐炯《五代史記補考·藝文考》載《范氏注太玄經解》十卷。

【考訂】《郡齋讀書志》卷一〇"儒家類"載《范氏注太玄經解》十卷,志云:"右吳范望叔明注。其序云:子雲著《玄》,桓譚以爲絕倫,張衡以擬五經。自侯芭受業之後,希有傳者。建安中,宋衷、陸績解釋之,文字繁猥。今以陸爲本,錄宋所長,訓理其義,爲十卷。且以《首》分居本經之上,以《測》散處《贊辭》之下。其前又有陸績序,以子雲爲聖人云。"

興武按:范望字叔明,仕晉,官尚書郎。司馬光元豐五年六月撰《集注太玄序》云:"漢五業主事宋衷始爲《玄》作《解詁》,吳鬱林太守陸績作《釋正》,晉尚書郎范望作《解贊》,唐門下侍郎、平章事王涯注經及《首》、《測》。宋興,都官郎中、直昭文館宋惟幹通爲之注,秦州天水尉陳漸作《演玄》,司封員外郎吳秘作《音義》。"范望生活於西晉,而非後晉。徐氏不察,以致誤記。今予糾正。

《長短經》十卷　趙蕤撰

陳鱣《續唐書·經籍志》載《長短經》十卷,曰"蜀梓州趙蕤撰"。

【考訂】 陳《志》所載,或本於《十國春秋》,該書卷四四《趙蕤傳》傳抄孫光憲《北夢瑣言》卷五"符載侯翺歸隱"條之記載,曰:"趙蕤,梓州鹽亭人。博學韜鈐,長於經世。夫婦俱有節操,不受交辟。

乾德時,著《長短經》十卷行世。"然"乾德時"乃吳氏所增,《北夢瑣言》原無此三字。

趙蕤乃開元中隱士,其書又名《長短要術》。《新唐書》卷五九《藝文志三》"雜家類"載趙蕤《長短要術》十卷,曰:"字太賓,梓州人。開元,召之不赴。"《宋史》卷二〇五《藝文志四》"雜家類"亦載趙蕤《長短要術》九卷。

檢《崇文總目》卷四"天文占書類"載趙蕤撰《長短經天文篇》一卷,《通志》卷六八《藝文略六》"天文總占類"亦載《長短經天文篇》一卷,曰"唐趙蕤撰"。此蓋"天文篇"之單行本。

《郡齋讀書志》卷一二"雜家類"載《長短經》十卷,志云:"右唐趙蕤撰。《北夢瑣言》云:蕤,梓州鹽亭人。博學韜鈐,長於經世。夫婦俱有隱操,不應辟召。論王伯機權正變之術。第十卷載陰謀家本闕,今存者六十四篇。"

《唐詩紀事》卷一八"李白"條載:"東蜀楊天惠《彰明逸事》云:元符二年春正月,天惠補令於此,竊從學士大夫求問逸事。聞唐李太白本邑人,微時募縣小吏,入令臥內,嘗驅牛徑堂下,令妻怒,將加詰責。太白亟以詩謝云……令滋不悦。太白恐,棄去,隱居戴天大匡山,往來旁郡,依潼江趙徵君蕤。蕤亦節士,任俠有氣,善爲縱橫學,著書號《長短經》。太白從學歲餘,去遊成都,賦《春感》詩云云。"

朱彝尊《曝書亭集》卷五二《長短經跋》云:"《長短經》十卷,唐趙蕤撰。蕤,梓州鹽亭人。嘗注《關朗易傳》,李白師事之。孫光憲稱其夫婦俱有隱操,而是編專論王霸機權正變之術,其第十卷相傳載陰謀捭闔之説,故秘不以示人。"

《四庫全書總目》卷一一七"雜家類一"載《長短經》九卷,提要云:"惟書名作《長短要術》爲少異,蓋一書二名也。是書皆談王伯經權之要,成於開元四年,自序稱凡六十三篇,合爲十卷。《唐志》與晁公武《讀書志》卷數並同。今久無刊本。王士禎《居易録》記徐乾學嘗得宋槧於臨清。此本前有傳是樓一印，又有健菴收藏圖書一印，後有乾學名印，每卷之末皆題杭州净戒院新印七字。猶南宋舊刻，蓋即士禎所言之本。然僅存九卷，末有洪武丁巳沈新民跋，稱其第十卷載陰謀家本缺，今存者六十四篇云云。是佚其一卷而反多一篇，與蕤序六十三篇之數不合。然勘驗所存，實爲篇六十有四。疑蕤序或傳寫之訛也。……劉向序《戰國策》，稱或題曰《長短》。此書辨析事勢，其源蓋出於縱橫家，故以《長短》爲名。雖因時制變，不免爲事功之學。而大旨主於實用，非策士詭譎之謀，其言故不悖於儒者。其文格亦頗近荀悅《申鑒》、劉邵《人物志》，猶有魏晉之遺。唐人著述，世遠漸稀，雖佚十分之一，固當全璧視之矣。"

《靈城精義》二卷　何溥撰

汪之昌《補南唐藝文志》補錄何溥撰《靈城精義》二卷，注云："據《提要》補。"

【考訂】《四庫全書總目》卷一〇九"術數類二"載《靈城精義》二卷，提要云："舊本題南唐何溥撰。溥字令通，履貫未詳。是編上卷論形氣，主於山川形勢，辨龍辨穴。下卷論理氣，主於天星卦例，生尅吉凶。自宋以來，諸家書目皆不著錄。觀其言'宇宙有大關合，氣運爲主'。又言'地運有推移，而天氣從之。天運有轉旋，而地氣應之'。蓋主元運之説者。考元運之説以甲子六十年爲一元，配以《洛書》九宫。凡歷上、中、下三元爲一周，更歷三周五百四十年爲一運。凡爲甲子九，每元六十年爲大運，一元之中，每二十年爲小運，以卜地氣之旺相休囚。如上元甲子一白司運，則坎得旺氣，震、巽得生氣，乾、兌得退氣，離得死氣，坤、艮得鬼氣。大抵因《皇極經世》而推演之。其法出自明初寧波幕講僧，五代時安有是説？其非明以前書確矣。其註題曰劉基撰，前列引用書目凡二十二種，如《八式歌》之類，亦明中葉以後之僞書。則出於贗作，亦無疑義。"

此乃明代著述,託名何溥撰,汪氏失察致誤。

《閫外春秋》十卷、《陰符經注》(當作《陰符經疏》)**一卷　李筌撰**

顧、宋兩《志》"雜家類"。

【考訂】《新唐書》卷五八《藝文志二》"雜史類"著錄李筌《閫外春秋》十卷;同書卷五九《藝文志三》"神仙類"著錄《集注陰符經》一卷,注云:"太公、范蠡、鬼谷子、張良、諸葛亮、李淳風、李筌、李洽、李銳、楊晟。"又李筌《驪山母傳陰符玄義》一卷,注云:"筌,少室山達觀子,於嵩山虎口岩石壁得《黃帝陰符》本,題云:'魏道士寇謙之傳諸名山。'筌至驪山,老母傳其説。"李筌著述尚不止此。《崇文總目》卷二"傳記類下"著錄李筌撰《中台志》十卷、《閫外春秋》十卷。《通志》卷六七《藝文略五》"諸子·道家一"著錄李筌《陰符經注》一卷。《宋史》卷二〇三《藝文志二》"別史類"、卷二〇七《藝文志六》"兵書類"均載李筌《閫外春秋》十卷,卷二〇五《藝文志四》"道家類"載其《陰符經疏》一卷。《直齋書錄解題》卷一二"兵書類"載《閫外春秋》十卷,題云:"唐少室山布衣李筌撰。起周武王勝殷,止唐太宗擒竇建德,明君良將戰爭攻取之事,天寶二年上之。"同卷又載《陰符元機》一卷,題云:"即《陰符經》也。監察御史新安朱安國注。此書本出於李筌,云得於驪山老姥。志皆列於道家,安國以為兵書之祖。要之,非古書也。"歐《史》卷一一《周本紀》第一一載,郭威"好讀《閫外春秋》,略知兵法"。

《全唐文》卷三六一小傳云:"筌,自號達觀子,官荊南節度副使、仙州刺史。"

《癡書》(應爲《癖書》)**十卷　陳陶撰**

宋祖駿《補五代史藝文志·補遺》、陳鱣《續唐書·經籍志》均載陳陶《癡書》十卷。汪之昌《補南唐藝文志》則僅錄陳陶《癡書》一卷,注云:"據《北夢瑣言》補。"唐圭璋、杜文玉兩《南唐藝文志》並録陳陶《癖書》十卷。

【考訂】《北夢瑣言》卷五"陳陶癖書"條云:"大中年,洪州處士陳陶者,有逸才,歌詩中似負神仙之術,或露王霸之説。……著《癖書》十卷,聞其名而未嘗見之。"興武按:唐五代有兩人名陳陶者,一爲大中中人,一爲南唐人。詳參拙作《南唐隱逸詩人陳陶考》(中華書局《中國典籍與文化論叢》第三輯)。此《癖書》十卷蓋出大中年之陳陶,與南唐陳陶無涉,實不應入五代藝文志。

集　　部

《古今書録》四十卷　毋昭裔撰(應爲母煚撰)

顧、宋兩《志》"總集類"。

【考訂】《舊唐書》卷四六《經籍志上》載,開元九年"十一月,殷踐猷、王愜、韋述、余欽、母煚、劉彦真、王灣、劉仲等重修成《群書四部録》二百卷,右散騎常侍元行冲奏上之。自後母煚又略爲四十卷,名爲《古今書録》,大凡五萬一千八百五十二卷"。

《新唐書》卷五八《藝文志二》"目録類"著録母煚《古今書録》四十卷。《四庫闕書目》卷一"目録類"著録《古今書録》四十卷,不明撰人。《宋史》卷二〇四《藝文志三》"目録類"著録母煚《古今書録》四十卷。焦竑《國史經籍志》卷三"簿録類"亦載録《古今書録》四十卷,注"唐毋照"。

母煚,籍貫不詳。曾爲鄠縣尉。唐開元時被詔,與余欽、韋述等校訂秘笈,並修撰《唐六典》。詳參《舊唐書》卷一〇二《韋述傳》及《新唐書》卷五八"六典"條注。

馮鼇《翰林稿》八卷

顧、宋兩《志》"別集類"。

【考訂】《新唐書》卷六〇《藝文志四》"別集類"、《通志》卷七〇《藝文略八》"制誥類"均載《封敖翰藁》八卷。《宋史》卷二〇八《藝文志七》"別集類"則作"馮鼇《翰稿》八卷",蓋譌"封敖"爲"馮鼇"矣。顧、宋兩《志》既襲《宋志》,復將其人其書闌入五代,實誤。

封敖,字碩夫,其先渤海蓨人。元和十年登進士第。後顯達於唐武宗朝。傳見《舊唐書》卷一六八、《新唐書》卷一七七。

《事類賦》三十卷　吳淑撰

陳鱣《續唐書·經籍志》載《事類賦》三十卷,曰"南唐內史吳淑撰"。

【考訂】吳淑《進注事類賦狀》稱:"臣先進所著一字題賦百首,退惟蕪累,方積兢憂,遽奉訓辭,俾加注釋。伏以類書之作,相沿頗多,蓋無綱條,率難記誦。今綜而成賦,則煥焉可觀。然而所徵既繁,必資箋注,仰聖謨之所及,在陋學以何稱。今並於逐句之下,以事解釋,隨所稱引,本於何書,庶令學者知其所自。又集類之體,要在易知,聊存解釋,不復備舉,必不可去,亦具存之。……前所進二十卷,加以注解,卷秩差大,今廣爲三十卷,目之曰《事類賦》。"

據邊惇德《事類賦原序》云:"淳化中,博士吳淑進《事類賦》百篇於朝,太宗嘉其精贍,因命注釋之,擢爲水曹郎。今觀其書,駢四儷六,文約事備,經史百家,傳記方外之説,靡所不有。"

吳淑雖歷南唐內史,然《事類賦》一書乃撰成於宋太宗淳化年間,史有明載,不可闌入五代藝文志。

《符載集》二卷

顧、宋兩《志》"別集類"。

【考訂】《崇文總目》卷五"別集類一"載《符載文集》十四卷。《新唐書》卷六〇《藝文志四》"別集四"著錄《符載集》十四卷。《通志》卷七〇《藝文略八》"別集四"著録《符載集》十四卷,歸入唐集。《宋史》卷二〇八《藝文志七》"別集類"載《符載集》二卷。

《郡齋讀書志》卷一八"別集類中"載《符載集》十四卷,志云:"右唐符載字厚之,岐襄人。幼有宏達之志,隱居廬山,聚書萬卷,不爲章句學。貞元中,李巽江西觀察,薦其材,授奉禮郎,爲南昌軍副使,繼辟西川韋臯掌書記、澤潞郗士美參謀,歷協律郎、監察御史。元和中卒。段文昌爲墓誌,附於後。集皆雜文,末篇有數詩而已。集前有崔群、王湘《送符處士歸覲序》,皆云載蜀人,以比司馬、王、揚云。"

符載事蹟,另參李肇《唐國史補》卷中、孫光憲《北夢瑣言》卷五"符載侯翻歸隱"條、計有功《唐詩紀事》卷五一等。

《徐凝詩》一卷

顧、宋兩《志》"詩文集類"。

【考訂】《四庫闕書目》卷一"別集類"、《宋史》卷二〇八《藝文志七》"別集類"均載《徐凝詩》一卷。

《唐詩紀事》卷五二載:"樂天薦徐凝,屈張祜,論者至今鬱鬱,或歸白之妒才也。余讀皮日休論祜云:祜初得名,乃作樂府艷發之詞,其不羈之狀,往往聞見。凝之操履不見於史,然方干學詩於凝,贈之詩曰:吟得新詩草裏論。戲反其辭,謂村裏老也。方干,世所謂簡古者,且能譏凝,則凝之朴略椎魯,從可知矣。樂天方以實行求才,薦凝而抑祜,其在當時,理其然也。"

今按:徐凝,睦州分水人,元和間有詩名,方干師事之。與白居易、施肩吾等往還酬答。詳參傅璇琮主編《唐才子傳校箋》卷六"徐凝"條之考訂。此條乃中唐人著述,不宜入五代藝文志。

《沈光集》五卷

顧、宋兩《志》"詩文集類"。

【考訂】《新唐書》卷六〇《藝文志四》"別集類"著錄《沈光集》五卷,注"題曰'雲夢子'"。《通志》卷七〇《藝文略八》"別集類"、焦竑《國史經籍志》卷五"別集類"均著錄《沈光集》五卷。

《唐才子傳》卷八"沈光"條云:"光,吳興人,咸通七年禮部侍郎趙騭下進士。"《北夢瑣言》卷七"來鵬詩"條稱"前進士沈光"。傅璇琮主編《唐才子傳校箋》卷七《沈光傳》校箋,考訂光之行蹟最晚不過乾符三年至六年間。其人蓋與五代無涉,不應闌入五代藝文志。

《陳黯集》三卷

顧、宋《志》"詩文集類"及汪之昌《補南唐藝文志》。

【考訂】《五代史補》卷一"陳黯善對"條云:"陳黯,東甌人。才思敏速。時年十三,袖卷謁本郡牧,時面上有斑瘡新愈,其痕炳然。郡牧戲之曰:'藻才而花貌,何不詠歌?'黯應聲曰:'玳瑁寧堪比,班犀詎可加。天嫌未端正,敷面與裝花。'"

《崇文總目》卷五"別集類二"著錄《陳黯文集》三卷。《新唐書》卷六〇《藝文志四》"別集類"載《陳黯集》三卷,曰:"字希儒,泉州南安人。昭宗時。"《通志》卷七〇《藝文略八》"別集四"著錄《陳黯集》三十卷。《宋史》卷二〇八《藝文志七》"別集類"僅錄《陳黯集》一卷。焦竑《國史經籍志》卷五"別集類"復著錄《陳黯集》三十卷。

《郡齋讀書志》卷一八"別集類中"載《陳黯文集》三卷,志云:"右唐陳黯撰。黯,字希孺,潁川人。十歲能詩,十三袖文謁清源牧,牧面令賦詩,頗稱賞之。由是一時聲名大振。會昌初,就鄉薦,至禮部,輒罷歸。咸通中卒。有羅隱、黃滔序。"《文獻通考》卷二三三《經籍六〇》亦載錄《陳黯文集》三卷,考引《郡齋》。其人既卒於咸通中,則與五代無涉,不應闌入五代藝文志。

《王德輿詩》一卷

顧、宋兩《志》"詩文集類"。

【考訂】 《崇文總目》卷五"別集類四"、《新唐書》卷六〇《藝文志四》"別集類"、《通志》卷七〇《藝文略八》"別集類"、《宋史》卷二〇八《藝文志七》"別集類"、《文獻通考》卷二四三《經籍七〇》、焦竑《國史經籍志》卷五"別集類"、胡震亨《唐音癸籤》卷三〇《集錄一》均載錄《王德輿詩》一卷。

《郡齋讀書志》卷一八"別集類中"載《王德輿詩》一卷，志云："右唐王德輿。集有次韻和鄭畋詩，知其懿、僖間人也。"據此，王德輿乃昭宗以前詩人，與五代無涉，不應闌入五代藝文志。

《陳光詩》一卷
顧、宋兩《志》"詩文集類"。

【考訂】 《崇文總目》卷五"別集類四"、《新唐書》卷六〇《藝文志四》"別集類"、《通志》卷七〇《藝文略八》"別集詩"、《國史經籍志》卷五"別集類"、胡震亨《唐音癸籤》卷三〇《集錄一》等均著錄《陳光詩》一卷。《直齋書錄解題》卷一九著錄《陳光集》一卷，列在《劉威集》之前，注曰："以上皆唐人。"《文獻通考》卷二四三《經籍七〇》亦載錄《陳光集》一卷，考引《直齋書錄解題》。

趙崡《石墨鐫華》卷四載《唐大德進法師塔銘》，曰："此太子司議陳光撰。"林侗《來齋金石刻考略》卷下載《大德進法師塔銘》，考曰："在西安府實際寺。陳光撰，僧智詳正書。開元二十五年七月。碑殘，僅存形似。書法亦是善學褚者。"據此，則陳光乃開元時人，不應闌入五代藝文志。

薛瑩《洞庭詩集》一卷
顧、宋兩《志》"詩文集類"。

【考訂】 《新唐書》卷六〇《藝文志四》"別集類"載錄《薛瑩集》二卷、薛瑩《洞庭詩集》一卷。《崇文總目》卷五"別集類四"、《通志》卷七〇《藝文略八》"別集詩"並著錄薛瑩《洞庭詩集》一卷。《宋史》

卷二〇八《藝文志七》"別集類"、《國史經籍志》卷五"別集類"亦著録薛瑩《洞庭詩》一卷。

《直齋書録解題》卷一九載《薛瑩集》一卷，題曰："唐薛瑩撰，號《洞庭集》。文宗時人，集中多蜀詩，其曰'壬寅歲'者，在前則爲長慶四年，後則爲中和二年，未知定何年也。"據此，則薛瑩與五代無涉，其詩亦不應入五代藝文志。

《劉威詩》一卷

顧、宋兩《志》"詩文集類"。

【考訂】 《崇文總目》卷五"別集類四"、《新唐書》卷六〇《藝文志四》"別集類"、《通志》卷七〇《藝文略八》"別集類"、《宋史》卷二〇八《藝文志七》"別集類"、《文獻通考》卷二四三《經籍七〇》、《國史經籍志》卷五"別集類"均載録《劉威集》一卷。

《直齋書録解題》卷一九載《劉威詩》一卷，列於于武陵、周濆、陳光諸人集後，注曰："以上皆唐人。于武陵，大中進士。餘莫詳出處。"《唐詩紀事》卷五六"劉威"條則云："威，會昌時詩人也。"此外，《十國春秋》卷五有劉威者，乃楊行密牙將，與此無涉。

善本：《劉威詩》一卷：明嘉靖十九年刻《唐百家詩》本、清康熙野香堂刻《十三唐人詩》十五卷附《八劉唐人詩》八卷本、清康熙刻《中晚唐詩》（清劉雲份編）本。

田吉（應爲田告）《睒叟集》二卷

顧、宋兩《志》"詩文集類"。

【考訂】 王闢之《澠水燕談録》卷四"高逸"條云："田徵君告，字象宜，篤學好文，理致高古。嘗學詩於希夷先生，先生以《詩評》授之，故詩尤清麗。平居寡薄，志在經世。太祖建國，思得異人，詔詣公車，會遭父母喪。久之，東遊過濮，止王元之舍，元之貽書，勉進其道。會大河決溢，君推明鯀、禹之所治，著《禹元經》三卷，將上之,不果。已而得水樹於濟南明水,將隱居焉,故致書徐常侍鉉,質其去就,鉉答曰:'負鼎叩角,顧廬築巖,各由其時。不失其道,在我而已,何常之有。'遂決高蹈之志,發《易》筮之,遇睽,因自號'睽叟'。從學者常數百人,宋維翰、許袞最其高弟。二子登朝,盛稱其師。淳化中,韓丕言於天子,召君赴闕,詔書及門而卒。其後,文多散墜。皇祐中,濟南翟書耽伯哀其遺逸,得四十八篇,析爲三卷,又次其出處,爲《睽叟別傳》云。"據此,則此集乃宋人著述,不應闌入五代藝文志中。

楊懷玉《忘筌集》三卷

顧、宋兩《志》"詩文集類"。

【考訂】《宋史》卷二〇八《藝文志七》"別集類"著錄楊懷玉《忘筌集》三卷。

楊懷玉,宋真宗大中祥符元年爲内史,四年,爲合門祗侯,因參與楊懷政謀殺丁謂事,責授侍禁、杭州都監。其後行蹟無考。參《宋史》卷四六六《楊懷政傳》。

《僧棲白詩》一卷

顧、宋兩《志》"詩文集類"。

【考訂】《唐摭言》卷一〇"海叙不遇"條載:"劉得仁,貴主之子。自開成至大中三朝,昆弟皆歷貴仕。而得仁苦於詩,出入舉場三十年,竟無所成。嘗自述曰:'外家雖是帝,當路且無親。'既終,詩人爭爲詩以弔之。唯供奉僧棲白擅名,詩曰:'忍苦爲詩身到此,冰魂雪魄已難招。直教桂子落墳上,生得一枝冤始銷。'"

《郡齋讀書志》卷一八"別集類中"於《劉得仁詩集》一卷後志云:"右唐劉得仁,公主之子。長慶中以詩名,五言清瑩,獨步文場。自開成後,昆弟皆居顯仕,獨自苦於詩,舉進士二十年,竟無所成。嘗有《寄所知》詩云:'外族帝王是,中朝親故稀。翻令浮議者,不許九霄飛。'及卒,詩僧棲白以絶句弔之,曰:'忍苦爲詩身到此,冰魂雪魄已難招。直教桂子落墳上,生得一枝冤始銷。'"

《宋史》卷二〇八《藝文志七》"別集類"及《直齋書録解題》卷一九"詩集類上"均著録《僧棲白詩》一卷。然棲白卒最晚不過僖宗朝,事詳傅璇琮主編《唐才子傳校箋》卷三"棲白"條之考訂。該集不宜入五代藝文志。

附　今人偶誤兩條

1.《續筆陣圖》　李煜撰

唐圭璋《南唐藝文志》載録此書,曰:"高士奇《天禄識餘》云:'《筆陣圖》乃羊欣作,李後主續之。'"

【考訂】　考《宣和書譜》卷一六載:"羊欣,字敬元,太山南城人也。少沉靜,不爲物忤,而談論絶人,容止可觀,該博經史,尤長於隸書。父不疑,爲烏程令,欣隨之官。年十二,頗爲王獻之所知。……欣嘗撰《續筆陣圖》一卷。又撰《古昔能書人名》一卷,以此尤見其用心焉。"陶宗儀《書史會要》卷四所載同。唐先生偶未及此。

2.《張司業詩集》　張籍撰　張洎輯

杜文玉《南唐藝文志》。

【考訂】　張洎有《唐張司業詩集序》云:"自唐末多故,荐經離亂,公之遺集,十不存一。予自丙午歲迨至乙丑歲,相次緝綴,僅得四百餘篇,釐爲五卷,藏諸篋笥。餘則更俟博訪,以廣其遺闕云爾。"丙午歲乃宋真宗景德三年(1006),乙丑歲乃宋仁宗天聖三年(1025),期間凡二十年。洎編此書時,入宋已有五十年,其不涉五代,故不宜入五代藝文志。

第三章 《補五代史藝文志》條目補遺

清代學者從紛繁雜亂的史料記載中輯成兩種《補五代史藝文志》，這是一件極不容易的事，值得後人敬重。如果説還有一些缺漏，恐怕也在所難免。本章以顧《志》爲底本，參照宋《志》、徐炯《五代史記補考·藝文考》、陳鱣《續唐書·經籍志》、汪之昌編《補南唐藝文志》以及宋、元、明、清各家書目，對顧《志》未收條目重加輯補，以期對重編《補五代史藝文志》有所裨益。

後唐莊宗同光中募民獻書，及三百卷，授以試銜，其選調之官，每百卷減一選。天成中，遣都官郎中庾傅（興武按：當作"傳"）美訪圖書於蜀，得九朝《實錄》及雜書千餘卷而已。明宗長興三年初，令國子監校定《九經》，雕印賣之。

據《文獻通考》卷一七四《經籍一》補。

應順元年正月勅："今後三館所闕書，並訪本添寫，其進書官權宜停罷。"

此條見《五代史記補考·藝文考》，據《五代會要》卷一八"史館雜錄"條補。

後漢乾祐中，禮部郎司徒調請開獻書之路，凡儒學之士，衣冠舊族，有以三館亡書來上者，計其卷帙，賜之金帛，數多者授以官秩。時戎虜猾夏之後,官族轉徙,書籍罕存,詔下,鮮有應者。

此條見《五代史記補考·藝文考》,據《文獻通考》卷一七四《經籍考·總叙》補。

周世宗以史館書籍尚少,鋭意求訪。凡獻書者,悉加優賜,以誘致之。而民間之書傳寫舛訛,乃選常參官三十人,校讎刊正,令於卷末署其名銜焉。自諸國分據,皆聚典籍,惟吴蜀爲多,而江左頗爲精真,亦多修述。

此條見《五代史記補考·藝文考》,據《文獻通考》卷一七四《經籍考·總叙》補。

顯德二年二月,中書門下奏:"國子監祭酒尹拙,狀稱準敕校勘《經典釋文》三十卷,雕造印板,欲請兵部尚書張昭、太常卿田敏同校勘。"敕:"其《經典釋文》已經本監官員校勘外,宜差張昭、田敏詳校。"

此條見《五代史記補考·藝文考》,據《五代會要》卷八"經籍"條補。

自諸國分據,皆聚典籍,惟吴、蜀爲多。而江左頗爲精真,亦多修述。

據《文獻通考》卷一七四《經籍考·總叙》補。

宋建隆初,三館有書萬二千餘卷。乾德元年,平荆南,盡收其圖書,以實三館。三年,平蜀,遣右拾遺孫逢吉往收其圖籍,凡得書萬三千卷。……開寶八年冬,平江南。明年春,遣太子洗馬吕龜祥就金陵籍其圖書,得二萬餘卷,悉送史館,自是群書漸備。兩浙錢俶歸朝,又收其書籍。

據《文獻通考》卷一七四《經籍考·總叙》補。

經　　部

易類

《周易會釋記》二十卷　釋希覺撰

《宋高僧傳》卷一六《漢錢塘千佛寺希覺傳》載："覺外學偏多，長於《易》道，著《會釋記》二十卷，解《易》，至上下《繫》及末文甚備。常爲人敷演此經，付授於都僧正贊寧。"《通志》卷六三《藝文略一》"易·集注"類亦著錄《周易會釋記》二十卷，注云"僞吳僧陸希覺"。陳鱣《續唐書》卷一九《經籍志》"甲部經錄"沿襲《通志》，著錄《周易會釋記》二十卷，云"吳僧陸希覺撰"。興武按：釋希覺俗姓商氏，《通志》稱"陸希覺"，未知所據，疑誤。

釋希覺，字順之，俗姓商氏，世居晉陵。唐文德元年出家，龍紀中受戒。吳越武肅王時居杭州大錢寺，文穆王時署號文光大師。

《河洛真數》三卷、《易卦釋義》五卷　陳摶撰

明抄本《河洛真數》三卷，題"宋陳摶撰"；清初留雅堂抄本《河洛真數》三卷、《易卦釋義》五卷，題"宋陳摶撰"。《中國古籍善本書目》卷一七列此書於子部。

禮類

《禮經釋》　黃載撰

此條據唐圭璋《南唐藝文志》補。陳鱣《續唐書·經籍志》載錄《禮經釋》，注云："無卷數，南唐教授黃載撰。"

馬令《南唐書》卷二三《黃載傳》云："黃載，字元吉，其先江夏人也，世爲農。載弱冠釋耒耜，就學於廬山，事虔人劉元亨，篤志自

勵,精究經史,能爲文章。……載常釋《禮經》,獲百千,一旦爲人竊取,載笑曰:'彼無貲者也,將籍此以成家,亦我之德。'了不介意。"天禧末卒,享年七十歲。《十國春秋》卷二九《黃載傳》所載略同。

《三禮圖》二十卷　聶崇義撰

陳鱣《續唐書·經籍志》載録《三禮圖》二十卷,注云:"周國子司業聶崇義纂集。"

《崇文總目》卷一"禮類"載《三禮圖》二十卷,注云:"原釋聶崇義集。周顯德中,參定郊廟器玉,因博采先儒三禮舊圖,凡得六本,考正是否績素而申釋之。每篇自叙其凡參以近世沿革之説。建隆二年五月丙寅表上之。竇儼爲叙,詔太子詹事尹拙集儒學三五人更同參議,拙多所駁正。崇義復引經以釋之,其《駁議》及《答議》各四卷,率列於注釋。詔頒行之。又畫於國子監講堂之壁。"

《郡齋讀書志》卷一"禮類"載:"《三禮圖》二十卷。右聶宗義周世宗時被旨纂輯,以鄭康成、阮諶等六家圖刊定。皇朝建隆二年奏之,賜紫綬犀帶,獎其志學。竇儼爲之序,有云:周世宗暨今皇帝,恢堯、舜之典則,總夏、商之禮文。命崇義著此書,不以世代遷改,有所抑揚,近古云。"《文獻通考》卷一八一《經籍八》亦録《三禮圖》二十卷,注云:"晁氏曰:聶崇義周世宗時被旨纂集。以鄭康成、阮諶等六家圖刊定,皇朝建隆二年奏之。"

《通志》卷六四《藝文略二》"禮圖"類有聶崇義集《三禮圖》二十卷。《宋史·藝文志》卷一"禮類"載録聶崇義《三禮圖集注》二十卷。焦竑《國史經籍志》卷二"禮類·通禮"亦著録聶崇義集《三禮圖》二十卷,未見"集注"二字。清趙士煒《中興館閣書目輯考》卷一"禮類"考列《三禮圖》二十卷,釋如《崇文總目》。《四庫全書總目》卷二二《經部·禮類四》則著録《三禮圖集注》二十卷,提要云:"宋聶崇義撰。崇義,洛陽人。周顯德中累官國子司業。世宗詔崇義參定郊廟祭玉,因取三禮舊圖,凡得六本,重加考訂。宋初上於朝,太祖覽而嘉之，詔頒行。"《孫氏祠堂書目內編》卷一亦著錄《三禮圖》二十卷，注"宋聶崇義撰"。

聶崇義，河南洛陽人。少舉三禮，後漢乾祐中累官至國子《禮記》博士。周顯德中，累遷國子司業、太常博士。入宋，終學官。傳見《宋史》卷四三一。

興武按：《三禮圖》實撰成於周世宗朝，而續撰《集注》則在建隆二年以後。

善本：《新定三禮圖》二十卷：宋淳熙二年鎮江府學刻公文指印本（清錢謙益跋）、清康熙納蘭成德刻《通志堂經解》本、清光緒鍾錢鈞刻本（王秉恩校並跋）。

春秋類

《左氏傳引帖斷義》十卷　寨遵品撰

陳鱣《續唐書·經籍志》載《春秋傳帖經新義》十卷，注云："蜀進士寨遵品撰。"徐炯《五代史記補考·藝文考》僅列《春秋傳帖經新義》書名。

《崇文總目》卷一"春秋類"載《左氏傳引帖斷義》十卷，注云："原釋偽蜀進士寨遵品撰。擬唐禮部試進士帖經舊式，斂經具對。"《文獻通考》卷一八二《經籍九》錄《左氏傳引帖新義》，考釋同《崇文》。《通志》卷六三《藝文略一》"春秋·傳論類"復著錄《左傳引帖斷義》七卷，注"偽蜀寨遵品"。

《春秋纂要》十卷　姜虔嗣撰

陳鱣《續唐書·經籍志》載《春秋纂例》，注云："無卷數。南唐姜虔嗣撰。"汪之昌《補南唐書藝文志》及唐圭璋《南唐藝文志》均載錄《春秋纂要》十卷。徐炯《五代史記補考·藝文考》作《春秋纂例》，無卷數。

《崇文總目》卷一"春秋類"載《春秋纂要》十卷,注云:"原釋僞唐人姜虔嗣以《春秋左氏》、《公》、《穀》三家之傳學者鈔集之文。"錢東垣按云:"《通考》作《纂例》,不著卷數;《宋志》作《三傳纂要》二十卷。"《通志》卷六三《藝文略一》"春秋·傳論類"著録《春秋纂要》十卷,云"僞唐姜虔嗣"。焦竑《國史經籍志》卷二亦載録《春秋纂要》十卷。

《春秋叙鑑》二卷　黄彬撰

《宋史》卷二〇二《藝文一》"春秋類"載録黄彬《春秋叙鑑》二卷。

興武按:黄彬曾官後蜀右司郎中,預修《前蜀紀事》,撰《莊宗召禍記》等。

《春秋音義賦》十卷、《春秋字原賦》二卷　尹玉羽撰

陳鱣《續唐書·經籍志》載録《春秋音義賦》十卷、《春秋字原賦》二卷,注云:"晉少府監長安尹玉羽撰。"

《宋史》卷二〇二《藝文志一》"春秋類"著録"尹玉羽《春秋音義賦》十卷(冉遂良注),又《春秋字源賦》二卷(楊文舉注)"。《授經圖義例》卷一六則載尹玉羽《春秋音義賦》十卷,楊文舉《春秋字源賦》二卷。朱彝尊《經義考》卷一七八則稱尹氏玉羽撰《春秋音義賦》十卷,不及《春秋字源賦》。

尹玉羽,京兆長安人。以孝行聞。杜門隱居。劉鄩辟爲保大軍節度推官。仕後唐,至光禄少卿。晉高祖召之,辭以老,退歸秦中。傳見薛《史》卷九三。

《春秋極論》二篇、《演論》三篇　劉熙古撰

《宋史》卷二六三《劉熙古傳》云:"劉熙古,字義淳,宋州寧陵人,唐左僕射仁軌十一世孫。祖寶進,嘗爲汝陰令。熙古年十五,通《易》、《詩》、《書》。十九,通《春秋》、子、史。避祖諱,不舉進士。

後唐長興中，以三《傳》舉。時翰林學士和凝掌貢舉，熙古獻《春秋極論》二篇、《演論》三篇，凝甚加賞，召與進士試，擢第，遂館於門下。"王應麟《玉海》卷四〇"宋朝春秋傳"條載劉熙古《春秋極論》二篇、《演例》三篇。朱彝尊《經義考》卷一八一亦載劉熙古《春秋極論》二篇、《春秋演例》三篇，曰"未見"。

《春秋指掌圖》二卷　□融撰

陳鱣《續唐書·經籍志》著錄《春秋指掌圖》二卷，注云："□融撰。"據補。

王應麟《玉海》卷四〇云："《國史志》：《春秋指掌圖》二卷，融據李瑾《指掌》爲《圖》，不著姓。"

興武按：《新唐書》卷五七《藝文志一》"春秋類"著錄李瑾《春秋指掌》十五卷。《崇文總目》卷一"春秋類"著錄《春秋指掌》十五卷，釋云："唐試左武衛兵曹李瑾撰。瑾集諸家之說爲序、義、凡例各一篇。稱孔穎達《正義》爲五篇。采摭餘條，爲《碎玉》一篇。集先儒異同，辯正得失，爲三篇。取劉炫《規過》，中證其義，爲三篇。大抵專依杜氏之學以爲說云。"《宋史》卷二〇二《藝文志一》"春秋類"著錄李瑾《春秋指掌圖》十五卷，顯誤。

論語類

《論語陳說》一卷　僧贊寧撰

《通志》卷六三《藝文志一》"論語·論難"著錄《論語陳說》一卷，注云"僧贊寧"。《四庫闕書目》卷一著錄"僧贊寧撰《論語懸說》一卷"，當即《論語陳說》。焦竑《國史經籍志》卷二"論語·辨正"類亦載列僧贊寧《論語陳說》一卷。

僧贊寧，本姓高氏，五代吴越僧，太平興國三年入宋，咸平元年以後卒，享年八十餘。傳見《十國春秋》卷八九。

《論語井田義圖》一卷　無名氏撰

陳鱣《續唐書·經籍志》載錄《論語井田義圖》，注云："無卷數。無名氏撰。"

興武按：《崇文總目》卷一"論語類"著錄《論語井田義圖》一卷，注云："不著撰人名氏。述周井田之法。其曰《論語》者，蓋爲《論語》學者引用云。"王應麟《玉海》卷一七六載《論語井田義圖》，述曰："《崇文目》一卷。'地之不闢，非吾土也。人之不農，非吾民也。乃爲閭里室家以蕃其生，爲甽澮封畛以理其田，爲耒耜錢鎛以庀其器，爲曆象氣候以授其時。''秦開阡陌，農戰相乘。漢制名田，併兼不息。''我疆我理，南東其畝。疆謂有夫，有畛有塗，有道有路，以經界之。理謂有遂，有溝有洫，有澮有川，以疏道之。其遂東入於溝，則畝南矣；其遂南入於溝，則畝東矣。'"《文獻通考》卷一八四亦載《論語井田義圖》，考引《崇文總目》。

小學類

《五經字樣》一卷　後晉開運刻本

徐炯《五代史記補考·藝文考》載《五經字樣》一卷。

《直齋書錄解題》卷三"經解類"著錄《九經字樣》一卷，題曰："唐沔王友翰林待詔唐玄度撰。補張參之所不載，開成中上之。二書却當在小學類，以其專爲經設，故亦附見於此。往宰南城出謁，有持故紙鬻於道者，得此書，乃古京本，五代開運丙午所刻也。遂爲家藏書籍之最古者。"《文獻通考》卷一八五《經籍一二》載錄此書，考引《直齋》。

《經語協韻》二十卷　黄彬撰

《宋史》卷二〇七《藝文志六》"類事類"載錄黄彬《經語協韻》二十卷。黄彬事蹟，詳參前文《莊宗召禍記》條。

《英公字源》一卷　僧夢英撰

陳鱣《續唐書·經籍志》著録《英公字源》一卷，注云："南唐僧夢英撰。"據補。

《郡齋讀書志》卷四載《英公字源》一卷，志云："右皇朝釋夢英撰。夢英通篆籀之學，書偏旁五百三十九字。郭忠恕云：按《説文字源》唯有五百四十部，子字合收在子部，今目録妄有更改；又《集解》中誤收去部在注中；今點檢偏旁，少晶、惢、至、龜、弦五字，故知林氏虚誕誤後進，其《小説》可焚。夢英因書此以正之，柴禹錫爲立石。"明陶宗儀《書史會要補遺》云："釋夢英，號臥雲叟，南嶽人。與郭忠恕同時。習篆，皆宗李陽冰。有所書《偏傍字源》及集《十八體書》，刻石於長安文廟。"

明趙崡《石墨鐫華》卷五"宋夢英偏傍篆字"條云："夢英在宋初，自負篆書，故作《偏傍字源》書而著跋於後。"

《篆韻》五卷　徐鍇撰

趙希弁《讀書附志》（《郡齋讀書志》後附）卷上"小學類"載《篆韻》五卷，志云："右徐鉉序，蓋其弟鍇所集也。鉉，字鼎臣，仕南唐，爲昭文館學士。入朝爲太子率更令。太平興國初，詔以本官直學士院。鍇，字楚金，仕南唐，爲右内史舍人，卒。李煜贈之禮部侍郎云。"

《篆書千文》一卷　徐鉉撰

趙希弁《讀書附志》卷下"法帖類"載《篆書千文》一卷，志云："右徐鉉篆周興嗣之韻也。希弁嘗考《徽宗皇帝實録》，政和三年四月辛卯，詔避廟諱，改'曰嚴與敬'爲'曰嚴與謹'、'勞謙謹勅'爲'勞謙兢勅'、'籍甚無竟'爲'籍甚無罄'、'璇璣懸斡'爲'璇璣遷斡'云。"

《御定佩文齋書畫譜》卷七六"宋徐鉉《篆書千文》"條云："此宋

右散騎常侍、邠州行軍司馬徐鉉鼎臣《篆書千文》。宋壽皇以賜魏僕射杞者,後有諸名賢題跋。按騎省篆法,朱長文肩之妙品,以爲能繼李秘監絶學於喪亂之餘。其行筆點畫皆精嚴有法度。今此千文雖未敢謂得岐陽嶧山之秘,而螺區隱然,文武兼濟,其鉉真蹟無疑。"

《説文解字》三十卷　徐鉉校定本

宋祖駿《補五代史藝文志·補遺》列徐鉉校定《許氏説文》三十卷,注云:"考徐鉉表進校定《説文解字》在雍熙三年,不應仍列入。特五代時人仕宋者,頗多著述,歲月或無可考,今姑一概附編。"唐圭璋《南唐藝文志》列徐鉉校定本《説文解字》十五卷,且云:"蓋十五卷各分上下,實亦三十卷。……述古堂藏書有宋板許氏《説文》三十卷,四本;《四庫全書》亦有三十卷本。十五卷有汲古閣刊本、平津館刊本、藤花榭刊本。《續古逸叢書》有影印宋刊本,即平津館、藤花榭所據刻之本。《四部叢刊》據日本岩崎氏藏宋刊本影印,《四部備要》據大興朱氏藏宋刊本影印。"徐鉉《徐公文集》卷二三有《重修説文序》。

《郡齋讀書志》卷四"小學類"載《説文解字》三十卷,志云:"右漢許慎纂。李陽冰刊定。僞唐徐鉉再是正之,又增加其闕字。"《文獻通考》卷一八九《經籍一六》載録《説文解字》三十卷,注引晁《志》。

《直齋書録解題》卷三"小學類"載《説文解字》三十卷,題云:"漢太尉祭酒汝南許慎叔重撰。凡十四篇,並序目一篇,各分上下卷,凡五百四十部,九千三百五十三文,重一千一百六十三。雍熙中,右散騎常侍徐鉉奉詔校定。以唐李陽冰排斥許氏爲臆説,末有新定字義三條。其音切則以唐孫愐《韻》爲定。"

《崇文總目》卷一"小學類上"載《説文解字》十五卷,注云:"徐鉉等校定。"《通志》卷六四《藝文略二》"小學類"著録《説文》十五卷,注云"宋朝徐鉉刊定"。焦竑《國史經籍志》卷二"小學類"載録徐鉉定《說文》十五卷。《孫氏祠堂書目內編》卷一"小學類"著錄《說文解字》三十卷，注曰："漢許慎撰，宋徐鉉校定。"

《說文五義》三卷　吳淑撰

汪之昌《補南唐藝文志》著錄吳淑《說文五義》三卷，注云："據《玉海》補。"

王應麟《玉海》卷四四"小學上"載："吳淑好篆籀，取《說文》有字義者千八百餘條，撰《說文五義》三卷。"《宋史》卷四四一《吳淑傳》所述亦同。明柯維騏《宋史新編》卷一六九《吳淑傳》謂淑"取《說文》有字義者千八百條，修撰《說文字義》三卷。""字義"當系"五義"之譌。

《古鉦銘碑》一卷　徐鉉撰

此條據唐圭璋《南唐藝文志·小學類》補，原注曰："見翟耆年《籀史》。"

宋翟耆年《籀史》載徐鉉《古鉦銘碑》一卷，曰："叙云：建陽有越王餘城，城臨建溪，村人於溪中獲一器，狀如鐘，長八寸，徑六寸，柄一尺，柄端有雙角相向箝，重十斤。銘四十八字。獻之刺史王延政。有摹其字以示余者，惟'連'、'鉦'二字可識。上有真字黑印云：'江南書，開寶九年五月，勅送史館。'卷末有史館印，識'右刻之首'，題曰□□篆。"

王士禛《居易錄》卷五云："宋黃鶴山人翟耆年伯壽，公巽參政子。能清言，工篆及八分，巾服爲唐裝。所著《籀史》上、下卷，佚其下卷。曹秋岳（溶）侍郎倦圃藏書也。上卷所載徽宗《宣和博古圖》三十卷……徐鉉《古鉦銘碑》一卷。"

《臨書關要》一卷　僧應之撰

此條據唐圭璋《南唐藝文志·小學類》補。宋祖駿《補五代史藝文志》作僧應元撰。

《崇文總目》卷一"小學類下"著錄《臨書關要》一卷,不著撰人。《通志》卷六四《藝文略二》"小學·法書類"、《宋史》卷二〇二《藝文志一》"小學類"均著錄僧應之《臨書關要》一卷。

馬令《南唐書》卷二六《僧應之傳》云:"僧應之,姓王,其先南閩人。能文章,習柳氏筆法。以善書冠江左。初舉進士,一黜於有司,投册罵曰:'吾不能以區區章句取程於庸人!'遂學爲浮屠。保大中,授文章應制大德,賜紫。凡禱祠章疏一筆即就,意如宿構。"僧應之乃僧棲隱之詩弟子,後唐天成中在世。詳參《宋高僧傳》卷三〇《唐洪州開元寺棲隱傳》。

史　　部

正史類

《唐書》　張昭撰

徐炯《五代史記補考·藝文考》著錄張昭《唐書》,據補。

洪遵《翰苑群書》卷八引蘇易簡《續翰林志》上云:"昭以嗜學苦節冠於搢紳,清資華貫,無所不歷。於唐末簡策遺墜之後,能糾合遺言,著成《唐書》。至於褒貶是非,咸得其理。"

《唐九朝實錄》　庾傳美訪得

徐炯《五代史記補考·藝文考》著錄《九朝實錄》,據補。

《册府元龜》卷五〇"帝王部·崇儒術"條載:"明宗天成二年,都官郎中庾傳美訪圖書於三川孟知祥處,得《九朝實錄》及雜書傳千餘卷,並付史館。同光已後,館中煨燼無幾,《九朝實錄》甚濟其闕。"

曹學佺《蜀中廣記》卷九二"著作記·史部·《唐九朝實錄》"

條亦載:"《後唐史記》曰:'都官郎中庾傳美充三州搜訪圖籍使。傳美僞蜀王衍舊寮,家在成都,便於歸計,且言成都具有本朝《實錄》,故有是命。及使迴,所得纔九朝而已。其餘殘缺雜書,益不足記。"

《大梁編遺錄》三十卷　敬翔撰

薛《史》卷一八《敬翔傳》云:"初,貞明中,史臣李琪、張袞、郄殷象、馮錫嘉奉詔修撰《太祖實錄》三十卷,叙述非工,事多漏略。復詔翔補緝其闕,翔乃別纂成三十卷,目之曰《大梁編遺錄》,與《實錄》偕行。"宋祖駿《補五代史藝文志·補遺》據此著録敬翔《大梁編遺錄》三十卷。

《通志》卷六五《藝文略三》"雜史"類著錄《梁太祖編遺錄》三十卷,注云"梁敬翔撰"。焦竑《國史經籍志》卷三"雜史類"則著錄敬翔《梁太祖編遺錄》三十卷。

《唐功臣列傳》三十卷　李愚、張昭等撰

陳鱣《續唐書·經籍志》載《唐功臣列傳》三十卷,曰"平章事兼修國史李愚等撰"。徐炯《五代史記補考·藝文考》著錄《後唐功臣列傳》,不著卷數。

《五代會要》卷一八"修國史"條載:"應順元年閏正月,平章事兼修國史李愚與修撰判館事張昭遠等,進新修《唐功臣列傳》三十卷。"

《册府元龜》卷五五七"國史部·採撰"條載:"愍帝應順元年閏正月,愚與修撰、判館事張昭遠等,詣閤門進新修《唐功臣列傳》三十卷。"

《會昌以來日曆》二十六卷　趙鄰幾撰

《宋史》卷四三九《趙鄰幾傳》云:"淳化中,參知政事蘇易簡因言及鄰幾追補《唐實錄》事,鄰幾一子東之,以蔭補郎山主簿,部送

軍糧詣北邊，没焉，其家屬寄居睢陽。太宗遣直史館錢熙往取其書，得鄰幾所補《會昌以來日曆》二十六卷及文集三十四卷，所著《鯢子》一卷、《六帝年略》一卷、《史氏戀官志》五卷，併他書五十餘卷來上，皆塗竄之筆也。詔賜其家錢十萬。"

江少虞《宋朝事實類苑》卷四〇"趙鄰幾"條亦云："趙鄰幾善屬文，有名於時。太宗用知制誥，未數旬卒，中使護葬。淳化末，蘇易簡上言，鄰幾有子東之，亦好學，善屬文，任北地邑，佐部送芻粟，死塞下，家睢陽。鄰幾平生多著文，家有遺稿，上遣直史館錢熙往訪之，得補《會昌以來曆》二十六卷，文集三十四卷，所著《鯢子》一卷、《六年帝略》一卷、《史氏戀官志》五卷，及他書五十餘卷來上。皆鄰幾點竄之蹟，令宋州賜其家錢十萬。"

《周恭帝日曆》三卷　扈蒙撰

《四庫闕書目》卷一"史類・正史"、《通志》卷六五《藝文略三》"編年類"均著錄扈蒙《周恭帝日曆》三卷。

扈蒙，字日用，幽州安次人。曾祖洋，涿州別駕。祖智，周盧龍軍節度推官。父曾，內園使。蒙少能文，晉天福中舉進士。入漢，為鄠縣主簿。周廣順中召為右拾遺，後直史館、知制誥。宋雍熙三年卒，年七十二。傳見《宋史》卷二六九。

《漢書刊誤》一卷　張佖撰

此條據陳鱣《續唐書・經籍志》及唐圭璋《南唐藝文志》補。陳《志》作《漢書校記》，注云："無卷數。南唐中書舍人常州張佖撰。"唐《志》注云："見《玉海》引《中興館閣書目》，又見《宋志・正史類》。《宋志》'佖'作'泌'。《才調集》有張泌詩，《花間集》有張泌詞，疑具非南唐之張佖。又《說郛》中有張泌《妝樓記》一卷，明刊本《虞初志》中有張泌《韋安道傳》及《蔣琛傳》，明刊本《合刻三志》中有張泌《屍媚傳》一卷，亦具係偽託。"

《宋史》卷二〇三《藝文志二》"正史類"著錄張泌《漢書刊誤》一卷。

《後漢書辨駁》　石文德撰

陳鱣《續唐書·經籍志》著錄《後漢書辨駁》,注云:"無卷數。楚水部員外郎連州石文德撰。"

《十國春秋》卷七三《石文德傳》云:"石文德,連州人。形質寢陋短小。酷好學,博覽墳史,經目不忘。常讀范曄《後漢書》,摘其瑕纇數百條辨駁之,識者謂《史通》不能過也。"

霸史類

《王氏開國記》十卷　幸寅遜撰

陳鱣《續唐書·經籍志》載錄《王氏開國記》十卷,注云:"蜀史館修撰辛寅遜撰。"實則譌"幸"爲"辛"矣。

《十國春秋》卷五四《幸寅遜傳》云:"幸寅遜,夔州雲安監人。一云成都人。……所著有《王氏開國記》□卷。"按:此書記王建開國事蹟,修成於孟昶時。明德二年,幸寅遜曾上疏於昶,請修此書,《十國春秋·幸寅遜傳》叙述頗詳。

《錢氏家話》一卷　錢易撰

《通志》卷六五《藝文略三》"霸史下"著錄《錢氏家話》一卷,注云"錢易編"。焦竑《國史經籍志》卷三"霸史類"亦著錄錢易《錢氏家話》一卷。《十國春秋》卷八三《錢易傳》注云:"又有《錢氏家話》一卷。"

《江南李氏事蹟》一卷　撰人不詳

此條據唐圭璋《南唐藝文志》補。

《四庫闕書目》卷一"僞史類"著録《江南李氏事蹟》一卷。《通志》卷六五《藝文略三》"霸史下"著録《江南李氏事蹟》一卷,在鄭文寶《江表志》前。焦竑《國史經籍志》卷三"霸史類"亦載録《江南李氏事蹟》一卷。諸書均不不著撰人。

《江南志》二十卷　佚名
此條據唐圭璋、杜文玉兩《南唐藝文志》補。
《宋史》卷二〇三《藝文志二》"別史類"載《江南志》二十卷,不注撰人。

《錦里耆舊傳》八卷　句延慶撰
《直齋書録解題》卷七"傳紀類"載《錦里耆舊傳》八卷、《續傳》十卷,題云:"前應靈縣令平陽句延慶昌裔撰。開寶三年,秘書丞劉蔚知榮州得此傳。其詞蕪穢,請延慶修之,改曰《成都理亂記》。天成之後,别加編次,起咸通九載,迄乾德四年,百餘年蜀事,大略具矣。"《文獻通考》卷一九八所載同,考引《直齋書録解題》。
《崇文總目》卷二"傳記類上"著録《成都理亂記》八卷,注云"句延慶撰"。《通志》卷六五《藝文略三》"傳記"類著録句延慶《錦里耆舊傳》八卷;又《續錦里耆舊傳》十卷,注"僞蜀張緒撰"。《宋史》卷二〇三《藝文二》"傳記類"著録"句延慶《成都理亂記》八卷"。
朱彝尊《曝書亭集》卷四四《續錦里耆舊傳跋》云:"予年來思注歐陽子《五代史記》,求野史於蜀。若毛文錫《前蜀記事》二卷,董淳《後蜀記事》三卷,李昊《蜀書》二十卷,張緒《錦里耆舊傳》一卷,俱佚不傳。僅存者,張唐英《蜀檮杌》十卷,今止二卷。若句延慶《續錦里耆舊傳》三卷,恐亦非完書也。延慶,字昌裔,成都人。官應靈縣令。書成於開寶二年。起咸通九年,迄乾德三年,一名《成都理亂記》。卷中載李昊降表及從降三十二人入除目者二十六人,李順、王均、劉旴作亂,亦略載之,可以資采獲者。惜太常博士張約序已亡之矣。"

　　《四庫全書總目》卷六六載《錦里耆舊傳》四卷，提要云："一名《成都理亂記》。宋句延慶撰。延慶字昌裔，自稱前榮州應靈縣令，並見於書中。惟不著其里貫。其書乃紀王氏、孟氏據蜀時事。《宋史・藝文志》作八卷，陳振孫《書錄解題》謂'開寶三年，秘書丞劉蔚知榮州得此傳，請延慶修之，起咸通九載，迄乾德乙丑。'案今本止四卷，起僖宗中和五年，無懿宗咸通間事。振孫又稱自平蜀後，迄祥符己酉，朝廷命令、政事因革以至李順等作亂之蹟，皆略載之，張約為之序。延慶在開寶時，去祥符尚遠，似不能續記至是。而平蜀後事及張約序，此本亦無之。疑振孫所見，即《宋志》八卷之本，出於後人所增益。此本四卷，或猶延慶之舊也。書雖以《耆舊傳》為名，而不以人繫事，其體實近編年。所錄兩蜀興廢之蹟，亦頗簡略。惟於詔敕章表書檄之文，載之獨詳。中間如前蜀咸康元年唐兵至成都，王宗弼劫遷王衍於西宮，《通鑑》在十一月甲辰，而此書作乙巳。又宋太祖賜後蜀主孟昶詔一首，其文多與《宋史》不同。如此之類，亦皆可以備參考也。陳振孫稱為平陽句延慶，案書中於後蜀主多所稱美，疑出蜀人之詞。孟昶時有校書郎華陽句中正者，後入宋為屯田郎中，延慶疑即其族。則平陽或華陽之誤歟？"

　　興武按：句延慶有《錦里耆舊傳》八卷。《續錦里耆舊傳》十卷，乃宋人張緒所撰。朱氏所謂《續錦里耆舊傳》三卷恐非完書，乃是實情；謂句延慶撰，則非也。四庫館臣頗疑："振孫又稱自平蜀後，迄祥符己酉，朝廷命令、政事因革以至李順等作亂之蹟，皆略載之，張約為之序。延慶在開寶時，去祥符尚遠，似不能續記至是。"此亦混二書為一所致。詳見本書第二章"《續錦里耆舊傳》十卷"條之考述。

　　此外，《輿地碑記目》卷四載錄《州院碑》（榮州）一方，王象之注云："偽蜀司倉參軍苟延慶撰。"《蜀碑記》卷七所錄亦同。是知句延慶確曾仕後蜀。

《錢太祖備史記》一卷　錢惟演撰

《四庫闕書目》卷一著録錢惟演撰《錢太祖備史記》一卷，葉德輝按云："《遂初目》作《錢鏐偏史》，無卷數。"

《逢辰録》　錢惟演撰

陳鱣《續唐書·經籍志》載錢惟演《逢辰録》，不著卷數。

王稱《東都事略》卷二四《錢惟演傳》云："所著有《典懿集》、《樞庭擁旄前後集》、《伊川漢上集》、《金坡遺事録》、《飛白書叙録》、《逢辰録》、《奉藩書事》。"《宋史》卷三一七《錢惟演傳》云："所著《典懿集》三十卷，又著《金坡遺事》、《飛白書叙録》、《逢辰録》、《奉藩書事》。"《十國春秋》卷八三《錢惟演傳》所載略同。

王明清《揮麈録·後録》卷一載："太宗既得吴越版籍，繼下河東，天下一統，禮樂庶事粲然大備。錢文僖惟演嘗纂書名《逢辰録》，排日盡書其父子承恩榮遇及朝廷盛典，極爲詳盡。明清家有是書，爲錢仲韶竽假去乾没。至今往來於中，安得再見，以補史之闕文。"

雜史類

《唐録備闕》十五卷　歐陽炯撰

《崇文總目》卷二"雜史類上"著録《唐録備闕》十五卷，注云"歐陽炳撰"。《通志》卷六五《藝文略三》"雜史類"著録《唐録備闕》十五卷，注云："僞蜀歐陽炳撰。記武宗、僖宗中和初事。"《宋史》卷二〇三《藝文志二》"别史類"載"歐陽迥（一作炳）《唐録備闕》十五卷"。焦竑《國史經籍志》卷三"雜史類"亦載《唐録備闕》十五卷，注曰："歐陽炳記武宗、僖宗事。"

興武按："迥"乃"炯"之借字，"炳"乃"炯"之形訛。《十國春秋》於《歐陽炯傳》外，復作《歐陽迥傳》，實誤。

《創業功臣傳》三十卷　李愚撰

宋祖駿《補五代史藝文志·補遺》著録李愚《創業功臣傳》三十卷,據補。

薛《史》卷六七《李愚傳》云:"長興季年,秦王恣横……(愚)與諸儒修成《創業功臣傳》三十卷。"《册府元龜》卷五五七載:"李愚爲門下侍郎、監修國史,與諸儒修成《創業功臣傳》三十卷。愍帝應順元年閏正月,愚與修撰、判館事張昭遠等詣閤門進新修《唐功臣列傳》三十卷。"據此,則《創業功臣傳》與《唐功臣列傳》實爲兩書。

《親征圖》　陶穀撰

徐炯《五代史記補考·藝文考》載録《親征圖》,不著作者。

《册府元龜》卷一三三載:"周世宗顯德四年七月己丑,賜宰臣李穀《親征圖》一面,其文,翰林學士承旨陶穀之所撰也。"注云:"先是,帝征淮南,以壽陽未拔,時穀卧疾未愈,遂詔宰臣范質、王溥就第以問之。穀因上章,陳親征之利者三。後城拔,帝以其表示陶穀,且曰:'臣之事君,不當有隱。觀李穀敷奏,忠誠可嘉。爾爲贊述,以勸來者。'因有是贊。"

《兩漢至唐年紀》一卷、《漢後隋前瞬貫圖》一卷、《明皇幸蜀廣記圖》二卷、《天潢源派譜説》一卷、《李氏房從譜》一卷、《元和縣主昭穆譜》一卷、《皇孫郡王譜》一卷、《唐偕日譜》一卷、《玉牒行樓》一卷　李匡文撰

陳鱣《續唐書·經籍志》載録《兩漢至唐年紀》一卷,注云:"宗正少卿李匡文撰。"

《郡齋讀書志》卷六"雜史類"載録《幸蜀記》三卷,志云:"右唐李匡文、宋巨、宋居白撰。初,匡文《記》盡孝明崩,巨《記》止於歸長安,叙事互有詳略。居白合二《記》,以宋爲本,析李爲注,取二序冠篇,復掇遺事增廣焉。"

《直齋書録解題》卷八"譜牒類"載録《李氏房從譜》一卷，題曰："唐洛陽主簿李匡文撰。時爲圖譜官。"又《聖唐偕日譜》一卷，題曰："前賀州刺史李匡文撰。序言前守職圖籍日，撰《天潢源派譜統》，務在省略，直取相承一葉，旁附首分諸房。今特從聖唐以來列聖下諸王、公主，逐帝書出，號曰'偕日'，與日齊行之義也。匡文字濟翁，又有《資暇集》見於録。"

《新唐書》卷五八《藝文志二》"編年類"著録李匡文《兩漢至唐年紀》一卷，注云："昭宗時宗正少卿。"同卷"譜牒類"又著録李匡文《天潢源派譜》一卷，又《唐偕日譜》一卷、《玉牒行樓》一卷、《皇孫郡王譜》一卷、《元和縣主譜》一卷。《宋史》卷二〇三《藝文志二》"別史類"著録李匡文《漢後隋前瞬貫圖》一卷、《兩漢至唐年紀》一卷、《明皇幸蜀廣記圖》二卷，卷二〇四《藝文志三》"譜牒類"又著録李匡文《天潢源派譜說》（一作統）一卷，又《唐皇室維城録》一卷，又《李氏房從譜》一卷、《元和縣主昭穆譜》一卷，又《皇孫郡王譜》一卷、《玉牒行樓》一卷、《偕日譜》一卷。

《古今類聚年號圖》一卷　杜光庭撰

陳鱣《續唐書・經籍志》載杜光庭《古今類聚年譜圖》一卷，"年譜"當係"年號"之譌。

《崇文總目》卷二"編年類"著録杜光庭《古今類聚年號圖》一卷，錢東垣按云："舊本'號'譌作'貌'，今校改。"《通志》卷六五《藝文略三》"編年類"著録《古今類聚年號圖》一卷，注云："偽蜀杜光庭撰。自漢至魏蜀。"《宋史》卷二〇三《藝文志二》"編年類"、焦竑《國史經籍志》卷三均著録杜光庭《古今類聚年號圖》一卷。清趙士煒《中興館閣書目輯考》卷二亦據《玉海》卷一三考列《古今類聚年號圖》一卷，釋曰："後蜀杜光庭撰。自漢武元年辛丑，至蜀乾德元年己卯，凡一千五十九年，歷一百八十九君，改四百七號，内六十號重出。"

《帝王年代小解》一卷　杜光庭纂

《四庫闕書目》卷一"編年類"著録杜光庭纂《帝王年代小解》一卷。今據補。

《三朝革命録》三卷　徐廙撰

汪之昌《補南唐藝文志》及唐圭璋《南唐藝文志》載録徐廙《三朝革命録》三卷。《崇文總目》卷二"雜史類下"著録徐廙《三朝革命録》三卷。《通志》卷六五《藝文志三》"雜史類"著録《三朝革命録》三卷，注云："載隋唐事，盡於天祐禪梁。僞吳徐廙撰。"焦竑《國史經籍志》卷三"雜史類"亦著録《三朝革命録》三卷。

《補國史》十卷　林恩撰

《新唐書》卷五八《藝文志二》"雜史類"著録林恩《補國史》十卷，注云"僖宗時進士"。《崇文總目》卷二"雜史類下"著録林恩《補國史》六卷，其位置在江文秉《入洛私記》與程匡柔《唐補記》之間，其成書年代當在唐末或五代初。《宋史》卷二〇三《藝文志二》"傳記類"載林恩《補國史》五卷。

林恩，籍貫不詳。仕閩，爲進奏官。《資治通鑑》卷二八一後晉天福三年十一月載："戊申，以威武節度使王繼恭爲臨海郡王。閩主聞之，遣進奏官林恩白執政，以既襲帝號，辭册命及使者。"卷二八二天福四年十月載："庚戌，閩康宗所遣使者鄭元弼至大梁。康宗遺執政書曰：'閩國一從興運，久歷年華，見北辰之帝座頻移，致東海之風帆多阻。'又求用敵國禮致書往來。帝怒其不遜，壬子，詔卻其貢物及福、建諸州綱運，並令元弼及進奏官林恩部送速歸。"

《文行録》五十卷　韓保昇撰

《崇文總目》卷二"雜史類下"著録韓保昇《文行史》五十卷。錢東垣按云："《宋志》'史'作'録'。"《宋史》卷二〇三《藝文志二》"史鈔類"則著録韓保昇《文行録》五十卷。

《十國春秋》卷五六《韓保昇傳》云："韓保昇,潞州長子人,太尉保貞弟也。廣政時,積官至翰林學士。"

《元類》一卷　　沈汾撰

汪之昌《補南唐藝文志》著録《元類》一卷,注云："沈份撰,據《總目》補。《四庫全書提要》：南唐沈份《續仙傳》云云。"唐圭璋《南唐藝文志》亦著録《元類》一卷,曰"沈汾撰"。按："份"乃"汾"之譌。

《崇文總目》卷二"編年類"著録沈汾《元類》一卷。《通志》卷六五《藝文略三》"編年類"著録《元類》一卷,不著撰人。《宋史》卷二〇三《藝文志二》"別史類"載録沈汾《元類》一卷。

吴淑《江淮異人録》卷上載："唐末沈汾侍御,退居樂道。家有二妾,一日謂之曰：'我若死,爾能哭我乎？'妾甚愕然,曰：'安得不祥之言？'固問之,對曰：'苟若此,安得不哭？'汾曰：'汝今試哭,吾欲觀之。'妾初不從,強之不已。妾走避之,汾執而抶之,妾不得已,乃曰：'君但升榻而坐。'汾如言,二妾左右擁袂而哭,哭畢視之,汾已卒矣。"

《十三代史略》　　夏鵬、夏鴻撰

此條據唐圭璋《南唐藝文志》補。唐《志》曰："《江南通志》云：'夏鴻,池州貴池人,嘗與兄鵬輯《十三代史略》,隱居不出,鄉人罕見其面。'"

《江南通志》卷一六九《人物志·隱逸·池州府》載："夏鴻,貴池人。嘗與兄鵬輯《十三代史略》。隱居不出,鄉人罕見其面。子乾錫,樊師古嘗師事之。及守池,薦於朝,宋祖爲製冠服,召之,竟不起。自號清溪布衣。時推一門高尚。"同書卷一九一載"南唐《十三代史略》",注云："貴池夏鴻、夏鵬。"

《歷代紀要》五十卷　劉熙古撰

《宋史》卷二六三《劉熙古傳》載:"嘗集古今事蹟爲《歷代紀要》五十卷"。

劉熙古,字義淳,宋州寧陵人。後唐長興中,以三《傳》舉。時翰林學士和凝掌貢舉,熙古獻《春秋極論》二篇、《演例》三篇,凝甚加賞,召與進士試,擢第,遂館於門下。後歷仕晉、漢、周。入宋,開寶五年致仕,九年卒,年七十四。傳見《東都事略》卷三一。

章如愚《群書考索》卷一六"雜史類"云:"《歷代紀要》,開寶五年四月參知政事劉熙古上,五十卷。"王應麟《玉海》卷四七"開寶《歷代紀要》"條亦云:"《崇文目》'雜家':開寶五年四月癸卯,參知政事劉熙古進,五十卷。詔褒之。本傳:嘗集古今事蹟爲《歷代紀要》五十卷。"

《六年帝略》一卷、《史氏懋官志》五卷　趙鄰幾撰

考見趙鄰幾《會昌以來日曆》條。江少虞《宋朝事實類苑》卷四〇載:"趙鄰幾善屬文,有名於時,太宗用之知制誥,未數旬卒,中使護葬。淳化末,蘇易簡上言,鄰幾有子東之,亦好學,善屬文,任北地邑,佐部送芻粟,死塞下,家睢陽。鄰幾平生多著文,家有遺稿,上遣直史館錢熙往訪之,得《補會昌以來曆》二十六卷,《文集》三十四卷,所著《鯫子》一卷,《六年帝略》一卷,《史氏懋官志》五卷,及他書五十餘卷來上。皆鄰幾點竄之蹟。令宋州賜其家錢十萬。"

《江南登科記》一卷　樂史撰

陳鱣《續唐書‧經籍志》載錄《江南登科記》一卷,注云"南唐進士樂史撰"。唐圭璋《南唐藝文志》著錄樂史《江南登科記》,不明卷數。

《崇文總目》卷二"傳記類下"著錄樂史《江南登科記》一卷。

《通志》卷六五《藝文略三》"傳記類"著録樂史《重修登科記》三十卷、《江南登科記》一卷。《宋史》卷二〇三《藝文志二》"傳紀類"載樂史《登科記》三十卷。焦竑《國史經籍志》卷三"傳記類"著録樂史《重修登科記》三十卷,注曰:"樂史撰。起唐,訖五代。"又《江南登科記》一卷。

《十國春秋》卷一一五《拾遺》云:"樂史,宜黄人也。……史著述極多。在江南,有《江南登科記》、《唐孝悌録》十五卷。"

《僞蜀與朱梁書》一卷　纂人不詳

《四庫闕書目》卷一"別集類"著録《僞蜀與朱梁書》一卷,不明纂人。

《晉開運出師制》　撰人不詳

《四庫闕書目》卷一"別集類"著録《晉開運出師制》,不著卷數及作者。

《錢氏慶系譜》一卷　錢惟演撰

《宋史》卷二〇四《藝文志三》"譜牒類"著録錢惟演《錢氏慶系譜》二卷。《通志》卷六六《藝文略四》"譜系類"、《四庫闕書目》卷一"家譜類"著録《錢氏慶系譜》一卷,兩書均不著撰人。

制誥表狀類

《貞明宣底》二卷　纂人不詳

《四庫闕書目》卷一"總集類"著録《貞明宣底》二卷。宋董逌《廣川書跋》卷一〇《同光四年宣》云:"自唐以樞密院領兵事,始以宣自別於命。余嘗得《梁宣底》考之,知其制自唐末至五代而行之。當貞明時,李振爲樞密使,凡宣傳上旨以行於外而録於其院則謂之宣底。而後樞密院以其與敕異事，故以其詔命謂之宣，其制於事後具月日臣某宣。晉改樞密承宣以就其制。今考其同光四年三月宣，其書蓋與梁同制也。河南石溫叟得後唐同光四年三月宣，余因考之《貞明宣底》，見五代之制蓋自唐末相承如此。"據此可知，《貞明宣底》兩卷獨立成書，而非《朱梁宣底》也。

《前蜀十在》一卷　林屋撰

此條據陳鱣《續唐書·經籍志》補。

後蜀何光遠《鑑誡録》卷七"做十在"條云："有唐《十在》，著自簡編，爲古人之美談，顯君臣之强盛。林員外屋，亦著《前蜀十在》，行自閭閻，明其禍亂之胎，示以君臣之醜。雖爲謗訕，深鑑是非。慮墜斯文，輒編於此。其文曰：'咸康元年，蜀主臨軒，龍顔不悦，群臣失色，罔知所安。時有特進檢校太傅顧正珣越班奏曰："臣聞主憂臣辱，主辱臣死。今聖慮懷憂，臣等請罪。"帝曰："北有後唐霸盛，南有蠻蜑强良。朕雖旰食宵衣，納隍軫慮，此不能興師弔伐，彼不能臣子來往，恐社稷不安，爲子孫之患。是以憂爾。"正珣奏曰："只如興土木於禁中，選驍雄於手下。迴持釜鉞，出鎮藩籬。飾宫殿於遐方，命鑾輿而遠幸。爲釁之兆，爲禍之元。有王承休在，摧挫英雄，吹揚佞媚。全無斟酌，謬處腹心。斷性命於戲玩之間，戮仇讎於樞機之下。有功勞而皆棄，非賄賂而不行。有宋光嗣在，受先皇之付囑，爲大國之棟梁。既不輸忠，又不能退。恣一門之奢侈，任數子之驕矜。徒爲饕餮之人，實非社稷之器。有王宗弼在，迴徹煙霄，殊非謇諤。興亂本逞章呈之妙，説奸謀事煩舌之能。立致傾亡，尚居左右。有韓昭在，常加慘毒，每恣貪殘。焚爇軍營，要寬私第。不道喧騰於衆口，非違信任於愚懷。有歐陽晃在，酷毒害民，加利聚貨。叨爲郡守，實負天恩。瘡痍已徧於陽安，蒙蔽由憑於内密。有由魯僑在，爲君王之元舅，受保傅之尊官。但務奢華，不思輔弼。第宅迥同於上苑，珠珍未滿於貪心。有徐延瓊在，出爲留守,入掌樞機。無諤諤以佐君,但唯唯而徇旨。有景潤澄在,搜求女色,悦暢宸襟。常叨不次之恩,每冒無厭之寵。敷對唯誇於辨博,匡時不諳於經綸。素非忠賢,實爲忝竊。有嚴凝月在,唱亡國之音,衒趨時之伎。每爲巫覡,以玩聖明。致君爲桀、紂之年,昧主乏唐、虞之化。有臣在,陛下任以如此,何憂社稷不安。"帝聞所奏,大悦龍顏。於是賜顧正珣絹五百疋,進加右金吾衛將軍、開府儀同三司、檢校太尉。仍令所司,編入史記。'"謹按:《前蜀十在》本無卷數,陳氏或以其嘗單獨傳抄,"行自間閻",故定爲一卷。

《梁雜制》一卷　不著撰人

《四庫闕書目》卷一"總集類"、《通志》卷七〇《藝文略八》"制誥類"、焦竑《國史經籍志》卷五"制誥類"均著録《梁雜制》一卷,不著撰人。

《開平麻制》一卷　不著撰人

《四庫闕書目》卷一"總集類"、《通志》卷七〇《藝文略八》"制誥類"、焦竑《國史經籍志》卷五"制誥類"均著録《開平麻制》一卷,不著撰人。

《梁朝制詞》一卷　不著撰人

《四庫闕書目》卷一"總集類"於《開平麻制》後著録《梁朝制詞》一卷,不著撰人。

《乾祐雜文》一卷　不著撰人

《四庫闕書目》卷一"總集類"著録《乾祐雜文》一卷,不著撰人。

《廣順雜文》一卷　不著撰人

《四庫闕書目》卷一"總集類"著録《廣順雜文》一卷,不著撰人。

《顯德雜文》一卷　不著撰人

《四庫闕書目》卷一"總集類"著録《顯德雜文》一卷，不著撰人。

《金閨瀛州西垣制集》一百五十卷　錢易撰

《宋史》卷三一七《錢易傳》載："有《金閨瀛州西垣制集》一百五十卷。"《十國春秋》卷八三《錢易傳》載："易才學敏贍，數千百言援筆立就。又善尋尺大書行草，喜觀佛書。檢道藏。有《金閨瀛州西垣制集》一百五十卷。"

《劉表軍書》三卷　鄭準撰

《北夢瑣言》卷七云："唐滎陽鄭準，以文筆依荆州成中令。常欲比肩陳、阮，自集其所作爲三卷，號《劉表軍書》。雖有胸襟，而辭體不雅。"

《崇文總目》卷五"別集類七"著録鄭準《四六集》一卷。《通志》卷七〇《藝文略八》"四六類"著録《鄭準四六》一卷，注云"五代人"。

《顯德制詔》一卷　不著撰人。

陳鱣《續唐書·經籍志》著録《顯德制詔》一卷。

《崇文總目》卷五"總集類上"著録《顯德制集》一卷，秦鑑按云："《通志略》'集'作'詔'。"陳詩庭云：是書皆載顯德中賜外國書詔，疑作'集'者非。"《通志》卷七〇《藝文略八》"制誥類"著録《顯德制詔》一卷，注云："周顯德中賜外國書詔。"

《大毀佛寺詔》一卷　柴榮撰

北京圖書館藏清黄奭編校本《知足齋叢書》（六十六種）編存《大毀佛寺詔》一卷，題曰"後周世宗柴榮撰"。

《五代制誥》一卷　不著撰人

《通志》卷七〇《藝文略八》"制誥"於《五代制詞》外，另著錄《五代制誥》一卷，不著撰人。尤袤《遂初堂書目》及陶宗儀《說郛》卷一〇下"總集類"均著錄《五代制誥》，無卷數。

《制集》三卷　不著撰人

《崇文總目》卷五"總集類上"著錄《制集》三卷，不著撰人。《通志》卷七〇《藝文略八》"制誥"、焦竑《國史經籍志》卷五"制誥類"均著錄《制集》三卷，注云"集唐末五代拜官制"。

《五代制詞》一卷　不著撰人

《四庫闕書目》卷一"總集類"、《通志》卷七〇《藝文略八》"制誥"、《宋史》卷二〇九"總集類"、焦竑《國史經籍志》卷五"制誥類"均著錄《五代制詞》一卷，不著撰人。

《麻稿集》三卷　不著撰人

《通志》卷七〇《藝文略八》"制誥"、焦竑《國史經籍志》卷五"制誥類"均著錄《麻稿集》三卷，注云："後唐麻稿表章。"不著撰人。

《李慎儀集》二十卷　李慎儀撰

《崇文總目》卷五"總集類上"著錄《李慎儀集》二十卷。秦鑑按云："集下疑脫'制'字。"《通志》卷七〇《藝文略》"制誥"著錄《李慎儀集》二十卷，注云："後唐至周制詞表狀。"《宋史》卷二〇八《藝文志七》"別集類"已著錄《李慎儀集》十二卷，卷二〇九"總集類"複著錄《李慎儀集制》二十卷。焦竑《國史經籍志》卷五"制誥類"亦著錄《李慎儀集》二十卷，注同《通志》。

李慎儀，籍貫不詳。據薛《史》卷三九《後唐明宗紀》，卷七六、七九《晉高祖紀》，卷八四《晉少帝紀》載，其於後唐明宗天成三年七月已未由刑部員外郎貶階州司户。後晉天福二年五月戊辰，由翰林學士、都官郎中、知制誥爲中書舍人，賜金紫。天福五年七月丁丑，轉右散騎常侍。開運二年五月壬子，以翰林學士承旨、兵部侍郎爲尚書左丞。開運三年七月壬辰，由尚書左丞遷太常卿。卒年無考。

《新集寶囊》五卷　嚴虔崧撰

《通志》卷七〇《藝文略八》"表章類"著錄《新集寶囊》五卷，注云"梁嚴虔崧撰"。《宋史》卷二〇八《藝文志七》"別集類"著錄嚴虔崧《寶囊》五卷，又《表狀》五卷。焦竑《國史經籍志》卷五"集類"則著錄嚴虔崧《新集寶囊》一卷。

《嚴虔崧表狀》五卷　嚴虔崧撰

《宋史》卷二〇八《藝文志七》"別集類"、焦竑《國史經籍志》卷五"集類"於嚴虔崧《新集寶囊》外，又載錄其《表狀》五卷。

《潛龍筆職集》二卷　趙仁撰

《通志》卷七〇《藝文略八》"表章類"著錄《潛龍筆職集》二卷，注云："僞蜀趙仁撰。"《宋史》卷二〇八《藝文志七》則著錄趙仁拱《潛龍筆職》三卷。

《表記奏牘》三百篇　陳嶠撰

宋祖駿《補五代史藝文志·補遺》、陳鱣《續唐書·經籍志》均載陳嶠《表記奏牘》三百篇，乃顧《志》所闕者。

《十國春秋》卷九五《陳嶠傳》云："陳嶠，字延封，遠祖邁，唐初爲莆田令，家焉。……光啓三年登進士第，釋褐攝京兆府參軍。太祖兄弟入閩，辟爲大從事，遷大理評事兼監察御史，已又奏授大理司直兼殿中侍御史。光化三年十月卒，年七十五。所著表記奏牘凡三百篇。"另據錢易《南部新書》戊卷載："陳嶠，字景山，閩人也。

孑然無依,數舉不遂,蹉跎輦轂,至於暮年,逮獲一名還鄉,已耳順矣。鄉里以宦情既薄,身後無依,乃以儒家女妻之,至新婚近八十矣。合巹之夕,文士競集,悉賦催粧詩,咸有生薑之諷。嶠亦自成一章,其末曰:'彭祖尚聞年八百,陳郎猶是小孩兒。'座客皆絶倒。"

《民間利害書》 汪台符撰

汪之昌《補南唐藝文志》著録此書,注云:"據馬《書》補。"

汪台符,歙州人,好學善爲文。徐知誥鎮金陵,自草間上書,陳民間九患及利害十餘條,爲宋齊丘所沮,貽誚之。齊丘怒,使人沉之於江。今存《歙州重建汪王廟記》一文。傳見馬令《南唐書》卷一四、陸游《南唐書》卷一二、《江南野史》卷九及《十國春秋》卷一〇。

《諫疏》 蕭儼撰

汪之昌《補南唐藝文志》著録此書,注云:"具詳馬、陸兩《書》,據補。"

蕭儼,廬陵人。仕南唐三主,以切諫聞。傳見馬令《南唐書》卷二二、陸游《南唐書》卷一五及《十國春秋》卷二五。

《十事疏》 張泌撰

汪之昌《補南唐藝文志》著録此書,注云:"據《江表志》補。"李燾《續資治通鑑長編》卷二宋太祖建隆二年七月載:"唐句容尉廣陵張佖上書陳十事,其一舉簡要,二略繁小,三明賞罰,四重名器,五擇賢良,六均賦役,七納諫諍,八究毁譽,九節用,十屈己。唐主嘉納,擢爲監察御史。"

張泌,常州人,南唐李煜時仕爲考工員外郎,進中書舍人,改内史舍人。建隆二年,上書李煜,即《十事疏》。事詳《十國春秋》卷二五《張泌傳》及卷三十《張佖傳》。泌、佖實爲一人,吴任臣以爲二人,實誤。

《唐朝君臣正論》二十五卷　張昭撰

《宋史》卷二六三《張昭傳》云：晉天福五年，昭"服闋，召爲户部侍郎。以《唐史》未成，詔與吕琦、崔梲等續成之，别置史院，命昭兼判院事。昭又撰《唐朝君臣正論》二十五卷上之。改兵部侍郎"。王應麟《玉海》卷六二"唐君臣政理論"條載："晉張昭撰《唐朝君臣正論》二十五卷，上之。"

《雜書》一卷

《通志》卷七〇《藝文略八》"制誥類"著録《雜書》一卷，注云："蜀人雜録制詔及鄰國書疏、後唐興復赦辭。"

《雜表疏》一卷　楊昭儉撰

《通志》卷七〇《藝文略八》"表章類"著録《雜表疏》一卷，注云："石晉楊昭儉等表疏。"焦竑《國史經籍志》卷五"集類"著録《雜表疏》一卷，注曰："石晉楊昭儉。"

刑法類

《唐朝格式律令》二百八十六卷　王都進

陳鱣《續唐書·經籍志》載《唐朝格式律令》二百八十六卷，注云："定州王都進。"

薛《史》卷一四七《刑法志》載："唐莊宗同光元年十二月，御史臺奏：'當司刑部、大理寺本朝法書，自朱温僭逆，删改事條，或重貨財，輕入人命，或自徇枉過，濫加刑罰。今見在三司收貯刑書，並是僞廷删改者，兼僞廷先下諸道追取本朝法書焚毁，或經兵火所遺，皆無舊本節目。只定州勅庫有本朝法書具在，請勅定州節度使速寫副本進納，庶刑法令式，並合本朝舊制。'從之。未幾，定州王都進納《唐朝格式律令》凡二百八十六卷。"

《大中統類》十二卷

陳鱣《續唐書·經籍志》載《大中統類》十二卷，注云："後唐以前行用。無名氏撰。"

《舊唐書》卷一七七《劉璲傳》云："劉璲者，彭城人。祖璠，父烱。璲，開成初進士擢第。會昌末，累遷尚書郎、知制誥，正拜中書舍人。大中初，轉刑部侍郎。璲精於法律，選大中以前二百四十四年制敕可行用者二千八百六十五條，分爲六百四十六門，議其輕重，別成一家法書，號《大中統類》，奏行用之。"

薛《史》卷四四《明宗紀》於長興四年六月載："癸亥，詔御史中丞龍敏等詳定《大中統類》。"同書卷七八《晉高祖紀》於天福四年正月載："乙卯，左諫議大夫曹國珍上言：'請於内外臣僚之中，選才略之士，聚《唐六典》、《前後會要》、《禮閣新儀》、《大中統類》、律令格式等，精詳纂集，俾無漏落，別爲書一部，目爲《大晉政統》。'從之。"

《宋史》卷二〇四《藝文志三》"刑法類"載張戣《大中統類》十二卷。

興武按：據《五代會要》卷九"定格令"條載，顯德四年五月二十四日，中書門下所奏"行用多時，文意古質，條目煩細，使人難會"而"朝廷之所行用"的"法書"中，仍有《大中統類》十二卷，是知此書晚至後周顯德時仍在使用。陳《志》所謂"後唐以前行用"者，顯係失察。

《同光刑律統類》十三卷　盧質等撰

陳鱣《續唐書·經籍志》載《同光刑律統類》十三卷，注云："刑部尚書盧億纂集。"

薛《史》卷一四七《刑法志》載："（後唐同光）二年二月，刑部尚書盧價奏，纂集《同光刑律統類》凡一十三卷，上之。"按："盧價"當係"盧質"之訛。

《五代會要》卷九"定格令"條則云："後唐同光三年二月，刑部尚書盧質上新集《同光刑律統類》十三卷。"

《大周續編敕》二卷　盧億等撰

陳鱣《續唐書·經籍志》載《大周續編》二卷，注云："後周御史盧億等撰。"

薛《史》卷一四七《刑法志》載："周太祖廣順元年六月，勅御史臺盧億、刑部員外郎曹匪躬、大理正段濤同議定重寫法書一百四十八卷。先是，漢隱帝末，因兵亂法書亡失，至是大理奏重寫律令格式、統類編敕，凡改點畫及義理之誤字凡二百一十四，以晉、漢及國初事關刑法敕條，凡二十六件，分爲二卷，附於編敕，目爲《大周續編敕》，命省、寺行用焉。"《五代會要》卷九"定格令"條所記與此稍異，其文曰："周廣順元年六月，命侍御史盧億等，以晉、漢及國初事關刑法敕條一十六件，編爲二卷，目爲《大周續編敕》。"

盧億，字子元，懷州河內人。《宋史》卷二六四《盧多遜傳》云："父億，字子元。少篤學，以孝悌聞。舉明經，調補新鄉主簿。秩滿，復試進士，校書郎、集賢校理。晉天福中，遷著作佐郎，出爲鄆州觀察支使。節帥杜重威驕蹇黷貨，幕府賄賂公行，惟億清介自持。會景延廣鎮天平，表億掌書記；留守西洛，又表爲判官。""漢初，以魏王承訓爲開封尹，授億水部員外郎，充推官。""周初，爲侍御史。漢末兵亂，法書亡失，至是，大理奏重寫律令格式、統類編敕。乃詔億與刑部員外曹匪躬、大理正段濤同加議定。舊本以京兆府改同五府，開封、大名府改同河南府，長安、萬年改爲次赤縣，開封、浚儀、大名、元城改爲赤縣。又定東京諸門薰風等爲京城門，明德等爲皇城門，啟運等爲宮城門，昇龍等爲宮門，崇元等爲殿門。廟諱書不成文，凡改點畫及義理之誤字二百一十有四。又以晉、漢及周初事關刑法敕條者，分爲二卷，附編敕，自爲《大周續編敕》，詔行之。俄以本官知雜事，加左司員外郎，遷主客度支郎中，並兼弘文館直學士。世宗晏駕，爲山陵判官，出爲河南令。宋初，遷少尹。億性恬退,聞其子多遜知制誥,即上章求解。乾德二年,以少府監致仕。"

《天成雜勑》三卷　　不著撰人

宋祖駿《補五代史藝文志》著錄《天成雜勑》三卷。

《崇文總目》卷二"刑法類"著錄《天成編勑》三卷,不著纂人。《通志》卷六五《藝文略三》"刑法類"著錄《天成編勑》三卷,注云:"後唐詔勑,僞蜀人編。"《宋史》卷二〇四《藝文志三》"刑法類"載《天成雜勑》三卷。焦竑《國史經籍志》卷三"法令類"復載《天成雜故》三卷,注曰:"後唐詔勑,蜀人編。"按:"雜故"當系"雜勑"之譌。

《重定法書》一百四十八卷　　盧億等撰

陳鱣《續唐書·經籍志》載《重定法書》一百四十八卷,注云:"周侍御史盧億等同議定。"

薛《史》卷一四七《刑法志》載:"周太祖廣順元年六月,勑侍御史盧億、刑部員外郎曹匪躬、大理正段濤同議定重寫法書一百四十八卷。"

《重詳定刑統》三十卷　　竇儀撰

《宋史》卷二七〇《蘇曉傳》云:"周廣順初,由華州支使入爲大理正。以讞獄有功,遷少卿。顯德中,歷屯田郎中。宋初,詔與竇儀、奚嶼、張希讓等同詳定《刑統》,爲三十卷及《編勑》四卷。"同書卷二〇四《藝文志三》"刑法類"載竇儀《重詳定刑統》三十卷。

按:竇儀卒於宋太祖乾德四年冬,享年五十三。

《宰輔明鑑》十卷　　張翼撰

《通志》卷六五《藝文略三》"職官下"著錄《宰輔明鑑》十卷,注云"僞吳張翼撰"。《宋史》二〇五《藝文志四》"雜家類"著錄張輔《宰輔明鑑》十卷,"張輔"乃"張翼"之譌。同書卷四三九《鄭起傳》

後云："又有穎贄、董淳、劉從義善爲文章,張翼、譚用之善爲詩,張之翰善牋啟。"綜合諸書記載,知張翼乃江南舊臣之入宋者。

《朱梁格目錄》十三卷

薛《史》卷一四七《刑法志》載:梁開平四年太常卿李燕等重新刊定的法書有"《目錄》一十三卷"。《五代會要》卷九"定格令"條、《文獻通考》卷一六六《刑五》及焦竑《國史經籍志》卷三"法令類"所載皆同。《通志》卷六五《藝文略三》"刑法類"著錄《朱梁格目錄》一卷。《四庫闕書目》卷一"目錄類"則著錄《朱梁裕目錄》一卷,"裕"字顯係"格"字形譌。

《天福編敕目》一卷

《四庫闕書目》卷一"目錄類"著錄《天福編敕目》一卷。《通志》卷六五《藝文略三》"刑法類"、焦竑《國史經籍志》卷三"法令類"在《天福編敕》三十卷外,又著錄《天福編敕》一卷,後者當爲目錄。《宋史》卷二○四《藝文志三》"刑法類"所載《天福編敕》三十一卷,其中理應包括目錄一卷。

儀注類

《齊職儀》 周載撰

汪之昌《補南唐藝文志》著錄周載《齊職儀》,注云:"據《十國春秋·徐鍇傳》'後主嘗得周載《齊職儀》'補。"

輿地類

《晉安海物異名記》三卷 陳致雍撰

汪之昌《補南唐藝文志》及唐圭璋《南唐藝文志》均著錄陳致雍

《晉安海物異名記》二卷。

《崇文總目》卷二"地理類"、《通志》卷六六《藝文略四》"地理類"均載陳致雍《晉安海物異名記》二卷。《宋史》卷二〇六《藝文志五》"小説類"載陳致雍《晉安海物異名記》三卷。《直齋書録解題》卷八"地理類"載《晉江海物異名記》三卷,題云:"秘書監莆田陳致雍撰。致雍仕僞閩、南唐,後歸朝。"焦竑《國史經籍志》卷三"傳記類"著録陳致雍《晉江海物異名記》三卷。《十國春秋》卷九七《陳致雍傳》稱,致雍撰《晉安海物異名記》一書。原注稱:"雍《海物異名記》云:荒餘之産,郭璞未詳,張華不載。《臨海記》、《稽聖賦》、《古今注》以及諸家集在此卷。"

《太虚潮論》一卷　錢棲業撰

《通志》卷六六《藝文略四》"地理類·川瀆"載《大虚潮論》一卷,不著撰人。《宋史》卷二〇八《藝文志七》"别集類"載錢棲業《大虚潮論》一卷。《直齋書録解題》卷八"地理類"載《太虚潮論》一卷,題云:"永泰縣令錢棲業述。末稱天祐六年。"按天祐六年,即後梁開平三年。《文獻通考》卷二〇六《經籍三三》載《太虚潮論》一卷,考引《直齋書録解題》。

《山海經圖》十卷　舒雅撰

汪之昌《補南唐藝文志》雖著録此書,不明卷數。唐圭璋《南唐藝文志》列爲十卷。

《崇文總目》卷二"地理類"著録舒雅修《山海經圖》十卷。《郡齋讀書志》卷八"地理類"著録《山海經圖》十卷,志云:"右皇朝舒雅等撰。雅仕江南,韓熙載門人也,後入朝,數預修書之選。閩中刊行本或題曰'張僧繇畫',妄也。"《通志》卷六六《藝文略四》"地理類"著録《山海經圖》十卷,注云"宋朝舒雅等撰"。焦竑《國史經籍志》卷三"傳記類"著録宋舒雅《山海經圖》十卷。清趙士煒《中興館閣書目輯考》卷三列《山海經圖》十卷，釋曰："本梁張僧繇畫。咸平二年，校理舒雅詮次館閣圖書，見僧繇舊蹤尚有存者，重繪爲十卷。又載工侍朱昂《進僧繇畫圖表》於首。僧繇在梁以善畫著，每卷中先類所畫名，凡二百四十七種，其經文不全見。"

《嶺表錄異》三卷　劉恂撰

陳鱣《續唐書·經籍志》載《嶺表錄異》三卷，曰"廣州司馬劉恂撰"。

《新唐書》卷五八《藝文志二》"地理類"、《崇文總目》卷三"小説類下"、《通志》卷六六《藝文略四》"方物類"、《宋史》卷二○四《藝文志三》"地理類"均載錄劉恂《嶺表錄異》三卷。

《四庫全書總目》卷七○"地理類三"載《嶺表錄異》三卷，提要云："舊本題唐劉恂撰。宋僧贊寧《筍譜》稱恂於唐昭宗朝出爲廣州司馬，官滿，上京擾攘，遂居南海，作《嶺表錄》。陳振孫《書錄解題》亦云昭宗時人。然考書中云'唐乾符四年'，又云'唐昭宗即位'。唐之臣子宜有内詞，不應直稱其國號。且昭宗時人，不應預稱謚號。殆書成於五代時歟？粵東輿地之書，如郭義恭《廣志》、沈懷遠《南越志》，皆已不傳。諸家所援據者，以恂是編爲最古。而《百川學海》及《説郛》所載，寥寥數頁，首尾不完。蓋僅從類書抄撮數條，以備一種。而恂之原本，則已久佚。宋代《太平寰宇記》、《太平廣記》、《太平御覽》諸書，徵引頗夥，然尚多挂漏。惟散見《永樂大典》者，條理較詳，尚可編次。謹逐卷裒輯，而佐以旁見諸書者，排比其文，仍成三卷，以復《唐志》之舊。雖《永樂大典》缺卷數函，無從考驗，或不免一二之遺。而證以諸書，似已十得其八九焉。唐人著述傳世者稀，斷簡殘編，已足珍惜。此更於放失之餘，復成完帙，使三四百年博物君子所未睹者，一旦頓還其舊觀，彌足寶矣。恂書體例不可考，今不敢强爲分門。僅使各以類聚，庶便省覽。其中記載博贍，而文章古雅，於蟲魚草木，所錄尤繁。訓詁名義，率多精核。……諸書所引，或稱《嶺表錄》，或稱《嶺表記》，或稱《嶺表異錄》，或稱《嶺表錄異記》，或稱《嶺南錄異》，核其文句，實皆此書。殆以舊本不存，轉相稗販，故流傳訛異，致有數名。惟《永樂大典》所題與《唐志》合，今特從之，以存其真焉。"

《豫章記》三卷　徐廣撰

此條據汪之昌《補南唐藝文志》及唐圭璋《南唐藝文志》補。

《崇文總目》卷二"地理類"著録徐廣撰《豫章記》三卷。《輿地碑記目》卷二"隆興府碑記"載《豫章記》三卷，注"南唐徐廣撰"。唐《志》引《江西通志》云："涂廙，南昌人，仕南唐爲本縣尉，撰《補豫章記》。"按"涂廙"當即"徐廣"之形譌。

《南行記》一卷　李昉撰

《崇文總目》卷二"傳記類下"、《通志》卷六六《藝文略四》"地理類·行役"均載録李昉《南行記》一卷。

《華陽記》　僧仁顯撰

《十國春秋》卷五七《僧仁顯傳》云："僧仁顯，博雅工文章。居荷澤院，爲僧，勤於著述。廣政中，撰《華陽記》，中辨關羽墓在草場，廟在荷聖寺。前人缺誤，多是正焉。"趙抃《成都古今集記序》云："僕繇慶曆至今四入蜀，凡蜀中利害情偽，風俗好惡，瞭然見之不疑。……其間一事一物，皆酌考衆書，鰲正譌謬，然後落筆。如關羽墓，今荷聖寺闃然有榜焉。而仁顯者，孟蜀末僧也，作《華陽記》云：'墓在草場，廟在荷聖。'此目擊之，所當棄而從仁顯者也。"

《金陵六朝記》二卷　尉遲偓撰

汪之昌《補南唐藝文志》著録尉遲偓撰《金陵六朝記》二卷。唐圭璋《南唐藝文志》所載亦同。唐注曰："見朱緒曾《開有益讀書志》。《也是園書目》有尉遲偓《金陵六朝記》三卷。"

《宋史》卷二〇三《藝文志二》"別史類"著錄《金陵六朝記》一卷，不著撰人。陳禹謨《駢志》卷一〇云："尉遲偓《金陵六朝記》：顧愷之於瓦官寺畫維摩，神光滿室，累日方散。"

子　　部

儒家類

《雜説》二卷　李煜撰

陳鱣《續唐書·經籍志》載《雜説》一百卷，注云："南唐後主撰。"

《宋史》卷二〇五《藝文志四》"雜家類"著錄"南唐後主李煜《雜説》二卷"。宋人董更《書録》卷中載："江南後主李煜，字重光。浮休跋其書云：'江南後主書《雜説》數千言及德慶堂題榜，大字如截竹木，小字如聚鍼釘，似非筆蹟所爲。歐陽永叔謂顔魯公書正直方重，似其爲人，若以書觀後主，可不謂之倔强丈夫哉！'"

興武按：李煜《雜説》僅數千言而已，焉得百卷之數？陳氏所録，未知何據。今從《宋志》。

《陳子正言》十五卷　陳岳撰

王定保《唐摭言》卷一五"海叙不遇"條載："陳岳，吉州廬陵人也。少以詞賦貢於春官，凡十上，竟抱至冤。晚年從豫章鍾傳，復爲同舍所譖。退居南郭，以墳典自娱。因以博覽群籍，常著書，商較前史得失，尤長於班、史之業，評三《傳》是非。著《春秋折衷論》三十卷。約《大唐實録》，撰《聖紀》一百二十卷。以所爲述作，號《陳子正言》十五卷。其詞賦歌詩，別有編帙。光化中，執政議以蒲帛徵。傳聞之，復辟爲從事。後以讒黜，尋遘病而卒。"

《皇綱經》　陳彭年撰

《十國春秋·陳彭年傳》云:"年十三,著《皇綱經》萬餘言,爲名輩所賞。後主聞之,召入宮,令幼子仲宣與之遊。"

《爲政九要》　史虛白撰

此條據唐圭璋《南唐藝文志》"儒家類"補。原注曰:"《文淵閣書目》有虛白處士《爲政九要》一部一册。"

《駁董仲舒繁露》二篇、《難王充論衡》三篇、《證蔡邕獨斷》四篇、《斥顔師古正俗》七篇、《非史通》六篇、《答雜斥諸史》五篇、《折海潮論兼明録》二篇、《抑春秋無賢臣論》一篇　僧贊寧撰

陳鱣《續唐書·經籍志》著録《浙海潮論兼明録》二篇("浙"乃"折"之譌)、《斥顔師古正俗》七篇,注云:"吴越僧贊寧撰。"贊寧援儒入佛,著述頗多。

吴處厚《青箱雜記》卷六云:"近世釋子多務吟詠,唯國初贊寧獨以著書立言尊崇儒術爲佛事,故所著《駁董仲舒繁露》二篇、《難王充論衡》三篇、《證蔡邕獨斷》四篇、《斥顔師古正俗》七篇、《非史通》六篇、《答雜斥諸史》五篇、《折海潮論兼明録》二篇、《抑春秋無賢臣論》一篇,極爲王禹偁所激賞。故王公《與贊寧書》曰:'累日前蒙惠顧誏才,辱借通論,日殆三復,未詳指歸。徒觀其滌《繁露》之瑕,劇《論衡》之玷,眼瞭《獨斷》之瞽,鍼砭《正俗》之疹,摺子玄之邪説,泯米穎之巧言,逐光庭若摧枯,排孫郃似圖蔓,使聖人之道無傷於明夷,儒家者流不至於迷復。然則師胡爲而來哉?得非天祚素王,而假手於我師者歟?'"

《五經指歸》五卷　僧十朋撰

《宋史》卷二○二《藝文志一》"經解類"著録僧十朋《五經指歸》五卷。

徐鉉《稽神錄》卷四載："劉建封寇豫章，僧十朋與其徒奔分寧，宿澄心僧院。初夜，見窗外有光，視之，見團火，高廣數尺，中有金車子，與火俱行，嘔軋有聲。十朋始懼，其主人云：'見之數年矣，每夜必出於西堂西北隅地中，遶堂數周，復没於此。以其不爲禍福，故無掘視之者。'"按：劉建封，唐天復中爲湖南節度使。

道家類

《論氣正訣》一卷　何溥撰

宋祖駿《補五代史藝文志·補遺》、陳鱣《續唐書·經籍志》、唐圭璋《南唐藝文志》均載何溥《論氣正訣》一卷。杜文玉《南唐藝文志》則列何溥《論正氣訣》一卷，"正氣"二字當爲"氣正"之倒文，誤。

《十國春秋》卷二九《何溥傳》云："何溥，字令通，袁州宜春人。天資穎異，識雲氣，善地理家言。元宗聞其賢，累詔起之，因上言天經地義之實，擢國子祭酒。保大中，鄒廷翊相皇陵於牛頭山，溥言不利，極表諫諍，忤旨，謫休寧令。溥至邑，即改縣基吴王墓後，倚松蘿山前，名真武下壇形。未幾，卜地縣東南隅居焉。舍前削石，按太極、八卦諸圖，茂林修竹，時時披襟嘯傲其間，以爲常。後主時，復徵，不起。國亡，溥大哭噴血，轉隱芙蓉山，剃髮爲頭陀，禮昭禪師，别號慕真，又號紫霞山人。溥雖假蹟禪門，絶不譚釋語，每誦《道德經》，必嘆曰：'真聖人也，孔子豈欺我哉！'由是專修長生煉化之術。宋天禧初，以火解。所著《論氣正訣》一卷傳世。"

《金書玉券》一卷　任法知撰

《崇文總目》卷四"道書類八"著録《金書玉券》一卷，注云"任法知撰"。《通志》卷六七《藝文略五》"諸子類·道家三"著録《金書玉券》一卷，注云："僞蜀任法知撰。"

《廣成義》八十卷、《太上老君説常清静經註》一卷　杜光庭撰

宋祖駿《補五代史藝文志・補遺》、陳鱣《續唐書・經籍志》均載録杜光庭《廣成義》八十卷。

陶岳《五代史補》卷一"杜光庭入道"條載："杜光庭，長安人，應《九經》舉不第。時長安有潘尊師者，道術甚高，爲僖宗所重。光庭素所希慕，數遊其門。當僖宗之幸蜀也，觀蜀中道門牢落，思得名士以主張之。駕迴，詔潘尊師使於兩街，求其可者。尊師奏曰：'臣觀兩街之衆，道聽塗説，一時之俊即有之，至於掌教之士，恐未合應聖旨。臣於科場中識《九經》杜光庭，其人性簡而氣清，量寬而識遠，且困於風塵，思欲脱屣名利久矣。以臣愚思之，非光庭不可。'僖宗召而問之，一見大悦，遂令披戴，仍賜紫衣，號曰廣成先生，即日馳驛遣之。及王建據蜀，待之愈厚，又號爲天師。光庭嘗以《道》、《德》二經注者雖多，皆未能演暢其旨，因著《廣成義》八十卷。他述稱是，識者多之。"

《崇文總目》卷四"道書類二"、《通志》卷六七《藝文略五》"諸子類・道家二"、《宋史》卷二〇五《藝文志四》"道家附釋氏神仙類"、焦竑《國史經籍志》卷四上"子類"及清趙士煒《中興館閣書目輯考》卷四及《十國春秋》卷四七《杜光庭傳》等均考列杜光庭《仙傳拾遺》四十卷。

白雲霽《道藏目録詳註》卷三載《太上老君説常清静經註》一卷，曰："左右街弘毅大師傳真天師賜紫廣成先生杜光庭註。"

《老君實録》一卷　杜光庭撰

《四庫闕書目》卷二"道書類"著録杜光庭《老君實録》一卷，據補。

《續仙傳》三卷　沈汾撰

此條據汪之昌《補南唐藝文志》及唐圭璋《南唐藝文志》補。唐圭璋先生於《續仙傳》一書之版本流傳情況考述甚詳，可參。

《新唐書》卷五九《藝文志三》著錄沈汾《續神仙傳》三卷。《崇文總目》卷四"道書類九"、《宋史》卷二〇五《藝文志四》"道家附釋氏神仙類"、《直齋書錄解題》卷一二"神仙類"、焦竑《國史經籍志》卷四上"子類"、趙士煒《中興館閣書目輯考》卷四均載錄沈汾《續仙傳》三卷。《全唐文》卷八二九錄沈汾《續仙傳序》,末署"朝請郎前行溧水縣令兼監察御史賜緋魚袋沈汾撰"。

《四庫全書總目》卷一四六"道家類"載《續仙傳》三卷,提要云:"舊本題唐溧水令沈汾撰。陳振孫《書錄解題》曰'汾'或作'玢'。案吳淑《江淮異人錄》載有'侍御沈汾遊戲坐蛻'事,亦道家者流,疑即其人。書中記及譚峭,而稱楊行密曰'吳太祖',則所謂唐者,南唐也。其書上卷載飛昇一十六人,以張志和爲首。中卷載隱化十二人,以孫思邈爲首。下卷載隱化八人,以司馬承禎爲首。雖其中附會傳聞,均所不免,而大抵因事緣飾,不盡子虛烏有。如張志和見《顏真卿集》,藍采和見《南唐書》,謝自然見《韓愈集》,許宣平見《李白集》,孫思邈、司馬承禎、譚峭各有著述傳世,皆非鑿空。他如馬自然、許碏、戚逍遙、許宣平、李昇、徐釣者,譚峭、李陽冰諸詩,亦頗藉其採錄。惟泛海遇仙使,歸師司馬承禎事,上卷以爲女真謝自然,下卷又以爲女真焦靜真,不應二人同時均有此異。是其虛搆之詞,偶忘其自相矛盾者矣。"

《還丹歌》一卷　爾朱先生撰

陳鱣《續唐書·經籍志》載《還丹歌》一卷,曰"蜀朱通儼撰"。

周復俊《全蜀藝文志》卷二三載爾朱先生《還丹歌》詩。《十國春秋》卷四七《爾朱先生傳》云:"爾朱先生,成都人也。字通微,亦號歸元子。唐僖宗時隱鍊於金鷄關下石室,居久之,有異人與藥一丸,且戒曰:'子見浮石而服之,仙道成矣。'自是遇石必投之水間,視其浮沉,人皆笑爲狂。一日遊峽上,有叟艤舟相待,叩其姓氏,對曰:'涪州石姓也。'遂豁然悟曰:'異人浮石之言,斯其應乎?'因服藥,輕舉而去。

時天復末年也。先生有《還丹歌》傳於蜀中。"另參陶岳《五代史補》卷一"爾朱先生上昇"條、《東坡志林》卷二"爾朱道士煉朱砂丹"條。

《太平經》三十篇　閭丘方遠撰

陳鱣《續唐書·經籍志》載《太平經》十三篇，曰"吳道士閭丘方遠撰"。

張君房《雲笈七籤》卷一一三《閭丘方遠傳》云："閭丘方遠，字大方，舒州宿松人也。幼而辯慧。年十六，精通《詩》、《書》。學《易》於廬山陳元晤。二十九，問太丹於香林左元澤，澤奇之。後師事於仙都山隱真巖劉處靖，學修真出世之術。三十四，受法籙於天台山玉霄官葉藏質，真文秘訣，盡以付授。而方遠守一行氣之暇，篤好子史群書，每披卷，必一覽之，不遺於心。常自言：'葛稚川、陶貞白，吾之師友也。'詮《太平經》，爲三十篇，備盡樞要，其聲名愈播於江淮間。唐景福二年，錢塘彭城王錢鏐深慕方遠道德，禮謁於餘杭大滌洞，築室宇以安之，列行業以表之。昭宗累徵之，方遠以天文推尋，秦地將欲荊榛，唐祚必當革易，侔蹟園綺，不出山林，竟不赴召。乃降詔褒異，就頒命服。……天復二年二月十四日，沐浴焚香，端拱而坐，俟亭午而化。"

沈汾《續仙傳》卷下《閭丘方遠傳》亦稱其"詮《太平經》，爲三十篇，備盡樞要"。《十國春秋》卷八九《閭丘方遠傳》既謂其"嘗詮《太平經》十三篇行世"，陳鱣未作詳察，遂沿其誤。

《服氣要訣》一卷　申天師撰

宋祖駿《補五代史藝文志·補遺》著録申天師《服氣要訣》一卷，據補。

《四庫闕書目》卷二"道書類"、《通志》卷六七《藝文略五》"道家三"、《宋史》卷二〇五《藝文志四》"道家附釋氏神仙類"及《十國春秋》卷五七《申天師傳》小注均載申天師《服氣要訣》一卷。

張君房《雲笈七籤》卷五九《諸家氣法·申天師服氣要訣》云："取半夜之後五更已來，睡覺後以水漱口，仰臥伸手足，徐徐吐氣，一二十度。候穀氣消盡，心静定，即閉氣忘情，將心在臍下丹田氣海之中寂然不動，嚥氣三兩度便閉氣，使心送向丹田中，漸覺氣作聲，下入氣海中幽幽然，便是氣行之候也。良久，待氣行訖，人開口吐氣徐徐，又閉口而嚥之，如是三二十度，皆依前法。覺氣飽，即冥心忘情，清息萬慮。久久習之，覺口中津液甘香，食即有味，是其候也。凡欲行此道，先須忘身忘本，守元抱一。兀然久之，澄定而入。玄妙之要在於此也。"

按：申天師乃後蜀青城山道士，詳前《怡神論》條。

《青雲總録》、《青雲新録》　錢易撰

陳鱣《續唐書·經籍志》載錢易《青雲總録》、《青雲新録》，不著卷數。

《宋史》卷三一七、《十國春秋》卷八三《錢易傳》均稱錢易有《青雲總録》、《青雲新録》，不記卷數。《浙江通志》卷二四六"經籍六·小説家"載《青雲總録》一百卷，未知所據，疑不可從。

《二十四化詩》一卷、《二十四化圖》一卷　杜光庭撰

《四庫闕書目》卷二"道書類"著録杜光庭《老君二十四化詩》一卷。《宋史》卷二〇五《藝文志四》"道家附釋氏神仙類"載杜光庭《二十四化詩》一卷、《二十四化圖》一卷。

《神仙感遇傳》十卷　杜光庭撰

《宋史》卷二〇五《藝文志四》"道家附釋氏神仙類"載杜光庭《神仙感遇傳》十卷。《四庫全書總目》卷一四七著録《神仙感遇傳》五卷，提要云："蜀杜光庭撰。記古來遇仙之事。《雲笈七籤》所載凡四十四條，此本凡七十五條。然第五卷末尚有闕文，不知凡佚幾條也。"

善本:《神仙感遇傳》五卷;明抄本。

《安鎮城邑宫闕醮儀》一卷　杜光庭撰

《崇文總目》卷四"道書類上"著録杜光庭撰《安鎮城邑宫闕儀》一卷。《通志》卷六七《藝文略五》"諸子類·道家三"及焦竑《國史經籍志》卷四上"子類"均著録杜光庭《安鎮城邑宫闕醮儀》一卷。

《陰符經》一卷、《陰符經注》一卷　杜光庭注

陳鱣《續唐書·經籍志》載《陰符經注》一卷,曰"蜀崇真館大學士杜光庭撰"。

《四庫闕書目》卷二"道書類"著録杜光庭撰《陰符經》一卷。《通志》卷六七《藝文略五》"道家一"著録杜光庭《陰符經注》一卷,其後復載《陰符經》一卷,注云"杜光庭撰"。焦竑《國史經籍志》卷四上"子類"著録杜光庭《注陰符》一卷,又《陰符經》一卷。據此,則杜光庭自撰《陰符經》爲一書,爲之加注後則另成一書。

《襲古書》三卷　范朝(一作萬朝)撰

此條據唐圭璋《南唐藝文志》補。

《崇文總目》卷四"道書類二"著録《襲古書》三卷,曰"萬朝撰"。《通志》卷六七《藝文略五》"道家二"著録《襲古書》三卷,注云"僞唐范朝撰"。

《崔公入藥鏡注》一卷　崔希範著

明抄本《道書八種》抄存《崔公入藥鏡注》一卷,題"五代崔希範著"。崔希範,字里不詳。宋林師蒧等編《天台續集》卷上存其詩一首云:"孤雲須信少常期,未作禎祥又欲歸。霖雨只宜滋大旱,山川終稱養沉機。夜寒放意文章險,春盡平心筍蕨肥。若是蒲輪重到日,讓辭牋表莫重飛。"

《宗性論》、《修真秘訣》 聶紹元撰

此條據唐圭璋《南唐藝文志》補。《十國春秋》卷三四《聶紹元傳》云："聶紹元,字伯祖。……時後主酷好浮屠學,黃冠輩多落鬚髮以趣之。紹元上疏切諫,居無何,病卒。……嘗撰《宗性論》、《修真秘訣》,學士徐鉉、徐鍇見之,稱歎曰:'吳筠、施肩吾無以加焉。'"

《徐仙翰藻》十四卷 徐知證、徐知諤撰

此條據唐圭璋《南唐藝文志》補。唐注曰:"元陳慕根輯,見萬曆本《續道藏》。北京圖書館藏有元抄本《徐仙翰藻》十四卷。《全唐文》錄徐知證文一篇。"

《四庫全書總目》卷一四七"道家類存目"載《徐仙翰藻》十四卷,提要云:"不著編輯者名氏。前有至元乙未福州教諭周壯翁序,似元時舊本矣。所載皆唐末徐溫二子知證、知諤詩文。稱降神於閩所作,然不言其所自來。考第三卷《塞謗文》中有'今之箕筆'語,乃知皆附乩書也。考倪嶽集有《正祀典疏》,其第十條云'金闕上帝'、'玉闕上帝'。謹案《大明一統志》,福州府閩縣南舊有洪恩靈濟宮一所,祀二徐真人,即今之金闕、玉闕二真人也。真人,五代時徐溫子,曰知證,封江王;曰知諤,封饒王。嘗提兵定福建,父老戴之,圖像以祀。宋賜今額。又考御製碑文云:'太宗文皇帝臨御之十有五年,適遇疾弗愈,百藥罔效。或有言神靈驗者,禱之輒應,脫然卒復。於是大新閩地廟云云。'又《春明夢餘錄》載劉健《革除濫祀疏》云:'謹案正史載徐溫養子知誥篡偽吳王,楊氏諸子皆為節度使。知證夭死,知諤病死。五代石晉時無故立廟,稱之為神。成化末年,加為上帝云云。'是徐仙之祀肇於晉,顯於宋,而大盛於明。此書元人輯之,明人刊之,蓋有以矣。"

《陰符經注》三卷 彭曉撰

焦竑《國史經籍志》卷四上"子類"著錄彭曉注《陰符》三卷。

《新刻纂集紫微斗數捷覽》四卷　陳摶撰

明萬曆九年金陵書坊王洛川刻《新刻纂集紫微斗數捷覽》四卷，題"宋陳摶撰"。

《了證歌》一卷　杜光庭撰

清錢曾《讀書敏求記》卷三載錄杜光庭《了證歌》一卷，識曰："光庭謹傍《難經》各推《了證歌》爲之，以決生死。宋高氏爲之注，東越伍捷又爲之補注。其於脈理，可謂研奧義於深微者矣。"

《四庫全書總目》卷一〇五載錄《杜天師了證歌》一卷，提要云："舊本題唐杜光庭撰。……此書殆出僞託，其詞亦不類唐末五代人。錢曾《讀書敏求記》以爲真出光庭，殊失鑑別。其註稱宋人高氏、伍氏所作，而不題其名。後附《持脈備要論》三十篇，亦不知誰作，多引王叔和《脈訣》，而不知叔和有《脈經》，則北宋以後人矣。"

《廣成先生玉函經》一卷　杜光庭撰

《孫氏祠堂書目內編》卷二著錄《廣成先生玉函經》一卷，注"唐杜光庭撰"。

善本：北京圖書館藏《廣成先生玉函經》一卷，元刻本，題前蜀杜光庭撰，黃丕烈、瞿啟甲跋。

釋氏類

《四注金剛經》一卷　僧應之撰

《宋史》卷二〇五《藝文志四》"釋氏類"著錄僧應之《四注金剛經》一卷。唐圭璋《南唐藝文志》亦載此書，無撰人。

蘇頌《蘇魏公文集》卷七二《題應之詩》云："應之，江表名僧，能文章，善楷、隸。南唐昇元、保大間，爲內供奉，中主、後主書體與之相類。當時碑刻多其寫者,至今盡存。惟江寧府保寧寺《四注金剛經》,兼備衆體,尤爲精筆。"

《滑臺》 釋彥暉撰

《宋高僧傳》卷七《梁滑州明福寺彥暉傳》曰:"釋彥暉,姓孫氏,今東京陽武縣人也。……暉《因明》、《百法》二論各講百許遍,出弟子一百五十餘人,著鈔曰《滑臺》,盛行於世。以乾化元年秋八月三日,氣力薾然而奄化矣。"按:乾化乃後梁太祖朱温年號。

《會要草字》二十卷 釋歸嶼撰

《宋高僧傳》卷七《梁東京相國寺歸嶼傳》云:"釋歸嶼,姓湄氏,壽春人也。……時朱梁後主與嶼卯角同學庠序,狎密情濃,隔面年深。即位半載,下詔訪之。……時閩帥,以聖節進《金剛經》一藏,絹三百匹,盡賜嶼焉,法侶榮之。然覩舊鈔有所不安,未極其理,遂搜抉經義於三載,著成二十卷,號曰《會要草字》,寫畢進呈。帝覽賞歎,勑令入《藏》,嶼苦辭乃止。"

《上生經鈔》 釋貞辯撰

《宋高僧傳》卷七《後唐定州開元寺貞辯傳》云:"釋貞辯,中山人也。……撰《上生經鈔》,爲學者所貴,時號辯《鈔》者是。"

《義評鈔》十四卷、《虛受文集》若干卷、《述義章》三十餘卷 釋虛受撰

《宋高僧傳》卷七《後唐會稽郡大善寺虛受傳》云:"釋虛受,嘉和禦兒人也。……及廣明中,京闕盜據,逃難邐迤,抵越大善寺,同好者命講《涅槃》、《維摩》二經,即天祐年中也。因慊謙雅等師《釋》、崇福《疏》繁略不中,其猶以水濟水,終無必濟焉,遂撰《義評鈔》十四卷。同光中方畢軸。又因講《俱舍論疏》,有賈曾侍郎

《序》,次僧圓暉《序》,皆著《鈔》解之,其文富贍,昔嘗染指知焉。受於《涅槃》,辯而非略,仍多駁議小遠之《疏》,免爲青蠅之玷。餘則《法華》、《百法》、《唯識》,各有別行《義章》。……至同光乙酉歲,受終,迨海艦齋誥牒來,稽其終日,正到青社,果符武肅之言。有《文集》數卷、《述義章》三十餘卷,行之於代。"

《評經鈔》五卷、《音訓》五帖、《法華序鈔解》一卷　釋可周撰

《宋高僧傳》卷七《後唐杭州龍興寺可周傳》云:"釋可周,俗姓傅,晉陵人也。……以天成元年,終於觀音院本房。初,周乾寧四年戾止台州松山寺講《疏》(按:即《法華慈恩大疏》),闕《鈔》,遂依《疏》節成五卷,曰《評經鈔》,《音訓》五帖,解宣律師《法華序鈔》一卷,行於浙之左右。"

《頓漸教義鈔》一卷　釋可止撰

《宋高僧傳》卷七《後唐洛京長壽寺可止傳》云:"釋可止,姓馬氏,范陽大房山高丘人也。……止著《頓漸教義鈔》一卷,見行於代。……應順元年甲午正月二十二日,忽微疾作,召弟子'助吾往生',念彌陀佛,奄然而化。"按:"應順"乃後唐閔帝李從厚年號。

《永新鈔》、《暉理鈔》、《彌勒成佛經疏鈔》、《補猷鈔闕》　釋宗季撰

《宋高僧傳》卷七《漢杭州龍興寺宗季傳》云:"釋宗季者,俗姓俞,臨安人也。……漢乾祐戊申歲,疾終於本房。初,季講次遇一異人,作胡語,問西域未來之經論,一衆驚然。季眇二目,曾夜行感神光引之,嘗覽古師之述作曰:'可俯而窺也。'遂撰《永新鈔》,釋《般若心經》,《暉理鈔》解《上生經》,《彌勒成佛經疏鈔》、《補猷鈔闕》,諸別行義章,可數十卷,並行於世。"

《金光明經隨文釋》十卷　釋皓端撰

《宋高僧傳》卷七《大宋秀州靈光寺皓端傳》云:"釋皓端,姓張氏,嘉禾人也。……兩浙武肅王錢氏召於王府羅漢寺演訓,復令於真身塔寺宣導。於時有台教師玄燭者,彼尊號爲第十祖,端依附之,果了一心三觀,遂撰《金光明經隨文釋》十卷,由是兩宗法要,一徑路通。忠獻王錢氏借賜紫衣,別署大德,號崇法焉。"

《法華鈔》三卷　釋繼倫撰

《宋高僧傳》卷七《大宋并州崇福寺佛山院繼倫傳》云:"釋繼倫,姓曹氏,晉陽人也。……又撰《法華鈔》三卷。……以劉氏據有并汾,酷重其道,署號'法寶',錄右街僧事,寬猛相參,無敢違拒。以僞漢己巳歲冬十月示疾,心祈口述願生知足天。終後頂熱半日方冷,則開寶二年也。"

《四大等頌略》、《華嚴長者論》　釋光仁撰

《宋高僧傳》卷十三《梁撫州疎山光仁傳》云:"釋光仁,不知何許人也。……著《四大等頌略》、《華嚴長者論》,行於世。"

《簡政》二十卷　釋景霄撰

《宋高僧傳》卷十六《後唐杭州真身寶塔寺景霄傳》云:"釋景霄,俗姓徐氏,丹丘人也。……著記二十卷,號《簡政》,言以思擇力故,去邪説而簡取正義也。武肅王錢氏召於臨安故鄉,宰任竹林寺。未幾,命赴北塔寺臨壇,天成二年也。次命住南真身寶塔寺,終焉。"

《增暉錄》二十卷　釋希覺撰

《宋高僧傳》卷十六《漢錢塘千佛寺希覺傳》云:"釋希覺,字順之,姓商氏,世居晉陵。……龍紀中受戒,續揣摩《律部》,稟教於西明寺惠則律師,時在天台山也。……以則出《集要記》解《南山鈔》,

不稱所懷。何耶？古德妄相穿鑿，各競師門，流宕忘返，覺遂著記廣之，曰《增暉集》，蓋取曹植云'螢燭末光，增暉日月'，謙言增暉《集要》之日月也，二十卷成部。浙之東西，盛行斯録。"

《南嶽高僧傳》　釋惟勁撰

《宋高僧傳》卷一七《後唐南嶽般舟道場惟勁傳》云："釋惟勁，福州長溪人也。……楚王馬氏奏賜紫，署寶聞大師，梁開平中也。勁《續寶林傳》，蓋録貞元已後禪門祖祖相繼源脈者也。別録《南嶽高僧傳》，未知卷數，亦一代禪宗達士，文采可觀。"

釋普濟《五燈會元》卷七載："南嶽般若惟勁寶聞禪師，福州人也。……師嘗《續寶林傳》四卷，紀貞元之後宗門繼踵之源流者。又別著《南嶽高僧傳》，皆行於世。"

《禪師贊頌》一卷、《釋華嚴漩澓偈》一卷　釋惟勁撰

《通志》卷六七《藝文略五》"釋家·頌贊類"著録《釋華嚴漩澓偈》一卷，注云："梁僧惟勁撰。"另惟勁《禪師贊頌》一卷。《宋史》卷二〇五《藝文志四》"釋氏類"著録惟勁《禪師贊頌》一卷、《釋華嚴漩澓偈》一卷。

《大藏經音疏》五百餘卷　釋行瑫撰

《宋高僧傳》卷二五《周會稽郡大善寺行瑫傳》云："釋行瑫，姓陳氏，湖州長城人也。……後唐天成中，寓於越，樂若耶山水，披覽大藏教，服枲麻之衣。募道俗置看經道場於寺之西北隅。構樓閣堂宇，蔚成別院，供四方僧，曾無匱乏。以顯德三年壬子秋七月示疾，終於此院，報齡六十二。法臘四十四。瑫性剛正，無面諛，無背憎，足不趨豪貴之門，囊不畜盈餘之物，房無閉户，口無雜言。亦覽群書，旁探經論，慨其郭遁《音義》疏略，慧琳《音義》不傳，遂述《大藏經音疏》五百餘卷，今行於江浙左右僧房。"

《六時禮佛文注》一卷　釋無作撰

《宋高僧傳》卷三〇《梁四明山無作傳》云："釋無作，字不用，姓司馬氏，姑蘇人也。……以梁開平中卒於四明，春秋五十六。初作善草隸，筆蹟遒健，人多摹寫成法。述諸色禮懺文數十本，注道安《六時禮佛文》一卷，並詩歌，並行於代。"

《僧史略》三卷　釋贊寧撰

宋祖駿《補五代史藝文志·補遺》、陳鱣《續唐書·經籍志》均著録僧贊寧《僧史略》三卷。

《崇文總目》卷四"釋書類上"、《通志》卷六七《藝文略五》"釋家類"、《宋史》卷二〇五《藝文志四》"釋氏類"、焦竑《國史經籍志》卷四上"子類"均著録僧贊寧《僧史略》三卷。

釋文瑩《湘山野録》卷下載："僧録贊寧有大學，洞古博物，著書數百卷。王元之禹偁、徐騎省鉉疑則就而質焉。二公皆拜之。……太宗欲知古高僧事，撰《僧史略》十卷進呈，充史館編修，壽八十四。"所記《僧史略》卷數與它書異。

《瑞象曆年記》一卷　僧十朋撰

《崇文總目》卷四"釋書類下"著録《瑞象曆年記》一卷，注"釋十朋撰"。《通志》卷六七《藝文略五》"釋家類"著録《瑞象曆年記》一卷，注云："僞吴僧十朋撰。"《宋史》卷二〇五《藝文志四》"釋氏類"著録十朋《瑞象曆年記》一卷。焦竑《國史經籍志》卷四上"子類"亦著録《瑞象曆年記》一卷，注"漢僧十朋"。

《釋氏六帖》四卷　僧義楚撰

《崇文總目》卷四"釋書類上"著録《釋氏六帖》十四卷，注云："釋義楚撰。"《通志》卷六七《藝文略五》"釋家類"著録《釋氏六帖》四卷，注云："周顯德中僧義楚撰。"

《請禱集》十卷　僧十朋撰

《通志》卷六七《藝文略五》"釋家類"著録《請禱集》十卷，注云："僞吴僧十朋撰。"《宋史》卷二〇五《藝文志四》"釋氏類"著録十朋《請禱集》一卷，《瑞象曆年記》一卷。

《禪宗永明集》一卷　僧延壽撰

明嘉慶二年代藩刻本《禪宗永明集》一卷，注"宋釋延壽撰"。《十國春秋》卷八九《僧延壽傳》云："僧延壽，字沖立，本姓王，餘杭人也。……建隆元年，忠懿王重創靈隱寺，命延壽主其事，後遷永明道場。"按：北宋建隆元年，吴越尚未歸宋。錢氏納土，其事晚在開寶九年。

《大聖文殊師利菩薩像》一册

《北京圖書館善本目録・子部・釋家類》著録此像，注云："五代或北宋初年刻本，一册。"

《一切如來心秘全身舍利寶篋印陁羅尼經》一卷　錢俶刻

《北京圖書館善本目録・子部・釋家類》著録此經，注云："北宋開寶八年吴越國王錢俶刻本，一卷。"

《毘奈耶雜事》一卷　唐莊宗燕國夫人伊氏撰

厲鶚《遼史拾遺》卷三《遼太宗紀下》會同元年十一月甲辰朔載："李昭玘《樂靜先生集》記殘經曰：'南臺古刹有佛書數百卷，多唐季五代時所書，字畫精勁，歷歷可喜。有《毘奈耶雜事》一卷，德妃伊氏所造，唐莊宗次妃。初，神閔敬皇后劉氏以微賤得立，歸賜於佛。性喜聚歛，惟寫佛書饋賂僧尼，而士卒不得衣食。妃爲此經，豈非畏后所逼也。後有印章，曰'燕國夫人伊氏'，蓋未進封時所製也。唐制，太后、皇后未嘗有印，凡封令書，即太后用宫官印，皇后用内侍省印,而夫人不聞有用印之禮。是時兩宮交通藩鎮,使者旁午於道,而恬不知禁,則夫人私自鑄,亦不爲僭矣。按《五代史》稱德妃與韓淑妃居太原,晉高祖反時,爲契丹所虜,不知是經從何至也。"

宋祖駿《補五代史藝文志·補遺》著録唐莊宗燕國夫人伊氏造《毘奈耶雜事》一卷,注"案伊氏即伊德妃"。此顧《志》所無。

閩壽山寺《佛經》五千四百八卷

宋祖駿《補五代史藝文志·補遺》著録閩壽山寺佛經五千四百八卷,此顧《志》所闕,今予補入。《十國春秋》卷九〇《閩世家一》載龍德三年,"王於城西南張爐冶十三所,備銅鐵三萬斤,鑄釋迦、彌勒諸像,唐主賜額曰'金身報恩之寺'。王又泥金銀萬餘兩,作金銀字四藏經各五千四十八卷"。

《揚州孝先寺碑》　殷崇義撰

汪之昌《補南唐藝文志》載録殷崇義撰《揚州孝先寺碑》,不注卷數,注云:"據《十國春秋》補。"馬令《南唐書》卷二三《湯悦傳》載:"湯悦,其先陳州西華人。父殷文圭,唐末有才名。悦本名崇義,仕南唐爲宰相。建隆初,避宣祖廟諱,改姓湯。悦嘗撰《揚州孝先寺碑》,世宗親征淮南,駐驛於寺,讀其文,賞嘆之。"

《大唐保大乙巳歲續貞元釋教録》一卷　僧恒安撰

此條據唐圭璋《南唐藝文志》補,唐注云:"北京圖書館有高麗高宗三十四年(宋淳祐七年)大藏都監刻大藏本。"

《楞嚴經注釋》　僧文遂撰

此條據唐圭璋《南唐藝文志》補。《十國春秋》卷三三《僧文遂傳》云:"僧文遂,杭州人。本陸姓。常爲《楞嚴經》注釋,就謁於師文益,述已所業。文益曰:'《楞嚴》豈不有八還義也?'文遂曰:'然。'曰:

'明還何處?'對曰:'明還日輪。'曰:'日還何處?'文遂懵然無對。文益戒令焚所注之文。"據此則《楞嚴經注釋》一書,似未就而焚。

陰陽五行類

《續聿斯歌》一卷、《六壬釋卦序例》一卷　劉熙古撰

《宋史》卷二六三《劉熙古傳》云:"熙古兼通陰陽象緯之術,作《續韋斯歌》一卷、《六壬釋卦序例》一卷。"

王應麟《玉海》卷五"唐聿斯經"條載:"劉熙古《續聿斯歌》一卷、《六壬釋例序列》一卷。"

《太一遁甲萬勝時定主客立成訣》一卷　胡萬頃撰

《宋史》卷二〇六《藝文志五》"五行類"載胡萬頃《太一遁甲萬勝時定主客立成訣》一卷。《十國春秋》卷六五《胡萬頃傳》云:"(萬頃)幼神悟,精九宮三元之法,占事多奇驗。撰《六壬軍鑑式》三卷、《太乙時紀陰陽二遯立成曆》二卷,術數家多宗之。"胡萬頃乃南漢人。

《太一時紀陰陽二遯立成曆》二卷　胡萬頃撰

陳鱣《續唐書·經籍志》載胡萬頃《太乙時紀陰陽二遯立成曆》二卷。

《通志》卷六八《藝文略六》"五行二"載《太一時紀陰陽二遯立成曆》二卷,注云:"偽南漢胡萬頃撰。"《宋史》卷二〇六《藝文志五》"五行類"載《陰陽二遯立成曆》一卷,不著撰人。《十國春秋》卷六五《胡萬頃傳》所載其著述亦有《太乙時紀陰陽二遯立成曆》二卷。

《新修太一青虎甲寅經》一卷　王處訥撰

歐陽修《新五代史》卷五八《司天考第一》云:"五代之初,因唐

之故，用《崇玄曆》。至晉高祖時，司天監馬重績，始更造新曆……賜號《調元曆》。然行之五年，輒差不可用，而復用《崇玄曆》。周廣順中，國子博士王處訥，私撰《明玄曆》於家。"是知王處訥乃後周時人。

《崇文總目》卷四"五行類中"著録王處訥《新修太一青虎甲寅經》一卷。《通志》卷六八《藝文略六》"五行二"著録《新修太一青虎甲寅經》一卷，注云："宋朝司天少監王處訥撰。"《宋史》卷二〇六《藝文志五》"五行類"亦載王處訥《太一青虎甲寅經》一卷。

《六壬翠羽歌》一卷　僧令岑撰

陳鱣《續唐書·經籍志》、徐炯《五代史記補考·藝文考》均載《六壬翠羽歌》一卷，陳氏曰："長興中僧令岑撰。"

《宋史》卷二〇六《藝文志五》"五行類"載僧令岑《六壬翠羽歌》三卷。《直齋書録解題》卷一二"卜筮類"載《六壬翠羽歌》一卷，題云："後唐長興中僧令岑撰。錯誤極多，未有他本可校。"《崇文總目輯釋補正》卷三於《秘寶翠羽歌》一卷下補曰："《書録解題》十二：《六壬翠羽歌》，後唐長興中僧合岑撰。《通考》二百二十引陳氏作'令岑'。"

《太乙金鑰匙》一卷　陳摶撰

明談劍山居抄本《太乙金鑰匙》一卷，題"宋陳希夷撰"。

兵家類

《兵論》一卷　張道古撰

《新唐書》卷五九《藝文志三》"兵書類"載張道古《兵論》一卷，注："字子美，景福進士第。"《崇文總目》卷三"兵家類"、《宋史》卷二〇七《藝文志六》"兵書類"均著録《兵論》十卷，不著撰人。按：張道古卒於前蜀王建時。

《兵書論語》三卷　符彥卿撰

《崇文總目》卷三"兵家類"著録符彥卿撰《兵書論語》三卷。《通志》卷六八《藝文略六》"兵書類"、《宋史》卷二〇七《藝文志六》"兵書類"均載録《兵書論語》三卷,不著撰人。朱彝尊《經義考》卷二七八亦載"符氏彥卿《兵書論語》",曰"《宋志》三卷"。

《契神經》一卷　劉可久撰

《崇文總目》卷三"兵家類"著録劉可久《契神經》一卷。《通志》卷六八《藝文略六》"兵家類"著録《契神經》一卷,注云:"周顯德中劉可久撰。"《宋史》卷二〇七《藝文志六》"兵書類"亦著録劉可久《契神經》一卷。

曆數類

《萬分曆》一卷　不詳撰人

《通志》卷六八《藝文略六》"正曆類"、焦竑《國史經籍志》卷四下"曆數類"均著録《萬分曆》一卷,注云"廣順中作"。明人邢雲路《古今律曆考》卷一九云:"劉孝榮采五代民間《萬分曆》作《三萬分》,爲日法乃三。因《萬分小曆》作《三萬分》,以隱《萬分》之名,其實《三萬分曆》即《萬分曆》。"

《青羅立成曆》一卷　朱奉撰

陳鱣《續唐書·經籍志》載朱奉《青羅立成曆》一卷。《直齋書録解題》卷一二"陰陽家類"載《青羅立成曆》一卷,題云:"司天監朱奉奏。據其曆,'起貞元十年甲戌入曆,至今乾寧四年丁巳',則是唐末人。"據補。

農家類

《秦中歲時記》一卷、《輦下歲時記》一卷　李綽撰

陳鱣《續唐書·經籍志》載《秦中歲時記》一卷、《輦下歲時記》一卷，曰"李綽撰"。

《郡齋讀書志》卷一二"農家類"載《輦下歲時記》一卷，志云："右唐李綽撰。綽經黃巢之亂，避地蠻隅，偶記秦地盛事，傳諸晚學云。"《直齋書錄解題》卷六"時令類"載《秦中歲時記》一卷，題云："唐膳部郎中趙郡李綽撰。綽別未見，此據《中興書目》云爾。其序曰：'緬思庚子之歲，浹周戊辰之年。'庚子，唐廣明元年；戊辰，梁開平二年也。又曰：'偶記昔年皇居舊事，絕筆自歎，橫襟出涕。'然則唐之舊臣，國亡之後傷感疇昔，而爲此書也。按朱藏一《紺珠集》、曾端伯《類說》載此書，有杏園探花使、端午扇市、歲除儺公儺母及太和八年無名子詩數事，今皆無之，豈別一書乎？"其書內容詳見朱勝非《紺珠集》卷一〇、陶宗儀《說郛》卷六九上。

《崇文總目》卷二"歲時類"、《新唐書》卷五九《藝文志三》"農家類"、《通志》卷六四《藝文略二》"歲時類"均載李綽《秦中歲時記》一卷。《宋史》卷二〇五《藝文志四》"農家類"載李綽《秦中歲時記》一卷、《輦下歲時記》一卷。《文獻通考》卷二〇六《經籍三三》載《秦中歲時記》一卷、《輦下歲時記》一卷。

《歲華紀麗》四卷　韓鄂撰

陳鱣《續唐書·經籍志》載《歲華紀麗》四卷，曰"韓鄂撰"。

《新唐書》卷五九《藝文志三》"農家類"、《崇文總目》卷二"歲時類"、《通志》卷六四《藝文略二》"歲時類"、《國史經籍志》卷三"時令類"載錄《歲華紀麗》二卷。《宋史》卷二〇五《藝文志四》"農家類"、《文獻通考》卷二〇六《經籍三三》、《孫氏祠堂書目內編》卷三均著錄韓鄂《歲華紀麗》四卷。《直齋書錄解題》卷六"時令類"著錄《歲

華紀麗》七卷,注云:"唐韓鄂撰。采經、子、史傳歲時事類聚,而以儷語間之。"

錢曾《讀書敏求記》卷二載韓鄂《歲華紀麗》七卷,識曰:"此是舊鈔。卷中闕字數行,又失去末頁,無從補入。後見章丘李中麓藏宋刻本,脫落正同,知是此本之祖。蓋因歲久墨敝紙渝,字蹟不可捫揣,故鈔本仍之耳。"

善本:《歲華紀麗》四卷:明崇禎毛氏汲古閣刻毛晉編《津逮秘書》本。王重民《中國善本書提要·子部·類書類》作該書提要。

興武按:顧、宋兩《志》均已著錄韓諤《四時纂要》十卷,此書則付之闕如,今補。

雜家類

《金樓子》

汪之昌《補南唐藝文志》著錄此書,注云:"《楓窗小牘》:內庫書中《金樓子》有李後主手題,則南唐夙有此書,據補。"

《五代詩話》卷一"李後主"條引《楓窗小牘》云:"內庫書中《金樓子》,有李後主手題曰:'梁元帝謂王仲宣昔在荊州,著書數十篇,荊州壞,盡焚其書。今在者一篇,知名之士咸重之。見虎一毛,不知其斑。後西魏破江陵,帝亦盡焚其書,曰:文武之道,盡今夜矣。何荊州焚書二語,前後一轍也?詩以慨之曰:牙籤萬軸裹紅綃,王粲書同付火燒。不是祖龍留面目,遺篇那得到今朝。卷皆薛濤箋所鈔,惟今朝字誤作金朝。'徽廟惡之,以筆抹去,後書竟如識入金也。"

技術類

《森伯傳》　湯悅撰

此條據唐圭璋《南唐藝文志》補。《十國春秋》卷一一五《拾遺》云:"南唐茶品,初制研膏,後造蠟面。湯悦有《森伯傳》。森伯,茶也。"陸廷燦《續茶經》卷下之五亦載湯悦《森伯傳》,不明卷數。

《續酒譜》十卷　鄭遨撰

薛《史》卷九三《鄭雲叟傳》云:"鄭雲叟,本名遨,雲叟其字也,以唐明宗廟諱,故世傳其字焉,本南燕人也。……嘗爲《詠酒詩》千二百言,海内好名者書於縑緗,以爲贈貺。復有越千里之外,使畫工潛寫其形容列爲屏障者焉。其爲時望所重也如此。"

《郡齋讀書志》卷一二"農家類"載《續酒譜》十卷,志云:"右唐鄭遨雲叟撰。輯古今酒事,以續王績之書。"《文獻通考》卷二一八《經籍四五》載録鄭雲叟《續酒譜》十卷。焦竑《國史經籍志》卷三"酒茗類"則著録唐鄭遨《酒譜》十卷。

陶宗儀《説郛》卷九四上引竇苹《酒譜》云:"五代之亂,干戈日尋,而鄭雲叟隱於華山,與羅隱(之)終日怡然對飲,有《酒詩》二十章,好事者繪爲圖,以相貺遺。"

《花經》一卷　張翊撰

陳鱣《續唐書·經籍志》載《花經》一卷,曰"吴張珝撰"。"珝"乃"翊"之譌。

陶穀《清異録》卷上載:"張翊者,世本長安,因亂南來,先主擢置上列。……翊好學,多思致,嘗戲造《花經》,以九品、九命升降次第之,時服其允當。"

《十國春秋》卷一一《張翊傳》云:"張翊,其先世爲京兆人。唐末,翊父授任番禺,屬劉隱將據廣南,棄官北還,至潭、衡間,馬氏已有潭、澧,挈家來奔江南,過廬陵禾川,僦屋居焉。翊與弟惟彬善讀書,克承先業。高祖時,徐知誥輔國政,翊入廣陵,以射策中第,授武騎尉。及知誥移鎮金陵,隨渡江,見知於宋齊丘,署府中從事。

南唐禪代，擢虔州觀察判官、西昌令，假道還廣陵，里人榮之。已而恃才褊躁，凌暴左右，被鴆卒。翊文辭婉麗，《禾山大舜二妃廟碑》、《廬陵紫陽觀碑》、《新興佛閣碑》文，皆翊所撰。"

《金谷園九局譜》一卷　徐鉉撰

宋祖駿《補五代史藝文志·補遺》、陳鱣《續唐書·經籍志》、汪之昌《補南唐藝文志》、唐圭璋《南唐藝文志》並錄徐鉉《金谷園九局譜》一卷。

《崇文總目》卷三"藝術類"著錄《金谷園九局譜》一卷，不著撰人。《通志》卷六九"藝文略七""藝術類"著錄《金谷園九局譜》一卷，注云："僞唐徐鉉撰。"焦竑《國史經籍志》卷四下"藝術家類"亦著錄徐鉉《金谷園九局譜》一卷。

《續傳信方》十卷　王顏撰

汪之昌《補南唐藝文志》補錄王顏《續傳信方》十卷，注云："據《總目》補。"唐圭璋《南唐藝文志》所載亦同。

《崇文總目》卷三"醫書類二"著錄王顏撰《續傳信方》十卷。《通志》卷六九"藝文略七""醫方上"著錄《續傳信方》十卷，注云："僞唐王顏撰。"《宋史》卷二〇七《藝文志六》"醫書類"、焦竑《國史經籍志》卷四下"醫家類"均著錄王顏《續傳信方》十卷。

《昇元廣濟方》三卷　華宗壽撰

此條據唐圭璋《南唐藝文志》補。《崇文總目》卷三"醫書類二"、《通志》卷六九"藝文略七""醫方上"均著錄《昇元廣濟方》三卷，《通志》注云："僞唐華宗壽撰。"《宋史》卷二〇七《藝文志六》"醫書類"載錄華宗壽《昇天（一作元）廣濟方》三卷。焦竑《國史經籍志》卷四下"醫家類"亦著錄《昇元廣濟方》三卷，注曰"唐華宗壽"。

《寶藏暢微論》三卷　軒轅述撰

陳鱣《續唐書·經籍志》載《寶藏暢微論》三卷，曰"南漢軒轅述撰"，"實"乃"寶"之譌。

《郡齋讀書志》卷一五"醫家類"載《寶藏暢微論》三卷，志云："右五代軒轅述撰。青霞君作《寶藏論》三篇，著變煉金石之訣既詳，其未善，復刊其謬誤，增其闕漏，以成是書，故曰'暢微'。時年九十，實乾亨二年也。"《文獻通考》卷二二二《經籍四九》亦載《寶藏暢微論》三卷，考引《郡齋》。

《經用方書》三十卷、《論候》十卷、《今體治世集》三十卷　劉翰撰

王欽若等《冊府元龜》卷八五九"醫術第二"載："劉翰，顯德初進《經用方書》一部，三十卷；《論候》一十卷，《今體治世集》二十卷。上覽而嘉之，乃以爲翰林醫官，其書付史館。"

《宋史》卷四六一《劉翰傳》云："劉翰，滄州臨津人。世習醫業，初攝護國軍節度巡官。周顯德初，詣闕獻《經用方書》三十卷、《論候》十卷、《今體治世集》二十卷。世宗嘉之，命爲翰林醫官，其書付史館，再加衛尉寺主簿。"

《崇文總目》卷三"醫書類一"著錄《金體治世集》三卷，注云："劉翰撰。"《通志》卷六九《藝文略七》"醫方類"著錄《今體治世集》三十卷，曰"五代劉翰撰"。焦竑《國史經籍志》卷四下"曆數類"則著錄五代劉翰《合體治世集》三十卷。

《食性本草》十卷　陳士良撰

陳鱣《續唐書·經籍志》載《食性本草》三卷，曰"南唐陳士良撰"。唐圭璋《南唐藝文志》錄爲十卷。

《通志》卷六九《藝文略七》"醫方類"著錄《食性本草》十卷，注云："僞唐陳士良撰。"《宋史》卷二〇七"藝文志六""醫書類"亦載陳

士良《食性本草》十卷。宋人唐慎微《證類本草》卷一"補注所引書傳"條載《食性本草》，注曰："僞唐陪戎副尉、劍州醫學助教陳士良撰。以古有食醫之官，因食養以治百病，故取神農本經泊陶隱居、蘇恭、孟詵、陳藏器諸藥關於飲食者類之，附以已載食醫諸方，及五時調養臟腑之術。集賢殿學士徐鍇爲之序。"

《孟蜀食典》一百卷

宋祖駿《補五代史藝文志・補遺》著録《蜀食典》一百卷，爲顧《志》所闕。陳鱣《續唐書・經籍志》載《尚食掌食典》一百卷，曰"後蜀無名氏撰"。書名有誤，乃斷句錯誤所致。

明人徐應秋《玉芝堂談薈》卷四"飲食之侈"條云："古人飲食之侈者，何曾日食萬錢……段文昌有《鄒平公食憲章》五十卷、《孟蜀食典》一百卷。不知口腹奉養，何以侈汰至此。"

《十國春秋》卷一一五《拾遺》載："孟蜀尚食，掌《食典》一百卷。"此爲陳鱣所據。

《射書》十五卷　徐鍇、歐陽陌撰

汪之昌《補南唐藝文志》及唐圭璋《南唐藝文志》均載録徐鍇、歐陽陌《射書》十五卷。陳鱣《續唐書・經籍志》於該書作者闕歐陽陌。

《崇文總目》卷三"藝術類"著録《射書》十五卷，曰"徐鍇、歐陽陌撰。"錢侗按云："《玉海》引《崇文目》同。"《通志》卷六九《藝文略七》"射類"著録《射書》十五卷，注云："僞唐徐鍇、歐陽陌撰。"《宋史》卷二〇七《藝文志六》"雜藝術類"、焦竑《國史經籍志》卷四下"醫家類"亦著録徐鍇《射書》十五卷。

《本草括要詩》三卷　張文懿撰

陳鱣《續唐書・經籍志》載《本草括要詩》三卷，曰"後蜀張文懿撰"。

王應麟《玉海》卷六三"藝術類·唐本草圖"載錄後蜀張文懿撰《本草括要詩》三卷。《宋史》卷二〇七《藝文志六》"醫書類"亦載張文懿《本草括要詩》三卷。

清趙士煒《中興館閣書目輯考》卷四考列《本草括要詩》三卷，釋曰："後蜀張文懿撰。按秘書省闕，《書目》無'詩'字。"

《五善射序》一卷　程匡柔撰

此條據唐圭璋《南唐藝文志》補。《四庫闕書目》卷二"雜家類"、《通志》卷六九《藝文略七》"藝術類"、焦竑《國史經籍志》卷四下"醫家類"均著錄程正柔《五善射序》一卷。

程匡柔事蹟，詳參《大唐補紀》條。

《述書》　李煜撰

此條據唐圭璋《南唐藝文志》補，唐注曰："晁《志》錄《臨池妙訣》三卷，注云：'後有江南李煜《述書》。'陳思《書苑精華》中有《書述》一則云：'書有八字法，謂之拔鐙。自衛夫人並鍾王傳授於歐、顏、褚、陸等，流於此日，然世人罕知其道者。'"

《臨池妙訣》三卷　撰人未詳

徐炯《五代史記補考·藝文考》載《臨池妙訣》三卷，不著撰人。《郡齋讀書志》卷四"小學類"載《臨池妙訣》三卷，志云："右未詳撰人。後有江南李煜《述書》。"《文獻通考》卷一九〇《經籍一七》載《臨池妙訣》三卷，考引《郡齋》。

《昇元帖》四卷　徐鉉刻

此條據唐圭璋《南唐藝文志》補，唐注曰："周密《志雅堂雜抄》謂後主嘗命徐鉉以所藏古今法帖刻石。陶宗儀《輟耕錄》則謂此帖乃中主於保大七年,命倉曹參軍王文炳摹刻。"《十國春秋》卷一一五《拾遺》載:"後主命徐鉉以所藏古人之法帖入石,名《昇元法帖》,在淳化之前,當爲法帖之初。"杜文玉《南唐藝文志》亦載列徐鉉《昇元帖》四卷,注曰:"據《淳化秘閣法帖考》卷一一,此帖爲四卷。"

《江南畫録》　佚名

此條據杜文玉《南唐藝文志》補,原注云:"《圖畫見聞志》卷一。"重核郭若虛《圖畫見聞誌》卷一,確實無誤。

《江南畫録拾遺》　徐鉉撰

此條據杜文玉《南唐藝文志》補,原注云:"《圖畫見聞志》卷一。"重核郭若虛《圖畫見聞誌》卷一,確實無誤。

《水族加恩簿》一卷　毛勝撰

陳鱣《續唐書·經籍志》載《水族加恩簿》一卷,曰"吳越功德判官毛勝撰"。

陶穀《清異録》卷上載:"吳越功德判官毛勝,多雅戲,以地産魚蝦海物四方所無,因造《水族加恩簿》,品叙精奇。有錢氏子得之,余觀私家,一夕全録。"

《十國春秋》卷八八《毛勝傳》云:"毛勝字公敵,晉陵人也。仕忠懿王爲功德判官。性善詼諧,喜雅謔。自以生居水國,饜享群鮮,號'天饞居士'。又以地産魚鰕海錯,四方所無,因造《水族加恩簿》,假以滄海龍君之命,品叙精奇,文章典贍。"

《浙江通志》卷二五四《兩浙志乘下》載《水族加恩簿》一卷。

《海藥本草》六卷　李珣撰

《四庫闕書目》卷二"醫書類"著録李珣《海藥本草》六卷。

《通志》卷六九《藝文略七》"醫方上"載《海藥本草》六卷，曰"李珣撰"。焦竑《國史經籍志》卷四下"醫家類"亦著録《海藥本草》六卷，注"李珣"。

小説類

《初舉子》一卷　盧光啓撰

《崇文總目》卷三"小説類上"著録盧光啓《初舉子》一卷。《新唐書》卷五九《藝文志三》"小説家類"著録盧光啓《初舉子》一卷，注云："字子忠，相昭宗。"《通志》卷六五《藝文略三》"傳記類·科第"著録《初舉子》一卷，注云："後唐同光時人，記當時舉進士部試之式，《唐志》作盧光啓。"《宋史》卷二〇六《藝文志五》"小説類"則著録盧光啓《初舉子》三卷。

孫光憲《北夢瑣言》卷四"陸扆相六月及第"條云："盧相光啓，先人伏刑。爾後兄弟脩飾赴舉，因謂親知曰：'此乃開荒也。'然其立性周謹，進取多塗。著《初舉子》一卷。即進取諸事，皆此類也。"興武按：盧光啓相昭宗，天復三年二月丙子被朱全忠所殺。傳見《新唐書》卷一八二。

《資暇》三卷　李匡文撰

《新唐書》卷五八《藝文志二》"小説家類"著録李匡文《資暇》三卷。《宋史》卷二〇六《藝文志五》"小説類"著録李匡文《資暇録》三卷。按：李匡文有《兩漢至唐年紀》一卷，已補入"雜史類"。

《四庫全書總目》卷一一八載録《資暇集》三卷，提要云："唐李匡乂撰。舊本或題李濟翁，蓋宋刻避太祖諱，故書其字。如唐修《晉書》，稱石虎爲石季龍。或作李乂，亦避諱刊除一字，如唐修《隋書》，稱韓擒虎爲韓擒，實一人也。《文獻通考》一入'雜家'，引《書録解題》作李匡文；一入'小説家'，引《讀書志》作李匡义。而字濟翁則同。《陸游集》有此書跋，亦作李匡文。王楙《野客叢書》作李正文。然《讀書志》實作匡乂，諸書傳寫自誤耳。匡乂始末未詳。書中稱'再從叔翁汧公'，知爲李勉從孫。又稱'宗人瀚作《蒙求》，載蘇武、鄭衆事'云云，則晉翰林學士李翰之族。其人當在唐末。《唐書·藝文志》有李匡文《兩漢至唐年紀》一卷，註曰：'昭宗時宗正少卿。'蓋即匡乂。書中但自稱守南漳，蓋所歷之官，非所終之官也。《讀書志》載是書有匡乂自序曰：'世俗之談，類多譌誤。雖有見聞，嘿不敢證。故著此書，上篇正誤，中篇談原，下篇本物。'此本前有虞山錢遵王氏藏書印，蓋也是園舊物。末題'崏川顧氏家塾梓行'，中間貞字、徵字、完字皆闕筆，蓋南宋所刊。殷字亦尚闕筆，則猶刻於理宗以前、宣祖未祧之時，較近本爲善。然無此序，疑裝輯者佚之。書中亦不標三篇之目，其所說之事，則皆與目應。疑自序乃櫽括之詞，原未標目也。其書大抵考訂舊文。黃伯思《東觀餘論》嘗駁其'荼䕽'一條，黃朝英《緗素雜記》嘗駁其'儤直'一條，胡仔《苕溪漁隱叢話》嘗駁其'藥欄'一條，王楙《野客叢書》嘗駁其'急急如律令'一條。今觀所辨，如'千里不唾井'事，云本因南朝宋之計吏，不知《玉臺新詠》舊本載曹植《代劉勳出妻王氏詩》已有'千里不唾井，況乃昔所奉'句，則宋計吏之說爲誤。又蜀妓薛濤，見於唐人詩集者無不作'濤'，此書獨作'薛陶'，顯爲譌字。又解'龍鍾'爲龍所踐處，亦涉穿鑿。又全書均考證之文，而'穆寧唅熊白'一條忽雜嘲謔雜事，於體例尤爲不倫。然如謂荀悅《漢紀》防將來之誤，'角里'直書'禄里'，足驗'用'字上加一拂別作'角'字之非。謂《論語》'宰予晝寢'作'畫寢'，乃梁武帝之説。'傷人乎，不問馬'，不字斷句，乃《經典釋文》之說：均不始於韓愈《筆解》。謂五臣註《文選》竊據李善之本；謂韓愈諱辨誤以杜度爲名；謂有母之人不可稱舅氏爲渭陽；謂作《詩疏》之陸璣名從玉傍，非士衡；謂萬幾字譌作機由漢王嘉封事；謂除、授二字有分，以至座前、閣下之別，竹甲、題籤、門杖之始，皆引證分明，足爲典據。其中'鄭侯音䜴'一條，明焦竑作《筆乘》，摭爲異聞，不知屬沛國者音'齻'，屬南陽者音'贊'。匡乂已引鄒氏《史記注》駁讀齻之非，竑殆未見此書也歟？"

《三山小牘》三卷　皇甫牧撰

陳鱣《續唐書·經籍志》載《三水小牘》三卷，曰"山令皇甫枚撰"。

《崇文總目》卷二"傳記類下"載皇甫牧《三水小牘》二卷。《宋史》卷二〇六《藝文志五》"小說類"載皇甫枚《三水小牘》二卷，"枚"字當係"牧"之譌。《直齋書錄解題》卷一一"小說家類"載《三水小牘》三卷，題云："唐皇甫牧遵美撰。天祐中人。三水者，安定屬邑也。"《文獻通考》卷二一五《經籍四二》載《三水小牘》三卷，考引《直齋》。

《雲仙散錄》一卷　馮贄撰

陳鱣《續唐書·經籍志》載《雲仙散錄》一卷，曰"金城馮贄撰"。

洪邁《容齋隨筆》卷一"淺妄書"條云："俗間所傳淺妄之書，如所謂《雲仙散錄》、《老杜事實》、《開元天寶遺事》之屬，皆絕可笑。然士大夫或信之，至以《老杜事實》爲東坡所作者，今蜀本刻杜集，遂以入注。孔傳《續六帖》，采摭唐事殊有功，而悉載《雲仙錄》中事，自穢其書。……近歲，興化軍學刊《遺事》，南劍州學刊《散錄》，皆可毁。"

《宋史》卷二〇六《藝文志五》"小說類"載馮贄《雲仙散錄》一卷。《直齋書錄解題》卷一一"小說家類"載《雲仙散錄》一卷，題云："稱唐金城馮贄撰。天復元年叙。馮贄者，不知何人。自言取家世所蓄異書，撮其異說，而所引書名，皆古今所不聞；且其記事造語，如出一手，正如世俗所行東坡《杜詩注》之類。然則所謂馮贄者，及其所蓄書，皆子虛烏有也，亦可謂枉用其心者矣。"《文獻通考》卷二一五《經籍四二》載《雲仙散錄》一卷，考引《直齋》。

《開顔集》三卷　周文規撰

陳鱣《續唐書·經籍志》載《開顔集》三卷，曰"校書郎周文規撰"。

《直齋書録解題》卷一一"小説家類"載《開顔集》三卷，題曰："校書郎周文規撰。未知何時人。以《古笑林》多猥俗，迺於書史中鈔出可資談笑者，爲此編。"《文獻通考》卷二一六《經籍四三》所載亦同。

劉道醇《宋朝名畫評》卷一載："周文矩，建康句容人。美風度，學丹青頗有精思。仕李煜爲待詔。能畫冕服、車器、人物、子女。僞昇元中，命圖南莊，最爲精備。開寶中，煜貢之，藏於秘府，爲上寶重。"

《閩川名士傳》三卷　黄璞撰

《郡齋讀書志》卷九"傳記類"載録《閩川名士傳》三卷，釋曰："右唐黄璞撰。録唐神龍以來閩人知名於世者。效《楚國先賢傳》爲之。"《直齋書録解題》卷七"傳記類"則著録《閩川名士傳》一卷，題云："唐崇文館校書郎黄璞所記人物，自薛令之而下，凡五十四人。"

《通志》卷六五《藝文略三》"傳記類"、《宋史》卷二〇三《藝文志二》"傳記類"均著録黄璞《閩中名士傳》一卷。

按：黄璞乃黄滔之从兄。顧、宋兩《志》既已收録黄璞《霧居子》及《黄璞集》五卷，此書自當補入。

《牧豎閒談》三卷　景焕撰

黄休復《茅亭客話》卷九"景山人"條云："玉壘山人景焕，有文藝，善畫龍，涉獵經史。撰《野人閒話》、《牧豎閒談》。住川城北隅，數畝園蔬，家族數口，豐儉得中。山人情性温雅，守道儉素，未嘗與人有毫髮之競。對人無老少，必先稱名。"

《郡齋讀書志》卷一三"小説類"載録《牧豎閒談》三卷，志云：

"右皇朝景溪纂十九事。景溪,蜀人也。"孫猛校證曰:"按《宋志》卷五有耿煥《牧竪閒談》三卷,又《野人閒話》五卷。袁本解題頗異,俱録於下:'由皇朝景煥撰。多記奇器異物。煥自號玉壘山閒吟牧竪云。'"復校"景溪"云:"袁本'溪'作'煥'。"《文獻通考》卷二一六《經籍四三》載《牧竪閒談》三卷,考引《郡齋》。《宋史》卷二〇六《藝文志五》"小説類"著録耿煥《牧竪閒談》三卷。"耿煥"當即"景煥"之譌。曹學佺《蜀中廣記》卷九四載《牧竪閒談》三卷,曰:"蜀人景煥纂十九事爲篇。又著《野人閒話》五卷。"

《金溪閒談》十二卷　劉山甫撰

宋祖駿《補五代史藝文志·補遺》著録劉山甫《金溪閒談》十三卷。陳鱣《續唐書·經籍志》載《金谿閒談》十二卷,曰"閩殿中侍御史劉山甫撰"。

《北夢瑣言》卷七"玄德感"條云:"福建道以海口黄碕岸横石巉峭,常爲舟楫之患。閩王琅琊王審知思欲制置,憚於力役。乾寧中,因夢金甲神自稱吴安王,許助開鑿。及覺,話於賓僚,因命判官劉山甫躬往設祭,具述所夢之事。三奠未終,海内靈怪具見。山甫乃憩於僧院,憑高觀之。風雷暴興,見一物,非魚非龍,鱗黄鬣赤,凡三日,風雷止霽,已別開一港,甚便行旅。當時録奏,賜號'甘棠港'。閩從事劉山甫,乃中朝舊族也,著《金溪閒談》十二卷,具載其事。愚嘗略得披覽,而其本偶亡,絶無人收得,海隅迢遞,莫可搜訪。今之所集,云'聞於劉山甫',即其事也,十不記其三四,惜哉。"

《十國春秋》卷九五《劉山甫傳》云:"劉山甫,彭城人。太祖(按:即王審知)入閩,署山甫威武軍節度判官。……著《金溪閒談》十二卷,嘗撰《徐寅墓誌銘》,情文兼至,爲世所稱。"

《史話》三卷　撰人不詳

《郡齋讀書志》卷一三"小説類"載《史話》三卷,志云:"右不題撰人。自後漢及江左朝野雜事皆記之。"《文獻通考》卷二一五《經籍四二》所載同。

興武按：此書雖撰人未詳，但所載僅爲後漢及江左朝野之事，當爲五代人所撰。

《笑林》 楊名高撰

唐圭璋《南唐藝文志》著録此書。馬令《南唐書》卷二五《楊名高傳》云："楊名高本名復，名高其優名也。寓黃幡綽，著《笑林》，頗行於時，辭鄙不載。"《十國春秋》卷三二《楊花飛傳》後附傳所載亦同。

《賈氏談録》一卷　張洎撰

宋祖駿《補五代史藝文志・補遺》、徐炯《五代史記補考・藝文考》、陳鱣《續唐書・經籍志》及唐圭璋《南唐藝文志》均載張洎《賈氏談録》一卷。

《郡齋讀書志》卷一三載《賈氏談録》一卷，志云："右僞唐張洎奉使來朝，録其家賈黃中所談三十餘事，歸獻其主。"

《直齋書録解題》卷七"傳記類"載《賈公談録》一卷，題云："序言庚午銜命宋都，聞於補闕賈黃中，凡二十六條，而不著其名。別本題清輝殿學士張洎。蓋洎自江南奉使也。庚午實開寶三年。黃中，晉開運中以七歲爲童子闖頭，十六歲進士及第第三人。"

《宋史》卷二〇六《藝文志五》"小說類"載《賈黃中談録》一卷，曰"張洎撰"。《文獻通考》卷二一六《經籍四三》載録張洎《賈氏談録》一卷。焦竑《國史經籍志》卷四下"小說家類"亦著録《賈氏談録》一卷，注"南唐張洎"。

《四庫全書總目》卷一四〇"小說家類一"載《賈氏談録》一卷，提要云："宋張洎撰。洎字思黯，改字偕仁，全椒人。初仕南唐爲知制誥、中書舍人。入宋爲史館修撰、翰林學士。淳化中官至參知政

第三章　《補五代史藝文志》條目補遺　449

事。事蹟具《宋史》本傳。是書乃洎爲李煜使宋時録所聞於賈黄中者，故曰《賈氏談録》。前有自序，題庚午歲，爲宋太祖開寶三年。《宋史·賈黄中傳》載黄中官左補闕在開寶初，與此序合。蓋其時爲洎館伴也。又序末稱貽諸好事，而晁公武《讀書志》乃稱南唐張洎奉使來朝，録賈黄中所談，歸獻其主。殆偶未檢此序歟？史稱黄中多知臺閣故事，談論亹亹，聽者忘倦。故此録所述皆唐代軼聞。晁氏稱原書凡三十餘事。明陶宗儀《説郛》所載僅九事。宋曾慥《類説》所載亦僅十七事。惟《永樂大典》所載較曾、陶二本爲詳。今從各韻搜輯，參以《説郛》、《類説》，共得二十六事，視洎原目蓋已及十之九矣。原叙一篇，《類説》及《永樂大典》皆佚之，惟《説郛》有其全文，今仍録冠卷首，以補其闕。是書雖篇帙無多，然如牛李之黨，其初肇釁於口語，爲史所未及。而《周秦行紀》一書，晁公武亦嘗據此録以辨韋瓘之誣。他如興慶宫、華清宫、含元殿之制，淡墨題榜之始，以及院體書、百衲琴、澄泥研之類，皆足以資考核。較他小説固猶爲切實近正也。"

善本：《賈氏談録》一卷：明抄本（與《桂苑叢談》、《歷代帝王傳國璽譜》合一册）。

《豪異秘纂》一卷　無名氏撰

《直齋書録解題》卷一一"小説家類"載《豪異秘纂》一卷，題云："無名氏。所録五事，其扶餘國王一則，即所謂虬鬚客者也。"陳氏著録此書，列《唐朝新纂》與《北夢瑣言》之間，意諸書當爲同時小説。而虬鬚客及後蜀花蕊夫人等事，亦可證《豪異秘纂》乃五代人所爲小説也。

胡應麟《少室山房筆叢》卷二五云："紅拂、紅綃、紅綫三女子，皆唐人，皆見小説，又皆將家，皆姬媵，皆兼氣俠，然實無一信者。……李百藥嘗盜素侍女，素執，將斬之，覩百藥倮體俊秀，因畀侍兒歸。《豪異秘纂》遂嫁此事衛公。而虬髯客之誣，又不必辯者也。"按：韓柱國者，隋將韓擒虎；衛公，即衛國公李靖；素，楊素。

張萱《疑耀》卷二"花蕊夫人"條云："孟蜀時，花蕊夫人有《宮詞》，膾炙後世。然夫人在蜀不足多也。蜀後主之母順聖徐太后及其姊，彭王之母翊聖太妃尤能詩。乾德中姊妹以巡禮聖境爲名，凡駐輦處皆有題咏，鐫於金石。今載在《豪異秘纂》者數十篇，皆綺麗有致，殊非粉黛口吻。其風格出花蕊上尚數塵也。"

《廣前定錄》七卷　馮鑑撰

《崇文總目》卷三"小說類上"、《宋史》卷二〇六《藝文志五》"小說類"並載馮鑑《廣前定錄》七卷。

《傳載》八卷　僧贊寧撰

《崇文總目》卷二"傳記類上"著錄《傳載》一卷，不著撰人。《宋史》卷二〇六《藝文志五》"小說類"載僧贊寧《傳載》八卷。董斯張《吳興備志》卷二二"經籍徵第十八"所錄贊寧著述亦有《傳載》八卷。

《秘閣閒談》五卷　吳淑撰

汪之昌《補南唐藝文志》著錄吳淑《秘閣閒談》五卷。陳鱣《續唐書·經籍志》載《秘閣閒談》五卷，曰："南唐翰林學士徐鉉撰。"作者實誤。

《郡齋讀書志》卷一三載《秘閣雅談》五卷，志云："右皇朝吳淑撰。記秘閣同僚燕談。淑仕南唐，後隨李煜降。"《直齋書錄解題》卷一一"小說家類"載錄《秘閣閒談》五卷，注云："起居舍人吳淑正儀撰。淑，丹陽人。"

《四庫闕書目》卷二"小說類"著錄吳淑《秘閣閒談》一卷。《通志》卷六八《藝文略六》"小說類"著錄吳淑《秘閣閒談》四卷。《宋史》卷二〇六《藝文志五》"小說類"及明柯維騏《宋史新編》卷一六九《吳淑傳》均載《秘閣閒談》五卷。

《名臣事蹟》五卷　張昭遠撰

《宋史》卷二六三《張昭遠傳》稱，昭遠"著《嘉善集》五十卷、《名臣事蹟》五卷。"李燾《續資治通鑑長編》卷四乾德元年十月癸未載："吏部尚書張昭上新撰《名臣事蹟》五卷，詔藏史館。"

《修文異名錄》十卷　裴說撰

《崇文總目》卷三"類書類下"、《通志》卷六九《藝文略七》"類書下"均著錄《修文異名錄》十卷，不著撰人。《宋史》卷二〇七《藝文志六》"類事類"著錄裴說《修文異名錄》十一卷。

興武按：裴說，唐天祐三年進士。《唐詩紀事》卷六五謂其"遭亂，故宦不達，多遊江湖間……說終禮部員外郎"。《詩話總龜》前集卷一三引《郡閣雅談》云："說官至補闕。"陳師道《後山詩話》復稱："禮部員外郎裴說《寄邊衣》云云。"《直齋書錄解題》卷一九亦云："說後爲禮部員外郎。"裴說及第之明年，朱梁篡唐，其官補闕、禮部員外郎，只能在後梁時期。

《玉溪編事》三卷　金利用撰

《崇文總目》卷三"小說類上"著錄《玉溪編事》三卷，曰"金利用撰"。《通志》卷六八《藝文略六》"小說類"著錄《玉溪編事》三卷，注云："僞蜀金利用撰。"《宋史》卷二〇六《藝文志五》"小說類"、焦竑《國史經籍志》卷四下"小說家類"均著錄金利用《玉溪編事》三卷。

《續玉堂閒話》一卷　王仁裕撰

《四庫闕書目》卷二"小說類"、《通志》卷六八《藝文略六》"小說類"並著錄王仁裕《續玉堂閒話》一卷。

《桂苑叢談》一卷　不著撰人

《郡齋讀書志》卷六載《桂苑叢談》一卷，志云："右題云馮翊子子休撰。雜記唐朝雜事僖、昭時，當是五代人，李邯鄲云姓嚴。"《崇文總目》卷二"傳記類下"著錄《桂苑叢談》一卷，不著撰人。《新唐書》卷五九《藝文志三》"小説家類"著錄《桂苑叢談》一卷，曰"馮翊子子休"。《宋史》卷二〇六《藝文志五》"小説類"、《文獻通考》卷一九六《經籍二三》均載錄《桂苑叢談》一卷。

《四庫全書總目》卷一四二"小説家類三"載《桂苑叢談》一卷，提要云："案《新唐書·藝文志》載《桂苑叢談》一卷，註曰'馮翊子子休'撰。不著姓名。晁公武引李淑《邯鄲書目》云'姓嚴'。疑馮翊子其號，而子休其字也。陳繼儒刻入《秘笈》，乃題爲'唐子休馮翊著'，顛倒其文，誤之甚矣。其書前十條皆載咸通以後鬼神怪異及瑣細之事，後爲史遺十八條。其十二條亦紀唐代雜事，餘六條則兼及南北朝。然如高澉捕賊、高延宗縱恣，崔宏度酷虐諸事，齊、隋本史皆已載之。又似摘鈔卷中未及刊削者。疑已經後人竄亂，非原書也。其'甘露亭'一條，稱'吳王收復浙右之歲'者，當爲昭宗天復二年。時始封楊行密爲吳王，故子休以此稱之。然則作是書者，其江南人歟？"

《聶練師傳》一卷　吳淑撰

宋祖駿《補五代史藝文志·補遺》著錄吳淑《聶練師傳》一卷，爲顧《志》所闕。汪之昌《補南唐藝文志》亦據《崇文總目》載列吳淑撰《練師傳》一卷。

《崇文總目》卷四"道書類九"著錄《練師傳》一卷，曰"吳淑撰"。

《孝悌錄》十五卷、《續孝悌錄》二十卷　樂史撰

宋祖駿《補五代史藝文志·補遺》著錄樂史撰《孝悌錄》十卷、《續孝悌錄》二十五卷。陳鱣《續唐書·經籍志》載樂史《孝悌錄》二十卷、《唐孝悌錄》十五卷。杜文玉《南唐藝文志》載樂史《唐孝悌錄》十五卷、《孝悌錄》二十卷。

《崇文總目》卷二"傳記類下"載錄樂史撰《唐孝悌錄》十五卷、《孝悌錄》二十卷。《通志》卷六五《藝文略三》"傳記類"著錄《唐孝悌錄》十五卷，曰"宋朝樂史撰"；又《孝悌錄》二十卷，曰："樂史撰。起唐，及五代至宋朝。"《宋史》卷二〇三《藝文志二》"傳記類"載樂史《孝悌錄》二十卷。焦竑《國史經籍志》卷三"傳記類"著錄樂史撰《唐孝悌錄》十五卷、《孝悌錄》二十卷。

《十國春秋》卷一一五《拾遺》云："（樂史）力學有文，南唐舉進士第一。……在江南有《江南登科記》、《唐孝悌錄》十五卷、《孝悌錄》二十卷。"

《唐摭言》十五卷、《廣摭言》十五卷　何晦撰

汪之昌《補南唐藝文志》、唐圭璋《南唐藝文志》均載錄何晦《摭言》十五卷、《廣摭言》十五卷。陳鱣《續唐書·經籍志》載《廣摭言》十五卷，曰"南唐鄉貢進士何晦撰"。

《直齋書錄解題》卷一一"小說家類"載《廣摭言》十五卷，曰："鄉貢進士何晦撰。其序言太歲癸酉下第於金陵鳳臺旅舍。癸酉者，開寶六年也。時江南猶未下，晦蓋其國人歟？"《文獻通考》卷二一六《經籍四三》載何晦《唐摭言》十五卷，考引《直齋》。《宋史》卷二〇六《藝文志五》"小說類"載何晦《摭言》十五卷，又《廣摭言》十五卷。焦竑《國史經籍志》卷四下"小說家類"則著錄南唐何晦《唐摭言》十五卷。《四庫全書總目》卷一四〇王定保《唐摭言》提要云："同時，南唐鄉貢士何晦亦有《唐摭言》十五卷，與定保書同名。今晦書未見。"

《十國春秋》卷二八《郭昭慶傳》原注云："時又有何晦著《唐摭言》十五卷，亦爲當世所稱。"

《夏清侯傳》　李從謙撰

此條據唐圭璋《南唐藝文志》補。陶穀《清異錄》卷下"《夏清侯

傳》"條云："保大霸主同氣曰：宜春王從謙，材性夙成，製撰多不具稿。擬下邳侯革華體作《夏清侯傳》云：'侯姓干氏，諱秀，字聳之，渭川人也……'"

徐伯齡《蟫精雋》卷二"《夏清侯傳》"條云："宜春王從謙作《夏清侯傳》，侯姓干氏，諱秀，字聳之，渭川人也……後世尚循瑩業，流落遍於四方。惟西北地寒，故轍蹟不至云。"原註："從謙，南唐李九子也。"

《十國春秋》卷一九《從謙傳》云："從謙，元宗第九子，後主母弟也。數歲，爲奕碁詩，有思致，後主賞歎之。歷封鄂國公、宜春王，進吉王，出鎮江州。及貶制度，仍降鄂國公。……從謙風采整峭，而興頗豪，舉佃儻。又材性夙成，雅善書法。製撰多不具稿，嘗戲作《夏清侯傳》，甚稱於時。"

《廣卓異記》二十卷《目録》一卷　樂史撰

《通志》卷六五《藝文略三》"傳記類"著録《廣卓異記》三卷，曰"宋朝樂史撰"。《宋史》卷二○六《藝文志五》"小說類"載樂史《廣卓異記》二十卷。《直齋書録解題》卷一一"小說家類"載録《廣卓異記》二十卷，注"樂史子正撰"。《文獻通考》卷二一六《經籍考四三》載《廣卓異記》二十卷，考引《直齋書録解題》。焦竑《國史經籍志》卷三"傳記類"著録樂史《廣卓異記》三卷，卷四下"小說家類"重出《廣卓異記》二十卷。清錢曾《讀書敏求記》卷二載録樂史《廣卓異記》二十卷《目録》一卷，識曰："樂史集漢魏以來至五代卓異事，都爲一集，撮神仙殊異者附於後。惜其所撰《續唐卓異記》三卷失傳爲恨耳。"

《四庫全書總目》卷六一"傳記類存目三"載《廣卓異記》二十卷，提要云："宋樂史撰。史字正子，宜黃人。官太常博士、直史館。事蹟附載《宋史·樂黃中傳》。是編前有自序，稱唐李翱《卓異記》三卷，述唐代君臣卓絕盛事，中多漏録。史初爲《續記》三卷，以補其缺。後復以僅載唐代,未爲廣博,因纂集漢魏以下迄五代併唐事,共爲一帙,名《廣卓異記》,分爲二十卷。首卷記帝王,次卷記后妃、王子、公主,三卷雜錄,四卷至十七卷皆記臣下貴盛之極與顯達之速者,十八卷雜錄,十九卷舉選,二十卷專記神仙之事。大抵牽引駁雜,譌謬亦多。如所稱《晉書》王導以下至王褒九世,皆自有史傳。中有儉子仲寶,仲寶子規云云。案史,仲寶乃王儉字,非其子名也。儉之子名騫,騫之子名規,非仲寶子名規也。且規子褒附見規傳,亦非自有傳。諸傳雜見於宋、齊、梁《書》及《南史》,亦非全在《晉書》,舛謬殊甚。又石勒每更聞鼓鼙聲,武士護聞空中言唐公爲天子,與夢高祖乘白馬上天之類,神怪無稽,頗爲蕪雜。至引錄傳稱周時尹氏貴盛,會食家數千人,遭饑荒,羅粟作糜吮之,吮糜之聲聞於數十里,亦不近事理之談。其末卷則於自撰《總仙記》中撮其殊異者入此書。所言不出全家登仙,祖孫兄弟登仙,及三世四世五世登仙,四人六人七人登仙之類。重複支離,尤不足信。自序稱採自漢魏而下,而編中乃及楚孫叔敖、周尹氏。末卷所列神仙,并及堯舜之時。與序自相矛盾,又其小失矣。"

《續唐卓異記》三卷　樂史撰

《宋史》卷二〇六《藝文志五》"小說類"載樂史《續廣卓異記》三卷。錢曾《讀書敏求記》卷二於樂史撰《廣卓異記》後識曰:"惜其所撰《續唐卓異記》三卷失傳爲恨耳。"

《百悔經》　劉乙撰

陳鱣《續唐書·經籍志》載《百悔經》一種,曰:"無卷數。閩鳳閣散人劉乙撰。"

陶穀《清異錄》卷上載:"閩士劉乙,嘗乘醉與人爭妓女,既醒慚悔,集書籍凡因飲酒致失賈禍者,編以自警,題曰《百悔經》。自後不飲,至於終身。"《十國春秋》卷九七《劉乙傳》亦錄此文。

藝術類

《琴籍》十卷　陳用拙撰

《四庫闕書目》卷一"經類"既著録陳拙《唐琴譜》十卷，復載陳拙《琴籍》十卷，似爲兩書。《宋史》卷二〇二《藝文志一》"樂類"、清趙士煒《中興館閣書目輯考》卷一均考列陳拙《琴籍》九卷。

荊南刻石曲譜　王貞範妹所傳

《北夢瑣言逸文》卷四據《太平廣記》卷二〇五載記："王蜀黔南節度使王保儀，有女適荆南高從誨之子保節。未行前，蹔寄羽服，性聰敏，善彈琵琶，因夢異人，頻授樂曲。所授之人，其形或道或俗，其衣或紫或黃。有一夕而傳數曲，有一聽而便記者，其聲清越，與常異，類於仙家紫雲之亞也。乃曰：'此曲譜請元昆製序，刊石於甲寅之方。其兄即荆南推官王少監貞範也，爲製序刊石。所傳曲，有《道調宮》、《玉宸宮》、《夷則宮》、《神林宮》、《蕤賓宮》、《無射宮》、《玄宗宮》、《黃鐘宮》、《散水宮》、《仲吕宮》；商調，《獨指泛清商》、《好仙商》、《側商》、《紅銷商》、《鳳抹商》、《玉仙商》；角調，《雙調角》、《醉吟角》、《大吕角》、《南吕角》、《中吕角》、《高大殖角》、《蕤賓角》；羽調，《鳳吟羽》、《背風香》、《背南羽》、《背平羽》、《應聖羽》、《玉宮羽》、《玉宸羽》、《風香調》、《大吕調》。其曲名一同人世，有《涼州》、《伊州》、《胡渭州》、《甘州》、《綠腰》、《莫鞋》、《傾盆樂》、《安公子》、《水牯子》、《阿濫泛》之屬。凡二百以上曲。所異者，徵調中有《湘妃怨》、《哭顔迴》。常時胡琴不彈徵調也。王適高氏，數年而亡，得非謫墜之人乎？"按：《十國春秋》卷一〇三《王貞範傳》所載與此稍異，文繁不贅。

《琴譜》一卷　王邈撰

陳鱣《續唐書·經籍志》、徐炯《五代史記補考·藝文考》均載王逸《琴譜》二卷。

《崇文總目》卷一"樂類"載《琴譜》一卷,注云:"原釋梁開平中王逸撰。"《文獻通考》卷一八六《經籍一三》亦載錄《琴譜》一卷。

《樂苑》五卷　不著撰人

陳鱣《續唐書‧經籍志》載《樂苑》五卷,注云:"無名氏撰。"據補。

《崇文總目》卷一"樂類"著錄《樂苑》五卷,釋曰:"不著撰人名氏。敘樂律聲器凡二十篇。"《通志》卷六四《藝文略二》"樂類‧樂書"於《大周正樂》後著錄《樂苑》五卷,注云"陳遊"。《宋史》卷二〇二《藝文志一》"樂類"著錄《樂苑》五卷,不著撰人。

《小胡笳十九拍》一卷　蔡翼撰

陳鱣《續唐書‧經籍志》、徐炯《五代史記補考‧藝文考》、汪之昌《補南唐藝文志》及唐圭璋《南唐藝文志》均載蔡翼《小胡笳十九拍》一卷。

《崇文總目》卷一"樂類"載《小胡笳十九拍》一卷,釋云:"僞唐蔡翼撰。琴曲有大小胡笳:《大胡笳十八拍》,沈遼集,世名'沈家聲'。小胡笳又有契聲一拍,共十九拍,謂之'祝家聲'。祝氏不詳何人,所載乃小胡笳子。"《通志》卷六四《藝文略二》"樂類‧管弦"、《文獻通考》卷一八六《經籍一三》及焦竑《國史經籍志》卷二均載錄蔡翼《小胡笳子十九拍》一卷。

《顯德正樂目》一卷　不著撰人

《四庫闕書目》卷一"目錄類"、《通志》卷六四《藝文略二》"樂類‧樂書"並著錄《顯德正樂目》一卷,當爲《顯德正樂》一百二十卷之總錄。

《阮咸譜》一卷、《琴調》一卷　蔡翼撰

陳鱣《續唐書·經籍志》、徐炯《五代史記補考·藝文考》、汪之昌《補南唐藝文志》及唐圭璋《南唐藝文志》均載蔡翼《阮咸譜》一卷、《琴調》一卷。

《崇文總目》卷一"樂類"載《琴調》一卷，釋云："僞唐蔡翼撰。"《宋史》卷二〇二《藝文志一》"樂類"載蔡翼《琴調》一卷。《四庫闕書目》卷一著録《阮咸譜》四卷。《文獻通考》卷一八六《經籍一三》載録《阮咸譜》一卷、《琴調》一卷，注："《崇文總目》：僞唐蔡翼撰。"焦竑《國史經籍志》卷二亦載列《阮咸譜》一卷，注"蔡逸撰"。"逸"字當係"翼"之譌。

《古樂府》　吴淑校定

汪之昌《補南唐藝文志》著録吴淑《古樂府》，不注卷數。

《十國春秋》卷二八《徐鍇傳》引《談苑》云："江南時，吴淑爲校理《古樂府》，中有摻字者，淑多改爲操字，蓋章艸之變。鍇曰：'此非可一例言，若《漁陽摻》者，三撾鼓也。禰衡行《漁陽撾》，《古歌》云：邊城晏聞《漁陽摻》，黃塵蕭蕭白日暗。'淑歎服。"

吴淑，字正儀，丹陽人。父仕吴，淑官校書郎、直内史。後歸宋，歷著作佐郎、秘閣校理，宋太宗賞其優博。傳見《宋史》卷四四一、《宋史新編》卷一六九。

《霓裳羽衣曲》、《邀醉舞》、《恨來遲新破》　大周后撰

唐圭璋《南唐藝文志》載列大周后《霓裳羽衣曲》，注曰："見《江表志》、馬《書》及陸《書》。後主《玉樓春》詞云：'重拍霓裳歌遍徹。'馬《書》云：'後主嘗演《念家山》舊曲，后復作《邀醉舞》、《恨來遲新破》，皆行於時。'"杜文玉《南唐藝文志》僅著録《霓裳羽衣曲》及《恨來遲新破》兩曲。

馬令《南唐書》卷六《昭惠后傳》云："唐之盛時，《霓裳羽衣》最

爲大曲。罹亂，瞽師曠職，其音遂絕，後主獨得其譜。樂工曹生亦善琵琶，按譜，粗得其聲，而未盡善也。后輒變易訛謬，頗去窰淫，繁手新音，清越可聽。後主嘗演《念家山》舊曲，后復作《邀醉舞》、《恨來遲新破》，皆行於時。"

《念家山破》、《振金鈴曲破》　李煜撰

此條據唐圭璋《南唐藝文志》補。陳彭年《江南別錄》云："後主妙於音律，樂曲有《念家山》，親演其聲，爲《念家山破》，識者知其不祥。"陸《書》卷一六云："後主保儀黃氏……又有宮人流珠者，性通慧，工琵琶。後主演《念家山破》及昭惠后所作《邀醉舞》、《恨來遲》二破，久而忘之。後主追念昭惠，問左右，無知者。流珠獨能追憶，無所忘失，後主大喜。"另據《五國故事》卷上載："煜善音律，造《念家山破》及《振金鈴曲破》。"

《嵇康》　薛九歌

《十國春秋》卷一一五《拾遺》云："薛九，江南富家子，得幸於後主，常侍宮中，善歌《嵇康》。《嵇康》，江南名曲也。"

集　部

總集類

《東漢文類》三十卷　竇儼撰

陳鱣《續唐書・經籍志》、徐炯《五代史記補考・藝文考》均載竇儼編《東漢文類》三十卷。

《崇文總目》卷五"總集類上"、《新唐書》卷六〇《藝文志四》"總集類"均載錄竇嚴編《東漢文類》三十卷。《郡齋讀書志》卷二〇"總集類"載《東漢文類》二十卷，曰："右五代竇儼撰。"《文獻通考》卷二

四八《經籍七五》載《東漢文類》三十卷,考引《郡齋》。《通志》卷七〇《藝文略八》"總集類"載《東漢文類》三十卷,曰"唐寶嚴集"。《宋史》卷二〇九《藝文志八》"總集類"載寶嚴《東漢文類》三十卷。王應麟《玉海》卷五四引《中興書目》曰:"寶嚴類次《後漢書》中詔册及群臣書表章議檄對策説問文賦歌詩,附以范曄序論。"

《續本事詩》二卷　處常子撰

陳鱣《續唐書・經籍志》、徐炯《五代史記補考・藝文考》均載吳處常子編《續本事詩》三卷。

《郡齋讀書志》卷二〇"總集類"載《續本事詩》二卷,志云:"右僞吳處常子撰。未詳其人。自有序云:'比覽孟初中《本事詩》,輒搜篋中所有,依前題七章,類而編之。'然皆唐人詩也。"《文獻通考》卷二四八《經籍七五》亦載錄僞吳處常子撰《續本事詩》二卷,考引《郡齋》。《通志》卷七〇《藝文略八》"總集類"、《宋史》卷二〇九《藝文志八》"總集類"、《國史經籍志》卷五"總集類"皆載《續本事詩》二卷,均不著撰人。《唐音癸籤》卷三二《集錄三》載《續本事詩》,曰"二卷。僞吳處常子依孟棨類續篇。"

《洞天集》五卷　王貞範輯

徐炯《五代史記補考・藝文考》載王貞範《洞天集》五卷。

《直齋書錄解題》卷一五"總集類"載《洞天集》五卷,題云:"漢王貞範集道家、神仙、隱逸詩篇。漢乾祐中也。"《文獻通考》卷二四八《經籍七五》亦載王貞範《洞天集》五卷,考引《直齋書錄解題》。《四庫闕書目》卷二"道書類"著錄王貞範《洞天集》五卷。《通志》卷六六《藝文略四》"地理類"載《洞天集》五卷,曰"王正範撰"。《宋史》卷二〇五《藝文志四》"道家附釋氏神仙類"載王貞範《洞天集》二卷,同書卷二〇九《藝文志八》"總集類"另載"王正範《續正聲集》五卷,又《洞天集》五卷"。

按：《通志》、《宋志》所載"王正範"即"王貞範"，避宋仁宗諱改。王貞範傳見《十國春秋》卷一〇三。《寶刻類編》卷七載《荆南節度贈太師楚王高季興碑》，孫光憲撰文，王貞元行書，王貞範篆額，顯德二年九月立，亦可證。

《煙花集》五卷　王衍輯

徐炯《五代史記補考·藝文考》載王衍輯《煙花集》五卷。

《直齋書録解題》卷一五"總集類"載《煙花集》五卷，題云："蜀後主王衍集豔詩二百篇，且爲之序。"《文獻通考》卷二四八《經籍七五》載録王衍《煙花集》五卷，考引《直齋書録解題》。曹學佺《蜀中廣記》卷九七亦著録王衍編《煙花集》五卷。胡震亨《唐音癸籤》卷三一《集録二》載《煙花集》，注曰："蜀後主王衍集豔詩二百篇，五卷。"

《十國春秋》卷三七《後蜀紀》載："後主名衍，字化源。舊名宗衍，及即位，去'宗'名衍。高祖十一子，衍爲最幼，蓋賢妃徐氏所生也。爲人方頤大口，垂手過膝，顧目見耳。頗知學問，童年即能屬文，甚有才思，尤酷好靡麗之辭，嘗集豔體詩二百篇，號曰《煙花集》。"

《採玄集》一卷　韋莊編

《宋史》卷二〇九《藝文志八》"總集類"著録韋莊《採玄集》一卷。《陝西通志》卷七五《經籍志·子類》亦載韋莊集《採玄集》一卷、《又玄集》三卷。

《前賢詠題詩》三卷　張爲編

《宋史》卷二〇九《藝文志八》"總集類"載張爲《前賢詠題詩》三卷。

《廖氏家集》一卷　廖匡圖撰

陳鱣《續唐書·經籍志》載《廖氏家集》一卷，曰"楚天策府學士廖光圖編"。

《崇文總目》卷五"總集類下"著錄廖光圖《廖氏家集》一卷。《新唐書》卷六〇《藝文志四》"總集類"載《廖氏家集》一卷,注"廖光圖,唐末人"。《通志》卷七〇《藝文略八》"詩總集"載《廖氏家集》一卷,曰:"唐末廖光圖集其家詩。"《宋史》卷二〇八《藝文志七》"別集類"、《國史經籍志》卷五"總集類"並載廖光圖《廖氏家集》一卷。胡震亨《唐音癸籤》卷三〇《集錄一》載《廖氏家集》,注曰:"湖南廖匡圖編。一卷。匡圖弟兄子姪匡凝、邈、融等並工詩。"

興武按:廖光圖,又作"廖匡圖"。五代馬殷時居楚。《十國春秋》卷七三傳云:"廖匡圖(歐《史》避宋諱,作光圖),虔州虔化人……匡圖故年少,善文辭,授江南觀察判官。文昭王時選爲天策府學士,與徐仲雅、李宏皋等同在十八人之列。居數年,卒於官。有集一卷。"

《江南續又玄集》十卷　劉吉撰

汪之昌《補南唐藝文志》、唐圭璋《南唐藝文志》均著錄南唐劉吉編《江南續又元集》十卷。

《崇文總目》卷五"總集類下"載《江南續又玄集》十卷,曰"劉吉編"。《通志》卷七〇《藝文略八》"詩總集"載《江南續又元集》十卷,曰"僞唐劉吉集"。《宋史》卷二〇九《藝文志八》"總集類"、焦竑《國史經籍志》卷五"總集類"則著錄劉吉《江南續又玄集》二卷。

李燾《續資治通鑑長編》卷二三載,宋太宗太平興國七年七月"於是河大漲,蹙清河,浸州城。將陷,急以聞。殿前承旨劉吉,江南人,習水事,詔往固之。吉率丁夫,疊埽於張秋堨,河水迴北流,入平陰,而清河水退,鄆州不陷"。

《新修唐朝事類》十卷　郭廷誨撰

《崇文總目》卷三"類書類上"著錄郭廷誨撰《新修唐朝事類》十

卷。《通志》卷六九《藝文略七》"類書類"著錄《新修唐書事類》十卷，注云："僞蜀郭廷鈞編。"《宋史》卷二〇七《藝文志六》"類事類"載《唐朝事類》十卷，不著撰人。

郭廷誨事蹟，詳《廣陵妖亂志》條。

《臨沂子觀光集》三卷、《前代忠臣臨老不變圖》一卷　王轂編

汪之昌《補南唐藝文志》據《崇文總目》補王轂《臨沂子觀光集》三卷。

《崇文總目》卷五"總集類下"著錄《臨沂子觀光集》三卷，曰"王轂編"。《通志》卷七〇《藝文略八》"詩總集"著錄《臨沂子觀光集》三卷，注"梁王轂集禮部所投詩卷"。《國史經籍志》卷五"總集類"亦著錄王轂《觀光集》五卷，注引《通志》。

《唐才子傳》卷一〇《王轂傳》云："王轂，字虛中，宜春人，自號臨沂子。以歌詩擅名，長於樂府⋯⋯轂亦大節士，輕財重義，爲鄉里所譽。頗不平久困，適生離難間，辭多寄寓比興之作，無不知名。乾寧五年，羊紹素榜進士。歷國子博士，後以郎官致仕。有詩三卷。於時宦進，俱素餐尸位、賣降恐後之徒，轂因撰《前代忠臣臨老不變圖》一卷，及《觀光集》一卷並傳。"

《史海》十卷　曹化編

《崇文總目》卷三"類書類下"著錄《史海》十卷，曰"曹化撰"。《通志》卷六九《藝文略七》"類書上"著錄《史海》十卷，注云："顯德中曹化編。"《宋史》卷二〇七《藝文志六》"類事類"載曹化《兩漢史海》十卷。

《史書集類》三卷　曹化編

《宋史》卷二〇三《藝文志二》"史鈔類"載曹化《史書集類》三卷。此乃各《志》所闕，當補。曹化，籍貫仕歷均未詳。今依《通志》。

《屬文寶海》一百卷　郭微撰

《通志》卷六九《藝文略七》"類書下"著錄《屬文寶海》一百卷，注云："偽蜀郭微撰。"《宋史》卷二〇七《藝文志六》"類事類"載郭微《屬文寶海》一百卷。焦竑《國史經籍志》卷四下"類家類"亦載《屬文寶海》一百卷，注"蜀郭微"。

《宋史》卷四七九《李昊傳》載："俄修《前蜀書》，命昊與趙元拱、王中孚及諫議大夫喬諷，左給事中馮侃，知制誥賈玄珪、幸寅遜，太府少卿郭微，右司郎中黃彬同撰，成四十卷上之。"據此，郭微確係後蜀文臣。

《備遺綴英》二十卷　王承範集

《崇文總目》卷五"總集類下"著錄《備遺綴英》二十卷，曰"王承範編"。《通志》卷七〇《藝文略八》"詩總集"著錄《備遺綴英》二十卷，注"偽蜀王承範集"。焦竑《國史經籍志》卷五"總集類"亦著錄《唐綴英》二十卷，注曰："蜀王承範集。"胡震亨《唐音癸籤》卷三一《集錄二》載《備遺綴英》，注曰："偽蜀王承範集。二十卷。"《宋史》卷二〇九《藝文志八》"總集類"載陳正圖《備遺綴英集》二十卷，與它書異。

《宜陽集》六卷　劉松集

《新唐書》卷六〇《藝文志四》"文史類"載劉松《宜陽集》六卷，曰"松字稚龛，袁州人。集其州天寶以後詩四百七十篇。"《通志》卷七〇《藝文略八》"詩總集"著錄《宜陽集》六卷，曰"五代劉松集其里中人之所作"。《宋史》卷二〇九《藝文志八》"總集類"載劉松《宜陽集》十卷。《國史經籍志》卷五"總集類"亦著錄《宜陽集》六卷，曰"五代劉松集"。胡震亨《唐音癸籤》卷三〇《集錄一》載《宜陽集》，注曰："袁州劉松集其州天寶以後詩四百七十篇，六卷。"

《史傳文集》三百卷　邵拙鈔

汪之昌《補南唐藝文志》著録《史傳文集》三百卷，注云："毛炳鈔。據《十國春秋》補。"

興武按：汪《志》作"毛炳鈔"，不確。趙宏恩等監修《江南通志》卷一六七載："邵拙，宣城人。博通經史，有詩百篇，曰《廬嶽集》。又手鈔《史傳文集》三百卷。"《十國春秋》卷二九《邵拙傳》亦云："宣城人。孤峭不撓，博通經史。飲酒至百杯不醉，一日，偶沉酗過度，遂覆觴絶飲。有詩百篇，曰《廬嶽集》，又有手鈔《史傳文集》三百卷。及卒，門人袁氏買地葬之。"

《雜古文賦》一卷　許洞、徐鉉撰

汪之昌《補南唐藝文志》著録《雜古文賦》一卷，注云："許洞、徐鉉撰，據《宋志》補。"

《宋史》卷二〇九《藝文志八》"總集類"載許洞、徐鉉《雜古文賦》一卷。許洞傳見《宋史》卷四四一，未及此書。

《唐僧詩》三卷　僧法欽編

《直齋書録解題》卷一五"總集類"載《唐僧詩》三卷，題曰："吴僧法欽集唐僧三十四人詩二百餘篇。楊傑次公爲之序。"《文獻通考》卷二四八《經籍七五》著録《唐僧詩》三卷，考引《直齋書録解題》。

劉克莊《後村詩話》卷一云："唐僧見於韓集者七人，惟大顛穎師免嘲侮。高閑草書頗見貶抑。如惠如、靈如、文暢，如澄觀，直以爲戲笑之具而已。靈尤跌蕩，至於醉花月而羅嬋娟，此豈佳僧乎？韓公方且欲冠其顛，始聞澄觀能詩，欲加冠巾。及觀來謁，見其已老，則又潸然，惜其無及。所謂善謔而不爲虐者耶？"

《續正聲集》五卷　王貞範輯

《崇文總目》卷五"總集類"載《續正聲集》五卷，曰"王正範編"。

《通志》卷七〇《藝文略八》"詩總集類"載《續正聲集》五卷,曰"後唐王正範集"。《宋史》卷二〇九《藝文志八》"總集類"著錄"王正範《續正聲集》五卷,又《洞天集》五卷"。焦竑《國史經籍志》卷五"總集類"著錄《續正聲集》五卷,注云:"後唐王範集。"胡震亨《唐音癸籤》卷三一《集錄二》載《續正聲集》,注曰:"後唐王貞範編。五卷。"

興武按:唐人孫季良已編《正聲集》三卷,後唐王正範續之。"王正範"即"王貞範",避諱改,詳《洞天集》五卷條。

《廣順雜文》一卷　不著作者

《四庫闕書目》卷一"總集類"著錄《廣順雜文》一卷,不著作者。

《顯德雜文》一卷　不著作者

《四庫闕書目》卷一"總集類"著錄《顯德雜文》一卷,不著作者。

《桂香集》三卷　喬舜撰

《四庫闕書目》卷一"總集類"著錄喬舜《桂香集》三卷。葉德輝按云:"《宋志》六卷,又有《桂香賦集》三十卷,喬舜《桂香詩》一卷,均非此書。"

詩文集類

《典議》三卷、《制詞歌詩》二十卷、《箋表》三十卷　張策撰

宋祖駿《補五代史藝文志·補遺》著錄張策《典議》三卷、《制詞歌詩》二十卷、《箋表》三十卷。陳鱣《續唐書·經籍志》載《典議》三卷,注云:"梁中書侍郎張策撰。"又《制詞歌詩》二十卷、《箋表》三十卷。

薛《史》卷一八《張策傳》云:"張策,字少逸,燉煌人。父同,仕唐,官至容管經略使。策少聰警好學,尤樂章句。……乾化二年秋,卒。所著《典議》三卷、《制詞歌詩》二十卷、《箋表》三十卷,存於其家。"

《小悼詩》一卷　韋莊撰

《四庫闕書目》卷一"別集類"著録韋莊《小悼詩》一卷,此乃它書所未載者。

《紫府集》　秦王從榮撰

陳鱣《續唐書·經籍志》載《紫府集》,曰"千餘首,無卷數。秦王從榮撰"。

薛《史》卷五一《秦王從榮傳》稱:"從榮爲詩,與從事高輦等更相唱和,自謂章句獨步於一時,有詩千餘首,號曰《紫府集》。"

《册府元龜》卷二七〇《宗室部·文學》載:"後唐秦王從榮爲詩,與從事高輦等更相唱和,自謂章句獨步於一時,有詩千餘首,號曰《紫府集》。既受元帥之命,即令寮佐及四方遊士,至者各試《檄淮南書》,陳已將廓清宇宙之意。"

《文場應用》三卷　吳蜕撰

《四庫闕書目》卷一"別集類"著録吳蜕《文場應用》三卷。按顧、宋兩《志》已收録吳蜕《一字至七字詩》二卷。蜕,大順中進士及第。

《五危二亂表》一卷　張道古撰

《四庫闕書目》卷一"別集類"著録張道古《五危二亂表》一卷,此顧、宋兩《志》所未及者。事詳何光遠《鑑誡録》卷四"危亂黜"條、孫光憲《北夢瑣言》卷五"張道古題墓"條、《唐詩紀事》卷七一及《十國春秋》卷四二《張道古傳》。

《諫疏》一卷　張道古撰

《四庫闕書目》卷一"別集類"著録張道古《諫疏》一卷,此亦顧、宋兩《志》所未及者。

《武庫集》五十卷　尹玉羽撰

宋祖駿《補五代史藝文志・補遺》、陳鱣《續唐書・經籍志》均著録尹玉羽《武庫集》五十卷。

薛《史》卷九三《尹玉羽傳》云："尹玉羽，京兆長安人。唐天復中，隨計京師，甚有文稱。……後唐清泰中，爲光禄少卿，退歸秦中，以林泉詩酒自樂，自號自然先生。宰臣張延郎手書而召，高卧不從，謂人曰：'庶孽代宗，不可仕也。'及高祖入雒，即受詔而來，以所著《自然經》五卷貢之，且告其老。即日璽書褒美，頒其器幣，授少府監致仕，月給俸錢及冬春二時服。……天福中，卒，有《武庫集》五十卷行於世。"

《鄭雲叟文集》二十卷　鄭雲叟撰

薛《史》卷九三《鄭雲叟傳》稱："雲叟好酒，嘗爲《詠酒詩》千二百言，海内好名者書於縑緗，以爲贈貺。復有越千里之外，使畫工潛寫其形容列爲屏障者焉。其爲時望所重也如此。天福末，以壽終，時年七十四，有文集二十卷行於世。"

《李善夷表集》一卷　李善夷撰

李善夷《江南集》十卷已著録。《通志》卷七〇《藝文略八》"別集四"載《李善夷集》一卷。《宋史》卷二〇八《藝文志七》"別集類"列《李善夷表集》一卷。焦竑《國史經籍志》卷五"別集類"著録《李善夷集》一卷，顧、宋諸《志》未録，今補。

《漁父詩》百篇　戴偃撰

陶岳《五代史補》卷三"戴偃擯棄"條載："戴偃，金陵人。能爲詩，尤好規諷。唐末罹亂，遊湘中，值馬氏有國，至文昭王以公子得位，尤好奢侈，起天策府，構九龍、金華等殿，土木之工，斧斤之聲，晝夜不絶。偃非之，自稱玄黃子，著《漁父詩》百篇以獻，欲譏諷之。故其句有：'纔把咽喉吞世界，蓋因奢侈致危亡。'又曰：'若須抛却便抛却，莫待風高更水深。'文昭覽之怒，一旦謂賓佐曰：'戴偃何如人？'時賓佐不測，以偃爲文昭所重，或對曰：'偃詩人，章句深爲流輩所推許，方今在貧悴，大王哀之，置之觽參短簿之間足矣。'文昭曰：'數日前獻吾詩，想其爲人，大抵務以魚釣自娱爾，宜賜碧湘湖，便以遂其性，亦優賢之道也。'即日使遷居湖上，乃潛戒公私不得與之往還。自是偃窮餓日至，無以爲計，乃謂妻曰：'與汝結髮，已生一男一女，今度不惟擠於溝壑，亦恐首領不得完全，宜分兒遁去，庶幾可免，不然旦夕死矣。'於是舉骰子與妻子約曰：'彩多得兒，彩少得女。'既擲，偃彩少，乃攜女，相與慟哭而别。偃將奔嶺南，至永州，會文昭薨乃止。其後不知所終。"

《資治通鑑》卷二八五開運二年十二月載："楚湘陰處士戴偃，爲詩多譏刺，楚王希範囚之。天策副都軍使丁思瑾上書切諫，希範削其官爵。"

周羽翀《三楚新録》卷一、曾慥《類説》卷二六引《國史纂異》"骰子分兒女"條、吳任臣《十國春秋》卷七三《戴偃傳》等所載皆同。

《錦樓集》一卷　錢元瓘撰

陳鱣《續唐書·經籍志》載《錦樓集》一卷，曰："三百篇。吴越國王錢元瓘撰"。徐炯《五代史記補考·藝文考》載《錦樓集》書名，未注卷數。

薛《史》卷一三三《錢元瓘傳》云："元瓘有詩千篇，編其優者三百篇，命曰《錦樓集》，浙中人士皆傳之。"《册府元龜》卷三八八"將帥部·儒學"亦載："錢元瓘爲兩浙節度使。幼聰敏，少親吏事。有詩千篇，編尤者三百篇，命曰《錦樓集》。"

《百一集》二十卷　周延禧撰

宋祖駿《補五代史藝文志·補遺》載周延禧《百一詩》一卷。陳鱣《續唐書·經籍志》載周延禧《百一集》二十卷。

《崇文總目》卷五"別集類二"著録周延禧《百一集》二十卷。《通志》卷七〇《藝文略八》"別集五"著録周延禧《百一集》二十卷，注"僞吴"。《宋史》卷二〇八《藝文志七》"別集類"載周延禧《百一集》二十卷。焦竑《國史經籍志》卷五"別集類"著録《周延禧集》一百二十卷，注"吴"，未知所據，疑不可從。

《十國春秋》卷一一《朱尋傳》云："朱尋，素以文章名家，所撰《啟霸集》三十卷，爲當世所重。同時有周延禧者，亦號通才，自名其集曰《百一集》。"

《閣中集》十卷　徐知諤撰

宋祖駿《補五代史藝文志・補遺》、陳鱣《續唐書・經籍志》、汪之昌《補南唐藝文志》均載徐知諤《閣中集》十卷。唐圭璋《南唐藝文志》所載亦同。

陸游《南唐書》卷八、《十國春秋》卷二十《徐知諤傳》皆云："所著文賦歌詩十卷，號《閣中集》。"

《張洎文集》五十卷　張洎撰

陳鱣《續唐書・經籍志》載張洎《文集》十五卷、《詩》一卷。汪之昌《補南唐藝文志》、唐圭璋《南唐藝文志》均載《張洎集》五十卷。

《崇文總目》卷五"別集類二"、《通志》卷七〇《藝文略八》"別集五"、《宋史》卷二〇八《藝文志七》"別集類"、《國史經籍志》卷五"別集類"均著録《張洎集》五十卷。

《宋史》卷二六七《張洎傳》云："張洎，滁州全椒人。曾祖旼，澄城尉。祖藴，泗上轉運巡官。父煦，滁州司法掾。洎少有俊才，博通墳典。江南舉進士，解褐上元尉。……素與徐鉉厚善，後因議事相忤，遂絶交。然手寫鉉文章，訪求其筆札，藏篋笥，甚於珍玩。洎有文集五十卷行於世。"吴任臣《十國春秋》卷三〇《張洎傳》云："張洎，字師黯，改字偕仁，南譙人也。……有《文集》十五卷、《賈氏談錄》一卷傳世。"此謂《張洎文集》十五卷,實誤。

《叛呈怨詞》三十篇　胡元龜撰

汪之昌《補南唐藝文志》、唐圭璋《南唐藝文志》皆補錄胡元龜《怨詞》三十篇。

《江南野史》卷九《胡元龜傳》云:"胡元龜,世爲廬陵人,居永新。……時齊王景達出鎮,而元龜朔望起居,頗有慢色。又嘗凌辱王府公僕,嗣主知之,將代之。有訟其婦者,元龜目之,乃曲道兩離之,自娶而與去。訟主詣金陵發之,按窮其事,免官,徙廣陵。數年,會赦,求叙理,不報,遂著《叛呈怨詞》三十首,皆傳俗口。國家聞而鴆之,死年追强仕矣。"

《十國春秋》卷三一《胡元龜傳》亦云:"胡元龜,世爲廬陵人,居永新。……遂撰《怨詞》三十篇,元宗聞而鴆之,時年方四十。"

《陶穀文集》十卷　陶穀撰

陳鱣《續唐書·經籍志》載《文集》十卷,曰"周翰林承旨陶穀撰"。

《崇文總目》卷五"別集類二"載《陶穀文集》十卷。《通志》卷七〇《藝文略八》"別集詩"、《宋史》卷二〇八《藝文志七》"別集類"均載《陶穀集》十卷。

《玉堂集》　劉贊撰

《十國春秋》卷四三《劉贊傳》云:"乾德時,官嘉州司馬。後主荒淫無節,日與近臣潘在迎輩宴飲褻慢,贊獻《陳後主三閣圖》,并作歌以諷。後主雖不之罪,而亦不能用也。未幾,遷學士。有《玉堂集》若干卷。又編《蜀國文英》八卷。"

《碧雲詩》一卷　僧虛中撰

宋祖駿《補五代史藝文志·補遺》、陳鱣《續唐書·經籍志》均著録僧虚中《碧雲集》一卷。

《郡齋讀書志》卷四中載《碧雲詩》一卷,志云:"右唐僧虚中詩也。司空圖嘗以詩贈之,云:'十年太華無知己,只得虚中一首詩。'"《文獻通考》卷二四三《經籍七〇》則載録《碧雲詩》一卷,考引《郡齋》。

《崇文總目》卷五"别集類三"著録《虚中詩》一卷。《四庫闕書目》卷一"别集類"著録《僧虚中詩》、《物象疏類手鑑》一卷。《通志》卷七〇《藝文略八》"别集詩"、《宋史》卷二〇八《藝文志七》"别集類"、《國史經籍志》卷五"别集類"並著録《虚中詩》一卷。

《十國春秋》卷七六《僧虚中傳》云:"僧虚中,宜春人。遊瀟湘山(一作玉笥山),同沙門齊己、尚顔、棲蟾之徒爲詩友。已而住湘西栗成寺,與王子希振情好甚篤。希振迎虚中,納之詩閣。……又時時貽詩司空圖,圖亦推重。著有《碧雲詩》一卷傳世。"虚中事蹟,另見傅璇琮主編《唐才子傳校箋》卷八之考述。

《貳卿文稿》二十卷　錢昱撰

《宋史》卷四八〇《錢昱傳》云:"昱,字就之,忠獻王佐之長子。……昱好學,多聚書,喜吟詠,多與中朝卿大夫唱酬。嘗與沙門贊寧談竹事,迭録所記,昱得百餘條,因集爲《竹譜》三卷。俄獻《太平興國録》。求换臺省官,令學士院召試制誥三篇,改秘書監,判尚書都省。時新茸省署,昱撰記奏御,又嘗以鍾、王墨蹟八卷爲獻,有詔褒美。……咸平二年,表入朝,以病不及陛見,卒,年五十七。昱善筆札,工尺牘,太祖嘗取觀賞之,賜以御書金花扇及《急就章》。昱聰敏能覆棋,工琴畫,飲酒至斗餘不亂。善諧謔,生平交舊終日談宴,未曾犯一人家諱。有集二十卷。"

《十國春秋》卷八三《錢昱傳》載:"有《貳卿文稿》二十卷。"陳鱣《續唐書·經籍志》載《貳卿文稿》二十卷,曰"吳越彰武軍節度使錢儼撰",實乃誤記。

《章子》三卷　章魯封撰

陳鱣《續唐書·經籍志》載《章子》三卷,曰"吳越蘇州刺史章魯封撰"。

《北夢瑣言》卷五"章魯封不幸"條載:"屯難之世,君子遭遇不幸,往往有之。唐進士章魯封,與羅隱齊名,皆浙中人,頻舉不第,聲采甚著。錢尚父土豪倔起,號錢塘八都。洎破董昌,奄有杭、越,於是章、羅二士,罹其籠罩。然其出於草萊,未諳事體,重縣宰而輕郎官,嘗曰:'某人非才,只可作郎官,不堪作縣令。'即可知也。以章魯封爲表奏孔目官,章拒而見笞,差羅隱宰錢塘,皆畏死稟命也。章、羅以之爲恥,錢公用之爲榮,玉石俱焚,吁!可惜也。或云章魯封後典蘇州,著《章子》三卷行於世。"

《十國春秋》卷八五《章魯封傳》云:"章魯封,一作魯風,桐廬人也。……少與羅隱齊名。武肅王既破董昌,辟魯封爲表奏孔目官,魯封拒不受,武肅王命吏笞之,已而勉就職。累官蘇州刺史。著《章子》三卷行於世。"

《鹿門家鈔詩詠》五十卷　皮璨著

宋祖駿《補五代史藝文志·補遺》、陳鱣《續唐書·經籍志》均著録皮璨《鹿門家鈔詩》一卷。

《直齋書録解題》卷一四"類書類"載《鹿門家鈔詩詠》五十卷,題曰:"鴻臚少卿襄陽皮文璨撰。以群書分類事爲詩而注釋之。其祖日休,有書名《鹿門家鈔》,故今述其名。"

《十國春秋》卷八六《皮光業傳》附曰:"子璨(或作文燦,非),官元帥府判官,著有《鹿門家鈔詩詠》。"

《南金集》二卷　熊皦撰

陳鱣《續唐書・經籍志》載《屠龍集》五卷、《南金集》五卷，曰"晉右諫議熊皎撰"。

《宋史》卷二〇八《藝文志七》"別集類"著録熊皎《南金集》二卷。元辛文房《唐才子傳》卷一〇云："熊皦，九華山人。唐清泰二年進士。劉景巖節度延安，辟爲從事。晉天福中，説景巖歸朝，以功擢右諫議。竟坐累，黜爲上津令。工古律詩，語意俱妙。嘗賦《早梅》……今有《屠龍集》、《南金集》合五卷傳世。學士陶穀序之。"《江南通志》卷一九三《藝文志・集部》載《南金集》，注曰："九華山人熊皦。"

《全唐詩》卷七三七以爲"熊皦"、"熊皎"乃兩人。李調元《全五代詩》卷九《熊皎傳》竟稱："皎，皦弟，自稱九華山人。有《南金集》。"對此，傅璇琮主編《唐才子傳校箋》卷一〇《熊皎傳》已作詳考，以爲"皦"、"皎"互通，實爲一人。

顧、宋兩《志》既已著録《屠龍集》五卷，《南金集》二卷則付之闕如，應補。

《史虛白文集》　史虛白撰

陳鱣《續唐書・經籍志》、唐圭璋《南唐藝文志》均載録《虛白文集》，未注卷數。

李燾《續資治通鑑長編》卷一〇六仁宗天聖六年三月辛亥載："追號江南處士史虛白爲沖静先生。虛白有高節，善屬辭，五代亂離，隱居巖谷，李氏累聘不起。至是，其孫虞部員外郎溫己以《虛白文集》來上，特追旌之。"

陸游《南唐書》卷七《史虛白傳》云："孫溫，天聖中仕爲虞部員外郎，獻《虛白文集》，仁宗皇帝愛之，追號虛白'沖靖先生'。"

興武按：虛白之孫名"溫"，非"溫己"。溫乃壺之子，宋真宗咸平中擢進士第。託名史虛白之《釣磯立談》或即出此人手。詳參陳尚君《〈釣磯立談〉作者考》（載《漢唐文學與文獻考論》242—244

頁,上海古籍出版社,2008年版)。

《慶雲集》一卷　陳貺撰

《江南野史》卷六《陳貺傳》云:"處士陳貺者,閩中人。少孤貧好學,遊廬山,刻苦進修詩書,蓄數千卷,有詩名聞於四方。……有詩數百首,務強骨鯁,超出常態,頗有閬仙之致,膾炙人口。"

《四庫闕書目》卷一"別集類"著錄陳況《慶雲集》一卷,"況"乃"貺"之譌。陳貺傳見馬《書》卷一五、陸《書》卷七。陸《書》作"陳況"。唐圭璋《南唐藝文志》亦列《陳況詩》,是譌"貺"爲"況"矣。

《鄧洵美集》　鄧洵美撰

《江南野史》卷七《鄧洵美傳》云:"鄧洵美,世爲湖郴郡人。少有敏才,長而工詩,長於賦頌。……先是,太常寺丞陳度有《薛孤延闢雷賦》,頗爲時彥所推尚,而《洵美集》中亦有此作,前後語句皆同,惟首末小異,未識誰氏之述也。"《十國春秋》卷七五《鄧洵美傳》所載亦同。據此,則《鄧洵美集》原曾傳世。

阮閱《詩話總龜·前集》卷一四"唱和門"引《雅言系述》曰:"鄧洵美,連山人,乾祐二年中進士第,與司空昉、少保傅同年。謁劉氏,不禮,歸武陵。時周氏有其地,且辟在幕府。未幾,司空氏自禁林出使武陵,與洵美相遇,贈詩曰:'憶昔詞場共著鞭,當時鶯谷喜同遷。關河契闊三千里,音信稀疏二十年。君遇已知依玉帳,我無才藻步花磚。時情人事堪惆悵,天外相逢一泫然。'洵美和云:'詞場幾度讓長鞭,又向清朝賀九遷。品秩雖然殊此日,歲寒終不改當年。馳名早已超三院,侍直仍忻步八磚。今日相逢番自愧,閑吟對酒倍潸然。'相國歸闕,率偕載,而辭以疾不行。相國語同年少保公。公時在黃閣,洵美在武陵,又爲詩寄之云:'衡陽歸雁別重湖,銜到同人一紙書。忽見姓名雙淚落,不知消息十年餘。綵衣我已登黃閣,白杜君猶茸舊居。南望荆門千里外,暮雲重叠滿晴虛。'周氏疑洵美漏洩密謀，急追捕至易俗場而遇害。建隆初，王師下湖湘，相國復牧衡陽，道經易俗場，作詩弔曰：'十年衣染帝鄉塵，踪蹟仍傳活計貧。高掇桂枝曾遂志，假拖藍綬至終身。侯門寂寞非知己，澤國恓惶似旅人。今已向公墳畔過。不勝懷抱暗酸辛。"

《孟貫詩》一卷　孟貫撰

陳鱣《續唐書·經籍志》載《孟一之詩》一卷。唐圭璋《南唐藝文志》載《孟貫詩》一卷。

《江南野史》卷八《孟貫傳》云："孟貫，世居嶺表，爲建陽人。……顯德中，周世宗征淮南，幸廣陵。貫潛渡江，以所業詩一集，於駕前獻之。"

《唐才子傳》卷一〇《孟貫傳》云："貫，閩中人。爲性疏野，不以榮宦爲意，喜篇章。周世宗幸廣陵，貫時大有詩價，世宗亦聞之，因繕録一卷獻上，首篇書《貽譚先生》云：'不伐有巢樹，多移無主花。'世宗不悦，曰：'朕伐叛弔民，何得有有巢、無主之説。獻朕則可，他人則卿必不免。'不復終卷，賜釋褐進士，虚名而已，不知其終。有詩集今傳。"《江西通志》卷九六《寓賢·南康府》載："孟貫，字一之。"

胡震亨《唐音癸籤》卷三〇《集録一》載《孟貫詩》一卷。《孫氏祠堂書目内編》卷四著録《孟一之詩集》一卷。

善本：《孟貫詩》一卷：明抄本《唐四十四家詩》本、明抄本《唐四十七家詩》本、清康熙野香堂刻《十三唐人詩》本、清康熙刻《中晚唐詩》（清劉雲份編）本。

《孟一之詩集》一卷：清康熙席氏琴川書屋自刻《唐詩百名家全集》本。

《渚宫集》十卷　鄭準撰

《崇文總目》卷五"別集類一"著録鄭準《渚宫文集》十卷。《新唐書》卷六〇《藝文志四》"別集類"著録鄭準《渚宫集》一卷，曰："字不欺,乾寧進士第。"《四庫闕書目》卷一"別集類"著錄《鄭準文集》四卷。《通志》卷七〇《藝文略八》"別集四"載鄭準《渚宮集》一卷。《宋史》卷二〇八《藝文志七》"別集類"載鄭準《渚宮集》四卷。焦竑《國史經籍志》卷五"別集類"著錄鄭準《渚宮集》一卷。

興武按:《渚宮集》原名《渚宮文集》,其卷數自十卷、四卷減至一卷,蓋因散佚故也。今依《崇文總目》,仍作十卷。

《雲臺編》三卷、《宜陽外編》一卷　鄭谷撰

汪之昌《補南唐藝文志》著錄鄭谷《雲臺編》三卷、《宜陽外集》一卷。

《郡齋讀書志》卷一八載《雲臺編》三卷、《宜陽外編》一卷。志云:"右唐鄭谷字守愚,宜春人。光啟三年,擢高第,遷右拾遺,歷都官郎中。乾寧四年,歸宜春,卒於別墅。其集號《雲臺編》者,以其扈從華山下觀居所編次也。谷詩屬思凝切於理,而格韻繁猥,語句浮俚不競,不爲議者所多,然一時傳諷,號鄭都官而弗名也。"《直齋書錄解題》卷一九"詩集類上"載《雲臺編》三卷,題曰:"唐都官郎中宜春鄭谷守愚撰。光啟三年進士。"

《崇文總目》卷五"別集類三"著錄鄭谷《雲臺編》三卷,另《宜陽外集》一卷。《新唐書》卷六〇《藝文志四》"別集類"著錄鄭谷《雲臺編》三卷,又《宜陽集》三卷,注:"字守愚,袁州人,爲右拾遺。乾寧中,以都官郎中卒於家。"《通志》卷七〇《藝文略八》"別集詩"著錄鄭谷《雲臺編》三卷,又《宜陽集》一卷。《宋史》卷二〇八《藝文志七》"別集類"載鄭谷《宜陽集》一卷,後又有《鄭谷詩》三卷,又《詩》一卷、《外集》一卷。《文獻通考》卷二四三《經籍七〇》亦載錄鄭谷《雲臺編》三卷,又《宜陽外編》一卷。《孫氏祠堂書目內編》卷四著錄《雲臺編》三卷。《四庫全書總目》卷一五一"別集類四"著錄《雲臺編》三卷。

興武按:谷之卒年,史無明載。王達津《鄭谷生平繫詩》(《南

開學報》1981年1期)考谷之卒約在後梁開平五年春清明節前。趙昌平《唐才子傳校箋》卷一〇《鄭谷傳》則云,谷之卒應在後梁開平四年之後。谷與羅隱、韓偓、徐寅、黃滔等人同時,宜入五代藝文志,今特補錄。

善本:《鄭守愚文集》三卷:宋刻本。

《雲臺編》三卷:明嘉靖十四年嚴嵩刻本(王重民《中國善本書提要·集部·別集類》作該書提要)、明抄本(何焯校並跋)、清鄭起泓刻本(附《補遺》一卷)、清抄本。

《雲臺編》不分卷:清麥齋抄本。

《梅嶺集》五卷　成彥雄撰

陳鱣《續唐書·經籍志》載《梅嶺集》五卷,曰"南唐進士成彥雄撰"。徐炯《五代史記補考·藝文考》、汪之昌《補南唐藝文志》均載成彥雄《梅頂集》一卷。唐圭璋《南唐藝文志》以爲成彥雄《梅頂集》當即成文幹之《梅嶺集》五卷。

《崇文總目》卷五"別集類二"載錄成文幹《梅嶺集》五卷。《郡齋讀書志》卷一八載成彥雄《梅頂集》一卷,志云:"右僞唐成彥雄,江南進士。有徐鉉序。"《四庫闕書目》卷一"別集類"著錄成彥雄《梅頂集》一卷。《通志》卷七〇《藝文略八》"別集五"著錄成文幹《梅嶺集》五卷,注"僞唐"。《文獻通考》卷二三三《經籍六〇》亦載錄成彥雄《梅頂集》一卷。胡震亨《唐音癸籤》卷三〇《集錄一》載成彥雄《梅嶺詩集》五卷。《全唐詩》卷七五九成彥雄小傳云:"成彥雄字文幹,南唐進士。《梅嶺集》五卷。"

《靈溪集》七卷　王貞白撰

《郡齋讀書志·讀書附志》"別集類一"載《靈溪集》七卷,志曰:"右唐王貞白之文也。貞白字有道,信州永豐人。乾寧二年進士,後七年,調校書郎。手編所爲詩三百篇,命曰《靈溪集》云。慶元中,洪文敏公邁爲之序。"

《直齋書録解題》卷一九"詩集類上"載《靈溪集》七卷,題云:"唐校書郎上饒王貞白有道撰。乾寧二年進士。其集有自序,永豐人有藏之者,洪景廬得而刻之。詩雖多,在一時儕輩未爲工也。"《文獻通考》卷二四三《經籍七〇》亦載録王貞白《靈溪集》七卷,考引《直齋》。

《通志》卷七〇《藝文略八》"別集詩"著録《王貞白詩》一卷。《新唐書》卷六〇《藝文志四》"別集類"著録《王貞白詩》一卷,注"字有道"。《宋史》卷二〇八《藝文志七》"別集類"載《王貞白集》七卷。焦竑《國史經籍志》卷五"別集類"著録《王貞白詩》一卷。胡震亨《唐音癸籤》卷三〇《集録一》載《王貞白詩》七卷。

《唐才子傳》卷一〇《王貞白傳》云:"貞白,字有道,信州永豐人也。乾寧二年登第。時榜下物議紛紛,詔翰林學士陸扆於内殿覆試,中選。授校書郎,時登第後七年矣。……後值天王狩於岐,廼退居著書,不復干禄,當時大獲芳譽。性恬和,明易象。手編所爲詩三百篇,及賦文等,爲《靈溪集》七卷,傳於世。卒葬家山。"

興武按:王貞白於天復元年辭官歸隱,卒年無考,詳參傅璇琮主編《唐才子傳校箋》卷一〇《王貞白傳》。清王士禛、鄭方坤《五代詩話》卷二"王貞白"條云:"建帥陳誨之子德誠,罷管沿江水軍,入掌禁衛,頗患拘束。方宴客,貞白在坐食蟹,德誠請詠之,貞白云:'蟬眼龜形脚似蛛,未曾正面向人趨。如今釘在盤筵上,得似江湖亂走無?'衆客皆笑。"據《十國春秋》卷二四《陳誨傳》附《陳德誠傳》,德誠乃南唐中主、後主時名將。王貞白卒年不詳,恐不及南唐,存此待考。

參考:《唐摭言》卷一二"自負"條、《唐詩紀事》卷六七、《五代詩話》卷二。

善本:《王貞白詩》一卷:清康熙半畝園刻《中晚唐詩紀》(清龔賢編)本。

《李洞詩》一卷　李洞撰

《郡齋讀書志》卷一八"別集類中"載《李洞詩》一卷，志云："右唐李洞字才江。諸王之孫。慕賈島爲詩，銅鑄爲像，事之如神。時人多誚其僻澀，不貴其奇峭，唯吳融稱之。昭宗時不第，遊蜀，卒。"《直齋書錄解題》卷一九"詩集類上"載《李洞集》一卷，題云："唐李洞撰。與張喬同時，稱'餘杭明經'。潘熙載編。"

《崇文總目》卷五"別集類三"、《新唐書》卷六〇、《通志》卷七〇《藝文略八》"別集詩"、《文獻通考》卷二四三《經籍七〇》均著錄《李洞詩》一卷。《宋史》卷二〇八《藝文志七》"別集類"載《李洞詩集》三卷。《孫氏祠堂書目內編》卷四亦著錄《李才江集》三卷。

善本：《李洞詩集》一卷，明萬曆畢懋謙刻增刻本畢效欽編《十家唐詩》本、明抄本《唐四十四家詩》本、明嘉靖十九年刻《唐百家詩》本。

《李洞詩集》三卷：明《唐四十七家詩》抄本。

《李才江詩集》三卷：清康熙席氏琴川書屋自刻《唐詩百名家全集》本。

《羅鄴詩》一卷　羅鄴撰

《崇文總目》卷五"別集類四"、《新唐書》卷六〇《藝文志四》"別集類"、《通志》卷七〇《藝文略八》"別集詩"、《宋史》卷二〇八《藝文志七》"別集類"均載《羅鄴詩》一卷。《直齋書錄解題》卷一九"詩集類上"、《文獻通考》卷二四三《經籍七〇》均載《羅鄴集》一卷。《孫氏祠堂書目內編》卷四則著錄羅鄴《古風詩》一卷，重出《羅鄴詩集》一卷。

王定保《唐摭言》卷二"韋莊奏請追贈不及第人近代者"條云："羅鄴，餘杭人也。家富於財，父則，爲鹽鐵小吏，有子二人，俱以文學干進，鄴尤長七言詩。時宗人隱，亦以律韻著稱，然隱才雄而粗疏，鄴才清而綿緻。"

錢易《南部新書》已卷載："羅隱、鄴、虬，共在塌屋，謂之'三羅'。"

羅鄴事蹟，詳參傅璇琮主編《唐才子傳校箋》卷八《羅鄴傳》之考述。

善本：《羅鄴詩集》一卷：明嘉靖十九年刻《唐百家詩》本、清康熙席氏琴川書屋自刻《唐詩百名家全集》本。

《貴溪叟自序傳》一卷　錢儼撰

陳鱣《續唐書·經籍志》載錢儼《貴溪叟自序傳》一卷。

《宋史》卷四八〇《錢儼傳》云："又作《貴溪叟自叙傳》一卷。"《十國春秋》卷八三《錢儼傳》亦稱："又作《貴溪叟自序傳》一卷。"

《王周集》一卷　王周撰

《直齋書錄解題》卷一九"詩集類上"載《王周集》一卷，題云："未詳何人。"《文獻通考》卷二四三《經籍七〇》亦載錄《王周集》一卷，考引《直齋》。《孫氏祠堂書目內編》卷四著錄《王周詩集》一卷。

《王周傳》見薛《史》卷一〇六、歐《史》卷四八。《全唐文》卷八五五小傳云："周，魏州人。事後唐明宗，以戰功拜刺史。晉天福中，歷貝州、涇州節度使，遷武勝、保義、義武、成德四鎮。杜重威降契丹，欲自引決，家人迫以出降，授武勝軍節度使、檢校太師。漢祖入立，徙鎮武軍，加同平章事。乾祐元年卒，贈中書令。"

善本：《王周詩集》一卷：明初抄本《唐十八家詩》本、明抄本《唐四十四家詩》本、明抄本《唐四十七家詩》本、明嘉靖十九年刻《唐百家詩》本、清康熙席氏琴川書屋自刻《唐詩百名家全集》本。

《楊夔集》五卷、《楊夔賦》一卷、《冗書》十卷、《冗餘集》一卷　楊夔撰

《崇文總目》卷五"別集類二"、《新唐書》卷六〇《藝文志四》"別集類"、《通志》卷七〇《藝文略八》"別集四"均著錄《楊夔集》五卷、

《冗書》十卷、《冗餘集》一卷。《宋史》卷二〇八《藝文志七》"別集類"載《楊夔集》五卷、《賦》一卷、《冗書》十卷、《冗餘集》十卷。焦竑《國史經籍志》卷五"別集類"亦載《楊夔集》五卷,又《冗書》一卷、《冗餘集》一卷。

《詩話總龜》前集卷二七引《古今詩話》云:"高士楊夔嘗著《冗書》三卷,馳名於士大夫間。"

《唐詩紀事》卷六八"殷文圭"條載:"文圭、杜荀鶴、楊夔、康軿、夏侯淑、王希羽等,皆為淮南將田頵上客……夔知頵不足抗楊行密,著《溺賦》以戒,頵不用,果敗。"夔有《歙州重築新城記》一文(《全唐文》卷八六七),作於"天祐丁卯歲"之"明年",即後梁開平二年。此後行蹟無考。吳任臣《十國春秋》卷一一《楊夔傳》又云:"夔有《紀梁公對》、《原晉亂說》,當世爭傳其文。"

《邱光庭文集》三卷、《邱光庭詩》一卷　邱光庭撰

陳鱣《續唐書·經籍志》載邱光庭《文集》三卷。

《新唐書》卷六〇《藝文志四》"別集類"著錄《丘光庭集》三卷。《崇文總目》卷五"別集類二"著錄《邱光庭文集》三卷,卷五"別集類四"又著錄《邱光庭詩》一卷。《通志》卷七〇《藝文略八》"別集四"、焦竑《國史經籍志》卷五"別集類"均著錄《邱光庭集》三卷。

《五書》二卷　孫光憲撰

《四庫闕書目》卷一"別集類"著錄孫光憲《五書》二卷。葉德輝按云:"《崇文目》入'雜家類',無撰人。"

《纂唐賦》一卷　孫光憲撰

《四庫闕書目》卷一"別集類"著錄孫光憲《纂唐賦》一卷,此乃顧、宋兩《志》所未及者。

《羅袞集》二卷　羅袞撰

《新唐書》卷六〇《藝文志四》"別集類"著錄《羅袞集》二卷，注："字子制，天祐起居郎。"《崇文總目》卷五"別集類二"著錄《羅襄集》三卷，秦鑑按云："《通志略》二卷，'襄'作'袞'。"《通志》卷七〇《藝文略八》"別集四"、《宋史》卷二〇八《藝文志七》"別集類"、《國史經籍志》卷五"別集類"均載《羅袞集》二卷。

《舊唐書》卷二〇下哀帝天祐二年十月載："甲午，起居郎蘇楷駁昭宗諡號曰：'帝王御宇，由理亂以審汙隆……有司先定尊諡曰聖穆景文孝皇帝，廟號昭宗，敢言溢美，似異直書。按後漢和、安、順帝，緣非功德，遂改宗稱，以允臣下之請。今郊禋有日，祫祭惟時。將期允愜列聖之心，更下詳議新廟之稱。庶使葉先朝罪己之德，表聖主無私之明。'楷，禮部尚書循之子，凡劣無藝。乾寧二年應進士登第後，物論以爲濫，昭宗命翰林學士陸扆、秘書監馮渥覆試黜落，永不許入舉場，楷負愧銜怨。至是，全忠弑逆君上，柳璨陷害朝臣，乃與起居郎羅袞、起居舍人盧鼎連署駁議。楷目不知書，手僅能執筆，其文羅袞作也。"

《唐摭言》卷一〇"海叙不遇"條云："羅隱梁開平中累徵夕郎不起，羅袞以小天倅大秋姚公使兩浙，袞以詩贈隱曰：'平日時風好流涕……早以公台命卓侯。'隱答曰：'昆侖水色九般流……羨君歸棹五諸侯。'"興武按：羅袞在唐末官起居郎，入梁後爲"小天"。按《容齋四筆》卷一五"官稱別名"條，吏部尚書稱"大天"，吏部郎爲"小選"，則"小天"應爲吏部侍郎。

《范質文集》三十卷　范質撰

《崇文總目》卷五"別集類二"著錄《范質文集》三十卷。《通志》卷七〇《藝文略八》"別集五"、《宋史》卷二〇八《藝文志七》"別集類"、焦竑《國史經籍志》卷五"別集類"並著錄《范質集》三十卷。

《梁震文集》一卷　梁震撰

陳鱣《續唐書·經籍志》載《荆臺隱士文集》一卷，曰"荆南前進士梁震撰"。

《崇文總目》卷五"別集類二"著錄《梁震文集》一卷。《通志》卷七〇《藝文略八》"別集五"、《國史經籍志》卷五"別集類"均著錄《梁震集》一卷。《十國春秋》卷一〇二《梁震傳》云："所著文集一卷行世。"

《薛廷珪文集》一卷　薛廷珪撰

《崇文總目》卷五"別集類二"著錄《薛廷珪文集》一卷。《通志》卷七〇《藝文略八》"別集五"、焦竑《國史經籍志》卷五"別集類"、胡震亨《唐音癸籤》卷三〇《集錄一》等均著錄《薛廷珪集》一卷。

興武按：《宋史》卷二〇八"藝文志七"別集類"載薛廷珪《鳳閣書詞》十卷，卷二〇九"藝文志八"總集類"載《克家志》九卷，《文集》一卷未見著錄，今補。

《信都集》一卷　馮涓撰

《四庫闕書目》卷一"別集類"著錄馮涓《信都集》一卷，此顧、宋兩《志》所未及者。據補。

《端揆集》四十五卷　竇儀撰

《崇文總目》卷五"別集類二"、《通志》卷七〇《藝文略八》"別集五"、《宋史》卷二〇八"藝文志七"別集類"、焦竑《國史經籍志》卷五"別集類"均著錄竇儀《端揆集》四十五卷。據補。

《益智書》一册　馮道撰

《文淵閣書目》卷二於"荒字號第一廚書目"中載馮道《益智書》一部一册。明葉盛《菉竹堂書目》卷三載錄馮道《益智書》一册。據補。

《賣儼文集》五十卷　賣儼撰

《崇文總目》卷五"別集類二"著錄《賣儼文集》五十卷。《通志》卷七〇《藝文略八》"別集五"、焦竑《國史經籍志》卷五"別集類"均著錄《賣儼集》五十卷。據補。

《李昉集》五十卷　李昉撰

《崇文總目》卷五"別集類二"、《通志》卷七〇《藝文略八》"別集五"、《宋史》卷二〇八《藝文志七》"別集類"、焦竑《國史經籍志》卷五"別集類"均著錄《李昉集》五十卷。

興武按：李昉乃後周重臣，周亡入宋。

《詠史詩》三卷　褚載撰

《新唐書》卷六〇《藝文志四》"別集類"著錄《褚載詩》三卷，注曰："字厚之。並乾寧進士第。"《宋史》卷二〇八《藝文志七》"別集類"載《褚載詩》一卷。《崇文總目》卷五"別集類四"、《通志》卷七〇《藝文略八》"別集詩"、焦竑《國史經籍志》卷五"別集類"並著錄褚載《詠史詩》三卷。《直齋書錄解題》卷一九"詩集類上"載《褚載集》一卷，題曰："唐褚載厚之撰。"《文獻通考》卷二四三《經籍七〇》載《褚載集》一卷，考引《直齋》。

《唐才子傳》卷一〇《褚載傳》云："載字厚之。家貧，客梁、宋間，困甚，以詩投襄陽節度使邢君牙，云：'西風昨夜墜紅蘭，一宿郵亭事萬般。無地可耕歸不得，有恩堪報死何難。流年怕老看將老，百計求安未得安。一卷新詩滿懷淚，頻來門館訴饑寒。'君牙憐之，贈絹十匹，薦於鄭滑節度使，不行。乾寧五年，禮部侍郎裴贄知貢舉，君牙又薦之，遂擢第。文德中，劉子長出鎮浙西，行次江西。時陸威侍郎猶為郎吏，亦寓於此。載緘二軸投謁，誤以子長之卷面贄於威。威覽之，連見數字觸家諱，威瞿然。載愕錯，白以大誤。尋謝以長牋，略曰：'曹興之圖畫雖精，終慚誤筆；殷浩之兢持太過，翻達空函。'威激賞而終不能引拔。後竟流落而卒。集三卷,今傳。"

興武按:"乾寧"乃唐昭宗年號,乾寧五年(898)去朱溫篡唐之天祐四年(907)才九年時間。褚載生卒年無考,恐未入五代。其既落魄於昭宗朝,則應補入。

《幽居雜編》一卷　韋莊撰

《崇文總目》卷五"別集類四"著錄韋莊《幽居雜編》一卷。據補。

《閒居集》十卷　沈彬撰

唐圭璋、杜文玉兩《南唐藝文志》於《沈彬詩》二卷外,另載沈彬《閒居集》十卷。《宋史》卷二八《藝文志七》"別集類"著錄沈彬《閒居集》十卷。

《大紀賦》一卷　沈顏撰

陳鱣《續唐書·經籍志》及汪之昌《補南唐藝文志》均著錄《大紀賦》一卷,汪注云:"沈顏撰,據《總目》補。焦《志》作《九紀》。"

《崇文總目》卷五"別集類五"著錄《大紀賦》一卷,曰"沈顏撰"。《通志》卷七〇《藝文略八》"賦類"著錄《大紀賦》一卷,注云"偽吳沈顏撰"。焦竑《國史經籍志》卷五"集類"則著錄《九紀賦》一卷,注"吳沈顏"。

《集後雜俎》五卷　竇儼撰

《四庫闕書目》卷一"別集類"著錄竇儼《集後雜俎》五卷。此顧、宋兩《志》所未及者,據補。

《羅隱賦》一卷　羅隱撰

《崇文總目》卷五"別集類五"、《通志》卷七〇《藝文略八》"賦類"均著録《羅隱賦》一卷。《四庫闕書目》卷一"別集類"作《羅江東賦》一卷,葉德輝按云:"《崇文目》作《羅隱賦》。"

《靈璧子》十卷　羅隱撰

陳鱣《續唐書·經籍志》載羅隱《靈璧子》十卷。《十國春秋》卷八四《羅隱傳》云:"有《吳越掌記集》三卷、《江南甲乙集》十卷、《江東後集》三卷、《湘南應用》三卷、《靈璧子》、《兩同書》十篇。又有《讒書》五卷、《淮海寓言》七卷,多散失不傳。"

《酃炎集》一卷　和凝撰

《通志》卷七〇《藝文略八》"別集類"、焦竑《國史經籍志》卷五"別集類"均著録和凝《酃炎集》一卷。

《王振詩》一卷　王振撰

《崇文總目》卷五"別集類五"、《宋史》卷二〇八《藝文志七》"別集類"、《宋史新編》卷五三《藝文志七》"別集類"均著録《王振詩》一卷,此顧、宋兩《志》所未及者,特予補入。按:王振另有《汴水滔天録》一卷,已見顧《志》。

《高陽集》　陳摶撰

《宋史》卷四五七《陳摶傳》云:"摶好讀《易》,手不釋卷。嘗自號扶搖子,著《指玄篇》八十一章,言導養及還丹之事。宰相王溥亦著八十一章以箋其指。摶又有《三峰寓言》及《高陽集》、《釣潭集》,詩六百餘首。"厲鶚《宋詩紀事》卷五陳摶小傳亦稱"有《高陽集》、《釣潭集》"。

《玉堂拾遺集》一卷　陶穀撰

《四庫闕書目》卷一"別集類"著録陶穀《玉堂拾遺集》一卷,此顧、宋兩《志》所未及者,據補。

《孫開物集》十六卷　孫開物撰

《崇文總目》卷五"別集類二"載《孫開物文集》十六卷。《通志》卷七〇《藝文略八》"別集五"於"五代"人著述中著錄《孫開物集》十六卷。《宋史》卷二〇八《藝文志七》"別集類"、焦竑《國史經籍志》卷五"別集類"、胡震亨《唐音癸籤》卷三〇《集錄一》均載《孫開物集》十六卷。據補。

《肥川集》十卷、《磨盾集》十卷　章震撰

汪之昌《補南唐藝文志》錄《章震詩》十卷。唐圭璋《南唐藝文志》於兩集之外，另載《章震詩》十卷。

《崇文總目》卷五"別集類五"載《章震詩》十卷，"別集類七"載《磨盾集》一卷，不著撰人。《通志》卷七〇《藝文略八》"別集五"著錄《章震詩》十卷，注"僞唐"；同卷"表章類"著錄《磨盾集》十卷，曰"唐人表疏"。《宋史》卷二〇八《藝文志七》"別集類"著錄章震《肥川集》十卷，又《磨盾集》十卷。焦竑《國史經籍志》卷五"別集類"著錄《章震詩》十卷。胡震亨《唐音癸籤》卷三〇《集錄一》載章震《肥川集》十卷。

興武按：章震詩集名《肥川集》，不必重出《章震詩》十卷。

《李叔文詩》一卷　李叔文撰

《崇文總目》卷五"別集類五"有《季叔文詩》一卷，"季"乃"李"之譌。《通志》卷七〇《藝文略八》"別集五"載《季叔文詩》一卷，注"僞唐"。《宋史》卷二〇八《藝文志七》"別集類"、《國史經籍志》卷五"別集類"及胡震亨《唐音癸籤》卷三〇《集錄一》均著錄《李叔文詩》一卷。

《金陵古蹟詩》四卷　朱存撰

陳鱣《續唐書·經籍志》載《覽古詩》一卷，曰"南唐先存撰"。

"先存"乃"朱存"之譌。汪之昌《補南唐藝文志》著録《覽古詩》二百章,注云:"朱存撰。據《十國春秋》補。"又有《金陵古蹟》四卷,不著作者,曰"據焦《志》補"。唐圭璋《南唐藝文志》載《金陵古蹟詩》四卷,曰"李存撰"。

《崇文總目》卷五"別集類四"著録《金陵古蹟詩》四卷,注"李存撰"。《通志》卷七〇《藝文略八》"別集五"、《國史經籍志》卷五"別集類"均著録李存《金陵古蹟詩》四卷,《通志》注"僞唐"。《四庫闕書目》卷一"別集類"著録《朱存詩》二卷。《宋史》卷二〇八《藝文志七》"別集類"著録朱存《金陵覽古詩》二卷,又重出朱存《金陵詩》一卷。胡震亨《唐音癸籤》卷三〇《集録一》亦載朱存《金陵覽古詩》二卷。

《十國春秋》卷二九《朱存傳》云:"朱存,金陵人。保大時,嘗取吳大帝及六朝興亡成敗之蹟,作《覽古詩》二百章,章四句,地志家多援以爲證。"

《郭鵬詩》一卷　郭鵬撰

唐圭璋《南唐藝文志》載《郭鵬詩》一卷。

《崇文總目》卷五"別集類五"、《通志》卷七〇《藝文略八》"別集五"、《宋史》卷二〇八《藝文志七》"別集類"、《國史經籍志》卷五"別集類"、胡震亨《唐音癸籤》卷三〇《集録一》均著録《郭鵬詩》一卷,《通志》注"僞唐"。

《江西通志》卷七五《人物·吉安府·南唐》載:"郭鵬,永新人。南唐開科取士,鵬中第,爲廬陵令。尋轉大理屬官,與大理卿蕭儼同決疑獄。按南平王鍾傳夫人奸事,人服其果斷。"

《沈崧詩集》二卷　沈崧撰

《四庫闕書目》卷一"別集類"著録《沈崧詩集》二卷。此集與《錢金集》八卷相差較多,更非《沈崧文集》,當別爲一集。今補。

《黃台詩》一卷　黃台撰

《四庫闕書目》卷一"別集類"著錄《黃台詩》一卷。顧、宋兩《志》已錄黃台《江西表狀》二卷,此集乃詩。

《典懿集》三十卷　錢惟演撰

宋祖駿《補五代史藝文志·補遺》、陳鱣《續唐書·經籍志》均著錄錢惟演《典懿集》三十卷,此乃顧《志》所闕,據補。

《李明詩集》五卷　李明撰

汪之昌《補南唐藝文志》補錄《李明詩》一卷,曰"據焦《志》補"。唐圭璋《南唐藝文志》則載《李明詩》五卷。

《崇文總目》卷五"別集類五"、焦竑《國史經籍志》卷五"別集類"均著錄《李明詩》五卷。《通志》卷七〇《藝文略八》"別集五"、《宋史》卷二〇八《藝文志七》"別集類"均著錄《李明詩集》五卷,《通志》注"僞唐"。

《行朝詩》一卷　楊復恭撰

《崇文總目》卷五"別集類三"著錄《行朝詩》一卷,不著撰人。《通志》卷七〇《藝文略八》"別集詩"、《國史經籍志》卷五"別集類"並著錄《行朝詩》一卷,注"楊復恭"。《四庫闕書目》卷一"別集類"著錄《楊復恭詩》一卷。《宋史》卷二〇八《藝文志七》"別集類"亦載楊復恭《行朝詩》一卷。

楊復恭,唐末宦官。傳見《舊唐書》卷一八四。

《體物賦集》一卷　郭貢撰

汪之昌《補南唐藝文志》著錄郭貢《體物賦集》一卷,曰"據焦《志》補"。唐圭璋《南唐藝文志》所載同。

《崇文總目》卷五"別集類五"著錄《體物集》一卷,注"郭貢撰"。《四庫闕書目》卷一"別集類"著錄《郭賁賦》一卷。《通志》卷七〇《藝文略八》"賦類"著錄郭賁《體物賦集》一卷,曰"僞唐人"。《宋史》卷二〇八《藝文志七》"別集類"著錄郭賁《體物集》一卷。焦竑《國史經籍志》卷五"集類"載郭賁《體物賦集》一卷,注"南唐"。

徐鉉《徐公文集》卷一九有《送張泌、郭賁二先輩序》,可證賁爲南唐時人。

《薛氏賦集》九卷　薛廷珪集

《崇文總目》卷五"總集類上"載《薛氏賦集》九卷,曰"薛珪撰"。"薛珪"當係"薛廷珪"之譌。《通志》卷七〇《藝文略八》"賦類"著錄《薛氏賦集》九卷,注云"唐薛廷珪集"。此集乃顧、宋兩《志》所未載者,今補。

《白岩四六》五卷　鄭良士撰

《崇文總目》卷五"別集類七"載《白岩四六》五卷,未著撰人。《通志》卷七〇《藝文略八》"四六類"著錄《白岩四六》五卷,曰"後唐人"。《宋史》卷二〇八《藝文志七》"別集類"載錄鄭良士《四六集》一卷。此集乃顧、宋兩《志》所無,今補。

《擬元集》十卷　陳康圖集

《通志》卷七〇《藝文略八》"詩總集類"著錄《擬元集》十卷,注曰:"梁陳康圖集。"顧、宋兩《志》不著此書,今補。

《邱光庭四六》一卷　邱光庭撰

《四庫闕書目》卷一"別集類"、《通志》卷七〇《藝文略八》"四六類"均著錄《邱光庭四六》一卷。此乃顧、宋兩《志》所無,今補。

《殷文圭四六》三卷　趙文翼注

《四庫闕書目》卷一"別集類"著録趙文翼注《應文圭四六》三卷,"應文圭"當係"殷文圭"之譌。《通志》卷七〇《藝文略八》"四六類"亦著録《殷文圭四六》三卷,注云"趙文翼注"。

《宋齊丘四六》一卷　宋齊丘撰

唐圭璋《南唐藝文志》亦載宋齊丘《四六集》一卷。

《通志》卷七〇《藝文略八》"四六類"著録《宋齊丘四六》一卷。此集所收爲應用文章,與宋氏所撰之《祀玄集》不同。顧、宋兩《志》未能著録,今補。

《山水賦》一卷　荆浩撰

明詹景鳳輯《畫苑補益十四種》(清初抄本,丁丙跋)收録《山水賦》一卷,題"五代荆浩撰"。

《四庫全書總目》卷一一二"藝術類一"載《畫山水賦》一卷,附《筆法記》一卷。提要云:"舊本題唐荆浩撰。案劉道醇《五代名畫補遺》曰:'荆浩字浩然,河南沁水人。五季多故,隱於太行之洪谷,自號洪谷子。著《山水訣》一卷。'湯垕《畫鑑》亦曰:'荆浩山水爲唐末之冠,作《山水訣》,爲范寬輩之祖。'則此書本名《山水訣》。此本載詹景鳳《王氏畫苑補益》中,獨題曰《畫山水賦》。考荀卿以後,賦體數更,而自漢及唐,未有無韻之格。此篇雖用駢辭,而中間或數句有韻,數句無韻,仍如散體。強題曰賦,未見其然。又以浩爲豫章人,題曰豫章先生,益誕妄無稽矣。"

《劉山甫詩》一卷　劉山甫撰

清康熙野香堂刻《唐代劉氏詩集》(清劉雲份編)存録《劉山甫詩》一卷。此乃顧、宋兩《志》所無,據補。

《東浮集》九卷　崔道融撰

《直齋書錄解題》卷一九"詩集類上"載《東浮集》九卷，題云："唐荆南崔道融撰，自稱'東甌散人乾寧乙卯永嘉山齋編成'，蓋避地於此。今缺第十卷。"《文獻通考》卷二四三《經籍七〇》亦載録崔道融《東浮集》九卷，考引《直齋書錄解題》。尤袤《遂初堂書目》載崔道融《東浮集》，不明卷數。《全唐詩》卷七一四崔道融小傳稱："崔道融，荆州人，以徵辟爲永嘉令。累官右補闕。避地入閩。《申唐詩》三卷、《東浮集》九卷。"

《鼎國詩》三卷　李雄撰

陳鱣《續唐書·經籍志》、徐炯《五代史記補考·藝文考》均載後唐李雄《鼎國集》三卷。

《郡齋讀書志》卷一八"別集類中"載《鼎國詩》三卷，志曰："右後唐李雄撰。雄，洛鞏人。莊宗同光甲申歲，遊金陵、成都、鄴下，各爲咏古詩三十章，以三國鼎峙，故曰《鼎國》。"《文獻通考》卷二四三《經籍七〇》載《鼎國詩》三卷，考引《郡齋》。《四庫闕書目》卷一"別集類"著録《鼎國集》二卷。《宋史》卷二〇八《藝文志七》"別集類"載李稹《鼎國集》三卷，"稹"乃"雄"之譌。

《拾遺集》二卷　余璀撰

宋祖駿《補五代史藝文志·補遺》著録余璀《拾遺集》十卷。唐圭璋《南唐藝文志》僅列《拾遺集》書名，未明卷數。

《十國春秋》卷三一《余璀傳》云："余璀，字崑美，一名賜，古田人也。仕元宗爲左拾遺。璀善唐律，有《拾遺集》若干卷。"《福建通志》卷六八《藝文一·福州府》載余璀《拾遺集》二卷。

《顏仁郁詩》百篇　顏仁郁撰

宋祖駿《補五代史藝文志·補遺》著録《顏仁郁詩》百篇。

《十國春秋》卷九六傳載："顏仁郁，泉州人。仕太祖爲歸德場長。時土荒民散，仁郁撫之。一年襁負至，二年田萊闢，閱三歲而民用足。有詩百篇，宛轉迴曲，歷盡人情，邑人途歌巷唱之，號'顏長官詩'。"此爲顧《志》所無，據補。

《擬白居易諷諫詩》五十篇　歐陽迥撰

宋祖駿《補五代史藝文志·補遺》著錄歐陽迥《擬白居易諷諫詩》五十篇。陳鱣《續唐書·經籍志》載《擬白居易諷諫詩》一卷，曰"後蜀門下侍郎歐陽迥撰"。

《宋史》卷四七九《歐陽迥傳》云："（迥）嘗擬白居易諷諫詩五十篇以獻，昶手詔嘉美，賫以銀器、錦綵。"據補。

《國風正訣》一卷　鄭谷撰

汪之昌《補南唐藝文志》著錄《國風正訣》一卷，注曰："鄭谷撰，據《宋志》補。"

《宋史》卷二〇八《藝文志七》"別集類"著錄鄭谷《國風正訣》一卷。胡震亨《唐音癸籤》卷三二《集錄三》載《國風正訣》，注曰："一卷。鄭谷撰。"

《唐才子傳校箋》卷九《鄭谷傳》云："嘗從僖宗登三峰，朝謁之暇，寓於雲臺道舍，編所作爲《雲臺編》三卷；歸編《宜陽集》三卷，及撰《國風正訣》一卷，分六門，摭詩聯，注其比象君臣賢否、國家治亂之意。今並傳焉。"

《張泌詩》一卷　張泌撰

汪之昌《補南唐藝文志》著錄此書，注云："據《五代詩話》補。"檢《五代詩話》卷三引《全唐詩錄》曰："張泌，淮南人，初官句容尉，上書言治道，後主徵爲監察御史，官至內史舍人。入宋，後歸，家毗陵，詩一卷。"

《喬匡舜集》七十餘卷　喬匡舜撰

此條據唐圭璋《南唐藝文志》補。

《徐公文集》卷十六《故唐朝請大夫守尚書刑部侍郎柱國賜紫金魚袋喬公墓誌銘》云："公諱匡舜，字亞元，廣陵高郵人也。……公少好學，善屬文。弱冠遊京師，詞藻典麗，容止都雅。烈祖輔政，見而器之，補秘書省正字。丞相宋楚公初復進用，位望日崇，聞君之名，辟置門下，每爲文賦詩詠，輒加痛賞，由是名譽日洽。而卿士大夫皆前席待之。……所撰集七十餘卷。"

《五峰集》　廖匡圖撰

柳開《河東先生集》卷一一《五峰集序》云："淳化二年春，開自桂州詔歸京師，遇王次聖自交州使還於衡山廖晝家。次聖，廖之出也。廖世善詩，爽於梁朝，當馬氏有湖湘，得衡、永州刺史。子男十人，圖善七言詩，凝善五言詩，立語皆奇拔。凝後入江南歸李璟，其詩得聞於朝。圖值馬之子不嗣，兵興國亂，多聽散墜。開因次聖求圖詩於晝，得殘闕僅百篇，昔人遵度序之，爲《五峰集》。閏月，晝抵潭授余，諷之，篇篇可愛重，恢然言胸臆間事，近世無比。事凡無大也，無小也，能有道，則幾乎君子矣。若圖詩，可令人痛其遺逸哉。擬之經雖不倫，然觀其存而思其亡者，皆必有理。念之足以少見余心也，因之得以及於夫子也。意時無賢，將爲辭以共歎；時有賢，其如生不能使盡其材，死復喪其事業。圖，晝祖也。仕馬氏爲天策府學士、道州刺史。晝之下，學其業者十餘人。以是廖之族足爲詩家流也。"

《江簡公集》十卷　江文蔚撰

此條據唐圭璋《南唐藝文志》補。

《徐公文集》卷一八《翰林學士江簡公集序》云："惟公以進士擢第，以詞賦馳名。事藩邸，參管記之司；登朝籍，專掌綸之任。奏議表啟,時然後言;詩筆歌頌,和者彌寡。絶文場而遠鶩,横學海以孤飛。綜南北之清規,盡古今之變體。優游兩制,不亦宜乎? 然而初無簡編,文乃亡逸。嗣子翹、門生王克貞等,或搜諸經笥,或傳於人口,或焚稿之外,或削材之餘,彙聚群分,凡得十卷。授之執友,以命冠篇。"

《文獻太子詩集》　李弘冀撰

此條據唐圭璋《南唐藝文志》補。

徐鉉《徐公文集》卷一八《文獻太子詩集序》云:"殿下挺生知之哲,有累聖之資,道冠三才,學兼百氏。虞庠齒胄,騰聲於就傅之年;侯社錫圭,底績於爲邦之際。隨城封壤,人歌召伯之棠;浙右控臨,時賴京師之潤。戎機鞅掌,曾不勞神;開館暇游,未嘗釋卷。深遠莫測其際,喜愠不見於容。唯奮藻而摛華,則緣情而致意。至鍾山樓月,登臨牽望闕之懷;北固江春,眺聽極朝宗之思。賞物華而頌王澤,覽稽事而勸農功,樂清夜而宴嘉賓,感邊塵而憫行役。沉吟命筆,顧眄成章。理必造於玄微,詞必關乎教化。或寓言而取適,終持正於攸歸。著於簡篇,凡若干首。及玉符來覲,玄圃歸尊,臨飛閣之華池,即洿雷之講肆,斯文間作,盛德日新。蓋曠代之宗英,實一時之師匠。"

《蕭庶子詩》　蕭庶子撰

此條據唐圭璋《南唐藝文志》補。

《徐公文集》卷一八《蕭庶子詩序》云:"蘭陵蕭君,江左之英,詩苑之精。其爲人也樂易,其處世也静默。忘形衡泌之下,苦節戎馬之間。其道日新,其名益震,諸侯虚左,五府交辟。今晉王殿下,樹藩作相,樂善愛才。幕府初開,君實首冠,由典教書至儀曹郎。出入兩宮,官無虚授;優游多士,交必正人。每良辰美景,登高送遠,適莫不存於心府,勢利不及於笑談,含毫授簡,唱予和汝。其性淡,故略淫靡之態;其思深,故多清苦之詞。大雅之士,何以過此? 鉉與君爲友，幾將二紀，其間聚散窮達，罕或寧居，淡成之懷，始終若一，靜言投分，想見古人。丁巳歲，撫王高讓承華，出分陝服，君以宮省舊德，復踐初筵。撰行之夕，俾予視草。鉉也不佞，無足揚君之美，徒欲申別恨、敘交情，故作斯文，冠於篇首云爾。"按：丁巳歲，即後周顯德四年，南唐李璟保大十五年。

《成氏詩集》 成氏撰

此條據唐圭璋《南唐藝文志》補。

《徐公文集》卷一八有《成氏詩集序》，曰："若夫嘉言麗句，音韻天成，非徒積學所能，蓋有神助者也。羅君章、謝康樂、江文通、丘希範皆有影響，發於夢寐。今上谷成君亦有之。不然者，何其朝捨鷹犬，夕味風雅，雖世儒積年之勤，曾不能及其門者也？逮予之知，已盈數百篇矣。視其詩如所聞，接其人如其詩。既賞其能，又貴其異，故爲冠篇之作，以示好事者云。戊戌歲正月日序。"按：戊戌歲，即後晉天福三年，南唐李昇昇元二年。

《夏寶松詩》 夏寶松撰

此條據唐圭璋《南唐藝文志》補，注云："寶松與劉洞爲詩友，有《宿江城》詩，人稱'夏江城'。見馬《書》及陸《書》。"據補。

馬令《南唐書》卷一四傳云："夏寶松，廬陵吉陽人也。少學詩於建陽江爲，爲羇旅卧病，寶松躬嘗藥餌，夜不解帶，爲德之。與處數年，終就其業。與詩人劉洞俱顯名於當世。百勝軍節度使陳德誠以詩美之曰：'建水舊傳劉夜坐，螺川新有夏江城。'蓋劉洞嘗有《夜坐》詩最爲警策，而寶松有《宿江城》詩云：'雁飛南浦砧初斷，月滿西樓酒半醒。'又：'曉來羸驥依前去，目斷遙山數點青。'故德誠紀之。其爲當時延譽類如此。晚進儒生求爲師事者，多齎金帛，不遠數百里，輻輳其門。寶松黷貨，每授弟子，未嘗會講，唯貲帛稍厚者，背衆與議，而紿曰：'詩之旨訣，我有一葫蘆兒授之，將待價。'由是多私賂焉。"

《李弘臬集》二卷　李弘臬撰

《宋史》卷二〇八《藝文志七》"別集類"載《李洪臬集》二卷,又《表狀》一卷。顧、宋兩《志》既錄其《表狀》一卷,《李弘臬集》二卷則付之闕如。今據《宋志》補。又"洪臬"乃避諱改,詳參前文《李宏臬表狀》條之考證。

《李弘臬雜文》十卷　李弘臬撰

宋釋文瑩《玉壺清話》卷七云:"文瑩至長沙,首訪故國馬氏天策府諸學士所著文章,擅其名者,惟徐東野、李宏臬爾。遂得東野詩,浮脆輕豔,皆船華嫵媚,侑一時尊俎爾。……又得宏臬雜文十卷,皆胼枝章句,雖齷齪者亦能道。信乎,文之難也!"

《處士集》　梁藻撰

陳鱣《續唐書·經籍志》、唐圭璋《南唐藝文志》均載《處士集》,陳氏曰:"無卷數。南唐梁藻撰。"
《全唐詩》卷七五七小傳云:"梁藻,字仲華,長汀人。南唐總殿前步軍暉之子。性樂蕭散,應襲父任,不就。《處士集》若干卷,今存詩一首。"

《蒲先生叢稿》

此條據唐圭璋《南唐藝文志》補,注曰:"見《古今書刻》上編'詩文類'。"

《韓熙載文集》五卷　韓熙載撰

徐炯《五代史記補考·藝文考》、唐圭璋《南唐藝文志》均載《韓熙載文集》五卷。

《郡齋讀書志》卷一八"別集類中"載《韓熙載文集》五卷，志曰："右偽唐韓熙載字叔言，北海人。後唐同光中進士。南奔江淮。李昇建國，用爲秘書郎，使與其子璟遊。璟嗣位，爲虞部員外郎、史館修撰，兼太常博士、知制誥。頃之，請誅陳覺，黜和州司馬，復召中書舍人，累遷兵部尚書。第宅華侈，妓樂四十餘人，不加檢束。時人比徐之才。璟屢欲倚以爲相，用是不果。後左授右庶子、分司，乃盡斥群妓，單車引道，留爲秘書監，俄復位。已而，其去妓皆還。熙載天才俊敏，工隸書及畫，聲名冠一時。自朱元叛後，煜頗疑北人，多因事誅之，熙載愈益淫縱。然喜延譽後進，如舒雅等，後多知名。謚曰文。"《文獻通考》卷二三三《經籍六〇》所載同。

《馮延巳集》一卷　馮延巳撰

唐圭璋《南唐藝文志》載錄《馮延巳集》一卷，按云："馮延巳字正中，一名延嗣。焦竑《筆乘》云：'可中時巳也，正中時午也。'是正中名當延巳。古書記'延巳'往往誤作'延己'。"

《崇文總目》卷五"別集類五"著錄《馮彥己集》一卷，"馮彥己"乃"馮延巳"之譌。《通志》卷七〇《藝文略八》"別集五"著錄《馮延巳集》一卷。

《孫郃小集》三卷、《孫子文纂》四十卷、《孫郃文集》四十卷、《文格》二卷　孫郃撰

《郡齋讀書志》卷一八"別集類中"載《孫郃文纂》一卷，志曰："右唐孫郃字希韓，四明人。乾寧四年進士。好荀卿、揚雄、孟氏之書，慕韓愈。爲校書郎、河南府文學。舊四十卷。"

《崇文總目》卷五"別集類二"著錄《孫子文纂》四十卷、《孫郃文集》四十卷、《孫氏小集》三卷；"文史類"著錄孫郃《文格》二卷。《新唐書》卷六〇《藝文志四》"別集類"著錄《孫子文纂》四十卷、《孫氏小集》三卷，"總集類"著錄孫郃《文格》二卷。《通志》卷七〇《藝文略八》"別集五"著録《孫郃集》四十卷,又《孫子文纂》四十卷,又《孫氏小録集》三卷;"文史類"載孫郃《文格》二卷。《宋史》卷二〇八《藝文志七》"別集類"著録《孫郃小集》三卷,孫郃《孫子文纂》四十卷,《孫郃集》二卷;卷二〇九《藝文志八》"文史類"復載孫何《文格》二卷。胡震亨《唐音癸籤》卷三〇《集録一》載《孫郃小集》三卷、《文纂》四十卷。

《唐詩紀事》卷六一載:"郃,字希韓,四明人。與方干友善。乾寧中,登進士第。好荀、楊、孟子之書,學退之爲文。爲校書郎中、河南府文學。其文爲錢珝所序,詩有'仕官類商賈,終日常東西'之句。"

《十國春秋》卷八八傳云:"孫郃,明州奉化人也。自幼負气岸,博學高才。唐末爲左拾遺。朱全忠篡唐,著《春秋無賢人論》,即脱冠裳,服布衣,歸隱於奉化山,著書紀年,悉用甲子,以示不臣之意。"

《寶子垂綏連環詩》 錢惟治撰

《浙江通志》卷二五六"碑碣・嘉興府"載:"《吴越迴文綏帶連環詩碑》。《吴興掌故》:在法華寺,節度使錢惟治作。"

《五代詩話》卷一引《湖州府志》云:"《吴越迴文綏帶連環詩碑》在法華寺。節度使錢惟治作。九十首。其一首云:'聖主欽崇教,千光顯紺容。映雲窗綺暖,籠月箔花重。净刹香風遠,危闌碧霧濃。勝因良以詠,華國一斯逢。'又一首云:'碧天臨迴閣,晴雪點山屏。夕烟侵冷箔,明月斂閒亭。'"

《十國春秋》卷八三《錢惟治傳》亦云:"惟治好學,家聚法帖圖書萬餘卷,多異本。生平慕皮、陸爲詩,有集十卷。又有寶子垂綏連環詩(原注:迴文詩也,寶子即香爐),世多稱之。"

《山居詩》一卷

《四庫闕書目》卷一"別集類"著録釋貫休《山居詩》一卷。此顧、宋兩《志》所闕,據補。

《三山集》三百五十篇　釋可止撰

《宋高僧傳》卷七《後唐洛京長壽寺可止傳》云："釋可止,姓馬氏,范陽大房山高丘人也。……止風神峭拔,戒節孤高,百家子史,經目無遺。該博之外,尤所長者,近體聲律詩也。有《贈樊川長老詩》,流傳人口。……昔多居終南山、崆峒山,故有《三山集》,詩三百五十篇,盛行於時。"

《擬江東讒書》五卷、《雜詩賦》十五卷　釋希覺撰

《宋高僧傳》卷一六《漢錢塘千佛寺希覺傳》載："釋希覺,字順之,姓商氏,世居晉陵。……生嘗所著《擬江東讒書》五卷,雜詩賦十五卷,注林鼎《金陵懷古》百韻詩、雜體四十章。"

《僧處默詩》一卷　僧處默撰

陳鱣《續唐書·經籍志》載《處默詩》一卷,曰"蜀僧處默撰"。

《崇文總目》卷五"別集類三"、《宋史》卷二〇八《藝文志七》"別集類"均著錄《僧處默詩》一卷。《通志》卷七〇《藝文略八》"別集詩"、焦竑《國史經籍志》卷五"別集類"並著錄《處默詩》一卷。

興武按:處默乃唐末五代僧人。《十國春秋》卷八九《僧彙征傳》後注曰:"吳越僧,又有處默,能詩多奇句。羅隱見其'到江吳地盡,隔岸越山多'之聯,詫曰:'此吾句也,乃爲師所得邪!'"

《僧文彧詩》一卷　僧文彧撰

《宋史》卷二〇八《藝文志七》"別集類"著録《僧文彧詩》一卷。此顧、宋兩《志》所闕,據補。

《桂峰集》　僧棲隱撰

《宋高僧傳》卷三〇《唐洪州開元寺棲隱傳》云："釋棲隱,字巨徵,姓徐氏。……廣明中,避巢寇,入廬山折桂峰,實嘉遁也。

然多於華朝月夕,晚照高秋,練句成聯,合篇爲集,往往遒健瀏亮,散在人口。……平常與貫休、處默、脩睦爲詩道之遊,沈顔、曹松、張凝、陳昌符皆處士也,爲唱酬之友。……後唐天成中卒。詩弟子應之,攜隱之詩計百許首,投仲甫爲集序,今所行者號《桂峰集》是也。"

《僧應之詩》一卷　僧應之撰

唐圭璋《南唐藝文志》載《僧應之詩》一卷。

《崇文總目》卷五"別集類三"著録《僧應之詩》一卷。《宋史》卷二〇八《藝文志七》"別集類"著録《僧應之集》一卷。

僧應之乃僧棲隱之詩弟子,後唐天成中在世,詳參《宋高僧傳》卷三〇《唐洪州開元寺棲隱傳》。馬令《南唐書》卷二六傳云:"僧應之,姓王,其先南閩人。能文章,習柳氏筆法,以善書冠江左。初舉進士,一黜於有司,投册罵曰:'吾不能以區區章句取程於庸人!'遂學爲浮屠。保大中,授文章應制大德,賜紫,凡禱祠章疏一筆即就,意如宿構。……應之多著述,尤喜音律。嘗以讚禮之文寓諸樂譜,其聲少下,而終歸於梵音。讚念協律,自應之始。"

《李後主詞》　李煜撰

此條據唐圭璋《南唐藝文志》補,原注曰:"見尤《目》,無卷數。"重檢尤袤《遂初堂書目》,於"樂曲類"得《李後主詞》,不著卷數。

詩文評類

《擬皎然十九字》一卷　王元撰

《直齋書録解題》卷二二"文史類"載《擬皎然十九字》一卷,題云:"稱正字王元撰。不知何人。"《文獻通考》卷二四九《經籍七六》載録《擬皎然十七字》一卷,考引《直齋書録解題》。

《四庫全書總目》卷一九七"詩文評類存目"於《詩式》一卷提要云："考陳振孫《書錄解題》載《詩式》五卷、《詩議》一卷，唐僧皎然撰。以十九字括詩之體。此本既非五卷；又一十九體，乃末一條，陳氏不應舉以概全書。陳氏又載正字王元《擬皎然十九字》一卷。使僅如今本，一條則不能擬爲一卷矣。"

興武按：《詩話總龜》前集卷一〇引《郡閣雅談》云："王元字文元，桂林人。苦吟風月，終於貧病。妻黃氏，共持雅操，每遇得句，中夜必先起然燭，供具紙筆，元甚重之。"同書卷一一復引《雅言系述》云："王元字文元，桂林人……與廖融爲詩友，贈之云：'伴行唯瘦鶴，尋寺入深雲。'終於長沙。"《十國春秋》卷七五《王元傳》所載略同。

《風騷指格》一卷　僧齊己撰

《直齋書錄解題》卷二二"文史類"載《風騷指格》一卷，題云："唐僧齊己撰。"宋陳應行《吟窗雜錄》卷一一作《風騷旨格》。《文獻通考》卷二四九《經籍七六》亦載錄齊己撰《風騷指格》一卷。胡震亨《唐音癸籤》卷三二《集錄三》載《風騷指格》，注曰："一卷。僧齊己撰。"

善本：《風騷旨格》（與《白蓮集》合刻）一卷：明嘉靖八年柳僉抄本、明末曹氏書倉抄本、明末馮班家抄本、清抄本。

《風騷旨格》一卷：明崇禎毛氏汲古閣刻《津逮秘書》（毛晉編）本（見該書第八集）、清嘉慶十年張氏照曠閣刻《學津討源》（張海鵬編）本（見該書第二十集）。

《流類手鑑》一卷　僧虛中撰

《四庫闕書目》卷一"別集類"著錄《僧虛中詩物象疏類手鑑》一卷，葉德輝按云："後'文史類'重見，作《疏類手鏡》，無撰人。陳《錄》入'文史類'，作《流類手鑑》，云'僧虛中撰'。《宋志》有《僧虛中詩》一卷。"《直齋書錄解題》卷二二"文史類"載《流類手鑑》一卷,題云:"僧虛中撰。"《文獻通考》卷二四九《經籍七六》亦載錄僧虛中《流類手鑑》一卷。胡震亨《唐音癸籤》卷三二《集錄三》載《流類手鑑》,注曰:"一卷。僧虛中撰。"陳應行《吟窗雜錄》卷一三載錄此書。

《緣情手鑑詩格》十卷　李洪宣撰

《直齋書錄解題》卷二二"文史類"載《緣情手鑑詩格》一卷,題云:"題樵人李宏宣撰。未詳何人,當在五代前。"《文獻通考》卷二四九《經籍七六》亦載錄《緣情手鑑詩格》一卷,考引《直齋書錄解題》。胡震亨《唐音癸籤》卷三二《集錄三》載《緣情手鑑詩格》,注曰:"一卷。李弘宣撰。"

按:此書不見《新唐書·藝文志》,當爲五代人所作。陳應行《吟窗雜錄》卷一〇錄《緣情手鑑詩格》,作"李洪宣撰"。"宏"、"弘"、"洪"三字,未知孰是,故依其舊。

《風騷要式》一卷　徐衍述

《四庫闕書目》卷一"總集類"著錄徐衍《風騷要試》一卷,"試"字當爲"式"之譌。《直齋書錄解題》卷二二"文史類"載《風騷要式》一卷,題云:"徐衍述。亦未詳何人。"《通志》卷七〇《藝文略八》"詩評類"、《文獻通考》卷二四九《經籍七六》、焦竑《國史經籍志》卷五"總集類"均載徐衍《風騷要式》一卷。胡震亨《唐音癸籤》卷三二《集錄三》載《風騷要式》,注曰:"一卷。徐衍述。"陳應行《吟窗雜錄》卷一〇錄徐衍述《風騷要式》。

《賈島句圖》一卷　李洞撰

《崇文總目》卷五"別集類七"、《宋史》卷二〇九《藝文志八》"文史類"均著錄李洞《賈島詩句圖》一卷。《直齋書錄解題》卷二二"文史類"亦載《句圖》一卷,題云:"唐李洞撰。"《文獻通考》卷二四九

《經籍七六》則載錄李洞《句圖》一卷。《通志》卷七〇《藝文略八》"詩評類"、焦竑《國史經籍志》卷五"總集類"均作《賈島句圖》一卷。《新唐書》卷六〇《藝文志四》"總集類"載李洞《集賈島句圖》一卷。胡震亨《唐音癸籤》卷三二《集錄三》載《集賈島句圖》，注曰："一卷。李洞撰。"

《玄機分明要覽》一卷　僧齊己撰

《宋史》卷二〇九《藝文志八》"文史類"載僧齊己《玄機分明要覽》一卷。胡震亨《唐音癸籤》卷三二《集錄三》載齊己《玄機分明要覽》，注曰"一卷"。

《詩中旨格》一卷　王元著

見《吟窗雜錄》卷一四，題爲"正字王玄編"。王元生平考述，已詳"《擬皎然十九字》"條。

《詩格要律》一卷　王夢簡著

《直齋書錄解題》卷二二"文史類"載《詩格要律》，曰"進士王夢簡撰"。《文獻通考》卷二四九《經籍七六》載《詩格要律》一卷，考引《直齋書錄解題》。胡震亨《唐音癸籤》卷三二《集錄三》載《詩格要律》，注曰："一卷。王夢簡撰。"陳應行《吟窗雜錄》卷一五作《詩要格律》。

王夢簡，生平事蹟不詳，《詩格要律》中所舉詩句，除陳後主、孟浩然、祖詠、王昌齡、李白各一聯外，均爲中晚唐人所作，年代最晚者爲譚峭。峭乃南唐人，傳見《十國春秋》。據此，王夢簡當生活於五代宋初。

《詩格》一卷　文彧撰

見陳應行《吟窗雜錄》卷一二，題爲"文彧撰"。《直齋書錄解題》卷二二"文史類"載《詩格》一卷,曰"沙門神彧撰"。《文獻通考》卷二四九《經籍七六》亦載録《詩格》一卷,考引《直齋書録解題》。

文彧,五代時閩僧,《詩話總龜·前集》卷三九引《雅言系述》云:"陳文亮,閩人。少爲浮屠,後入王氏幕下,終遇害。僧文彧有詩贈之曰:'聞學湯休長鬢髭,罷修禪頌不披緇。……莫言誰管你閒事,今日塵中復是誰?'文亮爲僧嘗爲詩云:'誰管你閒事,塵中自有人。'故文彧譏之也。及遇害,文彧復弔之云:'不知冥漠下,今似鷓鴣無?'"文彧生平事蹟難以詳考。

徐鉉《徐公文集》卷四有《文彧少卿、文山郎中交好深至,二紀已餘。暌別數年,二子長逝。奉使嶺表,塗次南康,弔孫氏之孤於其家,覩文彧手書於僧室,慷慨悲歡,留題此詩》云:"孫家虛座弔諸孤,張叟僧房見手書。二紀歡游今若此,滿衣零淚欲何如。腰間金印從如斗,鏡裏霜華已滿梳。珍重遠公應笑我,塵心唯此未能除。"按:徐鉉此詩作於南唐滅國之前,其時文彧已殁,可知其爲五代人。

第四章　五代金石輯録

金石者，類屬藝文。《通志》卷七三所輯金石資料，上起三代，下迄於唐，五代金石尚未之及。清汪之昌作《補南唐藝文志》，以爲金石文字亦屬藝文而顧《志》未列，或爲未暇搜輯所致，是故不棄瑣屑，搜尋補録，以備後人參考。興武重編五代藝文志，原本亦遵循顧、宋兩家之作法，於金石文字未敢闌入。然考索之中，頗感金石文字之於五代藝文，實爲一體，闕之則不足以觀五代藝文之全貌。五代金石之見於《輿地碑記目》、《寶刻類編》、《金石萃編》及其他書籍者歷歷可稽，重新搜討，雖不可盡得，所獲亦差近十之七八。凡本書所輯得者，均依國别編録，一國之中則按年代先後編次。

後　　梁

《尊勝陀羅尼幢》　正書。開平二年六月十四日建。河南洛陽。（《攈古録》卷一〇）

《尊勝陀羅尼真言幢》　尼靈智建。正書。開平二年七月十五日。河北真定。（《攈古録》卷一〇）

《山可球造像記》　開平二年九月十五日刻。河北定縣出土。拓本見《北京圖書館藏中國歷代石刻拓本彙編》（以下簡稱《北圖石刻拓本彙編》）第三十六册。

《後梁重建鼓角楼記》　鄭勞謙撰。正書。開平二年十二月

立。(《金石叢編》卷三引《復齋碑錄》)

《穆君弘墓誌》　開平四年十月十七日葬。河北涿縣南臺出土。拓本見《北圖石刻拓本彙編》第三十六册。

《小蓬萊龔□等題名》　正書。乾化元年立。山東泰安。(《寰宇訪碑錄》卷五、《攈古錄》卷一〇)

《小蓬萊李元英等題名》　正書。無立碑年月。山東泰安。(《寰宇訪碑錄》卷五、《攈古錄》卷一〇)

《小蓬萊顏志道等題名》　正書。乾化二年立。山東泰安。(《寰宇訪碑錄》卷五、《攈古錄》卷一〇)

《韓仲舉妻王氏墓誌》　顏子逢撰。正書。乾化三年十月二日葬。河南洛陽出土。拓本見《北圖石刻拓本彙編》第三十六册。

《小蓬萊孫明叔等題名》　八分書。乾化三年立。山東泰安。(《寰宇訪碑錄》卷五、《攈古錄》卷一〇)

《小蓬萊束元伯等題名》　正書。乾化四年立。山東泰安。(《寰宇訪碑錄》卷五、《攈古錄》卷一〇)

《招慶寺長老僧惠稜碑》　乾化四年立。山東泰安。(《寰宇訪碑錄》一〇七頁引《關中金石志》)

《寄邊衣詩》　裴説撰。僧彥修草書。乾化四年立。陝西長安。(《金石後錄》卷三、《寰宇訪碑錄》卷五、《攈古錄》卷一〇、《關中金石記》卷四)

《僧彥修草書》　雍州。(《天下金石志·陝西》,《金石錄補》卷二三載此碑,題《搗衣篇》)《雍州金石記》卷一〇云:"今在西安府儒學……其後有正書跋云:'乾化中,僧彥修善草書,筆力遒勁,得張旭法。惜哉,名不振於時!'"

《開元寺陀羅尼經幢》　乾化五年(貞明元年)正月建。邢州開元寺。《金石錄補》卷二三載此碑,曰:"右《陀羅尼經幢》,在邢州開元寺後院。題曰《大佛頂隨永尊勝陀羅尼經之幢》。寺中別有《尊勝碑》云'罽賓沙門佛陀波利奉詔譯',此曰'特進試鴻臚卿開府儀同三司蕭國公食邑二千户贈司空謚大辨正廣智大興善寺三藏沙門不空奉詔譯'，後云'梁乾化五年正月日建'。無書人姓名。按翻譯此經，俱在永淳間，其文微有不同。梁太祖乾化元年六月被弑。再歲，均王誅，友珪自立，復稱乾化三年、四年。此云五年，即貞明元年也。是年，唐莊宗入魏，梁、晉夾河之戰方始，邢州未嘗一日安。而閣寶等尚能及此。此以見晉、宋以來至於五季，崇奉佛教，即兵戈擾攘，猶不廢也。"

《佛頂尊勝陀羅尼經幢》 正書。乾化五年四月四日刻。拓本見《北圖石刻拓本彙編》第三十六册。

《懷州獲嘉李琮造觀音像記》 正書。乾化五年六月三日。河南洛陽。(《攈古錄》卷一〇)

《國礦誌銘》 正書。乾化五年七月二十五日葬。河南洛陽。拓本見《北圖石刻拓本彙編》第三十六册。

《惠光舍利塔銘》 王温正書。沈瑶鐫。乾化五年十二月刻。河南洛陽。拓本見《北圖石刻拓本彙編》第三十六册。

《槑山大師塔銘》 僧志明述並正書。貞明元年四月八日立。山西沁水。浙江仁和趙氏拓本。(《寰宇訪碑錄》卷五、《攈古錄》卷一〇)

《賈邠墓誌》 鄭山甫撰。正書。貞明元年五月十二日葬。河南洛陽出土。拓本見《北圖石刻拓本彙編》第三十六册。

《張筠葬舍利記》 正書。貞明二年正月立。河南安陽。(《攈古錄》卷一〇)

《開元寺常清净經》 正書。貞明二年四月立。山東淄州。(《寰宇訪碑錄》卷五、《攈古錄》卷一〇)

《尊勝陀羅尼經幢》 正書。貞明二年七月立。(《攈古錄》卷一〇)

《重修北嶽廟碑》 劉端撰。王知新行書。王允刻。貞明二年十月三日。河北曲陽縣。(《金石萃編》卷一一九)拓本見《北圖石刻拓本彙編》第三十六册，題曰《北嶽廟碑》，編者注曰："《攈古録》云天祐十三年刻。"

《梁故昭義軍節度□□□□□□置等使開府儀同三司檢校太師兼侍中守潞州大都督府長史□□□□□□□□□□□□葛公神道碑銘並序》　薛廷珪撰。張璉行書。□微篆額。沈□鐫。貞明二年十一月十六日立。河南偃師。（《金石後録》卷三、《潛研堂金石文跋尾》卷十、《寰宇訪碑録》卷五、《金石萃編》卷一一九、《平津館金石萃編》卷一三、《攈古録》卷一〇、《中州金石目》卷四、《中州金石記》卷三)《北圖石刻拓本彙編》第三十六册收此碑拓本，題曰《葛從周墓碑》。

《後梁新修峴山亭記》　無書撰人名字篆額。貞明二年十一月立。湖北襄陽。（《寶刻叢編》卷三引《諸道石刻録》、《輿地碑記目》卷二）

《草堂寺張虔斌題名》　正書。貞明二年立。陝西鄠縣。（《寰宇訪碑録》卷五、《攈古録》卷一〇）

《唐梁公儒碑》　于廣撰。閔宏靖書並篆額。天祐十三年立。河北真定。（《京畿金石考》卷下）興武按：後唐謂天祐十三年者，即後梁貞明二年。

《修南溪池亭及九龍廟碑並陰》　貞明三年三月立。陝西大荔。（《金石續編》卷一二、《攈古録》卷一〇）拓本見《北圖石刻拓本彙編》第三十六册，題爲《南溪池亭及九龍廟記》。

《行寂塔銘》　貞明三年十一月中葬。崔仁滾撰。釋端目集金生行書。拓本見《北圖石刻拓本彙編》第三十六册。

《造龍興寺石幢記》　鄭義撰。正書。貞明三年十一月立。河南許州。（《寰宇訪碑録》卷五、《攈古録》卷一〇、《中州金石目》卷二）

《佛頂尊勝陀羅尼幢》　榮陽鄭義造。貞明三年立。許州。（《潛研堂金石文跋尾》卷四）《金石後録》卷三作《尊勝陀羅尼及大悲心陀羅尼幢》。

《梁三寶銅印》 《京畿金石考》卷下載此,曰:"背刻梁貞明三年。在縣北十五里福興寺。"

《宋鐸墓誌》 藏之撰。正書。貞明四年七月二十六日葬。河南洛陽。拓本見《北圖石刻拓本彙編》第三十六冊。

《唐北平王再修文宣王廟院記》 高諷撰。正書。天祐十五年立。(《京畿金石考》卷下)興武按:天祐十五年,即後梁貞明四年。

《朝請郎程延暉經幢》 正書。貞明五年正月廿一日立。山東東平。(《攟古錄》卷一〇)

《謝彥璋墓誌》 張崇吉撰。正書。貞明六年九月廿五日立。河南洛陽。拓本見《北圖石刻拓本彙編》第三十六冊。

《滎陽縣創建造院修佛殿功德記》 正書。貞明六年九月廿五日立。河南滎陽。(《攟古錄》卷一〇)

《崔建昌等造像殘幢》 正書。貞明七年四月八日立。河南修武。(《攟古錄》卷一〇)

《七日山聖壽寺石龕□重開題名》 正書。龍德元年立。山東嘉祥。(《寰宇訪碑錄》卷五、《攟古錄》卷一〇)

《牛知業版築新子州牆記》 李明啟撰。夢莊正書。上官武鐫。龍德二年二月三日刻。甘肅寧縣。拓本見《北圖石刻拓本彙編》第三十六冊。

《崔公妻李珩墓誌》 李慎儀撰。正書。龍德二年十一月二十日葬。河南宜陽。拓本見《北圖石刻拓本彙編》第三十六冊。

《崔崇素墓誌》 李專美撰。正書。龍德二年十一月二十日葬。河南宜陽。拓本見《北圖石刻拓本彙編》第三十六冊。

《蕭符墓誌》 蕭蘧撰。蕭處謙正書。龍德三年八月一日葬。河南洛陽。拓本見《北圖石刻拓本彙編》第三十六冊。

《匡國節度使馮行襲德政碑》 李宏懿正書。無立碑年月。河南許州。(《寰宇訪碑錄》卷五、《金石萃編》卷一一九、《平津館金石萃編》卷一三、《攈古録》卷一〇、《中州金石目》卷二)楊殿珣《石刻題跋索引》列此碑於龍德年刻。

《紀豐及妻牛氏合葬志》 董鵬撰。正書。河北。拓本見《北圖石刻拓本彙編》第三十六册。

《折勅石嗣祚神道碑》 陝西府谷縣。(《關中金石記》卷四、《攈古録》卷一〇)《寰宇訪碑録》卷五作《勅使折嗣祚神道碑》。《金石萃編》卷一一九作《刺史折嗣祚碑》。

《白月棲雲塔銘並序》 (《石刻題跋索引》據《八瓊室金石補正》)

後　　唐

《開元寺神幢記》 正書。天祐十一年七月立。山西澤州。(《金石後録》卷三)

《大唐秦王重修法門寺塔廟記》 薛昌序撰。王仁恭正書。李茂貞天祐十九年。扶風縣。(《潛研堂金石文跋尾》卷四、《金石萃編》卷一一九、《雍州金石記》卷一〇)《金石録補》卷二三載《後晉重修法門寺塔廟記》，曰："右碑，薛昌序撰，王仁恭書，在扶風縣。按天祐止四年，此碑稱十九年。史臣以李茂貞能奉唐正朔，而此《記》後雖一稱天祐，其中歷序前事，並以天復紀年，至二十年止，與史不合。次年莊宗取梁，茂貞稱臣。又一年，茂貞死。戰爭之時，得舉佛事，以梁、晉搆兵，茂貞偷安也。《茂貞傳》：先爲岐王，莊宗改封秦王。據碑則已先爲秦王也。"興武按：李茂貞自以唐臣，不事朱梁，故一直沿用天祐年號。天祐十九年即後唐同光元年。本年十一月，李茂貞聞莊宗入洛，遂遣其子繼曮入賀，莊宗詔茂貞仍舊官，進封秦王。次年四月薨。由此推斷，此碑當刻於同光元年末。

《首陽山廟丁約題名》 正書。同光元年立。山西永濟。(《寰

宇訪碑錄》卷五、《攈古錄》卷一〇）

《河東監軍張承業墓碑》 正書。同光元年立。至元間重摩。山西交城。（《寰宇訪碑錄》卷五、《攈古錄》卷一〇）

《王璠墓誌》 李瑤撰。正書。同光二年十一月二十六日葬。河南洛陽。拓本見《北圖石刻拓本彙編》第三十六冊。

《振武節度使李存進碑》 呂夢琦撰。梁邕正書並篆額。同光二年十一月立。山西太原。（《金石文字記》卷五、《金石錄補》卷二三、《金石後錄》卷三、《寰宇訪碑錄》卷五、《平津館金石萃編》卷一三、《攈古錄》卷一〇）

《吳君妻曹氏墓誌》 崔匡撰。曹光業正書。同光三年正月二十二日葬。河南洛陽。拓本見《北圖石刻拓本彙編》第三十六冊。

《唐嵩山少林寺故寺主法華鈞大德塔銘並序》 沙門虛受撰。欽緣正書，侯建鐫字。同光四年三月十六日建。河南登封。（《寰宇訪碑錄》卷五、《金石續編》卷一二、《攈古錄》卷一〇、《中州金石目》卷四）拓本見《北圖石刻拓本彙編》第三十六冊，題曰《行鈞塔銘》。

《康贊羑墓誌》 房澋撰。令儼正書並篆蓋。賈顒鐫。天成元年七月十四日葬。河南洛陽。拓本見《北圖石刻拓本彙編》第三十六冊。

《千峰禪院勑》 後唐明宗御書。正書。天成元年立。山西澤州。（《金石文字記》卷五、《寰宇訪碑錄》卷五、《攈古錄》卷一〇）

《千峰禪院敕一》 明宗詔書。僧洪密篆書。天成元年立。山西澤州。（《金石錄補》卷二四）

《千峰禪院敕二》 明宗詔書。僧洪密書。天成元年立。山西澤州。（《金石錄補》卷二四）

《千峰禪院敕三》 明宗詔書。天成元年立。山西澤州。（《金石錄補》卷二四）

《增福寺僧令欽等造象題名》 正書。天成元年立。河南孟

縣。(《寰宇訪碑錄》卷五、《平津館金石萃編》卷一三、《攈古錄》卷一〇、《中州金石目》卷二)

《孫拙墓誌》 王鶱撰。孫書碬正書。天成二年二月十五日葬。河南洛陽。拓本見《北圖石刻拓本彙編》第三十六册。

《孔謙及妻劉氏王氏合祔誌》 蕭希甫撰。正書。宋□□鐫。天成二年二月二十五日葬。山西永濟。拓本見《北圖石刻拓本彙編》第三十六册。

《張積墓誌》 正書。天成二年十一月壬子朔葬。河南洛陽。拓本見《北圖石刻拓本彙編》第三十六册。編者按：天成二年十一月當爲戊申朔。

《任元頁墓誌》 楊潛撰。正書,蓋篆書。天成二年十一月二十五日葬。拓本見《北圖石刻拓本彙編》第三十六册。

《乾明寺尊勝陀羅尼經》 劉紹正書。天成三年四月立。山西澤州。(《金石後錄》卷三、《寰宇訪碑錄》卷五、《攈古錄》卷一〇)

《存古閣尊勝陀羅尼幢》 正書。常庭訓爲妻孫氏造。天成三年四月五日立。河南洛陽。(《攈古錄》卷一〇)拓本見《北圖石刻拓本彙編》第三十六册,題《常庭訓建尊勝陀羅尼經幢》。

《王言妻張氏墓誌》 釋匡習撰並正書。天成三年十一月十三日葬。河南洛陽。拓本見《北圖石刻拓本彙編》第三十六册。

《磁州武安縣定晉山重修古定晉禪院千佛邑碑》 僧宗仁撰。正書。天成四年九月九日建。河南武安。(《金石後錄》卷三、《潛研堂金石文跋尾》卷四、《寰宇訪碑錄》卷五、《金石萃編》卷一一九、《平津館金石萃編》卷一三、《攈古錄》卷一〇、《中州金石目》卷二)

《韓漢臣墓誌》 周渥撰。行書。天成四年十月十五日葬。河南洛陽。拓本見《北圖石刻拓本彙編》第三十六册。

《西方鄴墓誌》 王豹撰。王汭正書。閻斌鐫。天成四年十月十八日葬。河南洛陽出土。拓本見《北圖石刻拓本彙編》第三十六冊。

《毛璋墓誌》　劉羽撰。王勳己正書。董知榮鐫。長興元年十一月七日葬。河南洛陽出土。拓本見《北圖石刻拓本彙編》第三十六冊。

《僧師進造香臺記》　正書。長興二年三月二十四日。河南滑縣。(《攈古錄》卷一〇)

《懷州豎立生臺記並刻經幢》　僧德徽撰。僧惠臻正書。長興三年正月廿五日。河南沁陽。(《攈古錄》卷一〇)拓本見《北圖石刻拓本彙編》第三十六冊。

《張思錄造佛頂尊勝陀羅尼幢》　正書。長興三年二月二十二日刻。河南洛陽。拓本見《北圖石刻拓本彙編》第三十六冊。

《舉大師塔銘》　崇昭撰。正書。王暉鐫。長興三年六月刻。山西長治。拓本見《北圖石刻拓本彙編》第三十六冊。

《淨土寺陀羅尼經幢》　行書。長興三年八月二十二日刻。河南鞏縣。拓本見《北圖石刻拓本彙編》第三十六冊。

《石窟寺尊勝陀羅尼經幢》　正書。長興三年八月立。河南鞏縣淨土寺。(《金石後錄》卷三、《寰宇訪碑錄》卷五、《平津館金石萃編》卷一三、《攈古錄》卷一〇、《中州金石目·補遺》)

《賜長興萬壽禪院牒》　正書。長興三年九月三日立。江蘇青浦王氏拓本。(《金石萃編》卷一一九、《寰宇訪碑錄》卷五、《攈古錄》卷一〇)

《大唐潁州開元寺新鍾並序銘》　張廷蘊、李璨撰。長興三年十一月十日。(《金石續編》卷一二、《攈古錄》卷一〇)

《沐潤寺尊勝經幢》　正書。長興三年。河南河內。(《攈古錄》卷一〇)

《延慶化城寺重刻裴休詩》　正書。長興四年四月。河南河內。(《攈古錄》卷一〇)

《毛璋妻李氏墓誌》　張師古撰。葉嶢正書。韓重鐫。長興四年八月十日葬。河南洛陽。拓本見《北圖石刻拓本彙編》第三十六册。

《賜冥福院土地牒》 正書。長興四年九月刻。山東泰安。（《金石文字記》卷五、《金石録補》卷二四、《金石後録》卷三、《潛研堂金石文跋尾》卷四、《寰宇訪碑録》卷五、《攈古録》卷一〇）

《王禹墓誌》 李鷟撰並正書。長興四年十一月十八日葬。河南洛陽。拓本見《北圖石刻拓本彙編》第三十六册。

《夏猛寺碑》 郭峭撰。比丘師吟正書。長興四年十一月。山東沂水。（《攈古録》卷一〇）

《染山伏羲廟碑》 正書。長興四年十二月立。山東滕縣。（《寰宇訪碑録》卷五、《攈古録》卷一〇）

《朱弘昭建陀羅尼經幢》 應順元年閏正月二十三日刻。河南洛陽。拓本見《北圖石刻拓本彙編》第三十六册。

《大悲陀羅尼真言幢》 正書。應順元年二月。《攈古録》卷一〇載此幢，云："後四面刻慕容氏世系。"

《龍潭寺二經幢》 正書。應順元年正月立。河南濟源。（《寰宇訪碑録》卷五、《平津館金石萃編》卷一三、《攈古録》卷一〇）

《三官廟石幢記》 正書。張行久造。清泰元年五月立。山東益都。（《寰宇訪碑録》卷五、《平津館金石萃編》卷一三、《攈古録》卷一〇）

《商在吉墓誌》 正書。清泰二年三月二十日刻。河南洛陽。拓本見《北圖石刻拓本彙編》第三十六册。

《華嶽廟張希崇題名》 正書。清泰二年十月二十三日立。陝西華陰。（《寰宇訪碑録》卷五、《金石萃編》卷一一九、《平津館金石萃編》卷一三、《攈古録》卷一〇、《關中金石記》卷四）

《華嶽廟楊凝式題名》 行書。清泰二年立。陝西華陰。（《寰宇訪碑録》卷五、《攈古録》卷一〇、《關中金石記》卷四）

《鉗耳村祖社碑》 敬豐撰。吏部常選棠某書。清泰二年立。

(《寶刻類編》卷八"姓名殘缺四")

《僧行□移立尊勝幢記》 正書。清泰三年二月十二日刻。拓本見《北圖石刻拓本彙編》第三十六冊。

《靈巖寺石龕佛座上僧智璋等題名》 正書。清泰三年三月。山東長清。(《攈古錄》卷一〇)

《賈文造石柱經幢》 正書。清泰三年七月十五日。山東東平。(《攈古錄》卷一〇)

《後唐汾陽王真堂記》 李梲撰。李鶚正書。清泰三年八月立。(《金石錄》卷一〇、《寶刻叢編》卷二〇、《金石文考略》卷一二、《六藝之一錄》卷九〇)趙明誠《金石錄》卷三〇載此碑，曰："右《後唐汾陽王真堂記》。李鶚書。鶚，五代時仕爲國子丞，《九經》印板多其所書，前輩頗貴重之。余後得此《記》，其筆法蓋出歐陽率更，然窘於法度，而韻不能高，非名書也。"興武按：《寶刻類編》卷七載《洛陽至真堂記》，亦題"李梲撰，李鶚書。清泰三年八月立"，疑即是碑，"汾"訛"洛"，"王"訛"至"。

《張滌妻高氏墓誌》 李慎儀撰。張郭僧正書。清泰三年九月四日葬。河南洛陽。拓本見《北圖石刻拓本彙編》第三十六冊。

《長生粥疏》 僧齊己書。(《寶刻類編》卷八)

《金乘王封贈碑》 僧敏光書。(《寶刻類編》卷八)

《賜張繼祚勅》 行書。無年月。河南偃師。(《寰宇訪碑錄》卷五、《金石萃編》卷一一九、《攈古錄》卷一〇、《中州金石目·補遺》)

《贈太師張全義神道碑額》 篆書。缺年月。河南偃師。(《寰宇訪碑錄》卷五、《攈古錄》卷一〇、《中州金石目·補遺》)

《登州刺史淳于公神道碑》 正書。缺年月。山東黃縣。(《寰宇訪碑錄》卷五、《攈古錄》卷一〇)

《左僕射房公墓碑額》 篆書。無年月。山東滋陽。(《寰宇訪碑錄》卷五、《攈古錄》卷一〇)

《房公心堂記額》 篆書。無年月。山東滋陽。(《寰宇訪碑錄》卷五、《攈古錄》卷一〇)

《後唐刺史修廨斷碑》 房州。《輿地碑記目》卷三云:"《圖經》云:自唐正(貞)觀十年,由竹山徙房陵廨宇,其詳莫可考證。近得斷碑數百字,有'特修廨署,壯郡城之氣概;巧安池榭,光衙府之威棱',而逸其年月。究其官稱,乃後唐之刺郡者。"

《三郎廟殘石》 正書。無年月。山東泰安。(《寰宇訪碑錄》卷五)

後　晉

《冥福寺金剛經幢》 王繼美正書。天福二年三月立。山東泰安。(《寰宇訪碑錄》卷五、《攈古錄》卷一〇)

《百巖寺功德邑衆造七佛記》 天福二年四月八日刻。河南修武。(《攈古錄》卷一〇)拓本見《北圖石刻拓本彙編》第三十六冊。

《青州北海縣高陽鄉徐浩造像記》 正書。天福二年七月二日。山東益都。(《攈古錄》卷一〇)

《東明寺碑》 正書。天福二年七月立。山東濰縣。(《寰宇訪碑錄》卷五、《攈古錄》卷一〇)

《佛頂尊勝陀羅尼經幢》 正書。天福二年八月二十八日刻。拓本見《北圖石刻拓本彙編》第三十六冊。

《贈太傅羅周敬墓誌銘》 殷鵬撰並正書。天福二年十月六日葬。河南洛陽。(《金石後錄》卷三、《寰宇訪碑錄》卷五、《金石萃編》卷一二〇、《平津館金石萃編》卷一三、《攈古錄》卷一〇、《中州金石目》卷三)拓本見《北圖石刻拓本彙編》第三十六冊,題爲《羅周敬墓誌》。

《壽聖寺經幢》 天福二年。(《攈古錄》卷一〇)

《存古閣陀羅尼真言幢》 正書。天福三年二月九日。河南洛陽。(《攈古録》卷一〇)拓本見《北圖石刻拓本彙編》第三十六冊，題爲《佛頂尊勝陀羅尼經幢》。

《法行寺經幢》　正書。天福三年四月立。河南汝州。(《寰宇訪碑録》卷五、《平津館金石萃編》卷一三、《攈古録》卷一〇、《中州金石目》卷四)

《石晉新創卧龍山武靈王學業堂記》　李光圖撰並正書，無名字篆額。天福三年七月記。湖北襄陽。(《寶刻叢編》卷三引《復齋碑録》、《輿地碑記目》卷二)

《樠山大雲禪院記》　僧宗諗撰。善仁正書。天福三年十月。山西沁水。(《攈古録》卷一〇)

《十力世尊經殘石》　正書。天福三年刻。拓本見《北圖石刻拓本彙編》第三十六冊。

《尊勝經幢》　正書。天福四年正月七日。河南密縣。(《攈古録》卷一〇)

《□日寺功德碑》　正書。天福四年九月刻。山東兗州。拓本見《北圖石刻拓本彙編》第三十六冊。

《創建斛律王廟記》　張粲撰。張廷蘊正書。天福五年二月十日刻。山西新絳。(《攈古録》卷一〇)拓本見《北圖石刻拓本彙編》第三十六冊，題爲《斛律王廟碑》。

《梁瓊墓誌》　李芝撰。李□□行書。天福五年三月十八日葬。河南洛陽。拓本見《北圖石刻拓本彙編》第三十六冊。

《忠湛塔碑》　王建撰。崔光胤集李世民行書。天福五年七月十八日刻。拓本見《北圖石刻拓本彙編》第三十六冊。

《聖字山崆峒岩記》　僧吾閑撰。正書。天福五年七月立。山西鳳台。(《金石後録》卷三、《寰宇訪碑録》卷五、《攈古録》卷一〇)

《建雄節度使相里金碑》　李相撰。成知訓正書。天福五年十月十七日葬。山西汾陽。(《金石文字記》卷五、《金石録補》卷二四、《寰宇訪碑録》卷五、《攈古録》卷一〇)拓本見《北圖石刻拓本彙編》第三十六册,題爲《相里金墓碑》。

《孫思暢墓誌》　正書。天福五年十一月十一日葬。山西屯留。拓本見《北圖石刻拓本彙編》第三十六册。

《冥福寺經幢》　正書。天福六年正月立。山東泰安。(《寰宇訪碑錄》卷五、《攈古錄》卷一〇)

《存古閣陀羅尼經幢》　正書。天福六年二月十四日。河南洛陽。(《攈古錄》卷一〇)

《奈何將軍廟碑》　劉□撰。正書。天福六年三月立。山東泰安。(《寰宇訪碑錄》卷五、《攈古錄》卷一〇)

《超化寺石香爐讚》　僧繼莊正書。天福六年四月八日。河南密縣。(《攈古錄》卷一〇)

《馬文操神道碑》　賈緯撰。高廷矩行書。額篆書。天福六年五月二十五日刻。拓本見《北圖石刻拓本彙編》第三十六册。

《陀羅尼經幢》　陳渥正書。天福六年七月立。山東益都。(《寰宇訪碑錄》卷五、《平津館金石萃編》卷一三、《攈古錄》卷一〇)

《廣慈禪院東北兩莊地土牒》　行書,額正書。天福六年八月立。陝西咸寧。(《寰宇訪碑錄》卷五、《攈古錄》卷一〇、《關中金石記》卷四)拓本見《北圖石刻拓本彙編》第三十六册。

《存古閣陀羅尼真言幢》　正書。後記行書。天福七年三月廿三日。呂氏述。河南洛陽。(《攈古錄》卷一〇)

《周令武墓誌》　張廷胤撰。正書。天福七年八月九日葬。河南洛陽。拓本見《北圖石刻拓本彙編》第三十六册。

《資福寺經幢》　正書。天福七年立。山東泰安。(《寰宇訪碑錄》卷五、《攈古錄》卷一〇)

《符彥卿爲男建香臺記》　沙門志明撰。僧志滿正書。天福八年二月三十日。後刻孫男符思問重建記,王資正書,大定十四年十二月十六日。河南濟源。(《攈古錄》卷一〇)

《龍興寺上生兜率天經並百法院記》　沙門僎顥撰。吳儼正

书。天福八年五月十五日。山东淄州。(《攈古录》卷一〇)

《冥福禅院新写藏经碑》 同元休撰。正书。天福八年五月立。山东泰安。(《金石後录》卷三、《潜研堂金石文跋尾》卷四、《寰宇访碑录》卷五、《攈古录》卷一〇)

《赠太保义成军节度使太保史匡翰碑》 陶穀撰。阎光远行书。天福八年六月十四日立。山西太原。(《金石文字记》卷五、《金石录补》卷二四、《金石後录》卷三、《潜研堂金石文跋尾》卷四、《寰宇访碑录》卷五、《金石萃编》卷一二〇、《攈古录》卷一〇)

《李宾彦石香炉记》 正书。天福八年九月立。山东益都。(《寰宇访碑录》卷五、《平津馆金石萃编》卷一三、《攈古录》卷一〇)

《高里山总持经咒幢》 正书。天福九年四月立。山东泰安。(《寰宇访碑录》卷五、《攈古录》卷一〇)

《东京大相国寺石幢》 僧归□正书。天福九年。(《攈古录》卷一〇)

《福胜禅院僧惠超造象并幢》 正书。开运元年立。(《寰宇访碑录》卷五、《攈古录》卷一〇)

《郭昌嗣建大岯下院香炉记》 僧从超、令新正书。开运二年正月一日刻。河南濬县。(《攈古录》卷一〇)拓本见《北图石刻拓本汇编》第三十六册。题为《郭昌嗣建香幢记》。

《赵重进修塔造像记》 正书。开运二年三月十五日。河南洛阳。(《攈古录》卷一〇)

《摩腾大师真身塔题字》 正书。开运二年三月十五日。河南洛阳。(《攈古录》卷一〇)

《王廷胤墓誌》 苏旼撰。正书。开运二年四月十四日葬。河南洛阳。拓本见《北图石刻拓本汇编》第三十六册。

《尊胜陀罗尼经幢》 正书。开运二年六月二十一日刻。拓本见《北图石刻拓本汇编》第三十六册。

《开化寺瑶岩阁记》 苏禹珪撰。苏晓行书。开运二年七月立,元至正八年十月重刻。山西太原。(《金石文字記》卷五、《金石後錄》卷三、《潛研堂金石文跋尾》卷四、《寰宇訪碑錄》卷五、《攗古錄》卷一〇)

《陀羅尼經幢》 正書。前有金皇統修題字。開運二年。河南汲縣。(《攗古錄》卷一〇)

《移文宣王廟記》 馮道撰。楊思進行書。開運三年正月十五日立。陝西大荔。(《金石萃編》卷一二〇、《寰宇訪碑錄》卷五、《攗古錄》卷一〇、《關中金石記》卷四)拓本見《北圖石刻拓本彙編》第三十六冊。

《楊珙楊遷造像記》 正書。開運三年五月二十二日刻。拓本見《北圖石刻拓本彙編》第三十六冊。有商承祚題跋一款。

《王君妻關氏墓誌》 楊敏昇撰。僧惠進正書。後晉某年八月二十二日葬。河南洛陽出土。拓本見《北圖石刻拓本彙編》第三十六冊。

《權君妻崔氏墓誌》 穎至撰。王鏻正書。河南洛陽。拓本見《北圖石刻拓本彙編》第三十六冊。

《聶公神道碑》 正書。年月泐。河南偃師。(《寰宇訪碑錄》卷五、《中州金石目》卷四)

《藏經碑陰》 正書。山東泰安。(《寰宇訪碑錄》卷五、《攗古錄》卷一〇)

《普安社冥福院二經幢》 正書。無年月。山東泰安。(《寰宇訪碑錄》卷五)

後　漢

《佛說彌勒上生經幢》 正書。天福十二年十二月。山西鳳臺。《攗古錄》卷一〇載此碑,曰:"案後晉天福九年已改元開運,晉亡,後漢高祖即位,仍稱天福十二年。"

《龐令圖墓誌》　絃干德覃撰。張光胤正書。陳千鐫。乾祐元年正月二十二日葬。河南洛陽出土。拓本見《北圖石刻拓本彙編》第三十六册。

　　《大藏經旨序》　郭忠恕撰並篆書，袁正己正書。乾祐元年四月立。(《金石録》卷一〇、《寶刻類編》卷七、《寶刻叢編》卷二〇作《漢大藏經音序》)。

　　《净土寺開元石幢穆暹題名》　正書。乾祐元年立。河南鞏縣。(《寰宇訪碑録》卷五、《攈古録》卷一〇、《中州金石目》卷四)

　　《景福寺重修思道和尚塔銘》　僧守澄撰。崔虚己書。乾祐二年正月二日建。山西夏縣。(《金石萃編》卷一二一、《攈古録》卷一〇)《寰宇訪碑録》卷五及《攈古録》卷一〇載《思道和尚重修塔銘》，正書，乾祐二年立，青浦王氏拓本"，當即此銘。

　　《景福寺重修思道和尚塔衆邑人記》　張宏信書。馬延義鐫字。乾祐二年正月二日建。山西夏縣。(《金石萃編》卷一二一)《寰宇訪碑録》卷五作《重建思道和尚塔衆邑人記》)。

　　《龍門山郭張題字》　正書。乾祐二年三月廿一日。河南洛陽。(《攈古録》卷一〇)

　　《隴西公奉宣祭瀆記》　柴自牧撰。馬守源正書。乾祐二年十月九日刻。河南濟源。(《攈古録》卷一〇)拓本見《北圖石刻拓本彙編》第三十六册，題爲《祭瀆記》。

　　《重修高祖廟碑》　趙穎撰。郭忠恕八分書。乾祐二年立。徐州。(《金石録》卷一〇、《寶刻類編》卷七)《金石録》卷一〇《跋尾》云："右《漢重修高祖廟碑》，郭忠恕八分書。余年十七八時，已喜收蓄前代石刻，故正字徐人陳無己爲余言，豐縣有此碑，托人訪求，後數年乃得之。然字畫頗軟弱。余家有忠恕八分《懷嵩樓記》墨蹟，乃其暮年所書，筆力老勁，非此碑之比。亦嘗刻石。今録於次。"

　　《邢德昭墓誌》　王成允撰。行書。乾祐三年四月十八日葬。河南洛陽出土。拓本見《北圖石刻拓本彙編》第三十六册。

《小字説文字源》 郭忠恕取唐李騰所書《字源》，補其缺漏者七，改其音之誤者一，別爲小字以刻石。乾祐三年七月立。徐州。（《金石録》卷一〇、《寶刻類編》卷七、《天下金石志·南直隸》）

《歐陽修全集》卷一四三《集古録跋尾》卷一〇"郭忠恕《小字説文字源》"條曰："右小字《説文字源》，郭忠恕書。忠恕者，五代漢、周之際，爲湘陰公從事。及事皇朝，其事見《實録》。頗奇怪世人但知其小篆，而不知其楷法尤精。然其楷字亦不見刻石者，蓋惟有此耳，故尤可惜也。五代干戈之際，學校廢，是謂君子道消之時，然猶有如忠恕者。國家爲國百年，天下無事，儒學盛矣，獨於字書忽廢，幾於中絶，今求如忠恕小楷不可得也，故余每與君謨歎息於此也。石在徐州。嘉祐八年十二月廿日書。"

《白馬寺經幢》 正書。乾祐三年正月。河南河內。（《攈古録》卷一〇）

《重修法空大師塔亭碑》 彙征奉敕撰。程延翰奉制書。乾祐三年九月六日建。（《寶刻類編》卷七）

《佛説父母恩重經碑》 正書。孟知進造。乾祐三年立。山東寧陽。（《金石後録》卷三、《寰宇訪碑録》卷五、《金石續編》卷一二、《攈古録》卷一〇）

《恩重經碑側》 正書。山東寧陽。（《寰宇訪碑録》卷五、《攈古録》卷一〇）

《尊勝經幢》 正書。乾祐三年。山東東平。（《攈古録》卷一〇）

《萬卷山經幢》 □書。乾祐三年。江蘇□□。（《攈古録》卷一〇）

《清河郡太君張氏墓誌》 王德成撰並正書。乾祐四年（實爲後周廣順元年）十一月廿一日葬於河南府清河縣。（《攈古録》卷一〇）拓本見《北圖石刻拓本彙編》第三十六册，題爲《王玗妻張氏墓誌》，云"後周乾祐四年"葬。與武按：《誌》云王玗妻張氏於"今朝乾祐元年又封清河郡太君",故是誌當入後漢。

後　　周

《二仙廟陀羅尼經幢》　正書。廣順元年八月十五日。河南河內。(《攈古錄》卷一〇)

《王進威墓誌》　正書。廣順元年九月十三日葬。河南洛陽出土。拓本見《北圖石刻拓本彙編》第三十六冊。

《東場寺陀羅尼經幢》　正書。廣順二年四月。河南洛陽。(《攈古錄》卷一〇)

《雲門山齋回祿楊題名》　正書。廣順二年。山東益都。(《攈古錄》卷一〇)

《晉陽山摩崖題字》　正書。廣順二年立。山東濟寧。(《寰宇訪碑錄》卷五、《攈古錄》卷一〇)

《存古閣陀罗尼真言幢》　正書。廣順三年四月二十日刻。河南洛陽。(《攈古錄》卷一〇)拓本見《北圖石刻拓本彙編》第三十六冊,題爲《殷遇建尊勝陀羅尼經幢》。

《樂安公祭告華嶽題名》　正書。廣順三年六月立。陝西華陰。(《寰宇訪碑錄》卷五、《攈古錄》卷一〇、《關中金石記》卷四)

《繪塑六曹判官像記幢》　正書。廣順三年七月一日。河北正定。(《攈古錄》卷一〇)

《廣慈禪院殘牒》　行書。廣順三年八月立,後刻天福四年買地券。陝西咸寧。(《金石萃編》卷一二一、《寰宇訪碑錄》卷五、《攈古錄》卷一〇)

《雲門山大雲寺重粧修壁龕公德記》　僧貞峻述並行書。廣順三年十月十八日刻。山東益都縣雲門山。(《金石續編》卷一二、《寰宇訪碑錄》卷五、《平津館金石萃編》卷一三、《攈古錄》卷一〇)拓本見《北圖石刻拓本彙編》第三十六冊,題爲《大雲寺修壁龕公德記》，編者曰："《攈古錄》、《藝風堂金石文字目》云賢義撰、書。"興武按：《全唐文》卷九二二、《寰宇訪碑錄》、《平津館金石萃編》亦題僧賢義撰並行書。

《羅漢□陀羅尼幢》　廣順三年十二月二日。河南修武。(《金石萃編》卷一二一)《攈古錄》卷一〇有《崇明寺陀羅尼經幢》，魏鎔正書，建立時間與此幢同。

《尊勝經幢》　正書。廣順三年十二月立。河南修武。(《寰宇訪碑錄》卷五、《平津館金石萃編》卷一三)

《題名並詩》　楊凝式書。廣順歲在癸丑三年立。河南洛陽。(《寶刻類編》卷七)《寶刻叢編》卷四"西京北路上・西京・河南府"引《集古錄目》曰："不著年月。凝式時爲太子賓客。又其一稱歲在癸丑者，周廣順二年也。又有詩二首，凝式時爲太子少師。按凝式當晉天福初爲太子賓客，其分司爲少師在漢乾祐中。石在洛陽人家。"

《歐陽修全集》卷一四三《集古錄跋尾》卷一〇"楊凝式《題名》"條曰："右楊凝式《題名》，並李西臺詩附。自唐亡道喪，四海困於兵戎。及聖宋興，天下復歸於治，蓋百有五十餘年。而五代之際有楊少師，建隆以後稱李西臺，二人者筆法不同，而書名皆爲一時之絕，故並錄於此。"

《楊凝式長壽華嚴院東壁詩》　楊凝式書。《寶刻叢編》卷四"西京北路上・西京・河南府"引《東觀餘論》曰："少師此詩本題於西都長壽寺華嚴院東壁。僕近歲官洛，因覽宋次道《三川官下記》，知之，亟往觀焉，墨蹤石本皆不復存。院僧云：三十年前有士人寓是院數歲，及徙居他郡，壁與石亦弗之見。豈非好事者負之而趨乎？今忽得此，殊可欣也。"

《五代楊凝式步虛詞》　《金石錄補》卷二四載錄此碑，曰："右步虛詞十九章，章五言律八句，相傳爲楊凝式書。予從家藏舊粗中得之，失其跋，未知承傳何自，模勒何處。其天真縱逸，黃山谷所云

'散禪入聖',非謬也。"

《報恩元教寺甎文》 正書。廣順三年。江蘇嘉定瞿氏藏。(《攈古錄》卷一〇)

《華嶽廟內供奉□□題名》 正書。廣順□年日月。陝西華陰。(《寰宇訪碑錄》卷五、《攈古錄》卷一〇)

《尊勝陀羅尼幢》 僧智謙正書。顯德元年正月廿五日。河南許州。(《攈古錄》卷一〇)

《後周文宣王廟記》 蘇善鄴敘。郭忠恕正書並篆額。周廣順元年孟秋記撰。顯德元年四月十五日立。河南汝州。(《金石錄》卷一〇、《寶刻類編》卷七五、《寶刻叢編》卷七、《天下金石志·河南》)《金石錄》跋云:"縣令郭忠恕撰並書。按《圖史》,忠恕爲漢相陰公從事,周祖徵爲《周易》博士。國初貶乾州司戶。大宗朝復任國子主簿,流登州,卒。不載其嘗爲縣令也。《記》云:'縣在汝水之汭,嵩山之陽',不知其爲何縣。最後題'甲寅四月十五日建',蓋周世宗乾(興武按:當作顯)德元年也。或云此記在汝州界中。"《寶刻叢編》卷七題《後周移文宣王廟堂記》,誤作"宋乾德元年立"。

《創修六曹軒宇記》 僧應文撰。正書。顯德元年八月立。河北邢臺。(《金石文字記》卷五、《寰宇訪碑錄》卷五、《攈古錄》卷一〇、《京畿金石考》卷下)

《安重遇墓誌》 穎贊撰。正書。翟玫鐫。顯德元年十一月八日葬。河南洛陽出土。拓本見《北圖石刻拓本彙編》第三十六冊。

《劉光贊墓誌》 正書。顯德元年十一月二十六日葬。河南洛陽出土。拓本見《北圖石刻拓本彙編》第三十六冊。

《萬佛溝採石記》 正書。顯德元年十二月。河南安陽。(《攈古錄》卷一〇)拓本見《北圖石刻拓本彙編》第三十六冊。

《趙鳳墓誌》 劉德潤撰。正書。顯德二年二月四日葬。河南洛陽出土。拓本見《北圖石刻拓本彙編》第三十六冊。

《石金俊妻元氏合祔誌》 趙逢撰。正書。顯德二年三月三日葬。河南洛陽出土。拓本見《北圖石刻拓本彙編》第三十六册。

《衞州刺史郭進屛盜碑》 杜鞾撰。孫崇望行書。顯德二年五月十一日刻。河南汲縣。(《金石文字記》卷五、《金石後録》卷三、《潛研堂金石文跋尾》卷四、《寰宇訪碑録》卷五、《金石萃編》卷一二一、《平津館金石萃編》卷一三、《攈古録》卷一〇、《中州金石目》卷二)拓本見《北圖石刻拓本彙編》第三十六册。

《郭進屛盜碑陰》 正書。河南汲縣。(《寰宇訪碑録》卷五、《攈古録》卷一〇、《天下金石志·河南》、《中州金石目》卷二)

《永興軍停廢無額諸院殘牒》 行書。顯德二年七月三十日牒。陝西西安。(《金石萃編》卷一二一、《寰宇訪碑録》卷五、《攈古録》卷一〇)

《韓通妻董氏墓誌》 王玭撰。楚光祚行書。顯德二年九月七日葬。河南洛陽出土。拓本見《北圖石刻拓本彙編》第三十六册。

《濟州刺史任公屛盜碑》 李昉撰。張光振行書。顯德二年閏九月一日刻。山東鉅野。(《金石後録》卷三、《寰宇訪碑録》卷五、《攈古録》卷一〇、《平津館金石萃編》卷一三作《濟州刺史任漢權屛盜碑》。拓本見《北圖石刻拓本彙編》第三十六册,題爲《任公屛盜碑》。

《龍興寺經幢記》 許爕撰。沙門惠深正書。顯德二年閏九月。山東淄州。(《攈古録》卷一〇)

《廣慈禪院記》 劉從義撰。正書。顯德二年十月十□日刻。陝西咸寧。(《金石萃編》卷一二一、《寰宇訪碑録》卷五、《攈古録》卷一〇)拓本見《北圖石刻拓本彙編》第三十六册,題爲《廣慈院記殘石》,編者曰:"石右上角庚戌夏王治刻跋,王將此石誤爲宋雍熙二年陳摶之《廣慈院瑞像記》。"

《田仁訓及妻王氏合葬誌》 行書。顯德二年十二月三日葬。河南洛陽出土。拓本見《北圖石刻拓本彙編》第三十六册。

《晉州慈雲寺僧普静捨身記》 釋藏瑩撰。釋雲靄正書。顯德

二年山西晉州。(《攈古錄》卷一〇)

《妙樂寺重修真身舍利塔碑》 蘇允平撰。僧匡寶正書。顯德二年刻。河南武陟。(《攈古錄》卷一〇)拓本見《北圖石刻拓本彙編》第三十六冊。

《袁彥進墓誌》 韓桂撰。張紹節正書。顯德三年七月十三日葬。河南洛陽出土。拓本見《北圖石刻拓本彙編》第三十六冊。

《蕭處仁墓誌》 蕭士明撰。石惟忠正書。顯德三年七月二十四日葬。河南洛陽出土。拓本見《北圖石刻拓本彙編》第三十六冊。

《龍泉禪寺記》 徐綸撰。王獻可撰後序並正書。僧師試撰額。顯德三年九月立。山西陽城。(《金石文字記》卷五、《金石錄補》卷二四、《金石後錄》卷三、《寰宇訪碑錄》卷五、《攈古錄》卷一〇)

《中書侍郎平章事景範神道碑》 扈載撰。孫崇望行書。顯德三年十二月十日刻。山東鄒縣印臺山。(《金石文字記》卷五、《金石錄補》卷二四、《金石後錄》卷三、《潛研堂金石文跋尾》卷四、《寰宇訪碑錄》卷五、《金石萃編》卷一二一、《平津館金石萃編》卷一三、《攈古錄》卷一〇)拓本見《北圖石刻拓本彙編》第三十六冊，題爲《景範墓碑》。

《鳳翔節度使秦王李公夫人朱氏墓誌》 許九言撰並正書。顯德五年正月葬。陝西岐山。(《攈古錄》卷一〇)拓本見《北圖石刻拓本彙編》第三十六冊，題爲《李公妻朱氏墓誌》。

《顏上人(弘德)經幢記》 劉蟠撰。僧處辭正書。孫唐實鐫。顯德五年二月三日刻。山東青州。拓本見《北圖石刻拓本彙編》第三十六冊。

《重修建鵲山大王廟碑》 王勳撰。楊瓚正書。顯德五年三月。直隸邢臺。(《攈古錄》卷一〇)

《安州防禦李瓊德政碑》 李賈儼撰。趙仁朗行書。顯德五年

七月五日建。湖北德安。(《寶刻類編》卷七)

《勑留啟母少姨廟記》 許中孚撰。僧惠林正書。顯德五年七月十二日立。河南偃師。(《寰宇訪碑録》卷五、《金石續編》卷一二、《攈古録》卷一〇、《中州金石目》卷四)拓本見《北圖石刻拓本彙編》第三十六册,題爲《勑留啟母少姨廟碑》。

《玉兔寺現身羅漢遺囑記》 王福新撰並正書。顯德五年閏十月。山西浮山。(《攈古録》卷一〇)

《大伾山寺準勑不停廢記》 馬去非撰。正書。顯德六年七月末旬建。河南黎陽。(《金石萃編》卷一二一、《平津館金石萃編》卷一三、《攈古録》卷一〇)拓本見《北圖石刻拓本彙編》。興武按：《寰宇訪碑録》卷五、《中州金石記》卷三、《中州金石目》卷二亦列此碑,然建碑時間均爲顯德二年五月。據《中州金石記》所載"碑上爲勑下爲記",世宗停廢寺院之勑出自顯德二年五月七日,諸目誤記,蓋源於此。

《贈太尉白延遇碑》 楊徽之撰。何光瀚行書。顯德六年七月。河南洛陽。(《攈古録》卷一〇)

《棲霞寺新修舍利塔殿經藏記》 李瑩撰。張䙰行書。顯德六年九月九日記。山西蒲州。(《金石續編》卷一二、《攈古録》卷一〇)拓本見《北圖石刻拓本彙編》第三十六册,題爲《棲嚴寺修舍利塔殿記》。

《智堅塔記》 正書。顯德七年二月九日刻。陝西西安。拓本見《北圖石刻拓本彙編》第三十六册。

《王仁裕墓碑》 西和州。(《輿地碑記目》卷四云："有貞女墓在河池縣地。朱梁時爲梁將所得,義不污辱,梁將不敢犯。"

《贈太常卿顔公神道碑》 正書。無年月。山東曲阜。(《山左金石志》卷一五、《寰宇訪碑録》卷五、《攈古録》卷一〇)

《龍興寺經幢記》 許□撰。沙門惠深正書。顯德□年閏九月立。後列施主姓名。山東淄州。(《寰宇訪碑録》卷五)

《五代時人署字》　《欧阳修全集》卷一四三《集古錄跋尾》卷一〇載此碑，曰："右五代時帝王將相等署字，合一卷。前人遺蹟往往因人家告身、莊宅券契，故後世傳之猶在。此署字，乃北京人家好事者，類而模傳之爾。"

《宋彦筠墓誌》　高弼撰。高繼昇正書。河南洛陽出土。拓本見《北圖石刻拓本彙編》第三十六冊。

《後周折克行墓碑》　陝西府谷。（《天下金石志·陝西》）

前　　蜀

《仙都觀石函取經記》　杜光庭撰並正書。天復四年七月。忠州。（《寶刻類編》卷八、《寶刻叢編》卷一九）

《龍華院山門路記》　天復七年立。隆州籍縣。（《輿地碑記目》卷四、《蜀碑記》卷九）

《白居易題袍詩》　王宗懿行書。武成元年二月二十三日立。成都。（《寶刻類編》卷七）

《王公造彌勒殿記》　正書。武成元年四月十三日刻。富順羅浮洞。拓本見《北圖石刻拓本彙編》第三十六冊。

《王常鍵造三聖龕記》　正書。武成元年五月十五日刻。富順羅浮洞。拓本見《北圖石刻拓本彙編》第三十六冊。

《雪峰寺陀羅尼咒》　正書。武成元年十月十三日。廣元。（《攈古錄》卷一〇）

《太宗文皇帝帝範》　王宗懿書。武成元年立。成都。（《寶刻類編》卷七）

《彩箋歌》　王宗懿書。武成元年立。成都。（《寶刻類編》卷七）

《高適燕歌行》　王宗懿書。武成元年立。成都。（《寶刻類編》卷七）

《佛頂尊勝經幢》　正書。武成二年。三臺。(《攈古錄》卷一〇)

《鳴鸞寺藏經堂碑》　李逾撰。徐瑤書。武成三年立。成都。(《寶刻類編》卷七)

《馬行友妻母改氏等造像記》　正書。武成三年十一月。資州。(《攈古錄》卷一〇)

《崔善德政碑》　閬州。《輿地碑記目》卷四云："王蜀武成中，崔善爲刺史，有惠政，里人爲德政碑。今在衙門之東廡。"

《五代僞蜀勅牒》　長寧。(《蜀碑記》卷四)《輿地碑記目》卷四云："武成三年，牒涪井鎮，羈縻十州五囤土，都虞侯羅元審。武成三年，牒涪井鎮，羈縻涪州土，刺史羅元楚。永平元年牒土，兵馬使羅元審。"

《太上内觀經》　喬贊書。永平二年四月十三日立。成都。(《寶刻類編》卷七)

《重修龍興寺碑》　牛希濟撰。嚴光憲書。永平二年立。遂寧。(《寶刻類編》卷七、《蜀碑記》卷一)

《蜀安國寺碑》　永平二年立。遂寧。(《輿地碑記目》卷四、《蜀碑記》卷八)

《魏石門碑》　永平二年立。興元。《輿地碑記目》卷四云："永平二年，太歲己丑。梁秦典簽。王遂書。洛陽縣武阿仁鑿。"

《白蓮塔院記》　龐延翰撰。王勍書，僧崇域篆額。永平三年立。成都。(《寶刻類編》卷七)興武按："崇城"疑即下條"曇域"之訛。兩條疑爲同一條。

《白蓮塔記》　龐延翰撰。僧曇域篆額。永平三年立。成都。(《寶刻類編》卷八)

《唐公神道碑》　張裕撰。楊玢書，李途篆額。永平四年立。成都。(《寶刻類編》卷七)

《種審能造地藏龕記》　正書。永平五年四月。大足。(《攈古錄》卷一〇)

《種審能造觀音龕記》 正書。永平五年七月六日。大足。(《攟古錄》卷一〇)

《僞蜀誓火碑》 永平五年建。順慶。(《蜀碑記》卷四)《輿地碑記目》卷四云:"永平五年建,在州北廣川廟。"

《修衡山天師觀記》 杜光庭撰。張嗣昭書。通正元年立。成都。(《寶刻類編》卷七)

《蹇知進造像記》 正書左行。天漢元年二月。大足。(《攟古錄》卷一〇)

《重修龍興觀碑》 龐延翰撰。張嗣昭書,龐東表篆額。光天元年立。成都。(《寶刻類編》卷七)

《涅槃經記》 僧思益撰。張德釗書。乾德三年。成都。(《寶刻類編》卷七)

《李白泗州和尚贊》 徐遠書。乾德三年。成都。(《寶刻類編》卷七)

《玄元皇帝歷代應見圖序碑》 杜光庭撰。謝璟書並篆額。乾德三年立。成都。(《寶刻類編》卷七)

《法華經碑銘》 僧恩益撰。僧傅光書。乾德三年立。成都。(《寶刻類編》卷八)

《重修玉華宮仙碑銘》 楊德輝撰。羅藝書。乾德四年立。成都。(《寶刻類編》卷七)

《鄭韶贈神和子歌》 馬淳翥書並篆額。乾德四年立。成都。(《寶刻類編》卷七)

《魏王神道碑》 庾博素撰。崔延壽書並篆額。乾德五年立。成都。(《寶刻類編》卷七)興武按:"庾博素"當係"庾傳素"之譌。

《般若心經》 僧思遠六體篆書。乾德五年立。成都。(《寶刻類編》卷八)

《千佛崖越國夫人造像二種》 正書。乾德六年七月十五日。廣元。(《攟古錄》卷一〇)拓本見《北圖石刻拓本彙編》第三十六册,題爲《四十二娘造像記》。

《迎祥寺鐘樓石刻》 《蜀碑記》卷一於"灌縣"録此碑,云:"在廢導江縣北迎祥寺。不記年月。觀其有節度押衙字,知爲唐末五代間刻也。"

《僞蜀刺史徐光溥詩刻》 順慶金泉山。(《輿地碑記目》卷四、《蜀碑記》卷四)

《王蜀咸康碑》 閬州。(《輿地碑記目》卷四)

《重修沖妙觀記》 杜光庭撰。永康青城縣。(《輿地碑記目》卷四、《蜀碑記》卷一)

《青城山甲記》 杜光庭撰。永康青城縣。(《輿地碑記目》卷四、《蜀碑記》卷一)

《劉真人傳》 杜光庭撰。瀘州。(《輿地碑記目》卷四、《蜀碑記》卷九)

《醮壇山北帝院記》 杜光庭撰。資州。(《輿地碑記目》卷四)

《廣雲外尊師碑》 杜光庭撰。雲安。(《蜀碑記》卷五)《輿地碑記目》卷四云:"在雲昇宫。唐杜光庭文,見《九域志》,今名棲霞宫。碑尚存焉。"按:疑此碑即下碑《唐楊雲昇尊師碑》之訛。

《唐楊雲昇尊師碑》 杜光庭撰。夔州雲安縣。(《寶刻叢編》卷一九)

《杜光庭功德記》 懷安三學山。(《輿地碑記目》卷四、《蜀碑記》卷一)

《文宣王廟碑》 何希寂奉命書。歲在赤奮若月在陽三日記。遂寧。(《寶刻類編》卷八)

《停空鏡銘》 王衍詩。篆書。(《金石萃編》卷一二二)《十國春秋》卷四六《王承休傳》云:"承休妻嚴,有殊色,後主絶加寵愛。秦州之行,後主頗以嚴故臨幸焉。至則賜以粧鏡,銘曰:'鍊形神冶,瑩質良工。當眉寫翠,對臉傅紅。如珠出匣,似月停空。綺牕繡幌,俱涵影中。'其褻昵有如此。"

《蜀嘉王宗壽墨蹟》 永康青城縣。(《蜀碑記》卷一)《輿地碑記目》卷四云:"僞蜀王建宗子嘉王宗壽,與能仁院僧卯往來書劄二十餘簡存於院,墨蹟宛然如新。"

《龍興寺碑》 成都。(《蜀碑記》卷一)《輿地碑記目》卷四云:"《容齋隨筆》云:'乃前蜀王氏時所立,及唐諸帝諱,皆半闕云。'"

《前蜀重修水陸院佛殿記》 右拾遺張恂撰。(《寶刻叢編》卷一九)

後　　蜀

《靈泉院碑》 同光三年立。隆州。(《輿地碑記目》卷四、《蜀碑記》卷九)興武按:同光三年即前蜀咸康元年。本年十一月,後唐滅王蜀;閏十二月,唐莊宗遣孟知祥入蜀,孟蜀割據實肇端於此。

《劉安文造像記》 正書。同光四年六月十六日立。簡州。(《攟古錄》卷一〇)

《石筍記》 杜光庭撰。青丘先生書。同光四年立。成都。(《寶刻類編》卷八)興武按:《寶刻叢編》卷一九錄《白帝廟石筍詩》三首,或即此碑。

《重修大仙廟碑》 司空熏撰。同光四年建。夔州奉節。(《蜀碑記》卷五)

《貴平縣牟尚書墓記》 同光五年立。仁壽縣。(《蜀碑記》卷九)《輿地碑記目》卷四云:"唐同光五年,陳貴民領州事。"興武按:同光乃後唐莊宗年號,凡四年。此作同光五年者,或以蜀人未悉明宗即位改元也。

《孟知祥修城記》 李昊記。天成二年立。成都。(《輿地碑記目》卷四、《蜀碑記》卷一)

《太清觀取鐘並修觀記》 杜光庭撰。楊遜書。天成二年。成都。(《寶刻類編》卷七)

《羊馬城記》 李旻撰並書。天成三年。成都。(《寶刻類編》卷七)

《唐序元教碑》 林文師撰。謝璟書篆額。天成三年立。成都。(《寶刻類編》卷七)

《儀俛和尚再起寺記》 僧懷善撰。僧宏毅書。天成三年立。成都。(《寶刻類編》卷八)

《宣詔亭内碑》 天成四年四月一日記。隆慶。《輿地碑記目》卷四云："在本府。"按：道光間岑氏懼盈齋本《輿地紀勝》"詔"作"韶"。又《蜀碑記》卷三"劍州"載天成四年立《宣詔亭碑》，疑即此碑，"韶"當作"詔"。

《重修文宣王廟記》 劉篡撰。劉曦度書。天成四年七月十三日記。遂寧。(《寶刻類編》卷七、《蜀碑記》卷八)《輿地碑記目》卷四作《唐劉篡文宣王廟碑記》。

《毗沙門佛龕碑》 正書。天成四年十月立。資州。(《攈古錄》卷一〇)

《金乘王廟封贈碑銘》 僧少證撰並書，僧敏光篆額。天成四年立。成都。(《寶刻類編》卷八)

《法滿大師修營功德記》 僧少證撰並書。天成四年立。成都。(《寶刻類編》卷八)

《唐延壽北禪院碑》 僧思益撰，嚴光憲書。長興元年八月十七日建。成都。(《寶刻類編》卷七)

《改修軍資庫記》 李旻撰。令狐嶠書。長興元年立。成都。(《寶刻類編》卷七)

《修關石刻》 劍門關。(《蜀碑記》卷三)《輿地碑記目》卷四云："在天成五年四月。又有五代勒牒甚多，皆天成、長興、廣政間牒也。"興武按：天成五年實為長興元年。

《重修白帝廟記》 劉綸述並行書篆額。長興二年六月記。夔州。(《寶刻叢編》卷一九，《寶刻類編》卷七作"長興六年"。)興武按：長興乃後唐明宗年號，凡四年。長興六年者，實爲後唐末帝清泰二年，後蜀明德二年。是時孟氏已據蜀稱帝，夔峽當不用中原年號。又《輿地碑記目》卷四載《關城白帝廟碑》，云"其一元和元年，其二長興二年，其三廣政三年"。則是碑當立於長興二年，《寶刻類編》所記有誤。

《孟公夫人福慶長公主神路碑》 崔善撰。令狐嶠書。長興四年立。成都。（《寶刻類編》卷七）

《唐重修淨光塔記》 僧延諤撰。徐遠書並篆額。長興五年立。成都。（《寶刻類編》卷七）

《僧曉微碑》 明德元年立。隆州仁壽縣。（《輿地碑記目》卷四、《蜀碑記》卷九）興武按：後唐應順元年（清泰元年）閏正月，孟知祥即帝位於成都，國號蜀，改元明德，史稱後蜀。

《千佛崖陀羅尼經幢》 正書。王重叙鐫。明德四年九月中旬。廣元。（《攗古錄》卷一〇）

《武信軍創移山嚮寺碑》 歐陽炯撰並八分書。明德四年立。遂寧。（《寶刻類編》卷七）興武按：《輿地碑記目》卷四及《蜀碑記》卷八所列《蜀明德四年碑》或即此碑。

《蜀邛州天慶觀陳希夷詩石刻》 丁酉歲（孟昶明德四年、石晉天福二年）刻。（《金石錄補》卷二四）

《重興營田務並懷昌堰記》 判官王曉撰。節度使吕彥珂立。廣政二年立。洋州。（《輿地碑記目》卷四）

《龍興寺東禪院碑》 刁志頤妻史氏撰。僧惠堅重書。廣政二年立。資州。（《寶刻類編》卷八）

《鐵騎將軍碑》 廣政二年立。隆州仁壽縣歸安鎮。（《輿地碑記目》卷四、《蜀碑記》卷九）

《龍興寺塔記》 正書。廣政四年正月十九日。南江。（《攗古錄》卷一〇）

《普賢冠蓋瓔珞等記》 僧克言撰。僧德嚴書。廣政四年立。

成都。(《寶刻類編》卷八)

《大悲院説戒堂記》　僧克言撰。僧智先書，僧德嚴篆額。廣政四年立。成都。(《寶刻類編》卷八)

《聶公真龕記》　何光遠撰。廣政四年建。普州。(《輿地碑記目》卷四、《蜀碑記》卷八)

《修淨衆寺碑》　劉曦度撰。歐陽炯書。廣政四年立。成都。(《寶刻類編》卷七)

《後蜀重刻盧播平聲詩》　楊仁煦以舊本重刻。廣政五年十月三日立。忠州。(《寶刻叢編》卷一九)

《關城白帝廟碑》　夔州。(《蜀碑記》卷四)《輿地碑記目》卷四云："其一元和元年，其二長興二年，其三廣政五年。"

《遊仙觀老君碑》、《田真人殿記》　廣政六年碑。潼川。(《輿地碑記目》卷四、《蜀碑記》卷八)

《青羊宮碑》　樂龜朋撰。張德釗書。廣政七年八月八日立。成都。(《寶刻類編》卷七)

《石本九經》　張德釗書。廣政七年。成都。(《寶刻類編》卷七、《蜀碑記》卷一)《輿地碑記目》卷四云："在府學。《容齋隨筆》云：'皆孟昶時所刻。'其書淵、世、民三字皆闕畫，蓋高祖、太宗諱也。"

《彌勒大佛殿記》　石瑀撰。僧劭勳書。廣政九年立。成都。(《寶刻類編》卷八)

《都宮土地堂記》　僧昭秀撰。僧正贊書。廣政十二年立。成都。(《寶刻類編》卷八)

《改麴法靈誓記》　袁逢吉撰。僧行勤奉命行書。廣政十三年二月一日立。(《寶刻類編》卷八)

《朱真君寫真贊記》　周德正撰。白守謙書。廣政十三年立。成都。(《寶刻類編》卷七)

《教律慈護戒壇記》　僧克言撰。僧義西書並篆額。廣政十三

年立。成都。(《寶刻類編》卷八)

《宋王神道碑》 韓係昇撰。張仁戩書。譚顗篆額。廣政十四年立。成都。(《寶刻類編》卷七)興武按:"韓係昇"當係"韓保昇"之譌。韓保昇乃潞州長子人,太尉保貞弟也。廣政時,積官至翰林學士。

《重起寶歷寺碑》 馮涓撰。僧得珪書並篆額。廣政十四年立。成都。(《寶刻類編》卷八)

《劉恭造像記》 正書。廣政十七年二月十一日。大足。(《攈古錄》卷一〇)

《邵氏造像記》 正書。廣政十八年二月二十四日。大足。(《攈古錄》卷一〇)

《□行琛造像殘碑》 正書。廣政十八年。射洪。(《攈古錄》卷一〇)

《齋設廳記》 歐陽炯撰。張德釗書。廣政十八年立。成都。(《寶刻類編》卷七)

《普慈縣王董龕報國院碑》 沙門紹□撰並正書。廣政二十年十一月廿七日。樂至。(《攈古錄》卷一〇)

《聖彌寺張萬榮造佛龕記》 景福撰行書。廣政二十二年十一月十一日。四川射洪。(《攈古錄》卷一〇)

《千部法華寺經院記》 僧克言撰。僧義西書並篆額。廣政二十二年立。成都。(《寶刻類編》卷八)

《城牙樓記》 李楫記。廣政己未(二十二年)。巴州。(《蜀碑記》卷三)

《龍華寺東禪院記》 王仲孚撰。句中正書。僧淨滿篆額。廣政二十三年四月十三日記。成都。(《寶刻類編》卷八)

《龍華東禪院記》 王仲孚撰。句中正書。僧淨滿篆額。廣政二十三年八月十二日記。成都。(《寶刻類編》卷七)興武按:疑與上條爲同一條。

《加句靈驗尊勝經後序》 僧得曉撰。僧智慧書。廣政二十三年立。成都。(《寶刻類編》卷八)

《新創洪壽禪師院記》 林愈撰並書。廣政二十四年立。成都。(《寶刻類編》卷七)

《留住西方和尚碑》 王仲孚撰。僧光永書並篆額。廣政二十五年。成都。(《寶刻類編》卷八)

《張匡翊等題名》 正書。廣政二十六年二月十日刻。雲陽。拓本見《北圖石刻拓本彙編》第三十六冊。

《報國院大悲龕記》 正書。廣政二十六年五月十五日刻。樂至。(《攈古錄》卷一〇)拓本見《北圖石刻拓本彙編》第三十六冊。

《浴堂院記》 僧勁勳撰。韓文挺書。僧淨滿篆額。廣政二十六年立。成都。(《寶刻類編》卷八)

《浴室院記》 僧勁勳撰。韓文挺書。僧淨滿篆額。廣政二十六年立。成都。(《寶刻類編》卷七)興武按：疑與上條爲同一條。

《太原夫人捨墳莊記》 辛仲虎撰。白守謙書並篆額。廣政二十六年立。成都。(《寶刻類編》卷七)

《老子枕中經》 馬淳蕘正書篆額。廣政二十七年十月十五日立。成都。(《寶刻類編》卷七)

《後唐武信軍銜記》 歐陽炯撰。廣政間立。遂寧。(《輿地碑記目》卷四、《蜀碑記》卷八)

《蜀廣政十五碑》 重慶。(《輿地碑記目》卷四、《蜀碑記》卷二)

《新創普福禪院記》 文□□撰。張仁戩書並篆額。(《寶刻類編》卷七)

《州院碑》 榮州。(《蜀碑記》卷七)《輿地碑記目》卷四云："僞蜀司倉參軍苟延慶撰。"

《和太尉墓碑》　文州。《輿地碑記目》卷四云："墓在今城西大渡壩。僞蜀殿中侍御史文暮碑。太尉名文，爲唐德興軍節度使、文州馬步軍都虞侯，大中五年卒。葬於此。"

《楊凝式詩帖》　雅州。(《輿地碑記目》卷四、《蜀碑記》卷六)

吴

《天祐二年築碑記》　江蘇江陰。《輿地碑記目》卷一云："見《祥符圖經》。"

《唐疎山院記》　沙門證正撰。僧可珪正書並篆額。天祐十四年十二月十九立，即梁貞明三年也。江西撫州。(《寶刻類編》卷八)

《吴徐温鑄興化院鐘記》　武義二年十月立。江寧。(《江寧金石待訪目》卷一)《寶刻叢編》卷一五於"建康府"内載此碑，注引《復齋碑録》曰："武義二年十月二十三日立。在府城香林寺。"

《鑄矴石文》　順義元年立。江寧。(《江寧金石待訪目》卷一)

《吴疎山和尚碑》　沙門西敷撰。僧可珪正書並篆額。順義二年四月立。撫州。(《寶刻類編》卷八)

《李濤妻汪氏墓誌》　正書。順義四年十一月葬。揚州江都。拓本見《北圖石刻拓本彙編》第三十六册。

《吴羅漢寺記》　順義六年。江西饒州。(《輿地碑記目》卷一)

《羅漢贊》　順義六年。饒州。(《輿地碑記目》卷一)

《廬山簡寂觀重造大殿記》　陳舜俞《廬山記》卷五《古碑目》載此碑，曰："推忠翊聖功臣安西大將軍德勝軍節度使廬州觀察處置等使特進檢校太尉同中書。門下平章事使持節廬州諸軍事廬州刺史御大憲上柱國清河郡開國侯食邑二千户張崇順義十年丁亥正月癸丑朔記。"胡耀飛《宋人陳舜俞〈廬山記〉所見吴・南唐史料考論》(載《長江文明》第七輯)考曰："順義無十年，而丁亥年正爲順義七年，故'十年'當爲'七年'。此碑在《輿地碑記目》有存目，題爲《簡寂觀重建大殿記》，無繫年。"

《開善寺洛院井記》 李陶正書並篆額。順義七年六月立。昇州（今江蘇南京）。（《寶刻類編》卷七、《江寧金石待訪目》卷一、《天下金石志·南直隸》）《寶刻叢編》卷一五於"建康府"內載《吳開善寺塔院井記》，注引《復齋碑錄》曰："無撰人姓名。李陶正書，并篆額。順義七年六月□日記。"

《問政先生碑記》 方訥文。順義中立。徽州歙縣。（《輿地碑記目》卷一）

《新置大江浮橋記》 姚貞玉正書並篆額。乾貞二年季春月立。江西瑞州。（《寶刻類編》卷七）《輿地碑記目》卷二載《五代楊溥浮橋記》，云："在州西五龍廟下，載偽吳楊溥乾正二年《浮橋記》云云。"興武按："乾正"即"乾貞"，宋人避仁宗諱，改"貞"爲"正"。

《吳乾正二年石幢》 湖北江夏。《輿地碑記目》卷二云："在江夏縣東南五里慈雲院，有石幢，刻'吳乾正二年重建'，又有'唐保大間所建'。殿猶存。"

《開元寺碑陰記》 李宗撰。順義九年。安徽安慶。《輿地碑記目》卷二云："南唐順義九年李宗撰。"興武按："順義九年"者當乾貞二年。

《有吳太僕卿檢校尚書左僕射舒州刺史彭城劉公夫人故尋陽長公主墓誌銘並序》 危德興撰。正書。乾貞三年三月立。揚州江都縣。（《寰宇訪碑錄》卷五、《金石續編》卷一二、《攗古錄》卷一〇、《寶鐵齋金石文跋尾》卷中）

《普惠寺井欄題字》 正書。太和元年三月刻。江寧。（《攗古錄》卷一〇）拓本見《北圖石刻拓本彙編》第三十六冊，編者按："此拓係清道光四年拓本，首道光四年十一月二十二日陳耆古題跋一款。"

《徐公重建靈公室院記》 道士呂棲霞撰。呂子元正書並篆額。太和三年九月九日記。昇州。(《寶刻類編》卷八)《寶刻叢編》卷一五於"建康府"內載《吳徐公重建靈寶院記》，注引《復齋碑錄》曰："道士王棲霞撰。道士呂子元正書并篆額。太和三年重光辛單閼年九月九日癸巳記。"

《廬山東林寺大師堂記》 陳舜俞《廬山記》卷五《古碑目》載此碑，曰："大和三年。奉化軍節度江州觀察處置等使特進檢校太尉兼侍中使持節江州諸軍事守江州刺史上柱國德化王食邑三千戶楊澈、節度推官通判軍府公事朝議郎檢校尚書禮部員外即兼侍御史雲騎尉賜紫金魚袋元皓節度巡官將仕郎試大理評事掌奏賜緋魚袋倪匡明書並篆額。"胡耀飛《宋人陳舜俞〈廬山記〉所見吳‧南唐史料考論》考訂，楊澈至晚在大和二年即就任江州刺史。且曰："此記在《寶刻叢編》中有存目，然以楊吳大和爲晚唐太和，故誤入晚唐部分。"是。

《吳新册昭靈王碑》 薛堯範撰。僧省安書並篆額。太和三年建。贛州。(《寶刻類編》卷八)興武按："大和"乃楊溥年號，此作"太和"者，顯誤。下同，不贅。

《大安寺鐵香爐款識》 太和五年七月十五日建。南昌。(《金石後錄》卷三、《金石萃編》卷一二二、《攈古錄》卷一〇)

《吳新興寺崇福院五百羅漢碑》 僧崇義正書。太和癸巳歲(五年)十月建。安徽宣州。(《寶刻叢編》卷一五、《寶刻類編》卷八)

《德化王於東林寺重置白氏文集記並序》 《廬山記》卷五《古碑目》載此碑，曰："攝觀風幕巡吏試蘭臺郎余文貞書。大和六年歲次甲午八月己巳朔十二日庚辰。管內僧正講經論大德賜紫金沙門匡白記。節度巡官刺州司公事賜紫金魚袋倪匡明篆額。"

《王仁遇墓誌》 楊德綸撰。正書。大和七年八月十日葬。揚州江都。拓本見《北圖石刻拓本彙編》第三十六冊。興武按：楊溥大和僅歷六年，"大和七年"實爲天祚元年。

《吴重立壽春太守盧公德政碑》　僧慕幽行書並篆額。太和七年重立。安徽壽州。(《寶刻類編》卷八)

《吴重立壽州司馬傅公碑》　僧慕幽正書並篆額。天祐二年六月二十七日重立。壽州。(《寶刻類編》卷八)

《龍壽院光化大師碑銘》　歐陽熙撰。漆茂成正書。天祐二年七月二十七日建。南昌。(《金石萃編》卷一二二、《攟古録》卷一〇)

《尊勝陀羅尼真言》　周從建正書。天祐二年閏十一月立。江蘇嘉定錢氏拓本。(《金石後録》卷三、《寰宇訪碑録》卷五、《攟古録》卷一〇)

《嘉濟廟碑》　贛州。《輿地碑記目》卷二云："廟在水東五里。廟有唐進士楊知新、僞吳薛光範二碑。"

《金陵府延祚院寺經幢》　江寧。(《江寧金石待訪目》卷一)

南　唐

《唐李昇石刻》　江西吉州。《輿地碑記目》卷二云："李昇仕唐爲安福令,有讀書齋石刻,今存。"

《牛首山祖堂幽棲禪院佛殿記》　僧無業撰。僧處安正書並篆額。昇元二年二月記。昇州(今江蘇南京)。(《寶刻類編》卷八、《江寧金石待訪目》卷一)《寶刻叢編》卷一五於"建康府"內載此碑,注引《復齋碑録》曰："沙門無業撰。沙門處安正書并篆額。昇元二年庚子二月記。"

《婺源都制置新城記》　劉津撰並正書篆額。昇元二年十月五日立。安徽歙州。(《寶刻叢編》卷一五、《寶刻類編》卷七)

《史祖廟禱雨記》　吳仁瞻撰並書。昇元三年立。江蘇建康府溧陽縣。(《輿地碑記目》卷一、《江寧金石待訪目》卷一)

《宋齊丘鳳臺山詩二十韻》　王紹顔書。昇元三年立,宋治平四年重摹。昇州。(《寶刻類編》卷七、《金石録補》卷二四)《寶刻叢編》卷一五於"建康府"內載此碑,注引《復齋碑錄》曰:"宋齊邱天祐八年題,昇元三年奉勅立石。王紹顏奉勅正書。治平四年重撰。"

《霍邱修羅漢記》 潘仁煦書。昇元四年三月十三日立。安徽壽州。(《寶刻類編》卷七)

《南唐重建明教院記》 黃德麟撰。僧省安行書並篆額。昇元四年十月立。安徽廬州。(《寶刻類編》卷八)

《重修東林寺記》 韓王知證記。孟拱辰草書並篆額。昇元六年七月一日立。江西江州。(《寶刻類編》卷七、《寶刻叢編》卷一五)。

《太乙真人廟記》 韓王知證記。孟拱辰行書並篆額。昇元六年七月六日立。江州。(《寶刻叢編》卷一五、《寶刻類編》卷七)陳舜俞《廬山記》卷五《古碑目》載太一觀所存《真人廟記》曰:"昇元六年歲在壬寅七月六日。應運匡國佐聖功臣寧國軍節度宣州營田觀察處置等使特進檢校大尉兼中書令持節宣州諸軍事宣州刺史上柱國食邑一萬戶韓王知證記。登仕郎守宣州司戶參軍掌表奏試秘書省校書郎賜緋魚袋孟拱辰書並額。又一本。保大十二年歲在乙亥十一月。南嶽朱陵道士倪少通撰。道士鍾德載書篆。"

《南唐天王記》 許儒撰。昇元六年立。江寧。(《江寧金石待訪目》卷一)《寶刻叢編》卷一五於"建康府"內載此碑,注引《集古錄目》曰:"不著書撰人名氏。溧水縣人許儒造石天王像,以昇元六年立此記。"

《重復練塘銘》 呂延真述並書。昇元七年刻。潤州(今江蘇鎮江)。(《寶刻類編》卷七)《寶刻叢編》卷一四於"潤州"內載《南唐重復練塘銘》,注引《復齋碑錄》曰:"呂延真述并書。昇元七年刻。並李華所述《復練塘頌》,亦延真書。"

《勅文寶院禁山帖碑》 宋懷德書。昇元七年二月立。臨江(今屬江西宜春)。(《寶刻類編》卷八)

《昇元帖》 《江寧金石待訪目》卷一云:"目見周密《煙雲過

眼錄》。"

《方等寺經藏記》 沈彬撰。李淩正書並篆額。保大元年八月十五日立。江西瑞州。(《寶刻類編》卷七)

《方山洞元觀敕還舊鐘記》 道士劉日新撰。李希曜正書並篆額。保大元年十月七日立。昇州。(《寶刻類編》卷八、《江寧金石待訪目》卷一)《寶刻叢編》卷一五於"建康府"內載此碑，注引《復齋碑錄》曰："道士劉日新撰。道士李希曜正書并篆額。保大元年十月七日立。"

《方山洞元觀請鐘記》 江寧。(《江寧金石待訪目》卷一)

《匡道禪師碑》 僧智憚撰並書及篆額。保大元年十一月建。湖北蘄州。(《寶刻類編》卷八)

《通智大師碑》 崔行潛撰。陳覺重書，陳元光篆額。保大二年三月十一日書，十月一日立表。(《寶刻類編》卷七)

《通智大師塔銘》 希聲撰。陳覺重書，陳元光篆額。保大二年四月九日書，十月一日建表。(《寶刻類編》卷七)

《光誦長老碑》 宋齊丘撰。陳覺重新書，臧循篆額。保大二年十一月一日立。(《寶刻類編》卷七)

《南唐重修巢湖太姥廟記》 保大二年立。廬州。(《輿地碑記目》卷二)

《南唐重建巢湖神廟碑》 廬州刺史周鄴記。保大二年立。安徽無爲。(《輿地碑記目》卷二)

《舒州丹霞府新泉記》 劉日新撰。裴仁安書並篆額。保大二年立。安徽舒州。(《輿地碑記目》卷二)《寶刻類編》卷七題《丹霞寺新泉記》。

《南唐保寧院鐘贊》 (《江寧金石待訪目》卷一)《寶刻叢編》卷一五於"建康府"內載此碑，注引《諸道石刻錄》曰："保大二年。"

《彌勒菩薩上生殿記》 楊彌撰。僧慕莊書。保大三年二月二十日建。江州。(陳舜俞《廬山記》卷五《古碑目》、《寶刻叢編》卷一

五、《寶刻類編》卷八）

《南唐保大香爐記》 （《江寧金石待訪目》卷一）《寶刻叢編》卷一五於"建康府"內載此碑，注引《復齋碑錄》曰："保大三年乙巳歲五月二十四日己未記。"

《南唐義井記》 （《江寧金石待訪目》卷一、《攟古錄》卷一〇）《寶刻叢編》卷一五於"建康府"內載此碑，注引《諸道石刻錄》曰："保大三年。"

《南唐重光院銘》 《輿地碑目記》卷一於"江陰軍"錄此碑，曰："乃今能仁院僧自西撰。題云大唐都省江陰縣重光院。保大三年銘。"

《中興佛窟寺碑》 孫忌撰。尉遲樞正書，王文秉篆額。保大四年二月五日立。昇州。（《寶刻類編》卷七、《江寧金石待訪目》卷一）興武按：原作"孫□撰"。陳思《寶刻叢編》卷一五載《南唐中興佛窟寺碑》，注引《復齋碑錄》曰："孫忌撰。尉遲樞正書，王文秉篆額。保大四年丙午二月五日建。"《天下金石志·南直隸》亦補列此碑，曰："其文雖衰弱，而書法殊精好。"

《方山寶華寺宮碑》 □□撰。□鼎行書，王文秉篆額並鑴。保大四年六月五日建。（《寶刻類編》卷七、《天下金石志·南直隸》、《江寧金石待訪目》卷一）《寶刻叢編》卷一五於"建康府"內載此碑，注引《復齋碑錄》曰："撰人（碑缺）。鼎行書。王文秉篆額，並鑴。保大四年六月五日建。"

《祈澤寺殘碑》 正書。保大四年十月立。江蘇上元。（《金石後錄》卷三、《寰宇訪碑錄》卷五、《金石錄補》卷二三、《攟古錄》卷一〇）

《謙公安公構造殘碑記》 正書。保大四年十月二十八日刻。江蘇江寧。江蘇青浦王氏拓本。（《金石萃編》卷一二二、《寰宇訪碑錄》卷五）拓本見《北圖石刻拓本彙編》第三十六冊。

《南唐釋迦佛並部從功德記》 僧慕幽撰並行書及篆額。保大

四年十一月立。壽州。(《寶刻類編》卷八)

《龍沙章江院碑》　韓熙載撰。隆興(今江蘇鎮江)。《輿地碑記目》卷二云："在城北。南唐清泉禪師居之，保大四年，順化韓熙載作碑文。"

《古城縣設水陸宴會記》　遊士若盧述。桂文殷行書並篆額。保大四年。安徽太平。(《寶刻類編》卷七)

《簡寂先生陸君碑》　《廬山記》卷五《古碑目》載此碑，曰："中岳道士翰林供奉吳筠文並書。唐保大五年太歲丁未六月甲寅朔三日丙辰立。"按：唐保大五年太歲"丁巳"，非"丁未"。

《涇縣文宣王廟碑》　徐鉉記。徐鍇篆書。丁未十月十九日立。宣州。(《寶刻叢編》卷一五、《寶刻類編》卷七、汪之昌《補南唐藝文志》)興武按："丁未"乃南唐元宗保大五年。然據《涇川金石記》載："徐知證鎮宣城，保大四年，其推官吳光輔兼理涇縣事，乃復建學宮，而徐鉉爲之記，徐鍇爲之書。"

《新建金剛經碑》、《金剛般若波羅蜜經》　碑記周惟簡述。僧道顒行書並篆額。程巨譽行書，楊宏道鐫。保大五年十二月廿八日建。壽州。(《寶刻類編》卷七、卷八)《攟古錄》卷一〇題《壽州開元寺金剛經碑》，記"保大五年十月廿八日"。《八瓊室金石補正》卷八一載《重刊壽州金剛經碑》，云宋僧取南唐原本摩勒，碑在廣西全州。

《開元寺經幢》　正書。保大五年。壽州。(《攟古錄》卷一〇)

《表石題》　徐延祚篆書。保大五年。澧州。(《寶刻類編》卷七)興武按：《寶刻叢編》卷一五載《南唐表石題》，且引《復齋碑錄》曰："徐廷祚篆書。保大五年。在涇縣。""廷祚"當係"延祚"之譌。

《辟支佛大廣現身記》　周彥崇撰。孟文益行書，保大六年。(《寶刻類編》卷七、《江寧金石待訪目》卷一)《寶刻叢編》卷一五於"建康府"內載此碑，注引《諸道石刻錄》曰："周彥崇撰。孟文益行書。保大六年。"

《普賢寺普賢座下鐵像題字》 保大六年。(《攈古錄》卷一〇)

《張懿公神道碑》 殷崇義撰。朱銳書。保大六年。昇州。(《寶刻類編》卷七、《天下金石志·南直隸》)《寶刻叢編》卷一五於"建康府"内載此碑,注引《諸道石刻錄》曰:"殷崇義撰。朱銳正書。保大六年。"《江寧金石待訪目》卷一作《太傅張懿君詠碑》。

《光瑛院瑞像殿記》 《輿地碑目記》卷一於"江陰軍"錄此碑,曰:"南唐保大六年。僧崇肇撰。今在明教院。"

《寶雲寺碑》 隆興。《輿地碑記目》卷二云:"在奉新縣東百五十步,有鐵鑄菩薩五十二軀。唐保大六年,秘書郎陳用寬爲之記。今碑具焉。"

《大明寺殘碑》 保大七年四月二十一日建。江都。(《金石萃編》卷一二二、《攈古錄》卷一〇)

《南唐魏惠王神道碑》 常夢錫撰。書人殘缺,王文秉鐫。保大七年己酉十二月建。(《寶刻叢編》卷一五)

《南唐保大井欄銘記》 保大八年三月立。(《江寧金石待訪目》卷一)《寶刻叢編》卷一五於"建康府"内載此碑,注引《復齋碑錄》曰:"保大八年三月内建造此井。"

《新建漢天師廟碑》 陳高撰。謝仲容書並篆額。保大八年刻。江西信州。(《寶刻類編》卷七)

《祈澤寺碑》 僧契恩撰並書及篆額。保大八年六月二十八日建。昇州。(《寶刻叢編》卷一五、《寶刻類編》卷八)

《贈侍中李金全神道碑》 高越書。江寧石子岡。(《江寧金石待訪目》卷一)陸游《南唐書》卷一〇《李金全傳》云:"李金全,其先吐谷渾人。事唐明宗爲厮養,以戰功貴。事具《五代史》……拜右衛聖統軍領義成軍節度使兼侍中。保大八年八月卒於金陵,年六十。多内寵,子男女凡三十二人。元宗命少府監王仲連持節册,贈中書令,諡曰順。"

《巢湖南泰院佛殿功德碑》 徐吉撰。高融書。保大八年九月

一日建。安徽無爲。(《寶刻類編》卷七)

《清涼寺悟空禪師碑》　韓熙載撰並八分書及篆額。保大九年七月二十五日立。昇州。(《寶刻類編》卷七、《江寧金石待訪目》卷一)《寶刻叢編》卷一五於"建康府"內載此碑,注引《復齋碑錄》曰："韓熙載撰,並分書篆額。保大九年七月二十五日立。"

《追封慶王李茂宏碑》　韓熙載撰。江寧婁湖橋。(《江寧金石待訪目》卷一)《輿地碑記目》卷一題《南唐追封慶王碑》,云："在婁湖橋東南路側。"《十國春秋》卷一九慶王弘茂本傳云"保大九年七月薨,追封慶王,葬金陵城南五里,命韓熙載作碑文以表之"。

《南唐祭悟空禪師文》　李煜撰。保大九年立。(《天下金石志‧南直隸》、《江寧金石待訪目》卷一、《寶刻叢編》卷一五於"建康府"內載此碑,注引《諸道石刻錄》曰："保大九年。"

《重修仰山廟記》　朱恂撰。彭可明正書並篆額。保大十年十二月五日立。江西袁州。(《寶刻類編》卷七)

《貞素先生棲霞碑》　徐鉉撰並篆額。徐鍇八分書。保大壬子(十年)立。昇州。(《寶刻類編》卷七、《江寧金石待訪目》卷一)

《李氏書堂記》　李徵古撰。王沂書。保大十年立。南康。(《廬山記》卷五、《寶刻類編》卷七)

《南唐新建(御名)州碑》　保大十年立。瑞州。《輿地碑記目》卷二云："在鳳凰山之碧落堂,碑乃南唐保大十年立。"

《文宣王新廟記》　徐鍇撰。彭可明正書並篆額。保大癸丑(十一年)正月十一日立。袁州。(《寶刻類編》卷七)

《筠州關城記》　殷觀撰並正書,邵儼篆額。保大十一年三月五日記。瑞州。(《寶刻類編》卷七)

《方等寺潘氏重修捨經藏殿記》　殷觀撰。潘進超正書並篆額。保大十一年五月三十日立。瑞州。(《寶刻類編》卷七)

《涇縣小廳記》　薛文美撰。保大十一年歲次癸丑七月二十六日。安徽宣州涇縣。《涇川金石記》載："按《記》云'余出自周行,來治斯邑',是文美曾知涇縣事也。又云'試請少府薛公楷',是南唐時涇尉有邢楷也。……《記》又云:'庚戌中秋,始創高亭,命曰齊雲亭。'庚戌是保大八年。其文曰:'始則文美之來涇在先矣,至十一年而又建小廳。'蓋治涇如此之久也。"

《太一觀董真人殿碑》 道士倪少通撰。鍾德載正書並篆額。保大十一年十一月立。江州。(《寶刻類編》卷八、《寶刻叢編》卷一五)

《招隱院鐘樓記》 (《江寧金石待訪目》卷一)《輿地碑記目》卷一於"江陰軍"錄此碑,曰:"南唐保大十一年,丁道宏撰。今在悟空院。"

《龍城寺幢銘》 張宏撰。保大十一年立。(《江寧金石待訪目》卷一)

《大唐新建廬山開元禪院碑》 馮延巳撰。徐遜書並額。保大十二年正月立。南康。陳舜俞《廬山記》卷五《古碑目》載此碑,曰:"昭義軍節度使特進守大弟太保上柱國始平郡開國侯食邑一千户臣馮延巳奉敕撰。平廬軍節度使光禄大夫檢校太傅刑部尚書上柱國上饒郡公食邑二千户臣徐遜奉敕書並題額。保大十二年歲次甲寅正月丙子朔十日乙酉建。"《寶刻類編》卷七亦存此碑,題爲《廬山開光禪院記》。

《簡寂觀碑》 沈濬作。胡惟楚書並篆額。保大十二年正月重建。南康。(《寶刻類編》卷七)

《水西寺碑》 《涇川金石記》載此碑,曰:"按王象之《輿地紀勝》云:《水西寺碑》爲唐宣宗立。其序次在薛文美《小廳》、徐鉉《文宣王廟》間,則碑南唐立也。惜不載作者、書者之名,無以考其始末爾。宣宗避地於水西,其詩有'報導風光在水西'之句,然考古者多疑其不實。今南唐時已有此碑,則其相沿久矣。"

《文宣王廟碑序》 徐鉉撰。保大十二年年初。安慶舒州(《輿地碑記目》卷二)《徐公文集》卷一二載此文,題《舒州新建文宣王廟碑序》。《寶刻叢編》卷一五於"江州"載徐鉉撰《南唐文宣王廟記》,云引《諸道石刻錄》。

《四祖塔院疏》 李璟正書、篆額。保大十三年正月十日。蘄州。(《寶刻類編》卷一)

《廬山改修簡寂靈寶並齊堂記》 王路奉敕撰並書。保大十三年。南康。(《廬山記》卷五《古碑目》載此碑,曰:"內知客兼鹽按司事銀青光祿大夫檢校工部尚書兼御史大夫柱國王路奉敕撰並書。唐保大乙卯歲二月庚子朔十五日甲寅記。"《寶刻類編》卷七載《改修簡寂觀齋堂記》,立碑時間爲保大十二年,顯誤,"乙卯"爲保大十三年。

《雙溪院高公亭記》 徐鉉撰並篆。保大十三年四月立。舒州。(《寶刻類編》卷七、《輿地碑記目》卷二)

《歐陽修全集》卷一四三《集古錄跋尾》卷一〇《徐鉉雙溪院記》條曰:"右《雙溪院記》,徐鉉書。鉉與其弟鍇皆能八分、小篆,而筆法頗少力,其在江南皆以文翰知名,號'二徐',爲學者所宗。蓋五代干戈之亂,儒學道喪,而二君能自奮然爲當時名臣。而中國既苦於兵,四方僭偽割裂,皆褊迫擾攘不暇,獨江南粗有文物,而二君者優游其間。及宋興,違命侯來朝,二徐得爲王臣,中朝人士皆傾慕其風采。蓋亦有以過人者,故特錄其書爾。若小篆,則與鉉同時有王文秉者,其筆甚精勁,然其人無足稱也。治平元年上元日書。"

《簡寂觀修石路碑記》 徐憲述並題額,孫儼書。保大十三年五月立。南康。(《廬山記》卷五《古碑目》、《寶刻類編》卷七、《輿地碑記目》卷二"南康軍碑記")

《南郡太守周將軍廟記》 徐鉉撰並篆額。保大十三年六月建。舒州。(《寶刻類編》卷七、《輿地碑記目》卷二)

《喬公亭記》 徐鉉記並篆書。保大十三年立。安慶。(《金石錄》卷一〇、《輿地碑記目》卷二)見《徐公文集》卷一四,末云"歲次乙卯,保大十三年三月東海徐鉉記"。

《南唐重立吳太極左仙公葛公碑》 陶隱居撰。保大十四年七月立。(《江寧金石待訪目》卷一)《寶刻叢編》卷一五於"建康府"內載此碑,注引《復齋碑錄》曰:"梁陶隱居撰。保大十四年丙辰七月辛卯朔五日乙未重建。"

《題葛公碑陰文》 句容令王元撰並書,王邕題額。保大十四年立。昇州。(《寶刻類編》卷七、《江寧金石待訪目》卷一《寶刻叢編》卷一五於"建康府"內載《南唐題葛仙公碑陰文》,注引《復齋碑錄》曰:"句容縣令王玄撰,並書。男邕題額。保大十四年中秋月庚申朔記。"

《東林寺上方禪師舍利塔記》 彭濆撰並八分書額,伊從道正書。保大十四年十月建。江州。(《廬山記》卷五《古碑目》、《寶刻叢編》卷一五、《寶刻類編》卷七)

《題陶隱居塔》 保大十四年立。建康。(《輿地碑記目》卷一)《江寧金石待訪目》卷一作《陶隱居銘》。

《青元觀九天使者功德殿記》 賈穆述。王燮書。保大十五年立。(《寶刻叢編》卷一五、《輿地碑記目》卷一、《寶刻類編》卷七)

《吉祥院記》 薛良記。保大十五年立。吉州廬陵。《輿地碑記目》卷二云:"在廬陵縣西六十里。今名寶嚴院。有南唐保大十五年薛良記。"

《保大中勑書石刻》 安慶。(《輿地碑記目》卷二)

《延祚寺百丈泉井闌題字》 保大中立。江寧。(《江寧金石待訪目》卷一)

《南唐保大中碑》 安徽和州烏江廟。(《輿地碑記目》卷二)

《江南秦淮石志》 保大中立。江寧。(《江寧金石待訪目》卷一)《輿地碑記目》卷一云:"《皇朝類苑》:江南保大中,浚秦淮,得石志。按其刻有大宋乾德四年六字,磨滅不可識。諸儒參驗,乃輔公祏反江東時年號。"

《棲霞寺新路記》 徐鉉撰。保大中立。江寧。(《江寧金石待

訪目》卷一）

《棲霞寺三種石幢》 保大中立。江寧。（《江寧金石待訪目》卷一）

《重修謝惠靈墓碑》 孫熹等保大中立。江寧。（《江寧金石待訪目》卷一）

《紫陽觀碑》 徐鉉撰。楊元鼎正書並篆額。己未（顯德六年）十二月一日建。句容。（《輿地碑記目》卷一、《寶刻類編》卷七、《天下金石志·南直隸》、《金石錄補》卷二四、《金石後錄》卷三、《平津館金石萃編》卷一三、《攟古錄》卷一〇、《寶刻叢編》卷一五於"建康府"內載此碑，注引《復齋碑錄》曰："徐鉉撰。楊元鼎書，並篆額。王文秉刻。己未歲十二月一日建。"興武按：《寰宇訪碑錄》卷五亦錄此碑，且云："己未十二年，後周顯德六年也。按：碑已亡，句容駱氏家藏殘石一方，只四十餘字。星衍曾得全碑拓本，今藏於江寧家忠滑公祠內。"

《茅山題名》 徐鍇書。太歲庚申（顯德七年）。昇州。（《輿地碑記目》卷一、《寶刻類編》卷七）《寶刻叢編》卷一五於"建康府"內載此《南唐徐鍇茅山題名篆書》，注引《復齋碑錄》曰："太歲庚申，弟子徐鍇敬謁。"

《永安縣記》 顯德七年。南康都昌。（《輿地碑記目》卷二）

《小篆千字文》 王文秉書。南唐庚申歲（宋建隆元年）刻石。瑞州。（《寶刻類編》卷七、《天下金石志·江西》、《金石錄補》卷二四、《江寧金石待訪目》卷一）《寶刻叢編》卷一五於"建康府"內載《南唐小篆千文》，注引《集古錄目》曰："王文秉篆書。建隆元年刻石。在茅山。"

《歐陽修全集》卷一四三《集古錄跋尾》卷一〇"王文秉小篆千字文"條曰："右小篆《千字文》者，江南人王文秉書。其後題云'大唐庚申歲'者，建隆元年也。偽唐李煜自周師取淮南，畫江爲界以稱臣，遂削去年號，奉周正朔。然世宗特許其稱帝，故文秉猶稱唐，而不書年號，直云'庚申歲'也。文秉在江南，篆書遠過徐鉉，而鉉以文學名重當時，文秉人罕知者，學者皆云鉉筆雖未工而有字學，一點一畫皆有法也。文秉所書，獨余《集錄》屢得之，此本得於太學楊南仲。"

《紫陽宮石磬銘》　張獻撰。王文秉書。宋建隆二年刻石。瑞州。(《寶刻類編》卷七)

《欧阳修全集》卷一四三《集古錄跋尾》卷一〇"王文秉《紫陽石磬銘》"條曰："右《紫陽石磬銘》。余獨錄於此而不附他書者，文秉之書罕見於今也。小篆自李陽冰後未見工者，文秉江南人，其字畫之精遠過徐鉉，而中朝之士不知文秉，但稱徐常侍者，鉉以文章有重名於當時故也。'歲在辛酉'，晉天福六年，李昇之昇元五年也。五代干戈之際，士之藝有至於斯者，太平之世，學者可不勉哉！"

《侍郎高越墓石》　金陵棲霞寺。(《江寧金石待訪目》卷一)按：高越卒於建隆二年。

《義興縣興道觀北極殿碑》　徐鍇撰並八分書，徐鉉篆額。戊辰歲(乾德元年)建。常州。(《寶刻類編》卷七、《天下金石志·南直隸》)

《昭惠皇后周氏誄》　李煜撰。江寧。(《江寧金石待訪目》卷一)馬令《南唐書》卷六《昭惠后傳》云："後主昭惠后周氏，小字娥皇，大司徒宗之女。甫十九歲，歸於王宮。通書史，善音律，尤工琵琶。……越三日，沐浴，正衣裳，自內含玉，殂於瑤光殿之西室。時乾德二年十一月甲戌也。享年二十九。明年正月壬午，遷靈柩於園寢，後主哀苦骨立，杖而後起。自為誄曰……"

《南唐雙溪觀記》　葉審文。乾德二年立。饒州。(《輿地碑記目》卷一云："在安仁。乾德二年，葉審文。"

《周處廟像碑》　徐鍇撰。劉勳篆額。李思義書。乾德四年九月二十三日建。興義。(《金石錄補》卷二四)

《龍興寺鐘款識》　正書。林仁肇造。乾德五年二月二十五日建。南昌。(《金石後録》卷三、《金石萃編》卷一二二、《攈古録》卷一〇)《寶鐵齋金石文跋尾》卷中作《南唐龍興寺幢銘》,曰:"林仁肇捨俸錢重鑄龍興寺銅幢一口,永充供養。末行題'唐乾德五年太歲丁卯二月庚申朔二十五日甲申記'。考林仁肇,建陽人,仕閩爲禪將。沉毅果敢,軍中謂之林虎子。閩亡,唐元宗拔爲將,官至南郡留守。宋廷臣忌其威名,用計間之,飲酖而死。"

《本業寺記》 僧契撫撰。任德筠正書。額篆書。鍾廓鐫。乾德五年七月十九日建。江寧。(《金石後録》卷三、《寰宇訪碑録》卷五、《金石萃編》卷一二二、《平津館金石萃編》卷一三、《攈古録》卷一〇)拓本見《北圖石刻拓本彙編》第三十六册。

《元寂禪師塔銘》 韓熙載撰。張藻正書。開寶二年五月立。吉州。(《輿地碑記目》卷二、《金石後録》卷三、《寰宇訪碑録》卷五、《攈古録》卷一〇)

《頭陀寺碑》 徐鍇篆額,韓熙載撰碑陰。鄂州。《天下金石志·湖廣》作《南齊王簡棲頭陀寺碑》。《輿地碑記目》卷二云:"舊碑乃瑯琊王簡棲撰文,唐開元六年張廷珪書,今亡。新碑乃江南徐鍇篆額,韓熙載撰碑陰,今新碑存寺。"

陸游《入蜀記》卷四乾道五年八月載:"二十六日,與統紓同游頭陀寺。寺在州城之東隅石城山……藏殿後有《南齊王簡棲碑》,唐開元六年建,蘇州刺史張庭珪温玉書。韓熙載撰碑陰,徐鍇題額。最後云:'唐歲在己巳,武昌軍節度觀察留後知軍州事楊守忠重立,前鄂州唐年縣主簿秘書省正字韓夔書。'碑陰云:'乃命猶子夔,正其舊本,而刊寫之。'以是知夔爲熙載兄弟之子也。碑字前後一手,又作'温'字不全,蓋南唐尊徐温爲義祖,而避其名。則此碑蓋夔重書也。碑陰又云:'皇上鼎新文物,教被華夷,如來妙旨,悉已徧窮,百代文章,罔不備舉,故是寺之碑,不言而興。'按此碑立於己巳歲,當皇朝之開寶二年。南唐危蹙日甚,距其亡六年爾。熙載大臣,不以覆亡爲懼,方且言其主鼎新文物,教被華夷,固已可怪。

又以窮佛旨、舉遺文及興是碑爲盛,誇誕妄謬,真可爲後世發笑。"

《贈平章諡文靖韓熙載神道碑》 江寧梅岡。(《江寧金石待訪目》卷一)按:韓熙載卒於開寶三年。

《張靈官記》 徐鉉撰。徐鍇書並篆額。癸酉(開寶六年)上元立。江州。(《寶刻類編》卷七、《輿地碑記目》卷二、《寶刻叢編》卷一五)陳舜俞《廬山記》卷五《古碑目》載此碑,曰:"御史大夫徐鉉撰。右內史舍人集賢殿學士徐鍇書並篆額。歲次癸酉上元日。"

《玉清觀碑》 開寶七年立。江州。《輿地碑記目》卷二云:"在瑞昌縣本觀,僞唐甲戌立。"興武按:南唐甲戌,即宋太祖開寶七年。

《胡則傳》 開寶八年立。陳舜俞《廬山記》卷五《古碑目》載此碑,曰:"太常丞、集賢校理、通判江州軍州事章岷撰並書。載開寶八年胡則守江州事。"

《南唐司空李承鼐廟記》 徐鉉撰。(《輿地碑記目》卷二、《天下金石志·江西》)《徐公文集》卷二七題《洪州豐城縣李司空廟碑文》。

《題觀音巖》 李璟書。洪州。(《寶刻類編》卷一)

《東風吹水日銜山》 李璟書。原注:"按此條不載立碑之地,疑有脫文。"(《寶刻類編》卷一)

《清涼寺德慶堂額》 李煜書。宋僧曇月刻石。(《江寧金石待訪目》卷一)

《清涼寺三絕碑》 李煜八分書。董羽畫龍。李霄遠草書。江寧。《江寧金石待訪目》卷一云:"目見《聖宋書畫錄》。"

《後主追薦烈祖清涼寺幢文》 李煜撰。江寧。(《江寧金石待訪目》卷一)

《送二王詩》 李後主撰。宣州。(《輿地碑記目》卷一"寧國府碑記")

《李後主重陽詩》 贛州。《輿地碑記目》卷二云:"在寧都之桃林寺。寺有李後主《重陽詩》及禪月盡十八羅漢。孫志康題名。真蹟存焉。

《揚州孝先寺碑》 殷崇義撰。揚州。(據汪之昌《補南唐藝文志》)

《豫章記》三卷 塗廙撰。隆興。(《輿地碑記目》卷二)

《徐知證墓碑》 宣城。(《輿地碑記目》卷一"寧國府碑記")

《重修宣城縣廨宇記》 朱珣撰。宣城。(《輿地碑記目》卷一"寧國府碑記")

《李(仁宗嫌諱)古書堂記》 南康。《輿地碑記目》卷二云:"在城西十五里。南唐時李□古爲江州刺史,作記刻於崖下。今存。"興武按:闕字當爲"徵"。宋仁宗諱禎,"徵"、"禎"音同,故曰"嫌諱"。

《祈仙觀碑》 殷崇義撰。朱銑正書。王文秉篆額刻字。瑞州。(《寶刻類編》卷七)

《南唐般若心經》 江寧。王文秉刻字。(《江寧金石待訪目》卷一)《寶刻叢編》卷一五於"建康府"內載碑,注引《諸道石刻錄》曰:"篆書不著名。王文秉刻字。"復引《集古錄目》曰:"其後八分,題曰'左千牛衛兵曹叅軍王文秉刻字'。文秉,南唐人,善篆書。此經字畫與文秉他所書相類,然不知何以但稱刻字也。石在人家。"

《簡寂觀新壇記》 陳覺撰並書。南康。(《寶刻類編》卷七)《廬山記》卷五《古碑目》、《輿地碑記目》卷二作《簡寂觀新建石壇記》。汪之昌《補南唐藝文志》注:亦見《碑目》,作《新建石壇》。

《報恩院寺額》 南康。《輿地碑記目》卷二云:"寺在福星門內軍學之西號塔院。南唐李後主所書院額。其碑尚存。"

《藏經碑》 彭濆撰。江寧。(《江寧金石待訪目》卷一)

《無相塔記》 韓熙載撰。江寧。(《江寧金石待訪目》卷一)

《龍泉山銘》 韓熙載撰並書。江寧。(《江寧金石待訪目》卷一)

《金剛藏經殿碑》 韓熙載撰並書。昇州。(《寶刻叢編》卷一五、《寶刻類編》卷七、《江寧金石待訪目》卷一)

《靈洞觀記》 韓熙載撰。常州。《輿地碑記目》卷一云："見張公洞下。"

《築新城記》 韓熙載撰碑文，林仁肇撰碑陰。寧國。（《輿地碑記目》卷一）

《南唐盱江亭記》 韓熙載撰。建昌。（《輿地碑記目》卷二、《天下金石志・江西》）

《真風觀碑》 南康。《輿地碑記目》卷二云："南唐虞部員外郎韓熙載撰，碑陰有當時嬪御姓氏十餘人。今名先天觀。"

《廣化院碑》 韓熙載、徐鉉立。隆興。（《輿地碑記目》卷二）

《唐能仁寺菩薩堂記》 邊鎬撰。饒州。（《輿地碑記目》卷一）

《靈溪觀碑》 南唐秘書省正字宋渙撰。南康。（《輿地碑記目》卷二）

《琴高亭頌》 杜禈撰。八分書。宣州。（《寶刻叢編》卷一五、《寶刻類編》卷七）

《延壽寺碑》 徐鉉撰。王文秉書。隆興。（《天下金石志・南直隸》）《輿地碑記目》卷二云："寺在濟城。徐騎省常爲寺碑。"

《南唐欽道觀記》 朱羣記。徐鍇八分書，徐鉉篆額。信州。《輿地碑記目》卷一云："在永豐縣，觀舊名王陽觀，有朱羣所爲記，乃南唐徐鍇八分書，徐鉉篆額。今碑在縣治。"

《蔣莊武帝廟碑》 徐鉉撰。朱銑正書。昇州。（《寶刻叢編》卷一五、《江寧金石待訪目》卷一、《天下金石志・南直隸》）《輿地碑記目》卷一題《蔣帝廟碑》。"朱銑"，《寶刻類編》卷七誤作"朱鋭"。

《龍門山乾明禪院碑銘》 徐鉉撰並篆。舒州。（《寶刻類編》卷七）

《許真人井銘》 徐鉉撰並篆。昇州茅山玉晨觀。（《金石錄》卷一〇、《寶刻類編》卷七、《天下金石志・南直隸》）《寶刻叢編》卷一五於"建康府"內載碑，注引《諸道石刻錄》曰："徐鉉撰並篆書。

在玉晨觀。"興武按：《輿地碑記目》卷一載徐鉉撰《唐許長史丹井銘》、《江寧金石待訪目》卷一載《許長史丹井記》，當即此碑。此《銘》見存《徐公文集》卷一四。

《茅山徐鉉題名》 《江寧金石待訪目》卷一云："篆書。目見《復齋碑錄》。"

《玄博大師王君碑》 徐鉉撰並隸書篆額。昇州。(《輿地碑記目》卷一、《寶刻類編》卷七、《天下金石志·南直隸》)《寶刻叢編》卷一五於"建康府"內載《南唐貞素先生王棲霞碑》(號玄博大師)，注引《復齋碑錄》曰："徐鉉撰，並篆額。徐鍇分書。王文秉刻字。保大壬子。"

興武按：《徐公文集》卷一二有《唐故道門威儀玄博太師貞素先生王君之碑》，稱"君諱棲霞，字玄隱。華宗繼世，積德所鍾。生於齊，得泱泱之風；長於魯，習恂恂之教。"

《騎省石》 徐鉉題名。句容縣。(《輿地碑記目》卷一、《寶刻類編》卷七、《江寧金石待訪目》卷一)《寶刻叢編》卷一五載此碑，曰："在句容縣治。徐鉉曾題名，故爲騎省石。"

《龍門寺記》 徐鉉撰。安慶。(《輿地碑目記》卷二)

《九疊松讚》 徐鉉撰。安慶。(《輿地碑目記》卷二)見《徐公文集》卷一四，題《九疊松讚並序》。

《南唐通冥觀記》 徐鉉篆。(《天下金石志·南直隸》)

《南唐棲霞寺記》 徐鉉書。(《天下金石志·南直隸》)

《劍池頌》 徐鉉撰。鍾師紹正書並篆額。洪州。(《寶刻類編》卷七)興武按：此《頌》見《徐公文集》卷一四。

《徐鉉石刻》 南康。《輿地碑記目》卷二云："在白雲庵。"

《昭德觀碑》 徐鉉作重建記。隆興。(《輿地碑記目》卷二)

《攝山徐鉉題名》 《江寧金石待訪目》卷一云："目見《金陵新志》。"

《鹿野堂徐鉉徐鍇題名》 《江寧金石待訪目》卷一云："目見盛

時泰《棲霞小志》。"

《慧悟禪師真贊》 湯悅作。徐鉉篆書。南康。(《寶刻類編》卷七)興武按：《輿地碑記目》卷二"南康軍碑記"作《慧悟師沖照寫真贊》。《徐公文集》卷三〇有《故唐慧悟大禪師墓誌銘並序》曰："大禪師名沖煦，字大明，姓和氏。"

《項王亭賦》 李德裕撰。徐鉉篆書。和州。(《寶刻類編》卷七、《天下金石志·南直隸》)

《武烈大帝廟碑》 在天慶觀之西，有顧雲爲銘。南唐封爲武烈大帝，命徐鉉撰碑文，頃歲修廟，得唐侯象所立碣於地，云《皇唐常州江陰縣司徒陳公廟碣銘》，其文漫滅不可讀。江陰。(《輿地碑目記》卷一)

《武成王太公廟碑》 徐鉉撰。江寧鎭淮橋北。(《江寧金石待訪目》卷一)

《桐廬縣篆額》 徐鉉篆。嚴州。《輿地碑目記》卷一云："江南徐鉉篆。張伯玉曰：'士大夫仕東南者，至桐廬，則觀徐君之篆。'"

《紫極宮司命殿記》 徐鉉撰。建康。《輿地碑記目》卷一云："在天慶宮。"

《冶城紫極宮碑》 徐鉉撰。江寧。《江寧金石待訪目》卷一云："徐鉉撰。目見黃佐《應天府志》。"

《元素先生碑》 徐鉉撰。江寧。(《輿地碑記目》卷一)

《上真觀記》 徐鉉撰。袁州。《輿地碑記目》卷二云："在分宜。南唐徐鉉爲之記。"

《南唐龍山泉銘》 徐鉉撰。(《寶刻叢編》卷一五)

《天慶觀記》 徐鉉記。池州臨江。(《輿地碑記目》卷二)《天下金石志·南直隸》作《南唐天慶觀碑》。

《天慶觀殿額》 徐鉉篆。臨江。《輿地碑記目》卷二云："南唐徐騎省書曰'金闕寥陽之殿'。今有石刻。"

《義門陳氏書堂記》 徐鉉撰。徐鍇書並篆額。江州。(《寶刻

類編》卷七、《寶刻叢編》卷一五）

《鄧威儀碑》　徐鍇撰。江寧。（《江寧金石待訪目》卷一）

《五龍堂元元像記》　徐鍇撰。江寧。（《江寧金石待訪目》卷一）

《南唐題明徵君墓詩》　徐鍇篆。（《寶刻叢編》卷一五、《江寧金石待訪目》卷一、《六藝之一錄》卷九〇）

《徐鍇篆字題名》　江寧。《輿地碑記目》卷一云："在中茅峰石上。荆公有詩：'百年風雨草苔昏，尚有當年墨法存。秖恐終隨嶧碑盡，西風吹燒滿秋原。'"

《卞廟忠臣孝子碑》　徐鍇撰。江寧。（《江寧金石待訪目》卷一）

《紫極宫石磬銘》　徐鍇撰並篆書。江寧。（《天下金石志·南直隸》、《江寧金石待訪目》卷一）《金石録》卷三〇録此碑，跋云："右南唐《紫極宫石磬銘》。徐鍇撰並篆書。鍇與其兄鉉在江南，以文翰著名。王師南征，鍇卒於圍城中。鉉隨後主歸朝，貴顯，以壽終。歐陽公《集古録》云'宋興，違命侯來朝，二徐皆得爲王臣'者，誤矣。"

《晉右將軍曹橫墓碑》　常州。《輿地碑記目》卷一云："在晉陵縣東三十五里，有徐鍇碑云晉右將軍曹橫所葬，因曰橫山。"

《延祚觀碑》　徐鍇書。池州。（《寶刻類編》卷七）

《峰山廟碑》　徐鍇書。池州。（《寶刻類編》卷七）

《紫極宫碑》　徐鍇書。池州。（《寶刻類編》卷七）

《康濟廟記》　徐鍇記。池州。（《輿地碑記目》卷一）

《歸真觀碑》　徐鍇撰。徽州歙縣。（《輿地碑記目》卷一）

《朱陵觀碑》　徐鍇撰。吉水。（《輿地碑記目》卷二）

《白鶴觀碑》　徐鍇撰。太和。（《輿地碑記目》卷二）

《南唐徐鍇碑》　贛州。《輿地碑記目》卷二云："在舊在天慶觀。又有徐鍇施造石磬，仍爲之銘。

《景德觀碑》 徐鍇記。徐鉉篆額。贛州。(《輿地碑記目》卷二)

《多寶塔記》 孟拱辰書。宣州。(《寶刻類編》卷七、《寶刻叢編》卷一五)《輿地碑記目》卷一題《多寶佛塔記》。

《開元寺大殿記》 孟拱辰撰。寧國。(《輿地碑記目》卷一)

《東禪院法華經記》 孟拱辰撰。寧國。(《輿地碑記目》卷一)

《復練塘頌》 李華述。呂延真書。潤州。(《寶刻類編》卷七)汪之昌《南唐藝文志》注：疑即《碑目》之南唐《練湖碑》。

《練湖碑》 。南唐時立。鎮江。(《輿地碑目記》卷一)趙彥衛《雲麓漫抄》卷三云："百里之長，周曰縣正；春秋時，魯衛謂之宰，楚謂之公尹，晉謂之大夫；秦謂之令；漢因之，大曰令，次曰長。至唐不改，唐末始有知縣之稱。《練湖碑》，南唐時立，云：'知丹陽縣鎮縣公事'，蓋'鎮'則有兵，如知州云'知某州軍州事'。本朝以知縣爲高，令爲次，或兼兵馬都監，亦知縣鎮之義。"

《南唐彰城寺鐘銘》 (《寶刻叢編》卷一五)

《南唐棲霞寺殿記》 高陟撰。(《天下金石志・南直隸》)

《南唐棲霞寺詩》 僧用虛撰。(《天下金石志・南直隸》)《江寧金石待訪目》卷一題《題千佛巖詩》。

《衡陽寺經幢》 江寧。(《江寧金石待訪目》卷一)

《重開衡陽古蹟詩》 僧齊己、牟儒撰。江寧。(《江寧金石待訪目》卷一)

《符篆刻識》 《江寧金石待訪目》卷一云："在永壽宮。目見《金陵新志》。"

《畫像石刻》 正面曹仲元畫，背面武洞清畫。《江寧金石待訪目》卷一云："目見《客坐贅語》。"

《百福寺銅鐘文》 江寧。(《江寧金石待訪目》卷一)

《王真人立觀碑》 江旻撰。江寧。(《江寧金石待訪目》卷一)

《平西將軍杜陵侯葛府君碑》 句容。(《江寧金石待訪目》

卷一)

《隱静院石刻》《江寧金石待訪目》卷一云："在上元雁門山。目見《金陵新志》。"

《易夫人墓誌額》 江寧上元土山。(《天下金石志·南直隸》、《江寧金石待訪目》卷一)

《龍鳳永通錢貨錢大唐錢唐國五品錢》《江寧金石待訪目》卷一云："文見《泉志》。"

《聖烈王行狀碑》 江寧。(《江寧金石待訪目》卷一)

《桐柏王法師碑》 江寧。(《江寧金石待訪目》卷一)

《少室王君碑》 江寧。(《江寧金石待訪目》卷一)

《玉霄觀記》 江寧。(《江寧金石待訪目》卷一)

《桂杜二姓願鐘記》 江寧。(《江寧金石待訪目》卷一)

《寶華宮功德什物記》 江寧。(《江寧金石待訪目》卷一)《天下金石志·南直隸》云："在崇真殿。"

《瓦棺寺昇元碣》 江寧。(《江寧金石待訪目》卷一)

《瓦棺寺經幢》 江寧。(《江寧金石待訪目》卷一)

《保寧寺奉先禪院井記》 江寧。(《江寧金石待訪目》卷一)

《禾山大舜二妃廟碑》 南唐西昌令張翊撰。太和。(《輿地碑記目》卷二)

《紫陽觀新興佛碑》 南唐西昌令張翊撰。太和。(《輿地碑記目》卷二、《平津館金石萃編》卷一三)

《崇福寺碑》 衷愉撰。贛州。《輿地碑記目》卷二云："在寧都縣東隔江院。有修寺碑及食堂二記，皆僞唐時郡人衷愉文。"又張鑑校勘《輿地紀勝》云"衷愉"當作"袁愉"。

《安國寺記》 愉安國記。贛州。《輿地碑記目》卷二云："寺在寧都縣西八里，有五代末御史大夫愉安國寺記。"張鑑校勘《輿地紀勝》云："'愉'上有脱字，疑即上文《崇福寺碑》注之袁愉也。"

吳　越

《鎮東軍牆隍廟記》　錢鏐記。開平二年立。紹興。(《金石文字記》卷五、《金石萃編》卷一一九、《平津館金石萃編》卷一三、《攈古録》卷一〇)《金石後録》卷三、《潛研堂金石跋尾》卷四、《寰宇訪碑録》卷五題《崇福侯廟記》。拓本見《北圖石刻拓本彙編》第三十六册, 亦題《崇福侯廟記》, 入後梁。《金石録補》卷二三載《後梁鎮東軍牆隍廟記》碑, 云："右碑。題云《重修牆隍神廟兼奏進封崇福侯記》。大梁開平二年歲在武辰□日, □啟聖匡運同德功臣淮南鎮海鎮東等節度使檢校太師守侍中兼中書令吴越王鏐記。《記》中有《敕》云：'勅鎮東軍牆隍神龎玉, 前朝名將, 劇郡良材, 豈獨遺愛在人, 抑亦垂名終古。況錢鏐任隆三鎮, 功顯十臣'云云。按唐亡於天祐四年丁卯, 梁太祖朱温稱開平元年。《後梁紀》：開平二年八月, 吴越王鏐遣寧國節度使王景仁奉表詣大梁。景仁即茂章也。温曾祖名茂琳, 父名誠, 故此碑以'城'爲'牆', 以'戊'爲'武', 而茂章亦改名焉。薛史《梁紀》：元年六月, 司天監上言, 請改月辰内'戊'字爲'武'。'戊'本音'茂', 爲'茂'之嫌名, 至今相傳, 以'戊'爲'武', 而作'茂'音者絶少。"

朱彝尊《曝書亭集》卷五〇《鎮東軍牆隍廟記跋》云："《鎮東軍牆隍廟碑》, 施宿撰。《會稽志》, 張淏續之。均不載其文。予友顧徵士寧人獲諸臥龍山西岡上, 採入《金石文字記》中。碑文錢武肅王鏐撰。王以乾寧二年伐董昌, 明年五月平之。冬十月, 勅改越州威勝軍爲鎮東軍, 授王領鎮海、鎮東等軍節度使。至開平二年, 升爲大都督府, 亦謂之東府。題曰'牆隍廟'者, 朱全忠之父名誠, 王既稱臣於梁, 不得不爲之諱矣。獨怪全忠未篡弒時, 唐帝在位, 乃勅改武成王廟曰'武明', 成德軍曰'武順', 義成軍曰'宣義', 并嫌名, 皆避之。迨梁既僭號, 司天監以帝曾祖諱茂琳, 請改歲月陽日辰,凡'戊'字更作'武',尤可發笑也。"

《真聖觀碑》 開平二年刻。杭州天慶觀。(《輿地碑記目》卷一)

《羅給事墓誌》 沈崧文。開平四年立。嘉興新城。(《輿地碑記目》卷一)

《崇化寺尊勝石幢》 吳越天寶四年三月五日建。蕭山。(《金石錄補》卷二四)按:吳越天寶四年即後梁開平五年。

《會稽縣鍾公墓誌銘》 開平五年四月十九日葬。□□遠正書。會稽。(《攈古錄》卷一〇)拓本見《北圖石刻拓本彙編》第三十六冊,題《鍾公墓誌》,入後梁。

《吳越王立功碑》 乾化三年立。杭州。(《輿地碑記目》卷一)

《吳越王生祠碑》 李淇撰。乾化三年立。杭州。(《輿地碑記目》卷一)

《東海徐夫人墓誌》 正書。乾化四年八月立。鄞縣。(《攈古錄》卷一〇)

《檢校太子賓客王彥回墓誌》 蔣鑒玄撰。乾化五年二月立。鄞縣。(《金石續編》卷一二、《攈古錄》卷一〇)

《新建錢湖廣潤龍王廟碑》 錢鏐記,行書篆額,梁貞明二年正月十五日建。杭州。(《輿地碑記目》卷一、《寶刻類編》卷一)《寶刻叢編》卷一四於"臨安府"內載《唐新建錢塘湖廣潤龍王廟碑》,注引《復齋碑錄》曰:"錢鏐記,行書篆額。貞明二年丙子正月十五日庚午建。"

《梁新建功臣禪院記》 《寶刻叢編》卷一四於"臨安府"內載《梁新建功臣禪院記》,注引《諸道石刻錄》曰:"錢鏐記。貞明二年立。在臨安縣。"

《吳郡陸夫人墓誌》 貞明五年正月立。常熟。(《金石錄補》卷二三)

《題名》 錢鏐書。梁龍德元年十一月一日立。正書磨崖。杭州。(《寶刻類編》卷一、《金石錄補》卷二三)《寶刻叢編》卷一四於"臨安府"內載《吳越國王錢鏐題名》，注引《復齋碑錄》曰："梁龍德元年十一月一日，天下都元帥吳越國王鏐建置。正書。在南郊登聖寺，磨崖。"《寰宇訪碑錄》卷五、《攟古錄》卷一〇載《拜郊臺錢鏐題名》，當即此碑。

《尊勝陀羅尼經幢》 江夏郡黃氏十五娘造。龍德二年九月二十二日建。蘇州虎丘。(《金石錄補》卷二三)

《積穀山謝客巖錢鏵題名》 篆書。後唐同光二年清明。永嘉。(《攟古錄》卷一〇)按：後唐同光二年即吳越寶大元年。

《海會寺經幢二》 吳越國王錢鏐建。寶大元年五月立。杭州。(《寰宇訪碑錄》卷五、《攟古錄》卷一〇)

《錢武肅王開慈雲嶺記》 吳越國王記。篆書。寶大元年六月十五日記。杭州西湖慈雲嶺石壁。(《寰宇訪碑錄》卷五、《攟古錄》卷一〇、《金石續編》卷一二)《寶刻叢編》卷一四於"臨安府"內載《後唐開慈雲嶺路記》，注引《復齋碑錄》曰："篆書。梁單閼之歲，興建龍山，至涒灘之歲，開慈雲嶺，蓋興建於梁貞五年，開嶺於唐同光二年。碑在慈雲嶺。"

《杜太師梭築城記》 羅隱文。寶大元年。新城。(《輿地碑記目》卷一)

《觀音尊聖幢》 寶大二年建。杭州九里松。(《輿地碑記目》卷一)

《吳越加句尊勝咒幢》 《寶刻叢編》卷一四於"臨安府"內載《吳越加句尊勝咒幢》，注引《復齋碑錄》曰："婺州浦江縣女弟子胡氏二娘，寶大二年歲次乙酉十一月八日建。在九重松觀音寺。"按："九重松"當作"九里松"。疑與上條為同一條。

《吳越寶大年號》 寶大二年立。婺州。《輿地碑記目》卷一於"婺州"內錄此，云："《東陽志》云：觀音寺大殿，有梁吳越寶大二年立。象之謹按《通鑑》，後唐明帝大成二年，吳越王錢鏐以中國喪亂，朝命不通，改元保正。其後復中國，乃諱而不稱。今觀音寺之題梁皆已削去年月。寺僧云：吳越改元後，用中國正朔，故諱其事而削去。與《通鑑》所書相應。寺却有銅鐘銘題云'寶大二年歲在乙酉置'。"按：吳越寶大二年即後唐同光三年。

《投告太湖龍簡文》　錢鏐撰。寶正三年三月二十六日投。蘇州。(《金石續編》卷一二、《寶鐵齋金石文跋尾》卷中)《吳郡金石目》云："國朝順治初，吳中大旱，太湖底坼，居民得於湖濱。以銀爲之。……《太湖備考》中載其文。"《攈古錄》卷一〇作《洞庭水府告文》，疑誤。

《舜井石記》　吳越王記。寶正三年八月立。(《金石錄補》卷二四)

《題錢明觀橋記》　錢鏐書。吳越寶正六年四月八日記。杭州。(《寶刻類編》卷一)《寶刻叢編》卷一四於"臨安府"內載《吳越王題錢明觀橋記》，注引《復齋碑錄》曰："吳越寶正六年，歲次辛卯四月八日，因建錢明觀造此石橋。吳越國王記。"

《風山靈德王廟記》　錢鏐撰。行書。寶正六年爲相之月立。武康。(《金石後錄》卷三、《寰宇訪碑錄》卷五、《攈古錄》卷一〇)《天下金石志・浙江》作《防風氏廟碑》。興武按：《十國春秋》卷七八《吳越世家二》寶正六年載："冬十一月，重修防風山靈德王廟成，王敕撰廟記。"後引《廟記》全文。拓本見《北圖石刻拓本彙編》第三十六冊。

《貢院前橋柱》　《輿地碑記目》卷一注曰："刻云'寶正六年，歲在辛卯造'。此錢王三年號：曰天寶、曰寶大、曰寶正，皆錢王年號也。又臨安府《石屋崇化寺尊聖幢》云'時天寶四年，歲次辛未'，以年月考之，非唐之天寶，乃錢王之年號耳。蓋梁以丁卯篡唐，武肅是歲猶稱唐天祐。次年戊辰，乃自稱年號曰天寶元年。則天寶四年辛未，乃梁之乾化元年也，事見徐邁《隨筆》。又《通鑑》：唐明宗天成二年，吳越王錢鏐以中國喪亂，朝會不通，乃改元寶正。其後復通中國，乃諱而弗稱。"

興武按："徐邁"乃"洪邁"之譌。《容齋隨筆·容齋四筆》卷五有"錢武肅三改元"條云："歐陽公《五代史》叙《列國年譜》云：'聞於故老，謂吳越亦嘗稱帝改元，而求其事蹟不可得，頗疑吳越後自諱之。及旁採諸國書，與吳越往來者多矣，皆無稱帝之事。獨得其封落星石爲寶石山制書，稱寶正六年辛卯耳。'王順伯收碑，有《臨安府石屋崇化寺尊勝幢》云：'時天寶四年歲次辛未四月某日，元帥府府庫使王某。'又《明慶寺白傘盖陀羅尼幢》云：'吳越國女弟子吳氏十五娘建。'其發願文序曰：'十五娘生忝霸朝，貴彰國懿。天寶五年太歲壬申月日題。'順伯考其歲年，知非唐天寶，而辛未乃梁開平五年，其五月改乾化，壬申乃二年。梁以丁卯篡唐，武肅是歲猶用唐天祐，次年自建元也。《錢唐湖廣潤龍王廟碑》云：'錢鏐貞明二年丙子正月建。'《新功臣壇院碑》、《封睦州墻下神廟勑》，皆貞明中登聖寺磨崖，梁龍德元年，歲次辛巳，錢鏐建。又有龍德三年《上宮詩》，是歲梁亡。《九里松觀音尊勝幢》：'寶大二年歲次乙酉建。'《衢州司馬墓誌》云：'寶大二年八月殁。'順伯案，乙酉乃唐莊宗同光三年，其元年當在甲申。蓋自壬申以後用梁紀元，至後唐革命，復自立正朔也。又《水月寺幢》云：'寶正元年丙戌十月，具位錢鏐建。'是年爲明宗天成。《招賢寺幢》云：'丁亥寶正二年。'又小昭慶金牛、碼磁等九幢，皆二年至五年所刻。《貢院前橋柱》刻'寶正六年歲在辛卯造'。然則寶大止二年，而改寶正。寶正盡六年，次年壬辰，有《天竺日觀庵經幢》，復稱長興三年八月，用唐正朔，其年三月，武肅薨。方寢，疾語其子元瓘曰：'子孫善事中國，勿以易姓廢事大之禮。'於是以遺命去國儀，用藩鎮法，然則有天寶、寶大、寶正三名，歐陽公但知其一耳。《通鑑》亦然。自是歷晉、漢、周及本朝，不復建元。今猶有清泰、天福、開運、會同（係契丹年）、乾祐、廣順、顯德石刻，存者三四十種，固未嘗稱帝也。"

《西興鎮陀羅尼經幢》　正書。長興三年立。蕭山。(《寰宇訪碑錄》卷五、《攟古錄》卷一〇)

《化度禪院經幢》　錢元瓘撰記正書。長興四年三月二十六日。蕭山。(《攟古錄》卷一〇)拓本見《北圖石刻拓本彙編》第三十六冊，題《化度院陀羅尼經幢並記》。

《尚父吳越國王諡武肅神道碑》　楊凝式撰。翰林待詔張恭允行書。郭在微篆額。長興五年立。杭州。(《寶刻類編》卷七)《寶刻叢編》卷一四於"臨安府"內載《後唐尚父吳越國王諡武肅神道碑》，注引《復齋碑錄》曰："楊凝式撰。翰林待詔張恭胤行書。郭在微篆額。長興五年正月立。在臨安縣。"《輿地碑記目》卷一載《吳越武肅王神道碑》，云"長興二年立。"

興武按：錢鏐於長興三年三月薨，凝式受詔撰《神道碑》當在此時。《輿地碑記目》云"長興二年"顯誤。長興乃後唐明宗年號，共四年，此處謂長興五年者，或因其碑刻成於兩年後，錢氏子孫奉鏐真象入廟之前。此時吳越仍沿用長興年號。

《淨度寺僧統慧因普光大師塔銘》　正書。應順元年五月立。杭州。(《金石後錄》卷三、《寰宇訪碑錄》卷五、《攟古錄》卷一〇)

《上天竺寺尊勝陀羅尼經幢》　沙門彙征撰。記佛弟子吳保容等為吳越國王造供使銜書幢。手錢殷承訓下列舍財題名若干人。乙未歲十二月立。按：乙未為文穆嗣位之三年，後唐清泰二年也。杭州。(《寰宇訪碑錄》卷五、《攟古錄》卷一〇)

《上天竺寺尊勝陀羅尼經幢》　沙門彙征撰。記佛弟子吳保容為吳越國王造書幢記。僧義月書。乙未歲十二月與前幢同時立。杭州。(《寰宇訪碑錄》卷五)

《吳越武肅王廟碑》　《輿地碑目記》卷一於"紹興府"載錄此碑，曰："廟在府南四里，乃皮日休之子光業詞也。"

興武按：《十國春秋》卷七八《吳越世家》二載：武肅王薨於長興三年三月，"應順元年春正月壬午，葬安國縣衣錦鄉茅山之原，是年建廟於東府。越二年,奉真象入廟"。而皮光業作《廟碑》,當在奉真象入廟之際,亦即清泰三年。

《鶴巖院碑》 後唐清泰中立。婺州。(《輿地碑記目》卷一)《寶刻叢編》卷一三於"婺州"內載《後唐鶴巖院記》,注引《諸道石刻錄》曰:"清泰三年七月立。在金華。"

《後唐清泰中吴中丞所書發願文》 清泰中立。衢州。《輿地碑記目》卷一云:"在常山縣西三十里福田院。"

《高明寺加句靈驗佛頂尊勝陀羅尼真言幢》 正書。天福二年七月十五日。天台。(《攗古錄》卷一〇)

《泠求開天竺路記》 李安撰。正書。天福四年二月立。杭州。(《寰宇訪碑錄》卷五、《攗古錄》卷一〇)

《福祈禪院記》 張孝先撰並正書。天福四年十二月。上虞。(《攗古錄》卷一〇)

《錢文穆王神道碑》 和凝撰。權令詢行書。天福八年四月立。杭州。(《金石後錄》卷三、《潛研堂金石文跋尾》卷四、《寰宇訪碑錄》卷五、《平津館金石萃編》卷一三、《攗古錄》卷一〇)

《樂安院記》 僧慧月撰。僧紹清書。天福八年十一月十八日立。婺州。(《寶刻類編》卷八)《寶刻叢編》卷一三於"婺州"內載《晉樂安院記》,注引《復齋碑錄》曰:"僧慧月撰。僧紹清正書。晉天福八年十一月十八日立。在蘭溪。"

《虎跑寺經幢》 經正書記。行書。天福八年立。杭州。(《寰宇訪碑錄》卷五、《攗古錄》卷一〇)

《萬安院碑》 晉天福八年立。婺州。(《輿地碑記目》卷一)

《石屋洞建瑞相保安禪院記》 林□撰。舒□正書。天福九年七月十七日刻。杭州。(《攗古錄》卷一〇)拓本見《北圖石刻拓本彙編》第三十六冊,題《瑞相寶安禪院記》。

《羅□□造佛及羅漢像記》 正書。天福九年十月十五日刻。杭州石屋洞。拓本見《北圖石刻拓本彙編》第三十六冊。

《法□□造羅漢像記》 正書。天福九年十一月二十四日刻。杭州石屋洞。拓本見《北圖石刻拓本彙編》第三十六冊。

《吳越胡進思造傳大士像塔記》 《寶刻叢編》卷一四於"臨安府"內載《吳越胡進思造傳大士像塔記》，注引《復齋碑錄》曰："晉天福十年二月十一日惠龜記。在郊壇側淨明寺。"

《沈八娘造像記》 正書。開運元年刻。杭州石屋洞。拓本見《北圖石刻拓本彙編》第三十六冊。

《沈思卿造羅漢像記》 正書。開運元年刻。杭州石屋洞。拓本見《北圖石刻拓本彙編》第三十六冊。

《沈璉造像記》 正書。開運元年刻。杭州石屋洞。拓本見《北圖石刻拓本彙編》第三十六冊。

《汪仁勝造羅漢像記》 正書。開運元年刻。杭州石屋洞。拓本見《北圖石刻拓本彙編》第三十六冊。

《李七娘造羅漢像記》 正書。開運元年刻。杭州石屋洞。拓本見《北圖石刻拓本彙編》第三十六冊。

《金珂造羅漢像記》 正書。開運元年刻。杭州石屋洞。拓本見《北圖石刻拓本彙編》第三十六冊。

《孫十娘造像記》 正書。開運元年刻。杭州石屋洞。拓本見《北圖石刻拓本彙編》第三十六冊。

《孫郃□造像記》 正書。開運元年刻。杭州石屋洞。拓本見《北圖石刻拓本彙編》第三十六冊。

《徐安造像記》 正書。開運元年刻。杭州石屋洞。拓本見《北圖石刻拓本彙編》第三十六冊。

《張宗造像記》 正書。開運元年刻。杭州石屋洞。拓本見《北圖石刻拓本彙編》第三十六冊。

《符二娘造像記》 正書。開運元年刻。杭州石屋洞。拓本見《北圖石刻拓本彙編》第三十六冊。

《殘造像記》 正書。開運元年刻。杭州石屋洞。拓本見《北圖石刻拓本彙編》第三十六冊。

《智寶造像記》　正書。開運元年刻。杭州石屋洞。拓本見《北圖石刻拓本彙編》第三十六冊，編者按曰："智寶"，羅振玉《石屋洞造像題名》作"智清"，疑誤。

《潘彥□並妻陳十二娘造羅漢記》　正書。開運元年刻。杭州石屋洞。拓本見《北圖石刻拓本彙編》第三十六冊。

《何承渥造羅漢像記》　正書。開運元年十月十日刻。杭州石屋洞。拓本見《北圖石刻拓本彙編》第三十六冊。

《吳寶造羅漢像記》　正書。開運元年十一月十一日刻。杭州石屋洞。拓本見《北圖石刻拓本彙編》第三十六冊，編者按曰："吳寶"，羅振玉作"吳實"。

《金君德造像記》　正書。附開運元年後。杭州石屋洞。拓本見《北圖石刻拓本彙編》第三十六冊。

《陸一娘造像記》　正書。附開運元年後。杭州石屋洞。拓本見《北圖石刻拓本彙編》第三十六冊。

《顧亭林法雲寺感夢伽藍記》　正書。開運二年正月二十一日刻。上海松江。拓本見《北圖石刻拓本彙編》第三十六冊。

《郭令威造羅漢像記》　正書。開運二年三月二日刻。杭州石屋洞。拓本見《北圖石刻拓本彙編》第三十六冊，編者按曰："二日"據羅振玉《石屋洞造像題名》補。

《朱四娘造像記》　正書。開運二年三月刻。杭州石屋洞。拓本見《北圖石刻拓本彙編》第三十六冊。

《弓敬安造像記》　正書。開運二年四月刻。杭州石屋洞。拓本見《北圖石刻拓本彙編》第三十六冊。

《壽存古造羅漢像記》　正書。開運二年六月一日刻。杭州石屋洞。拓本見《北圖石刻拓本彙編》第三十六冊。

《馬□並妻金一娘造彌陀佛像記》　正書。開運二年九月刻。杭州石屋洞。拓本見《北圖石刻拓本彙編》第三十六冊。

《王二十娘造羅漢像記》 正書。開運二年十月刻。杭州石屋洞。拓本見《北圖石刻拓本彙編》第三十六冊。

《袁文鉉造羅漢像記》 正書。開運二年十月刻。杭州石屋洞。拓本見《北圖石刻拓本彙編》第三十六冊。

《晉興法院記》 《寶刻叢編》卷一三於"婺州"內載《晉興法院記》，注引《諸道石刻錄》曰："開運三年七月立。"

《袁從章墓誌》 正書。開運三年十二月二十八日葬。浙江鄞縣出土。拓本見《北圖石刻拓本彙編》第三十六冊。

《水樂洞西關淨化禪院記》 正書。仲瑗撰。僧遂徵正書篆額。開運三年立。杭州。（《寰宇訪碑錄》卷五、《攈古錄》卷一〇）

《烏石宣威感應王廟碑銘》 陳郊撰並序。會同十年七月十日建。福州。（《金石錄補》卷二四）《輿地碑記目》卷三載《烏石宣威感應王廟碑銘用契丹年號》，云："陳郊撰並序。《長樂志》云：'會同十年封。'《長樂志》又云：'年號史闕。'《東陽志》：'《義烏縣真如院碑》，吳越會同十年建。'洪邁《隨筆》載錢氏有年號三：曰天寶、寶大、保正，而無會同年號。象之謹按《通鑑》：晉天福三年，歲在戊戌，契丹主耶律德光即位，改元會同。至後漢天福十二年丁未，整整十年。蓋是歲，福州陷於吳越錢氏，是時錢氏不改年號，只用中原正朔。契丹入汴，故用契丹年號。二浙既用會同年號，是年福州既屬吳越，故福州亦用會同年號。"

《大慈山甘露院牒》 會同十年七月建。（《金石錄補》卷二四）

《義烏真如寺耶律年號》 會同十年。婺州。《輿地碑記目》卷一於"婺州"內錄此碑，云："寺在義烏縣西南一百八十步。《東陽志》云：'吳越錢氏會同十年建。'洪邁《隨筆》載，錢氏有年號三，曰寶大、天寶、保正，而無所謂會同。象之謹按：會同乃契丹年號。《東都事略·契丹傳》載：遼主德光以天福三年改元會同，至開運四年南牧。《歷年圖》載：天福三年，歲在戊戌，而會同十年，歲在丁未。自戊戌至丁未，整整十年。意者錢氏奉德光之正朔，則丁未之歲，乃契丹會同十年，故用其紀元耳。《十國紀年·吳越王錢宏佐傳》云：開運四年正月，虜陷京師，稱會同十年。而《馬殷傳》止書云'開運四年，契丹犯闕，中國兵亂，貢賦不通'，而不書會同年號，是湖南諸國，不用會同年號，而吳越獨用會同年號故也。"按：遼"會同"凡九年，後漢天福十二年，即丁未年，遼主耶律德光已改元"大同"。

《吳越錢氏用契丹會同年號》《輿地碑目記》卷一於"台州"載此碑，曰："臨海慶恩院及定光院皆書曰'石晉會同元年建'。臨海明智院及明恩院皆書曰'石晉會同中建'，而《通鑑》石晉無'會同'年號。又《婺州圖經》，義烏真如院亦云'吳越錢氏會同十年建'。而吳越止有寶大、天寶、寶正三號，亦無所謂'會同'。象之謹案：《東都事略》載遼主德光，以天福三年改元會同，至開運四年南牧。《曆年圖》載天福三年，歲在戊戌，而會同十年，歲在丁未，是歲正德光南牧之時，去天福三年，整整十載。意者錢氏奉德光之正朔，則丁未之歲，乃契丹會同十年。然婺州真如院書'會同十年建'，尚是契丹入汴之時，恐吳越奉其正朔，若《赤城志》所書會同元年，則正是石晉天福三年。晉高祖尚都汴，爲中國主，不應錢氏乃越石晉而奉契丹正朔也。比之婺州真如院所書年月，無據，當考。"

《石屋洞朱知家造觀音象記》 正書。乾祐二年九月立。杭州。(《寰宇訪碑錄》卷五、《攈古錄》卷一〇)

《虎跑大慈山石幢殘字》 正書。乾祐三年七月立。杭州。(《寰宇訪碑錄》卷五、《攈古錄》卷一〇)

《龍泓洞滕紹宗造象記》 正書。廣順元年四月立。杭州。(《寰宇訪碑錄》卷五、《攈古錄》卷一〇)

《曹德馴造羅漢像記》 行書。廣順二年九月十二日刻。杭州石屋洞。拓本見《北圖石刻拓本彙編》第三十六册。

《明招院壽塔碑》　周廣順二年立。婺州。(《輿地碑記目》卷一)

《漢靈應鐘銘》　《寶刻叢編》卷一三於"婺州"內載《漢靈應鐘銘》，注引《諸道石刻錄》曰："乾祐五年。"按：後漢乾祐僅歷三年，五年者乃後周廣順二年。

《臨泉寺小銅鐘款》　正書。乾和十三年十一月。海寧。(《攈古錄》卷一〇)興武按：乾和乃南漢劉晟年號，乾和十三年即後周廣順三年。

《石屋洞僧願昭造慶友尊者像》　□書。廣順三年。杭州。(《攈古錄》卷一〇)

《吳越王題梁》　台州。《輿地碑目記》卷一云："《續志》云：在城之兜率寺，有廣順年間吳越王題梁。"

《宛委山飛來石道士楊政謙等題名》　正書。顯德二年三月。會稽。(《攈古錄》卷一〇)

《金塗塔記》　吳越國王錢俶造。顯德二年立。(《金石萃編》卷一二二、《攈古錄》卷一〇、《吳郡金石目》)《金石後錄》卷三載"吳越國王造寶塔記"，正書，乙卯"。乙卯乃後周顯德二年，當即此碑。

《普濟院碑》　顯德二年立。義烏。(《輿地碑記目》卷一)《寶刻叢編》卷一三於"婺州"內載《周普濟院記》，注引《諸道石刻錄》曰："張廷拱撰。顯德三年立。在義烏。今亡。"

《石佛寺造像題字》　正書。顯德二年。臨海。(《攈古錄》卷一〇)

《石屋洞夏保盛造羅漢像記》　正書。顯德三年三月二日刻。杭州石屋洞。(《寰宇訪碑錄》卷五、《攈古錄》卷一〇)拓本見《北圖石刻拓本彙編》第三十六冊，題為《夏保盛造羅漢像記》，編者曰："墓主名諱之'晟'字據《兩浙金石志》補，《金石彙目》作'盛'。"

《尊勝經幢並記》 僧文琡記並書。顯德三年立。福州。(《寶刻叢編》卷一九《寶刻類編》卷八)

《加句靈驗佛頂尊勝陀羅尼幢》 司馬閏撰。丁巳年立。嘉興。(《吳郡金石目》、《攈古錄》卷一〇《寶鐵齋金石文跋尾》卷中錄《尊勝陀羅尼幢》,曰:"右經幢八面,未題云:'弟子司馬閏,製造於開元寺。丁巳正月二十八日。……按東漢以下,始以甲子名歲。然必先以某元某年系之,嗣後日趨簡便,祇書甲子而不繫元。"按:丁巳年即顯德四年。

《永寧院碑》 顯德四年四月立。婺州蘭溪。(《輿地碑記目》卷一)《寶刻叢編》卷一三於"婺州"内載《周永寧院記》,注引《諸道石刻錄》曰:"進士張安世撰。顯德四年四月立。在蘭溪。"

《吳越國中吳府高陽許氏夫人墓誌銘並序》 正書。顯德四年十二月。江蘇嘉定瞿氏拓本。(《寰宇訪碑錄》卷五、《攈古錄》卷一〇、《吳郡金石目》)

《崇化寺西塔基記》 正書。首稱吳越王長舅鄭國公吳延福載興塼塔二所,後題唐下元戊午七月二十八日戊午,乃後周顯德五年也。蕭山。(《金石後錄》卷三、《寰宇訪碑錄》卷五、《攈古錄》卷一〇)拓本見《北圖石刻拓本彙編》第三十六冊。

《王林並妻何四娘造舍利塔磚文》 顯德五年十月刻。海寧僧六舟藏。(《攈古錄》卷一〇)拓本見《北圖石刻拓本彙編》第三十六冊。

《夏承願鐫真身舍利塔記》 行書。顯德五年十一月三日刻。蕭山。(《攈古錄》卷一〇)

《高四娘造像記》 僧契新正書。顯德五年十一月刻。拓本見《北圖石刻拓本彙編》第三十六冊。

《虎丘山陀羅尼經幢》 正書。高陽許氏建。顯德五年立。蘇州。(《金石後錄》卷三、《潛研堂金石文跋尾》卷四、《寰宇訪碑錄》卷五、《金石萃編》卷一二一、《金石錄補》卷二四、《攈古錄》卷一〇、

《吴郡金石目》）

《外湯院置田記》 大德亞山高書。顯德六年十一月。福州。（《寶刻叢編》卷一九、《寶刻類編》卷八"姓名殘缺五"）

《張萬進造像記》 正書。顯德六年十一月刻。杭州石屋洞。拓本見《北圖石刻拓本彙編》第三十六冊。

《石屋洞閣門承旨梁文誼造像》 正書。顯德六年立。杭州。（《寰宇訪碑錄》卷五、《攈古錄》卷一〇）拓本見《北圖石刻拓本彙編》第三十六冊，題爲《梁文誼造像記》。

《申德全造像記》 正書。後周刻。杭州石屋洞。拓本見《北圖石刻拓本彙編》第三十六冊。

《江廷済並母王十一娘等造像記》 正書。後周刻。杭州石屋洞。拓本見《北圖石刻拓本彙編》第三十六冊。

《志從造像記》 正書。後周刻。杭州石屋洞。拓本見《北圖石刻拓本彙編》第三十六冊。

《金匡藝造像記》 正書。後周刻。杭州石屋洞。拓本見《北圖石刻拓本彙編》第三十六冊。

《胡曹並妻楊七娘造像記》 正書。後周刻。杭州石屋洞。拓本見《北圖石刻拓本彙編》第三十六冊。

《翁松造羅漢像記》 正書。後周刻。杭州石屋洞。拓本見《北圖石刻拓本彙編》第三十六冊。

《張仁裕造像記》 正書。後周刻。杭州石屋洞。拓本見《北圖石刻拓本彙編》第三十六冊。

《張福造像記》 正書。後周刻。杭州石屋洞。拓本見《北圖石刻拓本彙編》第三十六冊。

《重建魏夫人仙壇碑》 夏侯省元正書。任德元篆額。庚申（宋建隆元年）建。杭州。（《寶刻類編》卷八"姓名殘缺六"）

《洞庭山彌勒寺重修古井記》 壬戌歲（宋建隆三年）二月十一日立。蘇州。（《金石錄補》卷二四）

《甘棠院記》　開寶七年立。福州。《輿地碑記目》卷三云："在州治。錢氏有土日，錢昱爲太守作。開寶七年。"

《淨明院功業碑》　錢武肅王書。杭州。(《輿地碑記目》卷一)

《崇覺院錢武肅王開山碑》　杭州。(《輿地碑記目》卷一)

《錢王建興教寺記》　杭州。(《輿地碑記目》卷一)

《吳越忠懿王貽書石刻》　《輿地碑目記》卷一於"紹興府"載錄此碑，曰："在會稽縣南三十里之雍熙院。"

《錢武肅王排衙石詩刻》　行書。年月泐。杭州。(《寰宇訪碑錄》卷五、《攈古錄》卷一〇)

《煙霞洞千官塔題名》　正書。吳延爽等造。無年月。杭州。(《寰宇訪碑錄》卷五)

《煙霞洞吳延爽造象》　正書。無年月。杭州。(《寰宇訪碑錄》卷五、《攈古錄》卷一〇)

《吳延爽造塔殘記》　行書。僅存三十五字。趙秀才坦得於西湖保俶塔土中。浙江仁和趙氏。(《寰宇訪碑錄》卷五、《攈古錄》卷一〇)

《雙檜堂記》　衢州。《輿地碑記目》卷一云："開寶間，吳越刺史謹知禮撰。"

《吳越國王墨帖》　衢州。《輿地碑記目》卷一云："在保安院。"

《驪峰寺記》、《悟空師碑》、《吳越國王成宗安陵題》、《江南李主書杜牧九日登高詩》　《寶刻叢編》卷一四於"臨安府"內載四碑，注曰："四碑並《諸道石刻錄》"。《寶刻類編》卷一載《杜牧九日登高詩》，題李璟書，注云："按五季時杭爲吳越國都，南唐國立所書不應刻於其地，原本疑有訛。"

閩

《閩忠懿王德政碑》　于兢撰。天祐元年立。福州。(《寶刻叢

編》卷一九、《天下金石志·福建》、《六藝之一録》卷九〇、《潛研堂金石文跋尾》卷四)

《定光塔記》　黃滔撰。劉珹書并篆額。天祐二年立。福州。(《寶刻叢編》卷一九、《寶刻類編》卷六、《六藝之一録》卷八五)

《漳州故羅漢禪師碑》　張廣撰。僧臣政書。通文元年建。福州。(《寶刻叢編》卷一九、《寶刻類編》卷八)按：閩王昶通文元年，即後晉天福元年。

《林□等造義井記》　僧廷敏行書。林歡刻。通文三年三月十八日刻。侯官。拓本見《北圖石刻拓本彙編》第三十六冊。

《崇妙保聖堅牢塔記》　林同穎撰。僧無逸正書。永隆三年立。侯官石塔寺。(《金石後録》卷三、《潛研堂金石文跋尾》卷四、《寰宇訪碑録》卷五、《金石萃編》卷一二二、《攈古録》卷一〇)拓本見《北圖石刻拓本彙編》第三十六冊。按：閩王曦永隆三年，即後晉天福六年。

《華嚴院住持神致看經石室題名》　正書。長興二年六月十九日。侯官。(《攈古録》卷一〇)

《尊勝經幢》　李紹元書。天福九年。福州。(《寶刻叢編》卷一九、《寶刻類編》卷七)

《王氏刺史廳壁記》　黃滔撰。保大五年立。泉州。(《輿地碑記目》卷三)

《五代僧楚熙糧料歷》　漳州。《輿地碑記目》卷三云："蔡如松《峻山南北二峰靈蹟記》云：'北曰幽巖山，狀如伏龜，乃五代僧楚熙居之。有陳洪進《月給糧料歷》，藏於巖中。'"

楚

《重修黃陵懿節廟記》　蕭振撰。柴瑕正書並篆額。開平初元

九月二十五日建。潭州。(《寶刻類編》卷七)

《金剛經碑》 扶風郡王馬賓建正書。天成間立。浙江仁和趙氏拓本。(《寰宇訪碑錄》卷五、《攈古錄》卷一〇)

《銅柱銘》 李弘皋撰。天福五年十二月二十日立。辰州。(《金石萃編》卷一二〇、《金石錄補》卷二四、《攈古錄》卷一〇)《輿地碑記目》卷二云:"在會溪城。晉天福五年,溪州刺史彭士愁納土,求銘。楚王馬希範請於朝,以立之。學士李皋爲之銘。《五代史》謂之'彭士然'者,字之訛也,當以彭士愁爲正。"

王士禎《池北偶談》卷一〇"溪州銅柱記"條錄此甚詳,曰:"五代楚王馬希範《復溪州銅柱記》云:天策上將軍江南諸道都統楚王希範。　天策府學士江南諸道都統掌書記通議大夫檢校尚書左僕射兼御史大夫上柱國賜紫金魚袋李弘皋撰。"

荆　南

《經藏修造記》　天福六年。江陵。《輿地碑記目》卷二云:"在龍門山金鑾福昌禪寺。有晉天福六年創《經藏修造記》,見序。"

《荆南節度贈太師楚王高季興碑》　孫光憲撰。王貞元行書,王貞範篆額。顯德二年九月立。江陵。(《寶刻類編》卷七)

《南平高王廟碑》　孫光憲撰。顯德二年。江陵。(《輿地碑記目》卷二)

《後周歸州刺史高從讓碑》　孫光憲撰。荆州。《天下金石志·湖廣》作"張光憲撰",誤。考陸游《入蜀記》卷六載:"(十月)二十日。早離歸州,出巫峰門,過天慶觀,少留。觀唐天寶元年碑,載明皇夢老子事,巴東太守劉瑠所立,字畫頗清逸。碑側題當時郡官吏胥姓名,字亦佳。又有周顯德中,荆南判官孫光憲爲知歸州高從讓所立碑。從讓,蓋南平王家子弟。光憲亦知名,國史有事蹟。蓋五代時,歸、峽皆隸荆渚也。"

《李將軍墓經幢》 峽州。《輿地碑記目》卷三云："在清江北霧洞山。李景盛嘗事高季興，高氏納土，守義以死，子孫因家。墓傍有經幢可考。"

南　　漢

《石版文》 唐龍紀元年出土。廣州。《南漢金石志》卷一云："胡賓王《劉氏興亡錄》：高祖嚴皇考葬段氏，得石版，有篆文，曰隱台巖，因名其三子。銘文今傳。"

《清泉禪院鐘款》 開平五年六月三日。廣州。(《金石續編》卷一二、《攗古錄》卷一〇)

《廣州石讖》 乾亨元年出土。廣州。(《南漢金石志》卷一)吳處厚《青箱雜記》卷七載："廣南劉龑初開國，營搆宮室，得石讖，有古篆十六，其文曰：'人人有一，山山值牛，兔絲吞骨，蓋海承劉。'解者云：'人人有一，大人也；山山，出也；值牛者，龑建漢國，歲在丑也；兔絲者，晟襲位，歲在卯也；吞骨者，滅諸弟也；越人以天水為趙為蓋海，指皇朝國姓也；承劉者，言受劉氏降也。'又乾和中童謠曰：'羊二四日天雨至。'解者以羊是未之神，是歲辛未二月四日，國亡；天雨，猶天水，斥國姓。又曰大寶末，有稻田自海中浮來，上魚藻門外，民聚觀之，布衣林楚材見而歎曰：'水魚潝潝兮。'當時好事或有記其語，洎王師至，潘美為部署，方悟為潘字。"按：南漢劉龑乾亨元年，即後梁末帝貞明三年。

《張瑞鳩墓誌》 趙□撰。正書。乾亨三年十一月八日刻。拓本見《北圖石刻拓本彙編》第三十六冊。

《古劍文》 大有元年出土。廣州。(《南漢金石志》卷一)《文獻通考》卷三〇〇《物異考六》"金異"云："後唐天成中，僞漢欽州羅浮山民掘得古劍，有篆文曰：'已與水同宮，王將耳口同。尹來居口上，山岫護重重。'以獻僞王劉陟。國人莫之辨。及平廣南，競傳其言。知者云：'太宗以己亥年降誕，是己水同宫也；於文耳口王爲聖，尹口爲君，重山爲出，蓋己亥年聖君出也。'"

《康陵碑》 盧應撰。光天元年立。(《南漢金石志》卷一)朱彝尊《曝書亭集》卷四六《續書光孝寺鐵塔銘後》云："有碑一具，書'翰林學士知制誥正議大夫尚書右丞上紫金袋臣盧應奉勑撰'。文曰：'維大有十五年，歲次壬寅，四月甲寅朔，念四日丁丑，高祖天皇大帝崩於正寢。越光天元年，五月癸未朔，十四日丙申，遷神於康陵，禮也。'"

《尊勝經石幢》 乾和三年立。廣東博羅羅浮山寶積寺。(《南漢金石志》卷一、《攈古錄》卷一○)銘文拓本今傳。

《白石秀林記》 吳可一撰。乾和三年立。(《南漢金石志》卷一)

《東禪院銅鐘款》 乾和四年立。崇善。(《南漢金石志》卷一)

《碧落洞天雲華御室記》 鍾允章撰。乾和七年立。英州。(《南漢金石志》卷一)銘文今傳。

《瓊州乾亨寺幢銘》 乾和九年立。瓊州瓊山縣。(《南漢金石志》卷一)

《長慶禪院銅鐘款》 乾和十五年立。雲母嶺。(《南漢金石志》卷一、《攈古錄》卷一○)銘文拓本今傳。

《感報寺銅鐘款》 吳懷恩記。乾和十六年立。梧州蒼梧縣。(《攈古錄》卷一○、《南漢金石志》卷一)《十國春秋》卷六四載："吳懷恩，番禺人也。光天時，官內常侍。殤帝驕淫無度，懷恩屢切諫，不聽。中宗即位，懷恩進開府儀同三司。乾和中，楚王希廣與庶兄爭國，中宗以懷恩爲西北面招討使，將兵擊楚，拔賀州，已而復陷昭州。未幾帥兵北征，盡得蒙、桂、宜、連、梧、嚴、富、昭、柳、象、龔十一州之地，當時稱善戰者咸推懷恩爲首。"銘文今傳。

《雲門山匡真大師塔銘》 雷嶽撰。大寶元年十二月一日建。乳源縣。(《南漢金石志》卷一)銘文今傳。

《黃蓮山鐘款》 大寶二年七月十九日。韶州文昌廟。(《金石續編》卷一二、《攈古錄》卷一〇)《南漢金石志》卷一作《寶林禪院銅鐘款》;《金石後錄》卷三作《黃蓮山銅鐘刻字》。銘文拓本今傳。

《新開宴石山記》 劉崇遠撰。□昭正書。李道員鐫。大寶二年九月二十四日記。鬱林州博白縣。(《金石續編》卷一二、《攈古錄》卷一〇)《南漢金石志》卷一作《宴石山記》,銘文今傳。

《拓路題記》 正書。大寶三年十一月立。潮州。(《金石後錄》卷三、《寰宇訪碑錄》卷五、《攈古錄》卷一〇、《南漢金石志》卷一)銘文拓本今傳。

《修慧院鐘款》 大寶三年立。東莞。(《南漢金石志》卷一)

《乾亨寺銅鐘款》 大寶四年九月二十五日建。賀縣三乘寺。(《攈古錄》卷一〇、《南漢金石志》卷一)銘文今傳。

《桂陽監崇福寺鐘款》 正書。大寶四年十一月。湖南桂陽。(《攈古錄》卷一〇)

《南漢銅佛識》 大寶四年。昭州。《輿地碑記目》卷三云:"報恩光孝寺殿貯銅佛一軀,趺坐蓮花中。五代僞劉時所鑄。高一丈二尺,闊六尺,座高七尺,縱闊一丈,巨拇圍五寸,他稱之。金蓮、寶座皆銅所範,妙極精巧。後有識云維大寶四年。"

《昭州光孝寺銅佛識》 大寶四年建。平樂縣。(《南漢金石志》卷一)

《馬二十四娘買地券》 正書。大寶五年十月一日刻。南海。拓本見《北圖石刻拓本彙編》第三十六冊。

《資福院邵廷瑁造石塔記》 正書。大寶五年立。東莞。(《寰宇訪碑錄》卷五、《攈古錄》卷一〇)

《鎮象塔記》 大寶五年建。東莞。(《南漢金石志》卷一)銘文拓本今傳。

《西鐵塔銘》 龔澄樞造。行書。大寶六年五月。番禺光孝寺。(《金石萃編》卷一二二、《攈古錄》卷一〇、《南漢金石志》卷一)

《金石後錄》卷三作《龔澄樞造鐵塔記》。興武按：《宋史》卷四八一《龔澄樞傳》云："龔澄樞，廣州南海人。性廉謹，不妄交遊。幼事龔爲内供奉官，累遷内給事。晟襲位，任閹人林延遇爲甘泉宫使，頗預政事。延遇病將死，言於晟曰：'臣死，惟龔澄樞可用。'……初，巖改名龔，有術者言不利，名龔，當敗國事，遂改名龑。後鋹用澄樞，以其姓卒亡其國，澄樞亦被誅。"銘文拓本今傳。

《鑄象記》 大寶六年。(《攈古錄》卷一〇)

《長壽寺銅鐘款》 大寶七年正月一日建。廣州。(《攈古錄》卷一〇、《南漢金石志》卷一)銘文拓本今傳。

《雲門山匡聖大師碑》 陳守中撰。僧行修正書。大寶七年四月立。乳源。(《金石後錄》卷三、《寰宇訪碑錄》卷五、《攈古錄》卷一〇)《南漢金石志》卷一作《大漢韶州雲門山大覺禪寺大慈雲匡聖宏明大師碑銘》，銘文今傳。

《東鐵塔記》 大寶十年立。番禺光孝寺。(《金石萃編》卷一二二、《攈古錄》卷一〇)《南漢金石志》卷一載此碑銘文拓本。

《光孝寺造千佛寶塔記》 行書。大寶十年立。番禺。(《金石後錄》卷三、《寰宇訪碑錄》卷五、《金石錄補》卷二四)

《懿陵碑》 陵山。(《南漢金石志》卷一)

《天華宫石刻》 鍾有章記。(《南漢金石志》卷一)

《蘇軾文集》卷七一《題跋》載《天華宫》曰："天華宫在羅浮山之西。蘇軾曰：南漢主建有甘露、羽蓋等亭，雲華閣，命中書舍人鍾有章作記。初，南漢主夢神人指羅浮山之西，去延祥寺西北，有兩峰相叠，一洞對流，可以爲宫。訪之，得其地。又夢金龍起於宫所，遂改爲黃龍洞。此地即葛仙西庵。至宋朝革命，四方僭叛以次誅服，劉氏懼焉。將欲潛遁羅浮，爲狡兔之穴，又命於增江水口，鑿濠通山，往來山洞，倉卒爲航舟之計。開寶四年，乃始歸命。則知劉氏爲寶宫於山間，無事則爲臨賞之樂，警急則爲遁逃之所，其計窘矣。"

《十國春秋》卷六五《鍾有章傳》云："鍾有章，尚書左丞允章之弟也。少有文學，與允章齊名，累官翰林學士、中書舍人。後主初嗣位，建天華宮於羅浮山，又立雲華閣及甘露、羽蓋等亭，命有章為之記，辭采宏贍，雅稱作者。居數月，先允章卒，未幾而允章之禍作。"

《瑞象記》　僧惠進撰。羅浮山。(《南漢金石志》卷一)

《碧虛觀碑》　番禺。(《南漢金石志》卷一)

《韜真觀碑》　北流縣句漏山。(《南漢金石志》卷一)

北　漢

《中郎將石暎墓誌銘》　朱仲武撰並書。天會八年四月二十四日葬。陝西長安縣。(《金石續編》卷一二)《攗古錄》卷一〇作《左武衛中郎將石瑛墓誌》，朱仲武撰並行書。存山東諸城，曰："今藏劉燕庭家。"拓本見《北圖石刻拓本彙編》第三十六冊。

《天龍寺千佛樓碑》　李惲撰。劉守清行書。王廷譽篆額。廣運二年八月二十二日立。山西太原。(《金石文字記》卷五、《金石後錄》卷三、《寰宇訪碑錄》卷五、《金石萃編》卷一二二、《平津館金石萃編》卷一三、《攗古錄》卷一〇)《金石錄補》卷二四載錄此碑，曰："右碑題云《大漢武皇帝新建天龍寺千佛樓之碑銘》。推誠佐命保祚功臣特進守尚書左僕射兼中書侍郎平章事上柱國隴西郡開國公食邑三千户臣李惲奉敕撰。翰林書令史劉守清書。翰林書令史王廷譽篆額。廣運二年歲次乙亥八月二十一日建。按史北漢劉繼元殘忍好殺，輕役其民。當襄劍吮血之餘，嬖臣范超，冶金為佛，治不急之務。惲為相臣，惟事圍棋飲酒，不能匡正。讀此碑，知其讒佞，而為誇大之詞。如劉旻之語張元徽曰：'顧我是何天子，爾亦是何節度使。'則惲之誇大為可鄙也。碑稱承鈞為睿宗皇帝，繼元為英武皇帝，皆史所遺。而史又云繼元之立，在宋開寶元年，戊辰即改元廣運。故碑云'上御宇之八年'。然碑建於乙亥,乃稱二年,却有可疑。朱彝尊曰:偶閱楊夢申撰劉繼顒《神道碑》,亦稱'廣運元年,歲次甲戌',與是碑合。則即爲改元之説,史亦未詳,當以碑爲正。但北漢不足當一大郡,王朴以爲必死之寇,而其亡最後。周之世宗、宋之太祖,百戰不能克。諸國鎮率皆面縛歸土,即范超者亦降,惟憚至國亡乃降。以叢爾之地,抗百萬之師,民爭爲之效死,其君臣當有過人之才,宜憚之誇大乃爾也。文格卑,書法陋,無足譏焉已。"

第五章　新編補五代史藝文志

薛居正等《舊五代史》及歐陽修《新五代史》均不著《藝文志》。清人顧櫰三、宋祖駿次第稽考，編撰《補五代史藝文志》以補其缺，其創拓之功卓然可敬。然顧、宋兩《志》或將唐、宋藝文資料闌入其中，或對相關人名、書名、典籍卷數等未能確考。疏漏錯謬既多，難免有貽誤後學之虞。茲據前文考訂之結論重新編纂，題曰《新編補五代史藝文志》。此編分經、史、子、集四部，每部之中又析出若干細類。其編列方法總體參照《新唐書·藝文志》等史籍典範，部分環節稍有調整，因事制宜，從便而已。

經　　部

石經

劉鄩移置開成石經：唐文宗時，宰臣鄭覃以經籍刓謬，博士淺陋，不能正建言，願與鉅學鴻生共力讎校，準漢舊事，鏤石太學，示萬世法。太和七年十二月，勅於國子監講論堂兩廊，創立石《九經》，並《孝經》、《論語》、《爾雅》，共一百五十餘卷。開成二年十月告成。然《舊唐書》謂其字乖師法，立後數十年，名儒皆不窺之，以爲蕪累。石經舊在務本坊。天祐中，韓建築新城，棄之於野。朱梁時，劉鄩鎮守長安，從幕吏尹玉羽之請，輦入長安城中，置唐尚書省之西隅。此唐開成石經。

彭玕訪石本《五經》：吉州廬陵人彭玕，雅好儒學，精《左氏春秋》。當兵荒之歲，所在饑饉，玕延接文士，曾無虛日，治具勤厚，人多歸之。廣陵筆工李鬱者，善爲詩什，玕嘗貽書於鬱，以白金十兩市一筆。又令鬱訪石本《五經》，卷以白金百兩爲直。廣陵人相謂曰："玕以十金易一筆，百金酬一卷，況得士乎！"

後蜀廣政石經：後蜀廣政七年，其相毋昭裔按雍都舊本《九經》，命平泉令張德釗書而刻諸石。《論語》、《孝經》、《爾雅》先成，故題廣政七年。《周易》等在後，故題廣政十四年。凡歷八年。其石千數，昭裔獨辦之，固已可嘉。又能按雍都舊本，命能書者寫之而刻諸石，尤偉績也。廣政石經凡十種：

《石經周易》十二卷　《周易指略例》一卷　孫逢吉書
《石經尚書》十三卷　周德貞書　陳德超鐫
《石經毛詩》二十卷　張紹文書　張延族鐫
《石經周禮》十二卷　孫朋吉書
《石經儀禮》十六卷　張紹文書
《石經禮記》二十卷　張紹文書
《石經春秋》三十卷（蜀鐫至十七卷止）　不題所書人姓氏
《石經論語》十卷　張德釗書　陳德謙鐫
《石經孝經》二卷　毋昭裔校勘　張德釗書　陳德謙鐫
《石經爾雅》三卷　張德釗書　武令昇鐫

雕板《九經》

後唐莊宗同光中募民獻書，及三百卷，授以試銜，其選調之官，每百卷減一選。天成中，遣都官郎中庾傳美訪圖書於蜀，得九朝

《實錄》及雜書千餘卷而已。明宗長興三年初，令國子監校定《九經》，雕印賣之。

後唐明宗天成二年三月，太常丞段顒請國學《五經》博士各講本經，以申橫經齒胄之義，從之。

後唐長興三年二月中書門下奏："請依石經文字，刻《九經》印板。"勅令國子監集博士儒徒，將西京石經本，各以所業本經句度，抄寫注出，子細看讀。然後雇召能雕字匠人，各部隨帙刻印板，廣頒天下。如諸色人要寫經書，並須依所印勅本，不得更使雜本交錯。

長興三年四月勅："近以編注石經，雕刻印板，委國學，每經差專知業博士儒徒五六人，勘讀并注；今更於朝官內別差五人，充詳勘官。太子賓客馬鎬、太常丞陳觀、祠部員外郎兼太常博士段顒、太常博士路航、屯田員外郎田敏等。朕以正經事大，不同諸書，雖以委國學差官勘注，蓋緣文字極多，尚恐偶有差誤。馬鎬以下皆是碩儒，各專經業，更令詳勘，貴必精研。兼宜委國子監於諸色選人中，召能書人，謹楷寫出，旋付匠人鏤刻。每五百紙，與減一選，所減等第，優與遷轉官資。"時宰相馮道以諸經舛謬，與同列李愚，委學官田敏等，取西京鄭覃所刻石經，雕為印板，流布天下，後進賴之。明宗命太學博士李鶚書《五經》，倣其製作，刊板於國子監，此乃監中印書之始。

應順元年正月勅："今後三館所闕書，並訪本添寫，其進書官權宜停罷。"

後晉開運元年三月，國子監祭酒田敏以印本《五經》進。

後漢乾祐元年閏五月，國子監奏見在雕印板《九經》內，有《周禮》、《儀禮》、《公羊》、《穀梁》四經，未有印本。今欲集學官校勘四經文字鏤板。從之。

後漢乾祐中，禮部郎司徒調請開獻書之路，凡儒學之士，衣冠舊族，有以三館亡書來上者，計其卷帙，賜之金帛，數多者授以官秩。時戎虜猾夏之後，官族轉徙，書籍罕存，詔下，鮮有應者。

後周廣順三年六月，尚書左丞兼判國子監事田敏進印板《九經》書、《五經文字》、《九經字樣》各二部，一百三十册。

周世宗以史館書籍尚少，銳意求訪。凡獻書者，悉加優賜，以誘致之。而民間之書傳寫舛訛，乃選常參官三十人，校讎刊正，令於卷末署其名銜焉。自諸國分據，皆聚典籍，惟吳蜀爲多，而江左頗爲精眞，亦多修述。

顯德二年二月，中書門下奏："國子監祭酒尹拙，狀稱準勅校勘《經典釋文》三十卷，雕造印板，欲請兵部尚書張昭、太常卿田敏同校勘。"勅："其《經典釋文》已經本監官員校勘外，宜差張昭、田敏詳校。"

母昭裔貧賤時，嘗借《文選》於交遊間，其人有難色，發憤異日若貴，當板以鏤之遺學者。後仕王蜀爲宰，遂踐其言刊之。印行書籍，創見於此。蜀士自唐以來，學校廢絶，昭裔出私財營學宮，立黌舍，且請後主鏤版印《九經》，由是文學復盛。又令門人句中正、孫逢吉書《文選》、《初學記》、《白氏六帖》，刻版行之。

晉相和凝，平生爲文章，長於短歌豔曲，尤好聲譽。有集百卷，自篆於板，模印數百帙，分惠於人焉。

宋建隆初，三館有書萬二千餘卷。乾德元年，平荊南，盡收其圖書，以實三館。三年，平蜀，遣右拾遺孫逢吉往收其圖籍，凡得書萬三千卷。……開寶八年冬，平江南。明年春，遣太子洗馬呂龜祥就金陵籍其圖書，得二萬餘卷，悉送史館，自是群書漸備。兩浙錢俶歸朝，又收其書籍。

易類

《易軌》一卷　蒲虔觀撰
《易題》□卷　張道古撰
《周易甘棠正義》三十卷　任貞一撰
《易龍圖》一卷　陳摶撰
《揲蓍法》一卷　青城山人撰
《易論》三十三篇　王昭素撰
《周易會釋記》二十卷　釋希覺撰
《河洛真數》三卷　陳摶撰
《易卦釋義》五卷　陳摶撰

書類

《尚書廣疏》十八卷　馮繼先撰
《尚書小疏》十三卷　馮繼先撰
《古文尚書》並《釋文》　郭忠恕定

禮類

《禮經釋》　黃載撰
《三禮圖》二十卷　聶崇義撰

春秋類

《春秋折衷論》三十卷　陳岳撰
《春秋名號歸一圖》二卷　馮繼先撰
《春秋名字異同録》五卷　馮繼先撰
《春秋王霸世紀》三卷　李琪撰
《左傳杜注駁正》□卷　王貞範撰
《左氏傳引帖斷義》十卷　蹇遵品撰
《春秋纂要》十卷　姜虔嗣撰
《春秋極論》二篇　劉熙古撰
《演論》三篇　劉熙古撰
《春秋叙鑑》二卷　黄彬撰
《春秋音義賦》十卷　尹玉羽撰
《春秋字原賦》二卷　尹玉羽撰
《春秋指掌圖》二卷　□融撰

孝經類

《別序孝經》一卷
《越王孝經新義》一卷
《皇靈孝經》一卷
《孝經雌圖》三卷　以上四種並後周顯德六年高麗國使臣所進

論語類

《論語陳説》一卷　僧贊寧撰
《論語井田義圖》一卷　無名氏撰

小學類

《爾雅音略》三卷　毋昭裔撰
《經典釋文》三十卷　尹拙、張昭、田敏等校勘
《五經字樣》一卷　後晉開運刻本
《九經字樣》一卷　張昭校勘
板印《九經》、《五經文字》、《九經字樣》各二部，共一百三十册　後周國子監校刊
《經語協韻》二十卷　黃彬撰
《說文解字繫傳》四十卷　徐鍇撰
《說文解字韻譜》十卷　徐鍇撰
《補說文字解》三十卷　僧曇域撰
《切韻拾玉》二卷　劉熙古撰
《義訓》十卷　竇儼撰
《佩觿》三卷　郭忠恕撰
《汗簡》七卷　郭忠恕撰
《目錄叙略》一卷　郭忠恕撰
《字源偏旁小說》三卷　林罕撰
《書林韻會》一百卷　孟昶撰
《篆韻》五卷　徐鍇撰
《篆書千文》一卷　徐鉉撰
《古鉦銘碑》一卷　徐鉉撰
《說文解字》三十卷　徐鉉校定
《說文五義》三卷　吳淑撰
《臨書關要》一卷　僧應之撰
《英公字源》一卷　僧夢英撰

史　部

修史雜録

後唐天成元年九月，以都官郎中庾傳美充三川搜訪圖籍使。傳美爲蜀王衍之舊僚，家在成都，便於歸計，且言成都具有本朝《實録》，及傳美使迴，所得纔九朝《實録》及殘缺雜書而已。

長興二年五月，都官郎中、知制誥崔梲上言，請搜訪宣宗已來野史，以備編修。從之。

長興二年十一月四日，史館奏："當館昨爲大中已來，迄於天祐，四朝《實録》尚未纂修。尋具奏聞，謹行購募。勑命雖頒於數月，圖書未貢於一編。蓋以北土州城，久罹兵火，遂成滅絕，難可訪求。竊恐歲月漸深，耳目不接，長爲闕典，過在攸司。伏念江表列藩，湖南奥壤，至於閩、越，方屬勳賢，戈鋌日擾於中原，屏翰悉全於外府，固多奇士，富有群書。其兩浙、福建、湖廣，伏乞特降詔旨，委各於本道採訪宣宗、懿宗、僖宗、昭宗以上四朝野史，及逐朝日曆、除目、銀臺事宜、內外制詞、百司沿革簿籍，不限卷數，據有者鈔録進上。若民間收得，或隱士撰成，即令各列姓名，請議爵賞。"從之。

應順元年正月勑："今後三館所闕書，並訪本添寫，其進書官權宜停罷。"

後晉天福四年十一月，史館奏："按唐長壽二年，右丞姚璹奏：帝王謨訓，不可闕文。其仗下所言軍國政事，令宰臣一人撰録，號時政記。至唐明宗朝，又委端明殿學士撰録，逐季送付史館，伏乞遵行者。宜令宰臣一員撰述。"

晉天福六年四月,監修國史趙瑩奏:"自李朝喪亂,迨五十年,四海沸騰,兩都淪覆,今之書府,百無二三。臣等虔奉綸言,俾令撰述,褒貶或從於新意,纂修須按於舊章。既闕簡編,先虞漏略。今據史館所闕《唐書實錄》,請下勅命購求。況咸通中,宰臣韋保衡與蔣伸、皇甫燠撰武宗、宣宗兩朝《實錄》。又光化初,宰臣裴贄撰僖宗、懿宗兩朝《實錄》。皆遇國朝多事,或值鑾輿播越,雖聞撰述,未見流傳。其韋保衡、裴贄合有子孫見居職任,或門生故吏曾託纂修,聞此撰論,諒多欣愜。請下三京、諸道及中外臣寮,凡有將此數朝《實錄》詣闕進納,請察其文武才能,不拘資地,除一官。如卷帙不足,據數進納,亦請不次獎酬,以勸來者。自會昌至天祐,垂六十年,其初李德裕平上黨,著武宗伐叛之書;其後康承訓定徐方,有武寧本末之傳。如此事類,記述頗多。請下中外臣寮及名儒宿學,有於此六十年内撰述得傳記,及中書、銀臺、史館日曆、制勅册書等,不限年月多少,並許詣闕進納。如年月稍多,記錄詳備,請特行簡拔,不限資序。"

顯德三年十二月,詔兵部尚書張昭纂修太祖《實錄》及梁均王、唐清泰帝兩朝《實錄》。又詔曰:"史館所少書籍,宜令本館諸處求訪補填。如有收得書籍之家,並許進書人據部帙多少等第,各與恩澤;如是卷帙少者,量給資帛。如館内已有之書,不在進納之限。仍委中書門下,於朝官内選差三十人,據見在書籍,各求真本校勘,署校官姓名,逐月具功課申報中書門下。"

正史類

《舊唐書》二百卷　劉昫等撰

《唐書》　張昭撰
《舊五代史》一百五十卷　薛居正等撰
《漢書刊誤》一卷　張佖撰
《後漢書辨駁》　石文德撰

實錄類

《會昌以來日曆》二十六卷　趙鄰幾撰
《梁太祖實錄》三十卷　張袞、郄象等撰
《大梁編遺錄》三十卷　敬翔撰
《唐九朝實錄》　庾傳美訪得
《後唐懿祖紀年錄》一卷　趙鳳、張昭等撰
《後唐獻祖紀年錄》一卷　趙鳳、張昭等撰
《後唐太祖紀年錄》十七卷　趙鳳、張昭等撰
《後唐莊宗實錄》二十卷　趙鳳、張昭等撰
《後唐明宗實錄》三十卷　姚顗、張昭、李祥、吳永範、楊昭儉等撰
《唐閔帝實錄》三卷　姚顗等撰
《唐廢帝實錄》十七卷　張昭等撰
《唐年補錄》　賈緯撰
《晉高祖實錄》三十卷　竇貞固、賈緯等撰
《晉少帝實錄》二十卷　竇貞固、賈緯等撰
《漢高祖實錄》二十卷　蘇逢吉等撰
《漢隱帝實錄》十五卷　張昭、尹拙、劉溫叟等撰
《周太祖實錄》三十卷　張昭、尹拙、劉溫叟等撰
《周世宗實錄》四十卷　王溥等撰
《顯德日曆》一卷　扈蒙等撰
《周恭帝日曆》三卷　扈蒙撰

霸史類

《楊吳氏本紀》六卷　陳濬撰
《江南揖讓錄》七卷　陳岳撰
《吳錄》二十卷　高遠、徐鉉、喬匡舜、潘佑等撰
《汜上英雄小錄》二卷　信都鎬撰
《邗溝要略》九卷　撰人不詳
《南唐烈祖實錄》二十卷　高遠撰
《元宗實錄》十卷　徐鉉撰
《吳將佐錄》一卷　撰人不詳
《高皇帝過江事實》一卷　撰人不詳
《南唐烈祖開基志》十卷　王顏撰
《江南李氏事蹟》一卷　撰人不詳
《江南志》二十卷　撰人不詳
《金陵遺事》三卷　錢惟演撰
《蜀書》二十卷　李昊撰
《後蜀高祖實錄》三十卷　李昊撰
《後蜀孟後主實錄》八十卷　李昊等撰
《蜀祖經緯略》一百卷　李昊撰
《前蜀書》四十卷　李昊等撰
《前蜀王氏記事》二卷　毛文錫撰
《鑑誡錄》十卷　何光遠撰
《廣政雜錄》三卷　何光遠撰
《蜀廣政雜錄》十五卷　蒲仁裕撰
《錦里耆舊傳》八卷　句延慶撰
《吳越備史》十五卷　范坰、林禹撰
《吳越備史遺事》五卷　錢儼撰

《乾寧會稽錄》一卷　撰人不詳
《錢太祖備史記》一卷　錢惟演撰
《秦王貢奉錄》二卷　錢惟演撰
《家王故事》一卷　錢惟演撰
《逢辰錄》　錢惟演撰
《奉藩書事》　錢惟演撰
《錢氏戊申英政錄》一卷　錢儼撰
《忠懿王勳業志》三卷　錢儼撰
《錢氏家話》一卷　錢易撰
《湖湘事蹟》　曹衍撰
《湖南故事》十三卷　撰人不詳
《高氏世家》十卷　撰人不詳
《三楚新錄》三卷　周羽翀撰
《楚錄》五卷　盧臧撰
《渤海行年記》十卷　曾顏撰
《湖湘馬氏故事》二十卷　曹衍撰
《荊湘近事》十卷　陶賓撰
《閩中實錄》十卷　蔣文惲（或作惲）撰
《王氏啟運圖》三卷　林仁志撰
《閩王審知傳》一卷　陳致雍撰
《閩王事蹟》一卷　余公綽撰
《警誡錄》五卷　周珽撰
《晉陽見聞要錄》一卷　王保衡撰
《劉氏興亡錄》一卷　胡賓王撰
《王氏開國記》十卷　幸寅遜撰
《五國故事》二卷　撰人不詳
《十國載記》三卷　撰人不詳
《許國公勤王錄》三卷　李巨川撰

《太康平吳錄》二卷　張昭撰

雜史類

《唐錄備闕》十五卷　歐陽炯撰
《兩漢至唐年紀》一卷　李匡文撰
《漢後隋前瞬貫圖》一卷　李匡文撰
《明皇幸蜀廣記圖》二卷　李匡文撰
《汴水滔天錄》一卷　王振撰
《朱梁興創遺編》二十卷　敬翔撰
《廣王事蹟》一卷　撰人不詳
《梁列傳》十五卷　張昭撰
《後唐列傳》三十卷　張昭撰
《唐功臣列傳》三十卷　李愚、張昭等撰
《創業功臣傳》三十卷　李愚撰
《莊宗召禍記》一卷　黃彬撰
《幽懿錄》一卷　王淑撰
《開運陷虜事蹟》一卷　撰人不詳
《晉朝陷蕃記》四卷　范質撰
《桑維翰傳》三卷　范質撰
《陷虜記》三卷　胡嶠撰
《史系》二十卷　賈緯撰
《備系》六卷　賈緯撰
《新野史》十卷　撰人不詳
《英雄佐命錄》一卷　撰人不詳
《入洛私書》十卷　江文秉撰
《周世宗征淮錄》一卷　撰人不詳
《濠州干戈錄》一卷　撰人不詳

《後史補》三卷　高若拙撰
《大唐補記》三卷　程匡柔撰
《唐統紀》一百卷　陳岳撰
《續劉軻帝王照略》一卷　馮鑑撰
《正史雜論》十卷　楊九齡撰
《五運錄》十二卷　曹圭撰
《歷代年譜》一卷　徐鍇撰
《五代史初要》十卷　歐陽頵撰
《續皇王寶運錄》十卷　韋昭度撰
《唐春秋》三十卷　郭昭慶撰
《史稿雜著》一百卷　高遠撰
《五代通錄》六十五卷　范質撰
《續通曆》十卷　孫光憲撰
《運曆圖》八卷　龔穎撰
《親征圖》　陶穀撰
《三朝見聞錄》八卷　撰人不詳
《中朝故事》二卷　尉遲偓撰
《史館故事錄》三卷　不著撰人
《古今類聚年號圖》一卷　杜光庭撰
《帝王年代小解》一卷　杜光庭纂
《帝王年代州郡長曆》二卷　杜光庭纂
《三朝革命錄》三卷　徐廙撰
《補國史》十卷　林恩撰
《文行錄》五十卷　韓保昇撰
《元類》一卷　沈汾撰
《十三代史略》　夏鵬、夏鴻撰
《歷代紀要》五十卷　劉熙古撰
《江南登科記》一卷　樂史撰

《六年帝略》一卷　趙鄰幾撰
《史氏懋官志》五卷　趙鄰幾撰
《五代登科記》十五卷　徐鍇撰
《五代登科記》一卷　趙儌修撰
《偽蜀與朱梁書》一卷　纂人不詳
《晉開運出師制》　撰人不詳
《唐會要》一百卷　王溥撰
《五代會要》三十卷　王溥撰

制詔表狀類

《李襲吉表狀》三卷　李襲吉撰
《敬翔表奏》十卷　敬翔撰
《李巨川啟狀》二卷　李巨川撰
《馬郁表狀》一卷　馬郁撰
《黃台江西表狀》二卷　黃台撰
《玉堂遺範》三十卷　李琪撰
《軍書》十卷　王紹顏撰
《雜制詔集》二十一卷　撰人不詳
《咸通後麻制》一卷　毛文晏撰
《朱梁宣底》八卷　纂人不詳
《朱梁制誥》二卷　纂人不詳
《後唐麻稿集》三卷　纂人不詳
《新編制勑》三十卷　盧損等編
《長興制集》四卷　纂人不詳
《江南制誥集》七卷　纂人不詳
《彭霽啟狀》一卷　彭霽撰
《羅貫書啟》二卷　羅貫撰

《梁震表狀》一卷　梁震撰
《李弘臯表狀》一卷　李弘臯撰
《前蜀十在》一卷　林犀撰
《韋莊諫疏箋表》四卷　韋莊撰
《諫草》一卷　韋莊撰
《湘南應用集》三卷　羅隱撰
《吳越掌記集》三卷　羅隱撰
《羅隱啟事》一卷　羅隱撰
《吳江應用集》二十卷　林鼎撰
《筆傭集》十卷　孫光憲撰
《金行啟運集》二十卷　庾傳昌撰
《樞機應用集》二十卷　李昊撰
《從軍稿》二十卷　殷文圭撰
《大唐直臣諫奏》七卷　張易編
《禁垣備對》十卷　王昭遠撰
《歷代忠諫書》五卷　杜光庭編
《諫書》八十卷　張易纂
《五危二亂表》一卷　張道古撰
《諫疏》一卷　張道古撰
《唐諫諍集》十卷　趙元珙撰
《貞明宣底》二卷　纂人不詳
《梁雜制》一卷　不著撰人
《開平麻制》一卷　不著撰人
《梁朝制詞》一卷　不著撰人
《乾祐雜文》一卷　不著撰人
《廣順雜文》一卷　不著撰人
《顯德雜文》一卷　不著撰人
《金閨瀛州西垣制集》一百五十卷　錢易撰

《劉表軍書》三卷　鄭準撰
《顯德制詔》一卷　不著撰人
《大毀佛寺詔》一卷　柴榮撰
《五代制誥》一卷　不著撰人
《制集》三卷　不著撰人
《五代制詞》一卷　不著撰人
《麻稿集》三卷　不著撰人
《李慎儀集》二十卷　李慎儀撰
《新集寶囊》五卷　嚴虔崧撰
《嚴虔崧表狀》五卷　嚴虔崧撰
《潛龍筆職集》二卷　趙仁撰
《表記奏牘》三百篇　陳嶠撰
《民間利害書》　汪台符撰
《諫疏》　蕭儼撰
《十事疏》　張泌撰
《唐朝君臣正論》二十五卷　張昭撰
《亲征图》　陶穀撰
《雜書》一卷　不著撰人
《雜表疏》一卷　楊昭儉撰

譜牒類

《天潢源派譜説》一卷　李匡文撰
《李氏房從譜》一卷　李匡文撰
《元和縣主昭穆譜》一卷　李匡文撰
《皇孫郡王譜》一卷　李匡文撰
《唐偕日譜》一卷　李匡文撰
《玉牒行樓》一卷　李匡文撰

《錢氏慶系譜》一卷　錢惟演撰
《錢氏慶系圖》二十五卷　撰人不詳

刑法類

《梁令》三十卷　李燕、蕭頃、張袞等編
《梁式》二十卷　李燕、蕭頃、張袞等編
《梁格》十卷　李燕、蕭頃、張袞等編
《律疏》三十卷　李燕、蕭頃、張袞等編
《朱梁格目録》十三卷　李燕、蕭頃、張袞等編
《梁循資格》一卷　郄殷象撰
《唐朝格式律令》二百八十六卷　王都進
《大中統類》十二卷　不著撰人
《同光刑律統類》十三卷　盧質等撰
《後唐統類目》一卷　滕起撰
《後唐長定格》一卷　不著撰人
《新編制勑》三十卷　盧損等編
《天福編勑》三十卷　不著撰人
《天福編勑目》一卷　不著撰人
《後唐至漢末編勑》三十二卷
《顯德刑統》二十卷　張湜等撰
《顯德刑統目》一卷　張湜等撰
《疑獄集》三卷　和凝及子㠓撰
《刑律總要》十二卷　李保殷撰
《江南刑律統類》十卷　姜虔嗣撰
《楊吳删定格令》五十卷　不著撰人
《江南删定條》三十卷　南唐李氏編
《昇元格令條》八十卷　姜虔嗣撰

《蜀雜制敕》三卷　姜虔嗣撰
《大周續編敕》二卷　盧億等撰
《重定法書》一百四十八卷　盧億等撰
《天成雜敕》三卷　不著纂人
《重詳定刑統》三十卷　竇儀撰

儀注類

《朱梁南郊儀注》一卷　不著撰人
《五禮儀鑑》六卷　陳致雍撰
《曲臺奏議集》二十卷　陳致雍撰
《新定寢祀禮》一卷　陳致雍撰
《州縣祭祀儀》一卷　陳致雍撰
《州郡鄉飲酒注儀》一卷　不著撰人
《新定書儀》二卷　劉岳撰
《郊望論》一卷　周彬撰
《坤儀令》一卷　王衍撰
《大周通禮》　竇儼編
《吳南郊圖記》一卷　不著撰人
《古今國典》一百二十卷　徐鍇輯
《蜀禮部文場內舉人儀則》一卷　不著撰人
《齊職儀》　周載撰

輿地類

《梁天下郡縣目》一卷　不著撰人
《新定十道圖》三十卷　不著撰人
《重修河堤圖》二卷　不著撰人

《均田圖》一面　崔頌撰
《水利編》三卷　王章撰
《契丹地圖》一卷　契丹東丹王突欲進
《于闐國行程記》一卷　高居誨撰
《海外使程廣記》三卷　章僚撰
《燉煌新錄》一卷　李延範撰
《蜀程記》一卷　韋莊撰
《峽程記》一卷　韋莊撰
《入洛記》十卷　王仁裕撰
《南行記》一卷　王仁裕撰
《夷門記》一卷　王權撰
《吊梁郊賦》一卷　張策撰
《汴州記》一卷　王權撰
《海潮論》一卷　邱光庭撰
《海潮記》一卷　邱光庭撰
《吳越石壁記》二卷　錢鏐撰
《武夷山記》一卷　杜光庭撰
《續成都記》一卷　杜光庭撰
《青城山記》一卷　杜光庭撰
《方輿記》一百三十卷　徐鍇撰
《地理手鏡》十卷　劉鷟撰
《晉安海物異名記》三卷　陳致雍撰
《太虛潮論》一卷　錢棲業撰
《山海經圖》十卷　舒雅撰
《嶺表錄異》三卷　劉恂撰
《豫章記》三卷　徐廙撰
《南行記》一卷　李昉撰
《華陽記》　僧仁顯撰

《金陵六朝記》二卷　尉遲偓撰

目錄類

《經史目錄》七卷　楊九齡撰
《蜀王建書目》一卷　不著撰人
《十九代史目》二卷　舒雅撰
《群書麗藻目錄》五十卷　朱遵度撰

子　部

儒家類

《君臣康教論》二十五卷　趙瑩撰
《興政論》三卷　趙瑩撰
《格言》五卷　韓熙載撰
《格言後述》三卷　韓熙載撰
《皇極要覽》　韓熙載撰
《質論》一卷　徐鉉撰
《三要》三篇　黃損撰
《康教論》一卷　邱光庭撰
《規書》一卷　邱光庭撰
《兼明書》十二卷　邱光庭撰
《帝王旨要》三卷　徐融撰
《理訓》十卷　宋齊丘撰
《皇王大政論》一卷　李琪撰
《法語》二十卷　劉鶚撰
《家誡》一卷　黃訥撰

《治書》十卷　郭昭慶撰
《經國治民論》二卷　郭昭慶撰
《太平書》十卷　王敏撰
《通論》五卷　劉鶚撰
《理源》二卷　牛希濟撰
《皇綱經》　陳彭年撰
《陳子正言》十卷　陳岳撰
《爲政九要》　史虛白撰
《太玄經注》　張易撰
《駁董仲舒繁露》二篇　僧贊寧撰
《難王充論衡》三篇　僧贊寧撰
《證蔡邕獨斷》四篇　僧贊寧撰
《斥顏師古正俗》七篇　僧贊寧撰
《非史通》六篇　僧贊寧撰
《答雜斥諸史》五篇　僧贊寧撰
《折海潮論兼明錄》二篇　僧贊寧撰
《抑春秋無賢臣論》一篇　僧贊寧撰
《五經指歸》五卷　僧十朋撰
《鰍子》一卷　趙鄰幾撰

道家類

雕板《道德經》二卷　和凝撰新序，天福中頒行
《三家老子音義》一卷　徐鉉注
《道德經疏義節解》四卷　喬諷撰
《道德經疏義》十卷　僧文儻撰
《還丹歌》一卷　爾朱先生撰
《太平經》三十篇　閭丘方遠撰

《陰符經》一卷　杜光庭撰
《陰符經注》一卷　杜光庭撰
《道德經廣聖義疏》三十卷　杜光庭撰
《汪老君説》十卷　杜光庭撰
《緱嶺會真王氏神仙傳》四卷　杜光庭撰
《歷代帝王崇道記》一卷　杜光庭撰
《道經降代傳授年載記》一卷　杜光庭撰
《元門樞要》一卷　杜光庭撰
《道門樞要》一卷　杜光庭撰
《道教神驗記》二十卷　杜光庭撰
《聖祖歷代瑞見圖》三卷　杜光庭撰
《洞天福地記》一卷　杜光庭撰
《東瀛子》一卷　杜光庭撰
《墉城集仙録》十卷　杜光庭撰
《混元圖》十卷　杜光庭撰
《三教論》一卷　杜光庭撰
《大寶論》一卷　杜光庭撰
《廣成義》八十卷　杜光庭撰
《仙傳拾遺》四十卷　杜光庭撰
《太上老君説常清静經註》一卷　杜光庭撰
《老君實録》一卷　杜光庭撰
《二十四化詩》一卷　杜光庭撰
《二十四化圖》一卷　杜光庭撰
《神仙感遇傳》十卷　杜光庭撰
《安鎮城邑宮闕醮儀》一卷　杜光庭撰
《太上黄録齋壇真文訣儀》一卷　杜光庭撰
《醮章奏議》十八卷　杜光庭撰
《太上河圖内元經禳䄙九壇醮儀》一卷　杜光庭撰

《靈寶自然行道儀》一卷　杜光庭撰
《靈寶安宅齋儀》一卷　杜光庭撰
《太上河圖內元經禳災九曜醮儀》一卷　杜光庭撰
《靈寶明真齋懺燈儀》一卷　杜光庭撰
《了證歌》一卷　杜光庭撰
《廣成先生玉函經》一卷　杜光庭撰
《金書玉券》一卷　任法知撰
《補注莊子》十卷　張昭撰
《玉管照神局》二卷　宋齊丘撰
《太元金闕三洞八景陰陽仙班朝會圖》五卷　孫光憲撰
《賓仙傳》三卷　何光遠撰
《逍遙大師問政先生聶君傳》一卷　徐鍇撰
《神和子傳》一卷　陳摶撰
《指元論》一卷　陳摶撰
《赤松子八誡錄》一卷　陳摶撰
《九室指玄篇》一卷八十一章　陳摶撰
《新刻纂集紫微斗數捷覽》四卷　陳摶撰
《怡神論》二卷　申天師撰
《周易參同契通真義》三卷　彭曉撰
《參同契明鑑圖訣》一卷　彭曉撰
《陰符經注》三卷　彭曉撰
《注心賦》四卷　僧延壽撰
《抱一子》一卷　僧延壽撰
《自然經》五卷　尹玉羽撰
《太玄經注》　張易撰
《湘湖神仙顯異》三卷　曹衍撰
《化書》六卷　譚峭撰
《論氣正訣》一卷　何溥撰

《續仙傳》三卷　沈汾撰
《服氣要訣》一卷　申天師撰
《青雲總錄》　錢易撰
《青雲新錄》　錢易撰
《襲古書》三卷　范朝(一作萬朝)撰
《崔公入藥鏡注》一卷　崔希範撰
《宗性論》　聶紹元撰
《修真秘訣》　聶紹元撰
《徐仙翰藻》十四卷　徐知證、徐知諤撰

釋氏類

《胎息秘訣》一卷　僧遵化撰
《異僧記》一卷　吳淑撰
《鷲嶺聖賢錄》一百卷　僧贊寧撰
《高僧傳》三十卷　僧贊寧撰
《華嚴經》八十卷　闍支提山
《看經贊》一卷　馬裔孫撰
《法喜集》二卷　馬裔孫撰
《佛國記》十卷　馬裔孫撰
《舍利塔記》一卷　高越撰
《宗鏡錄》一百卷　僧延壽撰
《感通賦》一卷　僧延壽撰
《續寶林傳》四卷　釋惟勁撰
《金字佛書》一卷　司徒詡書
《金字心經》一卷　李煜書　喬氏捨
《四注金剛經》一卷　僧應之撰
《滑台》　釋彥暉撰

《會要草字》二十卷　釋歸嶼撰
《上生經鈔》　釋貞辯撰
《義評鈔》十四卷　釋虛受撰
《虛受文集》若干卷　釋虛受撰
《述義章》三十餘卷　釋虛受撰
《評經鈔》五卷　釋可周撰
《音訓》五帖　釋可周撰
《法華序鈔解》一卷　釋可周撰
《頓漸教義鈔》一卷　釋可止撰
《永新鈔》　釋宗季撰
《暉理鈔》　釋宗季撰
《彌勒成佛經疏鈔》　釋宗季撰
《補猷鈔闕》　釋宗季撰
《金光明經隨文釋》十卷　釋皓端撰
《法華鈔》三卷　釋繼倫撰
《四大等頌略》　釋光仁撰
《華嚴長者論》　釋光仁撰
《簡政》二十卷　釋景霄撰
《增暉錄》二十卷　釋希覺撰
《南嶽高僧傳》　釋惟勁撰
《禪師贊頌》一卷　釋惟勁撰
《釋華嚴漩澓偈》一卷　釋惟勁撰
《大藏經音疏》五百餘卷　釋行瑫撰
《六時禮佛文注》一卷　釋無作撰
《僧史略》三卷　釋贊寧撰
《瑞象曆年記》一卷　僧十朋撰
《請禱集》十卷　僧十朋撰
《毘奈耶雜事》一卷　唐莊宗燕國夫人伊氏撰

《釋氏六帖》十四卷　僧義楚撰
《禪宗永明集》一卷　僧延壽撰
《大聖文殊師利菩薩像》一冊　無刻人姓名
《一切如來心秘全身舍利寶篋印陁羅尼經》一卷　錢俶刻
《佛經》五千四百八卷　閩壽山寺藏金銀字四藏經
《大唐保大乙巳歲續貞元釋教錄》一卷　僧恒安撰
《楞嚴經注釋》　僧文遂撰

曆算類

《青羅立成曆》一卷　朱奉撰
《極衍》二十四篇　周傑撰
《同光乙酉長曆》一卷　不著撰人
《晉天福調元曆》二十一卷　馬重績撰
《調元曆經》二卷　馬重績撰
《調元曆立成》十二卷　馬重績撰
《調元曆草》八卷　馬重績撰
《周廣順明元曆》一卷　王處訥撰
《顯德欽天曆》十五卷　王朴撰
《欽天曆經》二卷　王朴撰
《欽天曆立成》六卷　王朴撰
《欽天曆草》三卷　王朴撰
《七政細行曆》一卷　王朴撰
《曹公小曆》一卷　曹士蒍撰
《長慶宣明曆》三十四卷　不著撰人
《長慶宣明曆要略》一卷　不著撰人
《宣明曆超捷例要略》一卷　不著撰人
《景福崇玄曆》四十卷　邊岡撰

《景福曆術》一卷　不著撰人
《蜀武成永昌曆》三卷　胡秀林撰
《正象曆經》一卷　胡秀林撰
《南唐保大齊政曆》十九卷　不著撰人
《中正曆經》一卷　陳承勳撰
《中正曆立成》九卷　不著撰人
《萬分曆》一卷　不著撰人

陰陽五行類

《六壬軍法鑒式》三卷　胡萬頃撰
《太一遁甲萬勝時定主客立成訣》一卷　胡萬頃撰
《太一時紀陰陽二遁立成曆》二卷　胡萬頃撰
《新修太一青虎甲寅經》一卷　王處訥撰
《五行陣圖》一卷　符彥卿撰
《續聿斯歌》一卷　劉熙古撰
《六壬釋卦序例》一卷　劉熙古撰
《六壬翠羽歌》一卷　僧令岑撰
《太乙金鑰匙》一卷　陳摶撰
《人倫風鑑》一卷　陳摶撰

兵家類

《兵論》一卷　張道古撰
《兵書論語》三卷　符彥卿撰
《契神經》一卷　劉可久撰
《人事軍律》三卷　符彥卿撰
《制旨兵法》十卷　張昭撰

農家類

《歲時廣記》一百二十卷　徐鍇撰
《秦中歲時記》一卷　李綽撰
《輦下歲時記》一卷　李綽撰
《蠶書》三卷　孫光憲撰
《竹譜》三卷　錢昱撰
《筍譜》十卷　僧贊寧撰
《茶譜》一卷　毛文錫撰
《物類相感志》十卷　僧贊寧撰
《歲華紀麗》四卷　韓鄂撰
《四時纂要》十卷　韓鄂撰

雜家類

《霧居子》十卷　黃璞撰
《續事始》五卷　馮鑒撰
《中華古今注》三卷　馬縞撰
《靈璧子》十卷　羅隱撰
《要言》二卷　僧贊寧撰
《通論》十卷　僧贊寧撰
《宰輔明鑑》十卷　張翼撰
《金樓子》　李煜題識

技術類

《北京要術》一卷　陳玄撰

《意醫紀曆》一卷　吳群撰
《廣正集靈寶方》一百卷　羅普宣撰
《產保方》三卷　周挺撰
《保童方》一卷　周挺撰
《蜀本草》二十卷　韓保昇撰
《脈訣》二册　高陽生撰、劉元賓和歌
《續傳信方》十卷　王顏撰
《昇元廣濟方》三卷　華宗壽撰
《經用方書》三十卷　劉翰撰
《論候》十卷　劉翰撰
《今體治世集》三十卷　劉翰撰
《食性本草》十卷　陳士良撰
《海藥本草》六卷　李珣撰
《水族加恩簿》一卷　毛勝撰
《本草括要詩》三卷　張文懿撰
《寶藏暢微論》三卷　軒轅述撰
《棊圖義例》一卷　徐鉉撰
《繫蒙小葉子格》一卷　李後主周后撰
《金谷園九局譜》一卷　徐鉉撰
《孟蜀食典》一百卷　不著撰人
《續酒譜》十卷　鄭遨撰
《花經》一卷　張翊撰
《射法》一卷　黃損撰
《射書》十五卷　徐鍇、歐陽陌撰
《五善射序》一卷　程匡柔撰
《漆經》三卷　朱遵度撰
《森伯傳》　湯悅撰
《墨經》一卷　李廷珪撰

《述書》　李煜撰
《臨池妙訣》三卷　撰人未詳
《龍證筆訣》三卷　張道隱撰
《昇元帖》四卷　徐鉉刻
《江南畫錄》　不著撰人
《江南畫錄拾遺》　徐鉉撰
《梁朝畫目》三卷　胡嶠撰
《繪禽圖》一卷　黃居寶撰
《古君臣像》三卷　張玫撰

小説類

《開元天寶遺事》四卷　王仁裕撰
《玉堂閒話》十卷　王仁裕撰
《見聞錄》三卷　王仁裕撰
《唐末見聞錄》八卷　不著撰人
《金華子雜編》三卷　劉崇遠撰
《金鑾密記》一卷　韓偓撰
《三山小牘》三卷　皇甫牧撰
《雲仙散錄》一卷　馮贄撰
《開顏集》三卷　周文規撰
《廣陵妖亂志》三卷　郭廷誨撰
《唐末汎聞錄》一卷　閻自若撰
《唐摭言》十五卷　王定保撰
《唐摭言》十五卷　何晦撰
《廣摭言》十五卷　何晦撰
《北夢瑣言》三十卷　孫光憲撰
《貽子錄》一卷　孫光憲撰

《耳目記》二卷　劉氏撰
《大唐新纂》十三卷　石文德撰
《妖怪錄》五卷　皮光業撰
《皮氏見聞錄》十三卷　皮光業撰
《啟顏錄》六卷　皮光業撰
《三餘外志》三卷　皮光業撰
《國朝舊事》四十卷　不著撰人
《集說》一卷　不著撰人
《北司治亂記》八卷　嚴遵美撰
《周顯德二年小錄》一卷　不著撰人
《忠烈圖》一卷　徐溫客纂
《江淮異人錄》二卷　吳淑撰
《雜說》六卷　李煜撰
《稽神錄》十卷　徐鉉撰
《清異錄》二卷　陶穀撰
《賓朋宴語》三卷　邱旭撰
《符彥卿家譜》一卷　符承宗撰
《釣磯立談》一卷　史虛白撰
《紀聞譚》三卷　潘遠撰
《野人閒話》五卷　景煥撰
《牧豎閒談》三卷　景煥撰
《葆光錄》三卷　陳纂撰
《兩同書》二卷　羅隱撰
《南楚新聞》三卷　尉遲樞撰
《虬鬚客傳》一卷　杜光庭撰
《錄異記》十卷　杜光庭撰
《報應錄》三卷　王轂撰
《玉泉子見聞真錄》五卷　不著撰人

《三感志》三卷　楊九齡撰
《筆述》二十卷　王朴撰
《初舉子》一卷　盧光啟撰
《資暇》三卷　李匡文撰
《閩川名士傳》三卷　黃璞撰
《金溪閒談》十二卷　劉山甫撰
《史話》三卷　不著撰人
《笑林》　楊名高撰
《賈氏談錄》一卷　張洎撰
《豪異秘纂》一卷　不著撰人
《廣前定錄》七卷　馮鑒撰
《傳載》八卷　僧贊寧撰
《秘閣閒談》五卷　吳淑撰
《洞微志》十卷　錢易撰
《名臣事蹟》五卷　張昭遠撰
《修文異名錄》十卷　裴說撰
《玉溪編事》三卷　金利用撰
《續玉堂閒話》一卷　王仁裕撰
《桂苑叢談》一卷　不著撰人
《聶練師傳》一卷　吳淑撰
《備忘小鈔》十卷　文谷撰
《夏清侯傳》　李從謙撰
《孝悌錄》十五卷　樂史撰
《續孝悌錄》二十卷　樂史撰
《廣卓異記》二十卷　《目錄》一卷　樂史撰
《續唐卓異記》三卷　樂史撰
《百悔經》　劉乙撰

藝術類

《大周正樂》一百二十卷　竇儼撰
《周優人曲辭》二卷　趙上交撰
《大唐正聲新拉琴譜》十卷　陳用拙撰
《補新徵音譜》□卷　陳用拙撰
《霓裳譜》一卷　李後主周后撰
《琴籍》十卷　陳用拙撰

荊南刻石曲譜　王貞範妹所傳。其曲有：《道調宮》、《玉宸宮》、《夷則宮》、《神林宮》、《蕤賓宮》、《無射宮》、《玄宗宮》、《黃鐘宮》、《散水宮》、《仲呂宮》；商調，《獨指泛清商》、《好仙商》、《側商》、《紅銷商》、《鳳抹商》、《玉仙商》；角調，《雙調角》、《醉吟角》、《大呂角》、《南呂角》、《中呂角》、《高大殖角》、《蕤賓角》；羽調，《鳳吟羽》、《背風香》、《背南羽》、《背平羽》、《應聖羽》、《玉宮羽》、《玉宸羽》、《風香調》、《大呂調》。其曲名一同人世，有《涼州》、《伊州》、《胡渭州》、《甘州》、《綠腰》、《莫鞾》、《傾盆樂》、《安公子》、《水牯子》、《阿濫泛》之屬。凡二百以上曲。所異者，徵調中有《湘妃怨》、《哭顏迴》。

《琴譜》一卷　王邈撰
《樂苑》五卷　不著撰人
《小胡笳十九拍》一卷　蔡翼撰
《顯德正樂目》一卷　不著撰人
《阮咸譜》一卷　蔡翼撰
《琴調》一卷　蔡翼撰
《律準》一卷　王朴撰
《古樂府》　吳淑校定
《霓裳羽衣曲》、《邀醉舞》、《恨來遲新破》　大周后撰
《念家山破》、《振金鈴曲破》　李煜撰

《稽康》 薛九歌

集　部

總集類

《東漢文類》三十卷　竇儼撰
《續本事詩》二卷　處常子撰
《群書麗藻》一千卷　朱遵度編
《鴻漸學記》一千卷　朱遵度編
《古今語要》十二卷　喬舜封撰
《桂香詩》一卷　喬舜撰
《採玄集》一卷　韋莊編
《又玄集》五卷　韋莊撰
《國風總類》五十卷　王仁裕撰
《名苑》五十卷　楊九齡撰
《蜀桂堂編事》二十卷　楊九齡撰
《要錄》十卷　楊九齡撰
《歷代鴻名錄》八卷　李遠撰
《名賢姓氏相同錄》一卷　邱光庭撰
《四庫韻對》九十八卷　陳鄂撰
《十經韻對》二十卷　陳鄂撰
《桂香集》黃損撰
《蜀國文英》八卷　劉贊編
《鹿門家鈔詩詠》五十卷　皮璨著
《泉山秀句集》三十卷　黃滔編
《賦苑》二百卷《目》一卷　徐鍇編
《續古闕文》一卷　孫晟撰

《唐吳英雋賦集》七十二卷　楊氏編
《資談》六十卷　范贊時撰
《洞天集》五卷　王貞範輯
《煙花集》五卷　王衍輯
《花間集》十卷　趙崇祚編
《才調集》十卷　韋縠輯
《廖氏家集》一卷　廖匡圖撰
《江南續又玄集》十卷　劉吉撰
《前賢詠題詩》三卷　張爲編
《新修唐朝事類》十卷　郭廷誨撰
《臨沂子觀光集》三卷　王轂編
《前代忠臣臨老不變圖》一卷　王轂撰
《史海》十卷　曹化編
《史書集類》三卷　曹化編
《屬文寶海》一百卷　郭微撰
《備遺綴英》二十卷　王承範編
《宜陽集》六卷　劉松編
《史傳文集》三百卷　邵拙鈔
《雜古文賦》一卷　許洞、徐鉉撰
《唐僧詩》三卷　僧法欽編
《續正聲集》五卷　王貞範編
《廣順雜文》一卷　不著撰人
《顯德雜文》一卷　不著撰人
《桂香集》三卷　喬舜撰

詩文集類

《政餘詩集》五卷　羅紹威撰

《李後主集》十卷　李煜撰
《李後主集略》十卷　李煜撰
《詩》一卷　李煜撰
《李後主詞》　李煜撰
《南唐二主詞》一卷　李璟、李煜撰
《唐風集》三卷　杜荀鶴撰
《金門集》十卷　李琪撰
《應用集》三卷　李琪撰
《白沙集》十卷　李愚撰
《五書》一卷　李愚撰
《演論集》五十卷　和凝撰
《游藝集》五十卷　和凝撰
《紅藥編》五卷　和凝撰
《麗炎集》一卷　和凝撰
《草堂集》二十卷　賈緯撰
《續草堂集》十五卷　賈緯撰
《翰苑集》十卷　王朴撰
《丁年集》十卷　李瀚撰
《應曆小集》十卷　李瀚撰
《楊凝式詩》一卷　楊凝式撰
《盧延讓詩》一卷　盧延讓撰
《韋說詩》一卷　韋說撰
《崔邁集》二卷　崔邁撰
《鼇山集》二十卷　扈蒙撰
《錦囊集》三卷　李崧撰
《真珠集》五卷　李崧撰
《別集》一卷　李崧撰
《丹臺集》三卷　高輦撰

《馮道集》六卷　馮道撰
《河間集》五卷　馮道撰
《詩》十卷　馮道撰
《紫閣集》十一卷　王仁裕撰
《紫泥集》十二卷　王仁裕撰
《紫泥後集》四十卷　王仁裕撰
《乘輅集》五卷　王仁裕撰
《詩集》十卷　王仁裕撰
《西江集》一百卷　王仁裕撰
《扈載集》十卷　扈載撰
《符蒙集》一卷　符蒙撰
《盧士衡集》一卷　盧士衡撰
《屠龍集》五卷　熊皦撰
《南金集》二卷　熊皦撰
《桑維翰賦》二卷　桑維翰撰
《嘉善集》五十卷　張昭撰
《王溥集》二十卷　王溥撰
《趙上交集》二十卷　趙上交撰
《薛居正集》三十卷　薛居正撰
《東堂集》十卷　竇夢徵撰
《程遜集》十卷　程遜撰
《斐然集》五卷　李爲光撰
《李山甫詩》一卷　李山甫撰
《李山甫賦》三卷　李山甫撰
《鳳閣書詞》十卷　薛廷珪撰
《克家志》九卷　薛廷珪撰
《韓偓詩》一卷　韓偓撰
《入翰林後詩》一卷　韓偓撰

《香奩集》一卷　韓偓撰

《別集》三卷　韓偓撰

《黃滔集》十五卷　黃滔撰

《莆陽黃御史集》二卷　黃滔撰

《編略》十卷　黃滔撰

《懷秦賦》一卷　馮涓撰

《文集》十三卷　馮涓撰

《龍吟集》三卷　馮涓撰

《長樂集》一卷　馮涓撰

《南冠集》一卷　馮涓撰

《浣花集》二十卷　韋莊撰

《淮海寓言》七卷　羅隱撰

《甲乙集》十卷　羅隱撰

《外集詩》一卷　羅隱撰

《江東後集》二十卷　羅隱撰

《汝江集》三卷　羅隱撰

《歌詩》十四卷　羅隱撰

《讒本》三卷　羅隱撰

《讒書》五卷　羅隱撰

《徐融集》一卷　徐融撰

《陳陶詩》一卷　陳陶撰

《江翰林賦集》三卷　江文蔚撰

《政本集》十卷　錢俶撰

《錢儼前集》五十卷　錢儼撰

《錢昆文集》十卷　錢昆撰

《錢惟治文集》十卷　錢惟治撰

《沈崧文集》二十卷　沈崧撰

《鍐金集》八卷　沈崧撰

《西閣集》十卷　毛文晏撰
《昌城後寓集》十五卷　毛文晏撰
《東壁出言》三卷　毛文晏撰
《洋源集》二卷　王超撰
《鳳鳴集》三卷　王超撰
《玉堂集》二十卷　庾傳昌撰
《青宮載筆記》十五卷　庾傳昌撰
《瓊瑤集》一卷　李珣撰
《孟水部詩集》　孟賓于撰
《牛嶠集》三十卷　牛嶠撰
《歌詩》三卷　牛嶠撰
《吳仁璧詩》一卷　吳仁璧撰
《劉昌言文集》三十卷　劉昌言撰
《探龍集》五卷　徐寅撰
《釣磯集》八卷　徐寅撰
《賦》五卷　徐寅撰
《別集》五卷　徐寅撰
《白巖文集》十卷　鄭良士撰
《詩集》十卷　鄭良士撰
《中壘集》五卷　鄭良士撰
《廬岳集》一卷　邵拙撰
《田霖四六集》一卷　田霖撰
《登龍集》十卷　殷文圭撰
《冥搜集》二十卷　殷文圭撰
《鏤冰集》二十卷　殷文圭撰
《筆耕》二十卷　殷文圭撰
《江爲詩》一卷　江爲撰
《文丙詩》一卷　文丙撰

《劉乙集》一卷　劉乙撰
《伍喬集》一卷　伍喬撰
《裴説集》一卷　裴説撰
《劉昭禹集》一卷　劉昭禹撰
《王轂集》三卷　王轂撰
《孫晟集》五卷　孫晟撰
《沈文昌集》二十卷　沈文昌撰
《崔拙集》二卷　崔拙撰
《邱光業詩》一卷　邱光業撰
《荆臺集》四十卷　孫光憲撰
《紀遇詩》十卷　孫光憲撰
《鞏湖編玩》三卷　孫光憲撰
《橘齋集》二卷　孫光憲撰
《王俠後集》十卷　王俠撰
《西掖集》三十卷　張正撰
《喬諷集》十卷　喬諷撰
《李洪茂集》十卷　李洪茂撰
《玄舟集》十二卷　句令言撰
《小東里集》三卷　游恭撰
《廣東里集》二十卷　游恭撰
《短兵集》三卷　游恭撰
《昌吳啟霸集》三十卷　朱潯撰
《芸閣集》十卷　郭昭慶撰
《金臺鳳藻集》五十卷　李氏撰
《陵陽集》五卷　沈顔撰
《聱書》十卷　沈顔撰
《解聱》十五卷　沈顔撰
《安居雜著》十卷　程匡柔撰

《祀玄集》四卷　宋齊丘撰
《鳳苑集》三卷　孟拱辰撰
《戎機集》五卷　湯筠撰
《擬謠》十卷　喬舜撰
《譚藏用詩》一卷　譚用之撰
《廖匡圖詩集》二卷　廖匡圖撰
《五峰集》　廖匡圖撰
《孫魴詩》三卷　孫魴撰
《侯圭賦集》五卷　侯圭撰
《釣潭集》二卷　陳摶撰
《高陽集》　陳摶撰
《邱旭詩》一卷　邱旭撰
《邱旭賦》一卷　邱旭撰
《獲稿集》三卷　倪曙撰
《倪曙賦》一卷　倪曙撰
《徐鍇集》十五卷　徐鍇撰
《徐鉉集》三十卷　徐鉉撰
《湯悅集》三卷　湯悅撰
《滎陽集》二十卷　潘佑撰
《鍾山公集》二十卷　李建勳撰
《李建勳詩》二卷　李建勳撰
《高越賦》一卷　高越撰
《擬議集》十五卷　韓熙載撰
《定居集》二卷　韓熙載撰
《劉洞詩》一卷　劉洞撰
《毛炳詩集》一卷　毛炳撰
《顏詡詩集》一卷　顏詡撰
《沈彬詩集》二卷　沈彬撰

《閒居集》十卷　沈彬撰
《張蠙詩》一卷　張蠙撰
《碧雲集》三卷　李中撰
《霧居子集》十卷　黃璞撰
《潼江集》二十卷　章九齡撰
《梓潼集》二十卷　李堯夫撰
《廖融詩集》四卷　廖融撰
《一字至七字詩》二卷　吳蛻撰
《嵐齋集》二十五卷　李躍撰
《涪江集》一卷　張安石撰
《江南集》十卷　李善夷撰
《李善夷表集》一卷　李善夷撰
《鄭氏貽孫集》四卷　撰人不詳
《遺榮集》三卷　養素先生藍方撰
《雜箋詩》一卷　雲南趙和撰
《觀光集》一卷　趙文度撰
《廖偃詩》一卷　廖偃撰
《漁父詩》百篇　戴偃撰
《廖凝詩集》七卷　廖凝撰
《張爲詩》一卷　張爲撰
《申唐詩》三卷　崔道融撰
《東浮集》九卷　崔道融撰
《韋靄詩》一卷　韋靄撰
《羅浩源詩》一卷　羅浩源撰
《陳用拙詩集》八卷　陳用拙撰
《儗峰集》二卷　鄭雲叟撰
《釣鼇集》一卷　劉吉撰
《徐仲雅集》一百卷　徐仲雅撰

《味江山人詩》一卷　唐求撰
《鍾山集》一卷　左偃撰
《狎鷗集》一卷　翁承贊撰
《晝錦集》　翁承贊撰
《宏詞前後集》二十卷　翁承贊撰
《閬中集》第九一卷　李侯撰
《典議》三卷　張策撰
《制詞歌詩》二十卷　張策撰
《箋表》三十卷　張策撰
《小悼詩》一卷　韋莊撰
《紫府集》　後唐秦王李從榮撰
《文場應用》三卷　吳蛻撰
《武庫集》五十卷　尹玉羽撰
《鄭雲叟文集》二十卷　鄭雲叟撰
《錦樓集》一卷　錢元瓘撰
《百一集》二十卷　周延禧撰
《閬中集》十卷　徐知諤撰
《宋齊丘詩》二卷　宋齊丘撰
《張洎文集》五十卷　張洎撰
《叛呈怨詞》三十篇　胡元龜撰
《玉堂集》　劉贊撰
《貴溪叟自序傳》一卷　錢儼撰
《貳卿文稿》二十卷　錢昱撰
《典懿集》三十卷　錢惟演撰
《章子》三卷　章魯封撰
《南金集》二卷　熊皦撰
《史虛白文集》　史虛白撰
《慶雲集》一卷　陳貺撰

《鄧洵美集》　鄧洵美撰
《孟貫詩》一卷　孟貫撰
《渚宮集》十卷　鄭準撰
《雲臺編》三卷　鄭谷撰
《宜陽外編》一卷　鄭谷撰
《梅嶺集》五卷　成彥雄撰
《靈溪集》七卷　王貞白撰
《李洞詩》一卷　李洞撰
《羅鄴詩》一卷　羅鄴撰
《王周集》一卷　王周撰
《楊夔集》五卷　楊夔撰
《楊夔賦》一卷　楊夔撰
《冗書》十卷　楊夔撰
《冗餘集》一卷　楊夔撰
《邱光庭文集》三卷　邱光庭撰
《邱光庭詩》一卷　邱光庭撰
《五書》二卷　孫光憲撰
《纂唐賦》一卷　孫光憲撰
《羅袞集》二卷　羅袞撰
《范質文集》三十卷　范質撰
《梁震文集》一卷　梁震撰
《薛廷珪文集》一卷　薛廷珪撰
《信都集》一卷　馮涓撰
《端揆集》四十五卷　竇儀撰
《益智書》一冊　馮道撰
《竇儼文集》五十卷　竇儼撰
《李昉集》五十卷　李昉撰
《樂賦》一卷　王朴撰

《禹別九州賦》三卷　趙鄰幾撰
《詠史詩》三卷　褚載撰
《幽居雜編》一卷　韋莊撰
《大紀賦》一卷　沈顔撰
《集後雜俎》五卷　竇儼撰
《羅隱賦》一卷　羅隱撰
《王振詩》一卷　王振撰
《玉堂拾遺集》一卷　陶穀撰
《陶穀文集》十卷　陶穀撰
《孫開物集》十六卷　孫開物撰
《章震詩》十卷　章震撰
《磨盾集》十卷　章震撰
《李叔文詩》一卷　李叔文撰
《金陵古蹟詩》四卷　李存撰
《郭鵬詩》一卷　郭鵬撰
《沈崧詩集》二卷　沈崧撰
《黃台詩》一卷　黃台撰
《李明詩集》五卷　李明撰
《行朝詩》一卷　楊復恭撰
《擬元集》十卷　陳康圖集
《體物賦集》一卷　郭貴撰
《薛氏賦集》九卷　薛廷珪集
《白巖四六》五卷　鄭良士撰
《邱光庭四六》一卷　邱光庭撰
《殷文圭四六》三卷　趙文翼注
《宋齊丘四六》一卷　宋齊丘撰
《山水賦》一卷　荊浩撰
《劉山甫詩》一卷　劉山甫撰

《鼎國詩》三卷　李雄撰
《拾遺集》二卷　余璀撰
《顏仁郁詩》百篇　顏仁郁撰
《擬白居易諷諫詩》五十篇　歐陽迥撰
《國風正訣》一卷　鄭谷撰
《張泌詩》一卷　張泌撰
《喬匡舜集》七十余卷　喬匡舜撰
《江簡公集》十卷　江文蔚撰
《文獻太子詩集》　李弘冀撰
《蕭庶子詩》　蕭庶子撰
《成氏詩集》　成氏撰
《夏寶松詩》　夏寶松撰
《李弘臯集》二卷　李弘臯撰
《李弘臯雜文》十卷　李弘臯撰
《處士集》　梁藻撰
《蒲先生叢稿》　撰人未詳
《韓熙載文集》五卷　韓熙載撰
《馮延巳集》一卷　馮延巳撰
《宋齊丘文傳》十三卷　乐史撰
《孫郃小集》三卷　孫郃撰
《孫子文纂》四十卷　孫郃撰
《孫郃文集》四十卷　孫郃撰
《寶子垂綬連環詩》　錢惟治撰
《宮詞》一卷　花蕊夫人撰
《陽春集》一卷　馮延巳撰
《山居詩》一卷　貫休撰
《僧處默詩》一卷　僧處默撰
《僧應之詩》一卷　僧應之撰

《玉壘集》一卷　僧可朋撰
《禪月集》三十卷　僧貫休撰
《內典集》一百五十卷　僧贊寧撰
《外學集》四十九卷　僧贊寧撰
《僧彙征集》七卷　僧彙征撰
《東林集》一卷　僧修睦撰
《白蓮集》十卷　僧齊己撰
《白蓮編外集》十卷　僧齊己撰
《僧文彧詩》一卷　僧文彧撰
《桂峰集》　僧棲隱撰
《碧雲詩》一卷　僧虛中撰
《三山集》三百五十篇　僧可止撰
《擬江東讒書》五卷　僧希覺撰
《雜詩賦》十五卷　僧希覺撰
《供奉集》一卷　僧尚顏撰
《荊門集》五卷　僧尚顏撰
《龍華集》十卷　僧曇域撰
《廣成集》三十卷　杜光庭撰
《壺中集》三卷　杜光庭撰

詩文評類

《詩格》一卷　鄭谷、僧齊己、黃損同輯
《雅道機要》二卷　徐寅撰
《賦格》一卷　和凝撰
《唐詩主客圖》一卷　張爲撰
《風騷指格》一卷　僧齊己撰
《流類手鑒》一卷　僧虛中撰

《擬皎然十九字》一卷　王元撰
《緣情手鑑詩格》十卷　李洪宣撰
《風騷要式》一卷　徐衍述
《賈島句圖》一卷　李洞撰
《玄機分明要覽》一卷　僧齊己撰
《詩中旨格》一卷　王元著
《詩格要律》一卷　王夢簡著
《詩格》、《論詩道》一卷　文彧撰
《修文要訣》一卷　馮鑑撰
《文格》二卷　孫郃撰

主要徵引書目

正史、方志類

《舊唐書》【後晉】劉昫等撰。中華書局1975年版。
《新唐書》【宋】歐陽修等撰。中華書局1975年版。
《舊五代史》【宋】薛居正等撰。中華書局1976年版。
《新五代史》【宋】歐陽修等撰。中華書局1974年版。
《宋史》【元】脫脫等撰。中華書局1985年版。
《資治通鑑》【宋】司馬光等撰。中華書局1956年版。
《續資治通鑑長編》【宋】李燾撰。中華書局1992年版。
《唐會要》【宋】王溥撰。上海古籍出版社1991年版。
《五代會要》【宋】王溥撰。上海古籍出版社1978年版。
《東都事略》【宋】王稱撰。《文淵閣四庫全書》本。
《蜀中廣記》【明】曹學佺撰。《文淵閣四庫全書》本。
《吳郡志》【宋】范成大撰。【清】錢熙祚撰校勘記。《叢書集成初編》本。
《淳熙三山志》【宋】梁克家撰。《文淵閣四庫全書》本。
《廬山記》【宋】陳舜俞撰。【日本】高楠順次郎等編《大正新修大藏經》本。大正一切經刊行會1934年印行。
《宋史新編》【明】柯維騏撰。臺灣文海出版社有限公司1974年印行。

《吳興備志》 【明】董斯張撰。《文淵閣四庫全書》本。
《宋會要輯稿》 【清】徐松輯。中華書局 1957 年影印本。
《遼史拾遺》 【清】厲鶚撰。商務印書館《叢書集成初編》本。
《福建通志》 【清】郝玉麟等撰。《文淵閣四庫全書》本。
《江西通志》 【清】高其倬等撰。《文淵閣四庫全書》本。
《浙江通志》 【清】曾筠等撰。《文淵閣四庫全書》本。
《江南通志》 【清】趙宏恩等撰。《文淵閣四庫全書》本。
《山東通志》 【清】岳濬等撰。《文淵閣四庫全書》本。
《補五代史藝文志》 【清】顧櫰三撰。《二十五史補編》本。中華書局 1986 年版。
《補五代史藝文志》 【清】宋祖駿撰。國家圖書館藏《朴學廬叢刻》本。
《五代史記補考》 【清】徐炯撰。《續修四庫全書》本。
《續唐書》 【清】陳鱣撰。《續修四庫全書》本。
《補南唐藝文志》 【清】汪之昌撰。國家圖書館藏長洲章鈺算鶴量鯨室光緒二十五年綠格抄本。

書目類

《崇文總目》 【宋】王堯臣編次。錢東垣輯釋。《宋元明清書目題跋叢刊》本，中華書局 2006 年版。
《崇文總目輯釋補正》 【清】錢侗輯釋。【清】陳漢章補正。《宋元明清書目題跋叢刊》本。
《秘書省續編到四庫闕書目》 《宋元明清書目題跋叢刊》本。
《郡齋讀書志校證》 【宋】晁公武撰。孫猛校證。上海古籍出版社 1990 年版。
《直齋書錄解題》 【宋】陳振孫撰。上海古籍出版社 1987 年點校本。

《遂初堂書目》【宋】尤袤撰。《叢書集成初編》本。
《國史經籍志》【明】焦竑撰。《叢書集成初編》本。
《葉氏菉竹堂書目》【明】葉盛編。《叢書集成初編》本。
《中興館閣書目輯考》【宋】陳騤等撰。【清】趙士煒輯考。《宋元明清書目題跋叢刊》本。
《四庫全書總目》【清】永瑢等撰。中華書局1965年版。
《四庫全書簡明目錄》 華東師範大學出版社2010年版。
《通志堂經解目錄》【清】翁方綱撰。《叢書集成初編》本。
《絳雲樓書目》【清】錢謙益撰。《叢書集成初編》本。
《孫氏祠堂書目內編》【清】孫星衍等撰。《叢書集成初編》本。
《全蜀藝文志》【明】周復俊撰。《文淵閣四庫全書》本。
《中國叢書綜錄》 上海圖書館編。上海古籍出版社1982年版。
《中國古籍善本書目》 上海古籍出版社1989年版。
《中國古籍總目》 中華書局、上海古籍出版社2009年版。
《北京圖書館古籍善本書目》 書目文獻出版社1990年版。

類書類

《文苑英華》【宋】李昉等編。中華書局1966年版。
《太平御覽》【宋】李昉等編。中華書局1960年版。
《冊府元龜》【宋】王欽若等編。中華書局1960年版。
《太平廣記》【宋】李昉等編。中華書局1981年版。
《玉海》【宋】王應麟編。《文淵閣四庫全書》本。
《新編分門古今類事》【宋】佚名編。《叢書集成初編》本。
《書苑菁華》【宋】陳思編。《文淵閣四庫全書》本。
《群書考索》【宋】章如愚編。《文淵閣四庫全書》本。
《翰苑群書》【宋】洪遵編。《文淵閣四庫全書》本。
《通志》【宋】鄭樵撰。浙江古籍出版社1988年版。

《文獻通考》【元】馬端臨撰。浙江古籍出版社1988年版。
《説郛》【元】陶宗儀編。《文淵閣四庫全書》本。

金石類

《金石録》【宋】趙明誠撰。《文淵閣四庫全書》本。
《輿地碑記目》【宋】王象之撰。《叢書集成初編》本。
《寶刻類編》【宋】撰人未詳。《叢書集成初編》本。
《寶刻叢編》【宋】陳思纂次。《叢書集成初編》本。
《蜀碑記》【宋】王象之撰。《叢書集成初編》本。
《石墨鐫華》【明】趙崡撰。《叢書集成初編》本。
《天下金石志》【明】于奕正撰。【清】孫國敉校補。翁方綱校並跋。《續修四庫全書》本。
《唐石經考正》【清】王朝榘撰。《叢書集成初編》本。
《石經考》【清】顧炎武撰。《叢書集成初編》本。
《金石後録》【清】錢大昕撰。《續修四庫全書》本。
《金石萃編》【清】王昶撰。《續修四庫全書》本。
《金石續編》【清】陸耀遹撰。《續修四庫全書》本。
《金石録補》【清】葉奕苞著。《叢書集成初編》本。
《金石文字記》【清】顧炎武輯。《叢書集成初編》本。
《金石存》【清】趙搢編。《叢書集成初編》本。
《寰宇訪碑録》【清】孫星衍、邢澍撰。《叢書集成初編》本。
《平津館金石萃編》【清】嚴可均輯。《續修四庫全書》影印本。
《攈古録》【清】吳式芬撰。《續修四庫全書》影印本。
《蜀碑記補》【清】李調元撰。《叢書集成初編》本。
《京畿金石考》【清】孫星衍撰。《叢書集成初編》本。
《雍州金石記》【清】朱楓撰。《叢書集成初編》本。
《涇川金石記》【清】趙紹祖輯。《叢書集成初編》本。

《關中金石記》【清】畢沅撰。《叢書集成初編》本。
《南漢金石志》【清】吳蘭修撰。《叢書集成初編》本。
《中州金石目》【清】姚晏記。《叢書集成初編》本。
《中州金石記》【清】畢沅撰。《叢書集成初編》本。
《江寧金石待訪目》【清】嚴觀撰。《叢書集成初編》本。
《吳郡金石目》【清】程祖慶編。《叢書集成初編》本。
《寶鐵齋金石文跋尾》【清】韓崇撰。《叢書集成初編》本。
《潛研堂金石文跋尾》【清】錢大昕撰。《續修四庫全書》影印本。
《北京圖書館藏中國歷代石刻拓本彙編》 北京圖書館金石組編。中州古籍出版社1989年版。
《石刻題跋索引》 楊殿珣編。商務印書館1990年版。

雜史類

《唐摭言》【五代】王定保撰。上海古籍出版社1978年版。
《鑑誡錄》【五代】何光遠撰。《五代史書彙編》本。
《北夢瑣言》【五代】孫光憲撰。賈二強點校。中華書局2002年版。
《江淮異人錄》【宋】吳淑撰。《文淵閣四庫全書》本。
《蜀檮杌》【宋】張唐英撰。《五代史書彙編》本。
《錦里耆舊傳》【宋】句延慶撰。《五代史書彙編》本。
《吳越備史》【宋】范坰、林禹撰。《四部叢刊續編》本。
《五代史補》【宋】陶岳撰。《五代史書彙編》本。
《南唐書》【宋】馬令撰。《五代史書彙編》本。
《南唐書》【宋】陸游撰。《五代史書彙編》本。
《江南別錄》【宋】陳彭年撰。《五代史書彙編》本。
《江南野史》【宋】龍袞撰。《五代史書彙編》本。
《南唐近事》【宋】鄭文寶撰。《五代史書彙編》本。

《江表志》【宋】鄭文寶撰。《五代史書彙編》本。
《九國志》【宋】路振撰。《五代史書彙編》本。
《三楚新錄》【宋】周羽翀撰。《五代史書彙編》本。
《宋高僧傳》【宋】釋贊寧撰。中華書局1987年版。
《五燈會元》【宋】釋普濟撰。中華書局1984年版。
《南漢紀》【清】吳蘭修撰。《五代史書彙編》本。
《十國春秋》【清】吳任臣撰。中華書局1983年版。
《登科記考》【清】徐松著。中華書局1984年版。

筆記、雜考類

《續神仙傳》【南唐】沈汾撰。《叢書集成初編》本。
《清異錄》【宋】陶穀撰。《文淵閣四庫全書》本。
《稽神錄》【宋】徐鉉撰。《叢書集成初編》本。
《玉壺清話》【宋】釋文瑩撰。中華書局1984年版。
《湘山野錄》【宋】釋文瑩撰。中華書局1984年版。
《石林燕語》【宋】葉夢得撰。中華書局1984年版。
《曲洧舊聞》【宋】朱弁撰。中華書局2002年版。
《青箱雜記》【宋】吳處厚撰。中華書局1985年版。
《南部新書》【宋】錢易撰。中華書局2002年版。
《茅亭客話》【宋】黃休復撰。《文淵閣四庫全書》本。
《揮麈錄》【宋】王明清撰。上海書店出版社2001年版。
《實賓錄》【宋】馬永易撰。《文淵閣四庫全書》本。
《夢粱錄》【宋】吳自牧撰。《叢書集成初編》本。
《侯鯖錄》【宋】趙德麟撰。中華書局2002年版。
《海錄碎事》【宋】葉廷珪撰。《文淵閣四庫全書》本。
《東軒筆錄》【宋】魏泰撰。中華書局1983年版。
《游宦紀聞》【宋】張世南撰。中華書局1981年版。

《齊東野語》【宋】周密撰。中華書局1983年版。
《澠水燕談錄》【宋】王闢之撰。中華書局1981年版。
《邵氏聞見後錄》【宋】邵博撰。中華書局1983年版。
《麈史》【宋】王得臣撰。《文淵閣四庫全書》本。
《默記》【宋】王銍撰。《文淵閣四庫全書》本。
《籀史》【宋】翟耆年撰。《叢書集成初編》本。
《易學辨惑》【宋】邵伯溫撰。《文淵閣四庫全書》本。
《墨池編》【宋】朱長文撰。《文淵閣四庫全書》本。
《能改齋漫錄》【宋】吳曾撰。《叢書集成初編》本。
《容齋隨筆》【宋】洪邁撰。上海古籍出版社1996年版。
《困學紀聞》【宋】王應麟著。【清】翁元圻等注。欒保群、田松青、呂宗力校點。上海古籍出版社2008年版。
《宋朝事實類苑》【宋】江少虞撰。上海古籍出版社1981年版。
《益州名畫錄》【宋】黃休復撰。傅璇琮主編《五代史書彙編》本。杭州出版社2004年版。
《圖畫見聞志》【宋】郭若虛撰。《叢書集成初編》本。
《雲笈七籤》【宋】張君房撰。中華書局2003年版。
《宣和書譜》【宋】佚名撰。湖南美術出版社1999年版。
《甕牖閒評》【宋】袁文撰。《文淵閣四庫全書》本。
《東觀餘論》【宋】黃伯思撰。《文淵閣四庫全書》本。
《實賓錄》【宋】馬永易撰。《文淵閣四庫全書》本。
《輟耕錄》【元】陶宗儀撰。《叢書集成初編》本。
《疑耀》【明】張萱撰。《叢書集成初編》本。
《蟬精雋》【明】徐伯齡撰。《文淵閣四庫全書》本。
《少室山房筆叢》【明】胡應麟撰。《歷代筆記叢刊》本,上海書店出版社2009年版。
《山堂肆考》【明】彭大翼撰。《文淵閣四庫全書》本。
《居易錄》【清】王士禎撰。《叢書集成初編》本。

《定香亭筆談》【清】阮元記。《叢書集成初編》本。
《曝書亭集》【清】朱彝尊撰。《四部叢刊初編》本。
《讀書敏求記》【清】錢曾撰。《續修四庫全書》本。
《御定佩文齋書畫譜》【清】孫岳頒等編。《文淵閣四庫全書》本。
《經義考》【清】朱彝尊撰。中華書局 1998 年版。
《宋稗類鈔》【清】潘永因編。劉卓英點校。書目文獻出版社 1985 年版。

詩文集、詩文評類

《司空表聖文集》【唐】司空圖撰。《四部叢刊初編》本。
《唐黃御史公集》【唐】黃滔撰。《四部叢刊初編》本。
《羅隱集》【唐】羅隱撰。雍文華校輯。中華書局 1983 年版。
《徐公文集》【宋】徐鉉撰。《四部叢刊初編》本。
《河東先生集》【宋】柳開撰。《四部叢刊初編》本。
《小畜集》【宋】王禹偁撰。《四部叢刊初編》本。
《張乖崖集》【宋】張詠撰。張其凡整理。中華書局 2000 年版。
《咸平集》【宋】田錫撰。羅國威校點。巴蜀書社 2008 年版。
《徂徠石先生文集》【宋】石介撰。陳植鍔點校。中華書局 1984 年版。
《歐陽修全集》【宋】歐陽修撰。李逸安點校。中華書局 2001 年版。
《范仲淹全集》【宋】范仲淹撰。薛正興校點。鳳凰出版社 2004 年版。
《蘇軾文集》【宋】蘇軾著。孔凡禮點校。中華書局 1986 年版。
《樂全集》【宋】張方平撰。《文淵閣四庫全書》本。
《文莊集》【宋】夏竦撰。《文淵閣四庫全書》本。
《盤洲文集》【宋】洪适撰。《四部叢刊初編》本。

《吟窗雜錄》　【宋】陳應行撰。王秀梅整理。中華書局 1997 年版。
《詩話總龜》　【宋】阮閱撰。周本淳點校。人民文學出版社 1987 年版。
《後村詩話》　【宋】劉克莊撰。《文淵閣四庫全書》本。
《丹鉛總錄》　【明】楊慎撰。《文淵閣四庫全書》本。
《唐音癸籤》　【明】胡震亨撰。中華書局 1959 年版。
《五代詩話》　【清】王士禛原編，鄭方坤刪補。人民文學出版社 1989 年版。
《全唐詩》　【清】彭定求等編。上海古籍出版社 1986 年版。
《全唐文》　【清】董誥等編。上海古籍出版社 1990 年版。
《唐才子傳校箋》　【元】辛文房撰。傅璇琮主持校箋。中華書局 1990 年版。
《瀛奎律髓彙評》　【元】方回撰。李慶甲集評。上海古籍出版社 2005 年版。
《唐詩紀事校箋》　王仲鏞撰。巴蜀書社 1989 年版。
《全宋文》　曾棗莊等編。上海辭書出版社 2006 年版。

後　　記

　　本書原作《五代藝文考》，是全國高校古委會直接資助的項目成果，已於2003年9月由巴蜀書社出版發行。應該說，此前近十年不避瑣屑的研究過程，絕未有半點懈怠，但那時畢竟身處西北，文獻資料頗爲缺乏；加之結項時限緊迫，而寫作期間又逢工作調動，俗累纏身，精力不濟，遂致結項成果宛如草創。來杭以後，本人逐漸遠離五代十國文史研究，轉而用心於兩宋文學，但閑暇時重讀此書，總能發現各種難以掩飾的疏漏和不足。雖説學無止境，但夜深無眠時每念及此事，仍隱隱感到愧疚，甚至不安。好在時間和精力還能允許亡羊補牢，而近些年相關圖書資料的搜集和補充，客觀上也爲訂正謬誤和拾遺補漏提供了可能。此次修訂，歷時近兩年，書中所引各條資料，均依紙質文本詳加核校，不敢有絲毫疏忽。內容方面，除補充參考徐炯《五代史記補考·藝文考》及陳鱣《續唐書·經籍志》兩種文獻外，還盡力吸收了當代學人有關五代藝文資料研究的最新成果。凡有徵引和採納，均詳細標注出處，以示對學術、學人之尊重。修訂之後更名《補五代史藝文志輯考》，以求與研究內容更加貼切。

　　應該說，《補五代史藝文志》相關資料的輯錄、補充和考訂是一項頗費心力的工作。從1993年開始涉足到2015年終告結束，期間雖經歷過種種波折，但相關的研究工作始終不曾完全中斷過。這部修訂書稿的付梓刊行，似乎意味着本人二十餘年的堅守總算可以告一段落了。

　　文獻資料的溯源與考訂向來難有終點，本書所該涉者亦當如此。雖説筆者已盡心竭力，缺漏與謬悖仍在所難免。其不足之處，真誠祈望學界友朋搜補辨正。只要能使《補五代藝文志》更臻完善，雖隻字片語也值得期待。

張興武謹記
2015 年 11 月